中國古代物質文化史

天文历法

冯时 著

开明出版社

编委会

项目编辑组

出版说明

在人类历史长河中，我们的民族创造出光辉灿烂的中华文明，虽历经坎坷而连绵不绝，成为我们这个星球上唯一从远古走来，中途不曾断裂的最完整的一脉文化体系，留下了博大丰厚的文化遗产，对人类文明进步作出了独特而巨大的贡献。完整而丰富的地上、地下物质文化遗存就是中华文明传承与发展的最好佐证。然而遗憾的是，到目前为止，尽管我们的物质遗存如此丰赡，却没有一部全面系统基于实体的物质资料而构建和叙写的中国古代文化史。我们这个出版项目的主旨，就是尝试弥补这个巨大缺憾和学术空白。

以往我们看到的中国历史著作，大都是基于传统文献资料，来进行政治、经济、军事、文化等各个领域的书写和诠释。当我们开始有意识地利用考古资料、地上文物遗存资料，并借助人类学、民族学、社会学等研究方法和手段来观察历史时，我们的研究空间和视域顿时更加广阔，某些隐藏至深的信息得以深入发掘，原有的历史认识进一步丰富而立体。这是因为历史本身的复杂性，决定了我们发掘历史信息的方法和途径也应该是多方面的。而随着近几十年考古发掘工作的不断推进，地下考古发现越来越丰富，地上文物遗存越来越受关注，同时学界的相关研究也越来越多，这些地下、地上文物遗存所展示给我们的信息就越来越系统，这些信息所构成的历史文化空间就越来越恢宏。最终使得我们不仅有必要而且也有可能不再拘泥于传统的历史记述与研究的路数，另辟蹊径，书写一部基于物质的中国古代文化史，即首先立足于地下、地上文物遗存，同时充分参考文献资料来诠释这些文物遗存的文化内涵与外延而构建的中国古代物质文化史。

这样的一部中国古代物质文化史，必然是一部能够让我们从物质实体出发来认识博大精深的中国古代文化的历史，一部广阔而深邃、客观而生动、系统而完整的历史，既能反映政治、经济、军事、文化、法制、科技、社会各方面情况，又能反映人们的生产、生活、信仰以及思想观念、审美理念、价值取向、生活情趣等。从中我们可以感受到历史发展的脉搏，探索历史最生动的层面，还原历史本来面貌。

从某种意义上来说，编纂这样一部系统科学的物质文化史不但势在必行，而且极具创新价值、学术价值和开拓意义。这样的工作，对于彰显中华民族的伟大创造力、诠释中华民族优秀的历史文化、使我们更好地认识源远流长的中华文明有着极为重要的意义。同时这种注重物质的客观性和系统关联性的学术视角，也必然会在学术领域产生积极的影响，对于推动历史学、人类学、考古学等学科的深入研究具有积极意义。此外，我们也希望这部书能够进一步唤起我们珍视历史、热爱文物、保护文物的意识。一个爱护文物、爱护历史文化遗产、尊重历史的民族，才是一个有未来的民族。

我们的中国古代物质文化史项目从策划到最终立项经过了数年时间的酝酿，从立项到陆续开始出版又经历了数年。我们计划全套书共出70卷，除索引卷外，分为通史和专题两个系列，以纵、横的脉络建立历史时空坐标。纵的是通史系列，分为史前、商周、秦汉、魏晋南北朝、隋唐五代、宋元明清六个阶段，按中国历史的时间顺序，遵循物质文化变化节奏和规律，在历史大背景下宏观阐述中国古代物质文化史的发展进程，使读者对文化遗存在中国历史洪流中有个整体、全局性的把握。横的是专题系列，按照材质、用途和功能、艺术表现形式等的不同分为石器、陶器、瓷器、玉器、青铜、金银器、漆器、兵器、乐器、家具、纺织、货币、天文历法、水利、建筑、墓葬、雕塑、绘画、书法篆刻等类。内容丰富的类别再做进一步的细致分类，并分册出版，如绘画类包括壁画（寺观壁画、墓室壁画、石窟寺壁画）、卷轴画等；雕塑类包括石窟寺雕塑、墓葬雕塑和其他雕塑等。各专题或以时间为轴或以类别为序，展现各个物质形态继承与发展、沿袭与嬗变的过程，通过点线面结合，揭示物质遗存所特有的发展曲线和深层次的历史内涵。每卷随文附图200幅左右，以体现内容和版面的活泼生动，强调实证效果，增强视觉感知及可读性。对于某些卷册，如龟兹、敦煌等，由于涉及大量译名，还会附加名词索引。

经过编委、各位作者和编辑人员的共同努力，如今这套书终于要依次与读者见面。个中滋味，甘苦各半。回顾起来，我们不得不说，这样大规模高难度的项目，在当今要集合如此众多的专家学者，进行如此大量的资料、图片的收集与整理工作，其难度远超我们的预期；尤其是若没有足够的资金支持，仅凭一家出版社的力量，几乎是不可能开展也不可能完成的。对此，国家出版基金会给我们提供了最大限度的支持，不仅是资金方面，还有精神方面，使得我们有决心、有信心也有力量把这个项目逐步完成。也正因为这样，这套书才能有幸与读者见面。在此，我们对国家出版基金会表示由衷的感谢。此外，参与主编策划和书稿撰写的各位专家、学者也付出了异常艰辛的努力，他们每个人本身的工作都很忙，可为了这套书的构思策划，为了每一卷书稿的高质量完成，还是付出了大量的时间和精力，做了最严谨而细致的工作，在此也对他们表示诚挚的谢意。

项目编辑组

总序：中国历史和文化的物质表征

《中国古代物质文化史》经过参与该书策划、撰写和编辑的诸多学者的共同努力，现在终于问世了。这个总序本来应该由项目的主编、前国家文物局局长、北京大学兼职教授张文彬先生来写，以阐述项目成果即本套书的编写宗旨、设计体例、内容特点，并介绍每分卷的写作情况等。由于张文彬先生在主持项目过程中遇身体不适，我这个后来被指定的执行主编只有勉为其难，代张文彬先生撰写这个《中国古代物质文化史》的总序了。鉴于这套书的编写宗旨、内容特点及框架体例等在出版说明中已有介绍，每分卷的写作情况在每本书的后记中也多有述及，无须我在这里重复。下面，我拟从中国物质文化史的概念定义、发展历程、专项分类三个方面，谈谈自己对中国古代物质文化史以及编写这套书的粗浅认识。

一、中国物质文化史的含义

人们通常这样认为，“物质文化，是指为了满足人类生存和发展需要所创造的物质产品及其所表现的文化”。物质文化既然是文化的一种呈现形态，那么，与“物质文化”相对应的另一种文化呈现形态就应是“非物质文化”，它们之间的关系是怎样的呢？要弄清这个问题，还需要从“文化”这个最基本的概念说起。

关于文化的定义很多，20世纪50年代有人作过统计，据说那时就有164种之多。文化人类学的鼻祖英国学者爱德华·伯内特·泰勒（Edward Burnett Tylor，1832—1917）是第一个从学术的角度对文化进行定义的学者。他认为，文化是复杂的整体，它包括知识、信仰、艺术、道德、法律、风俗，以及其他作为社会成员所习得的任何才能与习惯的综合体，是人类为使自己适应其环境和改善其生活方式的努力的总成绩[1]。泰勒关于“文化”的定义，尽管还存在不全面等问题（如泰勒没有提及需要后天习得的文化要素“语言”），却已给后人奠定了很好的解释基础，以后的学者又不断有补充和发展。英国功能主义人类学家A. R. 拉德克利夫-布朗（Alfred Radcliffe-Brown，1881—1955）认为，文化是一定的社会群体或社会阶级与他人的接触交往中习得的思想、感觉和活动的方式，是人们在相互交往中获得知识、技能、体验、观念、信仰和情

1 [英]爱德华·泰勒著，连树声译：《原始文化》，上海文艺出版社，1992年。

操的过程，文化只有在社会结构发挥功能时才能显现出来，如果离开社会结构体系就观察不到文化。美国学者阿尔弗雷德·克鲁伯（A.L Kroeber）和克莱德·克拉克洪（Clyde Kluckhohn）在1951年出版的著述中，对西方164种文化的定义进行了评析后，提出了他们新的定义，即"文化存在于各种内隐的和外显的模式之中，借助符号的运用得以学习与传播，并构成人类群体的特殊成就，这些成就包括他们制造物品的各种具体式样，文化的基本要素是传统（通过历史衍生和由选择得到的）思想观念和价值，其中尤以价值观最为重要"[1]。以后，还有一些学者对文化下过定义，如美国学者罗伯特·F.墨菲(Robert F.Murphy)这样定义文化："文化是意义、价值和行为标准的整合系统，社会的人们据此生活并通过社会化将其在代际传递。"文化具有这样一些特点："文化定义关键部分就是，它意指行为的规则和确定方式，而不是指行为的本身""文化是我们在这个世界上的行为导引和对这个世界经验的符号表达""文化也是所有知识、信念和生存技能的百科全书""行为的不同习惯方式，以及某些特定的物质制品或艺术风格，可以使文化具有典型特征"[2]。根据以上学者对文化这一概念的解释，我们可以将文化理解为：

文化是人类社会在长期发展过程中凝固下来并在代际传承的价值观念、社会机制和行为规则，社会的人们据此思维、交流和行为，并且产生和创造具有特征的物质制品或艺术风格。

上述对文化的解释，包括了三个层面：其核心层面是人们的社会性，其中间层面是人们基于这种社会性的思维和行为，其外表层面则是人们思维和行为的产物。文化从表至里的三个不同的层面，其他两个层面都蕴含在表层的物质层面之下，故文化的三个层面又可以归结为两个不同的范畴（或两种不同的存在状态）——无固定形态的非物质的范畴就是所谓"非物质文化"（无形文化），有固定形态的物质范畴就是通常所说的"物质文化"（有形文化），这两种文化范畴构成了完整的文化形态。作为前人的完成了代际传承，经历了时间的筛选的两种文化的存在形态，已经成为我们需要加以关注、保护和传承的遗产。按照通行的解释，"非物质文化遗产"是人类创造这些物质文化的过程以及人类各社群为了满足自己精神生活需要的具有社会性、凝固性和典型性的行为，它是被各地区和社群视为其文化传统的表现形式、知识和技能，包括了口头传说、表演艺术、社会风俗、礼仪节庆、传统工艺等；而"物质文化遗产"，则是人类这些思维和行为的创造物，是有固定形态的可以被视觉感知的人类创造、制作和使用的人工遗留物。

说到文化的物质层面，就不得不提到考古学的一个核心概念"考古学文化"。我的专业是考古学，我们考古学家天天都在与考古学的文化打交道，不少考古学家还强调我们的考古学文化与别的学科的文化如何的不一样。翻开《中国大百科全书·考古卷》，该书对考古学文化的解释代表了目前中国考古界的主流认识："文化一词有着不同的含义，一般是指人类社会在科学、技术、艺术、教育、精神生活以及其他方面所达到的总成就，如中国文化、文化遗产等。考古学中所讲的文化，有其特定的含义，专门指考古发现中可供人们观察到的属于同一时代、分布于共同地区、并且具有

1 A.L.Kroeber & Clyde Kluckhohn, Culture: A Critical Review of Concepts and Definition, Random House, New York, 1952.

2 [美]罗伯特·F.墨菲著，王卓君译：《文化与社会人类学引论》，北京：商务印书馆，2009年。

共同的特征的一群遗存。”[1]从这个定义中也可以看出，所谓具有独特性的考古学文化，与其他学科的文化概念并没有什么不同。文化的物质表层要素——即可以观察到的一定时期、一定区域的一群经常共存的具有共同特征的遗迹和遗物——就是考古学的文化；获取并研究这些文化的物质表征，透过现象去发现本质，揭示隐藏在物质表层之下的创造和使用这些遗存的人们的行为及其社会关系，即这些物质遗存所蕴含的非物质的东西，就构成了考古学这一学科的基本内涵。

考古学在包括中国在内的不少国家和地区的学科分类中，是历史学的分支，是以物质材料为主要研究对象去探究人类历史的一门学问。这里，我们有必要再谈谈物质文化史与考古学的联系与区别。考古学是通过调查和发掘地下古代物质遗存、并通过这些遗存提供的信息来理解和复原古代社会历史的学科，物质文化研究也是通过古人的物质文化遗存来重构古代社会历史，从研究目的上来看，二者并没有什么不同。正是由于这样的原因，苏联的全国性考古研究机构曾经被命名为“物质文化史科学院”或“物质文化研究所”[2]，以后才改为“考古学研究所”。仅从研究机构名称上来说，物质文化研究与考古学之间无疑具有密切的关系。不过，物质文化研究与考古学尽管内涵大致相同，其外延（主要是研究对象、研究内容等）也还存在差异。考古学研究的主要是埋藏在地下的古代物质遗存，物质文化研究的对象则包括了地下、地上和传世的古代文化遗存，后者比前者的研究范围要宽；考古学不仅研究古人遗留下来的物质遗存所包含的历史文化信息，还要研究获取这些物质遗存并提取其包含信息的技术和方法，后一方面的研究已经不是物质文化史研究所关注的问题。就中国的考古学科而言，其构成包括了考古学理论与方法、中国考古学、外国考古学、专门考古学等，如何开展田野考古和如何更多地提取遗存的历史信息，已经包含在考古学方法和专门考古学的分支中。可以这样说，中国考古学是基于考古获取的物质资料和考古学的研究方法所构建的中国物质文化史；而中国物质文化史，则是通过考古发现和现存于世的实物资料所构架的能够反映历史发展主线的中国古代史。

英国学者鲁惟一（Michael Loewe）和美国学者夏含夷（Edward Louis Shaughnessy）在《剑桥中国古代史》的序言中，将研究中国古代史的材料分为“文献资料”和“物质资料”两类，前者包括了出土文献和传世文献，后者也就是通过考古调查和发掘获取的实物资料。他们指出：“一个不注意考古证据的历史学家会感到他无法去顺应当代的学术潮流；同样，一位不熟悉传统文献的考古学家会难以把握相当一部分的中国文化之精髓。”正是基于这种考虑，这两位学者在主编《剑桥中国古代史》时，组织了历史学家和考古学家两个领域学者，各自基于不同类型资料来分别撰写同一个时期同一个区域的历史[3]。《剑桥中国古代史》的先秦卷面对的是文献资料并不丰富的“原史时代”，所以他们采取了历史学家和考古学家各自表述而不加整合的编写方式。即使在文献资料逐渐丰富的汉唐时代，甚至文献资料已经非常丰富

1 中国大百科全书总编辑委员会《考古学》编辑委员会：《中国大百科全书·考古学》，北京/上海：中国大百科全书出版社，1986年。

2 王伯洪、王仲殊：《苏联考古工作访问记（一）》，《考古》1959年第2期，101—104页。

3 The Cambridge History of Ancient China: From the Origins of Civilization to 221B.C., Edited by Michael Loewe and Edward L. Shaughnessy. Cambridge University Press, 1999.

的宋元明清时代，主要基于通过物质的资料来编写一套中国古代的历史，与主要采用文献资料编写的中国古代历史并行于世，这对于全面认识和理解中国的古代文化和古代社会，仍然会有很大的帮助。

二、中国古代物质文化发展的历程

我们这套“中国古代物质文化史”是由纵、横两部分组成。最前面的是“中国物质文化史综述”，这是按中国历史的纵向时间顺序来概述中国古代物质文化史的发展进程。中国古代漫长的物质文化发展进程从来不是匀速前进，波澜不惊的，发展中会有大小不同的转折，高低不同的峰谷。根据物质文化面貌变化节奏的不同和撰写史书详略的不同，一套多卷本的中国古代物质文化史也有不同的分卷方式。如果编写比较简明的中国古代物质文化史，我个人倾向于以魏晋之际将其划分为两个阶段，也就是一套两卷本的书系。如果编写稍微详细的中国古代物质文化史，我希望划分为四卷，四卷本除了以魏晋之际作为一个分界外，另两个分界可定在龙山时代与二里头文化时代之间、五代十国与北宋之间。如果要编写更为详细的中国古代物质文化史，也就是类似本书系的规模，我们可将其细分为史前中国、商周、秦汉、魏晋南北朝、隋唐五代、宋元明清六个阶段即六卷，这样分卷主要基于这样一些理由。

我们知道，最能导致物质文化发生大变化的因素，是重大技术发明带来的产业革命。这些发明或本土自身产生，或域外传播而来。正是基于这些重大发明，才导致了中国古代社会的巨大变化，才引起中国物质文化的多次明显转折。在这些创造性的发明中，首先应该提到的是谷物栽培和动物驯化。谷物中的人工粟等人工栽培作物大约在距今一万年前后出现在中国北方的黄河流域，以后向周边传布，甚至远布至青藏高原地区，形成了范围广大的北方旱地粟作农业区。而稻等人工栽培作物，更远在一万多年前就出现在中国南方长江中游地区，以后更传播至东北至朝鲜半岛，东南至东南亚等广阔的温暖湿润的区域，形成了广大的南方水田稻作农业区。农业的发生和推广，使得人类的生活资源趋于稳定，从而脱离了栖居山洞和追猎迁徙的不稳定生活，开始走出山洞步入旷野，在平川形成了定居的聚落，产生了钻孔、磨制和制陶等新的工艺，促使社会逐渐复杂化和多样化，奠定了中国万年农业文明的基础。大约在距今4000年前后，大麦、小麦和青稞等作物传入中国，这种适应性强的谷物丰富了旱地农业的种类，除了在低海拔地区普遍种植外，青稞这类作物还经过了高原严酷的自然选择，成为青藏高原的单一谷物。至于工业的技术革命，从先前的手工业发展成为近代化的大工业，在中国开始较晚，直到清代晚期的鸦片战争后才逐渐引入西方工业革命的成果，从而从某种程度上推动了社会的变革。因此，以农业革命的发生和工业革命的引入为标志，将中国的物质文化史划分为三个大的时代，也就是猎取时代、农业时代和工业时代（相当于以生产工具为标准划分社会发展史的旧石器时代，新石器、青铜、铁器的时代，以及机器的时代），应该是比较恰当的。只是中国的工业时代已经属于近代，古代的物质文化史不宜包括工业革命时代；而旧石器时代的人类物质文化遗存较少，如果把它作为书系中的一本就显得单薄，故将其与新石器时代合并称为“中国史前物质文化史”，只是在这个“史前时代”

中，也明确划分出这两个时代而已。换句话说，这套中国古代物质文化史去掉了工业时代，弱化了猎取的时代，强调的是建立在农业革命基础上的石器、铜器、铁器三个时代。物质文化材料的年代越早，保存至今的也就越少，因而石器时代和青铜时代只能各自作为一卷，而物质文化材料丰富的铁器时代却被划分为四卷，可能会给人以前轻后重之感，尽管历史时代考古学的重要性已不如更早的时代。

说到史前时代，这就不可避免地会涉及介于史前与历史时代之间的“原史时代”。学术界一般认为，原史时代是一个过渡性质的时期，这一时期无论是属于本社群文字还是他社群文字的文献记录都相当有限，仅据这些零星和片段的文字和文献资料无法复原该社群历史的主要梗概，要认识一时期该社群的历史需要综合考古学、人类学、文字学、历史学及自然科学的知识体系和研究手段[1]。原史时代可有广狭二义：严格的原史时代不包括传说时代，而是以成熟文字体系的出现为开始，以这种文字体系撰写的史书出现为结束。具体到中国古代史来说，也就是商代晚期至西周时期，其开端以殷墟甲骨文的出现为标志，结束以中国最早的编年体史书《春秋》开始的年代为标志，二者间的年代跨度很小[2]。宽泛的原史时代以中国古史传说时代为开始，以文字产生后出现史书为结束，具体到中国古代史来说，其开端可以上推到传说中的夏代甚至龙山时代，而其下限则与狭义的原史时代相同。不过，就物质文化这个层面来看，无论是技术上还是艺术上，大约相当于夏代后期的二里头文化与先前的龙山时代诸文化都发生了许多变化，而这种变化在战国中期又一次出现。这之间的时间幅度约略相当于中国考古学界的夏商周时代或史学界的先秦时代，也约略相当于西方汉学界所说的“从文明起源到秦统一”的阶段[3]。在这个时代里，青铜既是一种制作工具、武器和礼仪用器的最重要材料，制造青铜器又是当时技术含量最高的工艺，青铜器具这类作品还是当时艺术的集中体现，如果史前时代是以石器制作为标志的石器时代，这个时代就是以青铜为标志的青铜时代。尽管关于中国青铜时代开始和结束的时间，学术界还有一些不同的说法。

按照我个人的见解，中国的原史时代应当定位在二里头文化中期至战国前期，这是基于这样几个考虑。首先，从二里头文化兴盛开始，具有中国金属铸造的特色的泥范铸造技术开始出现，并完成了从红铜时代（或称铜石并用时代）向青铜时代的转变；而人工铁器尽管早在两周之际就已引入中国，却也是在战国前期偏晚才与青铜冶铸技术相结合，使得大量冶炼铁和普遍使用铁器成为可能，才真正进入了铁器时代。其次，也是从二里头文化兴盛期起，青铜鼎等礼器、青铜戈等兵器，以及兽面纹等动物纹样才出现并流行，独特的中国艺术传统才开始形成；而到了战国前期以后，先前流行的礼器种类和装饰纹样已经趋于消失，来自北方草原地区的艺术风格已经占据主导地位。其三，从中国的史学传统来看，中国古人向来有将秦以前的历史划分为五帝时代和三王时代的传统，现代的史学家也还将先秦史单独出来，并将夏以前的传说时代与夏商周三代区分开来。因此，我们将夏、商、周三代作为中国物质文化

1 Glyn Daniel, A Short History of Archaeology. London: Thames and Hudson, 1981.

2 李学勤先生就这样说，这样一个原史时代与中国古代历史时代的对应关系，学者们认识也不尽相同，李学勤先生认为，商与西周时期属于原史时代，而不同于商和西周的东周已脱离了原史时代而跨入真正意义的历史时代了。参看李学勤《东周与秦代文明》，北京：文物出版社，1984年。

3 鲁惟一、夏含夷主编的《剑桥中国古代史》，其副标题就是“从文明起源到秦统一”，由此可见一斑。

发展历程中的第二个时期，也就是这套书通史系列的第二卷。

中国中心地区在战国后期就已出现了统一的趋势，东齐西秦是当时最有可能推进统一事业进行的大国，在齐国当时就有一批学者聚集在一起，开始构拟大一统后的政治构架，勾画新王朝的理想图景。秦国结束了战国时期诸侯割据的局面，建立了中央集权的大一统王朝，开创了中国历史的一个全新的时代。从此广泛推行的郡县制代替了传统的封建制，由中央政府控制的官营手工业作坊遍及全国各地，各地间的商业往来也较过去更为频繁。在这种背景下，秦汉王朝直接统治范围内物质文化产品，无论是工艺、种类，还是形制、纹饰，都逐渐呈现高度一致的状况，中国大部分地区的延续了千百年的区域文化差异从此逐渐减弱甚至消失。尽管从战国后期到西汉前期，这一时期物质文化的总体面貌还处在从商周旧制向秦汉新制的转变过程中；尽管在三国至两晋时期，中国的物质文化的发展进程发生了从“早期中国”到“晚期中国”的大转变；但如果模糊这个具体的分界，将秦汉时期这个中国古代文化发展的高峰期作为中国物质文化史的一个时期，单独设置秦汉卷作为这套书通史系列的第三卷，这应该是恰当的。

从三国鼎立局面形成一直到隋代，除了西晋短暂的统一外，中国出现了长达三百余年的分裂局面。北方古族在这期间纷纷进入中原，出现了空前的民族大融合。在这种历史背景下，各地区在文化面貌上的差异也进一步缩小，但由于从西晋以后长期的南北对峙，以及僻处一隅的某些由少数民族建立的国家保留了比较多的自身文化传统，这一时期文化除了存在着比较明显的南北差别外，在北方还存在一些更小的地区之间的差异。隋王朝结束了自西晋以后长期的分裂混乱局面和南北对峙的政治文化格局，中国遭受长期战乱破坏的社会经济得以恢复和发展。唐王朝继承了隋王朝的统一基业，实行了一系列重要的政治、经济和军事的改革措施，将中国古代社会推向了秦汉王朝以来又一个空前鼎盛的发展阶段。盛唐气象强大而持久，流风余韵，一直延续至五代十国间。基于这种考虑，虽然两晋南北朝和隋唐都是宗教热情极度高涨的时期，但两晋南北朝与隋唐五代的物质文化仍然存在比较大的差异。因此，我们将两晋南北朝与隋唐五代各自作为中国物质文化史的一个时期，各自单独作为一卷。

至于宋元明清时期，这个时期文献资料已经非常丰富，考古学家讲历史时期考古一般都只讲到元，北京大学过去的中国考古学教材最后一卷就是《宋元考古》，就反映了这个问题。我们认为，尽管在中国历史的重要性中，明清时期的物质遗存的确不如早先时期，但作为中国物质文化史应该是一个完整的过程。因此，我们这套中国古代物质文化史通史系列的最后一卷，从宋代一直写到清代，希望这些年代较晚的物质文化资料有助于丰富对这段时期历史的认识。

三、中国古代物质文化的种类

如同历史著述有通史和专门史一样，按照中国物质文化发展阶段编写的历史，只是基于物质文化遗存透露的历史文化信息，按照时间发展顺序和物质文化表征的变化程度连缀而成的中国物质文化的“通史”，“通史”中不同时段的物质文化史则相当于“断代史”。就整个中国物质文化史来说，有了这个“通史”系列，虽然可以从纵向认识整个中国古代物质文化发展的概貌，却难以从横向全面展示中国古代物质文化的方方面面。因此，还需要根据中国古代物质文化遗存的分类，按“类”来叙述某类物质文化遗存的分述系列，这个系列就是中国物质文化的“专门史”。

物质文化具有可视性，不同的物质文化具有不同的面貌特征，因而可以根据这些特征展开分类。物质文化是一个笼统的概念，我们所面对的古代物质文化是过去人们行为创造的物质遗留，也就是人们通常所称的“物质文化遗产”或“文物”。物质文化遗产的体量有大有小，大的文化遗产如建筑、壁画、纪念碑等，当初选址、设计、创造时就考虑了永固性等因素，没有考虑其位置变换，今天我们采取保护措施时也不便于将其移至他处，只能在原地保存（从保留关联信息的角度，也只能在原地保存）；小的文化遗产如家具、陈设、用具等，当初设计制作时就考虑了方便移动的使用功能，今天我们对其进行保护时，可以将其搬移到博物馆等具有更好保存环境的空间去保存。因此，物质文化遗产即文物首先可以划分为不可移动文物和可移动文物两大类，这两大类文物各自可以作为中国古代物质文化史“专门史”中的一个系列。

不可移动文物包括了大到历史城镇、传统村落、古代遗址等综合性的文物，也包括了宫殿衙署、寺观祠庙、陵园坟墓、石刻造像等专门性的文物，这些文物有三类不同的保存状态：第一类文物在历史上就已经废弃，成为历史的陈迹，呈现在人们面前的只是残缺不全的局部，有的还全部或大多掩埋在地下。历史上城镇村落的废墟、曾经一度兴旺的工矿作坊场所、废弃并垮塌殆尽的寺观祠庙、地面建筑甚至封树都已经不存的帝陵坟墓，乃至于一座房屋或一座塔幢的废址等，都属于这类文物。第二类文物虽然失去了它在历史上的作用，却仍然屹立在地表，被作为其他用途或作为历史名胜而存在。已经没有皇室官员使用的宫殿衙署、中断了宗教活动的寺观祠庙、原有功能已经退化或消失的石窟碑刻、已经弃置或被改做他用的城堡等，都属于这类文物。 第三类恐怕已不能简单地称之为文物，而是具有“物”和“非物”的综合体。至今还基本保持着原来的功能和文化传统，并随着时代的推移，继续在发生着变化，古今重叠且文化延续的城镇和村落，至今还有人居住的古村落民居，仍在使用传统工艺进行生产的作坊、农庄、牧场等，都可归属此类。

可移动文物，包括历史上各时代的重要工具、武器、礼仪用器、生活用器、艺术品、文书、档案、图书等，这些文物的材料和材质大致有两大类：第一类采用曾经具有生命的物质制作而成，也就是被称为“有机质文物”的一类，如竹木漆器、骨牙角器、纤维制品等。这类文物的存在周期相对较短，对保存条件要求也较高。第二类采用没有生命的物质制作而成，也就是被称为“无机质文物”一类，包括地球自然演化形成的天然材料和人工合成的金属材料，如玉石制品、金属制品等。这类文物的存在周期相对较长，对保存条件的要求也相对较低。

上述对于物质文化遗产即文物的分类方式，是以文物的保存状态和保存条件作为分类标准，这对于文物的保护研究来说，无疑是最恰当的分类方式。不过，这种分类没有考虑这些文物的用途和功能，而文物这方面的属性恰好是从文物这一文化的表层物质现象通向创造和使用这些文物的人、人的行为及其社会关系的桥梁，是将物质资料变为物质文化史的重要途径。因此，我们这部中国古代物质文化史的“专门史”不采取上述分类方式来分卷，而是按照材质和功能对不可移动文物进行分类。

中国文物管理部门对于不可移动文物的分类，以全国重点文物保护单位的分类最具代表性。该文物分类体系将不可移动文物分划为古遗址、古墓葬、古建筑、石窟寺及石刻、近现代重要史迹及代表性建筑等类。这些类型的不可移动文物，除了古遗址是以文物的保存状态为分类标准，近现代重要史迹及代表性建筑是以时代为分类标准，其类型与以功能作为分类标准的类型有所不同外，其他诸类都可以作为中国物质文化专门史的不可移动分系列。由于遗址大多都在中国物质文化通史系列中曾经引述，且通史系列的物质材料主要就是遗址加上遗址和墓葬等出土的各类可移动文物，专门史系列可以不必再列出遗址作为一卷；由于中国物质文化史只是有关古代中国，不涉及近代中国，故本丛书也没有近现代重要史迹及代表性建筑的内容。

中国文物管理部门对于可移动文物的分类，以全国首次可移动文物普查的分类标准最为详细。该分类标准"根据文物的异同，即构成每件文物基本物质的自然属性和社会属性之差异性、同一性"，将可移动文物划分为金/银器、铜器、铁器、陶/泥器、瓷器、砖瓦、宝/玉石器、石器石刻、漆/竹器、绘画、书法、拓片、珐琅器、玻璃器、骨/牙/角器、纺织/绣品、皮革、玺印、文具/乐器/法器、货币、雕塑/造像、古人类遗体遗骸、文献图书、徽章/证件、邮品、票据、音响制品、交通/运输工具、度量衡器、武器装备/航天装备、古脊椎动物化石和古人类化石、其他共32类[1]。正如该分类系统的分类标准有文物的自然属性和社会属性两个一样，可移动文物实际上可以划分为两个小系列：一个系列是按照文物的自然属性即材料和材质划分的系列，如玉石器、金银器、铜器、铁器、陶器、瓷器、玻璃器、骨牙角器等；一个系列是按照文物的社会属性即功能用途等划分的系列，如纺织品、货币、雕塑、武器、度量衡器等。我们编写的这套中国物质文化史的可移动文物部分基本就按照这个体系进行划分，只是一些偏小的文物类型和产生年代较晚的文物类型难以单独成册，我们这套古代物质文化史只能暂且舍弃了。

在艺术史学界，尤其是西方关于中国艺术史的研究，往往综合考虑其时代、功能和形式等方面的因素，将能够基于视觉观察的物质文化领域的中国艺术品划分为四大类。第一大类是主要兴盛于商周时期的青铜艺术；第二大类是主要存在于两汉时期的汉画艺术；第三大类是风行于晋唐时期的佛教艺术；第四大类则是从宋代以后大盛的以卷轴画为主体的绘画艺术。青铜艺术比较单纯，其物质材料就是青铜器。绘画艺术也不复杂，主要是卷轴画，此外就是壁画。汉画艺术的涉及面较广，包括了汉代画像砖、画像石、独立雕塑和建筑雕刻等诸多类型的文物。佛教艺术就更为广泛，与佛教相关的石窟、雕像、壁画、供器等，乃至于佛教寺庙建筑等都可归属于佛教艺术。以上四大类，只是中国艺术门类的主流，其他如产生于中国本土且长期与佛教艺术并存的道教艺术，在东亚地区具有广泛影响的建筑艺术（尤其是园林建筑），具有中国特色的玉器、漆器、瓷器等艺术类型，也从不同的方面丰富和补充着中国艺术史和中国物质文化史。

正是基于以上诸方面的考虑，我们主编的这套中国物质文化史的专门史划分为了不可移动文物和可移动文物两大系列，前者又包括了古建筑、石窟寺、古陵墓、古水利、古天文等不同的功能类型，后者更包括了玉器、铜器、铁器、瓷器、金银、玻璃

1 国家文物局编：《第一次全国可移动文物普查工作手册》，北京：文物出版社，2013年。

等不同的材料材质类型，雕塑、绘画等不同艺术表现形式的类型，以及兵器、货币、纺织品等不同社会功能的类型。每个类型作为一卷，有的类型因文物丰富再细分为若干册。这种最终分卷的分类标准的不一致，我想读者应该是能够理解的。

四、另类的中国物质文化史

编写一套系统的中国古代物质文化史，是主编张文彬教授提出的构想。张文彬教授早年就读于北京大学历史系考古专业，以后曾在郑州大学历史系任教，对中国古代物质文化史自然非常熟悉；他又曾担任国家文物局局长和中国博物馆学会会长，熟悉全国的文物状况和博物馆藏品情况，是主编中国古代物质文化史的最好人选。在已经拟定了基于文物分类的物质文化史编写纲要，这套书各卷刚启动编写不久，张文彬教授就因病卧床，不能继续主持编写工作。还在张文彬教授患病之前，我就受他之命协助联络作者；张文彬教授患病后，我受参与编写工作的朋友的推举，担任这套书的“执行主编”。我基于自己对中国古代物质文化史的理解，增强了这套书的纵向通史系列，其他基本上按照张文彬教授原先拟定的编写体例来组织。现在大部分分卷已经定稿，回过头来看当时全书的设计框架，总觉得还有一些不尽如人意之处。这些主要表现在以下两个方面：

首先，一套完整的古代物质文化史通史不仅要有以时间为纲的通史主干，还应该有相应的纵向旁支。就如同北宋司马光主持编写《资治通鉴》（下简称《通鉴》），他首先按照年代编出汇集史料的“长编”，以此为基础才编写《通鉴》这部翔实的编年体通史。与此同时，为了说明自己对史料异同的取舍，还编写了《资治通鉴考异》作为附属，以驳斥相反意见并客观保存异说。由于皇帝日理万机，没有那么多时间来翻阅294卷的《通鉴》，他们还编写了简写本30卷的《通鉴目录》，以满足特定读者的需要。除此之外，为了弥补《通鉴》覆盖时间跨度上的不足，司马光等还编写了20卷的《稽古录》这样的简录，时间上溯至传说中的伏羲，下延至宋英宗末年。可见司马光等人编写《通鉴》，原本有一整套完整周密的构想，即便都是编年体的史书，也有主有从，有繁有简，有纲有目，所以《通鉴》才显得与众不同，为史家所重。作为一套体例完整的中国物质文化史，在通史部分也需要像《通鉴》那样，除了需补充强化史前的旧石器时代卷和新增近现代卷，编写与中国古代物质文化史相关的资料和研究汇集外，还需要考虑简化本的中国古代物质文化史。

简化本的中国古代物质文化史以上下两卷最为恰当，这是因为基于可视的物质文化形态和面貌，在公元3—4世纪间，也就是三国至两晋间，以佛教传入并流行中国为标志，中国的主流物质文化发生了重大变化——在佛教传布开来之前，中国的城市和乡村的标志性建筑和景观是统治者的宫殿、衙署、宗庙、神祠，人们崇奉的是祖先以及社稷、山川、天地诸神祇，并且这些神祇都不采用造像的形式来表现；而在佛教流行中国后，中国城市的标志性建筑和人文景观除了宫殿和衙署外，佛教寺庙（包括仿效佛寺而建的道教宫观）成为城乡最引人瞩目的标志性建筑和人文景观，大量佛教造像和少许道教造像占据了人们精神世界，成为最广泛的崇奉对象。因此，西方汉学界往往都是以佛教传入并流行中国作为中国历史和艺术的最重要的转折标志，这以前的中国为“早期中国”，这以后的中国是“中晚期的中国”。早期中国的文化主流是传统的自然发展过程，尽管不断会有来自周边，尤其是来自北方草原地区文化的影响，但这种影响的程度是有限的，没有造成传统的变异、转移或中断。晚期的中国，由于外来佛教的强力介入，使原先中国的主流文化发生了变异，佛教深深地浸入到社会生活的各个方面。原先不事偶像崇拜的中国社会，开始将大量财富用于制作顶礼膜拜的佛教像设和象征物，用于营建覆盖这些像设和象征物的殿堂楼塔，从而导致国家财政来源的分流，带来相应的经济和社会问题。宗教的驱动力量往往巨大且持久，以佛教传入中国且在中国流传为标志，将中国物质文化史划分为早晚两个大的时期，我想应该比较恰当。佛教传入中国的年代，尽管可以追溯到两汉之际前后[1]，但在整个东汉时期，佛教都是混杂在中国传统的神仙方士中流传，还没有得到人们的广泛认知。佛教成为一种专门的宗教为人们所接受，不会早于三国两晋时期。三国两晋时期正是中国制度、思想和文化的大变革时期，文学上有所谓“魏晋风骨”，反映在物质文化上，这时期的城市、陵墓、器用、书画等也都出现了一系列新的气象。据此，以三国两晋之际作为首要转折点，将中国古代物质文化史的通史部分划分为两个大的时期，编写一套两卷本的中国古代物质文化史简本，这一定是很有意义的。

其次，我们这套中国古代物质文化史虽配有大量的图片，但基本体例还是以文字为主，图片配合文字出现。而物质文化的视觉感知非常重要，故以文物的图像为基础而加以文字解说和诠释，对于形象地认知和理解中国古代物质文化非常必要。中国国家博物馆（原中国历史博物馆）研究员孙机先生，曾编写了一本《汉代物质文化资料图说》。这是孙机先生基于多年对汉代文物研究的心得，在数十篇论文的基础上完成的图文并茂的著作[2]。这种以图说的方式叙述一个朝代的物质文化史，既是中国“左图右史”史学传统的延续，又是博物馆陈列必要的基础研究和公众获取知识的良好途径，应当大力推广。只是这种以图说史的著述，另有一套独特的编写体系，需做大量资料整理的工作，还需有系统的研究积累，编写难度很大，故迄今未见以图说的形式撰写的其他时代的中国物质文化史的著作。续写一套中国古代物质文化史图说，应当很有必要。

作为一套全方位的“中国古代物质文化史”，理所当然应有一个“中国古代物质文化史图说”系列。这套图说不宜按照中国的历史时代来述说，而应该以物质文化本身发展演变的阶段性来编写。如果按照我们前面所说的中国物质文化发展的进程，需要有史前、三代、秦汉三国、两晋南北朝、隋唐五代、两宋·辽金西夏·南诏大理、蒙元、明清诸时代。每个发展阶段则应该有都城市镇、宫殿衙署、坛壝社稷、神祠寺观、祭祀礼器、街坊住宅、园囿苑林、陵园坟墓、矿场作坊、生产工具、钱币量具、路河邮驿、衣冠服饰、家具陈设、生活用器等名目，每个名目下再细分为若干种类来展开图文的叙述。这样一部图说的中国古代物质文化史，可以弥补目前这套书的不足，

1 关于佛教传入中国的时间，有两种说法：一种是西汉末期汉哀帝元寿年间，大月氏使者伊存向博士弟子景庐口授《浮屠经》之说，见《三国志》卷三〇裴松之注引曹魏鱼豢《魏略·西戎传》；一种是东汉明帝永明年间，蔡愔出使大月氏，与僧人摄摩腾和竺法兰一起用白马驮回佛经和佛像至洛阳之说。二说的年代相差不多，且都与大月氏有关。

2 孙机：《汉代物质文化资料图说（增订本）》，北京：文物出版社，2008年。

能够从更具体和更微观的层面展现中国古代物质文化的面貌。

我希望，今后如果能够有比较充裕的时间，组织相关专家编写一套这样的中国古代物质文化图说，对于更加深入地理解古代中国，普及传统文化知识，推进博物馆教育，将是一件很有意义的事情。

编写中国古代物质文化史是一项长期的工作，要有相当长时间的资料积累和研究积累。北京大学的考古学科，自1952年以来先后编写过多个版本的《中国考古学》征求意见稿，如1960年、1972年版的《中国考古学》铅印本等，并有“多卷本中国考古学”这样的重大科研项目来推动，但迄今为止，这套多卷本《中国考古学》仍然没有问世。这其中既有新的考古资料不断涌现所带来的认识的更新，也有老一辈学者与新一辈学者认识上的差异，当然也还有这样和那样的原因。不过，仅从这一事例就可以看出，要编写一套优秀的学术著作是多么的不容易。《中国考古学》从某种意义上来说，与《中国古代物质文化史》有许多共通之处，要编写这样一套书需要投入较长的时间和相当的人力和精力。这部《中国古代物质文化史》作为一项国家出版项目，有出版的时间限定，我这个慌忙上阵的执行主编，只能尽可能召集一些长期从事中国考古学教学和科研，手头有比较现成的研究成果或讲稿，经过补充、整理、强化就可以成书的研究者，来承担中国古代物质文化史的通史系列各卷的撰写任务[1]。由于撰写时间的限制使得一些作者在完成初稿后，可能没有更多的时间来广泛征求意见和做细致的加工完善。可安慰的是，这套《中国古代物质文化史》本来就有为今后编写《中国考古学》和修订补充各专门物质文化史征求意见的意图。如果读者发现这套《中国古代物质文化史》存在着这样或那样的不足，就尽管提出批评和建议，我们一定虚心听取，以便在今后编写《中国考古学》系列时能够做得更好些。

孙 华

1 考虑到我所在的北京大学考古文博学院，也在考虑重启多卷本《中国考古学》的编写，为了使二者不发生重合，保持《中国古代物质文化史》通史系列自身的特色，我主要邀请了北京大学以外的高校考古专业的专家和教师来承担各卷的编写任务。

目录

绪论：
天文学的滥觞与观象授时

第一节　天文学溯源及其考古学证据

中国的传统天文学到底古老到多久？是什么力量促使古人将他们的注意力投向星空？这是我们在回顾中国天文学的历史之前必须首先回答的问题。

人类在摆脱了原始的野蛮状态而进入文明之后，最早积累的知识体系只有三种，即天文学、数学和力学。这三种知识之所以古老，原因就在于其直接服务于早期先民的生产和生活。如果说力学知识的产生只是为着走出洞穴的原始人类建筑居所的需要的话，那么天文学知识由于决定着原始农业的出现与人类的生存，因而有着更为重要的意义。而数学作为天文观测精确化的基础，与天文学其实具有同样的价值。这三大知识体系便构建起了人类文明的基石。

天文学是为适应农业生产的需要而诞生的，具体地说，这一知识的首要作用就是为农业生产提供准确的时间服务。众所周知，人工栽培农业的出现，目的是为人们提供有保障的食物来源，这意味着它一定首先诞生在寒暑季节变化分明的纬度地区，由于这些地区的气候条件于一年中真正适宜播种和收获的时间非常有限，致使贻误农时便会造成一年的绝收，从而直接威胁到氏族的生存。因此，原始农业的出现必须要以人们对于时间的掌握作为保证，没有理由相信，一个对时间茫然无知的民族可以创造出发达的农业文明！今天的考古资料显示，中国原始农业的出现时间正可上溯到距今万年以前[1]，这意味着中国传统天文学的起源年代只能比这个时间更早。

中国古老的观象授时制度，其所关心的核心内容始终都是与农业生产息息相关的节令农时，而观象授时的目的则是使农业生产获得丰稔。尽管祭祀礼仪同样需要时间作为保障，但就原始的时间服务的宗旨而言，满足农业的需要显然处于首要的地位。很明显，中国农业起源年代所给予的天文学起源的暗示相当清楚。

考古学所提供的有关中国天文学起源的直接证据已相当充分。属于距今第八千纪至第七千纪的河南舞阳贾湖及安徽蚌埠双墩两处新石器时代遗存[2]，为我们了解中国传统天文学的早期

1 任式楠、吴耀利：《中国新石器时代考古学五十年》，《考古》1999 年第 9 期。
2 河南省文物考古研究所：《舞阳贾湖》，科学出版社，1999 年；安徽省文物考古研究所、蚌埠市博物馆：《蚌埠双墩——新石器时代遗址发掘报告》，科学出版社，2008 年。

发展提供了诸多重要启示。当时的先民已经建立起系统的时空体系，他们不仅懂得四方五位，而且规划了八方九宫，建构了天地宇宙的完整模式。这些知识显然源于圭表一类天文仪器的发明和使用，同时也不乏融入古人丰富的想象与思辨。这意味着至少二分二至四个时间标记点已被测得，原始历法也已经产生。不仅如此，当时的天文与数学知识已足以支持先民创造出十二律，并将律吕与时间相互配合。因此，二分二至四个时点虽然必须依靠立表测影才能准确获得，但当时的人们显然已经学会经常借助候气的方法校验四气[1]。

属于距今第六千纪中叶的河南濮阳西水坡仰韶时代遗存[2]，几乎是迄今所知人类文明史上综合体现天文与人文内涵的最早且完整的原始宗教遗存。在天文科学方面，圭表的发明已经获得了确凿的物证，这使方位的揆度与四气的测定在当时都更为准确，从而为历法编算精度的提高奠定了基础。当时的人们已初步建立起二十八宿恒星观测体系，形成了以四个象限宫中的授时主星为主要星象的四象体系，并通过对北斗等拱极星的观测认识了北极，完成了传统天文学五宫体系的建构。先民们同时创立了盖天宇宙学说，并有能力凭藉相关的图式表述他们对于宇宙的理解。在宗教思想方面，人们对于四气的认识诱发了司分司至四神的想象，这已使原始历法的产生成为无可质疑的事实。人们已经具备了以祖配天的观念，而这种观念的形成一定是在上帝崇拜的宗教观基础上完成的，这表明至上神上帝也已被创造了出来。帝作为宗祖神当然只可能体现与观象者的联系，这意味着由天文学而导致的王权政治已经呈现出完整的雏形。事实上，西水坡的考古遗存明确显示了中国传统天文学诸主要方面的创造在距今第六千纪以前就已基本完成，甚至受天文学影响而产生的传统政治观与宗教观在当时也已颇具体系[3]。

自西水坡时代直至殷商的三千年间，传统天文学的进步使早期的初创成果日趋精确且完善。考古发现此时的天文学遗存不仅比此前更为丰富，而且其所体现的天文学内涵也更为具体。在距今约五千五百年的红山文化时代，已出现以天数思想及相关知识为基础而设计的祭天圜丘与祭地方丘[4]；约略同时或稍晚的淮水流域先民则创造出占验的式盘[5]；山西襄汾陶寺遗址所见夏代或先夏时代的圭表仪具

1 冯时：《中国天文考古学》，中国社会科学出版社，2010年；《上古宇宙观的考古学研究——安徽蚌埠双墩春秋锺离君柏墓解读》，《中央研究院历史语言研究所集刊》第八十二本第三分，2011年。

2 濮阳市文物管理委员会、濮阳市博物馆、濮阳市文物工作队：《河南濮阳西水坡遗址发掘简报》，《文物》1988年第3期；濮阳西水坡遗址考古队：《1988年河南濮阳西水坡遗址发掘简报》，《考古》1989年第12期。

3 冯时：《河南濮阳西水坡45号墓的天文学研究》，《文物》1990年第3期；《中国天文考古学》第六章，中国社会科学出版社，2010年；《中国古代的天文与人文》第二章第二节，中国社会科学出版社，2009年修订版；《天文考古学与上古宇宙观》，《中国史新论——科技与中国社会分册》，中央研究院、联经出版公司，2010年。

4 发掘资料见辽宁省文物考古研究所：《辽宁牛河梁红山文化“女神庙”与积石冢群发掘简报》，《文物》1986年第8期。研究参见冯时：《红山文化三环石坛的天文学研究——兼论中国最早的圜丘与方丘》，《北方文物》1993年第1期；《中国天文考古学》第七章第二节，中国社会科学出版社，2010年；《中国古代的天文与人文》第五章，中国社会科学出版社，2009年修订版。

5 发掘资料见安徽省文物考古研究所：《凌家滩》，文物出版社，2006年。研究参见陈久金、张敬国：《含山出土玉片图形试考》，《文物》1989年第4期；饶宗颐：《未有文字以前表示“方位”与“数理关系”的玉版》，《文物研究》第六辑，1990年；冯时：《史前八角纹与上古天数观》，《考古求知集》，中国社会科学出版社，1997年；《中国天文考古学》第八章第二节，中国社会科学出版社，2010年。

不仅完整，也异常精致[1]；而《尧典》的历法体系也通过二里头文化的相关遗物得到印证[2]。总而言之，这一时期的天文学呈现着全面的进步[3]，而且更为重要的是，距今八千年前就已逐渐形成的传统阴阳观由于为观象授时的政治活动和生产目的提供了理想的哲学解释，从而使固有的时空体系既成为表现阴阳观念的基本内涵，更成为阴阳描述的基本形式，这从根本上限制了中国传统天文学及天文思想从一开始便沿着一条具有浓郁阴阳哲学色彩的道路而发展[4]，对后世的天文学产生了深刻影响。

新石器时代的天文观以及基于这种观念发展起来的天文学系统地建构出传统天文学的知识背景。经历了数千年的积累，中国传统天文学所有主要的领域，诸如时空关系、恒星观测、历法编算、宇宙理论以及天文思想等，都已建立起系统且独具特色的知识体系。

第二节　早期文献证据

中国早期文献有关天文学起源的证据同样很充分，这些记载并非只是对早期天文技术的简单描述，而都或多或少地反映了原始天文学对于古代政治的影响以及其所体现的天文思想。很明显，天文学始终是作为人类文明历史的发端而倍受关注，并保留在古人的记忆之中。

一、《尚书·尧典》四神章释读

《尚书》作为上古时代的政典遗文，其首篇《尧典》开卷即介绍上古时代的观象授时制度，原文引录如下。

> 乃命羲、和，钦若昊天，历象日月星辰，敬授人时。
>
> 分命羲仲，宅嵎夷，曰旸谷。寅宾出日，平秩东作。日中，星鸟，以殷仲春。厥民析，鸟兽孳尾。
>
> 申命羲叔，宅南郊。平秩南讹。敬致。日永，星火，以正仲夏。厥民因，鸟兽希革。

---

1 发掘资料见中国社会科学院考古研究所山西队、山西省考古研究所、临汾市文物局：《陶寺城址发现陶寺文化中期墓葬》，《考古》2003年第9期；何驽：《山西襄汾陶寺城址中期王级大墓Ⅱ M22出土漆杆“圭尺”功能试探》，《自然科学史研究》第28卷第3期，2009年；《陶寺圭尺补正》，《自然科学史研究》第30卷第3期。研究参见冯时：《陶寺圭表及相关问题研究》，文本·图像·记忆国际学术研讨会论文，上海，2011年1月；《考古学集刊》第19集，科学出版社，2013年。

2 发掘资料见中国社会科学院考古研究所二里头工作队：《偃师二里头遗址新发现的铜器和玉器》，《考古》1976年第4期。研究参见冯时：《〈尧典〉历法体系的考古学研究》，《文物世界》1999年第1期；《中国天文考古学》第三章第三节之五，中国社会科学出版社，2010年。

3 参见冯时：《中国天文考古学》，中国社会科学出版社，2010年；《中国古代的天文与人文》，中国社会科学出版社，2009年修订版。

4 冯时：《天文考古学与上古宇宙观》，《中国史新论——科技与中国社会分册》，中央研究院、联经出版公司，2010年。

分命和仲，宅西，曰昧谷。寅饯纳日，平秩西成。宵中，星虚，以殷仲秋。厥民夷，鸟兽毛毨。

申命和叔，宅朔方，曰幽都。平在朔易。日短，星昴，以正仲冬。厥民隩，鸟兽氄毛。

帝曰："咨！汝羲暨和，朞三百有六旬有六日，以闰月定四时成岁。允釐百工，庶绩咸熙。"

这段文字颇为古奥，历代学者对它的解释也莫衷一是，然而如果梳理中国天文学的固有传统，《尧典》的上述内容并不难理解。现将文本的大意叙述如下：

帝尧命羲、和二官敬顺昊天，观测并推算日月星辰运行的分节，敬记天时，以授人民。

分命春分神羲仲，让其居住在东方极远的日出之地嵎夷中名叫旸谷的地方，恭敬地迎接春分的日出，并辨察依次从东方地平线上升起的星辰。春分之日，昼夜的长度相等，黄昏后鸟星中天，这个天象可以作为校正春分的标志。春分神的古老名字曰析，字义便是昼夜平分，而鸟兽交尾则是这时的物候征象。

申命夏至神羲叔，让其居住在南方极远之地。夏至之日，太阳出升的方向位于东方极北的一点，尔后则会向南转行，夏至神则要辨察太阳出升的这种由北而南的转行变化。夏至日正午要立表测影，以确定并校正一年中正午日影最短的一天。夏至之日，白昼极长，黄昏后火星中天，这个天象可以作为校正夏至的标志。夏至神的古老名字曰因，字义便是白昼极长，而鸟兽脱毛则是这时的物候征象。

分命秋分神和仲，让其居住在西方极远的日入之地名叫昧谷的地方，恭敬地为秋分的落日送行，并辨察依次从西方的地平线没入的星辰。秋分之日，昼夜同长，黄昏后虚星中天，这个天象可以作为校正秋分的标志。秋分神的古老名字曰夷，字义也为昼夜均分，而鸟兽的羽毛重生则是这时的物候征象。

申命冬至神和叔，让其居住在北方极远之地名叫幽都的地方。冬至之日，太阳出升的方向位于东方极南的一点，尔后则会向北转行，冬至神则要辨察太阳出升的这种由南而北的转行变化。冬至之日，白昼极短，黄昏后昴星中天，这个天象可以作为校正冬至的标志。冬至神的古老名字曰隩，字义乃为白昼极短，而鸟兽生出足以御寒的细小氄毛则是这时的物候征象。

帝尧说："唉！羲与和啊，你们要以三百六十六日为一循环周期，这是阳历的长度，将其配以十二个太阴历月，并设置闰月以端正调整分至四气与历月的对应关系，从而建立历法。以此岁历授时，才可能釐治百官，而诸项功业都可以兴旺完善。"

文中最具争议的内容应属"平秩东作"、"平秩南讹"、"平秩西成"、"平在朔易"四句，历代注家多以为其与农事有关，司马迁《史记·五帝本纪》将其转写作"便程东作"、"便程南为"、"便程西成"、"便在伏物"，已有误读。伪孔《传》解"平秩东作"为"平均次序东作之事，以务农也"，"平秩南讹"为"平叙南方化育之事，敬行其教，以致其功"，"平秩西成"为"秋，西方，万物成"，"平在朔易"为"易谓岁改易于北方，平均在察其政，以顺天常"。这些解释距经义已远，未逮本训。

《尧典》开篇通述观象授时的根本制度，观象的目的虽然是为农业生产提供时间服务，但经文全篇却无一字涉及农事。中国古代的传统观象方法有偕日和冲日二法，冲日法即观测恒星的南中天，经文所言春分“日中，星鸟”，夏至“日永，星火”，秋分“宵中，星虚”，冬至“日短，星昴”，即言四时昏后之中天星象，也就是所谓四仲中星。而偕日法则是观测恒星的偕日出与偕日没，这种观测并不像冲日法那样需要有子午线的背景知识及计时设备，因而是原始先民最早掌握的观测方法。很明显，上述四句的真实内涵正是对上古先民以偕日法观测恒星的客观描述。

“平秩东作”于《尚书大传》引作“辩秩东作”，“平秩”读为“辩秩”，意思就是辨察次序。“东作”与下文“西成”对文，“成”训终结，“作”则意为开始。《广雅·释诂一》：“作，始也。”《仪礼·士虞礼》：“西面告利成。”郑玄《注》：“成，毕也。”《易·泰·象》：“后以裁成天地之道。”焦循《章句》：“成，终也。”《周礼·天官·司书》：“及事成，则入要贰焉。”孙诒让《正义》：“成，引申为凡事终毕之称。”显然，“平秩东作”意即日出之前辨察东方地平线上依次出升的恒星，而“平秩西成”则言日没之后辨察西方地平线上依次没入的恒星，两文称述偕日法观测恒星的古老传统，分别与“寅宾出日”与“寅饯纳日”对应，义尤明白。

由于太阳于春分日升于正东，秋分日没于正西，所以这时对于日出点与日没点出升与伏没恒星的观测事实上与对太阳升没的观测息息相关。为了正定二分日的准确时间，对于恒星运行位置的参考显然十分必要，因此从某种意义上讲，这时对于恒星偕日出与偕日没的辨察其实就是通过观测太阳以端正二分日工作的一部分。这意味着《尧典》在叙述夏至与冬至二时所称的“平秩南讹”与“平在朔易”，也自然与冬、夏二至的确定有关。

古人测定二至有很多方法，他们可以于日中立表，通过找到一年中最短与最长的日影而定准二至，也可以借助漏壶计量白昼最长与最短的时间而定准二至。然而在所有天文仪器尚未发明之前，人们仅通过裸眼观测太阳出没方位的变化事实上也可以方便地找到二至。众所周知，在黄河流域的纬度地区，冬、夏二至太阳出没的地平方位角最大，准确地说，夏至日太阳从东方的极北点升起，又于西方的极北点伏没，之后的第二天，太阳出没的位置便向南移动；而至冬至日，太阳运行到东方的极南点而升起，又于西方的极南点而伏没，冬至的次日，太阳出没的位置便又会向北转移。事实上，太阳于冬、夏二至之间出没的地平方位总是在夏至的最北点与冬至的最南点之间游移变化，这意味着如果人们观测到太阳出没位置由北而南或由南而北的位移，他们就可以准确地找到二至。

《尧典》所谓的“平秩南讹”与“平在朔易”其实讲的就是人们通过观测太阳出没位置的南北变化以决定二至的朴素方法，“南讹”与“朔易”对文，“朔”意为北，犹经文所言之“朔方”；而“讹”、“易”同有变义。显然，所谓“平秩南讹”意即辨察夏至日后太阳出没位置由北向南的转移变化，而所谓“平在朔易”则谓辨察冬至日后太阳出没位置由南向北的转移变化。很明显，只要人们找到了太阳出没方位由北向南或由南向北的位移变化，人们便找到了夏至与冬至两个标准时点。由于这些朴素的观测实践无须借助任何仪具，它只需要人们耐心地

图 0-1　夏至致日图

对日出与日没进行连续不断的观测即可，因此，这种方法无疑应是古人在学会立表致日之前认知二至日的基本方法。

《尧典》的史料显然不是有关天文学起源的最早记录，然而其系统性却足以重建远古天文学的授时体系。相关的内容显示，天文学的进步首先在于圭表这种天文仪器的发明，这是时空体系得以建立的基础。人们只有通过立表测影才能完成对方位以及二分（春分、秋分）二至（夏至、冬至）的精准确定（图 0-1），从而建立其原始的历法。

如果仅将《尧典》的相关记载视为帝尧时代的传说，那显然过于片面。“尧”名源出天神，这一事实在今天看来已愈来愈清楚[1]。西周先民追溯古帝尚仅及禹，而禹的作为则由天所命令。西周豳公盨铭文首言“天命禹敷土”，这与《尧典》帝尧命羲、和的观念恰好相应。帝是神格化的天，而“天”与“尧”在意义上的联系极为密切。《说文解字》在训释这两个字的字义时说：“天，颠也。至高无上。” “尧，高也。从垚在兀上，高远也。”显然，天由于位于宇宙的最高处，所以古人将其训释为“颠”，乃言其至高无上，而“尧”恰好即具有这一意义。因此，由于帝尧乃是后世古史观所创造的天神，所以先民通过《尧典》将天文学的发生附会在帝尧时代其实只反映了后人对远古天文学历史的共同记忆而已。

二分二至构成了时空体系的四个关键的标准时点，因而由此产生的科学认知与思想观念在天文学与思想史两方面都十分重要。帝尧时代的四位天文官——羲仲、羲叔、和仲、和叔——作为管理分至四气的四官，其源出四方之神的事实相当清楚，这便是《尧典》思想体系中的四民——析、因、夷、隩。这些事迹不仅可以直接上溯到殷商时代的甲骨卜辞，而且在《山海经》中也得到了完整的存留[2]。商代甲骨文称：

东方曰析，风曰协。

1 童书业：《五行起源的讨论》，《古史辨》第五册下编；《“帝尧陶唐氏”名号溯源》，《古史辨》第七册下编；杨宽：《中国上古史导论》，《古史辨》第七册上编，上海古籍出版社，1982 年。

2 胡厚宣：《甲骨文四方风名考证》，《甲骨学商史论丛初集》第二册，成都齐鲁大学国学研究所，1944 年；《释殷代求年于四方和四方风的祭祀》，《复旦学报》（人文科学）1956 年第 1 期。

南方曰因，风曰微。

西方曰朿，风曰彝[1]。

［北方曰］夗，风曰役。

《合集》14294（图 0–2）

辛亥卜，内贞：禘于北，方曰夗，风曰役，𠦪年？一月。

辛亥卜，内贞：禘于南，方曰微，风曰迟，𠦪年？一月[2]。

贞：禘于东，方曰析，风曰协，𠦪年？

贞：禘于西，方曰彝，风曰𠂤，𠦪年？　《合集》14295 ＋ 3814 ＋ 13034 ＋ 13485 ＋《乙》5012

卯于东方析，三牛，三羊，南三？　《英藏》1288

乙酉贞：侑岁于伊、西彝？

《粹》195

其宁惠日、彝、𩎟？用。

《京津》4316

𩎟风惠豚，有大雨？

《合集》30393

［东方曰析］，风曰协。

南方［曰因，风曰微］。

宇野藏骨

图 0–2　记有四方风名的商代甲骨文

综合甲骨文所记的商代四方风名，可以整理出如下的系统：

东方	析	东风	协
南方	因、迟	南风	微
西方	彝	西风	朿、𠂤、𩎟
北方	夗	北风	役

这一四方风名的体系也见于《山海经》，相关内容为：

有人名曰折（析）丹[3]，东方曰折（析），来风曰俊，处东极以出入风。

（《大荒东经》）

有神名曰因［因］乎，南方曰因［乎］，夸［来］风曰［乎］民[4]，处南极以出入风。　（《大荒南经》）

1 此辞方名与风名互讹。

2 此辞方名与风名互讹。

3 《北堂书钞》卷一五一及《太平御览》卷九引此经俱作“有人名曰折丹”，今本夺“有人”二字。郝懿行《笺疏》疑脱“有神”二字。

4 孙诒让以为首句“因”字误重，三句“来”字误作“夸”。见《札迻》卷三。胡厚宣以为“乎”字为衍文。见《释殷代求年于四方和四方风的祭祀》，《复旦学报》（人文科学）1956 年第 1 期。

有人名曰石夷，西方曰夷[1]，来风曰韦，处西北隅以司日月之长短。

（《大荒西经》）

有人名曰鳧，北方曰鳧，来［之］风曰狻[2]，是处东极隅以止日月，使无相间出没，司其短长。（《大荒东经》）

很明显，无论殷卜辞中的东方析、南方因、西方彝、北方夗，还是《山海经》的东方折（析）、南方因、西方夷、北方鳧，其实都与《尧典》的天文观相一致，是为创造世界的分至四神。而与四方四神名彼此呼应的四风之名，则在描述分至四时的物候征象。这些思想纳入到《尧典》的体系中，便被条理化地表述为“厥民析，鸟兽孳尾”，“厥民因，鸟兽希革”，“厥民夷，鸟兽毛毨”，“厥民隩，鸟兽氄毛”，其中所言之厥民析、因、夷、隩明显继承商代甲骨文所记之析、因、彝、夗而略有通转变化，既为四方名，也是分至四神名；而鸟兽之孳尾、希革、毛毨、氄毛，则在借人们熟知的鸟兽于不同时节的改变而阐述四时的物候变化。据此我们知道，《尧典》的天文思想不仅古老，而且源流清晰，渊源有自，作为其核心内涵的四方风名思想虽然已经可以在商代的甲骨文中找到原型，然而就其所体现的天学与宗教背景而言，其创建时代实际则可以追溯到殷商以前（详参第三章第五节）。

二、战国楚帛书创世章释读

现藏于美国赛克勒美术馆的战国楚帛书，二十世纪三四十年代发现于湖南长沙子弹库。帛书内容分三部分，首章讲创世神话，次章讲天文星占，两章外围的文字分十二段，讲十二月月令忌宜。这些内容对于先秦创世思想、星占观念及《月令》体系的研究极具价值（图 0-3）。

早期的创世思想发展到战国时代，随着古史观念的改变，创世的分至四神变成了伏羲、女娲的四子。楚帛书首章详细记载了四子创世的神话，对于我们理解分至四神的具体作为很有帮助。文云：

曰故大熊雹戏，出自［华］胥，居于雷［夏］，厥田渔渔，□□□女。梦梦墨墨，亡章弼弼，□每水□，风雨是阏。乃娶叡逞□子之子曰女皇，是生子四□，是襄天践，是格参化。法兆为禹为契，以司土壤，晷天步达，乃上下腾传。山陵不疏，乃命山川四海［之］阳气阴气以为其疏，以涉山陵、泷汨、涵漫。未有日月，四神相代，乃步以为岁，是唯四时。

长曰青榦，二曰朱四单，三曰□黄难，四曰涵墨榦。千又百岁，日月夋（俊）生。九州不平，山陵备侧。四神乃作，至于覆，天旁动，扞蔽之青木、赤木、黄木、白木、墨木之精。炎帝乃命祝融以四神降，奠三天，［维］思缚，奠四极。曰：非九天则大侧，则毋敢蔑天灵。帝夋（俊）乃为日月之行。

共工夸步十日，四时□□，□神则闰，四□毋思；百神风雨辰祎乱作，

1 此四字今本脱，胡厚宣据卜辞及《尧典》补。见《释殷代求年于四方和四方风的祭祀》，《复旦学报》（人文科学）1956 年第 1 期。

2 孙诒让以为衍“之”字。见《札迻》卷三。

图 0-3 楚帛书摹本

乃逆日月，以传相□思。有宵有朝，有昼有夕。

这篇文献以四子为核心构建起一部完整的创世史。分至四神作为伏羲、女娲的四子不仅是开天辟地的创世者，也是方位、岁时与闰法的创立者，同时更是推动天体运转以及维系天地正常秩序的捍卫者。四神的原型当然源出古人对于二分二至四个标准时点的认识，这意味着这四个时点的取得事实上对于传统天文学的诞生和发展起着至关重要的作用。

伏羲时代的宇宙广大无形，暗昧不彰，草木深茂，洪水浩瀚，无风无雨，寂静无声，一片混沌景象，帛书称之为“梦梦墨墨，亡章弼弼，□每水□，风雨是阏”。其后伏羲娶女娲为妻，生有四个孩子，他们定立天地，化育万物，终使宇宙初开。夏代的始祖禹和商代的始祖契继承前业，下司水土，上度天数，往来于天地之间。大地上川陵壅塞不通，禹和契便命令山川四海的阳气阴气疏浚贯通。当时日月还没有产生，四子于是轮流在天盖上步算时间，形成了春分、夏至、秋分和冬至四时，成为司理分至四时的四位神祇。

在四时产生的千百年后，日月被帝俊创造了出来。当时大地与山陵都向东南倾斜，于是四神来到天盖之上，推动天盖围绕北极而转动，并卫守着立于五方支撑天盖的五色天柱，使其长擎不朽。同时炎帝又命祝融，让四神定出春、秋二分和冬、夏二至太阳在天盖上的三条运行轨道，并辨方正位而定准东、南、西、北四方。在三天四极奠定之后，帝俊终于可以操纵日月，使其开始正常地运行。

其后由于共工氏步算历日过疏，阳历大时三百六十五日比阴历小时三百五十五日多出了十日，从而使四时错逆，历法混乱。而四神适时地创制了闰法，使历日合天，四时端正。从此之后，四神恭敬地迎送日月，天行有常，朝夕昼夜井然有序，创造宇宙的工作终于完成了。

帛书提到的诸位历史人物，在中国传统的创世史中分别扮演了相应的角色。首先是人类的始祖伏羲，帛书称其为“大㲋雹戏”，“雹戏”于文献或作“包戏”，也就是伏羲。“㲋”字缀以“大”，意即大能。《说文解字·能部》：“能，熊属，足似鹿。”段玉裁《注》则以为《左传》、《国语》中的“能”作“熊”皆浅人所改的误字。《左传·昭公七年》：“昔尧殛鲧于羽山，其神化为黄能。”《国语·晋语八》、《天问》皆作“化为黄熊”，然郭璞注《山海经》，引《归藏·启筮》则作“化为黄龙”，故知“大能”实为大龙。《易纬乾凿度》郑玄《注》以有能氏即伏羲氏，与帛书所论相合。而汉代美术品习见伏羲人身龙尾的形象，与女娲交尾而为夫妻（图0-4），也与其“大能”的名号可互为印证。学者或读“大㲋”为太一[1]，然而战国楚竹书《太一生水》之“太一”写法与此不同[2]。知“能”与“一”的读音虽可相通，但与数术“一”字的用法却有本质的区别。

伏羲娶女娲所生的四子也就是分至四神，帛书记其名号以长幼为序，这种做法与《尧典》所记分至四神以伦序相次的传统全同。帛书以春分神为长，其后依次为夏至神、秋分神和冬至神，分别名为青榦、朱四单、□黄难、㴰墨榦，皆出商代甲骨文春分神析、夏至神因、秋分神彝和冬至神宛之名，次递合于《尧典》之春分神羲仲、夏至神羲叔、秋分神和仲与冬至神和叔。且《尧典》以仲、叔行

1 裘锡圭：《东皇太一与大㲋伏羲》，《裘锡圭学术文集》第二卷，复旦大学出版社，2012年。

2 荆门市博物馆：《郭店楚墓竹简》，文物出版社，1998年。

图 0-4　东汉伏羲女娲石刻画像（山东嘉祥武氏祠）

字配以羲、和之名，显示了四神源出羲、和的朴素史观，这一点也与帛书以四神为伏羲、女娲之子的史观不无暗合。唯帛书之四神名与方色相配，又以秋分神避言白色而体现任德远刑的刑德思想，表现出浓厚的数术色彩。

四子定立天地，帛书称之为“是襄天践”，在盖天家的宇宙观看来，这个工作充其量也就是将天的形状规划为圆形，将地的形状规划为方形，从而使混沌未分的天地真正地区分开来。方圆的不同看起来只是图形的差异，然而在中国传统的宇宙思想中，这两个图形由于分别象征着天地，因而有其特定的文化内涵。

帛书基于盖天家的宇宙理论描述创世历史，相关思想无不渗透于作者的遣词用字之中。如称天盖为“覆”；称天盖绕极运动为“旁动”；称构成盖图的由二分二至日行轨道所组成的三个同心圆为“三天”，而这一思想在战国时代的其他文献中则被称为“三圆”[1]；称构建时间的空间方位为“四极”。凡此作为时空基础的要素皆不出二分二至这四个时间标记点，因此，古人将其归于分至四神的创造，这种史观当然反映了真实的信史。

帛书中出现的其他几位神祇也很值得注意。女娲被称为“女皇”，已经具有三皇史观的萌芽[2]。古人以她人身龙尾与伏羲交合，自以二神为夫妻。女娲又为地母，与伏羲为天神而呈阴阳相合。神话中炼五色石补苍天的是她，济冀州、止淫水的是她，一日七十化，造生万物的还是她[3]。并以伏羲最终得女娲相助，开天辟地。然而据帛书所记，这些作为其实原本都应属于四神。其后史观变化，女娲才逐渐拥有了比四神更大的权能。

炎帝又称赤帝，传统将其作为五行之一的火神。炎帝与祝融的关系比较复杂，《山海经》既将祝融视为炎帝的后代[4]，也把他视为颛顼的后代[5]。同炎帝一样，祝

1 见《举治王天下·文王访之于尚父举治》，见马承源主编：《上海博物馆藏战国楚竹书（九）》，上海古籍出版社，2012 年；冯时：《祖槷考》，《考古》（出版中）。

2 《淮南子·原道》：“泰古二皇，得道之柄，立于中央，神与化游，以抚四方。”闻一多以“二皇”即为伏羲、女娲。见氏著《伏羲考》，《闻一多全集》第一册，三联书店，1982 年。

3 参见《淮南子·览冥》、《说林》。

4 参见《山海经·海内经》。

5 参见《山海经·大荒西经》。

融也是世传的火神，文献或以其名为“犁”[1]，或作“黎”[2]，为高辛氏的火正，死后为火官之神。《吕氏春秋·孟夏》：“其帝炎帝，其神祝融。”高诱《注》：“祝融，颛顼氏后，老童之子吴回也。为高辛氏火正，死为火官之神。”中国的古史观普遍以炎帝和祝融主司南方，以炎帝为南方帝，祝融则为南方之帝佐[3]，将他们视为同一系统的神祇。帛书称祝融受命于炎帝，并遣四神奠定三天四极，正是采用了这种说法。

帛书同时出现了夏代始祖禹与商代始祖契，作为四神的助手，并效法四神敷治天地，疏通川陵，跋涉于山川泥沼。关于禹治洪水、布理九州的事迹早已妇孺皆知，而契在传说中也曾做过帝尧的司徒，他曾辅佐大禹平治水土，所以帛书说他与禹同主下土。《诗·商颂·长发》：“濬哲维商，长发其祥。洪水芒芒，禹敷下土方。外大国是疆，幅陨既长。有娀方将，帝立子生商。玄王桓拨，受小国是达，受大国是达。率履不越，遂视既发。”《史记·殷本纪》：“契长而佐禹治水有功。”都在讲述这个故事。

共工为炎帝后裔，祝融之子[4]，神话中说他曾与颛顼争为帝，怒触不周之山，使天柱折，地维绝，从此天倾西北，致日月星辰行移，地不满东南，则水潦尘埃归流[5]，将其视为破坏天文秩序的罪魁。帛书以其跨步过大而致历法混乱，观念相通。事实上，根据岁差计算得到的公元前5000年的天象，当时的赤纬圈确实向着西北倾斜。假如我们同时考虑中国地理西北高、东南低的基本特点，那么这种“天倾西北”、“地不满东南”的天文地理现象显然早就被古人注意了[6]。

帝俊是帛书提到的一位重要人物，他创造出日月，并使其正常运行，这些作为与文献所载密合无间[7]，显然意味着帝俊其实就是至上神上帝。帛书名其为“帝夋”，也与作为帝臣的五方帝中的炎帝名为“某帝”区别明显。后人又以帝喾比附帝俊。

帝俊之名本作“夋”。《说文解字·夊部》：“夋，行夋夋也。一曰倨也。”桂馥《义证》：“夋，通作踆。”王念孙《广雅疏证》：“蹲、踆、夋并同字。”由此可明，“夋”字义即蹲踞之形，事实上这正描写了作为至上神的特有姿态。中国新石器时代于海岱地区普遍流行的与天极、北斗绘为一体的神祇形象皆呈蹲踞之姿，显然就是原始的帝俊形象（图0-5）[8]。

帛书中出现的帝俊、伏羲、女娲、炎帝、祝融、共工、夏禹和商契虽然都与创世的活动有关，但除禹、契二人辅助四神做了敷治水土、丈量距离的工作之外，其他人物并没有什么具体作为，而真正创造宇宙的工作，其实都是由分至四神独

1 《左传·昭公二十九年》：“火正曰祝融。……颛顼氏有子曰犁，为祝融。”

2 参见《国语·楚语下》。

3《淮南子·天文》：“南方，火也，其帝炎帝，其佐朱明，执衡而治夏。”《开元占经》卷三十引许本“朱明”作“祝融”。高诱《注》：“旧说云祝融。”

4 参见《山海经·海内经》。

5 参见《淮南子·天文》。

6 战国楚竹书《太一生水》：“［是故天不足］于西北，其下高以强。地不足于东南，其上□□□。”见荆门市博物馆：《郭店楚墓竹简》，文物出版社，1998年。沈括对于“天常倾西北，极星不得居中”的天文现象有过议论，见《宋史·天文志一》。

7 参见《山海经·大荒南经》、《大荒西经》。

8 冯时：《中国天文考古学》第三章第二节之五，社会科学文献出版社，2001年。

图 0-5 良渚文化玉琮上的帝俊图像（M12：98，浙江余杭反山出土）

立完成的。这个事实不仅体现了早期创世观的鲜明特点，而且也从根本上揭示了上古天文学作为原始文明核心内涵的本质特征。

三、四神创世观的发展

《尧典》与楚帛书记载的事实告诉我们，最早的创世神祇并不是人们习惯接受的上帝或伏羲、女娲，而是分至四神。四神创造天文的活动其实就是他们创造文明的活动。很明显，从早期的四神创世到晚期的伏羲、女娲创世，体现了创世史观的转变与发展。

在晚世的创世观念中，高居四神之上的创世神祇，于《尧典》有帝尧、伏羲和女娲，于楚帛书则有帝俊、伏羲、女娲、炎帝和祝融。炎帝和祝融分属传统宗教体系中的五方帝与五帝佐，而五方帝本出帝五臣，也即作为上帝的五位臣僚，五臣中除中央社神为帝工，四方神则共为帝使，其原型就是司理分至的分至四神。五帝佐又称五神，为后人配享的佐助五方帝的神祇，其地位更低于五方帝[1]。因此，所谓炎帝与祝融其实并不能作为凌驾于分至四神之上的创世神祇。

对读《尧典》与楚帛书便不难发现，所谓羲、和与伏羲、女娲其实本为一体[2]，唯名存繁省而已。而帝俊在《山海经》中作为并生日月的大神，实际就是至上神上帝，这又与帝尧的地位恰好吻合。很明显，这些早期文献虽有时代早晚的

1 参见冯时：《中国古代的天文与人文》第二章第二节之一，中国社会科学出版社，2006 年。
2 李零：《长沙子弹库战国楚帛书研究》，中华书局，1985 年，第 67 页。

图 0-6　东汉帝俊拥羲、和石刻画像（山东沂南北寨村汉墓）

差异，但其体现的有关中国天文学起源的基本观念却一脉相承。

《尧典》所反映的帝尧命令羲、和二官，羲、和又进而分命分至四神的创世史观虽然描述了宇宙创造的历史，但这种创世观事实上已由最初以四神创世的朴素思想发展为具有浓郁哲学色彩的创世史观。古人对于时间与阴阳关系的独特理解，使得作为万物生养天学基础的时空体系与作为万物生养哲学基础的阴阳体系可以互为表现，而创世史观的哲学化发展就是完成基于四时的阴阳思辨。具体地说，人类文明的进步是从他们对时空的掌握开始的，而建立时空体系的关键则在于对二分二至四个标准时点的认识，因此可以毫不夸张地说，二分二至四个时间标志点事实上即构建了人类文明的基石，而基于这一基本事实的创世思想便体现为分至四神的创世史观。

然而，人们对宇宙本源的无尽追索虽然可以使分至四时作为天文与人文制度的渊薮，但却难以解释四时自身的来源问题，而对时间之源的探索则必须借助与这一体系可以互为表现的阴阳体系。理由很简单，在阴阳哲学的框架下，空间不仅可以两分为阴阳，时间同样可以两分为阴阳，因此，以阴阳作为四时的基础理所当然地成为四神创世观哲学化的必然结果。

阴阳尽管可以作为四时的来源，但这并不意味着创世的思辨可以到此为止。就像人们需要寻找四时的来源一样，他们也同样需要寻找阴阳的来源，这使这种创世观的哲学化探索必须不断地进行下去。最终人们在天文、宗教、哲学的多重背景下完成了这样的思辨，古人将天文体系所描述的宇宙中心的北极，宗教传统中充当至上神的上帝作为阴阳的来源，因为北极不仅由极星北斗所规划，而且北斗其实就是上帝所乘之车并指建阴阳的重要星官，所以北斗虽仅一官，但却具有兼含阴阳的双重性质，这当然同时决定了主宰万物的至上神上帝也同样具有兼含阴阳的无上权能。北斗与上帝同具阴阳而作为万物之源，这一思想的数术化与哲学化思辨便是“太一”。“太一”的本义实为天一，也就是天数一，古人以数分阴阳，“一”为阳数，自为天数，当然也是万数生成的基础。显然，这样的思辨逻辑才使四神创世观的哲学化发展最终完成。《易·系辞上》云：

是故《易》有太极，是生两仪，两仪生四象。

图 0-7 西汉太一与伏羲、女娲画像砖（河南洛阳出土）

郭店战国楚竹书《太一生水》云：

> 太一生水，水反辅太一，是以成天；天反辅太一，是以成地；天地复相辅也，是以成神明；神明复相辅也，是以成阴阳；阴阳复相辅也，是以成四时。

相关内容都明确地表现了原始创世观的哲学化特点。

中国的创世观本之于天文观，上古创世神话仅以开天辟地、辨方正位、规划日月星辰、建立历法为其主要内容，因而创造世界的工作其实只是一种天文活动。从时空体系作为人文制度基础的观点看，以分至四神为创世神祇的观念不仅说明了天文学的古老，而且也客观地揭示了天文与人文的密切关系。很明显，天官历算体系的建立不仅是古人创造文明的重要成果，也是一切人文制度得以形成的基础。这一独具特色的创世观完整地展现了先民对于天文作为文明之源的固有认知，从根本上阐释了天文决定人文的基本事实。这些思想当然在《尧典》与楚帛书两部文献中表述得非常清楚。因此可以相信，分至四神实际就是古人最早认识的创世神祇。其后随着阴阳观向创世观的渗透，进而创造出兼具阴阳属性的天神上帝，并由此产生出高居分至四神之上的阴阳二神，也就是伏羲、女娲或羲、和，最终形成以天帝、伏羲女娲、分至四神或太一、阴阳、四时为基本次序的颇具宗教意义与哲学意义的创世史观。

图 0-8 东汉帝俊拥羲、和石刻画像（山东嘉祥花林村出土）

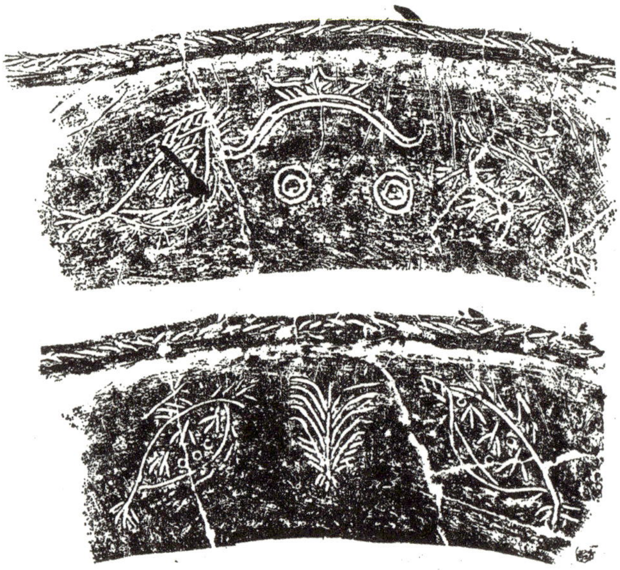

图 0-9 河姆渡文化陶盆刻绘的太一（上）与社神（下）图像（T29④：46）

图 0-10 马王堆西汉墓出土太一将行帛画

伏羲、女娲或者羲、和二官，其实只是阴阳观念的神明化的表述形式，因此，羲、和分主阴阳，这种观念只能来源于古人对于天文与时空的认识。《国语·楚语下》："颛顼受之，乃命南正重司天以属神，命火正黎司地以属民，使复旧常，无相侵渎，是谓绝地天通。"韦昭《注》："南，阳位。北，阴位也。"《尚书·吕刑》："乃命重、黎绝地天通，罔有降格。"伪孔《传》："重即羲，黎即和。"即以羲为天神，和为地祇，分主阴阳。《尧典》以分至四神中的春分神羲仲、夏至神羲叔属阳，而以秋分神和仲、冬至神和叔属阴，春分乃言"日中"，与其相对的秋分则言"宵中"，自以阳配春分而属羲，阴配秋分而属和。汉代画像常以伏羲执规以画天，女娲执矩以画地，或以伏羲捧日，女娲捧月，也明以羲、和分主阴阳，颇具系统。事实上，创世观与阴阳观最终合流的年代，除据文献可以追溯至帝尧时代外，考古资料于此也有形象的反映。山东沂南东汉石刻画像中绘有帝俊双手拥怀伏羲（羲）、女娲（和）的内容（图 0-6）[1]，伏羲、女娲分执规、矩，中央的帝俊则头戴璇玑冠，自有太极生两仪之象。类似的画像在两汉时代十分流行，如河南洛阳西汉中晚期壁画砖（图 0-7）、山东嘉祥花林村东汉石刻画像（图 0-8），两图中的帝俊形象绘为猪首，或生獠牙[2]，其数术形象则为太一[3]。猪首当然是极星北斗的象征，由于北斗为太一常居之地，因而古人也以其作为太一的象征[4]。这一传统甚至可以一直上溯到新石器时代的良渚文化，其时出现的太一神徽即为生有獠牙的猪首，其上蹲踞面呈斗形的太一神像，太一头戴天盖，中央可见清晰的璇玑，而太一双手抚拥胸前的二星，是为斗魁的首二星——天枢与天璇，以示阴阳（图 0-5）。如果追溯这一图像的来源，我

1 南京博物院、山东省文物管理处：《沂南古画像石墓发掘报告》，文化部文物管理局，1956 年。

2 曹建强：《洛阳新发现一组汉代壁画砖》，《文博》2009 年第 4 期。

3 张应强：《试论汉墓壁画中的猪首怪人》，《文博》2009 年第 4 期。

4 冯时：《中国天文考古学》第三章第二节，社会科学文献出版社，2001 年。

图 0-11 东汉天象图石刻画像（河南南阳麒麟岗出土）

们便可以在河姆渡文化中找到它的原型（图 0-9），时代已在公元前第四千纪。这个图像不仅可以与马王堆西汉墓出土的太一将行帛画对观（图 0-10），而且后者更可以通过画上的文字，印证这些早期的斗形神徽，其性质实际就是天神太一[1]。

太一与阴阳二神共存的另一种形式则见于河南南阳卧龙区麒麟岗汉墓所出之画像（图 0-11）。画面中央踞坐一神，是为太一，也就是帝俊的原型。太一四周布列四象，东、西两侧外分列伏羲、女娲，仍然具有明显的太极生两仪，两仪生四象之义，而四象分主四方并主建四时，因此这幅图像事实上可以视为创世史观数术化的形象表现。

第三节 神话学证据

在可靠的信史出现之前，早期人类的各种活动几乎被神话包办了。中国天文学的起源也同中国文明的起源一样，带有浓厚的传说色彩。

一、十日神话与金乌负日

太阳无疑是先民最早认识的恒星，有关它的传说也十分丰富。在远古时代，太阳一直被想象有十个，《山海经·大荒南经》在描述相关的神话时这样写道：

> 东南海之外，甘山之间，有羲和之国。有女子名曰羲和，方浴日于甘渊。羲和者，帝俊之妻，生十日。

帝俊生日，这个记载与楚帛书的内容完全一致。不同的是，《山海经》以羲和为帝俊的妻子、太阳的母亲，她本领很大，生有十个太阳。十日神话在同书《海内东经》和《大荒东经》中描写得更为生动：

> 黑齿国，下有汤谷。汤谷上有扶桑，十日所浴。在黑齿北，居水中，有大木，九日居下枝，一日居上枝。

1 冯时：《中国天文考古学》第三章第二节之五，社会科学文献出版社，2001 年。

图0-12　西汉非衣（湖南长沙马王堆西汉墓出土，采自《长沙马王堆一号汉墓》）

图 0-13　金乌负日图（1. 仰韶文化彩陶图像 2. 良渚文化陶器图像 3、4. 东汉石刻画像）

有谷曰温源谷。汤谷上有扶木，一日方至，一日方出，皆载于乌。

“汤谷”或作“旸谷”。古人的这些想象十分有趣。羲和将十个太阳安置在东方旸谷的扶桑树上，它们在这棵树上总是九日居下枝，一日居上枝，居上枝的一日等出去的那个太阳回到扶桑树下枝的时候，就从上枝进入天空，于是人间便分享着它所带来的光明与温暖。当它走完天空的路程回到东方的旸谷的时候，它的母亲羲和便为它洗一次澡，然后让它到扶桑树的下枝去休息。这时，另一个太阳便又从下枝升到上枝，再进入天空，人间于是又出现了一个新的白天。十个太阳轮班一次共用十天，也就是一旬。长沙马王堆西汉墓所出非衣帛画即形象地描绘了这个十日神话（图 0-12）。

十个太阳在东方的扶桑树上轮流出入，经过天空，再回到旸谷扶桑，都是由它们的乌载负着飞出去又飞回来的。一日有一只乌，十日便有十只乌，这一观念在后羿射日的神话中反映得也相当清楚。屈原曾在《天问》中发出这样的疑问：“羿焉弹日？乌焉解羽？”可见后羿之所以能把九日射落，实际是他将载日的九乌射中的缘故。乌后来变成了三足阳乌（图 0-13，4），事实上早在新石器时代，这种金乌负日的想象就已经存在了（图 0-13）。

人们每天都会看到有新的太阳升起，这种朴素认知其实可以将太阳的数量无限地积累下去。那么为什么太阳会被最终限制为十个？这恐怕与中算学传统的十进位制有着密切的关系。《左传·昭公五年》：“明夷，日也。日之数十，故有十时，亦当十位。”即明确讲到这一思想。中国古人虽然受传统阴阳观的影响而长期使用干支法纪时，但天干与地支的产生无疑各有来源。天干最终可以被确定为十个，不仅体现了“日之数十”的传统思想，而且符合纪日系统中最朴素的“旬”

的周期，这些特点在商代甲骨文中仍然表现得非常鲜明。因此，天有十日的神话实际反映了十个天干起源的事实，十个太阳轮流出没，自甲至癸，周而复始，旬的概念便应运而生了。

二、后羿射日

然而十日神话与只有一个太阳的现实毕竟是矛盾的，随着人类认识的进步，这个矛盾终于到了非解决不可的时候了，于是新的神话便相应诞生，这就是十日并出和后羿射日的传说。《淮南子·本经》对这则神话是这样描述的：

> 逮至尧之时，十日并出，焦禾稼，杀草木，而民无所食。猰貐、凿齿、九婴、大风、封豨、修蛇皆为民害，尧乃使羿诛凿齿于畴华之野，杀九婴于凶水之上，缴大风于青丘之泽，上射十日而下杀猰貐，断修蛇于洞庭，擒封豨于桑林。万民皆喜，置尧以为天子。

王逸《楚辞章句》在注解《天问》时则说得更明确：

> 尧命羿仰射十日，中其九日，日中九乌皆死，堕其羽翼，故留其一日也。

后羿是传说中东夷族的一位神奇射手，帝尧请他来帮忙，把中天并出的十日射落了九个，九日中的九乌全被射死，从此，天空中便只留下了一个太阳在运行。直至汉代，美术品中对这一神话主题仍然描绘得十分生动（图0-14）。

图0-14　东汉后羿射日石刻画像（山东嘉祥武氏祠）

十日并出的神话难道仅仅出于古人的想象？问题应该不会这么简单。其实这种现象在自然天象中并不是不可能存在的，如果认为其来源于古人对于日晕或幻日的认识，似乎并非没有根据，因为在某种大气条件的作用下，一次复杂的日晕所出现的幻日可以达到十个之多，这种现象在高纬度地区尤其容易出现。事实上，东汉王充在《论衡》中已不止一次地论及了这则神话，甚至他已得出那些多出的日并非真日的结论。显然，古人要解释每天出没的太阳并没有什么不同的基本事实，那只是同一个太阳在重复运行而已，那么将复杂的日晕所造成的数日并出尔后消失的现象作为诱发他们想象的原因，应该再合适不过了。

三、十二月神话

既然十个太阳每日轮班，那么月亮是否也不止一个，而且每月轮流出没呢？《天问》中保留了古人的这样一种新奇想法，屈原说道："夜光何德，死则又育？"他们认为，月亮从圆到缺会慢慢死去，下个月出现的将是一轮新月。这个想法看来比十日的认识更为根深蒂固，它坚定了人们以十二个新月的周期定为一年的基本认知，并且时至今日，人们仍然以"新月"的概念去称呼每月月初新见的明月。当然，这种认识也毫无疑问地导致了十二个月亮神话的产生。对于这则神话，《山海经·大荒西经》这样写道：

> 大荒之中，有女子方浴月。帝俊妻常羲生月十有二，此始浴之。

联系十日神话中作为帝俊之妻的羲和，显然与这里所记的帝俊之妻常羲[1]，都是伏羲、女娲的演变。其或生十日，或生十二月，则是晚世以伏羲主日、女娲主月观念的渊薮。很明显，假如十日神话可以视为十天干起源的思想背景的话，那么十二个月亮的观念就应该直接反映了十二地支的形成。

四、夸父逐日

上古神话涉及日月的内容还有很多，其中"夸父逐日"则是其中颇有趣味的一个。传说巨人夸父与太阳竞走，并在太阳将要落下的时候捉住了它。这时他自己也口渴至极，把黄河水喝干后仍不能解渴，于是又去喝大泽的水，但终于没能走到大泽就渴死了。

这则神话在天文学史上显然比在神话学史上更有价值，它揭示了上古先民立表测影的真实历史[2]。据《山海经·大荒北经》所载：

> 大荒之中，有山名曰成都载天。有人珥两黄蛇，把两黄蛇，名曰夸父。后土生信，信生夸父。夸父不量力，欲追日景，逮之于禺谷。将饮河而不足也，将走大泽，未至，死于此。

郭璞《注》："禺渊，日所入也，今作虞。"又同书《海外北经》云：

> 夸父与日逐走，入日。渴欲得饮，饮于河渭。河渭不足，北饮大泽。未至，道渴而死。弃其杖，化为邓林。

这则神话清楚地显示，夸父追逐的其实并不是太阳，而是太阳的影子。我们知道，致日测影是中国古代天文学最重要的内容，观测太阳自东升到西落的运行轨迹，不断追逐度量变化中的日影，这个工作显然即构成了夸父逐日神话的科学背景。神话说夸父"弃其杖，化为邓林"，《淮南子·墬形》高诱注："邓，犹木。"因此"杖"实际就是测影槷表的化身。而夸父为信之子，信则体现了古人对于时间不约而至、必信不倍的朴素认知。郭店战国楚竹书《忠信之道》："至信如时，必至而不结。"[3]这一观念恰可与立表建时的工作相印证。因此从这一意义上说，夸父逐日的神话应该正暗示着中国古代天文学致日测影的历史。

---

1 《世本》以羲和占日，常儀占月，"常儀"应即"常羲"的讹误。

2 郑文光：《中国天文学源流》，科学出版社，1979年，第38页。

3 荆门市博物馆：《郭店楚墓竹简》，文物出版社，1998年。

不仅如此，夸父居于大荒之中，又与黄蛇相属，且为后土之嗣，凡此都暗示了测影与建立天地之中的关系。黄为中央之色，蛇与句龙后土并为社神而居中，无不体现立中的思想，这与殷卜辞称立表为“立中”正相吻合。而天地之中或定于河渭一线，又与夸父追逐日影于河的事实彼此呼应，体现了居中而治的传统政治观。清华大学藏战国竹书《保训》谓商先祖上甲微“追中于河”[1]，应该反映了相同的史实。

五、参商二子

早期的恒星观测与古人观象授时的活动密切相关，在上古文献中，凡涉及星象起源的内容，几乎都不能回避这一点。《左传·昭公元年》记载着一个高辛氏二子的故事，文云：

> 昔高辛氏有二子，长曰阏伯，季曰实沈，居于旷林，不相能也，日寻干戈，以相争讨。后帝不臧，迁阏伯于商丘，主辰，商人是因，故辰为商星。迁实沈于大夏，主参，唐人是因，以服事夏商。

这个参商二星不得相见的远古神话，于今早已成为怨艾离别的熟典。长子阏伯与次子实沈作为高辛氏的儿子同居旷林，但很不和睦，此事终于惹怒了天帝，将阏伯迁到商丘去司理商星，又迁实沈到大夏去司理晋星，从此二人再无缘相见。这个故事的天文学意义非常清楚，商星是指二十八宿东宫七宿的心宿二（天蝎座 α），古人又叫它大火星，也称之为阏伯之星[2]；参星则是《史记·天官书》所说的白虎，张守节《正义》：“觜三星，参三星，外四星为实沈。”于西方则属猎户座的主星。两个星官正好位居黄道的东、西两端，每当商星从东方升起，参星便已没入西方的地平；而当参星从东方升起，商星也已没入西方的地平。二星在天空中绝不同时出现，这便是参商离别故事的由来。

二子事迹所具有的天文学意义是明确的。《左传·襄公九年》云：

> 陶唐氏之火正阏伯居商丘，祀大火，而火纪时焉。相土因之，故商主大火。商人阅其祸败之衅，必始于火，是以日知其有天道也。

这个记载虽与前文同出一辙，但已明显加入了大火与参星对于古人观象授时的重要意义。大火星属红色的一等亮星，古人之所以赋予它这个名称，并不仅仅因为它是苍龙星象中最明亮的红色巨星，关键还在于大火对于古人授时定候的指示作用，犹如火之对于农业的作用一样重要。古人最初不仅通过对大火星出没的观测指示“出火”、“入火”的生产实践，更重要的则是根据大火星的日躔作为决定岁首的标志。《汉书·律历志上》：“玉衡杓建，天之纲也。日月初躔，星之纪也。纲纪之交，以原始造设，合乐用焉。”讲的就是古人据恒星日躔以建原始的道理。因此，大火星事实上是二十八宿星官体系中最重要的授时主星。大火的形象在史前及商周时代的美术品中早已出现（图 0-15），而基于这一星官的恒星观测遗存，至少在公元前第四千纪中叶也已出现（详见第四章）。这些事实说明，古人对于大火与参星的观测历史十分悠久。

二子神话对于传统天文学的影响是多方面的，参商二星与国族的联系其实建构了分野体系的基点，这为星占术的产生准备了条件。而二子神话融入于构建地平方位的十二支体系，便呈现出居于首位的“子”与居于六位的“巳”本都同写为“子”，而这两个位置相对绝远的距离恰如参商二子于黄道位居东、西两极一样，其实是无缘谋面的。

---

1 李学勤主编：《清华大学藏战国竹书（壹）》，中西书局，2011 年。研究参见冯时：《〈保训〉故事与地中之变迁》，第四届古文字与古代史国际学术研讨会——纪念董作宾逝世五十周年，中央研究院历史语言研究所，台北，2013 年。

2 《汉书·律历志下》：“大火，阏伯之星也，实纪商人。”语出《国语·晋语四》。

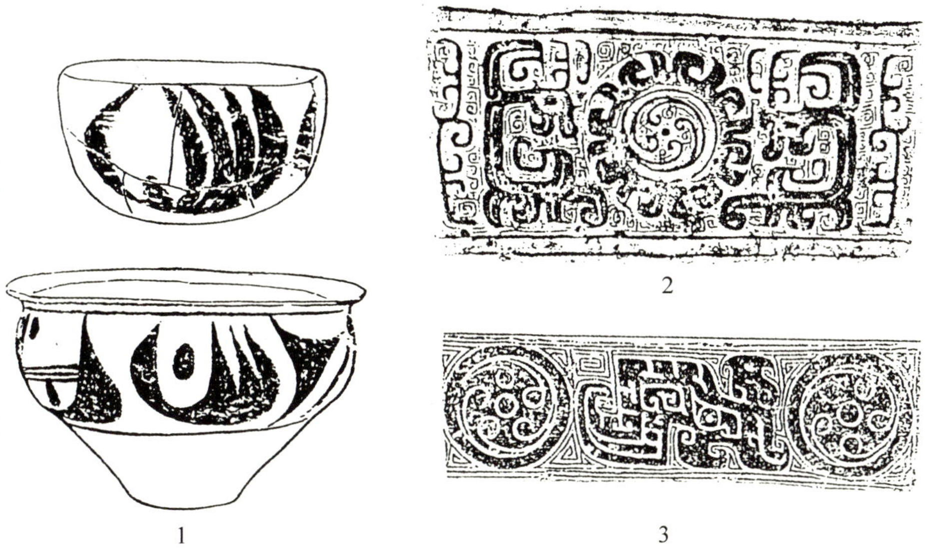

图 0-15　大火星图像（1.仰韶文化彩陶图像 2.西周青铜器纹样 3.商代青铜器纹样）

中国上古时代的神话与传说丰富多彩，其中不乏反映早期先民对宇宙的想象和对日月星辰的认识，涉及宇宙结构、天体演变、日月运行、恒星观测、干支与历法的起源以及日影观测等一系列问题，几乎包括了中国天文学所有主要的方面。先民们对这些问题的探讨，影响着他们对于传统文化的构建。

第四节　天文学对中国传统文化的影响

古人对于天象的探索，其根本目的乃在于为农业生产提供准确的时间服务。因此对于农业社会而言，天文历法知识具有首要的意义，谁能把时间颁告给人民，谁便可以获得统治的资格。在这样的文明背景下，天文学事实上对中国古代文明与传统文化的形成具有着深刻影响。准确地说，天文学不仅是古人赖以建立时空体系的重要手段，而且成为传统政治观、宗教观、祭祀观、礼仪制度、哲学观与科学观的渊薮，这些观念在构建中国传统文化核心内涵的同时，也形成了独具特色的传统宇宙观，体现了古人对于天、地、人相互关系的深刻思考。这些事实意味着，如果我们探求中国文化，就不能不首先研究作为这一文化背景的天学背景及宇宙观。或者换句话说，假如我们不了解古代的天文学以及相应的宇宙观，我们就无法从根本上把握文明诞生和发展的脉络。显然，天文学作为中国传统文明之源的事实相当清楚。

中国古代天文与人文的关系问题始终是中国文化的根本问题，先民对这一问题的思考和论述精审而深刻。《易·贲·彖》云：

> 刚柔交错，天文也。文明以止，人文也。观乎天文，以察时变。观乎人文，以化成天下。

“文明”作为人类社会创制的典章制度，即源自先民对于天人关系的理解。早期文献对这一认识阐释得相当清楚。《易·乾·文言》云：

见龙在田，天下文明。

孔颖达《正义》："天下有文章而光明。"人类修养文德而彰明，社会得有典章制度的建设而彰明，而文德与制度的形成皆有赖于一个根本的工作，这就是观象授时。"见龙在田"呈现的是苍龙星象的起始宿角宿昏见于东方地平之上的天象，这是新的农业周期开始的标志。基于这种观象授时的工作，一切典章制度才可能最终形成[1]，这便是《易传》所强调天文作为文明之因，而文明乃为天文之果的根本思想。《易·大有·彖》云：

其德刚健而文明，应乎天而时行，是以元亨。

《象》也云：

火在天上，大有，君子以遏恶扬善，顺天休命。

"火"即大火星，乃苍龙星象中心的授时主星心宿二，古人观火授时而"大有"，是谓"顺天休命"。人文源自天文，于此表述得同样明确。

时空体系的建立以及时空关系的思考都必须基于相应的天文观测才可能完成。中国固有的时空关系表现为空间决定时间，这使辨方正位成为一切用事制度的基础，从而导致了诸如城邑、陵寝等建筑形式的方正布局。

空间方位的精确辨正显然得益于槷表的发明，这种天文仪器的出现乃是天文观测精确化的必然结果。在中国传统的五方观念中，"中"的位置不仅是立表的位置，而且在早期文明社会，立表的活动由于被统治者所垄断，以致逐渐形成了居中而治的传统政治观。《论语·尧曰》："天之历数在尔躬，允执其中。"即是这种观念的反映。

由立表测影而产生的"中"的观念事实上包括了三方面内涵。其一，因立表测定空间方位所获得的"中"具有"中央"的内涵，这是居中而治的传统政治观的基础，对中国传统政治制度及都邑制度的形成具有深刻影响。其二，立表测影的工作必须以校正表的垂直为前提，由此获得的"中"则具有"中正"的内涵，从而直接影响着"中庸"哲学观的形成。其三，表所居的位置在中央，其又以中正的状态呈现，这个位置显然是最为和谐且不偏不倚的，由此又引申出"中和"的内涵，这对传统宇宙观的形成具有着深刻的影响。

由于观象授时的工作为统治者所垄断，这使天文学从其诞生的那天起即具有了强烈的政治倾向。很明显，在生产力水平相当低下的远古社会，如果有人通过自己的智慧与实践掌握了在多数人看来神秘莫测的天象规律，并通过敬授人时维系着氏族的生存，那么这种知识本身也就具有了权力的意义。事实上，当观象授时作为王权政治的基础存在的时候，人王的权力源于天授的认知便自然产生了。基于这样的认知，至上神上帝开始被创造，帝廷组织得以建构，帝与人王的直接血缘关系得到确认，以祖配天的观念由此形成，进而对天地、天象、祖先、社稷的祭祀及相应的典章制度，以及有关阴阳、刑德的哲学思考相伴而出现，因此，天文学不仅导致了君权神授、天命观念的形成，而且直接关系到原始宗教观、古代祭祀制度及礼仪制度的建立。而就古典哲学而言，如果说儒家哲学的天命、中

1 《礼记·大传》："考文章，改正朔。"《左传·隐公五年》："昭文章，明贵贱。"杜预《集解》："文章，车服旌旗。"皆以文章为礼乐典章。

庸等核心思想乃是对传统宇宙观的继承的话，那么道家的思辨哲学简直就是借助天文学的研究完成的[1]。

天文学既是原始文明的来源，当然也是原始科学的来源，古代科学观的内涵不仅包括科学知识与研究方法，而且更有支撑这一体系的科学思想。前者的建立必须通过天文学与数学的进步才能实现，而科学思想则与相应的哲学思想息息相关，成为传统宇宙观中颇具特色的部分。

中国古代文明是人类历史上天文学发端最早的古老文明，这意味着文明的起源与天文学的起源实际处于同一时期，而天文学所构筑的文明基石以典章制度与形上观念为特征，这是人类摆脱野蛮和蒙昧状态而真正具有社会意义最重要的标志。显然，天文学并不能仅仅被纳入科学的范畴，它既创造了文明，也是人们探索原始文明的途径。事实上在早期文明社会，文化与科学是难以割裂的，人们对待科学的态度也就决定了他们对待文明的态度，这是我们在研究中国天文学史的同时需要特别加以关注的问题。

1 参见冯时：《中国古代的天文与人文》第四章，中国社会科学出版社，2009年修订版。

第一章
早期天文学与占星术

第一节 占星术的起源

中国古代的天文学与占星术密不可分，可以毫不夸张地说，传统天文学的历史几乎就是一部星占史。尽管人们观测天文的初衷在于观象授时，但是当天文学知识逐渐构成王权基础的时候，当天文学所影响的原始宗教观念形成的时候，朴素的星占思想也便应运而生了。

新石器时代天文学的政治与宗教倾向显然意味着占星术在当时已经产生，至少在公元前第四千纪的中叶，天文学已作为王权的基础而存在，人王也已建立了与天帝的联系[1]，因此，天象的变化对于人间社会吉凶祸福的影响便具有了真正的意义。人们开始将人间社会复制到天上，并将星象的常态与变化视为吉凶的征兆，从而最终实现星占的目的。殷周先民不仅关心各种自然征兆，而且已见对于这些征兆的具体解释。西周利簋铭文记武王征商而以岁星当位为吉兆[2]，已将岁星之占用于军戎之事，星占学在当时已经颇具系统了。《汉书·天文志》云：

> 凡天文在图籍昭昭可知者，经星常宿中外官凡百一十八名，积数七百八十三星，皆有州国官宫物类之象。其伏见蚤晚，邪正存亡，虚实阔陋，及五星所行，合散犯守，陵历鬭食，彗孛飞流，日月薄食，晕适背穴，抱珥虹蜺，迅雷风袄，怪云变气，此皆阴阳之精，其本在地，而上发于天者也。政失于此，则变见于彼，犹景之象形，响之应声。是以明君睹之而寤，饬身正事，思其咎谢，则祸除而福至，自然之符也。

显然，星占学得以建立的基础实则在于人们对于天象运行规律的掌握，凡不合于常态的变化天象都可以视为具有某种或吉或凶的星占意义。一旦人们将某些星象赋予了某种特定的人文内涵，这些星象的变化便可与其所对应的人群发生联系。

天上世界源于古人对人间社会的模仿，这一点应该很清楚。《史记·天官书》云：

> 中宫天极星，其一明者，太一常居也；旁三星三公，或曰子属。后句四星，末大星正妃，馀三星后宫之属也。环之匡卫十二星，藩臣。皆曰紫宫。

地上之人王居于九州中央的紫禁城，天上之至上神太一也便居于天宇中央的紫微宫。《春秋元命包》："紫之言此也，宫之言中也，言天神运动，阴阳开闭，皆在此中也。"《春秋合诚图》：

---

1 冯时：《中国天文考古学》第六章第四节，中国社会科学出版社，2010年。

2 张政烺：《利簋释文》，《考古》1978年第1期。

“紫微，大帝室，太一之精也。” “太一”又作“泰一”，为天帝的别名，乃天神中最尊贵的至上神，殷商先民则名之曰“帝”或“上帝”。天帝居于中宫天极星，旁有三公、王子、正妃、后宫、藩臣，俨然人间社会的宫廷组织。张守节《史记正义》：“三公三星在北斗杓东，又三公三星在北斗魁西，并为太尉、司徒、司空之象，主变出阴阳，主佐机务。占以徙为不吉，居常则安，金、火守之并为咎也。”可明星象常态变态的星占意义。

《史记·天官书》又云：

> 魁下六星，两两相比者，名曰三能。三能色齐，君臣和；不齐，为乖戾。辅星明近，辅臣亲强；斥小，疏弱。

应劭引《黄帝泰阶六符经》：“泰阶者，天子之三阶；上阶，上星为男主，下星为女主；中阶，上星为诸侯三公，下星为卿大夫；下阶，上星为士，下星为庶人。三阶平，则阴阳合，风雨时；不平，则稼穑不成，冬雷夏霜，天行暴令，好兴甲兵。修宫榭，广苑囿，则上阶为之坼也。”辅星位于北斗第六星旁，星占家以为大臣之象，“欲其小而明；若大而明，臣夺君位；小而不明，则臣不任职；明大与斗合，国兵暴起；暗而远斗，臣不死则夺；若近臣专赏，排贤用佞，则辅星生角；近臣擅国符印，将谋社稷，则辅星生翼；不然则死”[1]。占星术内涵之绵密丰富，于此可见一斑。《晋书·天文志上》引张衡云：

> 文曜丽乎天，其动者有七，日月五星是也。日者，阳精之宗；月者，阴精之宗；五星，五行之精。众星列布，体生于地，精成于天，列居错峙，各有攸属，在野象物，在朝象官，在人象事。其以神著，有五列焉，是有三十五名。一居中央，谓之北斗。四布于方各七，为二十八舍。日月运行，历示吉凶，五纬躔次，用告祸福[2]。

星象体系的完整，必然会影响相应的星占体系也必随之完整。

早期的天文家同时也是占星家，而星气之书多杂禨祥，都反映了天文与星占本出同源的基本事实。《史记·天官书》云：

> 昔之传天数者：高辛之前，重、黎；于唐、虞，羲、和；有夏，昆吾；殷商，巫咸；周室，史佚、苌弘；于宋，子韦；郑则裨灶；在齐，甘公；楚，唐昧；赵，尹皋；魏，石申夫[3]。

颛顼时代的重、黎是绝地天通后分掌神人的天文官，羲、和则与伏羲、女娲的

---

1 见《史记·天官书》张守节《正义》。

2 刘昭注《后汉书·天文志》引张衡《灵宪》云：“文曜丽乎天，其动者有七，日月五星是也。周旋右回。天道者，贵顺也。近天则迟，远天则速。行则屈，屈则留回，留回则逆，逆则迟，迫于天也。行迟者觌于东，觌于东属阳，行速者觌于西，觌于西者属阴，日与月此配合也。摄提、荧惑、地候见晨，附于日也。太白、辰星见昏，附于月也。二阴三阳，参天两地，故男女取焉。方星巡镇，必因常度，苟或盈缩，不逾于次。故有列司作使，曰老子四星，周伯、王逢、芮各一，错乎五纬之间，其见无期，其行无度，寔妖经星之所，然后吉凶宣周，其祥可尽。”

3《史记·天官书》张守节《正义》：“《七录》云石申，魏人，战国时作《天文》八卷。”此误读《史记》而致石申夫作石申。《汉书·艺文志》：“六国时，楚有甘公，魏有石申夫。”《续汉书·天文志上》：“魏石申夫，齐国甘公，皆掌天文之官。”《晋书·天文志上》：“齐有甘德，楚有唐昧，赵有尹皋，魏有石申夫，皆掌著天文，各论图验。”皆以其人本名石申夫，或作石申父（刘昭《后汉书注》）。详参钱宝琮：《甘石星经源流考》，《浙江大学季刊》1937年第1期。

史影相关[1]，同样不出重、黎的神祇体系，都应是由四气发展出的更具有创世意义与哲学意义的神祇系统。而羲、和四子由于具有助祖配天的本领，其巫觋身份也很清楚[2]。这些天文官显然产生于古人对于早期天文观测及观测历史的追溯，体现了古代天文学服务于王权与宗教的根本性质。至于夏商时代天文家的存在，考古学与文献学两方面的证据也非常丰富，夏代或先夏时代的天文遗存已在山西襄汾的陶寺遗址中被发现，有关巫咸的记载则见于商代的甲骨卜辞。很明显，这些早期发现已为周代以冯相氏、保章氏为代表的天文星占官制的建立奠定了基础。

第二节　楚帛书星占章与早期星占文献

上古社会民神不杂，司民、司神之官各异，至殷周依然如此。前述诸氏皆掌天数，兼司星占。世传甘公作《天文星占》八卷，石申夫作《天文》八卷，虽皆不传，但据汉代文献的记载，仍不出天文与星占的杂糅之作[3]。至司马迁著《史记·天官书》，其以“星气之书，多杂禨祥，不经；推其文，考其应，不殊”，而要“比集论其行事，验于轨度以次”[4]，但依旧不过是将天象与星占汇于一炉，不脱早期天学著作的传统特点。

今存最早的天文星占著作乃为长沙子弹库楚墓所出战国楚帛书。其首章言创世神话，次章则述星占（图0-3），文字完整。其星占章云：

唯□□日，月则羸绌，不得其当。春夏秋冬，有□常常。日月星辰，乱失其行。羸绌失□，卉木亡常。□□□妖，天地作殃。天棓将作盪，降于其方，山陵其废，又淵厥湛。是谓李，李岁□月，入月七日八［日］，有电汒雨土。不得其参戠，天雨熙熙。是□失月，闰之勿行，一月、二月、三月，是谓失终，亡奉□□其邦。四月、五月，是谓乱纪，亡砅□□□岁。西域有吝，如日月既乱，乃有鼠□；东域有吝，□□乃兵，害于其王。

凡岁德匿，如曰亥唯邦所，五妖之行，卉木民人，以□四渐之常。□□上妖，三时是行。唯德匿之岁，三时□□，系之以屋降，是月以娄，拟为之正，唯十又二岁。唯李德匿，出自黄渊，土允亡颐。出入［俱］同，作其下凶。日月皆乱，星辰不同。日月既乱，岁季乃□。时雨进退，亡有常恒。恭民未知，拟以为则。毋童群民，以□三恒。废四兴鼠，以□天常。群神五政，四□饶祥。建恒耦民，五政乃明，其神是享。是谓德匿，群神乃德。帝曰：繇，□之哉！毋弗或敬！唯天作福，神则格之；唯天作祆，神则惠之。□敬唯备，天像是测。成唯天□，下民之式，敬之毋忒。

民毋用□□百神，山川漫谷，不钦□行，民祀不庄，帝将繇以乱□之行。

1 李零：《长沙子弹库战国楚帛书研究》，中华书局，1985年，第67页。
2 冯时：《中国古代的天文与人文》第二章第二节，中国社会科学出版社，2009年修订版。
3 参见《史记·天官书》。
4 参见《史记·太史公自序》。

民则有穀，亡有相扰，不见陵夷。是则鼠至，民人弗知。岁则舞□，祭齊则遂。民少有□，土事勿从，凶[1]。

帛书讲到日月、二十八宿、五星、彗星的占验，其中以五星中的荧惑称"李"，二十八宿中的室、壁二宿合而称"屋"，应该都反映了作品本出于不同的星占体系。从《史记・天官书》对于星占学派的梳理来看，帛书或许反映了楚系唐昧星占体系的占星内容。

事实上在《史记》的《天官书》与《律书》中，二十八宿与二十八舍的名目也不尽相同。如二十八宿的斗、柳、鬼、井、觜、毕、昴七宿，在二十八舍中则为建星、注、弧、狼、罚、浊、留，而且七星与张的次序颠倒。钱宝琮根据《汉书・天文志》认为，二十八宿与二十八舍分别代表了战国时期石申夫与甘德两个不同的星占流派[2]，这一情况与楚帛书所反映的情况非常相似。由于不同的星占流派所占的星各不相同，所以需要以不同的颜色标识不同学派的星，以便区别三家星官，其中甘氏星官用朱色，石氏星官用黑色，巫咸星官用白色。目前发现的西安交通大学西汉晚期星象图以白色饰星，陕西定边郝滩西汉晚至东汉早期星象图以红色饰星[3]，应该分别属于巫咸与甘氏学派的星占作品。这种做法直至唐代仍然以不同的形式得以传承。

另一件稍晚的星占作品是1973年出土于湖南长沙马王堆三号西汉墓的帛书《五星占》，其观测年代的下限为汉文帝三年（公元前177年），内容远较战国时代的石氏、甘氏的著作丰富，且文中第一次使用以五行配属五星的名称。马王堆

图1-1　马王堆西汉墓出土《天文气象杂占》

1 参见饶宗颐：《楚帛书》，香港中华书局，1985年；李零：《长沙子弹库战国楚帛书研究》，中华书局，1985年；严一萍：《楚缯书新考》，《中国文字》第26、27、28册，1967—1969年；何琳仪：《长沙帛书通释》，《江汉考古》1986年第2期；刘信芳：《楚帛书解诂》，《中国文字》新二十一期，1996年；冯时：《中国古文字学概论》第八章第六节，中国社会科学出版社（出版中）。

2 钱宝琮：《论二十八宿之来源》，《思想与时代》第43期，1947年。

3 陕西省考古研究院：《壁上丹青——陕西出土壁画集》（上），科学出版社，2009年。

汉墓同时出土的另一种有关天文星占的文献（图 1-1），其成书年代则可上溯到战国晚期[1]。这部复杂的星占著作涉及云占、气占、恒星占、月掩星占和彗星占等多方面内容，其中以研究气的占验最为详备，包括蜃气、晕、虹等不同占项，而云占当然也可以视作气占的一部分。敦煌石室曾经出有《占云气书》残卷，约为晚唐五代的抄本。虽属未完之作，但从仅存的《观云章》和《占气章》分析，内容已相当丰富。占云验气在中国有着十分悠久的历史，考古学与文献学在这方面都可以提供充分的证据，商代甲骨卜辞于此也有清晰的记载。事实上，传统的星占不仅包括各种杂占，诸如日占、月占、云占、气占、风角占、鸟情占等，而且都以专门的形式得以流传，其见于《汉书·艺文志》及《隋书·经籍志》者都已相当可观。

《汉志》载天文书二十一家，四百四十五卷，其于占验或杂或专。班固总其论云：

> 天文者，序二十八宿，步五星日月，以纪吉凶之象，圣王所以参政也。《易》曰："观乎天文，以察时变。"然星事凶悍，非湛密者弗能由也。夫观景以谴形，弗明王亦不能服听也。以不能由之臣，谏不能听之王，此所以两有患也。

其所录著作有：

《泰壹杂子星》二十八卷
《五残杂变星》二十一卷
《黄帝杂子气》三十三篇
《常从日月星气》二十一卷
《皇公杂子星》二十二卷
《淮南杂子星》十九卷
《泰壹杂子云雨》三十四卷
《国章观霓云雨》三十四卷
《泰阶六符》一卷
《金度玉衡汉五星客流出入》八篇
《汉五星彗客行事占验》八卷
《汉日旁气行事占验》三卷
《汉流星行事占验》八卷
《汉日旁气行占验》十三卷
《汉日食月晕杂变行事占验》十三卷
《海中星占验》十二卷
《海中五星经杂事》二十二卷
《海中五星顺逆》二十八卷
《海中二十八宿国分》二十八卷
《海中二十八宿臣分》二十八卷
《海中日月彗虹杂占》十八卷
《图书秘记》十七篇

1 顾铁符：《马王堆帛书〈天文气象杂占〉内容简述》，《文物》1978年第2期。

通过《汉志》的上述存目，可以大致了解当时所见星占著作的基本情况。

第三节　星占观的发展与伪造天象

古代的星占观并不是一成不变的，不同时代的人们对于某些星变的理解或许会存在很大差异。商代的日食记录可以出现“唯若”的贞问[1]，这种可能性在后世是根本不可能被允许的。《史记·天官书》在谈到心宿三星的星占意义时是以其欲曲不欲直的形象为吉占[2]，西汉的星图对心宿的这一星占意义也表现得颇为充分（图 1-2），然而在战国初年曾侯乙二十八宿漆箱东立面星图中，其所绘的心宿三星横直，竟完全没有表现出类似的星占思想（图 1-3，3），足见当时的人们，或者说楚地的先民可能并不以为三星呈现平直的形状为凶。这些早晚星占资料的对比无疑可以帮助我们梳理中国传统星占观的发展与变化。

天文学由于具有服务于王权政治的特点，因此那些足以在这方面产生影响的天象便自然受到统治者的格外关注，甚至根据政治的需要加以篡改，乃至伪造。这种做法构成了中国星占史的重要内容。

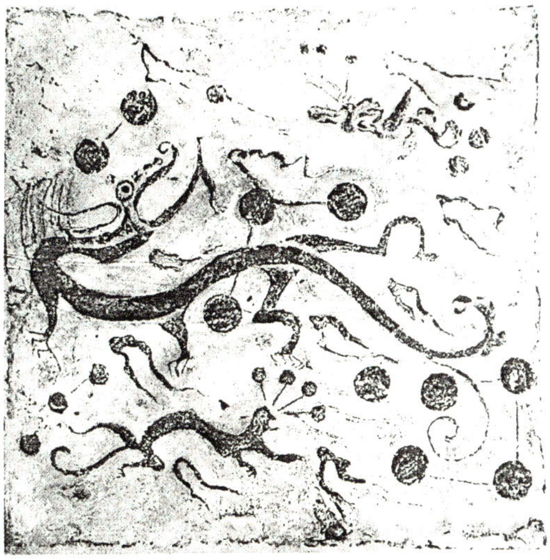

图 1-2　汉代龙星画像砖（四川成都市郊出土）

对天象的篡改至少在东汉时期就已经开始了，通过相关文献的对比，这一事实可以看得很清楚。《史记·高祖本纪》云：

> 汉元年十月，沛公兵遂先诸侯至霸上。秦王子婴素车白马，系颈以组，封皇帝玺符节，降轵道旁。

明载秦亡的时间。《史记·天官书》云：

> 汉之兴，五星聚于东井。

这种五星聚舍的罕见天象在星占学上是明主出现、改朝换代的大吉征兆。司马迁显然是想为刘邦代秦的合法性找到星占学的依据，但他只说五星聚舍的天象见于“汉之兴”，在时间上不免过于笼统，于是班固作《汉书·高帝纪》，便将这条史料篡改为：

> （汉高祖）元年冬十月，五星聚于东井，沛公至霸上。

而马续助班昭作《天文志》，更将这一天象大加神话。其称：

---

1 《殷契佚存》374 版云：“癸酉贞：日夕有食，唯若？癸酉贞：日夕有食，非若？”乃贞发生于商邑夜间的日食。

2 《史记·天官书》：“心为明堂，大星天王，前后星子属。不欲直，直则天王失计。”

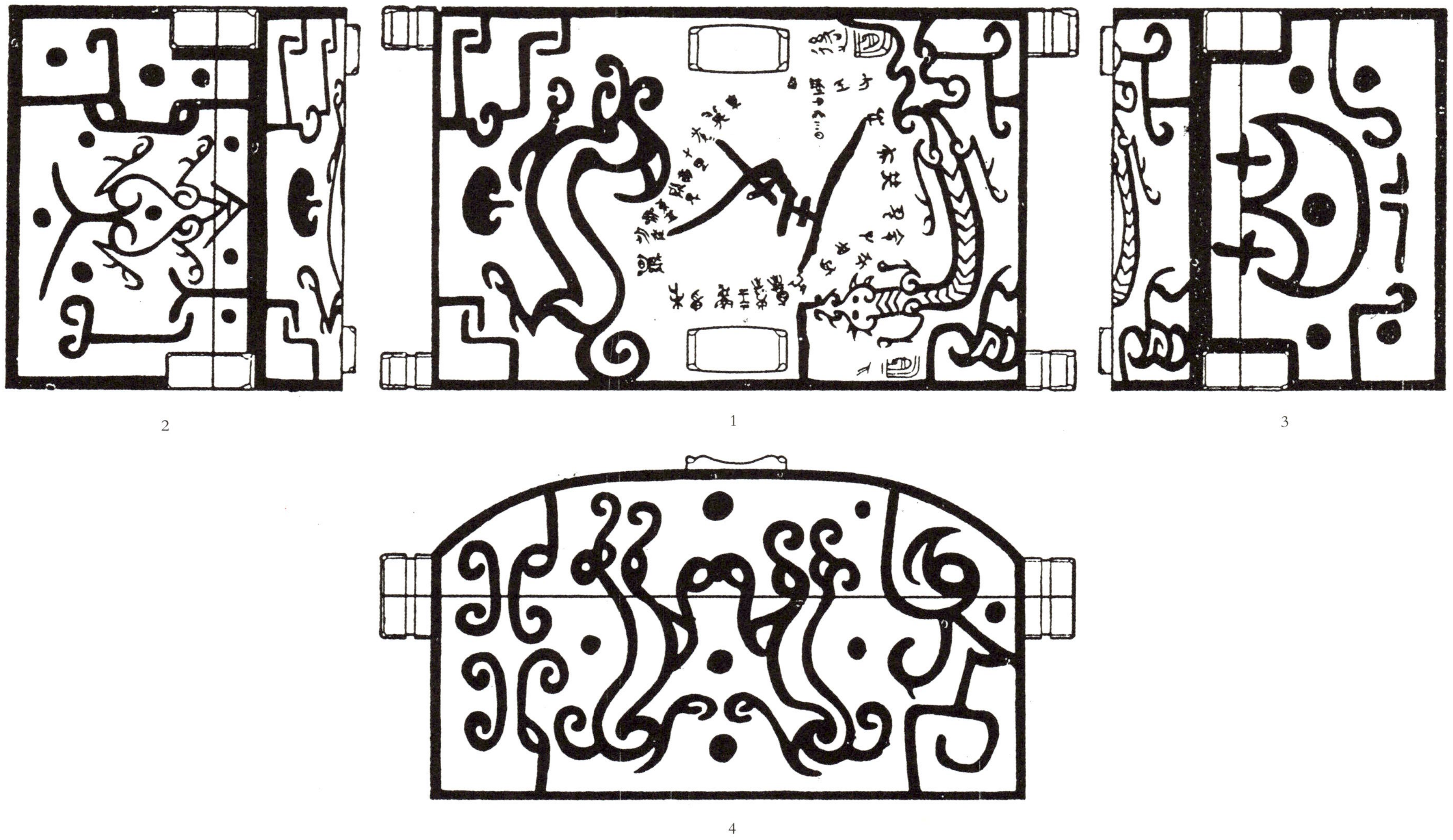

图 1-3　战国曾侯乙墓漆箱星象图（湖北随州出土）1. 盖面 2. 西立面 3. 东立面 4. 北立面（采自《曾侯乙墓》）

汉元年十月，五星聚于东井，以历推之，从岁星也。此高皇帝受命之符也。……东井秦地，汉王入秦，五星从岁星聚，当以义取天下。

现代天文学的计算表明，汉高祖二年（公元前 205 年）的五至七月，确实发生过一次五星聚于井宿的天象，当时金、木、水、火、土五大行星于黎明时毕现于东方，这与司马迁的记载颇为吻合。尽管在班马的笔下，这个五星连珠天象的发生时间仅被提前了一年多，但它的星占学意义却是相当重大的，新王朝的诞生因此而获得了明确的天象征验，新的王权当然也就具有了终享天命的神圣。

星占学出于服务政治的需要其实是不择手段的，这种篡改或伪造天象的情况在汉代以后极为常见。诸如对荧惑守心一类对统治者极端不利的天象，篡改或伪造更是经常的事情。中国文献中所记载的全部二十三次此类记录，竟有十七次是虚构的，而自西汉以来实际发生的近四十次荧惑守心天象却多未见记载[1]。由此可见，星占家对于天象的记录是极不忠实的。

第四节　分野理论的起源与发展

星占学之所以能建立天人的联系，关键即在于分野体系的形成。古代星占家认为，天上的某个星象与地上的某个区域不仅会相互影响，而且这种影响是固定且持久的。这种通过星象的变化占卜人间的吉凶，而将地上的州国与天上的星空区域一一匹配对应的占星方法就是分野。

分野的形式虽然很多，但它显然共同来源于一种最原始的恒星建时方法，其中北斗作为一种中介星象，在规划圆天方面应该起着重要的作用。《史记・天官书》云：

北斗七星，所谓“璇、玑、玉衡以齐七政”。杓携龙角，衡殷南斗，魁枕参首。用昏建者杓；杓，自华以西南。夜半建者衡；衡，殷中州河、济之间。平旦建者魁；魁，海岱以东北也。

北斗的魁四星主建海岱地区，这种观念与新石器时代自山东至浙江地区的古代文化普遍流行斗魁形象的事实颇为一致，应该体现着一种原始的分野观，这意味着至迟在公元前第三千纪，分野思想就已经产生了。

金文有关商周分野的文字已相当清楚。西周墙盘铭文在追溯史墙的祖先时说：“青幽高祖，在微灵处。”史墙的高祖也就是殷王帝乙，他死后升天，居住在属于自己的分星。很明显，分野体系在商代已经建立是毋庸置疑的。

由北斗建时而产生的识星系统同时引发了恒星分野的另一种形式。《左传・昭公元年》所载高辛氏二子的故事对它的起源有着清晰的暗示。文称天帝迁高辛氏的长子阏伯于商丘，主辰，商人是因，故辰为商星；又迁次子实沈于大夏，主参，唐人是因。二子分居商丘和大夏，各自主祀大火与参星，二星于是成为商人和晋人的主祀之星。这大概反映了二十八宿分野体系的起源。

北斗与二十八宿兼而使用，便可形成新的分野形式。《史记・天官书》云：

1 黄一农：《星占、事应与伪造天象——以“荧惑守心”为例》，《自然科学史研究》第 10 卷第 2 期，1991 年。

二十八舍主十二州，斗秉兼之，所从来久矣。秦之疆也，候在太白，占于狼、弧。吴、越之疆，候在荧惑，占于鸟衡。燕、齐之疆，候在辰星，占于虚、危。宋、郑之疆，候在岁星，占于房、心。晋之疆，亦候在辰星，占于参、罚。

这个体系由来已久。除秦分狼、弧之外，其馀四方之星的选择都恰好使其作为赤道周天四个象限宫的中心星宿。这种北斗建星方法由于补充了拱极星与南宫星宿的联系，因而在形式上比《天官书》所传承的“杓携龙角，衡殷南斗，魁枕参首”的古老天官体系更为完整，而公元前五世纪战国初年曾侯乙二十八宿漆箱星图恰好保留了这一思想（图1-3，1），可以知道，这种分野形式至少在东周时代就已经完成了。

由于二十八宿建立了天周坐标，在此基础上确立分野体系显然也最为适宜。《淮南子·天文》云：

角、亢，郑；氐、房、心，宋；尾、箕，燕；斗、牵牛，越；须女，吴；虚、危，齐；营室、东壁，卫；奎、娄，鲁；胃、昴、毕，魏；觜巂、参，赵；东井、舆鬼，秦；柳、七星、张，周；翼、轸，楚。

这种分野形式不仅晚出，而且混乱，几乎看不出有多少合理的成分。分野思想发展到这个时期，杂凑的痕迹已十分明显。

二十八宿作为天球坐标的用途之一就是用来记录岁星的行次，于是古人更创建了十二次体系，并将其与相应的州国对应，形成了一种看似新颖的分野形式。

星纪	斗、牛	吴、越
玄枵	女、虚、危	齐
娵訾	室、壁	卫
降娄	奎、娄	鲁
大梁	胃、昴、毕	赵
实沈	觜、参	晋
鹑首	井、鬼	秦
鹑火	柳、星、张	周
鹑尾	翼、轸	楚
寿星	角、亢	郑
大火	氐、房、心	宋
析木	尾、箕	燕

这种所谓的十二次分野，其实只是二十八宿分野的不同表现形式而已。

第二章 传统时空观与时空关系

第一节　时空体系的建立

考古学的证据显示，中国古人对于空间与时间的掌握在相当早的时代就已经完成了。粗疏的时间划分，于一日无外乎昼夜，于一年无外乎季节，这一点其实并不难办到。人们可以根据日月的出没了解昼夜，根据物候的变化了解季节。但是，一旦人们需要建立比昼夜或季节更为精确的时间框架，就必须借助科学的方法才能实现。事实上，正像古人早已懂得昼夜的变化周期是由太阳的出没所决定的道理一样，他们知道，准确的时间周期的确立标准只能到天上去寻找。

中国天文学由于受观测者所处地理位置的局限而具有鲜明的特点，一方面，观测者必须把注意力投注到北天区，重视观测北斗以及它周围的拱极星。因为在黄河流域的纬度，北斗位于恒显圈，而且由于岁差的缘故，数千年前它的位置较今日更接近北天极，所以终年常显不隐，观测十分容易。随着地球的自转，斗杓围绕北天极做周日旋转，犹如表盘上的指针，在没有任何计时设备的古代，可以指示夜间时间的早晚；又由于地球的公转，斗杓围绕北天极做周年旋转，人们根据斗杓的指向可以掌握寒暑季节的更替。与此同时，他们又异常重视观测与极轴垂直的天赤道附近的某些星象，并以其在天球上行移位置的变化决定季节，如《尚书・尧典》所讲的鸟、火、虚、昴四仲中星；又以它们重新回归某一特定位置的行移周期决定一年，如《春秋》内外传所述及的参星和商星（大火星）。古人正是利用了北斗这种终年可见及赤道带星官所具有的固定的行移周期的特点，建立起了最早的时间系统。

但是，北斗以及赤道带星官只有在夜晚才能看到，如果人们需要了解白天时间的早晚，或者需要更准确地掌握时令的变化，那就必须创立一种新的计时方法，这就是观测太阳天球视位置的行移变化。但是碍于太阳过于明亮而无法观测，如何建立恒星与观测者之间的有效联系便是古人必须解决的问题，于是人们学会了立表测影。众所周知，日影在一天中会不断地改变方向，如果观察每天正午时刻的日影，一年中又会不断改变长度，因此，古人一旦掌握了日影的这种变化规律，决定时间便不再会是一件困难的事情。事实上，表作为一种最原始的天文仪器，它的利用不仅是古代空间与时间体系创立的基础，而且毫无疑问是使空间与时间概念得以精确化与科学化的革命。因此，表的发明对于人类文明与科学的进步而言，其意义是怎样评价也不过分的。

原始的表叫作“髀”，它实际是一根直立在平地上的杆子，杆子的投影随着一天中太阳视位置的变化而不断游移，这一点似乎很好理解。测量影长则需使用一种特殊的量尺，古人叫它土圭，“土”字在这里读为“度”。每当夏至日即将来临的时候，古人就将土圭放在表杆底部的正北，并认真找出正午影长和它最相合的日期。这样不仅可以根据表影尺寸最短的时间周期建立历年的观念，而且可以通过计量一天之中日影方向的改变决定一天的时间。

成书于公元前后的《周髀算经》在解释“髀”的意义时这样写道：

周髀，长八尺。髀者，股也。髀者，表也。

中国古代文献对早期圭表的记载有两点很值得注意，首先，“髀”的本义是人的腿骨，同时也指测量日影的表；其次，早期圭表的高度都规定为八尺，这恰好等于人的身长。这两个特点不能不具有某种联系，它暗示了早期圭表测影本应由人体测影转变而来的事实。很明显，人类最初认识的日影只能是自己的身影，而影子随着太阳的移动而改变方向，这种变化恰好可以反映时间的变化。联想到司马迁在《史记·夏本纪》中所记有关大禹治水“身为度”的故事，以及殷商甲骨文“昃”字作太阳西斜而映衬的人影的构形所反映的人影对于测影记时方法的启示，无疑可以确信这样一个事实，人类正是通过对自身影子的认识而最终学会了测度日影，并进而借助观测日影的长短及方向的变化记时定候。因此，从人身测影到圭表测影的转变，自然会使古人自觉地将早期圭表必须为模仿人的高度来设计，并将支撑人体得以直立测影的腿骨的名称“髀”移用于圭表。这种做法不仅古老，而且被先民们一代代地承传了下来。

河南濮阳西水坡发现的约属公元前4500年的仰韶时代45号墓[1]，其中蚌塑遗迹表现了远古先民的一系列天文观测活动。墓中的北斗用蚌壳堆塑出斗形的斗魁，而以两根人的腿骨表示斗杓。这种特意处理完美地体现了上述两种古老计时法的精蕴[2]。事实上，“髀”所具有的人的腿骨和测影之表的双重含义已经表明，人体在作为一个生物体的同时，还曾充当过最早的测影工具，而墓中决定时间的斗杓恰恰选用人的腿骨来表示，显然再现了早期先民所创造的利用太阳和北斗决定时间的这两种古老方法的结合。这种创造在今天看来似乎很平常，但却是极富智慧的。

诚然，正如我们始终强调的那样，原始的计时法不论于白昼观测太阳的影长，还是夜晚观测星象的出没或绕极运动，其本质实际都是通过观测和计量恒星方向和位置的改变而最终实现的。换句话说，不能测定准确的方位便不能获得精确的时间，因此，建立完整的方位体系其实是一个精密的记时系统得以实现的基础。

中国古代的恒星观测传统虽然不排斥观测恒星的偕日出与偕日没，但是作为一种比偕日法更为精确的观测方法，冲日法则得到了更为普遍的使用。冲日法之所以优于偕日法，不仅在于它可以避免地平附近大气或雾影的干扰，还在于它几乎不受地形或树影的遮挡，从而获得开阔的观测视野。但是，冲日法要在观测结

---

1 濮阳市文物管理委员会、濮阳市博物馆、濮阳市文物工作队：《河南濮阳西水坡遗址发掘简报》，《文物》1988年第3期。

2 冯时：《河南濮阳西水坡45号墓的天文学研究》，《文物》1990年第3期；《中国天文考古学》第六章第四节，社会科学文献出版社，2001年。

果上优于偕日法，就必须建立比偕日法更为复杂的观测基础。首先，它需要以子午线概念的形成为前提；其次，随着观测精度的提高，准确的计时设备是不可或缺的。显然，由于中国古人习惯于观测恒星的上中天，习惯于计量正午时刻太阳的影长变化，这一切当然都要以精确的方位体系的建立作为条件。

我们似乎没有理由把古人对于方位的认定看成是很晚的事，众多的考古资料显示，新石器时代的房屋和墓穴的方向有相当一部分都很端正[1]，因此可以相信，只要古人愿意把他们的生居或死穴摆在一条正南正北或正东正西的端线上，他们就有能力做到这一点。这意味着当时的人们显然已经掌握了用槷表确定方位的方法。

将表立于一块平整的地面上测影定向并不是一件困难的事情，古人通过长期的实践可以使这种辨方正位的方法日趋精密。《诗·鄘风·定之方中》："定之方中，作于楚宫。揆之以日，作于楚室。"毛《传》："定，营室。方中，昏正四方。揆，度也。度日出日入，以知东西。南视定，北准极，以正南北。"为了将方向定得尽量准确，依靠星象的校准当然很有必要。

战国时期的《考工记》一书最早系统地记载了一种看来依旧很原始的辨方正位的方法。《周礼·考工记·匠人》云：

> 匠人建国，水地以悬，置槷以悬，视以景。为规，识日出之景与日入之景，昼参诸日中之景，夜考之极星，以正朝夕。

《周髀算经》卷下对这种方法也有描述：

> 以日始出立表而识其晷，日入则复识其晷，晷之两端相直者，正东西也。中折之指表者，正南北也。

这种方法的具体做法是，先将地面整理水平，并将表垂直地立于地面之上，然后以表为圆心画出一个圆圈，将日出和日落时表影与圆圈相交的两点记录下来，这样，连接两点的直线就是正东西的方向，而直线的中心与表的垂直连线方向则是正南北的方向（图 2-1，1）。当然，为了保证方向定得准确，还要参考白天正午时的表影方向和夜晚北极星的方向。这种方法只需使用一根表便可完成，因此比较简单。但是，由于日出日落时表影较为模糊，与圆周的焦点不易定准，所以相对而言，运用这种方法确定的方向是比较粗疏的。

西汉初年的《淮南子》一书保留了另一种测定方位的方法，这种方法由于必须运用两根表甚至更多的表来完成，所以测得的方位精度也要比前一种方法提高很多。《淮南子·天文》云：

> 正朝夕：先树一表，东方操一表却去前表十步，以参望日始出北廉。日直入，又树一表于东方，因西方之表，以参望日方入北廉，则定东方。两表之中与西方之表，则东西之正也。

它的具体做法是，先立固定的一根定表，然后在定表的东边十步远的地方竖立一根可以移动的游表，日出之时，观测者从定表向游表的方向观测，使两表与太阳的中心处于同一条直线；日落时，再在定表东边十步远的地方竖立一根游表，并从这个新立的游表向定表方向观测，也使两表与太阳的中心处于同一条直线。这

---

1 卢央、邵望平：《考古遗存所反映的史前天文知识》，《中国古代天文文物论集》，文物出版社，1989年。

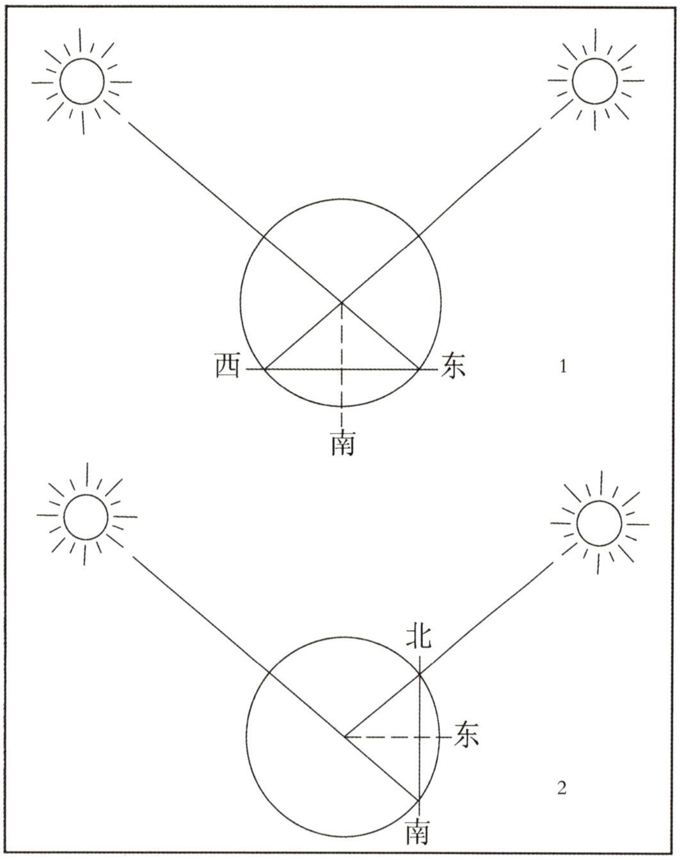

图 2-1 圭表定向示意图（1.定表法示意 2.游表法示意）

样，连接两个游表的直线就是正南北方向，两游表的连线与定表的垂直方向便是正东西（图 2-1，2）。

《淮南子》的记载以为，必须使用一根定表和两根游表才能完成这项工作，其实，只要将第一根游表定准的位置记录下来，这根游表便可以用来校准第二个位置，这使得此法实际只需要一根定表和一根游表就绰绰有余了。

事实上，如果我们以定表所在的位置为圆心做一大圆，那么游表只是围绕着定表在这个圆周上游移。既然如此，我们便可以得到辨方正位的另一种可能性。这就是说，假如在日落时人们不是从游表向定表的方向定位，而仍然要求从定表向游表的方向观测的话，那么结果同样可以十分圆满。人们只需要将校准第二个位置的游表从定表的东边沿圆周游移到定表的西边，使其置于定表和落日之间，这样，只要使两表与太阳的中心处于同一条直线而定准游表的位置，那么它与游表所校定的日出位置的连线就是正东西。

最早的子午线显然就是由表测出的。南朝祖冲之的儿子祖暅曾经演示过一种更为复杂的测量子午线的方法，他把表竖立在水平的地面上，并用一套校正好的漏壶计算时间，等恰好正午时刻到来，便在表影的尽头再立一表。到了夜晚，他通过第二根表望准北极方向，并在视线以北立下第三根表。当三表刚好位于一条直线时，这无疑就是南北子午线了。中国古人习惯于中星观测，当时的子午线很可能就是采用这样的方法校准的。

《考工记》所记载的定向方法相对更为原始，因此可以视为古人最早学会的方法。利用这样的方法建立相对精确的方位体系当然并不困难，事实上，定向与定时的精确化有赖于方法的精确化，显然，原始的方位体系虽然相对准确，但却不会是精确无误的。

中国古代的空间观与时间观是密不可分的，传统时间体系的建立事实上是通过对空间的测定完成的。当人们发明了表这种最原始的天文仪器之后，他们其实已经懂得了如何利用对空间的测量最终解决时间问题。这一点通过对古代文字的分析其实也很清楚。很明显，如果说商代甲骨文的“昃”字是古人通过太阳天球视位置的变化所投射的倾斜的人影反映日中而昃的时空联系的话，那么相对于昃的概念则是中。商代甲骨文和早期金文的“中”字作“”，或作“”，又省作“”，其字形无疑再现了一种最古老的辨方正位的方法，这便是立表测影。卜辞常见“立中”之贞，即立表正位定时[1]。而“中”字所从之“”或“丨”实乃测影之表，而于表中所画之“”则为《考工记》、《淮南子》诸书所记计量日影的圆形限界，故“中”字字形所表现的恰是立表于限界中央而取正的思想。显然，“中”的概念并非只相对于左、右而言，即一条直线的取中，而是相对于东、南、西、北四方而言，即平面的取中。受这种观念的影响，中国传统政治观以邑制取自为规之形而居中，称为“中邑”；殷代的政治统治中心位于四方的中央，所以相对于四邦方而称“中商”。卜辞云：

戊寅卜，王贞：受中商年？十月。　　《前》8.10.3

己巳王卜，贞：[今]岁商受[年]？王占曰：“吉。”

东土受年？

南土受年？吉。

西土受年？吉。

北土受年？吉。　　《粹》907

这便是殷代五方观念的体现[2]。很明显，商与东、南、西、北四土相配而位在中央，故称“中商”，可明“中”之所指本为四方之中央。尽管甲骨文和金文中这两个繁简“中”字的用法在周代已经有了中央之“中”与伯仲行次之“仲”的分化，但在商代却还主要反映为方位与时间的区别。显然，“中”字不仅强调了日影取正的本义，建立起古人对于空间取正与时间取正的联系，而且成为中国传统文化核心观念的渊薮。

古人最早确定的方位当然只有东、西、南、北四正方向，因为不论这四个方位中两个任意相对方位的确定，都意味着另外两个方位可以同时得到建立。尽管一年中只有春分和秋分时太阳的出没方向位于正东和正西，但测定东、西方位却并不一定非要在这两天进行。相反，只有当方位体系——至少是四方——建立完备之后，人们才可能根据已经确定的方位标准确定四气——春分、秋分、夏至和冬至。因此，方位体系作为原始记时体系的基础这一点应该没有疑问。

第二节　时空体系的发展

中国传统空间体系的形成经历了从四方、五位到八方、九宫的发展过程。四方是指东、西、南、北四正方向，古人又名之为“四正”；五位则是五方的平面化；八方是指四正方向加之东北、东南、西北和西南四维；九宫则为八方和中央。在

1 萧良琼：《卜辞中的“立中”与商代的圭表测景》，《科技史文集》第10辑，上海科学技术出版社，1983年；冯时《陶寺圭表及相关问题研究》，《考古学集刊》第19集，科学出版社，2013年。

2 胡厚宣：《论殷代五方观念及“中国”称谓之起源》，《甲骨学商史论丛初集》，成都齐鲁大学国学研究所，1944年。

这些空间概念中，“方”与“位”既有联系，又有区别。“方”本指一条直线的延伸方向，而“位”则是平面化的“方”。因此，“方”与“位”虽然不同，但是由于四方、八方乃是五位、九宫形成的基础，所以“方”、“位”两个概念完全可以相互表示。

早期先民对太阳的崇拜使他们很早便懂得了如何利用太阳运动来解决自己在方位和时间上所遇到的麻烦，这个工作当然是通过立表测影的方法完成的。《淮南子·天文》记述了一种古代盖天家所具有的独特的宇宙观，它以二绳四维构筑地平空间，体现了一种通过立表测影逐渐发展起来的朴素的空间观念。文云：

子午、卯酉为二绳，丑寅、辰巳、未申、戌亥为四钩。东北为报德之维也，西南为背阳之维，东南为常羊之维，西北为踣通之维。

高诱《注》：“绳，直也。”这个训释其实并不准确。古人立表测影以正定四方，最后一步工作必须用准绳去度量并连接表影与圆周的两个交点，这才是先民将表示四方的“+”形图像称为“二绳”的根本原因。这个表示空间的“二绳”图形不仅构成了中国传统方位的基础，同时也是古代汉字“甲”字的取形来源。由于中国传统的时空关系表现为空间决定时间，这意味着取自二绳“+”形的“甲”字可以被古人放心地移用作十个天干文字的第一字，并以此记录空间和时间。

东汉许慎的《说文解字》显然还保留着这种古老思想的孑遗。《说文解字·十部》云：

十，数之具也。一为东西，丨为南北，则四方中央备矣。

数字“十”的字形虽然在秦篆中与今天并没有什么不同，但于甲骨文、金文中则写作“丨”或“”，并不具有二绳的形象。然而，尽管许慎错误地将五方空间的概念赋予了数字“十”，但这种将二绳的形象与数字“十”加以联系的做法却并不是没有根据的玄想。《说文解字·甲部》云：

甲，位东方之孟，阳气萌动。从木戴孚甲之象。一曰人头宜为甲，甲象人头。，古文甲，始于一，见于十，成于木之象。

许慎颇据秦篆而解“甲”字，又以数术思想加以附会，可取之处不多。但他认为“甲”字“始于一，见于十”，则符合“甲”字的原始形构，这应该是许氏对于“甲”字解释的最有价值的部分。尽管宋本《说文解字》或作“始于十”，仍不出时人认为可将“甲”字字形与数字“十”加以比附的思想。徐锴《说文解字系传》：“其数十。”同样体现着这种观念。据此可知，许慎虽因早期的“甲”字与晚期的“十”字字形相同而将二字的义训混淆，但“甲”字本象五方的本训仍然通过“十”字得到了保留。换句话说，由于许慎误将“甲”本作“+”的字形视为数字“十”，从而提供了我们通过其对“十”字的训释了解“甲”字本义的可能。这使我们知道，“甲”字本象立表所定的五方之形，古人名之曰“二绳”。事实上，从古人辨方正位的传统思考可以认为，许慎对于数字“十”形构特点的阐释其实正体现了先民对于“甲”字所呈现的“二绳”内涵的固有认知。

“二绳”无疑是中国传统空间体系中表现东、西、南、北、中五方的基本图形，这当然也是用以表现地平方位的基本图形，如果配以十二支，则纬绳“—”为卯、酉，经绳“丨”为子、午，正象东、西、南、北四方。然而子午、卯酉虽然标示着四方，但二绳的交午处却为中央，因此，“二绳”图像所表现的其实并不仅仅是四方，它其实已通过二绳的互交而构成了五方。这些知识不仅在距今

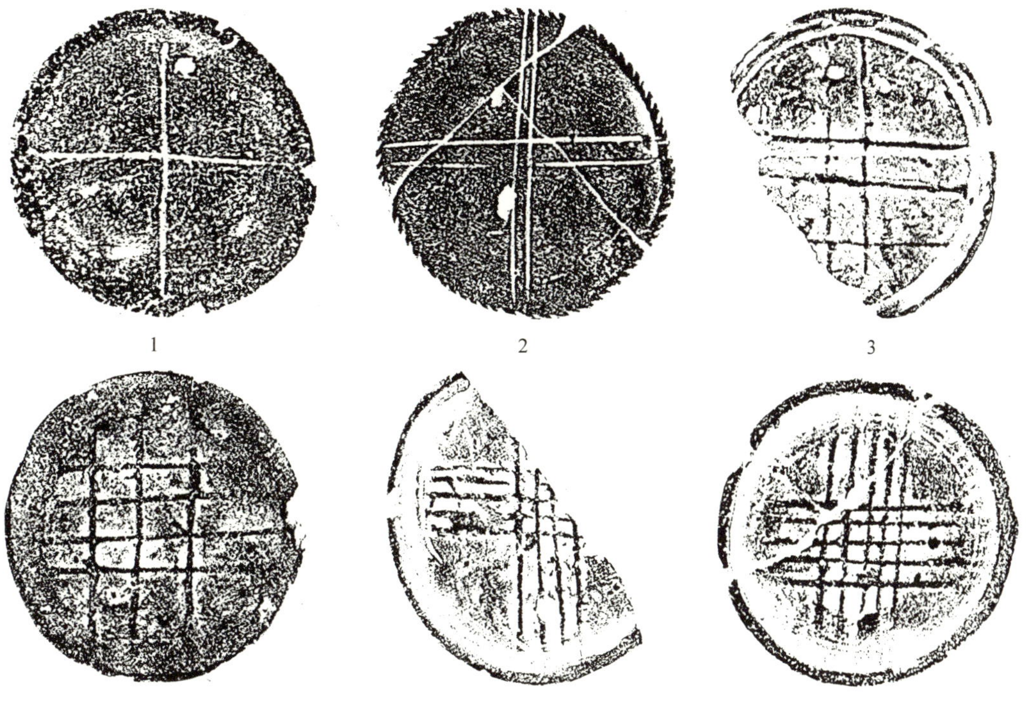

图 2-2 新石器时代之二绳及积绳渐成的“亞”形图像（安徽蚌埠双墩出土）1. 二绳图像 2—6. 积绳而成“亞”形图像

七千年前的新石器时代遗物上即已有着充分的反映（图 2-2，1）[1]，而且先秦器物上的二绳图像经常刻画得极为逼真。东周青铜器盖面装饰时有以两条形象的绳索纹交午而呈二绳图像，且二绳的四极位置与交午的中央皆饰有太阳图像（图 2-3），明确表现了二绳本所具有的古人测影以定四方的文化内涵。这一基本事实意味着，古代礼制遗存中普遍出现的“+”形图像都宜视为“二绳”观念的体现，其内涵无疑反映了早期先民对于空间与时间的朴素认知。

河南杞县鹿台岗曾经发现龙山文化时期的礼制建筑遗迹，平面呈外方内圆，颇有古明堂之风，其居内的圆室之中有一呈四正方向的二绳图像，宽 60 厘米，以花黄土铺成，与房内地面的灰褐色土迥然不同（图 2-4）[2]，显示出时空观对于礼仪制度的重要作用。

山西襄汾陶寺遗址出土属于夏代或先夏时代配合立表测影使用的水平校准仪，上部为盛水的圆盘，下部承盘支座则呈指向四方的“+”形[3]，显然也是藉“二绳”图形的设计以完成校正方位的工作。

比龙山与陶寺文化稍晚的二里头文化青铜钺与圆仪上的“+”形符号对于说明这一问题显得更为直接[4]，这不仅因为青铜钺本身就是象征王权的仪仗（图

1 冯时：《上古宇宙观的考古学研究——安徽蚌埠双墩春秋锺离君柏墓解读》，《中央研究院历史语言研究所集刊》第八十二本第三分，2011 年。资料参见安徽省文物考古研究所、蚌埠市博物馆：《蚌埠双墩——新石器时代遗址发掘报告》，科学出版社，2008 年。

2 匡瑜、张国硕：《鹿台岗遗址自然崇拜遗址的初步研究》，《华夏考古》1994 年第 3 期；郑州大学文博学院、开封市文物工作队：《豫东杞县发掘报告》，科学出版社，2000 年。

3 中国社会科学院考古研究所：《襄汾陶寺》（出版中）。

4 上海博物馆：《上海博物馆藏青铜器》，上海人民美术出版社，1964 年；中国科学院考古研究所二里头工作队：《偃师二里头遗址新发现的铜器和玉器》，《考古》1976 年第 4 期。

图 2-3　春秋晚期铜盏盖面的二绳图像（湖北随州义地岗出土）

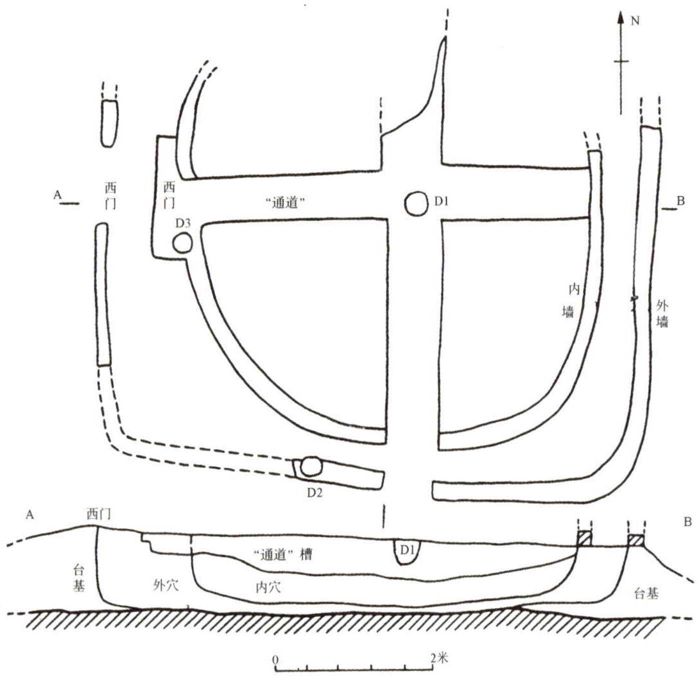

图 2-4　河南杞县鹿台岗河南龙山文化礼制建筑平、剖面图（采自《豫东杞县发掘报告》）

2-5），圆仪可能属于星盘（图 2-6），而且更重要的是，“二绳”图像的设计方式明确反映了古人对于原始律历的理解以及与此相关的一整套数术观念，这使得位于十干之首的“甲”字本身的记时功能通过“二绳”图像作为原始记时体系基础的方位概念的建立得到了彻底的体现[1]。

与龙山时代布设“二绳”图像的方圆遗迹相同的遗物在西汉景帝阳陵的德阳宫遗址也有存留。阳陵坐落于陕西咸阳东北的张家湾，而德阳宫遗址位居阳陵及王皇后陵正南方 400 米处，东西长 120 米、南北宽 80 米。地表散布铺地砖和瓦砾，并有一条古道与景帝阳陵相通。遗址中心部分有一夯土台，为其主体建筑的台基（图 2-7），其上部中央置一正方形石板，边长 1.7 米、厚 0.4 米，石板上部加工成直径 1.35 米的圆盘，圆盘中心刻“二绳”图像为凹槽，槽宽 3 厘米、深 2 厘米，经测定，方石呈正方向放置，圆盘中心的“二绳”图像正指东、西、南、北四方，当地村民俗称为“罗经石”[2]（图 2-8）。从形制分析，此“罗经石”与鹿台岗龙山时代方圆遗迹别无二致，因此应是古人根据日影测定方位的校正仪器，其以“二绳”图像校准四方，而刻出凹槽，则为定向时于槽中注水以求水平（仪器注水时应有物堵塞“+”形凹槽四端），显然这种定向仪器实际就是后世校正东、西、南、北四正方向的正方案的祖型（详见第十二章第四节），其置于陵园的德阳宫中央，起着校准整座陵寝方位的作用，所以也是阳陵陵寝的方位基准石。

1 冯时：《中国天文考古学》第三章第三节，社会科学文献出版社，2001 年。
2 王丕忠等：《汉景帝阳陵调查简报》，《考古与文物》1980 年创刊号；杨宽：《中国古代陵寝制度史研究》，上海古籍出版社，1985 年；刘庆柱、李毓芳：《西汉十一陵》，陕西人民出版社，1987 年。

图 2-5　二里头文化铜钺

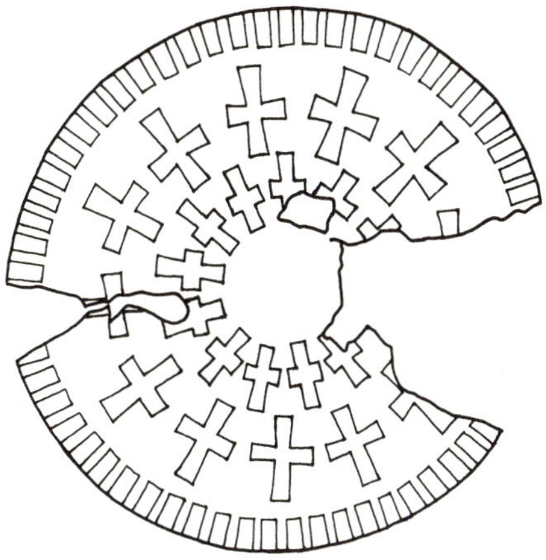
图 2-6　二里头文化圆仪

《周礼·叙官》："惟王建国，辨方正位。"郑玄《注》："辨，别也。"《尚书·召诰》："越三日戊申，太保朝至于洛，卜宅。厥既得卜，则经营。越三日庚戌，太保乃以庶殷攻位于洛汭。越五日甲寅，位成。"此"辨方正位"即谓营建生居或茔域之前辨正方位的工作，目的则是为规划端正宫庙陵寝之位。而西汉攻位石案的发现不仅可以印证龙山时代同类遗迹所具有的相同性质，而且可以追溯出中国古代这种独特的测影定位仪器一脉相承的发展历史。

四方的建立显然只是更为复杂的方位体系的基础而已，学者认为，人立足于大地之上，他会怎样看待宇宙呢？二元对应显然是不够的，因为东的出现则意味着有西，而东、西的建立又意味着有南、北，人只有立于环形的轴心，或者说是四个方向的中央，才容易获得和谐的感觉[1]。正像有日出就一定会有日落一样，从传统辨方正位的方法考虑，东、西或南、北两个相对方位的认识实际是同时的。四方和五位当然只是方位的基础，而八方和九宫则体现着对前两个方位概念的延伸。古人既可以十二地支平分地平方位，也可以分配八方，其中子午、卯酉为二绳，丑寅、辰巳、未申、戌亥为四钩，平分四方则为四维。二绳的互交构成东、西、南、北四

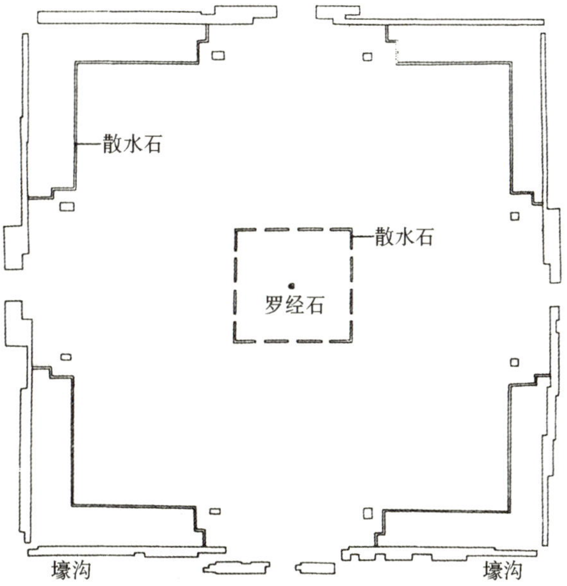

图 2-7　汉景帝阳陵德阳宫罗经石遗址平面图（采自《考古与文物》1980 年创刊号）

1 艾兰：《"亞"形与殷人的宇宙观》，《中国文化》第四期，1991 年。

图 2-8　汉景帝阳陵德阳宫罗经石遗址

正方向，二绳或四钩的平分便构成东北、西北、东南和西南四维。这个图形虽然表现了完整的空间观念，但相应的观念却无不是在二绳的基础上发展起来的。事实上，只有二绳的观念得以建立，中央的观念才可以自然地形成。因此，五方的观念虽然基于四方而出现，但古人认识它却不会是在四方体系形成之后很晚的事情。换句话说，假如古人在很早的年代已经习惯于用二绳的“+”形图像表示四方，那么这种图像实际已经蕴含着五方。同样，当两个“+”形图像转位叠加而构成八方的时候，实际却是对二绳平分的结果，它所表达的方位概念当然是由八方加之中央交点的中方而构成的九方或九宫。

所谓“五位”其实就是以二绳为中心的四钩以内的部分，这部分空间构成的图形即呈现为“亞”形，很明显，五位“亞”形的空间观念实际正是二绳观念平面化的结果。然而二绳何以能发展为五位，其中则体现着古人的朴素认知。诚然，二绳的观念源自立表测影所获得的以准绳度量四方的做法，而将直线扩大为平面的工作其实并不困难，只要使二绳不断地积累下去，直线式的二绳便可以最终扩大为平面化的五位。这种积绳成面的联想显然来源于古人熟悉的日常纺织的生活经验。换句话说，由于先民测量四方的工作需要通过二绳而取直，这一事实意味着人们可以根据纺织的经验很容易懂得，从“方”到“位”的发展其实体现的正是由“线”到“面”的发展，这个过程实际只需通过线的积累便可以完成。显然，这种做法与构成五方的两条直线取名“二绳”具有清晰的因果联系。《国语·周语下》：“经之以天，纬之以地，经纬不爽，文之象也。”此经天纬地的观念正可以佐证古人对传统空间观念的发展由线表现之“方”到积线成面之“位”的基本认识。

距今七千年的新石器时代陶器刻画图像提供了大量极具说服力的物证[1]，近乎完整地展现了这些思想的发展历史。其中一些陶器仅刻有简单的“二绳”图像（图2-2，1），而另一些图像则反映着从二绳所表现的四方或五方到五位的平面化过程，这个过程从简单的两个“二绳”图像的叠交开始，经过三个、四个、五个甚至更多

1 安徽省文物考古研究所、蚌埠市博物馆：《蚌埠双墩——新石器时代遗址发掘报告》，科学出版社，2008 年。

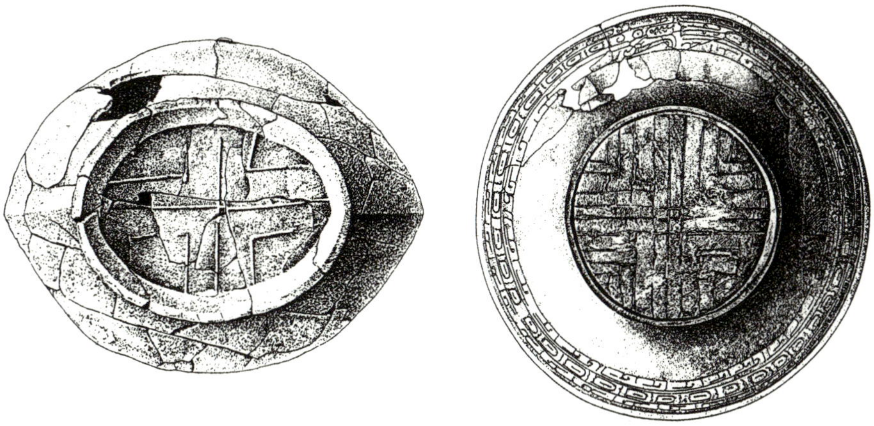

1　　　　2

图 2-9　商代青铜器底部装饰的“亞”形(殷墟侯家庄 1400 号墓出土)1. 铜壶 2. 铜盘(采自《侯家庄》)

的二绳的积累而完成(图 2-2;图 1-6),明确表现了二绳通过积绳成面而形成五位的趋势。相关的证据在殷墟出土的商代青铜器图像中也有发现[1],侯家庄 1400 号大墓所见铜盘底部即铸有经二绳的叠交积累而使五方渐成五位的图像(图 2-9,2)。在通过积累二绳而使五位形成之后,五位的四隅则势必留有四个矩形缺口,这便是“四钩”观念的由来。显然,如果我们简化这个空间观念的演进图式,而将子午、卯酉二绳之外的其他直线省却,那么我们所看到的空间图形便只具有作为方位基础的“二绳”以及规划四隅的“四钩”。殷墟青铜器上相关的空间图形同样展现了这种简省过程,侯家庄 1400 号大墓出土的另一件铜壶底部即留有这种图像(图 2-9,1)。这种图像由二绳与四钩组成,秦汉时代则名之曰“日廷”。湖北荆州周家台 30 号秦墓出土竹简即存有此种图像[2],可见这一空间观念所具有的悠久传统。湖北随州孔家坡汉墓竹简也见此种图像(图 2-10),且自名曰“日廷”[3]。通过“日廷”

图 2-10　汉简《日廷图》

1 梁思永遗著、高去寻辑补、石璋如校补:《侯家庄》第九本,1129、1400、1443 号大墓,中央研究院历史语言研究所,1996 年。

2 湖北省荆州市周梁玉桥遗址博物馆:《关沮秦汉墓简牍》,中华书局,2001 年。

3 湖北省文物考古研究所、随州市考古队编:《随州孔家坡汉墓简牍》,文物出版社,2006 年。北京大学藏西汉竹书也见日廷图,自名曰“日廷”。见北京大学出土文献研究所:《北京大学藏西汉竹书墨迹选粹》,人民美术出版社,2012 年。

图 2-11 殷墟侯家庄 1001 号大墓木室地板遗迹平面图（采自《侯家庄》）

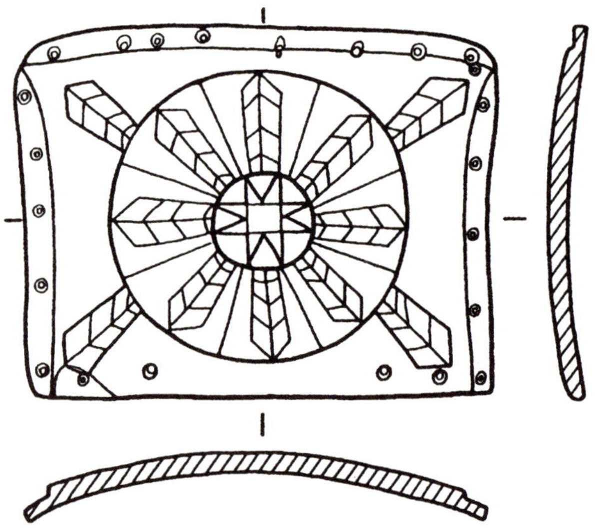

图 2-12 新石器时代洛书玉版（约公元前三千年，安徽含山凌家滩出土，采自《凌家滩》）

的名称尚隐约可见古人对于这种图形实出于先民致日测影的记忆，这个认识至少在汉代还相当清楚。《论衡·诘术》云：

> 日十而辰十二，日辰相配，故甲与子连。所谓日十者，何等也？端端之日有十邪？而将一有十名也？如端端之日有十，甲乙是其名，何以不从言甲乙，必言子丑何？日廷图甲乙有位，子丑亦有处，各有部署，列布五方，若王者营卫，常居不动。今端端之日中行，旦出东方，夕入西方，行而不已，与日廷异，何谓甲乙为日之名乎？

传统以甲、乙、丙、丁、戊、已、庚、辛、壬、癸十天干为十日，也称日名。十日之名来源于十日神话（详见绪论第三节），古人则用以记录日廷图中的五方及五位，这一点在周家台秦简中看得很清楚。而子、丑、寅、卯、辰、巳、午、未、申、酉、戌、亥十二地支则来源于十二月神话（详见绪论第三节），古人又用其记录由立表测影所建立的地平方位，也就是日廷图中的二绳和四钩，即十二地平方位。由此可以清晰地看到，空间方位中从十干至十二支的发展恰好反映着由二绳表现的五方逐渐向平面化的地平十二方位的发展，这种方位观的确立显然只能出于人们对于日行东西的观测。

日廷图中四钩廓划的空间呈现为五位图形，这个图形其实即构成了所谓的“亞”形，它不仅是汉字“亞”字字形的取象来源，而且由于其直接源自立表测影，因而体现了人们对于大地形状的基本认识。显然，由二绳“+”形扩大为五位“亞”形，其观念的发展相当清晰。古人以为大地的形状呈现“亞”形，殷墟王陵的设计思想即以“亞”形的墓室象征大地（图 2-11）。不啻如此，这类体现五方的二绳或体现五位的“亞”形如果铸刻于生活器皿，则皆出现于器物的底部，这种设计无疑也是一种独特宇宙观的反映。很明显，“亞”形大地观的传统虽然可以从商代王陵“亞”形墓室结构的设计理念中追溯出来，但这个时代其实并不古老。安徽蚌埠双墩新石器时代陶器刻画图像已经呈现出通过四钩的廓划或二绳的积累而形成的“亞”形，因此，这种以“亞”形为基本特征的大地观，它的建构事实上在七千年前早已被古人完成了。

四方、五位观念的发展便是八方和九宫。方位之所以能由四方衍生为八方，关键是要在四方的基础上认识四维，也就是懂得将四正方向相邻的二方平分为东北、东南、西北和西南。如果古人习惯于以二绳图像“+”表现五方，那么平分四方后而得到的图形“✳”便可以用来表现八方和九宫。《史记·龟策列传》：“四维已定，八卦相望。”安徽含山凌家滩遗址出土新石器时代的洛书玉版[1]，其八方图像的外层列有四维（图2-12），即在强调四维对于构成八方系统的关键作用。事实上，古人为表现方位由四方五位到八方九宫的发展，在空间图形中强调四维是十分普遍的做法。自七千年前的新石器时代直至战国，这类强调四维的设计在古代遗物中比比皆是（图2-13）。而在汉代的遗物中，这种图像更为普遍。它们有时以交午的两条直线平分四方而表现四维，有时则以指向四维的四个璿玑符号表现四维（图2-14）[2]，手法各异，但异曲同工。

图2-13 战国中山王墓出土石博局（采自《嚳墓》）

五方或五位添加了四维便形成了九方或九宫，准确地说，方与位的不同表现为点线与面的

1

2

3

图2-14 战国汉代遗物上的璇玑四维图像（1.战国透空镶嵌方铜镜 2.新莽时代新兴辟雍铜镜 3.东汉石刻画像）

1 冯时：《中国天文考古学》第八章第二节，中国社会科学出版社，2007年。资料参见安徽省文物考古研究所：《凌家滩——田野考古发掘报告之一》，文物出版社，2006年。

2 冯时：《中国天文考古学》第三章第二节，中国社会科学出版社，2007年。

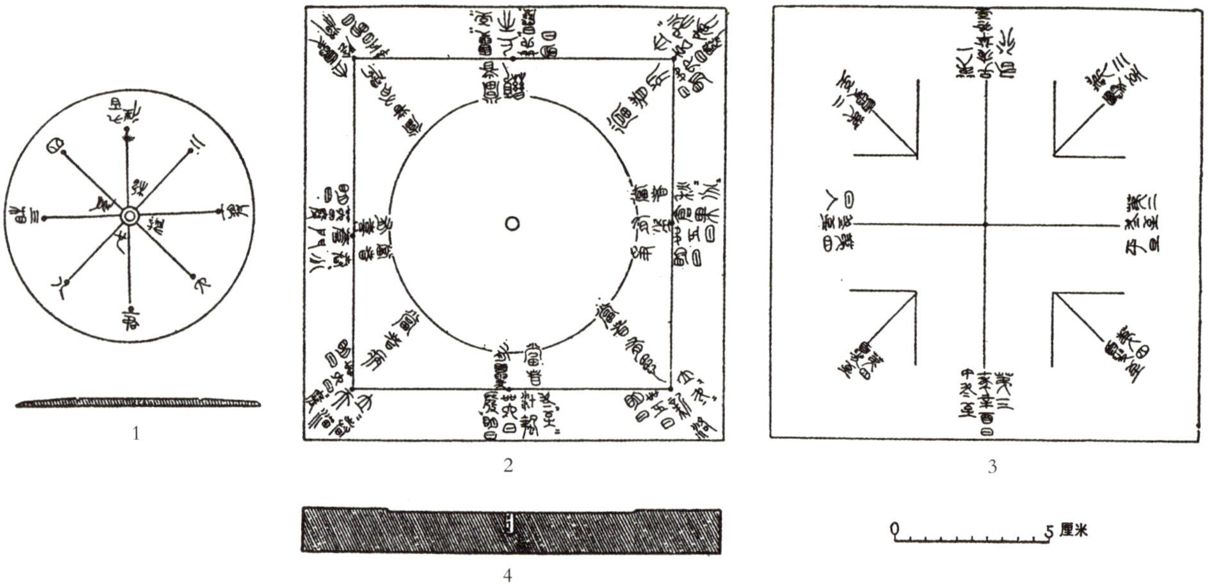

图 2-15　西汉太一九宫式盘（安徽阜阳双古堆西汉汝阴侯墓出土）1. 天盘 2. 地盘正面 3. 地盘背面 4. 地盘剖面（采自《文物》1978 年第 8 期）

区别，显然，当古人意识到表示四方的二绳可以扩大为表示四个区域的面的时候，那么表示四方的两条相交的直线便可以扩大为互交的两个矩形，从而形成五位，其中二绳交点的平面化便构成了中宫。

九宫与八方、五位的关系十分密切，它既是在八方之中复加了一个中方，即二绳与四维的交点——中央，同时又可视之为两个五位图的互交。这两个图形其实并不矛盾，古人对于方与位的概念是统一且相互暗示的，他们可以通过方来暗示位的存在，当然也可以通过位来暗示方的存在。这两个概念的联系当然源自古人对于“位”出于“方”，而“方”作为“位”的基础的认识。

出土于安徽阜阳双古堆西汉初年汝阴侯墓的太一九宫式盘[1]，对于说明以二绳、四钩、四维构建的传统空间观提供了极为完整的材料。式盘天盘布列由二绳、四维四条直线相交而形成的九方，其中二绳表示五方，加之平分二绳的四维则为九方（图2-15，1），九方配数呈现戴九履一、左三右七、二四为肩、六八为足、五居中央（招摇）的形式，明确证明这个直线式的九方其实就是九宫。这种九宫图的出现时代可以一直上溯到距今

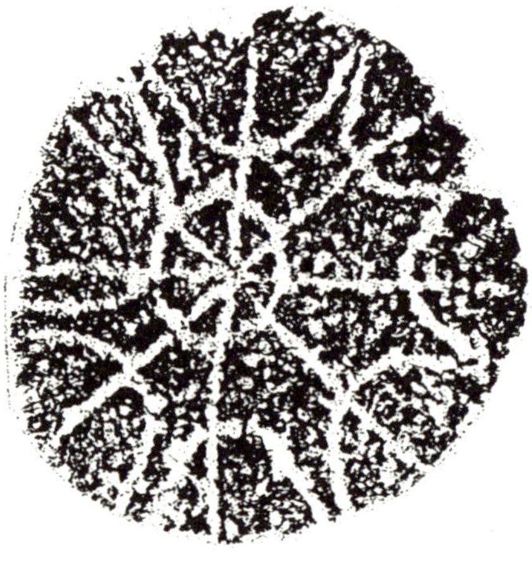

图 2-16　双墩新石器时代九宫形坶图像

1 安徽省文物工作队、阜阳地区博物馆、阜阳县文化局：《阜阳双古堆西汉汝阴侯墓发掘简报》，《文物》1978 年第 8 期。

图 2-17　秦代铜镜

七千年前的新石器时代（图2-16）[1]，而且由于“方”与“位”的联系，其与三三幻方式的平面化九宫其实没有任何的差别。九宫在藏语中既称为“九宫”，意即九间宫殿，也可以称作“九痣”，意即九个点[2]，这当然同样体现了古人以“方”作为“位”的基础的观念。式盘地盘背面的图像则是对中国传统空间观更为完整的表达（图2-15，3），图像中央为由二绳表示的五方“+”形，其中于纬绳的两端分别标注“冬至平旦”和“冬至日入”，知其为卯酉绳，所指是为东、西二方；经绳的两端则分别标明“日中冬至”和“子，夜半冬至”，又明其显系二绳中的子午绳，其所指建的方向当然是四方中的南、北二方。而二绳的交午点便是中央。不啻如此，二绳指建的四方又与地盘正面标注于四方的春分、秋分、夏至、冬至四个标准时点及天盘中央标注的招摇分别对应（图2-15，1、2），更凸显了由二绳构成的“+”形所具有的表示五方空间的特有内涵。

二绳之外则为四钩，这显然是五方通过二绳的积累逐渐平面化的结果。四钩以内的部分是谓五位，也即“亞”字所呈现的空间图形。古人又以二绳与四钩配以十二支，形成十二地平方位，并名之曰“日廷”。

平分四钩各引出一条指向四维的直线，是为报德、背阳、常羊、蹄通四维。其与二绳共同组成八方或九宫。四维本为由中央引出的四条平分二绳的直线，唯其位于五位“亞”形以内的部分为五位图所掩盖，所以只有日廷五位图以外的部分得以显现。由此可明，太一九宫式盘地盘背向的图形不仅表现了四方五位，而且呈现着八方九宫，描述了中国传统空间的完整形式与发展历程。类似的空间图形在秦汉时代的铜镜图像中尚有广泛的存留（图2-17），而这种综合四方、五位、八方、九宫的完整方位观念至少在新石器时代即已形成[3]。

方位观念虽然随着人们对空间认识的深化而日趋复杂，但古人利用对太阳视运动的观测，并逐渐形成朴素的空间观念则是基本事实。东、西、南、北四方的建立缘于对日影的测量工作，从而形成了方位发展的基础图形——二绳。事实上，二绳不仅是时空体系的基础，同时也是最早表示二分二至四气的标志。而二绳的平面化则发展出五位的观念，这又是早期先民所认识的大地的形象。很明显，传统时空观不仅是古人通过对太阳视运动的观测建立起来的，而且这一工作对中国

1 冯时：《上古宇宙观的考古学研究——安徽蚌埠双墩春秋锺离君柏墓解读》，《中央研究院历史语言研究所集刊》第八十二本第三分，2011年。

2 王尧：《藏历图略说》，《中国古代天文文物论集》，文物出版社，1989年。

3 冯时：《上古宇宙观的考古学研究——安徽蚌埠双墩春秋锺离君柏墓解读》，《中央研究院历史语言研究所集刊》第八十二本第三分，2011年。

传统文化的形成具有着深刻影响。

空间观念建立之后，确定众方位的起点便是必须的工作。从方位观念发展的角度讲，四方作为八方的基础已是毋庸怀疑的事实，然而由于人们通过立表测影所获得的二分点显然要比他们获得二至点相对容易，况且东、西二方又是太阳出没的方位，因此与二分点对应的东、西方向便可以作为四方观念形成的基础。这意味着在原始的四方体系中，古人只能选择东、西二方中的某一点作为四方的起点。众所周知，东方不仅是日出的方位，甚至日出时刻在原始历法中还是一日开始的重要标志，这使古人会很自然地将时间之始与方位之始加以联系，从而以东方作为四方的起点。传统以十天干配合四方五位，其中十干之首甲乙配属东方，便体现了这一古老思想。很明显，古人以东方作为方位起点的做法不仅原始，而且几乎完全出于天文学的考虑。因此，古人将东方作为方位之始，其实反映的是自然方位的朴素传统。

与此相对的另一套方位计算系统虽然也与天文观测有关，但从某种意义上讲，这种关系所强调的并非观测的对象，而是观测者的观测活动本身，因此更多地反映了某种人文传统。准确地说，由于观测天象乃是古代君王最重要的工作，而中国传统的观象授时的方法又是重点观测恒星的南中天，因此坐北朝南便渐渐成为古代君王用事的习惯方位。显然，在这种由观象授时所决定的人文传统中，君王所处的中央完全可以应和天上北斗所象征的天帝所在的中天方位，而其背后的方位便命名曰“北”，并理所当然地成为方位的起点。《说文解字·北部》：“北，乖也，从二人相背。” “北”即“背”的本字，本作二人相背。古代君王用事面南背北，因此，古人独选表示背后的“背”的本字“北”以命名北方，恰是这一事实的真实反映。传统以万数之始“一”、十二支之始“子”与五行之始“水”配伍北方，都是这一人文思想的体现。而北方与四气相属，以冬至应北方，后世历法又以冬至所在之月为岁首，已是将方位的起点运用于历法的发展。显然，古人以北方作为方位的起点，应该反映了自然方位人文化的趋势，或者我们可以将这种方位体系称为人文方位。

第三节　时空关系

中国传统的时空关系表现为空间决定时间，空间体系建构的目的不仅在于定准方位，更在于建准时间，因此，空间体系事实上是作为时间体系的基础存在的。

空间对于时间的决定意义可以从三方面清晰地显现出来：

其一，空间的精确化决定了时间的精确化。

其二，空间的有限性决定了时间的有限性。

其三，空间的对称性决定了时间的对称性。

如果说时间的精确化必须以古人对于空间的精确化为基础的话，那么空间的有限性与对称性也必然决定了时间的有限性与对称性。因为很明显，有限的空间只能决定有限的时间，无论四方五位，还是八方九宫，这种空间观只能使得方位在有限的空间中循环，因而由此决定的时间，无论基于旦明、昏朦、日中、夜半形成的历日，朔、晦、弦、望形成的历月，还是基于分至四时形成的历年，也只能在一个有限的时间内循环。同样，东、西的建立无疑是对称的，东北与西北的划分同样是对称的，这些观念在以方位规划时间的先民看来，自然也就暗示着时间的对称。当旦被测定的时候便意味着有昏，而日中的确定便意味着有夜半。春分与秋分的对称当然可以用东、西的方位概念加以描述，夏至与冬至的对称也可以借助南、北的方位坐标加以表示。古人对于时间的划分皆为偶数，正是这种空间对称性的体现。

不过必须注意的是，空间与时间最终都会随着人类认识的进步，从有限发展为无限。在这个过程中，由于空间对于时间的决定作用，所以有限空间的破除必须有赖于无限时间观念的建立，这意味着空间对于决定时间作用的消失实际是使时间无限化概念得以建立的关键所在，而时间对于空间的反作用则使无限时间的观念最终打破了有限的空间。

事实上，时间对称性的发展经历了从有限到无限的阶段。首先，由于时间的对称乃因空间的对称所决定，因此有限的空间必然限制了有限的时间。无论一天中朝、夕的对称，还是一年中春、秋的对称，都只能是在有限时间框架之内的对称，而并不具有时间无限的意义，因而是一种相对原始的对称形式。然而当古人逐渐产生了时间无限的概念之后，时间的对称便具有了新的形式，人们对于时间的认识从此进入了更高的阶段。

然而无论如何，尽管时间无限的概念可以摆脱空间的束缚而产生，但是空间的对称特点仍然对无限时间的形成具有着深刻影响。人类记忆的存在如果可以使时间得以单方向延伸的话，那么完整的时间无限观念的形成就不能不说是对原始的有限时间观念所具有的对称特征的复制。显然，空间对于时间的影响使得古人的时间观念日趋复杂而丰富。

人们对于过去事物的记忆会产生“昔”的概念，商代甲骨文的“昔”字作“”，上象水波，下为“日”字，表示曾经发生过洪水的日子，便体现了人们对于铭刻于心的远古洪水时代的追忆。然而由于古人对于有限的时间对称性的理解，会使他们在建立时间无限概念的同时，创立与“过去”相对的“未来”的概念，对于这一意义，商代人是用“来”字表示的，而“来”字的本义却是麦类植物的象形。看来人们对于农作物生长与丰稔的期盼，永远都是他们最关心的未来发生的事情，这使古人选择“来”这样一个表示作物的专有名称来表示未来。

植物的生长是需要时间的，对古人而言，种子播种如果是属于现在范围之内的事情，那么禾苗的抽芽、生长就只能等到将来，这使人们可以用“生”这一本象禾苗抽芽生长的文字来表示将来，商代人正是这样做的，而且这种思维模式与用“来”字表示将来的形式完全相同。事实上，人类重视农业的事实或许意味着“将来”时间概念的产生甚至先于“过去”的时间概念。

“昔”与“来”虽然对称，但它们都是以“今”——现在——作为基点的。在“今”的基础上，记忆的作用使“过去”的时间界限得以延伸，而时间的对称性又使古人在认识了过去的时间概念“昔”之后，进而产生出与“昔”对应的“将来”的时间概念。当然，这种次序或者可能正好相反。但无论如何，不管是由于记忆的作用而使过去的概念首先产生，还是人们对于农作物的关心而使将来的时间概念首先产生，最终使这种无限时间概念得以完善的都离不开对称原则。

由于时间非固定性的特征，使得“今”以及与其相对的“昔”与“来”这些时间概念是可以相互转化的。“今”的流动不仅可以使“今”变为“昔”，也同样可以使“来”变为“今”，因此，如果假定相对于“今”的“昔”与“来”两个时间点固定不变，那么随着“今”的流动，“来”与“今”的距离则会逐渐靠近，这个特点使得表示将来的“来”的义训恰恰符合归来的“来”，因为归来的“来”所表示的距离的渐近趋势其实与“今”的流动所造成的“来”与“今”的渐近趋势是相同的。当然，由于“来”字本身乃是“麦”作的象形文，而麦则是自域外传来的谷物，这意味着麦作的这一特点似乎使“来”字已经隐含有归来的意义，而这一点又与作为未来的时间具有相对于“今”的渐近特点相一致。《说文解字·来部》：“来，周所受瑞麦来麰也。……天所来也，故为行来之来。”段玉裁《注》：“自天而降之麦谓之来麰，亦单谓之来，因而凡物之至者皆谓之来。”正因为未来的时间具有与“今”逐渐接近的特点，从而使古人有理由独选象征麦作的“来”字表示未来。事实上，由于表示现在存在的“今”的时间概念的非固定性，“昔”的范围会不断扩大，因为不仅“今”可以成为“昔”，“来”也同样可以成为“昔”。这种相对时间的相互转变不仅有助于古人认识未来时间的无限性，而且同样可以使过去时间的无限概念自然地产生。很明显，这些思想虽然比分别一天或一年中的有限时间或季节复杂得多，因而也应更为晚起，但是在殷商人的思想体系中，这些时间无限的观念早已根深蒂固。

第三章

中国古代的天文与人文

文明源自先民对于天、地、人关系的理解，或者更明确地说，人类观测天文的活动以及他们依据自己的理念建立起的天与地或天与人的关系，实际便构筑了文化的基石，这意味着一种有效的天文学研究不仅是重建古代天文科学的途径，而且提供了从根本上探索人类文明起源的可能。

天文考古学将古代天文学视为人类早期文明的重要组成部分，天文学的创造不仅是指天文技术以及由此导致的观象手段和计算方法，更重要的则是支持这些技术的天文思想以及一种以天人关系为思考主题的人文理解。显然，科学的发展进程便体现着文明的发展进程，古人创造科学的活动也就是他们创造文明的活动。

尽管目前的天文考古学研究已为这些问题的判断预留了广阔空间，然而我们似乎仍没有机会从中国古老文明的源头讲起，因为迄今为止的任何一项天文考古学个案研究，其所揭示的古代思想史和文明史的内涵都是综合性的，这意味着即使相关的考古资料的年代可以早至公元前第四千纪以前——这个年代其实已足以使传统的历史学与考古学深感惊诧，但那充其量也只是文明与科学发展到相当成熟阶段后的精神成果，因为这些基于古代时空观而建立的天人思想不仅非常系统，而且也相当完整。

对于印证这个事实，恐怕再没有比对发现于河南濮阳西水坡的仰韶时代蚌塑宗教遗迹的研究更能说明问题。遗迹包括彼此关联的四个部分[1]，四处遗迹则自北而南等间距地沿子午线分布（图 3–1），而且异常准确。遗迹北部是一座编号 M45 的墓葬，墓穴南边圆曲，北边方正，东西两侧呈凸出的弧形，一位老年男性墓主头南足北仰卧其中，周围还葬有三位少年。在墓主骨架旁边摆放有三组图像，东为蚌龙，西为蚌虎，蚌虎腹下尚有一堆散乱的蚌壳，北边则是蚌塑斗形图像，斗形图像的东侧特意配置了两根人的胫骨（图 3–2）。位于 45 号墓南端约 20 米处分布着第二组遗迹，由蚌壳堆塑的龙、虎、鹿、鸟和蜘蛛组成，其中蚌塑的龙、虎蝉联为一体，虎向北，龙向南，蚌鹿卧于虎背，鹿的后方则为蚌鸟，鸟与龙头之间则是蚌塑蜘蛛，蜘蛛前方放置一件磨制精细的石斧（图 3–3）。距第二组遗迹南端约 20 米分布着第三组遗迹，包括由蚌壳摆塑的人骑龙、虎、鸟的图像以及圆形和各种显然不是随意丢弃的散乱蚌壳。蚌虎居北，蚌人骑龙居南，作奔走状，形态逼真。第二和第三组蚌塑图像与第一组直接摆放于黄土之

1 濮阳市博物馆、濮阳市文物工作队：《河南濮阳西水坡遗址发掘简报》，《文物》1988 年第 3 期；濮阳西水坡遗址考古队：《1988 年河南濮阳西水坡遗址发掘简报》，《考古》1989 年第 12 期。

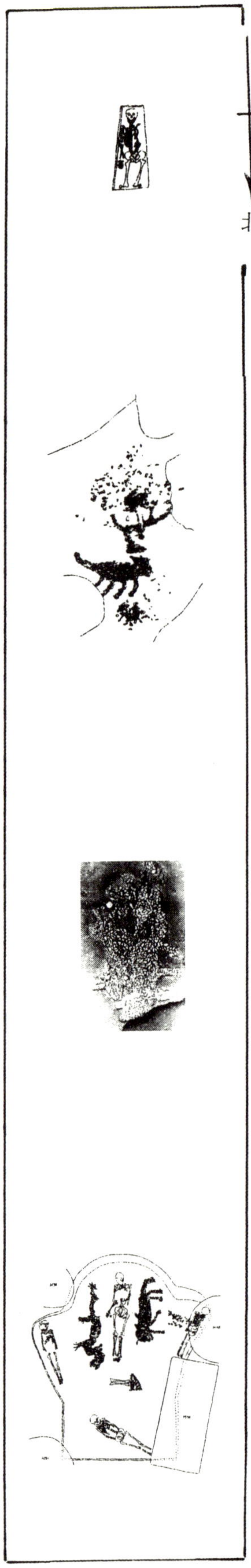

图 3-1　河南濮阳西水坡仰韶时代宗教遗迹分布示意图（各遗迹间距为 20—25 米）

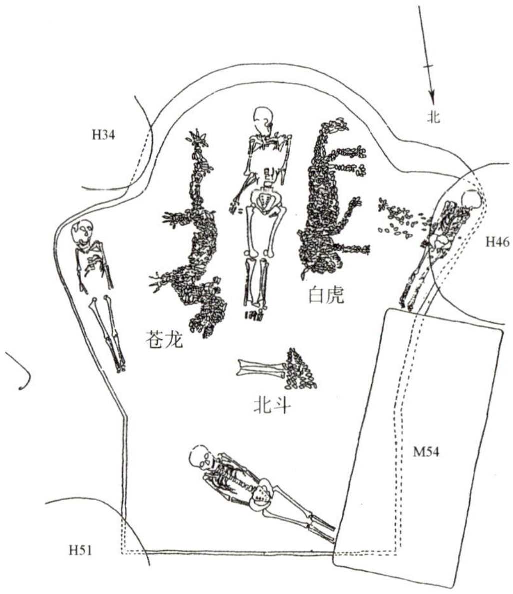

图 3-2　河南濮阳西水坡 45 号墓平面图（据《文物》1988 年第 3 期）

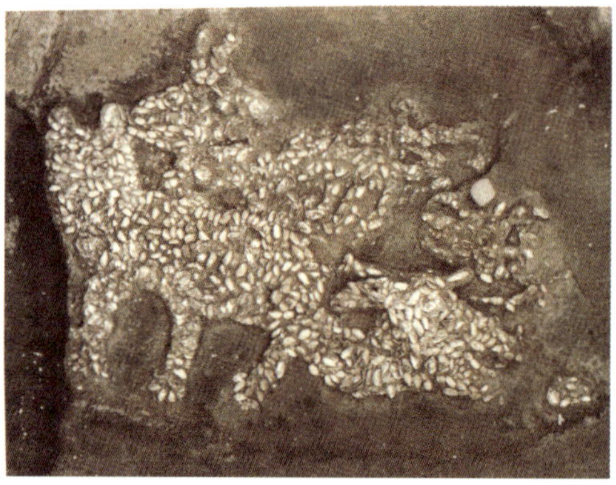

图 3-3　西水坡第二组蚌塑遗迹

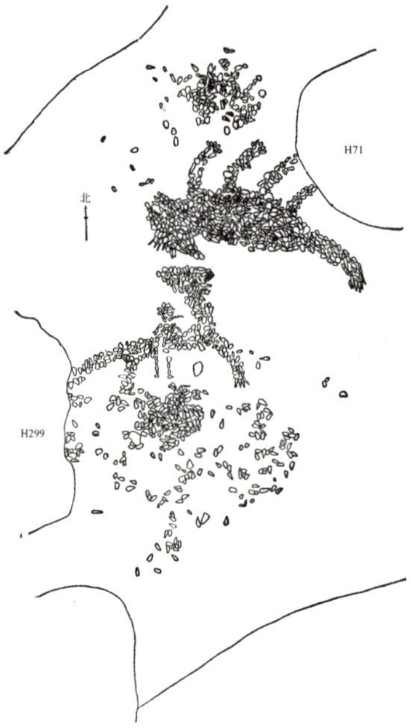

图 3-4　河南濮阳西水坡第三组蚌塑遗迹（采自《考古》1989 年第 12 期）

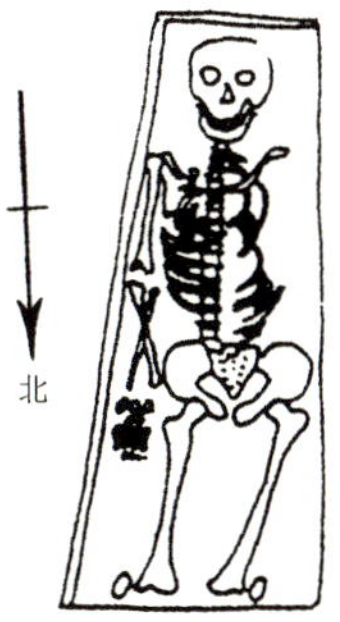

图3-5　河南濮阳西水坡31号墓平面图（采自《文物》1988年第3期）

上的做法不同，而是堆塑于人们特意铺就的灰土之上（图3-4）。在这南北分布的三处遗迹的南端约20米处，则有编号M31的墓葬。墓主为少年，头南仰卧，两腿的胫骨在入葬前已被截去（图3-5）。这座规模宏大的宗教遗迹，无论考古学的研究还是碳同位素的测定，都把它的年代限定在公元前第四千纪的中叶，准确时间约为距今6500年。遗迹所蕴涵的科学与文明的精神以及先民对于天文与人文的思考是深刻的，在今天我们近乎艰难地读懂了这些作品之后，更能体会到一种心灵的震撼！

第一节　早期天官体系的建立

西水坡蚌塑宗教遗存的核心便是葬有这座遗迹主人的45号墓，墓中的蚌塑遗迹构成了一幅完整的星象图，其中墓主脚端由蚌塑三角形和两根人的胫骨组成的图像即是明确可识的北斗图像，蚌塑三角形表示斗魁，东侧横置的胫骨表示斗杓，构图十分完整。

尽管星象图确定的关键在于对北斗的考认，但仅从象形上认证北斗显然不够，事实上，斗杓不用蚌壳堆塑却特意选配人骨来表示，这本身就已显示出与其他蚌塑图像的差异。如果说这种耐人寻味的做法能够帮助我们从本质上了解北斗的含义的话，那么这正是我们渴望找到的线索。

中国天文学由于受观测者所处地理位置的局限而有着鲜明特点，其中重要的一点就是重视观测北斗及其周围的拱极星。因为在黄河流域的纬度，北斗位居恒显圈，而且由于岁差的缘故，数千年前它的位置较今日更接近北天极，所以终年常显不隐，观测十分容易。随着地球的自转，斗杓围绕北天极做周日旋转，在没有任何计时设备的古代，可以指示夜间时间的早晚；又由于地球的公转，斗杓围绕北天极做周年旋转，人们根据斗杓的指向可以掌握寒暑季候的更迭变化。古人正是利用了北斗的这种终年可见的特点，建立起了最早的时间系统。但是，北斗只有在夜晚才能看到，如果人们需要了解白天时间的早晚，或者更准确地掌握时令的变化，那就必须创立一种新的计时方法，这就是立表测影。众所周知，日影在一天中会不断地改变方向，如果观察每天正午时刻的日影，一年中又会不断地改变长度。因此，古人一旦掌握了日影的这种变化规律，决定时间便不再会是困难的工作。

原始的表叫“髀”，它实际是一根直立于平地上的杆子，杆子的投影随着一天中时间的变化而游移，这一点似乎并不难理解。然而追寻“髀”的古义，却对古人如何创造立表测影的方法颇有启发。《周髀算经》：“周髀，长八尺。髀者，股也。髀者，表也。”这个线索使我们有机会直探45号墓中北斗那种特殊造型的真义。事实上，古代文献对于早期圭表的记载有两点很值得注意，首先，“髀”的本义既是人的腿骨，同时也是测量日影的表；其次，早期圭表的高度都规定为八尺，这恰好等于人的身长[1]。这两个特点不能不具有某种联系，它表明早期的圭表一定是由人骨转变而来。联系《史记·夏本纪》有关大禹治水以身为度的故事，以及殷商甲骨文表示日中而昃的“昃”字即像太阳西斜而俯映的人影，都可以视为古人利用人体测影的古老做法的孑遗。甚至“夸父逐日”的神话也并不仅仅反映的是古人立表测影的实践[2]，而更再现了测影工作源于人体测影的历史[3]。然而我们不可能想象古人为完成测影工作会永远停留在以人体测影的原始阶段，这种做法不仅不可能长期坚持，而且测量的精度也远远不够，于是古人为完善测影工作，就必须发明一种能够取代人体的天文仪器，这就是表。表的原始名称之所以叫“髀”，原因就在于“髀”的本义为人的腿骨，而腿骨则是使人得以直立而完成测影工作的关键所在。因此我们似乎可以相信这样一个事实，人类乃是通过长期的生产实践，通过不断观察自身影子的变化而最终学会了测度日影，最早的测影工具其实就是人体本身。显然，从人身测影向圭表测影的转变，使得古人不仅自觉地模仿人的高度来设计圭表，同时也沿袭了得以完成这项工作的人体的名称。这种做法不仅古老，而且被先民们一代代地传承了下来。

毫无疑问，45 号墓中的北斗形象完美地体现了圭表测影与北斗建时这两种计时法的精蕴。事实上，“髀”所具有的双重含义——腿骨和表——已经表明，人体在作为一个生物体的同时，还曾充当过最早的测影工具，而墓中决定时间的斗杓恰恰选用人腿骨来表示，正是先民创造出利用太阳和北斗决定时间的方法的结果。这种创造在今天看来似乎很平常，但却是极富智慧的。

墓中的龙、虎形象虽然比北斗更为直观，但它的天文学意义却并不像北斗那样广为人知。中国天文学的传统星象体系为四象二十八宿，宿与象的形成反映了古人对于星官的独特理解。古人观测恒星的方法非常奇特，他们并不把恒星看作是彼此毫无关联的孤立星辰，而是将由不同恒星组成的图像作为观测和识别的对象。因此，象其实就是古人对恒星自然形成的图像的特意规定，他们根据这些图像所呈示的形象，以相应的事物加以命名，并将其称之为“天文”。这里“文”即是“纹”字的古写，意思便是天上的图像。显然，四象二十八宿不仅构成了中国天文学最古老的星官体系，同时也展现着最古老的星象。

四象与二十八宿的关系随着早期天文学的发展出现过一些变化。尽管古老的天官体系将天球黄道和赤道附近的恒星划分为四区，并以四象分主四方，作为各区的象征，形成了东宫苍龙、西宫白虎、南宫朱雀、北宫玄武，每宫各辖二十八宿中七座星宿的严整体制，但这种形式并不是从一开始就这样完整。证据表明，四象虽然确是通过古人所认识的一种特定的恒星组合而最终形成的，但它们与二十八宿的关系却并不具有对等的意义。准确地说，四象的形象最初来源于二十八宿各宫授时主宿的形象，而它们作为四个象限宫的象征，则是对于各宫授时主宿意义的提升。即使晚在西汉的星象图上，这种观念依然体现得十分鲜明。显然，这为 45 号墓中的蚌塑龙、虎找到了归宿。

天文学所提供的答案是令人信服的。北斗既已认定，我们还能对蚌塑龙、虎

1 伊世同：《量天尺考》，《文物》1978 年第 2 期。

2 郑文光：《中国天文学源流》，科学出版社，1979 年，第 38 页。

3 冯时：《中国天文考古学》，中国社会科学出版社，2007 年，第 67 页。

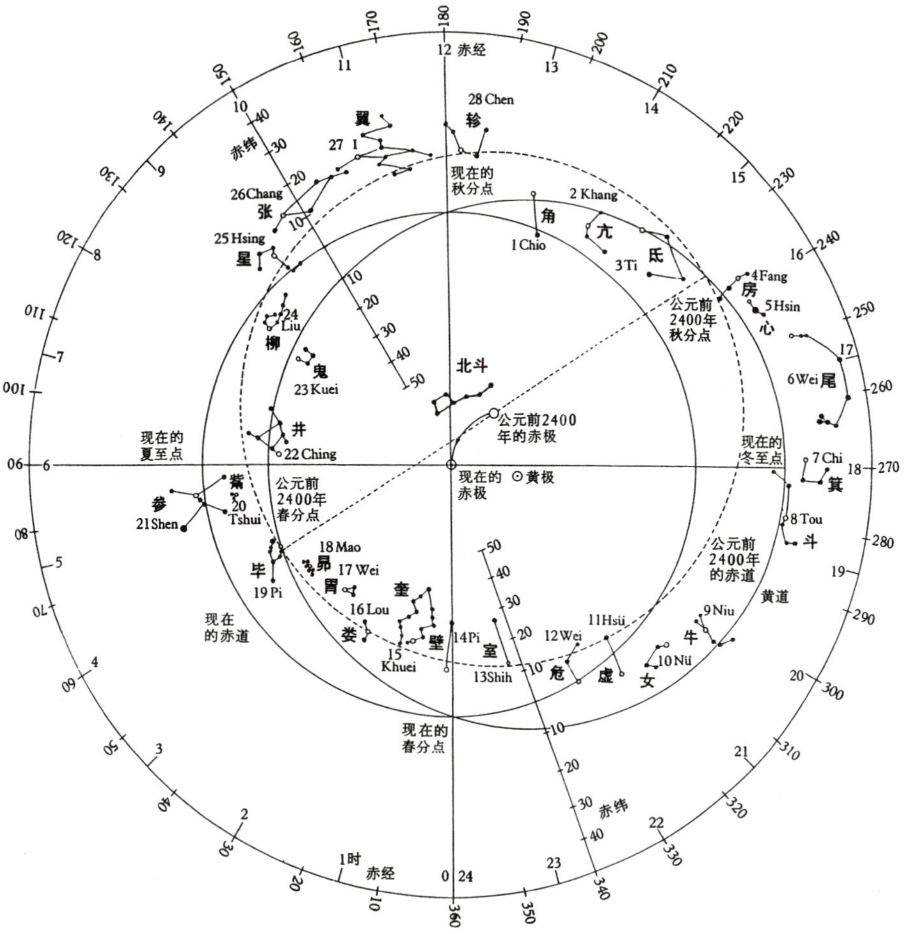

图 3-6　二十八宿北斗星图（圆圈表示距星）

的含义做出有悖于天文学的解释吗？显然不能。原因很简单，墓中的全部蚌塑遗迹必须被视为一个整体，这个整体由于北斗的存在而被自然地联系了起来。换句话说，除北斗之外，墓中蚌龙、蚌虎的方位与中国天文学体系二十八宿主配四象的东、西两象完全一致。两象与北斗拴系在一起，直接决定了蚌塑龙虎图像的星象意义。将蚌塑图像与真实星图比较（图 3-6），可以看出其所反映的星象的位置关系与真实天象若合符契。

相同的星象作品亦见于战国初年曾侯乙墓出土的二十八宿漆箱（图 1-3，1），将其与西水坡 45 号墓的蚌塑遗迹对比，先民以蚌壳堆塑的方式表现星象的做法或许看得更清楚。漆箱盖面星图的中央特别书写着大大的“斗”字，表示北斗，“斗”字周围书写二十八宿宿名，而二十八宿之外的左、右两侧则分别绘有象征四象的龙、虎，显然，北斗与龙、虎共存作为星象图的核心内容的事实相当明确，而这与西水坡 45 号墓蚌塑遗迹所表现的星象内容完全相同。不仅如此，即使两幅星象图的细节部分也毫无差异。我们注意到，西水坡 45 号墓蚌虎的腹下尚有一堆蚌壳，只是因为散乱，已看不出它的原有形状，而曾侯乙漆箱星图的虎腹下方也恰好绘有一个火形图像[1]，它的含义当然象征古人观象授时的主星——大火星（心宿二，天蝎座 α）。很明显，由于有曾侯乙二十八宿漆箱星象图的印证，西水坡 45 号墓蚌塑遗迹组成了一幅与之内容相同的星象图的事实已没有任何可怀疑的馀地了，而且直至公元前五世纪初，这种以北斗和龙、虎为主要特征的星象作品，在四千年的时间里几乎没有任何改变！

我们知道，随着地球的自转，北斗虽然为黄河流域的先民所恒见，但是位居天球赤道附近的星宿却时见时伏，于是古人巧妙地在北斗与二十八宿之间建立起了一种有效的联系。他们充分利用北斗可以终年观测的特点，将它与赤道星官相互拴系，以便寻找二十八宿中那些伏没于地平的星宿。这种固定的联系表现为，角宿的位置依靠斗柄的最后二星定出，实际顺着斗杓的指向，可以很容易找到龙角。同样，从北斗第五星引出的直线正指南斗，而斗魁口端二星的延长线与作为虎首的觜宿又恰好相遇[2]。尽管北斗与二十八宿的这种关系在战国时代以前应该更为完善[3]，但北斗与龙、虎关系的确立事实上已足以构建起一个古老的天官体系。古人把北斗想象为天帝的乘车，它运于天极中央，决定着时间，指示着二十八宿的方位[4]。过去我们把中国天文学这一特点的形成时代追溯到公元前五世纪的战国初年，因为曾侯乙漆箱星图完整地体现了这些思想。然而现在我们知道，曾侯乙星图所反映的思想其实并不古老，它不过是西水坡星图的再现而已！

在二十八宿形成的过程中，由于古人观象授时的需要，东宫与西宫的部分星象曾经受到过特别的关注。上古文献凡涉及星象起源的内容，几乎都无法回避这一点。东宫苍龙七宿在其形成的过程中恐怕至少有六宿是一次选定的，从宿名的古义分析，角、亢、氐、房、心、尾皆得于龙体[5]，从而构成了《周易·乾卦》所称的“龙”[6]，也就是《彖传》所指的“六龙”。而西宫白虎七宿的核心则在于觜、参两宿，甚至到汉代，文献及星图中还保留着以觜、参及其附座伐为白虎形象的朴素观念[7]。当然，西水坡 45 号墓所呈现的蚌塑龙虎并不意味着当时的人们尚只懂得识别与这两象相关的个别星宿，因为第二组蚌塑遗迹中与龙、虎并存的鸟和鹿正展现了早期四象体系中的另外两象，其中鸟象来源于二十八宿南宫七宿中张、翼两宿所组成的形象，而鹿则反映了二十八宿北宫七宿中危宿及其附座的形象[8]。

---

1 庞朴：《火历钩沉》，《中国文化》创刊号，1989 年。

2《史记·天官书》：“北斗七星，所谓‘旋、玑、玉衡以齐七政。’杓携龙角，衡殷南斗，魁枕参首。”

3 冯时：《中国天文考古学》，社会科学文献出版社，2001 年，第 275—277 页。

4《史记·天官书》：“斗为帝车，运于中央，临制四向，分阴阳，建四时，均五行，移节度，定诸纪，皆系于斗。”

5 冯时：《中国早期星象图研究》，《自然科学史研究》第 9 卷第 2 期，1990 年；《中国天文考古学》，社会科学文献出版社，2001 年，第 306—307 页。

6 闻一多：《璞堂杂识·龙》，《闻一多全集》第二册，三联书店，1982 年；夏含夷：《〈周易〉乾卦六龙新解》，《文史》第 24 期，1986 年；陈久金：《〈周易·乾卦〉六龙与季节的关系》，《自然科学史研究》第 6 卷第 3 期，1987 年；冯时：《中国早期星象图研究》，《自然科学史研究》第 9 卷第 2 期，1990 年；《〈周易〉乾坤卦爻辞研究》，《中国文化》第三十二期，2010 年。

7《史记·天官书》：“参为白虎。三星直者，是为衡石。下有三星，兑，曰罚，为斩艾事。其外四星，左右肩股也。小三星隅置，曰觜觿，为虎首。”张守节《正义》：“觜三星，参三星，外四星为实沈，……为白虎形也。”

8 冯时：《中国天文考古学》第六章第五节，社会科学文献出版社，2001 年。

在北宫的形象由玄武取代鹿之前，早期的四象体系一直是以龙、虎、鹿、鸟作为四宫的授时主星，这个传统至少在春秋时期仍未改变，而它的影响甚至比一个新的四象体系的建立更为深远。显然，西水坡蚌塑遗迹中四象的出现不仅表明作为各宫主宿的四象星官成为先民观象授时和观测二十八宿的基础星官，而且以北斗和二十八宿等重要星官建构的古老的五宫体系也已形成。

东宫龙象中的大火星与西宫虎象中的参宿作为授时主星的事实，文献学与考古学的证据已相当充分[1]。公元前第四千纪的中叶，大火星与参宿处于二分点，这种特殊天象与观象授时的关系恰好通过西水坡45号墓蚌塑龙、虎二象的布列和北斗杓柄的特意安排十分巧妙而准确地表现了出来。很明显，为再现古人观象授时的工作，西水坡45号墓的蚌塑星象展现了当时的实际星空，这种授时传统不仅古老，甚至到数千年后的曾侯乙时代，仍然能感受到它的深刻影响。

北斗与心、参两宿作为中国传统的授时主星，它的起源显然就是心、参两宿与太阳相会于二分点的时代。《公羊传·昭公十七年》："大辰者何？大火也。大火为大辰，伐为大辰，北辰亦为大辰。"何休的解释是："大火谓心，伐谓参伐也。大火与伐，天所以示民时早晚，天下所取正，故谓之大辰。辰，时也。"这里的"北辰"过去一直以为是北极，其实由于古人对于天极与极星认识的不同，早期的极星正是北斗[2]。显然，鉴于北斗与心、参两宿可以为先民提供准确的时间服务，因而对这三个星官的观测便产生了最古老的三辰思想。

以立表测影与观候星象为基础而建构的授时系统在仰韶文化时代已经相当完善，由此决定的空间的测量工作当然需要首先完成。西水坡的四处遗迹准确无误地分布于一条南北子午线上，这个事实足以证明先民们对于空间方位的把握程度。接下来的工作便是对于时间的划分，而圭表致日与恒星观测其实已使时间的计量并不困难，而且由于龙、虎、鹿、鸟四象的出现，分至四气的校定显然已经非常准确，这甚至直接影响了《尚书·尧典》所记古人以四仲中星验证四气的古老方法的诞生。正如四气的确定便意味着历年的确立一样，四象的形成也意味着古人对于黄道和赤道带星官的认识。虽然四象最初只是四方星象中最重要的授时主星的形象，而它们作为四宫的象征也只是这些授时主星地位的提升，但是我们不能想象古人在以四象校验作为时间标记点的四气的情况下，对黄道和赤道带的其他星官却视若无睹，而未能建立起与这个时间体系相对应的识星系统，这意味着二十八宿体系在当时也已基本形成，当然这个早期的朴素体系后来经过了反复的调整。事实上，古人识星体系的完整性不仅体现在对具体星象的缜密观测，同时还在于对全天星象的整体把握。《史记·天官书》以五宫分配天官，其中东、西、南、北四宫分配二十八宿，中宫天极星括辖北斗。尽管西水坡45号墓蚌塑星图中北斗与二十八宿的对应关系呈现了比《天官书》更为简略的模式，斗杓东指，会于龙角；斗魁在西，枕于参首。但第二组蚌塑遗迹作为四象的鹿、鸟的出现已经涉及了南、北两宫，这种四象与四宫的固定关系不仅可以获得《天官书》的印证，

---

1 参见《左传·襄公九年》、《昭公元年》及《国语·晋语四》。又见庞朴：《火历钩沉》，《中国文化》创刊号，1989年；冯时：《中国早期星象图研究》，《自然科学史研究》第9卷第2期，1990年；《〈周易〉乾坤卦爻辞研究》，《中国文化》第三十二期，2010年。

2 冯时：《中国天文考古学》第三章第二节，社会科学文献出版社，2001年。

更可以获得曾侯乙星图的印证。因此，以北斗与四象星象为代表的五宫体系在当时已经建构起基本的雏型，它表明至少在公元前第四千纪的中叶，中国传统天文学的主体部分早已形成。

第二节　盖天宇宙观的形成

中国古代的宇宙理论大致包括三种学说，即盖天说、浑天说和宣夜说。盖天家认为，天像圆盖扣在方形平坦的大地上，这种认识至少部分地来源于人们的直观感受，因而天圆地方的宇宙模式成为起源最早的宇宙思想。

正像早期星图作为描述星象位置及再现观象授时工作的作品一样，先民对于宇宙模式的描述也创造了相应的图解。由于不同季节太阳在天穹上的高度并不一致，夏至时太阳从东北方升起，于西北方落下，在天穹上的视位置偏北；冬至时太阳从东南方升起，于西南方落下，在天穹上的视位置偏南；而春分和秋分时太阳从正东方升起，于正西方落下，在天穹上的视位置居中。于是古人将二分二至时太阳视运动形成的三个同心圆记录下来，创造出了盖天家解释星象运动和不同季节昼夜变化的基本图形——盖图（图 3–7）。盖图的核心部分为表现太阳于一年十二个中气日行轨迹的“七衡六间图”。据《周髀算经》及赵爽的注释，七衡六间的内衡为夏至日道，中衡（第四衡）为春分和秋分日道，外衡为冬至日道。显然，由于二分二至乃是古人建立严格记时制的基础，因此“七衡六间图”的核心实际就是三衡图。

盖天家对于盖图持有这样的认识，“七衡六间图”也就是所谓“黄图画”，它实际是一幅以北极为中心的星图，而叠压在黄图画上的部分则为“青图画”，表示人的目视范围。按照盖天家的理解，太阳在天穹这个曲面内运行并不是东升西落，而是像磨盘一样回环运转，太阳被视为拱极星，凡日光所能照耀的范围便是人的目力所及，太阳转入“青图画”内是白天，转出青图画外则是黑夜。如果以图 3–7 表述盖天家的天文理念，C 点则为观测者的位置，由于三衡分别以内衡象征夏至，中衡象征春秋分，外衡象征冬至，所以 L 点即为夏至日的日出位置，L′ 点为其时的日入位置，太阳转入“青图画”内在 LDL′ 弧上运行是白天，在相反的弧上运行则是黑夜。M 点为春秋二分日的日出位置，M′ 点为其时的日入位置，太阳在 MEM′ 弧上运行是白天，在相反的弧上是黑夜。N 点为冬至日的日出位置，N′ 点为其时的日入位置，太阳在 NFN′ 弧上运行是白天，在相反的弧上是黑夜。“青图画”和“黄图画”各有一个“极”，

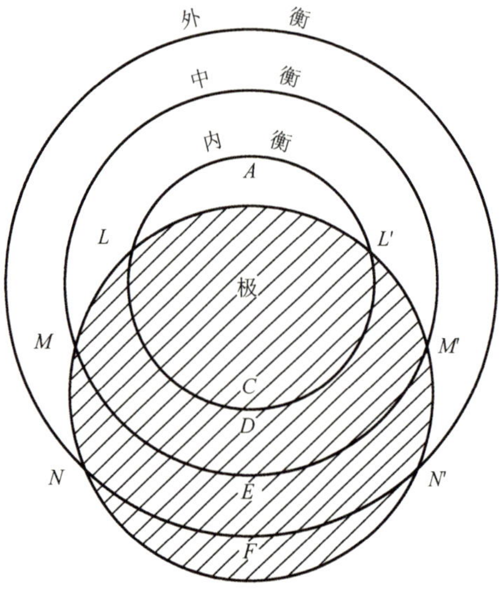

图 3–7　盖图

贯穿两个“极”点，不仅可以看见黄图画上的七衡六间和二十八宿等星象，而且能够很容易了解一年中任何季节日出日入的方向和夜晚的可见星象。同时，“青图画”所分割的三衡象征昼夜的两部分弧长之比理应随着季节的变化而不同，这种差异则为盖天家用来说明分至四气昼夜长度的变化。譬如，春秋分二日的昼夜等长，那么盖图的中衡表示昼夜的弧长就应该相等；冬至夜长于昼，夏至昼长于夜，比例相反，则外衡与内衡表示冬至与夏至的昼夜的两弧之比也应相反，这些特点至少在属于公元前第三千纪的早期盖图中已经表现得相当准确[1]。

当我们以这种朴素的盖天理论重新看待西水坡45号墓的墓穴形状的时候，我们在获得天圆地方的直观印象的同时，显然可以将墓穴的奇异形状理解为盖图的简化形式，因为如果我们以墓穴南边的弧形墓边作为盖图的中衡，也就是春分和秋分的日道看待，就可以完好地复原盖图。其实，墓穴的形状正是截取了盖图的内衡、外衡和“青图画”的部分内容，构图十分巧妙！因此，西水坡45号墓不仅以其蚌塑遗迹构成了中国目前所见最古老的天文星图，而且墓葬的特殊形制也表现了最原始的盖图，这种设计当然符合中国古代星图必以盖图为基础的传统。

中国古人始终持有一种以南方象天的观念，与天相对的北方才是地的位置，这个传统几乎同时影响着早期天文图和地图的方位系统，因此，以南为天的图像表述便是以上为天，这个方位又恰好符合古人以圆首象天、方足象地的朴素思维[2]。事实上，西水坡45号墓的墓穴形状不仅以盖图的“黄图画”作为南方墓廓，同时将墓穴的北边处理为方形，其刻意表现天圆地方的宇宙思想已相当清楚。墓穴又以盖图表示二分日夜空的部分作为主廓，这种设计与墓中布列龙虎星象及北斗的做法彼此呼应，准确体现了大火星与参星在二分日的授时意义。这些思想在《周髀算经》中都或多或少地留有痕迹。很明显，西水坡45号墓的墓穴形制选取盖图的春秋分日道、冬至日道和阳光照射界线，同时附加方形的大地，一幅完整的盖天宇宙图形便构成了。它向人们展示了天圆地方的宇宙模式、寒暑季节的变化特点、昼夜长短的交替更迭、春秋分日的标准天象以及太阳的周日和周年视运动特点等一整套古老的宇宙思想，表现了南天北地的空间观念和天地人三才的人文精神。或许这些答案的象征意义十分强烈，但它所反映的古老的科学思想与文化观念却很清晰。

中国古代的埋葬制度孕育着一种根深蒂固的传统，死者再现生者世界的做法通过墓葬形制得到了充分的表现，其中最显著的特点就是使墓穴呈现出宇宙的模式并布列星图。这种待遇恐怕最初仅限于王侯，显然它缘起于中国天文学所固有的官营性质。不过随着礼制被践踏，这种象征地位和权力的制度多少失去了原有的意义。尽管如此，西水坡45号墓作为这种传统的鼻祖应当之无愧，而后世那些因夯筑而得以残留的封冢遗迹以及更晚的穹窿顶墓室结构，显然都是天圆地方观念的直观反映。《史记·秦始皇本纪》描述其陵冢“上具天文，下具地理”，再造了一幅真实的宇宙景象。而晚期的墓室星图几乎一致地绘于穹窿顶中央，证明半球形的封冢和墓顶象征着天穹。与此对应的是，曾侯乙墓的棺侧绘出门窗和卫

1 冯时：《红山文化三环石坛的天文学研究——兼论中国最早的圜丘与方丘》，《北方文物》1993年第1期；《中国天文考古学》第七章第二节，社会科学文献出版社，2001年。

2 《淮南子·精神》：“头之圆也象天，足之方也象地。”

土，表示墓主永居的家室，又证明方形的墓穴象征着大地。事实表明，传统的封树制度及穹窿式墓顶结构与方形墓穴的配合，正可以视为盖天宇宙论的立体表现。很明显，这种由西水坡45号墓盖天理论的平面图解到后世立体模式的转变，反映了同一宇宙思想的不同表现形式。

第三节　以祖配天的宗教观

西水坡45号墓中埋葬的主人不仅是这座墓穴的主人，同时也是包括第二组、第三组蚌塑遗迹和31号墓在内的完整祭祀遗迹的主人。事实上，45号墓主拥有的这座宏大遗迹所展示的内涵是清楚的，如果我们将第三组蚌塑遗迹中骑龙遨游的蚌人视为45号墓主灵魂的再现的话，那么这个具有原始宗教意义的壮丽场景岂不体现了古老的灵魂升天的观念！很明显，三组蚌塑遗迹等间距分布于子午线上，45号墓居北，人骑龙的遗迹居南，形成一条次序井然的升天路线。45号墓主头南足北，墓穴的形状又呈南圆北方，都一致地表达着一种南方为天、北方为地的理念，墓主头枕南方，也正指明了升天灵魂的归途。显然，如果位居这条升天通道北南两端的45号墓和人骑龙的蚌塑遗迹分别表现了墓主生前及死后所在的两界——人间与天宫，那么第二组蚌塑遗迹就毫无疑问应该反映着墓主灵魂的升天过程。理由很简单，古代先民常以龙、虎和鹿作为驾御灵魂升天的灵蹻[1]，而灵蹻之所以能升腾，则正是由于鸟的负载。商周时代的铜器和玉器纹样，仍忠实地反映着这种朴素思想[2]。有趣的是，这些思想恰好就是第二组蚌塑遗迹作为四象的龙、虎、鹿、鸟所要表现的主题。

鸟载负着三蹻而驾御灵魂升天的观念看来是相当古老的，在这个意义上，作为星象本质的四象又从纯粹的天文回归到人文的层面，重现了科学最终服务于人类的根本目的。人死之后，灵魂离开躯壳而逐渐升腾，无论是在升天的途中，还是最后升入天国，周围的环境显然已经与人间不同。所以古人在象征升天通途的第二组蚌塑遗迹和象征天国世界的第三组蚌塑遗迹的下面，都人为地特意铺就了象征玄天的灰土，从而严格区分于象征人间的45号墓埋葬于黄土之上的做法。这种刻意安排除了表明朴素的天地玄黄的思想之外，恐怕不可能有其他的解释。不仅如此，第三组蚌塑遗迹在为象征玄色的夜空而特意铺就的灰土之上，又于蚌龙与蚌虎周围有规律地点缀了无数的蚌壳，宛如灿烂的银汉天杭。墓主升入天国后御龙遨游，使整个图景俨然一幅天宫世界，寓意分明。其实，这种展示灵魂升天的场面我们在马王堆西汉墓出土的非衣上也可以看到。画面下层绘有墓主生前的生活场景，中层描绘了二龙驾御墓主的升天过程，而上层则为天门内的天上世界

1 张光直：《濮阳三蹻与中国古代美术上的人兽母题》，《文物》1989年第11期。

2 中国社会科学院考古研究所：《殷虚妇好墓》，科学出版社，1980年，第159页。类似的图像还见于李学勤、艾兰：《欧洲所藏中国青铜器遗珠》图99，文物出版社，1995年；中国社会科学院考古研究所：《张家坡西周墓地》图208：1—3，中国大百科全书出版社，1999年。商周时期的青铜鸟尊或于羽翅饰有龙纹，同样反映了这一思想。参见冯时：《龙的来源——一个古老文化现象的考古学观察》，《史学研究》第101号，韩国史学会，2011年3月。

（图 0-12），含义及表现手法与西水坡蚌塑遗迹所展示的宗教内容一脉相承。

人的头象天，中国的早期文字已非常形象地表达了这种思想。天的位置在南方，这个观念又可以从古代君王观象授时的活动自然地发展出来。显然，头枕南方的姿态当然指明了灵魂归所的方向。亡人与天的联系首先就需要表现在其灵魂与天的沟通，红山文化先民将上下贯通的箍形礼玉枕于死者的头下[1]，而西汉侯王用以敛尸的玉衣也要在亡人的头顶部分嵌有中空设孔的玉璧[2]，这些象征天地交通的礼玉被置于死者的头部，其用意都是要为亡者实现灵魂升天的目的。事实上自商周以降，中国古代的墓葬形制存在着一种普遍的现象，这便是或有一条墓道而多居墓穴南方（或东方），或有多条墓道，而唯南（或东）墓道最宽最长，甚至有时在南墓道内还摆放有驾御灵魂升天的灵蹻[3]。西水坡宗教遗迹证明，这些观念的产生年代显然是相当久远的。

祖先的灵魂在天上，并且恭敬地侍奉于天帝周围，这些思想尽管在甲骨文、金文及传世文献中记载得足够详细，但早期的考古学证据却很难再有比西水坡的壮丽遗迹更能说明问题。事实上，灵魂升天并不是每人都可以享有的特权，只有那些以观象授时为其权力基础的人才能获得这样的资格，这意味着天文知识不仅作为科学的滥觞，同时也是王权政治的滥觞。

第四节　王权政治与天命思想

中国古代天文学与王权政治的密切联系造就了一种根深蒂固的观念，这便是君权神授、君权天授的朴素认知。天的威严当然通过水旱雷霆等各种灾害直接地为人们所感受，然而古人并不认为这种威严不可以通过作为天威的人格化的王权来体现，这个代表天神意旨的政治人物便是天子。

当人们摆脱原始的狩猎采集经济而进入农业文明的时候，掌握天文学知识则是必须的前提。换句话说，我们不可能想象一个没有任何天文知识、一个不能了解并掌握季候变化的民族能够创造出发达的农业文明。因此，天文学不仅与农业的起源息息相关，而且由于先民观象授时的需要，这门学科理所当然地成为一切科学中最古老的一种。

中国早期天文学在描述一般天体运动的同时还具有强烈的政治倾向，这种倾向事实上体现了一种最原始的天命观。我们知道，天文学对于人类生活的作用首先表现在它能为农业生产提供准确的时间服务，在没有任何计时设备的古代，观测天象便成为决定时间的唯一方式，这就是观象授时。《尚书·尧典》以帝命羲、和“敬授人时”，这里的羲、和便是战国楚帛书所讲的伏羲和女娲[4]，二人分执规

1 冯时：《天地交泰观的考古学研究》，《出土文献研究方法论文集初集》，台湾大学出版中心，2005 年。

2 邓淑苹：《中国新石器时代玉器上的神秘符号》，《故宫学术季刊》第 10 卷第 3 期，1993 年。

3 梁思永、高去寻：《侯家庄》第七本，1500 号大墓，中央研究院历史语言研究所，1974 年，第 40—42 页；刘一曼：《略论甲骨文与殷墟文物中的龙》，《21 世纪中国考古学与世界考古学》，中国社会科学出版社，2002 年。

4 李零：《长沙子弹库战国楚帛书研究》，中华书局，1985 年，第 67 页。

矩以规划天地，同时又以人类始祖的面目出现，显然，这种掌握了时间便意味着掌握了天地的朴素观念将王权、人祖与天文授时巧妙地联系了起来。

观象授时虽然从表面上看只是一种天文活动，其实不然，它从一开始便具有强烈的政治意义。很明显，在生产力水平相当低下的远古社会，如果有人能够通过自己的智慧与实践逐渐了解了在多数人看来神秘莫测的天象规律，这本身就是了不起的成就。因此，天文知识在当时其实就是最先进的知识，这当然只能为极少数的人所掌握。《周髀算经》所谓“知地者智，知天者圣”，讲的就是这个道理。而一旦有人掌握了这些知识，他便可以通过观象授时的特权实现对氏族的统治，这便是王权的雏型。理由很简单，观象授时是影响作物丰歉的关键因素，对远古先民而言，一年的歉收将会决定整个氏族的生存。显然，天文学事实上是古代政教合一的帝王所掌握的神秘知识[1]，对于农业经济来说，作为历法准则的天文学知识具有首要的意义，谁能把历法授予人民，谁就有可能成为人民的领袖[2]。因此在远古社会，掌握天时的人便被认为是了解天意的人，或者是可以与天沟通的人，谁掌握了天文学，谁就获得了统治的资格。《论语·尧曰》：“尧曰：‘咨！尔舜！天之历数在尔躬，允执其中。’……舜亦以命禹。”这种天文与权力的联系，古人理解得相当深刻。事实造就了中国天文学官营的传统，从而使统治者不择手段地垄断天文占验，禁止民间私司天文。很明显，由于古代政治权力的基础来源于人们对于天象规律的掌握程度和正确的观象授时的活动，因此，天文学作为最早的政治统治术便成为君王得以实现其政治权力的唯一工具，这不仅体现了初始的文明对于愚昧的征服，而且由此发展出君权神授、君权天授的传统政治观，甚至直接影响着西周乃至儒家的天命思想与诚信观念[3]。

如果王权的获取只能通过对天的掌握来实现的话，那么授予王权的天也便自然成为获得天命的君王灵魂的归所，这意味着这种朴素的政治观直接导致了以祖配天的宗教观念的形成。毫无疑问，掌握天象规律是正确授时的前提，而在大多数不明天文的民众看来，正确的授时工作其实已经逐渐被神话为了解天命并传达天意的工作，从而使其具有了沟通天地的特殊作用，这种认识逻辑当然符合原始思维的特点。在这样的文化背景下考察西水坡的原始宗教遗迹，我们甚至可以揭示一些更为深刻的思想内蕴。毋庸置疑，西水坡 45 号墓不仅形制特殊，规模宏大，而且随葬星宿北斗，墓主与其说葬身于一方墓穴，倒不如说云游于宇宙星空，这种特别安排显然是其生前权力特征的再现，有鉴于此，不将 45 号墓的主人视为一位司掌天文的部落首领恐怕已没有其他的解释。事实上，在漫长的史前时代，由于神秘的天文知识只为极少数巫觋所垄断，因而这些拥有所谓通天本领的巫觋理所当然地被尊奉为氏族的领袖，当然也只有他们的亡灵可以被天帝所接纳，成为伴于天帝的帝廷成员。因此，天文学在为人类提供时间服务的同时，作为王权观、天命观与宗教观的形成基础其实是其具有的更显著的特点。

1 Hellmut Wilhelm, *Chinas Geschichte: zehn einführende Vorträge*, Vetch, Peking,1942.

2 Joseph Needham, *Science and Civilisation in China*, Vol. III, The Sciences of the Heavens, Cambridge University Press,1959.

3 冯时:《儒家道德思想渊源考》,《中国文化研究》2003年第3期;《西周金文所见“信”、“义”思想考》,《文与哲》第6期，2005年。

第五节 四子神话的产生

中国古代四子神话的出现年代，文献学的证据至少可以追溯到春秋以前。殷人显然还保留着天帝的四方使臣即是四气之神的观念，甲骨文的四方风名明确显示了四方神名来源于古人对于二分二至实际天象的描述，这意味着四方神名其实就是司掌分至四气的四神之名[1]，因此，以分至四气分配四方的观念是古老而质朴的。

分至四神的本质源于四鸟（图3-8），之后演化为天帝的四子，进而在《尧典》中又规范为司掌天文的羲、和四官。《尧典》的文字颇为系统，我们于绪论第二节中已经引述。文中的“日中”、“日永”、“宵中”、“日短”分指春分、夏至、秋分和冬至，而帝尧命羲仲、羲叔、和仲与和叔分居四极以殷正四气，其为司分司至之神自明。

图3-8 四川成都金沙遗址出土太阳四鸟金箔

尽管《尧典》的羲、和四官作为司理分至的神祇的事实已相当清楚，但除此之外则还保留着四神作为析、因、夷、隩的更为古老的名称系统，这些名号在《山海经》中则作折、因、夷、鹓，显然直接来源于甲骨文所记的四方神名——析、因、彝、夗[2]。因此，《尧典》同时记载的另一套与羲、和名义相关的羲仲、羲叔、和仲、和叔不仅反映了四神名称的演变，更重要的则是将四神与羲、和拉上了关系。

四神与羲、和相关联的思想在稍后的文献中则有更明确的表述。长沙子弹库出土的战国楚帛书以为，分至四神其实就是伏羲娶女娲所生的四子，这个记载为《尧典》反映的分至四神名由原本表现分至的天象特征而向羲、和子嗣的演变提供了证据。当然，古代文献文本的早晚并不等同于其所记载的观念的早晚。事实上，《尧典》中羲仲、羲叔、和仲、和叔四神与羲、和的联系如果说还仅仅停留在名号上的话，那么楚帛书的记载已明确将四神视为伏羲和女娲的后嗣了，由于伏羲、女娲的原型就是羲、和，因此，古老的四子神话其实就是司理分至的四神的神话，四神曾被人们认为只是伏羲和女娲的四个孩子，实际也就是羲、和的子嗣。

四神本为四鸟，这个观念当然来源于金乌负日的朴素思想[3]，相关的考古遗物

1 冯时：《殷卜辞四方风研究》，《考古学报》1994年第2期。

2 胡厚宣：《甲骨文四方风名考证》，《甲骨学商史论丛初集》第二册，成都齐鲁大学国学研究所，1944年；《释殷代求年于四方和四方风的祭祀》，《复旦学报》（人文科学）1956年第1期。

3 冯时：《中国天文考古学》，社会科学文献出版社，2001年，第154—160页；《中国古代的天文与人文》第二章第二节之二，中国社会科学出版社，2006年。

不乏其证。其实，从四鸟到四子的转变体现着一种神灵拟人化的倾向，这实际反映了先民自然崇拜的人文规范。由于至上神天帝本所具有的祖先神特点，一切自然神祇便相应地被赋予了人性的特征，而四子神话的演进过程也应体现着这种精神。

四神因分主四气而分居四方，他们的居所在《尧典》中有着明确记载。

> 義仲，宅嵎夷，曰旸谷。
>
> 羲叔，宅南交。
>
> 和仲，宅西，曰昧谷。
>
> 和叔，宅朔方，曰幽都。

羲仲司春分，宅嵎夷，居旸谷。旸谷又名汤谷，为东方日出之地。和仲司秋分，宅西，居昧谷。昧谷又名柳谷，为西方日入之地。羲叔司夏至，宅南交而未详居所，为南方极远之地。和叔司冬至，宅朔方，居幽都，为北方极远之地。古人以为，春秋二分神分居东极、西极日出、日入之地，敬司日出、日入，冬夏二至神则分居北极、南极，以定冬至、夏至日行极南、极北。事实上，古史传说中分至四神的居所虽然极富神话色彩，但它们在盖图上却是可以明确表示的，这一点显然可以通过西水坡 45 号墓墓穴形状所呈现的盖图得到具体的说明。盖图的中衡为春分和秋分日道，那么中衡与青图画的交点 M 显然就是春秋分的日出位置，交点 M′ 则为其时的日入位置。外衡为冬至日道，根据墓穴的实际方位，则外衡的顶点 F 为极北点。中衡之内又应有内衡，只是因与墓主的位置重叠而略去。内衡为夏至日道，则内衡的顶点 A 为极南点（图 3-7）。诚然，如果仅从天文学角度思考，这四个位置的确定不过只是在盖图中准确地标示出四个点而已，但是在文化史上，这些点的确定便具有了更广泛的意义。因为日出的位置正是古人理解的旸谷，而日入的位置实际也就是昧谷，这两个文化地理概念在盖图上却恰可以通过 M 点和 M′ 点来象征。沿着这样的思路，我们便能很容易地确定外衡极北 F 点乃为幽都的象征，而内衡极南 A 点则象征着南交。显然，根据盖天理论，将四子所居之位在盖图上作这样的设定是没有问题的。

西水坡 45 号墓的墓穴形状呈现了原始的盖图，由于作为盖图核心部分的黄图画的主体即是象征二分二至的日行轨道，因此，对于分至四气的认识显然已是西水坡先民应有的知识，而盖图四极位置的确定实际已将借此探讨四子神话的产生成为可能，因为在墓中象征春秋分日道和冬至日道的外侧恰好分别摆放着三具殉人。三具殉人摆放的位置很特别，他们并非被集中安排在墓穴北部相对空旷的地带，而是分别放置于东、西、北三面。如果结合盖图相应位置所暗寓的文化涵义考虑，那么这些摆放于象征四极位置的殉人就显然与司掌分至的四神有关。准确地说，盖图中衡外侧的两具殉人分别置于 M 点和 M′ 点，M 点为旸谷之象征，M′ 点为昧谷之象征，因此，位居 M 点及 M′ 点外侧的二人所体现的神话学意义正可与司分二神分居旸谷、昧谷以司日出、日入的内涵暗合，应该分别象征春分神和秋分神。而盖图外衡外侧的殉人居于 F 点，F 点为幽都之象征，从而暗示了此人与冬至神的联系。况且殉人摆放的位置与东、西殉人顺墓势摆放的情况不同，而是头向东南呈东偏南 40 度，这当然是一个极有意义的角度。以濮阳的地理纬度计算，当地所见冬至日出的地平方位角约为东偏南 31 度。西水坡先民认识的方位体系只能是基于太阳视运动的地理方位，而与今日所测的地磁方位存在磁偏角的误差。如果我们充分考虑到这些因素，或者以墓穴北部方边作为西水坡先民测得的东西标准线度量殉人方向，便会发现居于象征幽都位置的殉人，他的头向正指冬至时的日出位置，而且相当准确。显然，这具殉人所具有象征冬至之神的意义是相当清楚的。

春秋二分神与冬至神的存在意味着人们有理由在同一座遗迹中找到夏至神。我们曾经指出，西水坡45号墓中作为北斗杓柄的两根人的胫骨很可能是自31号墓特意移入的，因为不仅同一遗址中31号墓的主人恰恰缺少胫骨，而且根据对墓葬形制的分析，可以肯定地说，墓主的两根胫骨在入葬之前就已被取走了[1]，这当然加强了31号墓与45号墓的联系。在西水坡诸遗迹近乎严格地沿子午线作南北等距分布的设计理念中，31号墓正是以这样的特点位于这条子午线的南端。很明显，这些线索已不能不使我们将31号墓的主人与45号墓中缺失的夏至之神加以联系，即使从他处于正南方的位置考虑，其所表现的夏至神的特点也十分鲜明。

南方象天当然是古人恪守的传统观念，这应该是西水坡先民独以位居南方的夏至神的胫骨表现北斗杓柄的首要考虑。而夏至神的头向正南，不同于象征冬至的神祇头指其时的日出方向，这种做法无疑显示了古人对于夏至神独特的文化理解。《淮南子·天文》："日冬至，日出东南维，入西南维。至春秋分，日出东中，入西中。夏至，出东北维，入西北维，至则正南。"其中独云夏至"至则正南"，则是对夏至测影以正南方之位的具体说明，这些方法在《周髀算经》中尚有完整的留存，而《尧典》唯于夏至之时以言"敬致"，即夏至致日之事，也明证此俗渊源甚古。夏至日出东北寅位而入西北戌位，所以表影指向东南辰位与西南申位，辰、申的连线即为正东西，自表南指东西连线的中折处，则为正南方向。显然，正南方位的最终测定与校验，唯在夏至之时，这便是所谓"至则正南"的深意，而墓中象征夏至的神祇头向正南，似乎正是这一古老思想的形象表述。

夏至神安排在整座遗迹的南端，这个事实无疑反映了古人对于这一原始宗教场景的巧妙布置。很明显，由于45号墓的主人已经占据了夏至神原有的位置，而墓主头向正南，南方又是灵魂升天的通道，所以45号墓以南方的圆形墓边象征天位，墓主的灵魂由此升腾，经过第二组遗迹所表现的灵蹻的驾御，升入第三组遗迹所展现的天国世界。这样一个完整的升天理念使灵魂升天的通途上已不可能再有容纳夏至神的位置，因而夏至神只能远离他本应在的位置而置于极南，这一方面可以保持整座遗迹宗教意义的完整，另一方面也不违背古人以夏至神居处极南之地的传统认识。事实上，夏至神居所的这种变动与不确定性似乎体现着一种渊源有自的人文理解，《尧典》经文独于夏至神羲叔仅言宅南交而未细名居地，正可视为这种观念的反映。这个传统在曾侯乙时代仍然保持着，曾侯乙二十八宿漆箱立面星图唯缺南宫的图像，时人并将南立面涂黑[2]，意在以玄色的画面象征玄色的天空[3]。这种做法当然缘于南方一向被视为死者灵魂的升天通途，因而四神中唯以夏至之神脱离盖图而远置南端，正是要为避让墓主灵魂的升天路径。显然，西水坡宗教遗迹中四神的布处不仅可以追溯出《尧典》独于南方夏至之神只泛言居

1 冯时：《河南濮阳西水坡45号墓的天文学研究》，《文物》1990年第3期；《中国天文考古学》，社会科学文献出版社，2001年，第280页。

2 湖北省博物馆：《曾侯乙墓》上册，文物出版社，1989年，第354—356页。

3 冯时：《中国天文考古学》，社会科学文献出版社，2001年，第329—330页。

所而不具名其地的原因，而且可以使我们领略《尧典》四神思想的古老与完整。

对于《尧典》文本不见夏至神的居所这一看似矛盾的问题，历代经学家都未能给出令人信服的解释。孔颖达《尚书正义》云：

> 古史要约，其文互相发见也。"幽"之与"明"，文恒相对，北既称"幽"，则南当称"明"，从此可知，故于夏无文。经冬言幽都，夏当云明都。传不言都者，从可知也。郑云："夏不言'曰明都'三字，摩灭也。"伏生所诵与壁中旧本并无此字，非摩灭也。王肃以夏无明都，避"敬致"然。即"幽"足见"明"，阙文相避。如肃之言，义可通矣。

这些解释都甚为牵强。不过我们知道，《尧典》文本原本即不见有关夏至神居所的内容，故并非因为磨灭夺字的缘故。今据上古宗教观的研究，《尧典》的思想本出西水坡遗迹所体现的原始宗教传统的事实皎然明白。很明显，西水坡宗教遗迹事实上构建了《尧典》文本思想的文化背景。

也许在注意四子安排的同时，我们也不应忽略殉人的年龄。经过鉴定（31号墓未报导），他们都是12—16岁的男女少年，而且均属非正常死亡。这些现象显然又与四子的神话暗合，因为古代文献不仅以为四神乃是司分司至之神，甚至这四位神人本来一直被认为是羲、和的孩子。

西水坡遗迹既然表现了45号墓主灵魂的升天仪式，那么其中特意安排的四子就不能不与这一主题没有关系。四子作为天帝的四位佐臣，当然也有佐助天帝接纳升入天界的灵魂的职能，因为四子既为四方之神，其实就是掌管四方和四时的四巫。四巫可以陟降天地，这在甲骨文、金文和楚帛书中记述得非常清楚。所以人祖的灵魂升天，也必由四子相辅而护送，当然，有资格享受这种礼遇的人祖必须具有崇高的地位。

古代神话的天文考古学研究，这样的契机或许并不很多。通过梳理，四子神话的发展与演变似乎已廓清了大致的脉络。四子的原型为四鸟，这当然来源于古老的敬日传统，并且根植于古代天文学的进步。但是随着神祇的人格化，四神由负日而行的四鸟转变为太阳的四子，而日神则由朴素的帝俊而至羲和，其后又二分为羲与和，更渐变为伏羲和女娲。于是四子也就被视为羲、和或伏羲、女娲的后嗣。现在我们似乎有理由相信，这样一套完整的神话体系的建立，至迟在公元前第四千纪的中叶已经完成。

西水坡宗教遗迹对于中国天文学与原始文明的构建具有同等重要的意义，正因为如此，我们对于古代文明与科学的探索才有了新的有效方法。必须强调的是，西水坡遗迹所展示的科学史与文明史价值固然杰出，但它所构建起的重新审视古代社会的知识背景不仅系统，而且也更显重要，事实上，这种背景将成为我们客观分析古代文明的认识基础。

尽管我们不得不忽略更多的细节内容而完成上古天文与人文的鸟瞰，但仅就这些关乎古代文明的主体部分而言，天文考古学为我们提供的对于古代科学与文明的认识已足够新奇，我们甚至无法通过其他的途径或方式完成类似的探索。依凭考古资料进行古典哲学以前的原始思维的重建，这个工作当然很困难，但却绝对不是不可以实现的空想。事实上，科学与文明的传承使得后人留下了大量可供佐证先人劳绩的文献，只要我们有足够的细心，考古遗迹和遗物所反映的科学史与思想史内涵就可以得到正确的解读。

天文考古学研究带给人们的新的见识其实并不仅仅在于对古代科学成就的揭示，当然这些成就可以逐渐构建起我们重新审视文明历史的认识基础，但更重要的是，它使我们真正懂得，每一项科学的发展都是作为文明发展进程中的一项元素而已，它由于直接服务于先民的生产和生活，因此无法摆脱固有思想的影响和传统观念的制约。换句话说，古代科学的发展历史也就是古代思想的发展历史。我们不可以抛弃对传统思想的究寻而片面地强调科学本身，事实上这种做法无助于古代科学史的研究。

新石器时代是中国天文学与传统思想体系形成的关键时期，这将在很大程度上改变人们对于古代文明与古代科学的习惯认识。诚然，中国古代天文学所具有的科学史及思想史意义已逐渐为人们所领悟，这当然可以为重新评判中国古代文明的发展历史提供依据。就天文学本身的成就而言，天文考古学所展示的科学史内涵在某些方面甚至比《史记·天官书》的传统还要丰富，而在科学思想、宗教思想乃至哲学思想方面，这些新资料不仅比传统文献所提供的答案更具说服力，而且也更为生动。毫无疑问，对于重建早期科学史与思想史，对于探讨天文与人文的关系，天文考古学研究已经展现了它独有的特点和可预见的前景。

第四章
恒星观测

中国古代恒星观测的意义并不仅仅在于它所具有的观象授时的作用，同样重要的还在于通过对全天星空的规划创立一种独具特色的天文学体系，这个体系包括北极和赤道以及与此相适应的赤道星座和分区。

第一节　天球坐标

人们感知的星空并不是浩瀚无垠的，由于人类目力的局限，他们所认识的宇宙当然也只能是一种有限的空间。先民的观象实践表明，恒星在天空中仅仅呈现出明暗的差异，却并没有显示出远近的不同，这种错觉使得实际的观测结果只表现为恒星从它们的实际位置投影到以地球为中心，以目力极限为半径的球面上，这个假想的球面就是天球。

人们进行恒星观测，首先需要解决的问题就是确定天体在天球上的准确位置，这个基本要求导致了一系列坐标体系的产生。在古代中国，主要的球面坐标系统有地平坐标、黄道坐标和赤道坐标，其中地平坐标系统产生最早，也最为直观，而赤道坐标系统则在中国古代天文学传统中得到了最广泛的应用。

一、地平坐标

中国古代的地平坐标是以天顶、地平圈、四方点和子午圈为基础而建立的，它的两个坐标分量是地平高度与地平方位（图 4-1）。地平方位的概念在地平坐标系统建立之初便已占有重要的地位，它广泛应用于以日晷测量太阳出没运行的方位角上。尽管这一观象活动出现很早，以至于如《尧典》有关夏至“平秩南讹”及冬至“平在朔易”的记载其实就是观测这两个时点太阳的移动及其地平方位角

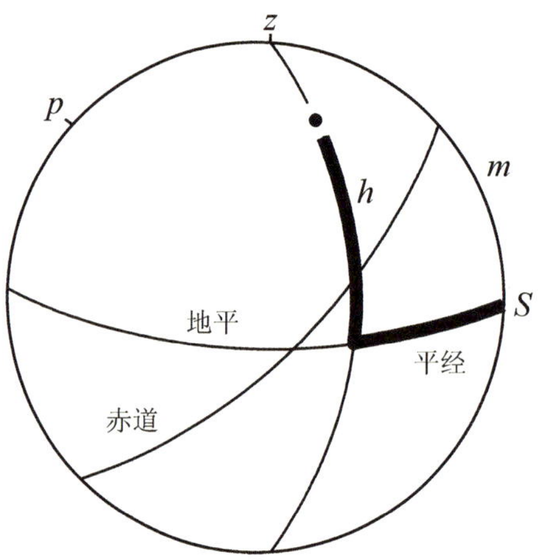

图 4-1　地平坐标示意图

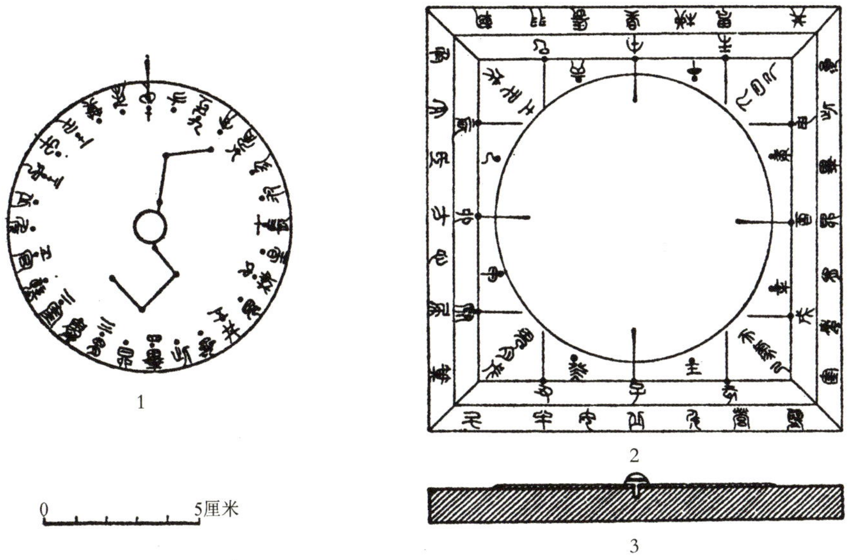

图 4-2　西汉六壬式盘（安徽阜阳双古堆西汉汝阴侯墓出土）1. 天盘 2. 地盘正面 3. 地盘剖面（采自《文物》1978 年第 8 期）

的变化，但最初的地平方位角究竟如何表示仍很难稽考。

地平方位也就是地平方向，这个位置可以在地平经圈上标示。方位概念产生于东、西、南、北四正方向，这当然必须运用测量日影的方法直接取得。由此形成的“+”形图像，古人则名之曰“二绳”。四方的表示方法可以有很多，通常配以子、午、卯、酉四支或坎、离、震、兑四卦。尔后四方增加四维而发展为八方，进而又细化为十二方和二十四方，分别用四维卦与十二支表示。其中四维卦以艮主东北，巽主东南，乾主西北，坤主西南，构成八方；而十二支中的丑寅、辰巳、未申、戌亥构成四钩，与二绳平分地平为十二方位。

四方的发展构成五位，体现了方位观念的平面化。在五位所呈现的“亞”形图像中，古人更习惯于以十干、五行对五位加以分配，形成东方甲乙木、南方丙丁火、西方庚辛金、北方壬癸水、中央戊己土的完整配属（图 4-2）。在五位尚未发展出八方之前，这种十干五行的配伍形式显然更为朴素。

五方图形以及由此发展出的九宫图形由于体现着两种完全不同的数术观念，因此古人也以两种不同的配数表示两种不同的方位体系。其中五行图既可以一、二、三、四、五表示北、南、东、西、中五方，也可以用六、七、八、九、十分别表示这五个方位（图 4-3，1）。而在九宫体系中，九宫或者九方所呈现的北、南、东、西、中、东北、西北、东南、西南九个位置则是通过一、九、三、七、五、八、六、四、二分别表示的（图 4-3，2）。关于前者，古人或名之曰“河图”，而后者则名之曰“洛书”，其实所谓的“河图”、“洛书”都只是洛书，它的本质其实并不神秘，不过体现了古人对于方位的发展以及数分生成或数分阴阳的认识而已[1]。

1 参见冯时：《中国天文考古学》第八章第二节，社会科学文献出版社，2001 年。

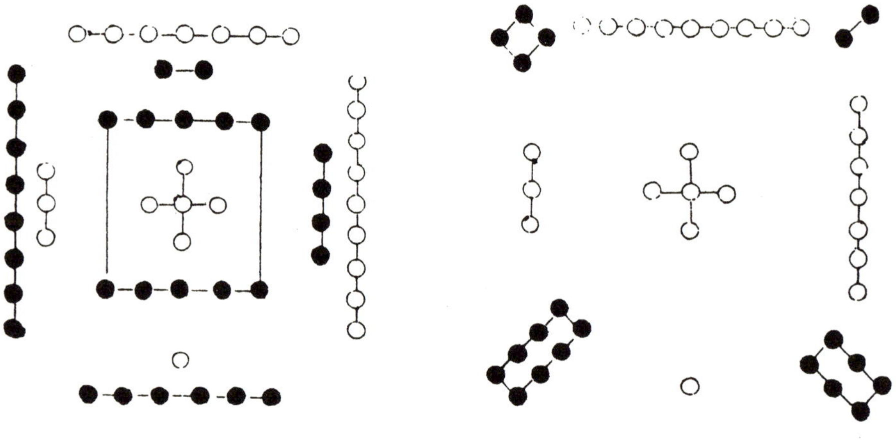

图 4-3 洛书五十图数［1. 四方五位图（生成数）2. 八方九宫图（阴阳数）］

地平坐标的另一个分量是地平高度，它是指天体沿着垂直于地平经圈的大圆到地平的角距离，地平则为计算的起点。中国古人在相当长的时期内一直采用丈、尺、寸等长度单位表示天体的高度，一寸大致等于一度。直至宋代以后，度的单位才正式得到应用。

二、黄道坐标

中国古代的黄道坐标系统来源于古人对于黄道的认识。众所周知，太阳的视运动相对于地球上的观测者而言，每天呈现为在恒星背景中向东移动约一度的角距离，一年大致行移一圈。太阳在天球上的这个周年视运动轨迹就是黄道。由于中国古人对太阳和其他恒星运动的观测历史十分悠久，所以认识黄道也应相对较早。中国传统的二十八宿体系自古被视为“日月舍”，显然在这个恒星体系创立之初，黄道概念就已经萌芽了。

在中国的古代文献中，相传战国时代的《石氏星经》最早明确提到了黄道，然而书中记述的冬至点位置似乎与这部著作的年代存在矛盾。《星经》云：“黄道规牵牛初直斗二十度。”其中的“黄道规”即是指天球上的黄道圈，“牵牛初”则是冬至点。冬至点在黄道上的位置位于离斗宿距星二十度的地方，这个天象的出现时间充其量也只能上溯到公元前 80 年左右。然而，公元前一世纪时，刘向却将黄道的建立年代大为提前。他在《五纪论》中说：“日月循黄道，南至牵牛，北至东井。”根据这个记载，黄道的南点，也就是冬至点位于牵牛，这个天象至少出现在公元前五世纪，因而比斗二十度的天象更为古老。可以说，如果早期的天文观测足以让古人找到黄道东西两端的商星与参星，那么他们认识黄道当然没有问题。这意味着中国古人很早就开始了以黄道为基本大圆的天体位置测量是毫无疑问的。

中国的黄道坐标系以黄道为基本圈，天体的位置可用黄经和黄纬两个坐标分量来表示（图 4-4）。黄道坐标系对于标示太阳的运动较为适宜，同时，虽然月亮和行星的运行轨道不与黄道重合，但相交角度很小，因而用黄道坐标标示它们的运动也比较方便。《石氏星经》之后，文献记载东汉初年傅安曾经使用黄道坐标来测量太阳、月亮的运动和弦、望的位置，比当时的太史官使用赤道坐标的计算结果更为准确。

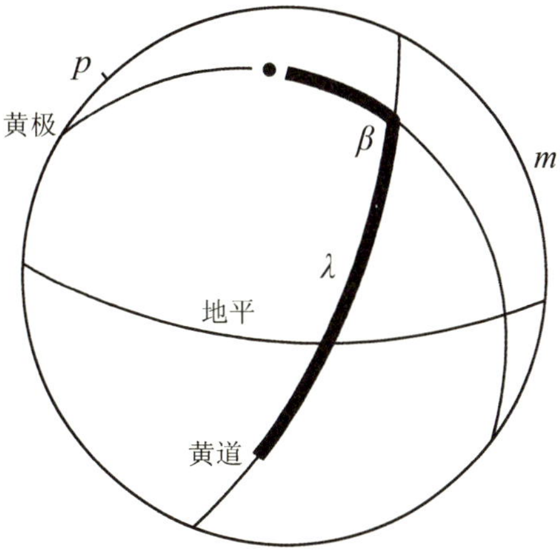

图 4-4 黄道坐标示意图

根据东汉史官利用他们制造的黄道铜仪所测量的二十八宿距星的黄道距度分析，中国黄道坐标系中的黄经概念与现代天文学有所不同。黄经差实际是指二十八宿距星的赤经差在黄道上的投影，因而黄经的起算点乃是二十八宿距星，而并非春分点。这是因为东汉的黄道铜仪只是在赤道式浑仪上增加一个黄道圈而形成的缘故，这使某宿的黄经距度其实就是量过这个宿和下一宿距星的两条赤经圈所夹的黄道弧长。所以严格地说，这个黄道度数的比较准确的叫法应该是“似黄经”。

与“似黄经”相配的另一概念是“似黄纬”，由于中国古代黄道坐标中的南、北极不如赤道坐标中的南、北极叙述得清楚，并没有明确限定，因而“似黄纬”实际是以天体沿赤道圈到黄道的角距离。测量时需以黄道为基点，天体位于黄道以南叫黄道外，位于黄道以北叫黄道内。这种黄道内外度的引入年代，目前尚不清楚。

三、赤道坐标

如果说中国黄道坐标系统的建立必须首先依赖于古人对黄道的认识的话，那么赤道坐标系统便需要人们首先认识赤极，也就是天北极。可以说，这两个坐标系统的建立过程恰好是互逆的。

天球赤道是地球赤道平面向外延伸并与天球相交所形成的大圆，也就是与极轴垂直的最大的赤纬圈。中国的赤道坐标系统其实是在古代二十八宿所构成的恒星坐标体系的基础上完成的，最初的二十八宿坐标如果是基于黄赤道混合带而建立的话，那么赤道坐标就显然只是对这一古老坐标体系的精确化而已。

赤道坐标系中标识天体的位置则用去极度与入宿度两个坐标分量来表示（图 4-5）。二十八宿中的每个宿都有一颗作为测量其他恒星的标准星，这就是距星。距星的选择标准随着时代的发展而有所不同，其中一些距星因为明亮醒目，如角宿距星为角宿一（室女座 α），似乎表明在远古时代，以亮星作为距

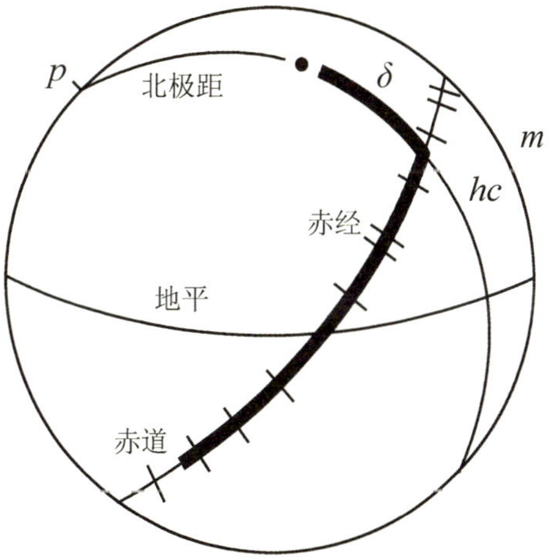

图 4-5 赤道坐标示意图

星可能出于利于观测的需要。但这一标准显然不会是一成不变的，因为在晚近的二十八宿体系中，多数距星并不很明亮，有些甚至称得上是暗星。然而根据不同宿之间距星的分布情况分析，它们在天球赤道上的位置却多呈偶合的分布，也就是说，赤道两端相对分布的两宿的距星，它们的赤经差约等于180度，这显然暗示着二十八宿赤道坐标在其发展过程中曾经存在人为的调整。

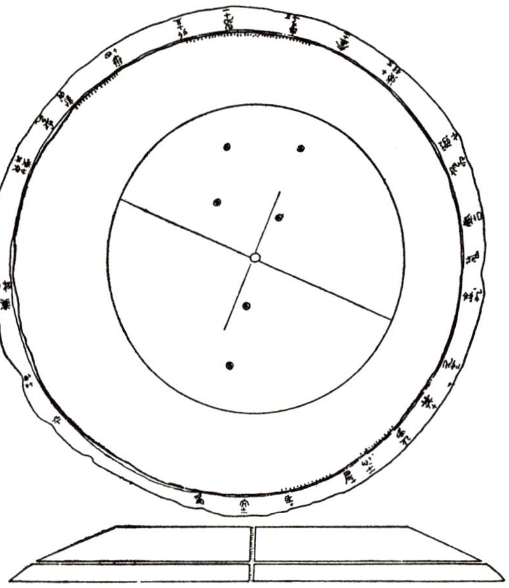

图 4-6　西汉二十八宿占盘（安徽阜阳双古堆汝阴侯墓出土，采自《中国古代天文文物图集》）

天体与其西邻的第一颗距星之间的赤经差构成了入宿度，这一坐标分量的建立使得传统的赤道坐标系统中的赤经起算点不是一个，而是二十八个。距星作为标准星，其与相邻距星间的赤经差必须首先测定，古人把这个值叫作距度。由于岁差的原因，二十八宿距度总在不断变化，但在古人尚未懂得这个道理之前，他们只是通过简单地改换新的距度数值的办法以适应新的观测结果。1977年，安徽阜阳双古堆西汉汝阴侯墓出土了一件属于汉文帝十五年（公元前165年）以前的二十八宿圆形占盘[1]，盘上标注了二十八宿距度数值（图4-6），这些数据与《开元占经》所列二十八宿距星位置下标注的古距度数据基本相同[2]。由于占盘本身并不是用以观测的天文仪器，因而可以推断，盘上天文数据的测定年代要比占盘的制作年代早出很多。而目前发现的战国简牍资料已不乏有关二十八宿距度的记载[3]。这表明，至少在东周时代，入宿度与距度的概念已经形成。

天体去极度是指所测天体距北极的角距离，这个坐标分量最早明确记载在《周髀算经》之中。《周髀算经》虽然最迟成书于公元前一世纪左右，但其中有关赤道坐标的数据却是对前人工作加以改造的结果。很明显，这个分量在战国时代已经使用也是可能的。

这两个坐标分量的产生直接涉及了中国赤道坐标体系的完成时代。过去中国学者一般将这个时间推定在战国早期，日本学者上田穰根据对《开元占经》所引石氏给出的恒星赤道坐标的研究，也得到了近乎相同的结论。这些意见虽然与实际情况相去不远，但这充其量也只能反映赤道坐标系统最终定型之前的情况，其形成时期恐怕应该上溯得更早。天文考古学研究已经有可能将古人观测恒星的历

1 安徽省文物工作队、阜阳地区博物馆、阜阳县文化局：《阜阳双古堆西汉汝阴侯墓发掘简报》，《文物》1978年第8期。

2 王健民、刘金沂：《西汉汝阴侯墓出土圆仪上二十八宿古距度的研究》，《中国古代天文文物论集》，文物出版社，1989年。

3 甘肃省文物考古研究所：《天水放马滩秦简》，中华书局，2009年。

史追溯得很远，尽管提供早期星象基础与作为天文学规律性的认识和实践以及一个独立的赤道坐标体系的出现毕竟是两个完全不同的概念，不过从濮阳西水坡仰韶时代星象图所反映的完整识星规模来看，将公元前第四千纪视为包括赤道坐标在内的各种坐标系统的起源时代似乎并不过分，至于说赤道坐标在战国时代的面貌，那显然已是一种相当完善的独立系统了。

中国赤道坐标体系的建立与中国古人重视观测拱极星的传统密切相关，事实上，这个传统最初造就的识星方法很可能只是一种综合各种坐标系统的混合物，因为从人类的认识过程考虑，当年人们所熟悉的只能是基于天体周日视运动而导致的黄赤道混合带，真正将黄赤道加以区别显然是更晚的事情。尽管如此，中国原始的识星体系由于受到拱极星观测传统的影响，从一开始就显示出了重视赤道的倾向。与此不同的是，其他文明古国，如古代埃及、巴比伦和古代希腊，都是以建立了完善的黄道坐标体系，并以这个体系方便地标示日月和行星运动而著称。虽然黄道与赤道并不处于同一个平面，而是大致斜交成 23.5 度的夹角，但是由于地球的自转，所有天体实际都参与周日视运动，并且其运动轨迹与天赤道平行。因此，中国先民重视拱极星的传统使他们最终选择了另一种利用赤道坐标观测恒星的方法，从而在世界天文学史上形成了独具特色的观测体系。

第二节　天官与星官

古人观测星象，随着观测者所处地理纬度的不同，观测的重点也各有差异。对中国古人来说，他们的注意力主要集中在两个区域，首先是北斗所在的北天区，其次是二十八宿分布的黄道带和赤道带。这两个区域并不像表面看上去那样彼此分隔，它们最终由北斗相互拴系而构成一个整体。毫无疑问，这种通过建立拱极星与黄道或赤道星座之间的有效联系不仅可以使二十八宿更能发挥作为恒星坐标体系的作用，而且也使人们能够更完整地获得对二十八宿的观测结果。原因很简单，由于在黄河流域的纬度，北斗处于恒显圈，终年常显不隐。与此相反，黄道和赤道星座在一年中却总有一部分不可见。因此，一旦古人确定了拱极星与二十八宿中几个关键星宿的相对关系，人们便可以通过北斗这个可见天体很容易地推定二十八宿中那些沉入地平的星宿的位置。

司马迁在《史记·天官书》中给出了北斗与二十八宿的一种特殊关系：

> 北斗七星，所谓“璇、玑、玉衡以齐七政”。杓携龙角，衡殷南斗，魁枕参首。

这个关系表现为，北斗的斗柄三星（杓）通过它的延长线玄戈、招摇和大角，最终指向苍龙星宿的角宿；北斗的斗首四星（魁）指向白虎七宿中的觜宿；从北斗的第五星（玉衡）引出一条直线与天玑、天权二星的线平行，正指南斗（图4-7）。

这个记载的来源虽然很古老，然而，公元前五世纪战国初年曾侯乙墓漆箱星象图却呈现了与此不尽相同的另一种关系。星图中央绘有篆书的“斗”字，表示北斗，北斗周围环书二十八宿名，需要特别注意的是，北斗被特意延长的四笔分

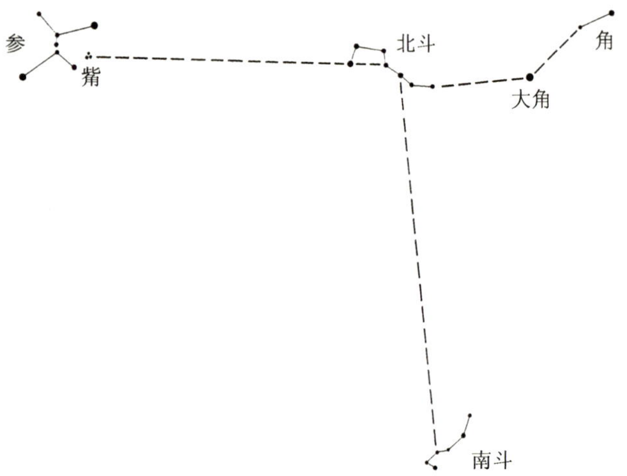

图 4-7 北斗拴系二十八宿示意图

别指向二十八宿的四个中心宿，即心宿、危宿、觜宿和张宿（图1-3，1）。这张图补充了《天官书》所没有讲到的北斗与南宫诸宿的关系，从实际天象考察，天璇、天枢二星直指南宫的张宿，这正好呼应了《天官书》所描述的北斗与二十八宿所分割的四象限星群的关系。我们当然认为，《天官书》于此处有关北斗与南宫诸宿联系的记载为着传统宗教观的需要而隐没不述（详见第六章第一节），也可以相信曾侯乙星图与《天官书》分别代表着同一体系的不同发展阶段。然而无论如何，有一点是可以明确的，那就是拱极星与二十八宿的这种独特关系的确立年代至少不会比曾侯乙墓的时代更晚近。

上述两种可能性都是存在的。从中国天文学的传统去追溯天官体系的起源，北斗就不可能不与南宫诸宿发生关系，况且《天官书》在阐释二十八宿恒星分野的时候，也明确讲到了北斗与南宫鸟衡的关系（参见第一章第二节），而以《天官书》的记载去比较曾侯乙星图，又不能不承认二者的区别。

建立这种星象的整体联系无疑是古人长期探索的结果，必须承认，这种利用拱极星拴系黄道和赤道星座的想法是十分巧妙的。拱极星与周天星象的这种最基本的联系不仅建立了传统的识星方法，而且也为其后逐渐形成的中国独特的天官体系奠定了基础。在这个体系中，北斗作为最重要的授时星象组成了中宫，而二十八宿由于与北斗具有相互拴系的关系，则使其沿赤道组成了四个象限宫，即东宫、西宫、南宫和北宫。这个五宫体系在《天官书》中得到了最终的完善。

五宫的建立构成了中国传统的星象体系，然而在五宫体系形成之前是否存在一个相当漫长的三宫时期，考古学与文献学都提供了一些可供思考的线索。三宫体系以北斗为主组成中宫，并以后世东、西二宫中的授时主星组成东、西两宫。这种关系不仅在包含有北斗和龙、虎两象的濮阳西水坡星象图中得到了完整的体现，而且在我们前文提及的有关高辛氏二子的传说中也有着清晰的反映，它实际呈现着一种古老天官体系的雏形。事实上，由于三宫的建立来源于最原始的识星体系，因此它始终充当着中国传统天官体系的基本框架，甚至在数千年后的战国曾侯乙二十八宿漆箱星象图上，我们仍然可以感受到它的影响。

“五宫”如果按照《天官书》的篇名去理解，似乎应该写作“五官”。唐人司马贞《史记索隐》中早就认为，“宫”或许是“官”字的误写，他还辩解说：“天文有五官，官者，星官也。星座有尊卑，若人之官曹列位，故曰天官。”这种解释其实并不正确。我们知道，由于观象授时的需要和识星的方便，古人逐渐将由恒星组成的各种不同形象的星群加以区分，于是形成了早期的星座。这些星座包含的星数不等，多者达几十颗，少者仅有一颗。而“宫”的含义则与此不同，它既是对星座群的命名，同时又是对星座（星官）的重新划分。譬如在北极所处的中宫之内，却可以包含帝星、太一、天一、阴德、北斗等众多的星官。很明显，“宫”与“官”的概念有着根本的区别。

星官是指中国天文学中传统的星座。随着占星术的发展，早期的天文家实际都具有占星家的身份，他们所需要观测的星其实均不出他们需要占验的星的范围。战国及其以前，中国的传统星官分属三家，其中较早的是商代的巫咸，另外两家则是战国时代齐国的甘德和魏国的石申夫[1]。这三家星官分别代表了不同的星占流派，如巫咸一派占有大理、女御等星，甘氏一派则有尚书、阴德等星。因此，各家不同的占星对象实际反映了不同流派对星官作出的扩充。

各派星占家的占星记录皆已散佚，仅唐人瞿昙悉达所著的《开元占经》中还留有少量内容。西汉时期，司马迁著《史记·天官书》，显然参考了当时尚存的古代天文著作，他综合多种不同星占学派的著作重新著述，从而以新的形式使早期占星家对星官认识不够完整的缺陷多少得到了弥补，堪称迄今所见系统描述全天星官的最早著作。

根据先秦文献的统计，当时存留的星官数量约有 38 个，包括恒星约二百馀颗。考虑到这些著作都不属于天文学的专门之作，因此这个星数显然不能反映当时的实际识星水平。《史记·天官书》中所记的星官已达 91 个，包括恒星五百馀颗。但这只能是司马迁保留的更早时期的观测成果，而并不反映汉代先民对于恒星的实际认识水平。因为我们很快便会看到，东汉时期完成的《汉书·天文志》，所记的恒星数目已增至 783 颗，而同时期张衡所获得的常明星数则已高达 2500 颗[2]，大大超过了旧有的记录。我们不能想象，从司马迁到张衡的短短两个世纪的时间，人们对于星空的了解能有如此大的飞跃，这意味着司马迁在他的著作中实际只做了对古代天文著作的整理工作，而并没有多少新鲜的观测成果。这一做法甚至被马续忠实地继承了下来。尽管由于张衡的著作缺失严重，他所制造的浑仪也早已亡佚，以致对他所增加的星官的名称和位置都还不很清楚。但是如果与稍晚的观星成果相比，我们可以知道，张衡的观测实践基本上是真实可信的。三国时吴人陈卓将战国以前三家星官的观测结果加以整理，综合编制成一个包括 283 官 1464 颗恒星的星表。他的工作经过《晋书·天文志》和隋代《步天歌》的采纳，一直沿用到清代。

中国传统星官的命名不仅内容丰富，而且具有天人合一的显著特点。早期的星官命名以象为主，如北斗取形斗勺，毕宿取形猎具，但到晚期，注重表现哲学与宗教思想以及各种社会关系的倾向却几乎成为建立一套完整星官体系的主流。恒星世界模拟人类社会的组织，被赋予了帝王、百官、人物、土地、建筑、器物、动物、植物等不同的名称，可以说将人间以王庭为中心的各种组织统统搬到了天

1 甘德，一说为楚人。或以为鲁人。

2 刘昭注《后汉书·天文志》引张衡《灵宪》云：“中外之官，常明者百有二十四，可名者三百二十，为星二千五百，而海人之占未存焉。微星之数，盖万有一千五百二十。”

上。这种规划不仅使占星术逐渐得到了完善，而且也为传统天官体系的建立奠定了基础。正是在这样的思想背景下，经过数千年的分合演变，中国的星官体系在战国到三国的五六百年间最终完备而定型。

中国的传统星官以二十八宿为主干，但在这个体系形成之初，二十八宿星官显然只作为标识天赤道坐标的二十八个独立星座而存在。这种简单的模式后来随着天文学的发展而丰富，二十八宿所在的天区进一步被划分为二十八个区域，并将赤道南北的星官分别归入其中。相反，与二十八宿相配的“三垣”体系则形成较晚，直至隋代的《步天歌》，我们才第一次看到古人是如何把北极附近的星官系统地划分为紫微垣、太微垣和天市垣的。从此，中国天文学便以三垣二十八宿体系概括了全天可见星空。

第三节　天极与极星

天极包括天球的南、北两极，然而在中国古人尚未观测到南极附近的星空的时候，他们所讲的天极当然只能是指天北极。天文学上的所谓天极，实际是指某一时期北天中央的不动点，这便是赤道北极，所有恒星都围绕天极做周日运动（图 4-8）。尽管北极在岁差的作用下缓慢地围绕黄极作圆周运动，但在人们未能了解岁差之前，北极则长期被认为是固定不变的定点。《吕氏春秋·有始》：“极星与天俱游而天极不移。”这里所说的天极实际就是天球北极。

极星则是指距离天极最近的星，它可能刚好落到北极的极点上。如果北极的位置并没有星，那么人们就只能选择最接近北极并且同时最具有天学意义的星作为极星。从中国天文学早期注意象的观测这一事实考虑，最初人们确定的极星应该是一组星，而不会是一颗星。而今天的天文考古学研究表明，北斗曾在上古相当长的时期内充当过极星。

从天文观测逐渐精确化的发展历史分析，以北斗作为极星显然与人们认识天极的工作具有密切的关系。北极事实上只是北天中央固守不动的假想点，它的位置无论如何都需要通过对极星的观测才能判定。北宋熙宁五年（1072 年），沈括曾经利用窥管试图找到真正的天极，他先用窥管望天，最初，他通过窥管中所能看到的星很快就移出了视野，于是他将窥管逐渐放大，直至使极星只在窥管中移动而不消失，这样，真天极的位置便确定了下来。东汉蔡邕在其相关文献中其实早已有过类似的天极观测的记载。这个事实告诉我们，要想准确地确定北天之中的不动点，不借助相应的仪器是难以办到的。这意味着在古人尚未发明可以帮助他们定准天极的仪器的时候，将真天极聚焦于一点的工作

图 4-8　天球北极附近恒星的周日视运动轨迹

并不容易，最好的办法莫过于将天极的位置放大，使它从一点扩大为一个区域，而这个区域的划定只能通过当时最接近北极而且充当着授时主星的星来完成，这样的星当然只能是北斗。由于岁差的缘故，北斗的位置在公元前第四千纪前后距真天极的位置十分接近，其拱极运动在规划着天极的同时，也理所当然地使其成为当时的极星。

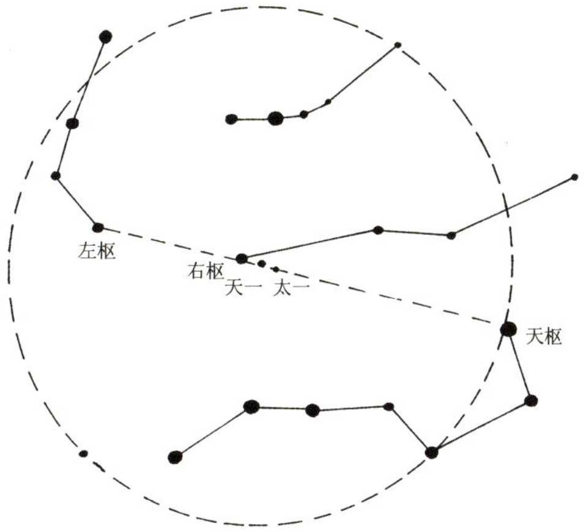

图 4-9　璇玑范围示意图

中国传统天文学赤道坐标系统的建立取决于对天球北极的认定，因此在一个庞大而复杂的天学体系中，对天极的观测事实上居于首要的地位。古人认识天极与他们持续不断的北斗观测活动有着直接的联系，而观测北斗其实是人们了解天极的唯一有效的手段。这个被北斗绕极运动所规划出的位于北极正中的圆形天区，古人便名之曰“璇玑”。

璇玑在上古宇宙观中被认为是以北极为中心并且中央凸耸的绝阴之地。《周髀算经》卷下云：

> 欲知北极枢，旋周四极，常以夏至夜半时北极南游所极，冬至夜半时北游所极，冬至日加酉之时西游所极，日加卯之时东游所极，此北极璇玑四游。正北极，璇玑之中，正北天之中，正极之所游。
>
> 璇玑径二万三千里，周六万九千里，此阳绝阴彰，故不生万物。
>
> 凡日月运行四极之道。极下者，其地高人所居六万里，滂沲四隤而下。天之中央亦高四旁六万里。

这些对于北极与璇玑的描述显示，真正的北极位居璇玑的中心，而璇玑则呈现为一个圆形的区域（图 4-9），其于天盖的平面如盖笠一般凸耸而出，从而使璇玑的顶点远高出天盖（图 4-10）。这种对于璇玑形状的想象一方面来源于古人对于天极的实际观测，因为相对于规划璇玑天区的明亮的北斗，位于璇玑中心的天一、太一等星都属相对亮度较弱的暗星，这种天象足以使古人产生出璇玑的中心相对于其边缘明亮的北斗具有较观测者的距离更加遥远深邈的假象；而另一方面，原始的宗教观认为，璇玑的中心乃为至上神——帝——的常居之地，而上帝位置的至高无上是需要通过相应的空间结构明确无误地加以表现的，这样才可能将高居

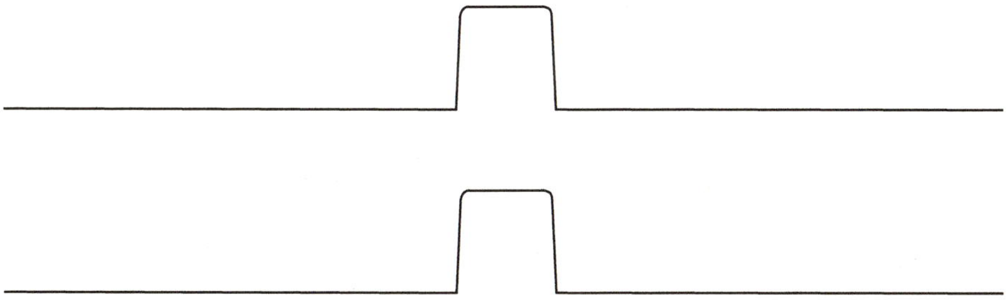
图 4-10　早期盖天说所认识的天地剖面形状（上为天盖，中央凸起者为璇玑，下为地）

图 4-11　纳西文经卷（中层左起第二、三栏有“天”字）

图 4-12　新石器时代遗物上的璇玑雕像及其图像（1、3、5. 良渚文化 2、4. 龙山文化）（采自《考古》1972 年第 4 期，《文物》1988 年第 1 期）

图 4-13　北京天坛祈年殿及祈谷坛

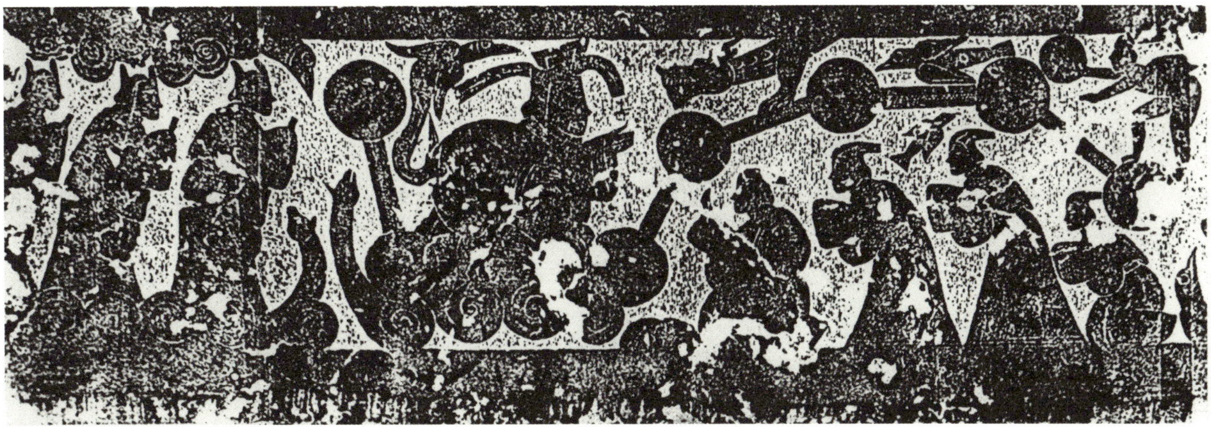

图 4-14　东汉北斗帝车石刻画像（山东嘉祥武氏祠）

于璇玑顶端的上帝与下居于天盖平面的帝臣区分开来。这个天文观测与原始宗教的双重背景便构成了古人对于璇玑的认识基础。而凸耸的璇玑形象不仅见诸原始文字（图 4-11），流行于新石器时代的礼器及相关图像（图 4-12），甚至对中国传统的建筑形式也产生了深刻影响。如明代天坛祈年殿的殿顶，不仅以三层圆顶体现着传统天文学的三天思想，而且殿顶中央凸耸（图 4-13），其意义正在于表现位居天极中央的璇玑。

北斗在中国传统天文学与原始宗教两方面都具有特别重要的意义。在天文学方面，北斗不仅是观象授时的重要星象，它还同时指建天极，并与二十八宿相互拴系，成为建构全天星官体系的枢纽。而在原始宗教方面，由于天帝的居所是在天极，因此北斗作为极星又成为天帝的乘车。这些思想在《史记·天官书》中被概括地描述为：

> 斗为帝车，运于中央，临制四向，分阴阳，建四时，均五行，移节度，定诸纪，皆系于斗。

这些思想在汉代美术品中仍然有所体现，东汉武氏祠石刻画像即见天帝乘坐北斗巡天建时的题材（图 4-14），而追溯中国先民对于北斗的观测历史，其年代至少可以上溯到距今七千年前[1]。

北斗帝车在规划着作为上帝居所的天极的同时，还成为上帝的乘车而指建四时，因此理所当然地充当了早期的帝星——极星。帝车绕极运动而指示四方，这既是通过北斗的旋转辨识时间的工作，同时又是辨识阴阳的工作，这意味着北斗作为帝星必然兼具阴阳双重属性，并成为主宰万物生养的天帝的化身。《天官书》所谓"分阴阳，建四时"，即体现了"运于中央"的北斗最重要的本质。这种观念造就了中国古人以猪比附北斗的固有传统，并且从七千年前直至汉代，这一做法几乎没有任何的改变。

以猪比附北斗的实质其实在于以猪比附上帝，而上帝作为主宰万物生养的至上神，究竟以怎样的形式才可能准确地表现这一本质特征？古人最终由六畜中最具生养能力的猪完成了相应的联想。事实上，这种朴素的宗教观不仅为上帝这一至上神找到了合适的世俗形象，而且对于具有繁殖意义的"家"字的创造也产生

1 冯时：《中国天文考古学》第三章第二节，社会科学文献出版社，2001 年。

着直接的影响[1]。

商代甲骨文对北斗的记载不仅明确，也极富特点。

己亥卜，夕，庚比（祧）斗，延雨？

庚子，夕，辛比（祧）斗？

己酉卜，夕，翌庚比（祧）［斗］？

［庚］戌，夕，翌辛［比（祧）］斗？　　《缀合》362

己亥，夕，庚比（祧）斗？　　《乙编》440

癸［卯］，夕，甲辰比（祧）斗？　　《缀合》361

庚午卜，夕，辛未比（祧）斗？　　《乙编》174

丙辰卜，夕，丁比（祧）斗？　　《乙编》117

癸亥，夕，甲比（祧）斗？

甲子，夕，乙［比（祧）］斗？　　《乙编》134

丁未，夕，翌日［戊］比（祧）斗？　　《邺二》35.11

“祧”是祭名，它的本义是以猪祭祀司命之神，司命主人之生死，与北斗作为帝星而掌万物之生养恰好相合，故古人以猪祠之，正可见传统以猪比附北斗的固有观念。从甲骨文的记载可以看到，商人对于北斗的祭祀不仅以猪为牺牲，而且正祭之前的夜晚必须进行夕拜的仪式，足见其祭礼的隆重程度。

由古人对于天极与极星的认识所产生的原始宗教思想与祭祀制度，其内涵异常丰富。首先，由北斗规划的璇玑不仅使人认识了真正的天极，而且完成了璇玑呈现中央凸耸形状的建构，这从空间上使上帝相对于天庭的其他成员具有了至高无上的地位。这个位置作为上帝的居所，实际则由北斗所规画。中国新石器时代的礼器及其图像经常可以看到这种在中央凸耸的璇玑下绘具斗形方脸的神祇（图0–5；图4–12），无疑就是这种观念的反映。图中的斗形图像组合既是帝星北斗的写实，当然也是天帝的象征。这个图像的原型出现于距今约六千年前的河姆渡文化，璇玑下的帝星尚只标有北斗的天枢与天璇二星（图0–9）；而其观念的孑遗直至西汉初期依然可见，马王堆汉墓所见帛画在早期绘有璇玑及帝星的位置已写上了“太一”（图0–10），反映了天帝与帝星名称的改变。三幅图像的天帝两侧均分别绘有一个奇怪的物象，而据马王堆帛画的文字记载，左侧为雷公，右侧为雨师，这些自然神与四方神、社神及众星辰之神共同组成了帝廷世界，而且随着时代的发展，所有神祇都具有进一步细化的趋势。很明显，根据上述图像的比较，我们可以清楚地了解到中国古代的天文观与宗教观一步步发展的事实，而这些观念的基础都得益于古人对于天极与极星的认知。

古代极星转变的一个重要现象就是从早期以一组星充作极星，到晚期只需要以一颗星作为极星。随着人们可以方便地借助天文仪器准确地定准北极，以一组星规划北极并作为极星的方法就显得过于粗疏了，于是人们开始选择一颗最接近

---

1 《说文解字·宀部》：“家，尻也。从宀，豭省声。”商代甲骨文“家”皆从“豕”，或从二“豕”，以象阴阳，乃喻生殖繁衍，不为“豭”省声。段玉裁《注》：“豢豕之生子最多，故人居聚处借用其字。”家由男女二性组成，目的即在生育，故字以“宀”、“豕”会意。成家而祈望多子，今犹存此俗。而“家”读如“豭”，“豭”为牡豕，此又有父系家庭之喻。学者或指出，豕的繁殖能力虽强，但代表这种繁殖性的却首先是牡豕，而不是牝畜（参见游顺钊：《殷商卜辞前“家”的原始义蠡测》，《古文字研究》第二十七辑，中华书局，2008年）。这应该也是“家”字读如“豭”的原因之一。

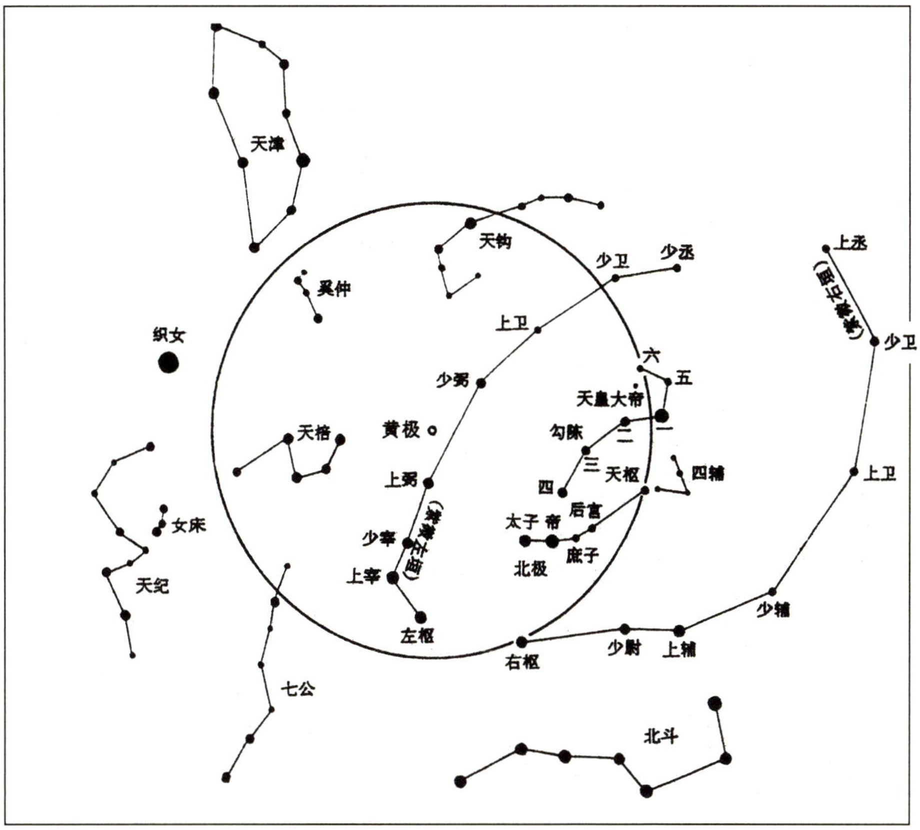

图 4-15　天球赤极移动路线与古今极星的变迁

天极的星作为极星。尽管如此，北斗在中国天文学中的地位却并没有因为它失去作为极星的身份而有所降低。

由于地轴的进动而产生岁差，这对于天极位置的确定其实起着重要的作用，它使天球赤极并非固定于一点而永不改变，相反，赤极会以黄极为中心，有规律地做着大的圆周运动，26000 年完成一次循环。今天的北天极自然是和现代天文学的极星——小熊座 α（勾陈一）——极其接近的，但是在大约 11000 年后，它将移到天极“轨道”的另一端，即天琴座的织女一（天琴座 α，Vega）附近（图 4-15），这意味着织女星将成为那个时代的北极星。因此由于岁差对于天极位置的影响，历代所选择的极星也在不断变化。大约公元前十世纪，北极位移到帝星（小熊座 β）附近，帝星应该取代北斗成为当时的极星，极星观念开始发生了重要转变。庶子（小熊座 5）和后宫（小熊座 4）在随后的时代应该也相继充当过极星，而汉代的极星无疑是天枢（鹿豹座 322H），它的位置几乎恰好落在天极的轨道上。通过极星的变化历史可以看出，古人在真正认识岁差之前，他们可以根据于不同时期所了解的天极的位置，很容易地放弃旧有的观测结果而选择新的极星。即使是在虞喜发现岁差之后，极星与天极位置不断改变的事实仍长期使中国的天文家感到困惑。

第四节　二十八宿的起源与发展

中国古人把太阳的周年视运动轨道称为黄道，同时又将与天球极轴垂直的最大的赤纬圈称为赤道，黄道与赤道所形成的两个带状区域内分布着中国传统的二十八星座，古人名之曰二十八宿。二十八宿与四宫、四象、四季、四色相互配属，构成一个完整的识星体系。具体内容是：

东方苍龙主春，包括角、亢、氐、房、心、尾、箕；

北宫玄武主冬，包括斗、牛、女、虚、危、室、壁；

西宫白虎主秋，包括奎、娄、胃、昴、毕、觜、参；

南宫朱雀主夏，包括井、鬼、柳、星、张、翼、轸。

古人划分二十八宿并没有采用平均分配天区的做法，因而各宿所辖的度数很不一致，最宽者为井宿，达 33 度（古度），最窄者为觜宿，仅占 2 度（古度）。这个结果直接影响到四宫的辖度。

一、二十八宿的基本概念

二十八宿又叫二十八舍、二十八次或二十八星，“星”当然是指星座或星官，而“舍”与“次”则含有留宿、旅居的意思，由于汉字的“宿”和“舍”都具有房舍或人在房舍中休息的意义，所以在古人看来，一段段天区也正和地球上沿途分布的驿站一样，应当是为日、月、五星准备的临时住所。这些概念，甚至包括“二十八”这个数字，最初实际都来源于月球在恒星月中的运行位置。我们知道，恒星月是指月球在恒星间运动回到同一位置的周期，它的长度为 27.32 天。在一个恒星月中，月球每晚在恒星间都有一个旅居的居所，每月共换二十七或二十八个住所，这就是中国传统的星官体系所以独选二十八星官的原因。中国古人在某一时期内曾经使用过二十七宿，即将室、壁两宿合并为一宿，也显示了二十八宿星官数的选择出于恒星月的痕迹。因为从理论上讲，日期的计算不能出现半日，所以观测月球在恒星间的运动只能取其整数而为二十八，或舍其馀数而为二十七。

二十八宿体系的创立采用恒星月的长度应该没有问题，古代印度的二十八宿称为“纳沙特拉”（nakshatra），阿拉伯则将二十八宿称为“马纳吉尔”（al-manāzil），意思都是月站，也可以证明这一点。不过由于中国古人对于象的固有理解，天区的划分不可能不照顾到这一点而被随意割裂，这是造成二十八宿距度存在很大差异的重要原因。与此无法调和的是，月球每日绕地运动都有着固定的行度，这使月球相对于恒星的运动并不是每日运行一宿，因此，二十八宿实际只是古人在天空中自西向东选择的二十八个标准坐标点。这个坐标体系的确定对于了解日、月、五星运动无疑是一大进步，而建立这个坐标本身也体现了上古天文学的巨大进步。

二十八宿虽然反映了恒星月的周期，但记录月球在恒星间的位置变化却并不是这一体系得以建立的最终目的，更重要的是，古人企图通过间接参酌月球在天空中的位置进而推定太阳的位置，这当然显示出二十八宿体系作为天球坐标的根本宗旨。《吕氏春秋·圜道》："月躔二十八宿，轸与角属，圜道也。"《论衡·谈天》："二十八宿为日月舍，犹地有邮亭，为长吏廨矣。"都把二十八宿视为日月的驿馆。同样，对于记录五星的运动，二十八宿所建构的恒星坐标背景也是必不可少的，其中对于岁星的观测，又导致在二十八宿体系的基础上发展出了十二次体系。

从实际观测的角度讲，二十八宿的创立来源于恒星月的长度，而恒星月的建立则是以古人对某一恒星的观测为基础，因此，考虑月球在天空中的位置实际等于研究月球相对于恒星的位置运动。与此相同，恒星对于古人认识太阳运动也具有同等重要的意义，他们最初可以通过日出或日没前后出现于地平附近的星象了解太阳在恒星间的相对位置。事实上，这两种彼此独立的观测只需通过对某颗恒星的固定观测便可完成，而并不要求建立复杂的星座体系。但是，假如人们需要进一步了解太阳与月球的相对位置，了解日、月、五星的行度，那么一个完整的周天星座坐标体系的建立就不可或缺了，这是二十八宿体系区别于简单的恒星观测的关键所在。在这样的坐标网络中，古人可以准确地记录日、月、五星的位置，进而使诸如"合朔"一类复杂的天文概念相继产生。显然，作为中国传统的星座体系，二十八宿不仅是恒星观测和历法编算的基础，而且也是记录特殊天象的依据，甚至星图和浑象的绘制都以二十八宿为骨干，因此，二十八宿体系在中国古代天文学中占有突出重要的地位。

二十八宿究竟是依黄道而定还是依赤道而定，历来存在很大争议。根据传统的看法，中国古人由于对拱极星的重视，因而首先建立了明确的赤道坐标体系，这不仅成为中国天文学的显著特点，而且像二十八宿这样著名的天学体系也是以此为基础建立起来的。不过客观而论，中国天文学的这一赤道特点至少在某一历史时期被过分夸大了，而人们对黄道作用的认识却远远不够。事实上，赤道坐标系统的建立并不意味着黄道体系就一定会遭到排斥甚至放弃，如果说天球赤道只是古人想象出的一条垂直于极轴的大圆的话，那么黄道则是实际可见的日行轨道。毫无疑问，这种来源于直观形象的概念一定比那种抽象概念产生得更早，认识也更为容易。实际情况正是如此，尽管东汉的贾逵被认为首次设计制造了黄道浑仪，但是西汉学者刘向和唐代天文学家李淳风却主张，黄道概念的出现其实比贾逵的时代要早很多。印证这一事实或许并不困难，中国古老的盖天理论在解释太阳运动时已经运用了完整的黄道思想。有关这一问题的明确的考古学证据至少可以上溯到公元前第四千纪至前第三千纪的范围之内，显然这一思想具有悠久的历史。或许我们应该这样理解古人对于黄道与赤道的认识背景：这两种观念似乎始终是并行发展的，原因在于，早期先民熟悉的只能是基于天体周日视运动而导致的黄赤白道混合带，这实际可以视为后来黄道与赤道的共同渊薮。

二十八宿中几乎一半的星宿无论如何不能用赤道学说去解释，显然它们是以黄道为准建立的。众所周知，天体位置的长期影响因素以岁差为主，但是，岁差的变量仅表现为天体黄经的增减，天体的黄纬在相当长的时间内都可以考虑为是不变的。换句话说，目前处于黄道上的二十八宿星座，数千年前依然如此，随着时间改变的仅仅是天球赤道上的星座。统计表明，天球黄道或接近黄道的二十八宿星座约有十五宿，赤道上的星座则随时代的不同而有所增减，在最理想的情况下，星座数可达十二宿。二十八宿的这种平分黄赤道带的事实证明，在二十八宿初创的时代，古人恐怕还难以将黄道与赤道真正加以区分，也就是说，无论黄道坐标还是赤道坐标，在当时都还没有最后形成。

二、二十八宿的起源年代

有关二十八宿体系的创立时代，历来存在争议。传统认为，根据早期文献的研究，中国二十八宿体系的建立年代最多只能上溯到公元前八至前六世纪。然而战国初年曾侯乙墓二十八宿漆箱星图的发现，却使这一结论显得过于保守了。日人新城新藏曾经提出，二十八宿体系应该形成于西周初年，理由是西周初年已知从新月的出现逆推朔日，同时在《尚书》和《夏小正》等书中也出现了二十八宿的个别宿名。但是，这些论证显然不如他所提出的二十八宿体系的创立时间更有意义，因为即使某些学者对于商代青铜器铭文中的星名考订能够发展他的观点，但毕竟零星的几个黄道带或赤道带星座的古老并不足以证明作为整体的黄道带或赤道带坐标的古老。显然，将构成黄道带或赤道带星座的起源与黄道带和赤道带本身的起源加以区分是十分重要的。事实上，商代的甲骨文中已经出现了比较完整的二十八宿体系的痕迹，因此，这一体系的建立年代无疑应该追溯得更早。

学者试图通过文献学的研究解决二十八宿的起源年代问题，但莫衷一是。这暗示了我们应该选择其他的途径完成类似的探索。首先我们必须承认，二十八宿星官作为一个恒星坐标体系而存在一定是一次选定的，尽管在这一体系创立之后又经历了种种调整，这意味着我们可以通过一种纯粹性质的天文学计算考察二十八宿与黄道带和赤道带的吻合年代，以便解决二十八宿体系的创立时间问题。事实上，二十八宿中除去那些符合黄道的星宿之外，另一些主要集中在南、北两宫的星宿则明显呈现出一个区别于黄道的大圆，这个大圆所显示的实际就是远古天球赤道的位置。这一事实可能暗示着二十八宿的形成年代实际就是南、北两宫星宿与天球赤道的吻合年代，于是我们可以利用岁差来计算那些脱离黄道的星宿与赤道符合的理想年代，这当然可以为二十八宿体系的创立年代提供参考。

竺可桢曾经对二十八宿与天球赤道的最佳会合年代做过计算，结果是当公元前 4500 年至前 2400 年间相合的最多，达十二宿[1]。假如将观测的范围扩大到赤道带，计入南北赤纬 8 度区域内的星宿，则相合者可多达十八至二十宿[2]，这其中有些属于我们认定的黄道星官。如果将黄道与赤道星座区分，那么赤道星宿在这段时间内可以全部得到容纳。根据我们的研究，自公元前 3500 年至前 3000 年，赤道星官的位置与赤道符合得最为理想，这意味着二十八宿大致平分黄、赤道带的年代可以考虑为即是这一体系得以建立的理想年代。

二十八宿中某些沿赤道分布的星座具有明显的特点，即属于北宫的虚、危、室、壁和属于西宫的奎、娄、胃等星宿位于黄道以北，而属于南宫的柳、星、张、翼、轸五宿则位于黄道以南，这种分布特点提供了探讨二十八宿形成年代的又一条途径。众所周知，太阳在天空中的周年视运动轨迹实际呈现为高低不同的多段

1 竺可桢：《二十八宿起源之时代与地点》，《思想与时代》第 34 期，1944 年。

2 Chu Kho-chen, The Origin of the Twenty-eight Mansions in Astronomy, *Popular Astronomy*, 1947, 55.

圆弧，夏至太阳升于东北，落于西北，位置最高，其线路径偏北而接近北天极；冬至太阳升于东南，落于西南，其线路径偏南而远离北天极；春分和秋分时太阳升于正东，落于正西，位置适中。在实际观测中，为了寻找合适的观测角度，星宿的位置过高或过低都很不利，于是为了观测的方便，无论是利用冲日法还是偕日法，都要求观测者尽量选择趋中的星宿，也就是于夏至时选择那些低于太阳视位置而居于黄道以南的星座，冬至时则选择那些高于太阳视位置而居于黄道以北的星座，从而使二十八宿的分布总可以保持在一个相对稳定的带状天区内。这个事实表明，只要我们了解上述星宿在二至时的理想观测位置，我们就有可能确定二十八宿体系的形成年代。事实上，不论我们以南、北两宫赤道星座的中心宿作为二至时太阳的位置所在，还是以两宫的第一宿作为二至日的昏中星，其年代都恰好与它们符合赤道的年代相重叠。这个结果甚至可以帮助我们了解古人在地平坐标的框架下，通过观测逼近正东或正西方东升或西没的恒星而最终建立二十八宿体系的事实。

中国二十八宿的宿名与次序也表现出相当古老的特点。不仅如此，二十八宿中某些距离黄道较远的亮星也有被黄道上的暗星逐渐置换的痕迹，这些都显示出这个坐标体系经过长期调整的事实。

中国和印度二十八宿中牛、女两宿的演变对于印证中国体系的古老很有意义。《诗·小雅·大东》："维天有汉，监亦有光。跂彼织女，终日七襄。虽则七襄，不成报章。睆彼牵牛，不以服箱。"所言织女、牵牛俱在天汉边际，即指七夕相会的织女与牛郎二星官。《史记·天官书》："牵牛为牺牲。其北河鼓。河鼓大星，上将；左右，左右将。婺女，其北织女。织女，天女孙也。"司马贞《索隐》引孙炎曰："或名河鼓为牵牛也。"《尔雅·释天》："河鼓谓之牵牛。"可知牛宿名为牵牛，实与牛郎之为牵牛名称相同，证明二十八宿中的牛、女二宿原本应是天汉之际的牵牛（河鼓）和织女。河鼓二（天鹰座 α，Altair）与织女一（天琴座 α，Vega）均为零等星，远较牛、女二宿距星为四等星明亮得多，且织女一为北半球最明亮的星，古人于此失于观测是不可想象的。而古代印度的二十八宿即以织女代替牛宿，河鼓代替女宿，与中国的传统做法相同。中国的织女星官包括三颗星，印度也为三星。印度的《法苑珠林》谓："织女天姓帝利迦，遮耶尼，意义为大麦粒。"[1] 也与中国以织女为天女孙或天女的意义相近[2]。这些证据不仅证明中国和印度二十八宿体系同出一源，而且也部分地保留了这一体系的原始内容。

古代印度的"月站"体系以织女取代牛宿，以河鼓（牵牛）取代女宿，从而造成先织女而后牵牛的次序，与中国二十八宿牛宿先于女宿的次序恰好相反。竺可桢曾经指出，印度"月站"体系的这一特点乃为后世所呈现的织女赤经先于河鼓赤经的天象所致，由于岁差的缘故，数千年前，织女的赤经实际应在河鼓之后，而中国二十八宿体系所显现的牛宿列于女宿之前的次序，正保留了这种上古时代的观象遗风[3]。计算表明，大约 5500 年前，河鼓的赤经在织女之前[4]，这个时间与

1 赵元任：《中西星名图考》，《科学》第 3 卷第 3 期，1917 年。
2 司马贞《史记索隐》引《荆州占》："织女一名天女，天子女也。"
3 竺可桢：《二十八宿起源之时代与地点》，《思想与时代》第 34 期，1944 年。
4 F.Beck, *Sternatlas*,4th ed, 1923.

我们前面推算的中国二十八宿体系的创立年代相当吻合。根据这样的分析，或者可以认为，公元前3500年至前3000年间应该可以作为中国二十八宿体系形成的年代下限。

这个认识现在已可获得新的考古学证据的有力支持。在属于公元前第四千纪中叶的仰韶文化时代，已经出现具有以北斗与龙、虎星象为主要内容的完备星图，甚至在同一遗存中，作为四象的龙、虎、鹿、鸟以及记时的大火星也已全部出现，令人惊讶的是，这些内容及其表现形式竟与公元前五世纪初战国曾侯乙墓所出二十八宿漆箱星图如出一辙[1]。这意味着在仰韶时代，观象授时不仅已是经常的工作，而且支持观象授时的天球坐标体系也已建立了起来。这个重要遗址发现于河南濮阳西水坡，它使中国二十八宿体系的创立年代无疑可以上溯至更早。

中国古代除二十八宿之外还有二十八舍，司马迁认为其源出《尚书》。《史记·律书》云：

> 《书》曰二十八舍。律历，天所以通五行八正之气，天所以成熟万物也。舍者，日月所舍。……东壁、营室、危、虚、须女、牵牛、建星、箕、尾、心、房、氐、亢、角、轸、翼、七星、张、注、弧、狼、罚、参、浊、留、胃、娄、奎。

二十八舍中，建星、注、弧、狼、罚、浊、留七舍与二十八宿不同，且七星与张的次序颠倒。这些互异的星名除“留”应为“昴”的异体，注、浊应为柳、毕的异名之外，其馀四舍都反映了与二十八宿不同的星官。钱宝琮根据《汉书·天文志》以为，二十八宿与二十八舍应分别代表了战国时期石申夫与甘德两个不同星占学派的占星体系[2]，但从二十八舍见诸文献较早的事实分析，这一推论恐有未必。事实上，各家不同的星占对象实际客观地反映了不同流派对星官的扩充，因此，二十八舍出现的与二十八宿不同的星官，至少有一部分应该呈现着二十八宿体系调整之前的原始面貌，这意味着这两个体系应该具有共同的来源，或者可以认为，二十八舍体系保留了二十八宿体系形成的痕迹。二十八舍不用斗而用建星，不用觜而用罚，星官的位置都还相距不远。但弧、狼远在黄、赤道之外，它们的入选应该体现了古人在建立恒星坐标之初注重亮星的朴素行为，因而明显具有时代较早的特征。而这些星宿在二十八宿体系逐渐完善的过程中，理所当然地要被黄、赤道带星座所取代。不过根据陕西定边郝滩东汉墓星象图以狼、弧二官代替井、鬼二宿的事实以及以红色饰星的做法（图4-16）[3]，战国时的甘氏学派应该继承了早期的二十八舍体系。

三、二十八宿距星与赤道宿度

传统测定恒星位置的工作，都是以二十八宿距星作为标准，因此，二十八宿

1 冯时：《河南濮阳西水坡45号墓的天文学研究》，《文物》1990年第3期；《中国天文考古学》第六章第四节，社会科学文献出版社，2001年；《天文考古学与上古宇宙观》，《中国史新论——科技与文化分册》，中央研究院、联经出版有限公司，2008年。

2 钱宝琮：《论二十八宿之来源》，《思想与时代》第43期，1947年。

3 陕西省考古研究院：《壁上丹青——陕西出土壁画集》上，科学出版社，2009年。

图 4-16　郝滩东汉墓星象图之天狼与弧星官

距星不仅是二十八宿距度测定的标准点，同时更是全天恒星测量的标准点，所以要研究星宿的演变，必须首先对二十八宿距星的演变有所认识。

中国古人对于二十八宿距星有着连续不断的观测记录。据正史《天文志》、《律历志》记载，西汉太初元年（公元前 104 年）迄至清代共有十二次，其中自汉至元代，观测所用的距星完全一致，尽管明、清两代稍有变化，但也仅限于奎、觜、参三宿的距星，即元代以前，奎宿的距星为仙女座 ζ 星（奎宿二），觜宿的距星为猎户座 φ_1 星（觜宿二），参宿的距星为猎户座 δ 星（参宿三）；明清以后，奎宿的距星则改为仙女座 η 星（奎宿一），觜宿的距星改为猎户座 λ 星(觜宿一)，而清代则选取猎户座 ζ 星（参宿一）作为参宿的距星。由于明、清两代的测星工作已有西方传教士的参与，所以当时距星的考订不可避免地采纳了汤若望、戴进贤等人的主观意见，因此，这一时期所定的距星对于中国二十八宿距星的研究并没有太大的价值。

西汉武帝时，邓平、唐都、落下闳等人为造太初历进行观测，其值见载于《汉书·律历志》。而《元史·历志》则录有郭守敬所列各代赤道宿度的全部观测数据。郭守敬认为："列宿著于天，为舍二十有八，为度三百六十五有奇。非日躔无以校其度，非列舍无以纪其度，周天之度，因二者以得之。天体浑圆，当二极南北之中，络以赤道，日月五星之行，常出入于此。天左旋，日月五星逆而右转，昔人历象日月星辰，谓此也。然列舍相距度数，历代所测不同，非微有动移，则前人所测或有未密。"早期观测使用窥管，后世则用浑仪，历代所见的观测差异或也不能排除因仪器自身的缺陷所致。《宋史·律历志七》对自汉至宋代二十八宿赤道宿度的观测工作有详细记载，可以看到古今数据的变化。文云：

> 赤道宿：汉百二年议造历，乃定东西，立晷仪，下漏刻，以追二十八宿相距于四方，赤道宿度，则其法也。其赤道：斗二十六度及分，牛八度，女十二度，虚十度，危十七度，室十六度，壁九度，奎十六度，娄十二度，胃十四度，昴十一度，毕十六度，觜二度，参九度，井三十三度，鬼四度，柳

十五度，星七度，张十八度，翼十八度，轸十七度，角十二度，亢九度，氐十五度，房五度，心五度，尾十八度，箕十一度，自后相承用之。至唐初，李淳风造浑仪，亦无所改。开元中，浮屠一行作《大衍历》，诏梁令瓒作黄道游仪，测知毕、觜、参及舆鬼四宿赤道宿度与旧不同毕十七度，觜一度，参十度，鬼三度。自一行之后，因相沿袭，下更五代，无所增损。至仁宗皇祐初，始有诏造黄道浑仪，铸铜为之。自后测验赤道宿度，又一十四宿与一行所测不同斗二十五度，牛七度，女十一度，危十六度，室十七度，胃十五度，毕十八度，井三十四度，鬼二度，柳十四度，氐十六度，心六度，尾十九度，箕十度。盖古今之人，以八尺圆器欲以尽天体，决知其难矣。又况图本所指距星传习有差，故今赤道宿度与古不同。自汉太初后至唐开元治历之初，凡八百年间，悉无更易。今虽测验[1]，与旧不同，亦岁月未久，新历两备其数[2]，如淳风从旧之意。

除汉邓平等人所校测的二十八宿宿度见载于正史之外，早期古距度的观测结果也多有存留，其中传为石氏的二十八宿距度值见于唐《开元占经》，而发现于甘肃天水放马滩战国秦墓的竹简所记二十八宿距度，在时代上与传为石氏的观测结果最为接近，可以参考比较。安徽阜阳双古堆西汉汝阴侯墓出土圆仪（图4-6），时代当在汉文帝十五年（公元前 165 年）以前，其上所录二十八宿距度值对于研究二十八宿距度变化及早期距星系统同样具有重要的价值。现将历代所订二十八宿距度的主要成果列于表一。

表一　历代二十八宿距度表

宿名与宫名	放马滩秦简	双古堆西汉圆仪	《石氏星经》	《淮南子·天文》	《汉书·律历志》	《元史·历志》（元至元所测）
角	十二		十二	十二	十二	十二度一十分
亢	十二	十一	九	九	九	九度二十分
氐	十七		十七	十五	十五	十六度三十分
房	七	七	七	五	五	五度六十分
心	十	十一	十二	五	五	六度五十分
尾	九	九	九	十八	十八	十九度一十分
箕	十	十	十	十一度四分一	十一	十度四十分
东宫	七十七		七十六	七十五度四分一	七十五	七十九度二十分
斗	二十二	二十二	二十二	二十六	二十六	二十五度二十分
牛		九	九	八	八	七度二十分
女		十	十	十二	十二	十一度三十五分
虚	十四	十四	十四	十	十	八度九十五分
危	九	六	九	十七	十七	十五度四十分
室	二十	二十	二十	十六	十六	十七度一十分
壁	十三	十五	十五	九	九	八度六十分
北宫		九十六	九十九	九十八	九十八（及分）	九十三度八十分太

1 即皇祐初之观测。

2 “新历”即宋《明天历》。

（续表）

奎	十五	十一	十二	十六	十六	十六度六十分
娄	十三	十五	十五	十二	十二	十一度八十分
胃	十四	十一	十一	十四	十四	十五度六十分
昴	十五	十五	十五	十一	十一	十一度三十分
毕	十五	十五	十五	十六	十六	十七度四十分
觜	六	六	六	二	二	五分
参	九	九	九	九	九	十一度一十分
西宫	八十七	八十二	八十三	八十	八十	八十三度八十五分
井	二十九	二十六	二十九	三十三	三十三	三十三度三十分
鬼		五	五	四	四	二度二十分
柳		十八	十八	十五	十五	十三度三十分
星	十三		十三	七	七	六度三十分
张			十三	十八	十八	十七度二十五分
翼	十三		十三	十八	十八	十八度七十五分
轸	十五		十六	十七	十七	十七度三十分
南宫			一百七	一百一十二	一百一十二	一百八度四十分

通过表一所列二十八宿早晚距度值的比较可以明显看出，阜阳双古堆西汉汝阴侯墓所出圆仪上的二十八宿距度与放马滩秦简的相关数值最为接近，应该反映着二十八宿古度的基本情况；而传为石氏的宿度数据与之相差不大，显然也体现了这一时期的观测结果。相反，《淮南子·天文》与《汉书·律历志》所记载的邓平等人的观测数值则与其前的观测数据大有差异，这种差异当然早已超出了观测误差的范围，而只能解释为因距星的调整所致。这一事实表明，至少到西汉时期，二十八宿距星系统出现了显著的变化。

《淮南子·天文》所保留的二十八宿距度值与《汉书·律历志》记载的邓平等人的观测数据几乎完全一致，然而《淮南子》于汉武帝建元元年（公元前 140 年）已献于朝廷，其距太初改历的观测活动尚早三十七年。因此，如果不是后人将这些新的观测结果补入《淮南子》的话，那么《汉书·律历志》所反映的邓平、唐都与落下闳等人的观测结果就只能视为当时人对西汉早期已有观测数据的继承，显然，这些工作充其量也只是对前人所定二十八宿距度数值的校订而已。

出土及传世文献所提供的二十八宿古距度数值无疑为重订汉代以前二十八宿的古距星系统奠定了基础，不仅如此，《新唐书·历志》也提供了个别明确的古距星资料，如“古历参右肩为距”，“古历以斗魁为距”，“古以牵牛上星为距”。参右肩即参宿四（猎户座 α），斗魁即斗宿四（人马座 σ），牵牛上星即牛宿二（摩羯座 α_2）。基于这样的距度与距星标志，可以建立西汉以前古度系统的二十八宿距星（表二）[1]。

1 参见王健民、刘金沂：《西汉汝阴侯墓出土圆仪上二十八宿古距度的研究》，《中国古代天文文物论集》，文物出版社，1989 年。

表二　二十八宿古距星表

宿名	古距星		星等	古距度
	中名	西名		
角	角宿一	室女座 α	1.21	十二
亢	亢宿一	室女座 κ	4.31	十一
氐	氐宿一	天秤座 α_2	2.90	十七
房	房宿一	天蝎座 π	3.00	七
心	心宿二	天蝎座 α	1.22	十一
尾	尾宿八	天蝎座 λ	1.71	九
箕	箕宿一	人马座 γ	3.07	十
斗	斗宿四	人马座 σ	2.14	二十二
牛	牛宿二	摩羯座 α_2	3.77	九
女	女宿一	宝瓶座 ε	3.83	十
虚	虚宿二	小马座 α	4.14	十四
危	危宿二	飞马座 θ	3.70	九
室	离宫四	飞马座 η	3.10	二十
壁	壁宿二	仙女座 α	2.15	十五
奎	奎宿九	仙女座 β	2.37	十一
娄	娄宿一	白羊座 β	2.72	十五
胃	大陵五	英仙座 β	2.2—3.5	十一
昴	昴宿一	金牛座 17	3.81	十五
毕	毕宿五	金牛座 α	1.06	十五
觜	觜宿一	猎户座 λ	3.66	六
参	参宿四	猎户座 α	0.92	九
井	井宿三	双子座 γ	1.93	二十九
鬼	鬼宿一	巨蟹座 θ	5.57	五
柳	柳宿一	长蛇座 δ	4.18	十八
星	星宿四	长蛇座 ι	4.10	十三
张	张宿三	长蛇座 μ	4.06	十三
翼	翼宿二	巨爵座 γ	4.14	十三
轸	轸宿一	乌鸦座 γ	2.27	十六

表二所列的古距星系统显示了战国时代的人们对于二十八宿坐标体系的规划，事实上当时的距星系统在不同的星占流派中并不相同，我们比较放马滩和石氏的距度数据便不难发现，至少像亢、奎、胃等宿的距星，在两个体系中很不一样。如果双古堆西汉汝阴侯墓圆仪所载的距度数据乃是先秦古距度的遗留，那么具有差异的宿就将更多。很明显，二十八宿古距星在战国时代乃因不同的星占流派而定，不同的星占流派会选择不同的星作为距星，而汉人的观测不仅将距星有所调整，而且更重要的是做了距星的统一工作。

四、二十八宿宿名古义

二十八宿宿名意义之由来不仅是直接关系到这个体系起源与形成时间的关键

图 4-17　西安交通大学西汉墓星象图中的苍龙星象

图 4-18　洛阳尹屯西汉墓星象图中的苍龙星象

问题，而且对传统天文与人文关系的探讨也很有价值。长期以来，由于受传统史料的制约，使对这一问题的研究始终未能取得令人满意的进展。尽管传世文献保留了大量有关二十八宿宿名的材料，然而如果忽略了早期星官体系的形成背景，仅从训诂学的角度探寻字义，则不易在众多的星名意义中梳理出其本初的意义。因此，这一问题的有效解决必须结合天文学、考古学、历史学、文字学、民族学的综合研究才可能完成。

从早期文献所提供的零星星名材料到清代的《仪象考成》，中国传统天文学以北斗和二十八宿为主干的星官体系不断丰富并最终定型。全天星官的命名当然经历了将人间社会以王权为中心的政治结构复制到天上的完善过程，但最早确立的作为标准星官体系的二十八宿，其宿名古义应当有着更朴素的来源。

二十八宿的宿名来源于星座所呈现的形象以及与其相关的星占思想，然而真正认识它的发展历史和演变过程并不容易。就一个体系而言，二十八宿在其形成过程中所经历的各种分合和变化相当复杂，尽管我们可以通过文献的研究找到一些线索，但是应该承认，早期文献所提供的证据是极不充分的。

古人观星素有重视其象的悠久传统。象有大小，大者可以通辖数个星官，星官名称可能只反映其完整形象的一部分而已；而小者则仅含一个星官。因此我们在研究二十八宿宿名古义的时候，除关注星占以及与其相关的人文内涵之外，更要特别留意星官与象的关系。

(一)东宫七宿

东宫七宿依次为角、亢、氐、房、心、尾、箕，兼含中外星官共四十六官。

东宫之象为龙。龙在上古观象制度中乃是最重要的授时星象，这一形象实由

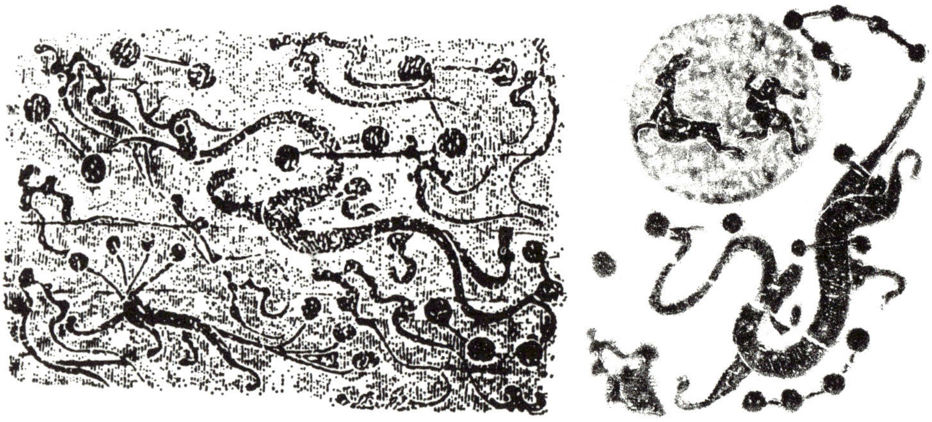

图 4-19　东汉画像石中的苍龙星象（河南南阳出土）

自角至尾六宿星官组成（详第五章第一节），所以苍龙七宿中至少有六宿的宿名都应得自龙体，西安交通大学西汉墓星象图（图 4-17）[1]、洛阳尹屯西汉墓星象图（图 4-18）[2]，以及东汉石刻画像中的苍龙星宿（图 4-19），都无例外地以形象的龙形表现东宫自角至尾的六宿星官。这种做法虽然与直观地列出东宫六宿的完整星宿异曲同工，但却更体现了早期天文学重视象的观测传统。而苍龙六宿之中，房宿作为中心宿，于龙象之外还富有更重要的礼俗意义。

1. 角宿

角宿包括十一星官，分别为：

角宿二星，角宿一（室女座 α）为距星。

天门二星，天门一（室女座 53）为距星。

平道二星，平道一（室女座 θ）为距星。

进贤一星（室女座 κ）。

天田二星，天田一（室女座 78）为距星。

周鼎三星，周鼎一（后发座 β）为距星。

平二星，平一（长蛇座 γ）为距星。

柱（五柱）十一星。

库楼（天楼）十星，库楼四（半人马座 2）为距星。

衡四星，衡一（半人马座 ν）为距星。

南门二星，南门一（半人马座 ε）为距星。

角宿的名称得于龙角。《国语·周语中》："夫辰角见而雨毕。"韦昭《注》："辰角，大辰苍龙之角。角，星名。"《石氏星经》："角为苍龙之首，实主春分之权，亦即苍龙之角也。去极九十三度半。"所以角宿之名实即来源于龙角。《史记·天官书》："杓携龙角。"即以角为苍龙之角。

1 陕西省考古研究所、西安交通大学：《西安交通大学西汉壁画墓》，西安交通大学出版社，1991 年。下文所用资料凡出此作，恕不复注。

2 洛阳市第二文物工作队：《洛阳尹屯新莽壁画墓》，《考古学报》2005 年第 1 期。下文所用资料凡出此作，恕不复注。

图 4-20　四川简阳鬼头山东汉崖墓石棺画像

角宿以南有天门星官，在中国星占学及原始宗教中占有非常重要的地位，它是灵魂升天的必经之途，人只有从天门进入天上世界，才可能实现升天的宿愿。古代文献及遗物中屡见天门的记载，即是这一宗教思想的体现。《楚辞・离骚》："吾令帝阍开关兮，倚阊阖而望予。"王逸《章句》："阊阖，天门也。"长沙马王堆一、三号西汉墓所出非衣明旌即绘有天门的形象[1]，其中一号墓非衣所绘之天门两侧各绘一虎豹，以兼帝阍；又绘大小司命，以象天门开启（图 0-12）。《楚辞・招魂》："虎豹九关，啄害下人些。"王逸《章句》："言天门凡有九重，使神虎豹执其关闭，主啄天下欲上之人，而杀之也。"传统宗教观以为灵魂升天如遇天门关闭，则需令巫祝呼叫帝阍开门。《文选・杨子云甘泉赋》："选巫咸兮叫帝阍，开天庭兮延群神。"服虔曰："令巫咸叫呼天门也。"稍晚的天门图像更为普遍。四川简阳鬼头山东汉崖墓出土 3 号石棺右侧画像中刻双阙，阙顶各栖一凤鸟，昂首对视，是为凤阙[2]。凤阙上方榜题"天门"。天门中立一人，阙右榜题"大司"，是为大司命。天门右侧刻有一虎，上方榜题"白虎"，其所表现的自为由虎豹充任的帝阍。这些设计与马王堆一号墓所出非衣完全相同。左侧又绘一干栏式建筑，旁侧榜题"大苍"（仓）（图 4-20）[3]，应写胃宿（说详下文）。重庆巫山所见东汉晚期鎏金铜牌图像同样以凤阙表现天门，门内绘大司命，或更写白虎为帝阍（图 4-21）[4]，展现了相同的宗教观念。

角宿中央有平道星官。《石氏星经》："左右角间二星曰平道。"灵魂升入天门，其通往帝廷的道路便是一片坦途，这即是平道名称的本义。其北又有进贤一星，也与灵魂升天的宗教观念有关。

角宿以北则有天田星官，古人或名"农祥"，或名"灵星"，是指导农作活动的重要星官，所以天田的意义实即天帝的藉田。古立灵星祠以祀之。《续汉书・祭祀志下》："汉兴八年，有言周兴而邑立后稷之祀，于是高帝令天下立灵星祠。言祠后稷而谓之灵星者，以后稷又配食星也。旧说，星谓天田星也。一曰，龙左角

1 湖南省博物馆、中国科学院考古研究所：《长沙马王堆一号汉墓》，文物出版社，1973 年；湖南省博物馆、湖南省文物考古研究所：《长沙马王堆二、三号汉墓》第一卷，文物出版社，2004 年。

2 《关中记》："建章宫阙临北道，铜凤在上，故号凤阙。"

3 内江市文管所、简阳县文化馆：《四川简阳鬼头山东汉崖墓》，《文物》1991 年第 3 期。

4 重庆巫山县文物管理所、中国社会科学院考古研究所三峡工作队：《重庆巫山县东汉鎏金铜牌饰的发现与研究》，《考古》1998 年第 12 期。

图 4-21　东汉晚期天门铜牌饰（1. 四川巫山土城坡南东井坎出土 2. 四川巫山江东嘴小沟子出土，采自《考古》1998 年第 12 期）

为天田官，主谷。祀用壬辰位祠之。壬为水，辰为龙，就其类也。牲用太牢，县邑令长侍祠。舞者用童男十六人。舞者象教田，初为芟除，次耕种、芸耨、驱爵及穫刈、舂簸之形，象其功也。”张晏曰：“农祥晨见而祭也。”《汉旧仪》：“古时岁再祠灵星，灵星春秋之太牢礼也。”天田之祭已见于殷商卜辞[1]，可见其观测及祭祀传统之古老。

西安交通大学西汉墓星象图中的苍龙之角，于两只龙角的角端各绘一星，又于角侧歧叉处各绘一星（图 4–17）。由于作为龙角的角宿已由形象的龙角所表现而融入了苍龙之象，所以星图中附于龙角的四星既不意味着角宿应由四星组成，当然也不应含有角宿二星（室女座 α、ζ），而应该表现着角宿左右的天门二星（室女座 53、69）和天田二星（室女座 78、τ）[2]。可以与其比较的是东汉石刻画像所表现的苍龙星象，其龙角的部位也于左右各绘二星（图 4–19），同样将天田、天门与角宿合绘在一起。由于天田、天门与角宿同时于东方的地平线上升起，因此古人将三官合绘，除了再现实际天象之外，更重要的则是传达一种与天门有关的宗教观念。

洛阳尹屯西汉墓星象图则于龙角的位置分绘两组星，每组各有三星，以线相连，对称排列（图 4–18），应该表现角宿和天田、天门六星。《史记·天官书》：“左角，李；右角，将。”司马贞《索隐》：“李即理，理，法官也。”又引石氏云：“左角为天田，右角为天门。”王元启《史记正讹》：“角二星，左为理，右为将。天田二星又在理之左，天门二星又在将之右也。”古或以角宿、天田、天门三官六星为龙角，故知尹屯星象图龙角左侧的三星当自上而下分别为角宿二（室女座 ζ）、天田一（室女座 78）和天田二（室女座 τ），右侧三星自上而下分别为角宿一（室女座 α）、天门一（室女座 53）和天门二（室女座 69）。这种表现形式与多数汉代星图不同，应该具有三门的象征。墓室星图着意表现三门，其意显在应合墓主灵魂升

1 冯时：《百年来甲骨文天文历法研究》，中国社会科学出版社，2011 年。
2 雒启坤：《西安交通大学西汉墓葬壁画二十八宿星图考释》，《自然科学史研究》第 10 卷第 3 期，1991 年。

天的观念。苍龙形象既是星宿的形象，也是驾御墓主灵魂升天的灵蹻，而灵魂一旦升天，必入天门。类似的原始宗教观念在马王堆汉墓明旌图像中也有形象的表现[1]。《晋书·天文志》：“角二星为天关，其间天门也，其内天庭也。故黄道经其中，七曜之所行也。左角为天田，为理，主利，其南为太阳道。右角为将，主兵，其北为太阴道。盖天之三门，犹房之四表。”张守节《史记正义》：“左角为理，主刑，其南为太阳道。右角为将，主兵，其北为太阴道。盖天之三门。”王元启《史记正讹》：“角有三门，一曰天门，二曰南门，三曰阳门。”即此之谓。唐代二十八宿铜镜的角宿则以角宿二星附以平道二星（室女座 θ 、82）（图 4-22）[2]，已不再以天田、天门为龙角。

图 4-22　唐代二十八宿铜镜

天田以北有周鼎星官，以喻于天门以内的帝廷世界摆设的礼器。

天门及其以南的平、衡、库楼、柱和南门六星官，《晋书·天文志》并不列入二十八宿。其他星官与角宿的分合，历代也有变化。

2. 亢宿

亢宿包括七星官，分别为：

亢宿四星，亢宿一（室女座 κ ）为距星。

大角一星（牧夫座 α ）。

右摄提三星，右摄提一（牧夫座 η ）为距星。

左摄提三星，左摄提三（牧夫座 ζ ）为距星。

折威（七折威）七星，折威三（Boss 3632）为距星。

顿顽二星，顿顽一（豺狼座 φ_1）为距星。

阳门二星，阳门二（半人马座 c_1）为距星。

亢宿宿名，曾侯乙漆箱星象图作“埅”，为通假字。《说文解字·亢部》：“亢，人颈也。”《尔雅·释鸟》郭璞《注》：“亢即咽。”《一切经音义》卷二〇引《苍颉篇》：“亢，咽也。”《汉书·张耳陈馀传》颜师古《注》：“亢者，总谓颈耳。”《后汉书·隗嚣公孙述列传》：“士至投死绝亢而不悔者矣。”李贤《注》：“亢，喉咙也。”知亢宿之名实得于龙之咽颈。西安交通大学西汉墓星象图于苍龙颈部绘有相连的二星，其中一星为苍龙右前爪所握（图 4-17），应该还保留了亢宿的古义。

亢宿以北有大角，为一等亮星。早期观测曾将大角并入角宿，因为在以北斗与二十八宿拴系的天球网络内，依北斗的延长线首先找到的就是大角，尔后才可能进而找到二十八宿的起始宿——角宿。大角的左右两侧分别为左摄提和右摄提，《石氏星经》：“摄提六星夹大角。”

---

1 孙作云：《长沙马王堆一号汉墓出土画幡考释》，《考古》1973 年第 1 期。

2 中国社会科学院考古研究所：《中国古代天文文物图集》，六五，文物出版社，1980 年。

亢宿以南的折威、顿顽二星官，《晋书·天文志》并不列入二十八宿，其他各官与亢宿的分合，历代也有不同。

3. 氐宿

氐宿包括十一星官，分别为：

氐宿四星，氐宿一（天秤座 α）为距星。

招摇一星（牧夫座 γ）。

梗河（梗柯）三星，梗河一（牧夫座 ε）为距星。

帝席（帝座）三星，帝席一（牧夫座 d）为距星。

亢池四星，亢池一（牧夫座 20）为距星。

天乳一星（巨蛇座 μ）。

阵车三星，阵车三（豺狼座 2）为距星。

天辐二星，天辐二（天秤座 τ）为距星。

骑官十星，骑官三（半人马座 κ）为距星。

骑阵将军一星（豺狼座 κ）。

车骑三星，车骑一（豺狼座 ζ）为距星。

氐宿宿名，湖北荆州关沮周家台秦简《日书》作“掋”[1]，为通假字。氐宿四星为龙首。《尔雅·释天》：“天根，氐也。”郭璞《注》：“角亢下系于氐，若木之有根。”邢昺《疏》：“氐一名天根。”《史记·天官书》：“氐为天根。”知氐宿又名“天根”。《石氏星经》：“氐，胸也。位于苍龙之胸。”这种说法尚缺乏训诂学的证据。《诗·小雅·节南山》：“维周之氐。”毛《传》：“氐，本。”《国语·周语中》：“天根见而水涸，本见而草木节解。”韦昭《注》：“天根，氐、亢之间。本，氐也。”则氐之本义为本。“本”乃为表示树根的指事字，故其名又曰“天根”。本、首二字互训。《礼记·曾子问》：“不首其义。”郑玄《注》：“首，本也。”《礼记·祭义》郑玄《注》：“各首其类。”孔颖达《正义》：“首，本也。”知氐宿之名本即龙首。龙首之氐何以厕于作为龙咽的亢宿之后，这由古人认识的苍龙星象的形象所决定。苍龙星象本呈先角、次咽、次首之形（详见第五章第一节），这与二十八宿苍龙首三宿的次序恰好一致，明确证明氐宿宿名的古义取自龙首。西安交通大学西汉墓星象图只以苍龙左前爪抓握的一星表现氐宿（图4-17），本义已经丧失。

氐宿最北为招摇。招摇由于是北斗七星杓柄的自然延伸，始终是作为中宫星官而存在的。安徽阜阳双古堆西汉汝阴侯墓所出太一九宫式盘，其天盘的中央即书有“招摇”（图2-15），与其他式盘的天盘绘有北斗形象具有相同的意义（图4-2）。《史记·天官书》：“杓端有两星，一内为矛，招摇；一外为盾，天锋。”因此严格地说，招摇不应归入氐宿。

招摇以南分别有梗河和帝席两星官，再南则有亢池，接下去于氐宿的东北便是天乳。氐宿以南有天辐与阵车二星官，两官以南则为骑官十星，《石氏星经》以为骑官乃具二十七星。骑官南有骑阵将军及车骑星官。各官的星数及与氐宿的分合，文献所记多有差异。

1 湖北省荆州市周梁玉桥遗址博物馆：《关沮秦汉墓简牍》，中华书局，2001 年。

4. 房宿

房宿包括七星官，另有钩钤为附座，分别为：

房宿四星，房宿一（天蝎座 π ）为距星。

钩钤二星（附），钩钤二（天蝎座 ω_2）为距星。

键闭一星（天蝎座 ν ）。

罚三星，罚三（天秤座 49）为距星。

西咸四星，西咸三（天秤座 θ ）为距星。

东咸四星，东咸三（蛇夫座 ψ ）为距星。

日一星（天秤座 κ ）。

从官二星，从官一（豺狼座 ψ_2）为距星。

房宿宿名，曾侯乙漆箱星象图、阜阳双古堆西汉汝阴侯墓出土六壬式盘俱作“方”，《易·坤》亦作“方”[1]，并为通假字。《诗·小雅·大田》：“既方既皁。”郑玄《笺》：“方，房也。”《书序》：“乃遇汝鸠汝方。”《史记·殷本纪》作“遇女鸠女房”。是为二字相通之证。《石氏星经》：“东方苍龙七宿，房为腹。”以房宿为龙腹，位置虽然不错，但“方”、“房”与“腹”字的关系则相对疏远，可知龙腹并不是房宿的本义。

房宿或名“天驷”，其四星由北而南直列，正象驾车之四马，故有此名。《尔雅·释天》：“天驷，房也。”郭璞《注》：“龙为天马，故房四星谓之天驷。”邢昺《疏》:“房一名天驷。”由于古人以房名天驷，所以视房宿的南二星为左骖左服，北二星为右骖右服。

房宿的宿名古义关乎上古的观象用事制度。《国语·周语中》：“驷见而陨霜。”韦昭《注》：“驷，天驷，房星也。陨，落也。谓建戌之月，霜始见。”如果将这条观象记录与《易·坤》的相关爻辞对读，我们可以对房宿的的含义获得一些新认识。《坤》初六云:“履霜，坚冰至。”六二云:“直方，大不习，无不利。”六四云：“括囊。”这三条爻辞所描述的史实都是冬季闭藏的用事礼俗。很明显，“履霜，坚冰至”的意思实际即为从“驷见而陨霜”的霜降直至“坚冰”的季冬时节，这里，房宿朝觌而降霜正记录着一个新的纪时周期的开始，如果认为这便是上古历法岁首的孑遗，那么它与殷历岁首位于霜降前后的时间刚好相当[2]。六二爻辞的“直方”应该读为“直房”，本义即是描写房宿的旦中天，这是公元前二千年冬至的标准天象。冬至的用事要在闭藏，所以六四爻辞以“括囊”隐喻其事。“括囊”无疑是将囊袋封闭，这恰好可以作为万物闭藏需要将房舍封闭的象征。而房宿的附座有钩钤二星与键闭一星[3]，这些以锁钥为本义的星名其实都是在说明房宿本自具有的闭藏意义。因此，房宿宿名实即源于闭藏的用事礼俗，这一点无疑非常清楚。《礼记·月令》曾经谈到，冬季闭藏是古人顺时施政的重要制度，这是国泰民安的根本保证。一旦隆冬不能闭藏，便如“发天地之房”。从这一比喻可以明显看出，先民是以房作为闭藏的处所，而作为闭藏之所的房舍用于宿名，

---

1 冯时:《〈周易〉乾坤卦爻辞研究》，《中国文化》第三十二期，2010 年。

2 冯时:《殷历岁首研究》，《考古学报》1990 年第 1 期。

3 《星辰考源》认为键闭实际为二星。

实际正反映了古人观测房宿以指导闭藏的授时制度[1]。

西安交通大学西汉墓星象图于苍龙右后爪抓握一星（图 4-17），应该就是房宿距星，它是东宫星象得以构成苍龙形象的枢纽。东汉石刻画像中苍龙星象的房宿有时也省作二星而横镇于龙腹（图 4-19，左），表现手法与此相似。不过这种简省形式并不是古人表现房宿的唯一做法，东汉画像中作为苍龙之象的房宿更见与龙体合绘，而且四星并列，非常完整（图 4-19，右）。

5. 心宿

心宿仅含两星官，分别为：

心宿三星，心宿一（天蝎座 δ）为距星。

积卒十二星，积卒二（豺狼座 η）为距星。

心宿由三星组成，心宿中央的心宿二（天蝎座 α，Antares）为古距星，其系红色的一等亮星，古人名之曰“火”或“大火”，为古代观象授时的重要星象。《尚书·尧典》：“日永星火，以正仲夏。”蔡沈《集传》：“火谓大火，夏至南中之星。”《诗·豳风·七月》：“七月流火。”《国语·周语中》：“火见而清风戒寒。”《左传·襄公九年》：“陶唐氏之火正阏伯居商丘，祀大火，而火纪时焉。”这里的“火”及“大火”都是指的心宿二。心和火的名称皆已见于殷商卜辞，而且新石器时代的遗迹遗物也留有当时人们对于大火的观测遗迹。《春秋经·昭公十七年》孔颖达《正义》引李巡云：“大火，苍龙宿心。”故知心宿的名称即取于苍龙之心，而在实际天象中，心宿也恰好位于龙心的位置。

洛阳尹屯西汉墓星象图位于龙心的部位绘有相连的三星（图 4-18），星数、位置与形象都与心宿相合，显即心宿。该星在西安交通大学西汉墓星象图中则被涂成红色，并为苍龙左后爪所握（图 4-17），显然就是作为心宿二的大火星的写实。而东汉石刻画像中的心宿或作三星屈曲附于龙心（图 1-2），或省作二星而横镇龙心（图 4-19，右），位置也都十分准确。

《史记·天官书》：“心为明堂，大星天王，前后星子属。不欲直，直则天王失计。”《晋书·天文志上》：“心星直，则王失势。”所谓大星，即心宿二，其位居苍龙的心脏，故有天王之喻，而心宿也便拟比为发布政令的明堂。依星占，心宿三星屈曲则为吉占，尹屯星象图的心宿即作如此处理。囿于这种观念，中国古代的其他示意性星图于心宿三星的形状也多作夸张的屈曲表现。

心宿以东有积卒十二星[2]。《晋书·天文志》以为此官本不在二十八宿之列。

6. 尾宿

尾宿包括五星官，另有神宫为附座，分别为：

尾宿九星，尾宿一（天蝎座 μ_1）为距星。

神宫一星（附）（天蝎座 μ_2）。

天江四星，天江二（蛇夫座 36）为距星。

鱼一星（天蝎座 M7）。

1 冯时：《〈周易〉乾坤卦爻辞研究》，《中国文化》第三十二期，2010 年。

2 《仪象考成》仅载二星。

1

2

图 4-23　汉墓星象图（1. 西安交通大学西汉墓星象图之箕宿、傅说与斗宿；2. 陕西定边郝滩东汉墓星象图之箕宿）

傅说一星（天蝎座 G）。

龟五星，龟五（天坛座 ζ）为距星。

尾宿由九星组成龙尾。《史记·天官书》："尾为九子。"司马贞《索隐》："子必九者，取尾有九星也。"《左传·僖公五年》："龙尾伏辰。"杜预《集解》："龙尾，尾星也。"所以尾宿的名称显然源于苍龙之尾。

西安交通大学西汉墓星象图的苍龙尾端绘有一星（图 4-17），已过于简略。洛阳尹屯西汉墓星象图则绘有相连的九星，以示龙尾卷曲之势（图 4-18），非常完整。东汉石刻画像中的苍龙星宿，在表现尾宿的时候或刻三星，或刻七星（图 4-19），虽有省略，但形象逼真。

尾宿以下为天汉，故实际天象所呈现的景象正作苍龙跃河而出，《易·乾》九四爻辞所谓"或跃在渊"，即是对这一独特天象的描述。事实上，这个观象实践直接导致了诸如“河图”、“龙图”、“太极图”一类祥瑞观念的产生[1]。

尾宿以神宫为附座。南有龟，在天汉中，《石氏星经》又称龟为连珠。尾北有天江，或为天汉的别名。尾东有鱼，也在天汉中。尾后还有傅说，为殷高宗武丁由奴隶拔擢的贤相，其死后升天，《庄子》说他“乘东维，骑箕尾而比于列星”，即于箕、斗之间化为神灵[2]。西安交通大学西汉墓星象图于尾宿之后绘出相连的五星和跽坐的一人（图 4-23，1），应即傅说与箕宿的合绘。不过星图中将傅说一星与箕宿相连的事实似乎说明，西汉以前，傅说或应归于箕宿。《晋书·天文志》甚至没有将傅说以及龟、鱼列入二十八宿，或许反映了早期星官体系的实际情况。郝滩东汉墓星象图中的傅说已与箕宿分绘（图 4-23，2），情况已有不同。

7. 箕宿

箕宿包括三星官，分别是：

箕宿四星，箕宿一（人马座 γ）为距星。

糠一星（蛇夫座 d）。

杵三星，杵二（天坛座 α）为距星。

箕宿的宿名古义为簸箕。《诗·小雅·大东》：“维南有箕，不可以簸扬。”箕宿四星联为簸箕之象，故而得名。

箕宿南有杵星。《石氏星经》：“杵三星赤，在箕南，主杵臼之用。”作物收获之后必先受杵臼之功，然后才可以借箕以簸扬，留其米而去其糠。而箕宿西值箕口的位置又有糠一星，正象簸扬所弃之糠。尽管《晋书·天文志》并未将糠、杵二星官列入二十八宿，但这并不妨碍以此佐证箕宿本具簸箕的古义。

箕宿本义为簸箕，后又于此引申为搬弄是非的口舌之患，故以箕如张口，其主口舌，于是以箕宿窄端的二星为踵，宽端二星为舌。《诗·小雅·巷伯》：“哆兮侈兮，成是南箕。彼谮人者，谁适与谋？”毛《传》：“哆，大貌。南箕，箕星也。”郑玄《笺》：“箕星哆然，踵狭而舌广，今谗人之因寺人之近嫌而成。”孔颖达《正义》：“箕四星，二为踵，二为舌。由踵之二星已哆然而大，舌又益大，故所以称为箕也。箕言踵狭而舌广者，踵对舌为狭耳，其实踵之二星已宽大，故为‘哆兮’也。”《诗·小雅·大东》：“维南有箕，载翕其舌。”郑玄《笺》：“翕，犹引也。引舌者，谓上星相近。”《史记·天官书》：“箕为敖客，曰口舌。”司马贞《索隐》：“《诗纬》云：‘箕为天口，主出气。’是箕有舌，象谗言。”又引宋均云：“敖，调弄也。箕以簸扬，调弄象也。箕又受扬，有去去来来，客之象也。”《晋书·天文志上》：“箕四星，又主口舌。”《说文解字·口部》：“哆，张口也。”都是这种观念的反映。

洛阳尹屯西汉墓星象图于苍龙尾部左旁绘二星相连，应该就是二十八宿的东宫箕宿。东汉石刻画像或以此宿绘刻于龙尾旁侧（图 4-19，左），或横镇于龙星（图 4-19，右），皆作两星相连，与此相同。箕主口舌，故星图所绘二星实在强调主口舌之箕前二星，即箕宿一（人马座 γ）与箕宿四（人马座 η）。

1 冯时：《中国天文考古学》第八章第一节，社会科学文献出版社，2001 年。

2《庄子·大宗师》：“傅说得之，以相武丁，奄有天下，乘东维，骑箕尾而比于列星。”陆德明《释文》引司马彪云：“东维，箕斗之间，天汉津之东维也。”

《尔雅·释天》郭璞《注》："箕，龙尾。"箕宿的宿名古义虽与龙体无关，但它处于龙尾的延长线上，遂古人又常以其作为龙尾之星，这种观念在殷代或许已经形成。

（二）北宫七宿

北宫七宿依次为斗、牛、女、虚、危、室、壁，兼含中外星官共六十五官。

北宫之象为玄武，早期则为鹿，但无论鹿还是玄武，其实都只反映了北宫七宿中部分星官的形象。这意味着北宫中的大部分星官都具有独立的宿名本义。

1. 斗宿

斗宿包括十星官，分别为：

斗宿六星，斗宿一（人马座 φ）为距星。

建六星，建一（人马座 ξ_2）为距星。

天弁（天辨）九星，天弁一（盾牌座 α）为距星。

狗二星，狗一（人马座 h_2）为距星。

狗国四星，狗国一（人马座 ω）为距星。

天鸡二星，天鸡一（人马座 e）为距星。

天籥八星，天籥六（蛇夫座 51）为距星。

农丈人一星（Boss4679）。

天渊十星，天渊增二（人马座 θ_1）为距星。

鳖十四星，鳖六（南冕座 α）为距星。

斗宿又名"南斗"，乃相对于北斗而称，由六星组成。《石氏星经》："斗六星赤，状如北斗。"《诗·小雅·大东》："维北有斗，不可以挹酒浆。"由此可知，斗宿的宿名古义一如北斗，也全因其呈斗勺之象。

《史记·天官书》："南斗为庙。"《晋书·天文志上》："南斗六星，天庙也，丞相太宰之位，主褒贤进士，禀授爵禄。又主兵，一曰天机。南二星魁，天梁也。中央二星，天相也。北二星，天府庭也，亦为寿命之期。"洛阳尹屯西汉墓星象图南斗一侧绘一人首蛇身仙人（图 4-24），似应南斗主寿之占。西安交通大学西汉墓星象图所绘的南斗作一人持斗之形（图 4-23，1），虽有挹取之象，但持斗之人或与尹屯星象图斗侧之仙人具有相同的喻意。

斗宿以北有建星，斗、建之间为黄道所贯穿，公元前十三世纪的冬至点即于其间，建星似即因此而名。斗宿更北则有天弁，又名"天辨"。斗魁之前有狗、狗国及天鸡，斗杓之后有天籥，这些星官似与斗为天庙具有共同的星占内涵。斗南则为农丈人、天渊及鳖。

2. 牛宿

牛宿包括十一星官，分别为：

牛宿六星，牛宿一（摩羯座 β）为距星。

罗堰三星，罗堰一（摩羯座 τ）为距星。

天田九星，天田四（摩羯座 ψ）为距星。

九坎九星，九坎一（显微镜座）为距星。

图4-24　洛阳尹屯西汉墓星象图之斗、牛星象

河鼓三星，河鼓二（天鹰座 α）为距星。

天桴四星，天桴一（天鹰座 θ）为距星。

左旗九星，左旗三（天箭座 δ）为距星。

右旗九星，右旗三（天鹰座 δ）为距星。

织女三星，织女一（天琴座 α）为距星。

渐台四星，渐台三（天琴座 γ）为距星。

辇道五星，辇道一（天琴座 R）为距星。

牛宿之名，曾侯乙星图作“牵牛”。《礼记·月令》：季春之月，“旦牵牛中”；仲秋之月，“昏牵牛中”。《史记·天官书》张守节《正义》：“牵牛六星，北宫玄武之宿。”知牛宿本名“牵牛”。

二十八宿的牛宿源自对赤道以北河鼓三星（天鹰座 β、α、γ）的替换，这一点我们于前文已有论及。河鼓本名牵牛，这是二十八宿牛宿宿名的来源。《诗·小雅·大东》：“睆彼牵牛，不以服箱。”《诗》中的牵牛即指河鼓三星。《尔雅·释天》：“河鼓谓之牵牛。”《史记·天官书》：“牵牛为牺牲，其北河鼓。”司马贞《索隐》引孙炎曰：“或名河鼓为牵牛也。”张守节《正义》：“河鼓三星，在牵牛北。……自昔传牵牛、织女七月七日相见，此星也。”《云梦秦简·日书》：“戊申己酉，牵牛以取织女而不果，不出三岁，弃若亡。”《初学记》卷四引晋周处《风土记》云：“七月七日，……散香粉于河鼓、织女，言此二星神当会。”都是指的河鼓（牵牛）三星与织女三星（天琴座 α、ε、ζ），而与此牛宿无关。后牵牛之名转赋二十八宿的牛宿，古人又以新名命其曰“河鼓”，遂其旁有天桴、左旗、右旗诸星官，俨然若军阵。而二十八宿之牛宿因名曰牵牛，故其侧有罗堰、天田、九坎诸星官，俨然如田园。西安交通大学西汉墓星象图之牛宿即绘为牛郎牵牛之形，牛郎前竖列三星，牛身横列三星，星数与牛宿正合（图 4-25，1）。郝滩东汉墓星象图的牛宿也作牛郎牵牛之形（图 4-25，2）

洛阳尹屯西汉墓星象图不仅以二十八宿的牛宿与织女为配而表现七夕相会的故事，同时将河鼓（牵牛）与二十八宿的婺女相匹以充当二十八宿的星官，这种做法明显留有以赤道附近的牛、女二官替代赤道以北的牵牛、织女作为二十八宿星官的痕迹，清楚地反映了二十八宿星官体系逐渐调整的发展历史。河鼓本名牵牛，当其名转予二十八宿的牛宿以后，人们又据其三星直列的形状而名之曰“河鼓”。今本《尔雅》“河”作“何”。郭璞《注》：“今荆楚人呼牵牛星为担鼓。担者，荷也。”其俗又称扁担星。洛阳尹屯西汉墓星象图河鼓之下绘一人担荷之形（图 4-24），即取此义。相同的内容于东汉石刻画像中也多有出现（图 4-26）。

3. 女宿

女宿包括八星官，分别为：

女宿四星，女宿一（宝瓶座 ε）为距星。

离珠五星，离珠二（天鹰座 71）为距星。

瓠瓜五星，瓠瓜五（海豚座 ζ）为距星。

败瓜五星，败瓜一（海豚座 ε）为距星。

扶筐七星，扶筐四（天龙座 ο）为距星。

奚仲四星，奚仲一（天鹅座 χ）为距星。

1

2

图 4-25 汉墓星象图（二）（1.西安交通大学西汉墓星象图之牛、女星象；2.郝滩东汉墓星象图之牛宿）

天津九星，天津二（天鹅座 δ）为距星。

十二国十六星，其中周二星、秦二星、代二星、赵二星、越一星、齐一星、楚一星、郑一星、魏一星、韩一星、晋一星、燕一星，赵一（摩羯座 26）为距星。

正像牛宿是对牵牛（河鼓）三星的替换一样，女宿也是对其北的织女三星的替代。所不同的是，这种替换的时代尽管很早，但是被替换的织女的星名却始终没有改变，相反，发生变化的倒是人们新认定的女宿的名称。女宿于曾侯乙星图名曰“婺女”，这和《史记·天官书》的称名相同。《广雅·释天》：“婺女谓之婺女。”张守节《史记正义》：“须女四星，亦婺女，天少府也。……须女，贱妾之称[1]，妇职之卑者，主布帛裁制嫁娶。织女三星，在河北天纪东，天女也，主果蓏丝帛珍宝。”婺女为少府之属，其主布帛裁制，显为织室成员，地位虽卑，然均守布帛之职。因此，织女、婺女（须女）的名称虽有变化，但同掌裁制布帛的职事却并无不同。女宿以北有离珠星官。《天皇会通》：“离珠，女所献之工也。”也可见婺女主掌裁制的本义。

瓠瓜在星占学上是主作物丰歉的星官，瓠瓜明则岁大熟，否则败，故星有瓠瓜、败瓜相共。其合于女宿，不仅有丰衣足食之喻，而且与织女主占果蓏丝帛珍宝的传统正可吻合。其北的扶筐星官也应与此有关。诸官之南有十二国，则可主占各国之丰歉。

奚仲星官则取夏代车正之名。《石氏星经》：“奚仲，古车正也。夏有车正名曰奚仲。”奚仲造车而行，故其南有辇道星官（后归牛宿）。而天津为天汉渡口，本有达至之意。《石氏星经》：“天津又名格星。格，至也。”这又可以看作衣食运输之象。

西安交通大学西汉墓星象图之女宿绘一跽坐女子，旁绘四星，其中一星为身所掩（图 4-25，1）。洛阳尹屯西汉墓星象图之婺女形象绘一人跽坐（图 4-27），构图与西安交通大学星图全同。类似的女宿形象也见于东汉时期的石刻画像，所不同的是，婺女形象呈侧姿而绘于四星之中（图 4-26）。

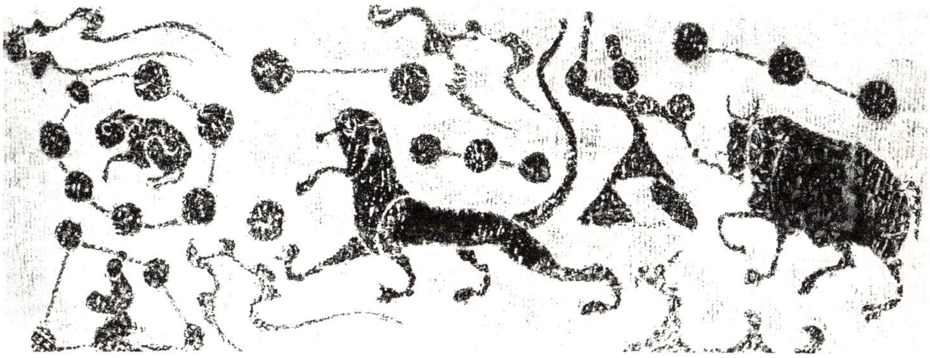

图 4-26　东汉石刻星象图（河南南阳出土）

织女三星与女宿四星不同，在汉代的星图上呈现出明显的差异。洛阳尹屯西汉墓星象图中作为七夕题材的织女星官绘为一女子跽坐，头覆三星作三角形（图 4-28），形象与山东肥城孝堂山石刻画像中的织女星全同（图 4-29）。孝堂山画像的织女同时绘有织机和渐台，其为赤道以北的织女三星甚明。《诗·小雅·大东》：“维天有汉，监亦有光。跂彼织女，终日七襄。”毛《传》：“跂，隅也。”孔颖达《正义》：“孙毓云：‘织女三星，跂然如隅。’然则三星鼎足而成三角，望之跂然，故云隅貌。”即写此织女星官。而婺女凡四星不覆于头，是其特点。

4. 虚宿

虚宿包括十星官，分别为：

1 《晋书·天文志》：“须，贱妾之称。”

图 4-27　洛阳尹屯西汉墓星象图之女、奎、娄、胃宿

图 4-28　洛阳尹屯西汉墓星象图之织女、觜、参及白虎星象

虚宿二星，虚宿一（宝瓶座 β）为距星。

哭二星，哭一（摩羯座 μ）为距星。

泣二星，泣二（宝瓶座 θ）为距星。

司命二星，司命一（宝瓶座 24）为距星。

司禄二星，司禄一（宝瓶座 27）为距星。

司危二星，司危二（小马座 9）为距星。

司非二星，司非一（小马座 γ）为距星。

天垒城十三星，天垒城九（宝瓶座 8）为距星。

败臼四星，败臼四（南鱼座 19）为距星。

离瑜三星，离瑜二（显微镜座 ε）为距星。

虚宿两星相对于危宿三星，构成房屋的基础，所以“虚”字的本义是为房屋之基。“虚”本“墟”字正文。段玉裁《说文解字注》：“虚，犹聚也，居也，引申为虚落。今作墟。”《山海经·海外南经》郭璞《注》：“虚，山下基也。”《诗·鄘风·定之方中》：“升彼虚矣。”陆德明《释文》：“虚，本或作墟。”《水经·济水注》引之作“墟”。朱熹《集传》：“虚，故城也。”又引申为废墟字。《左传·昭公十七年》：“大辰之虚。”孔颖达《正义》：“虚者，旧居之处也。”《荀子·哀公》：“以望鲁四郊亡国之虚。”王先谦《集解》引郝懿行曰：“虚、墟古今字。”古以虚、危两宿所构成的屋室为宗庙。《周礼·春官·大司乐》郑玄《注》：“虚危为宗庙。”而虚有四名。《尔雅·释天》：“玄枵，虚也。颛顼之虚，虚也。北陆，

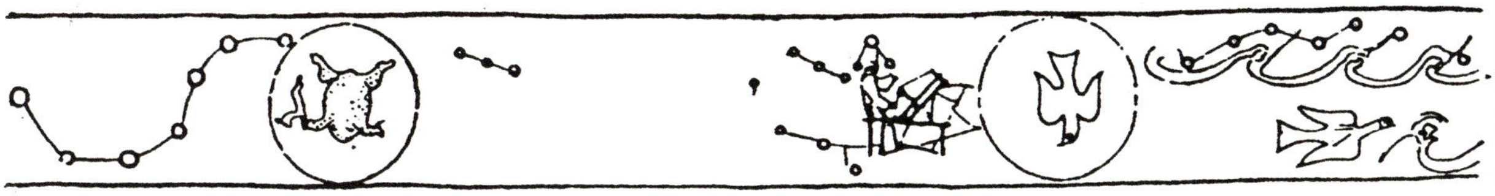

图 4-29　东汉石刻天象图（山东肥城孝堂山石祠，采自《中国古代天文文物图集》）

虚也。”《汉书·地理志上》：“颛顼虚。”颜师古《注》：“虚，读为墟。”知虚已有废墟意。《史记·天官书》：“危为盖屋，虚为哭泣之事。”张守节《正义》：“虚主死丧哭泣之事。”危宿本义尚存，而虚宿则取其星占意义解之。故人已去，遂屋室渐沦为废墟，此虚主死丧哭泣事之由来。司马贞《索隐》引姚氏案《荆州占》云：“以为其宿二星，南星主哭泣。虚中六星，不欲明，明则有大丧事。”故知于星占之法，虚六星实含有虚宿东南的哭二星（摩羯座 μ、宝瓶座 38）和泣二星（宝瓶座 ρ、θ）。其主丧事，故有哭、泣之礼。《墨子·公孟》：“又厚葬久丧，……三年哭泣，扶后起，杖后行，耳无闻，目无见，此足以丧天下。”古丧礼又有哭踊之仪节。《礼记·檀弓上》：“夫礼，为可传也，为可继也。故哭踊为节。”《汉书·礼乐志》：“哀有哭踊之节。”颜师古《注》：“踊，跳也。哀甚则踊。”《檀弓上》又云：“高子皋之执亲之丧也，泣血三年。”郑玄《注》：“言泣无声，如血出。”哭、泣皆近属危之坟墓星官。《晋书·天文志上》：“坟墓四星，属危之下，主死丧哭泣，为坟墓也。”其与哭、泣二官关联，也明其主丧事。而虚宿东侧更有司命、司禄、司危、司非诸官，皆主生死。宿南又有败臼星官，是应废墟。屋因人亡而废，故臼亦败。又有离瑜星官。《石氏星经》：“离，袿衣也。瑜，玉饰也。”或为亡人新衣。危宿之南则有虚梁四星，也以屋倾梁落为意，是故居屋之基以及由此发展出的废墟之意便是虚宿之名的本义。

《晋书·天文志上》：“虚二星，冢宰之官也，主北方邑居庙堂祭祀祝祷事，又主死丧哭泣。……泣南十三星曰天垒城，如贯索状，主北夷丁零、匈奴。”虚属北宫，故主北方邑居宗庙事，而天垒城之占也应其方面。虚宿又名北陆。《释天》以北陆本指虚宿。《石氏星经》又以虚名天节。《国语·越语下》：“天节不远，五年复反。”韦昭《注》：“节，期也。五年再闰，天数一终，故复反也。”将虚宿作为方位与时间的起点。然而在战国以前，北宫的中心宿一直是危宿，因此石氏的记载至多也只能反映着后人的追述。

5. 危宿

危宿包括十星官，另有坟墓为附座，分别为：

危宿三星，危宿一（宝瓶座 α）为距星。

坟墓四星（附），坟墓一（宝瓶座 ζ）为距星。

盖屋二星，盖屋一（宝瓶座 ο）为距星。

虚梁四星，虚梁三（宝瓶座 κ）为距星。

天钱十星，天钱一（南鱼座 13）为距星。

人四星，人二（飞马座 1）为距星。

杵三星，杵三（飞马座 23）为距星。

臼四星，臼三（飞马座 ι）为距星。

车府七星，车府增三（天鹅座 ε）为距星。

造父五星，造父一（仙王座 δ）为距星。

天钩九星，天钩五（仙王座 α）为距星。

危宿的宿名古义为高危的屋盖，危训高。《天官书》以“危为盖屋”，司马贞《索隐》引宋均云：“危上一星高，旁二星隋下，似乎盖屋也。”张守节《正义》：“危为宗庙祀事，主天市架屋。”危宿三星形成高脊两坡的盖屋之象，是为宿名古义。宿南又有盖屋星官。《晋书·天文志上》：“南二星曰盖屋，治宫室之官也。其南四星曰虚梁，园陵寝庙之所也。”盖屋二星可以看作是危宿盖顶的自然延伸，也在说明危宿所具有的盖屋本义。

危宿与虚宿应该具有相同的星占意义，两宿共同组成屋室之象，然因主人亡故，遂为废墟，故象征房基的二星名“虚”，而危宿以南又有虚梁，以象屋梁倾毁。故人死后经丧奠而哭泣，故有哭、泣二官。丧奠有賵赙，故危南有天钱星官。奠后入葬，遂危宿附座则为坟墓星官。《石氏星经》：“坟墓如坟形。”入葬之后则神主入庙受祭，故危宿不仅有宗庙祀事之说，且虚宿之司命、司禄、司危、司非各官皆关其事。很明显，虚、危两宿实际是通过房室的沦废变迁以反映其具有的主司丧事的星占意义。而危宿主天市架屋的内涵，无疑又有于天庭重建居室以安寄亡灵的意味。《晋书·天文志上》：“危三星，主天府天市架屋，馀同虚占。”即明宿义。

同时必须注意的是，虚、危两宿所为之宫室实际所象乃颛顼之玄宫。《庄子·大宗师》：“颛顼得之，以处玄宫。”《左传·昭公十年》：“今兹岁在颛顼之虚。”杜预《集解》：“颛顼之虚谓玄枵。”《释天》以颛顼之虚与玄枵同谓虚宿，是虚、危实为玄宫之象。后世又以王者墓穴为玄宫。《晋书·桓玄传》：“归先帝于玄宫耳。”恰与虚主丧事之占契合。墓穴乃为死者所造之永恒居室，故虚、危两宿有盖屋之象事实上正体现了渊源甚久的事死如事生的传统丧葬观念。

曾侯乙二十八宿星象图中央北斗向北延长的一笔直指危宿，与《史记·天官书》“衡殷南斗”的记载不同。这一做法显然意在强调危宿作为北宫星象授时主星的地位。如果从四象的角度考虑，在玄武出现之前，北宫的主象乃为鹿，而主象的形象其实就是授时主星所呈现的形象。曾侯乙漆箱的北立面星图绘有雌雄双鹿，或为麒麟（图 1-3，4），这种安排正是对盖面二十八宿星图北斗指向危宿的形象表现。而从实际天象分析，危宿三星如果与其旁侧的盖屋二星及坟墓四星相连，正好组成了鹿的形象。这使我们相信，古人或将虚、危二宿名为“北陆”。《左传·昭公四年》：“古者日在北陆而藏冰。”杜预《集解》：“陆，道也。谓夏十二月，日在虚危，冰坚而藏之。”《史记·天官书》司马贞《索隐》引孙炎曰：“陆，中也，北方之宿中也。”二者对于“陆”字的理解不同，事实上，这里的“北陆”很可能就是北宫之鹿的误植。古音“鹿”在屋部，“陆”在觉部，声并属来纽，读音极近。甲骨文“菉”多作“麓”。《史记·儒林列传》：“后世学者多録焉。”裴骃《集解》：“録，一作缪。”《诗·豳风·七月》：“黍稷重穋。”《说文解字·禾部》引“穋”作“稑”。是“鹿”、“陆”相通之证。后世危宿与虚宿共同组成了灵龟的形象而为一体，又配以其北的螣蛇成为玄武，于是危宿的古义转赋虚宿，虚宿便具有了北陆之名。《尔雅·释天》：“北陆，虚也。”即反映了这种晚起的观念。西安交通大学西汉墓星象图中的虚、危合绘为龟形，其间绘有一条黑色小蛇（图 4-30）。

相同的表现形式在洛阳尹屯西汉墓星象图中同样可以看到。星图中绘有虚、危五星，其右绕以两条弯曲的青蛇。这些作品显然已以晚世的玄武之象取代了早期的麒麟。

图 4-30 西安交通大学西汉墓星象图之虚、危及玄武星象

6. 室宿

室宿包括十星官，另有离宫为室宿附座，分别为：

室宿二星，室宿一（飞马座 α）为距星。

离宫六星（附），离宫二（飞马座 μ）为距星。

土公吏二星，土公吏二（飞马座 36）为距星。

雷电六星，雷电一（飞马座 ζ）为距星。

螣蛇二十二星，螣蛇一（蝎虎座 α）为距星。

垒壁阵十二星，垒壁阵二（摩羯座 ε）为距星。

北落师门一星（南鱼座 α）。

八魁九星，八魁二（鲸鱼座 2）为距星。

鈇钺三星，鈇钺一（宝瓶座 103）为距星。

羽林军四十五星，羽林军二十六（宝瓶座 δ）为距星。

天纲一星（南鱼座 δ）。

室宿古名“营室”，与壁宿曾共为一宿，致古本有二十七宿之制。《史记·天官书》：“营室为清庙，曰离宫。”又云：“太岁在甲寅，镇星在东壁，故在营室。”其述二十八宿但记营室而不录壁宿，与《律书》所载不同；又以东壁属在营室，是将两宿合一，应该保留了更早的体系。室、壁两宿四星相连，适为正方形的房室之象。《周礼·考工记·辀人》：“营室，玄武之宿，与东壁连体而四星。”即以室宿与壁宿合四星为正方。曾侯乙星图名室宿为“西萦”，壁宿为“东萦”，即将两宿视为一室之东、西两壁。《开元占经》卷六一引郗萌云：“营室二星为西壁，与东壁二星合为四，其形开方似口，故名娵觜之口。”这些史料尚留有室、壁本属一宿的痕迹。

室宿或合室、壁两宿而名之为定。《诗·鄘风·定之方中》：“定之方中，作于楚宫。揆之以日，作于楚室。”毛《传》：“定，营室也。方中，昏正四方。”郑玄《笺》：“定星昏中而正，于是可以营制宫室，故谓之营室。定昏中而正，谓小雪时，其体与东壁连正四方。”王先谦《诗三家义集疏》：“《诗》言‘方中’，明兼营室、东壁。”《尔雅·释天》：“营室谓之定。”郭璞《注》：“定，正也。作宫室皆以营室中为正。”故室、壁本为一宿明矣。《春秋元命包》：“营室十星。”

图 4-31　西安交通大学西汉墓星象图之室、壁、奎宿

显然是在室、壁合并的基础上再增以营室附座的离宫六星。《石氏星经》："离宫六星，两两居之，分布室之左右。"《天官书》以"营室为清庙，曰离宫"，《汉书·天文志》："营室为宗庙，亦曰离宫。"或谓室本二星，绕室为离宫，统称为营室。其增东壁二星，正与《元命包》的说法相合。这些证据显示，先秦时期，营室或兼东壁，室、壁两宿或合或分。《天官书》述二十八宿独列营室而不载东壁，《汉书·天文志》承之。王元启《史记正讹》及梁玉绳《史记志疑》俱疑《天官书》与《天文志》遗漏东壁一宿，或据《晋书·天文志》臆补，是不知室、壁本为一宿的史实。西安交通大学及洛阳尹屯西汉墓星象图皆以室、壁二宿合绘，其开方似口，正呈定星之象（图 4-31）。两宿合之四方如室，古人视之昏中以知营建之时，故名营室。而尹屯星象图于两宿之下似绘一仙人首，盖以之暗喻此乃仙人居室，以别于人间之屋室。《晋书·天文志上》："营室二星，天子之宫也。一曰玄宫，一曰清庙，又为军粮之府及土功事。离宫六星，天子之别宫，主隐藏休息之所。"其以王宫兼称天下之室。

7. 壁宿

壁宿包括六星官，分别为：

壁宿二星，壁宿一（飞马座 γ）为距星。

土公二星，土公一（双鱼座 c）为距星。

霹雳五星，霹雳一（双鱼座 β）为距星。

云雨四星，云雨一（双鱼座 χ）为距星。

天厩十星，天厩一（仙女座 θ）为距星。

铁锁五星，铁锁二（鲸鱼座）为距星。

壁宿又名"东壁"，曾侯乙星图作"东萦"。《石氏星经》："壁名东壁，又名娵觜。"《尔雅·释天》："娵觜之口，营室、东壁也。"郭璞《注》："室、壁二宿，四方似口，故名娵觜。娵，鱼也。觜，口也。谓哑鱼之口也。”娵觜为十二次名，其形成仍然继承了室、壁合宿的传统。《史记·天官书》明确以东壁属于营室，而在二十八宿体系中，东壁二星则仅象室宿的一壁而已。

土公星官与属于室宿的土公吏，其星占学意义也应与营室之俗有关。两宿又有雷电、霹雳、云雨星官，在星占学上则不利于土功。事实上，壁宿的星占内涵非常丰富。《晋书·天文志上》：“东壁二星，主文章，天下图书之祕府也。星明，王者兴，道术行，国多君子；星失色，大小不同，王者好武，经士不用，图书隐；星动，则有土功。”星失色则尚武去文，故室、壁两宿多有与军战相关之星官。

(三)西宫七宿

西宫七宿依次为奎、娄、胃、昴、毕、觜、参，兼含中外星官共五十四官。

西宫之象为白虎，虎象实由觜、参、罚三官所组成。但《史记·天官书》并不直称白虎配属西宫，而曲为之曰“西宫咸池”，这种做法显然囿于传统阴阳刑德观念的影响。众所周知，古人观象的目的在于农业授时，而准确的时间服务则是作物生长的根本保证，显然，观象授时的宗旨其实是在追求万物的生养，而传统之阴阳观以阳为德而主生，阴为刑而主杀，因而受这种观念的制约，古人向以近德远刑为念，这使他们在表现西方刑杀的时候需要尽量避而讳之。西宫就其方位论乃为主刑杀之方，于是古人为着德生的追求，必须回避白虎这一无论从方色抑或兽类都极富杀伐意味的形象，而转以具有德生意义的形象兼之。咸池一方面作为东方日出之地的名称，介于旸谷与扶桑之间[1]，自有东方主生的意味，故于方位的表现可以东兼西。同时在星占学上，咸池又主水生。《史记·天官书》：“西宫咸池，曰天五潢。”《淮南子·天文》：“咸池者，水鱼之囿也。”其为水神之所在，这一意义在五行相生的观念中正可由西方之金所生，从而借五行理论表现其近德主生而远刑避杀的本质思想。战国楚帛书述分至四神，独于秋分神名避言白色而言黄色，应该与《天官书》表述西宫的手法相同[2]。而夏代圭表饰色独于表体隐去秋杀的白色，并以表现东生的青色兼之，更可将这种方色阴阳的传统追溯得更远[3]。

1. 奎宿

奎宿包括九星官，分别为：

奎宿十六星，奎宿二（仙女座 ζ ）为距星。

外屏七星，外屏一（双鱼座 δ ）为距星。

天溷七星，天溷二（鲸鱼座 φ_3 ）为距星。

土司空一星（鲸鱼座 β ）。

军南门一星（仙女座 φ ）。

阁道六星，阁道六（仙后座 o ）为距星。

附路一星（仙后座 ζ ）。

王良五星，王良一（仙后座 β ）为距星。

---

1 见《淮南子·天文》。

2 冯时：《自然之色与哲学之色——中国传统方色理论起源研究》，盖蒂研究所研究报告，2013年3月。

3 冯时：《陶寺圭表及相关问题研究》，《考古学集刊》第19集，科学出版社，2013年。

第一星（仙后座 γ）。

奎宿宿名，曾侯乙星图作“圭”，故学者或推测奎宿十六星之象本取圭形[1]。西安交通大学西汉墓星象图的奎宿作五星相连（图 4–31），形似圭形，或许可以助成此说。然而先秦礼圭的形制纷繁不定，既有锐首之形，也有平首之形，而平首圭的形状与奎宿之形明显不同。因此，与其说视曾侯乙星图的“圭”字为奎宿的本字，倒不如将其作为奎宿宿名的通假字更合理。

有关奎宿的宿名古义，文字学与星占学的解释颇有差异。

其一，以奎为天豕。《史记·天官书》：“奎曰封豕，为沟渎。”张守节《正义》：“奎，天之府库。一曰天豕，亦曰封豕，主沟渎。西南大星，所谓天豕目。”《汉书·天文志》作“封豨”。《晋书·天文志上》：“奎十六星，天之武库也。一曰天豕，亦曰封豕。主以兵禁暴，又主沟渎。西南大星，所谓天豕目，亦曰大将，欲其明。”天豕、封豕、封豨三名同义。《左传·定公四年》：“吴为封豕长蛇。”《淮南子·本经》作“封豨修蛇”，高诱《注》：“封豨，大豕。”《广雅·释兽》：“豨，豕也。”《庄子·知北游》：“正获之问于监市履豨也，每下愈况。”郭象《注》：“豨，大豕也。”古文字“大”、“天”通用，且“封”亦大意。《山海经·海内经》：“有封豕。”郭璞《注》：“封豕，大猪也。”《左传·昭公二十八年》：“昔有仍氏生女而甚美，光而可鑑，名曰玄妻。乐正后夔取之，生伯封，实有豕心，贪惏无餍，忿纇无期，谓之封豕。有穷后羿灭之，夔是以不祀。”贾逵云：“惏，耆食也。其人贪耆财利饮食，无知餍足，忿怒狼戾，无有期度，时人谓之大猪。”而大豕亦即天豕。

据《庄子·知北游》，“豨”或专指猪之髀足。成玄英《疏》解经文“履豨”云：“履践豕之股脚之间，难肥之处，愈知豕之肥瘦之意况也。何者，近下难肥之处有肉，足知易肥之处足脂。”陆德明《释文》：“豨，大豕也。履，践也。履其股脚，豨难肥处，故知豕肥耳。”《尔雅·释兽》：“豕子，豬。”郭璞《注》：“江东呼豨。”陆德明《释文》：“豨，《字书》云：东方名豕也。一曰豕足也。”如此则知，“豨”本指豕之髀足。

其二，以奎为髀胯。《说文解字·大部》：“奎，两髀之间。从大，圭声。”徐锴《系传》：“天文奎亦取象也。”段玉裁《注》：“奎与胯双声。奎宿十六星以像似得名。两髀之间，人身宽阔处，故从大。”《广雅·释言》：“胯，奎也。”

其三，以奎为破鞋底。《石氏星经》：“奎十六星，形如破鞋底。”此义颇晚出。“鞋”从“圭”声，乃“鞵”之俗字，先秦两汉皆称屐屩。《庄子·徐无鬼》：“奎蹄曲限，乳间股脚，自以为安室利处。”后人视奎有奎蹄之义，遂有此想象，其非奎宿本义自明。

其四，以奎为沟渎。《史记·天官书》：“奎曰封豕，为沟渎。”《尔雅·释天》：“降娄，奎娄也。”郭璞《注》：“奎为沟渎，故名降。”邢昺《疏》引孙炎曰：“降，下也。奎为沟渎，故名降也。”这一意义恐也来源于奎为天豕的认识。《诗·小雅·渐渐之石》：“有豕白蹢，烝涉波矣。月离于毕，俾滂沱矣。”毛《传》：“豕，猪。蹢，蹄也。将久雨，则豕进涉水波。”孔颖达《正义》：“猪之白蹄进而涉入水之波涟之处矣，是在地为将雨之征也。”故有此说。

1 王健民、梁柱、王胜利：《曾侯乙墓出土的二十八宿青龙白虎图像》，《文物》1979 年第 7 期。

其五，以奎为蠢。《史记·律书》："北至于奎。奎者，主毒螫杀万物也，奎而藏之。九月也，律中无射。无射者，阴气盛用事，阳气无馀也，故曰无射。其于十二子为戌。戌者，言万物尽灭，故曰戌。"裴骃《集解》引徐广曰："奎，一作'蠢'。"《说文解字·虫部》："蠢，蠆也。从虫，圭声。"秋有肃杀之气以杀落万物，故而闭藏。此以奎属阴之思想的反映。

其六，以奎为府库。《史记·天官书》张守节《正义》："奎，天之府库。"《晋书·天文志上》："奎十六星，天之武库也。"此义或据奎为刑杀故宜闭藏的意义发展而来。

以上六说之中何为奎宿本义，分歧甚大。洛阳尹屯西汉墓星象图将奎宿绘为八星连环之状，从象的角度考察，与圭形及天豕明显不合。八星之内绘有一人横姿踞坐，以强调其髀胯（图 4-27），对判明奎宿古义至为重要，似奎宿本为两髀间之义。盖奎宿十六星极像人两髀间之骨盆，故得名奎。

奎宿古义如果可以认为取象于人的骨盆，那么接下来的问题就会更有意义。段玉裁以为，两髀间之髋胯为人体宽阔处，但这一概念其实并不适用于男性，它只反映着女性的形体特征。古人以其命名奎宿，恐怕不能不与西方属阴的传统阴阳观具有密切的关系，正是由于西宫为阴的理解，才促使先民选取表现女人身体特征的意义命名西宫的第一宿——奎宿。换句话说，尽管奎宿十六星所组成的形象极似骨盆，但其究竟表现男人的骨盆抑或女人的骨盆却并不能摆脱传统阴阳观的影响，这甚至直接导致了古人以奎为蠢，进而又产生主府库的观念。郝滩东汉墓星象图的奎宿以八星相连（图 4-32），其间绘有一蛇而喻其属阴，正是这种观念的体现。

骨盆是女人孕育生命之所，其隐语名曰"承筐"。《易·归妹》上六爻辞云："女承筐无实。"即言女人不孕[1]。马王堆汉墓所出帛书《合阴阳》载房中术，则以

图 4-32　郝滩东汉墓星象图之奎宿形象

1 冯时：《中国天文考古学》第八章第三节之四，中国社会科学出版社，2010 年。

女人骨盆隐称“承筐”[1]。因此，古人以女人的骨盆命名奎宿，其根本目的即在于体现祈生的追求，这是上古观象授时的基本宗旨。西方虽为主杀之方位，但古人的刑德观却要求他们在建立时空框架的时候必须任德而远刑，以避免刑杀的因素破坏了祈生的诉求。战国楚帛书叙述秋分神但言黄色而避言白色，即因黄色系主生之色；《史记·天官书》言西宫咸池而不言白虎，也因咸池为东方德生之地。其以主生之德兼表西方或西宫，正是这种祈生思想的反映。这些证据表明，西宫奎宿的命名不仅具有象的意义，而且还体现了古人对于阴阳祈生的深刻思考。事实上，作为建立四宫体系的观念背景，中国古人对于阴阳的思辨在公元前第六千纪早就完成了[2]。而奎宿这种由女性骨盆所表现的祈生主德的思想，毫无疑问直接决定了人们以豕象征奎宿的习惯做法。显然，奎主生而象天豕，其所体现的阴阳观念与北斗作为帝车，而帝为主宰万物生养的至上神则以豕为象征的传统别无二致。因此，奎本象女性骨盆，是为本义；其主祈生，遂有天豕之义；又为西宫之宿而属阴，故有天之府库之喻。

奎本十六星，但于古代星图中却多有省减，西安交通大学西汉墓星象图只绘五星，省减最甚。尹屯西汉墓及郝滩东汉墓星象图皆省为八星，南唐王氏墓志盖所刻二十八宿之奎宿也省作八星，三者相同。

奎为天豕、封豕，又以西南大星为天豕目，遂其南有天溷。封豕猛暴，故于星占以兵禁暴，天豕目也曰大将，而奎宿之北则有军南门。

2. 娄宿

娄宿包括六星官，分别为：

娄宿三星，娄宿一（白羊座 β）为距星。

左更五星，左更三（白羊座 ο）为距星。

右更五星，右更一（双鱼座 ρ）为距星。

天大将军十一星，天大将军十（三角座 γ）为距星。

天仓六星，天仓三（鲸鱼座 θ）为距星。

天庾三星，天庾一（天炉座 ν）为距星。

娄宿的宿名颇为隐晦。《史记·天官书》：“娄为聚众。”张守节《正义》：“娄三星为苑，牧养牺牲以供祭祀。亦曰聚众。”学者或据西安交通大学西汉墓星象图于娄宿的位置画有一奔跑的动物，认为动物形象应该象征苑囿中牧养的供以祭祀的牺牲[3]。如果这个意见可以成立，那么娄为苑囿的意义充其量也只能反映出一种相对晚出的星占内涵，而并不可能作为娄宿宿名的本义。如果综合娄宿其他星官的名称考虑，苑囿并非娄宿的本义则更为清楚。娄宿以北有天大将军星官，其旁又有左更、右更，为秦二十等爵名，这些星官如果视为与娄宿具有相同的星占意义，那么娄宿的所谓“聚众”就应该相当于《周礼·夏官·大司马》之招众集合。西安交通大学西汉墓星象图之娄宿形象绘一奔兽，惜已残泐，无从辨识，然而从

1 Donald Harper, *Early Chinese Medical Literature*, Kegan Paul International, 1998.

2 冯时：《天文考古学与上古宇宙观》，《中国史新论——科技与中国社会分册》，中央研究院、联经出版有限公司，2008 年。

3 雒启坤：《西安交通大学西汉墓葬壁画二十八宿星图考释》，《自然科学史研究》第 10 卷第 3 期，1991 年。

图 4-33 西安交通大学西汉墓星象图之娄、胃、昴宿（复原图）

其前足奔跑的姿态观察，却颇似马的形象（图4-33），这一点与大司马招众集合的职官特点恰好吻合，而娄宿旁侧的左更、右更则为聚众的爵卒。如此理解，星官的意义及相互关系便可颐然顺畅。《石氏星经》：“天大将军十二星，在娄宿之北。中央大星，天之大将也；左右二星，将之旗也；馀小星，吏士也。”也以将军为首而聚众，与娄宿居中而左右分别左更、右更正同。

“娄”训聚众，实即“搂”之本字。《说文解字·手部》：“搂，曳聚也。”桂馥《义证》：“搂，通作娄。”《玉篇·手部》：“搂，本亦作娄。”《诗·小雅·角弓》：“式居娄骄。”郑玄《笺》：“娄，敛也。”段玉裁《说文解字注》：“此则谓为搂之叚借也。”《诗·唐风·山有枢》：“弗曳弗娄。”《鲁诗》、《韩诗》并作“弗曳弗搂”。马瑞辰《毛诗传笺通释》：“娄者，搂之省借。”《说文解字》训“搂”正取此义。《尔雅·释诂上》：“搂，聚也。”聚乃会众，为司马之事。《周礼·夏官·大司马》载大司马聚众而教四时田猎，春教振旅，蒐田而献禽祭社；夏教茇舍，苗田而献禽享礿；秋教治兵，狝田而致禽祀祊；冬教大阅，狩田而献禽享烝。郑玄《注》：“以旗者，立旗期民于其下也。兵者凶事，不可空设，因蒐狩而习之。凡师出曰治兵，入曰振旅，皆习战也。四时各教民以其一焉。春教振旅，兵入收众专于农。”此敛众而专于农，应即娄宿本义。《史记·律书》：“娄者，呼万物且内之也。”即取娄有聚敛之义。

娄虽聚众，但事关田猎与祭祀，故又有苑义，遂成牧养牺牲以供祭祀之说。娄为聚敛，引申则有牵系之意。《说文解字》训“搂”为“曳聚”，段玉裁《注》：“当作曳也，聚也。《山有枢》曰：‘弗曳弗搂。’《传》曰：‘搂亦曳也。’此曳训所本也。赵注《孟子》曰：‘搂，牵也。’此曳义之引申也。”陆德明《释文》引马云：“曳，牵也。”《公羊传·昭公二十五年》：“且夫牛马维娄。”何休《注》：“系马曰维，系牛曰娄。”牛为牺牲，正合《正义》以娄为苑而系养牺牲之意。三代祭牲凡殊养者曰“牢”。《周礼·地官·牧人》：“凡祭祀，共其牺牲，以授充人系之。”又《充人》：“充人掌系祭祀之牲牷。祀五帝，则系之于牢，刍之三月。享先王亦如之。凡散祭祀之牲，系于国门，使养之。”郑玄《注》：“牢，闲也。必有闲者，防禽兽觸。养牛羊曰刍。”《礼记·郊特牲》：“帝牛必在涤三月。”郑玄《注》：“涤，牢中所搜除处也。”《公羊传·宣公三年》：“帝牲在于涤三月。”何休《注》：“涤，宫也。养帝牲三牢之处也。谓之涤者，取其荡涤絜清。”殷商先民已以系养之牲称“牢”，将牢厩之名移及牲名，故娄宿为苑，这一意义应即从田猎之祭发展出的系养牺牲之牢厩。《说文解字·艸部》：“苑，所以养禽兽也。”又《牛部》：“牢，闲也，养牛马圈也。”二字同义。“苑”、“闲”古音相同，可以通用；“娄”、“牢”读音亦近，可以互假。《仪礼·士丧礼》："牢中旁寸。"郑玄《注》："牢，读为楼。"是为明证。

《石氏星经》："娄为天狱。"《晋书·天文志上》："娄三星，为天狱，主苑牧牺牲，供给祭祀。"此天狱一意又当自牢系而引申，最为晚出。《释名·释宫室》："狱又谓之牢。"苑与狱均为囚系之所，故有此说。施古德曾据石氏的说法与埃及的情况做过比较，认为它们表现出了某种相近的成分。位于白羊座的娄宿在《星经》中称为天狱，而在埃及的星图上，那里却是一个被铁链锁着的人[1]。这种偶然的相似点其实并不具有什么意义。

3. 胃宿

胃宿包括七星官，分别为：

胃宿三星，胃宿一（白羊座 35）为距星。

天廪四星，天廪四（金牛座 ο）为距星。

天囷十三星，天囷一（鲸鱼座 α）为距星。

大陵八星，大陵五（英仙座 β）为距星。

天船九星，天船三（英仙座 α）为距星。

积尸一星（英仙座 π）。

积水一星（英仙座 λ）。

胃宿之名得于人体之胃腑，胃为储谷之府，故古人以其喻指仓廪。《史记·天官书》："胃为天仓。其南众星曰廥积。"张守节《正义》："胃主仓廪，五谷之府也。占：明则天下和平，五谷丰稔；不然，反是也。"《晋书·天文志上》："胃三星，天之厨藏，主仓廪，五谷府也，明则和平。"皆可明胃宿本义。胃宿以南有天廪、天囷，其东又有天仓、天庾，都是围绕主宿胃为储五谷之府而得名的星官。《吕氏春秋·仲秋》："修囷仓。"高诱《注》："圆曰囷，方曰仓。"《说文解字·囗部》："囷，廪之圜者。从禾在囗中。圜谓之囷，方谓之京。"又《广部》："庾，仓无屋者。"四川简阳鬼头山东汉崖墓石刻画像于天门一侧绘一干栏式建筑，榜题"大苍"（图 4-20）[2]，即为太仓图像。与太仓同绘者尚有白虎，明喻此太仓表现的实际正是西宫的胃宿。

胃宿三星（白羊座 35、39、41）均为暗星，其中胃宿三为 3.7 等，馀二星皆在四等以下，而洛阳尹屯西汉墓星象图所绘胃宿三星硕大，以示其明亮，当应胃宿明则丰稔之吉占。郝滩东汉墓星象图之胃宿绘三星相连，其中胃宿二（白羊座 39）下墨书榜题"胃"字，宿间则绘一刺猬（图 4-34）。"猬"古作"彙"，或作"蝟"，皆从"胃"声。《诗·大雅·召旻》："草不溃茂。"郑玄《笺》："溃茂之溃当作彙，彙，茂貌。"盖星图绘刺猬而谐音"彙"以取盛茂为意，正应太仓充实之义。

4. 昴宿

昴宿包括九星官，分别为：

昴宿七星，昴宿一（金牛座 17）为距星。

1 G.Schlegel, *Uranographie Chinoise*, Leyden. E. J. Brill, 1875.

2 内江市文管所、简阳县文化馆：《四川简阳鬼头山东汉崖墓》，《文物》1991 年第 3 期。

砺石四星，砺石二（英仙座 44）为距星。

月一星（金牛座 A_1）。

天阿一星（白羊座 62）。

天阴五星，天阴四（白羊座 δ）为距星。

天苑十六星，天苑一（波江座 γ）为距星。

蒭藁（天积星）六星，蒭藁一（鲸鱼座 ρ）为距星。

卷舌六星，卷舌四（英仙座 ζ）为距星。

天谗一星（英仙座 42）。

昴宿为金牛座的小星团，即著名的昴星团，其可辨之星有七（金牛座 17、19、21、20、23、η、27），故俗称“七姐妹星团”或“七姊妹星”。昴宿古有七星、六星之别。《春秋元命包》：“昴六星，昴之言留，物成就系留。”王元启《史记正讹》引陈子龙云：“昴七星，或曰六星，近测之实三十六星。”是古人以裸眼观星，故辨星或多或少。而西安交通大学及洛阳尹屯西汉墓星象图皆以昴宿绘为六星，吐鲁番阿斯塔那唐墓星象图、南唐王氏墓志盖二十八宿之昴宿也俱绘六星，知有所承。

昴宿的昏中天曾于上古时期作为冬至的天象标准。《尚书·尧典》：“日短星昴，以正仲冬。”即为其证。《诗·召南·小星》：“嘒彼小星，维参与昴。”将其与参宿并列，作为西宫的授时主星。

昴宿之名，曾侯乙星图作“矛”。《史记·律书》“昴”则作“留”。“昴”、“留”俱从“卯”声，可以通假。《史记·天官书》：“昴曰髦头，胡星也。为白衣会。”《晋书·天文志上》“髦头”作“旄头”。皆以昴星团群星聚簇，状如矛之缨髦，其后更以髦头喻之，又讹作“旄头”。且以其聚簇之意，则有“白衣会”之占。尹屯星象图于昴宿之下绘三首聚身形象，头应髦头之喻，聚身应聚簇之意，恰合昴宿之义。然溯其古义，“昴”或作“矛”，实本昴宿之象，故其旁有砺石星官，以供厉兵。昴宿之名于《云梦秦简·日书》作“卯”。“卯”意为杀伐，也与矛意相应。故昴宿的本义当为矛及其所附之缨髦。郝滩东汉墓星象图之昴宿于相连的七星间墨书榜题“卯”字，并绘一兔（图 4-34），即以昴称“卯”而主其生肖，以暗喻毕宿的存在，体现了将昴、毕二宿合一的表现手法。

西安交通大学西汉墓星象图之昴宿绘一奔兽（图 4-33），因画面残损，故不识何象。学者或以为马[1]，如此则取昴主胡兵之占。张守节《史记正义》：“昴七星为髦头，胡星，……动摇若跳跃者，胡兵大起。”故星图绘出胡人所惯骑之马。

昴宿又有大梁及西陆等异名，但与宿名古义无关。《尔雅·释天》：“大梁，昴也。西陆，昴也。”郝懿行《义疏》：“大梁者，左昭十一年《传》云：‘岁及大梁。’《天官书》：‘昴、毕间为天街。’《索隐》引孙炎云：‘昴、毕之间，日、月、五星出入要道，若津梁。’则大梁取桥梁之义也。《分野略例》云：‘自胃七度至毕十一度，于晨在西，为大梁。昴为大梁之次之中星也。’《诗·七月》《正义》引孙炎曰：‘西方之宿，昴为中也。’按大梁三宿，胃、昴、毕，《尔雅》独言昴者，亦举中以包之。西陆者，左昭四年《传》云：‘西陆朝觌而出之。’《正

1 雒启坤：《西安交通大学西汉墓葬壁画二十八宿星图考释》，《自然科学史研究》第 10 卷第 3 期，1991 年。

图 4-34 郝滩东汉墓星象图之胃、昴星象

义》引《郑志答孙皓问》云：‘西陆朝觌，谓四月立夏之时。’按四月昴则见，是郑以西陆朝觌为昴星朝见也。二十八宿分列四方，当有四陆。《左传》、《尔雅》独言北陆、西陆，又以二陆之中各举一星为识，故云北陆虚也，西陆昴也。是皆举一以包之耳。”要之文献但见北陆、西陆之称，未有东陆、南陆之名。事实上，以二十八宿之北宫名曰北陆乃源出鹿本作为北宫之象的古老传统。鹿本主生之兽，具有明显的德生内涵。而后人以“北陆”转写“北鹿”，则使北宫之象具有了确切的空间意义，从而与四宫的思想更为适合。这一空间观念延及西宫，则昴为西宫之中心宿，本义为髦头而主杀伐，故古人以求德避刑为原则，遂以昴宿就德而称西陆，这种以“陆”为“鹿”的名称不仅兼有天宫空间观与就阳主生的双重涵义，而且犹如西宫白虎就阳而称咸池，体现了古人对于二十八宿阴阳观念的整体思考。

5. 毕宿

毕宿包括十四星官，另有附耳为毕宿附座，分别为：

毕宿八星，毕宿一（金牛座 ε ）为距星。

附耳（附）一星（金牛座 σ_2）。

天节八星，天节二（金牛座 ρ ）为距星。

参旗九星，参旗八（猎户座 π_5）为距星。

九斿九星，九斿九（天兔座 1）为距星。

九州殊口九星，九州殊口二（波江座 o_1）为距星。

天园十三星，天园十三（波江座 ν_1）为距星。

天街二星，天街二（金牛座 ω ）为距星。

天关一星（金牛座 ζ ）。

图 4-35　西安交通大学西汉墓星象图之毕、觜星象

天高四星，天高四（金牛座 109）为距星。

诸王六星，诸王六（金牛座 τ）为距星。

五车五星，五车二（御夫座 α）为距星。

天潢五星，天潢五（御夫座 μ）为距星。

咸池三星，咸池三（御夫座 λ）为距星。

柱（三柱）九星，柱一（御夫座 ε）为距星。

毕宿之名取于罕毕，为捕兽之网具，故曾侯乙星图毕宿宿名作“縪”，从“糸”以为义符。《说文解字·𠦒部》：“毕，田网也。从田，从𠦒象形。”《尔雅·释天》：“浊谓之毕。”郭璞《注》：“掩兔之毕或呼为浊，因星形以名。”《礼记·月令》郑玄《注》：“小而柄长谓之毕。”《史记·天官书》：“毕曰罕车，为边兵，主弋猎。”司马贞《索隐》：“孙炎以为掩兔之毕或呼为浊，因名星云。”张守节《正义》引毛苌云：“毕所以掩兔也。”皆以毕指田网而言。西安交通大学西汉墓星象图之毕宿绘作一人持毕掩兔之形（图4-35），洛阳尹屯西汉墓星象图则于毕宿之中绘有一兔（图4-36），也以罕毕作网兔之象，这个设计与东汉石刻画像于星中绘兔

图 4-36　洛阳尹屯西汉墓星象图之毕宿形象

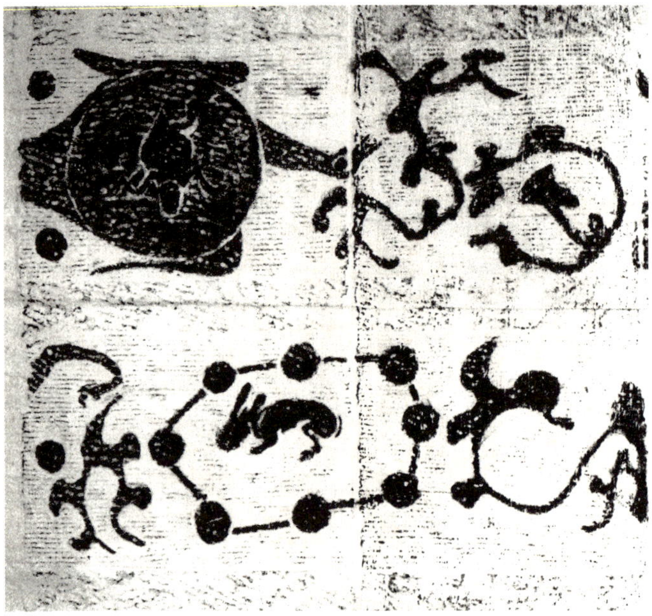
图 4-37 东汉石刻天象图（河南南阳出土）

以表现毕宿的手法如出一辙（图 4-26；图 4-37）。当然，毕为田网也不限于掩兔，《诗·小雅·鸳鸯》："鸳鸯于飞，毕之罗之。"《国语·齐语》："田猎毕弋。"韦昭《注》："毕，掩雉兔之网也。"《云梦秦简·日书》："毕，以猎置网及为门吉。"尽管以毕为捕鸟之具或田具，但所体现的观念则完全相同。

毕或名浊，已见《尔雅》。《史记·律书》："浊者，触也，言万物皆触死也，故名浊。"是浊以触为义，触毕则获，自为毕网罗获之引申，《诗·小雅·渐渐之石》："月离于毕。"毛《传》："毕，噣也。"则为借字。

毕宿本为八星，洛阳尹屯西汉墓星象图及郝滩东汉墓星象图即绘毕为八星（图 4-36；图 4-38），东汉石刻画像中的毕宿或尽现八星（图 4-37），或仅具七星（图 4-26），西安交通大学西汉墓星象图的毕宿只作七星，是为省略。

毕为田具，故主弋猎。其旁侧星官有天园、参旗、九斿、五车、天潢、咸池、诸王等，皆关田猎事。天潢为五帝车舍[1]。毕宿大星（毕宿五，金牛座 α）旁之小星为附耳，属毕宿附座。《史记·天官书》："附耳摇动，有谗乱臣在侧。"所以毕宿又有君象。这些星官的安排其实都体现了王侯田猎的场景，从而与毕主弋猎的星占内涵相符。

《尚书·洪范》："星有好风，星有好雨。"伪孔《传》："箕星好风，毕星好雨。"《诗·小雅·渐渐之石》："月离于毕，俾滂沱矣。"又以毕宿为主雨之征。

汉代星象图常见毕宿与牛郎、织女神话同绘于一图的作品（图 4-26），成为当时颇具特色的装饰主题，这个题材应来源于《诗·小雅·大东》。《诗》云："维天有汉，监亦有光。跂彼织女，终日七襄。虽则七襄，不成报章。睆彼牵牛，不以服箱。东有启明，西有长庚。有捄天毕，载施其行。"朱熹《集传》："天毕，毕星也，状如掩兔之毕。网小而柄长者谓之毕。"即以毕宿与牛郎、织女共为天喻，与汉代星图的内容适相吻合。《诗》言天汉，又言"跂彼织女"，知织女为天琴座星，而牵牛则为河鼓三星。《诗》云"东有启明，西有长庚"，则知此前所言之牛郎、织女与此后所言之毕宿应为同时所见的早晚不同星象，故时人以此诸星为喻，星图也同时绘出三宿的形象。确切地说，如果黎明时的中天星宿是牛郎和织女的话，那么同一天黄昏时的中天星宿就应是毕宿。显然《大东》的天喻

1《史记·天官书》："天潢，五帝车舍。"

源于民间的实际观象，而汉代星象图中的同类内容则是对《大东》反映的这种固有题材的传承。

图 4-38　郝滩东汉墓星象图之毕宿形象

6. 觜宿

觜宿包括三星官，分别为：

觜宿三星，觜宿二（猎户座 φ_1）为距星。

司怪四星，司怪四（猎户座 χ_1）为距星。

座旗九星，座旗九（御夫座 59）为距星。

觜宿或名“觜觿”。关沮周家台秦简《日书》“觜”作“此”，为通假字。《礼记·月令》：“仲秋之月，旦觜觿中。”但觜宿在早期天文学体系中仅是作为白虎形象的一部分而存在，因此觜觿之名显然不能反映觜宿宿名的古义。《史记·天官书》：“参为白虎，三星直者，是为衡石。下有三星，兑，曰罚，为斩艾事。其外四星，左右肩股也。小三星隅置，曰觜觿，为虎首，主葆旅事。”张守节《正义》：“觜三星，参三星，外四星为实沈，为白虎形也。”可知觜宿本为虎首，准确地说应指虎口。《说文解字·角部》：“觜，鸱旧头上角觜也。一曰觜觿也。”段玉裁《注》：“凡羽族之咮锐，故鸟咮曰觜。俗语因之，凡口皆曰觜，其实本鸟毛角之称也。”因此，“觜”字作为宿名，实际即用为“嘴”的本字。后人转以“觜”之本义为说，故又以觜为觜觿之象。

洛阳尹屯西汉墓星象图之白虎形象，于虎口衔有一星，虎尾绘有二星相连，即以虎形以象白虎的主体参宿，而口衔之星则显为觜宿，虎尾二星即为伐星（图 4-28），唯星数皆有省略，也明觜宿本即虎口之义。而西安交通大学西汉墓星象图所绘觜宿则与白虎分为两象，觜宿之象绘成一只鸱鸮，鸱鸮头上即画有两个长长的毛角（图 4-39），与《说文解字》所训“觜”字相合。而觜宿三星与参宿连为一体，仍然体现着将觜、参两宿视为一体的观念。

觜作为口的古义本源于鸟口，古人以此借用表现虎口。曾侯乙星图之觜宿宿名作“雈”，以“隹”为义符，亦明“觜”字本出鸟类。然而由于受“羽族之咮锐”观念的影响，先民在表现觜宿形象的时候有时对这一特点加以特别的强调。曾侯乙漆箱星图的西立面图像绘有觜宿的形象，尽管我们并不容易辨识其所绘物象的种属，但物象所具有尖锐之口却相当清楚（图 1-3，2）。显然，这对理解觜宿本取鸟口，并以其示虎口的传统做法颇有帮助。

图 4-39　西安交通大学西汉墓星象图之觜宿形象

7. 参宿

参宿包括六星官，另有伐为其附座，分别为：

参宿七星，参宿三（猎户座 δ）为距星。

伐（罚）（附）三星，伐一（猎户座 c）为距星。

玉井四星，玉井三（波江座 β）为距星。

军井四星，军井一（天兔座 ι）为距星。

屏二星，屏二（天兔座 ε）为距星。

厕四星，厕一（天兔座 α）为距星。

屎一星（天鸽座 μ）。

参宿星名于西周金文作“”，上为三星的象形，下以“参”为读音，所以“”字实为“参”的古体，其实就是“叁”的本字。故参宿的本义即谓三星。

参宿的三星当然是指位于参宿中央横列的三星，也即参宿一、二、三（猎户座 ζ、ε、δ）三星，《史记·天官书》名曰“衡石”，张守节《正义》直云参三星。裴骃《集解》引孟康云：“参三星者，白虎宿中，东西直，似称衡。”这三颗星位居黄道的西端，其作为参宿的主星，与黄道东端的心宿三星遥遥相对，很早就已被古人所认识，因此，参三星作为上古时代的授时主星，与心宿三星具有同等重要的地位。《诗·唐风·绸缪》：“绸缪束薪，三星在天。”诗中所言之“三星”即为参宿之本义。

参三星与其外的实沈四星、其上的觜三星以及其下的伐三星共同组成了虎的形象，这便是传统四象体系以西宫为白虎的星象基础。据《史记·天官书》的记载，除参三星外，其外的实沈四星为虎之左右肩股，觜三星为虎首（口），而伐三星实为虎尾，张守节《正义》谓“外四星为实沈”是也。由于参宿表现着白虎的完整形象，所以古人时以参三星、实沈四星与伐三星合并，共同视为参十星[1]。西安交通大学西汉墓星象图于参宿的位置绘一白虎（图4-40），尽管虎身位置的画面残破，但其左右肩的位置绘有二星，尾部也残留二星，可知这个白虎形象应该表现了参十星。不仅如此，参宿还与其前的觜宿以直线连为一体，显示出先民对于觜本为虎首（口）的固有认知（图4-39）。此外，洛阳尹屯西汉墓星象图也将参宿的形象绘成虎形，其中虎口衔有一星，以象觜宿；虎尾绘相连的二星，以象伐三星；虎身则象以参三星与实沈四星共同组成的参七星（图4-28）。郝滩东汉墓星象图以十星相连围绕白虎（图4-41），尽显参十星。而东汉石刻画像的白虎星官则或于虎首、虎身各列三星（图4-26），以应觜、参两宿；或列参衡三星、伐三星与觜三星（图4-42），以应虎象。

图4-40 西安交通大学西汉墓星象图之参宿及白虎形象

图4-41 郝滩东汉墓星象图之参宿及白虎形象

图4-42 东汉虎星画像（河南南阳出土）

参为白虎，其象含有伐三星，所以在二十八舍的体系中，参宿之名或连言参伐，或被伐所替代。《史记·天官书》：“二十八

1 参见《晋书·天文志上》。

舍主十二州，……晋之疆，亦候在辰星，占于参罚。”而《史记·律书》述二十八舍则单名罚而不言参。《公羊传·昭公十七年》：“大辰者何？大火也。大火为大辰，伐为大辰，北辰亦为大辰。”何休《注》：“大火谓心，伐谓参、伐也。”《周礼·考工记·辀人》：“熊旗六斿，以象伐也。”郑玄《注》：“伐属白虎宿，与参连体而六星。”马瑞辰《毛诗传笺通释》：“连参亦名伐也。”知古人或以参、伐连言，或以伐兼指参宿。

参宿与觜、伐连为白虎，故其星占意义则主杀伐。虎本为噬伐之兽，位于虎口的觜主葆旅事，虎尾的伐或曰罚，为斩艾事，皆关杀伐。而作为虎之左右肩股的实沈四星，其杀伐之义也甚为鲜明。《左传·昭公九年》：“昔高辛氏有二子，伯曰阏伯，季曰实沈，居于旷林，不相能也，日寻干戈，以相征讨。后帝不臧，迁阏伯于商丘，主辰，商人是因，故辰为商星。迁实沈于大夏，主参，唐人是因，以服事夏商。”这个高辛氏季子实沈不守弟恭，日寻干戈以相征讨的传说，其本旨出于参主杀伐的星占内涵是毫无疑问的。而这一星占意义与西方于五行属金、于刑德属刑的性质恰好相当，成为在以祈生为基本诉求的活动中尽力回避的题材。《史记·天官书》以西宫为咸池而不言白虎，即是这种任德远刑观念的反映。

（四）南宫七宿

南宫七宿依次为井、鬼、柳、星、张、翼、轸，兼含中外星官共四十二官。

南宫之象为朱雀，本称鸟，《史记·天官书》即以南宫为朱鸟，其象实由张、翼两宿所组成。《尚书·尧典》：“日中星鸟，以正仲春。”鸟星或即张宿。尽管鸟象的发展使得柳、星二宿于晚世也融入了朱雀形象而具有了鸟的意义，但从古人认识星象的朴素历史考察，张、翼两宿对于建立一个鸟的形象已足够完整了。

《史记·天官书》：“南宫朱鸟，权、衡。”又载二十八舍主十二州云：“吴、楚之疆，候在荧惑，占于鸟衡。”权、衡实为北斗的第四星与第五星，上古天官体系以北斗之权、衡二星与南宫之鸟星拴系，故有南宫朱鸟为权、衡及鸟衡之说。战国初年曾侯乙漆箱星象图之盖面图像以北斗与四宫之星拴系，“斗”字向四方延长的四笔分别指向四宫的授时主星，其中北斗与南宫诸宿的关系正表现为权、衡直指南宫的张宿。很明显，张宿作为鸟星的主体为南宫的授时主星，由于其与北斗之权、衡具有固定的对应关系，故古人以其称为鸟衡，而《天官书》更将南宫朱鸟与北斗之权、衡相互对应，弥补了司马迁在描述“杓携龙角，衡殷南斗，魁枕参首”的天官体系时所遗漏的北斗与南宫星宿的关系。

1. 井宿

井宿包括十九星官，另有钺为其附座，分别为：

井宿八星，井宿一（双子座 μ）为距星。

钺（附）一星（双子座 η）。

水府四星，水府一（猎户座 ν）为距星。

水位四星，水位一（小犬座 6）为距星。

天樽三星，天樽三（双子座 ω）为距星。

积水一星（御夫座 65）。

积薪一星（双子座 κ）。

图 4-43 西安交通大学西汉墓星象图之井、鬼星宿

北河三星，北河三（双子座 β）为距星。

南河三星，南河三（小犬座 α）为距星。

四渎四星，四渎四（麒麟座 8）为距星。

五诸侯五星，五诸侯一（双子座 θ）为距星。

阙邱二星，阙邱一（麒麟座 18）为距星。

弧矢九星，弧矢九（船尾座 π）为距星。

天狼一星（大犬座 α）。

野鸡一星（大犬座 ν_2）。

军市十三星，军市一（大犬座 β）为距星。

老人（南极老人）一星（船底座 α）。

丈人二星，丈人二（天鸽座 ε）为距星。

子二星，子二（天鸽座 β）为距星。

孙二星，孙二（天鸽座 θ）为距星。

井宿或名“东井”，其由八星组成井的形象，故而得名。西安交通大学西汉墓星象图之井宿即绘四星连为方形，以喻四方如井（图 4-43）。井宿一恰值黄道，井宿三（双子座 γ）则为井宿的古距星，这两颗星由于地位特殊，故古人时以此二星代表井宿。战国初年曾侯乙漆箱星象图西立面星图之井宿即绘为此二星（图 1-3，2）；洛阳尹屯西汉墓星象图则以二星横列表现井宿（图 4-44），似取井主平衡之义。《史记·天官书》：“东井为水事。”司马贞《索隐》引《春秋元命包》：“东井八星，主水衡也。”张守节《正义》：“东井八星，一大星，黄道之所经，为天之亭候，主水衡事，法令所取平也。王者用法平，则井星明而端列。”王元启《史记正讹》：“按古图井八星皆端列。”考之古星图，皆如此作，故西安交通大学星象图之井宿绘为正方，也应取平端正之象。

东井主水事，故其旁侧星官的命名多与水事有关。其中北河三星在天汉之北，南河三星在天汉之南，四渎四星分指江、淮、河、济。水事以平衡为吉，溢、涸不平则为祸，故《天官书》以“祸成井”为占。

井宿的附座为钺，位于井宿之前。《石氏星经》：“钺一星，附井口。”《天官书》谓：“其西曲星曰钺。”张守节《正义》：“钺一星附井之前，主伺奢淫而斩之。”《晋书·天文志上》：“钺一星，附井之前，主伺淫奢而斩之。故不欲其明，明与井齐，则用钺于大臣。”洛阳尹屯西汉墓星象图所绘钺星即与井齐（图4-44），时代属新莽时期，当有所喻。

图4-44　洛阳尹屯西汉墓星象图之井、张星宿

2. 鬼宿

鬼宿包括七星官，分别为：

鬼宿四星，鬼宿一（巨蟹座 θ）为距星。

积尸（积尸气、质）一星（巨蟹座M44）。

爟（烽爟）四星，爟一（巨蟹座 ψ）为距星。

天社六星，天社一（船帆座 γ）为距星。

外厨六星，外厨一（长蛇座2）为距星。

天狗七星，天狗一（船帆座 e）为距星。

天记一星（船帆座 λ）。

鬼宿或名“舆鬼”，曾侯乙星象图假借作“与鬼”，“舆”为载舆之义，故舆鬼之名意即舆尸或载尸。《易·师》六二：“师或舆尸。”六五：“弟子舆尸。”李鼎祚《集解》引卢氏云：“尸在车上。”高亨《周易古经今注》：“舆尸者，以舆载死人也。”闻一多引《楚辞·天问》：“武发杀殷何所悒？载尸集战何所急？”《淮南子·齐俗》：“武王伐纣，载尸而行。”《史记·龟策列传》：“文王兴卒聚兵，与纣相攻。文王病死，载尸以行，太子发代将，号为武王，战于牧野。”以

“舆尸”意犹载尸，乃武王事或殷周之俗[1]。西周金文的“舆”字作“”，象二人四手载尸之形[2]。殷墟侯家庄商代王陵出土四具抬舆，形制呈长方形而首尾四柄，极尽精致华美[3]，或可能即是载柩之舆。西安交通大学西汉墓星象图之鬼宿即绘为二人以舆抬尸之形（图 4–43），与“舆鬼”之训甚合。尸鬼呈淡青色，头上生角，身有斑点花纹，反映了汉代的鬼神观与丧葬观念。

舆尸载柩本为丧奠礼的重要仪节，是谓祖奠。《周礼·春官·丧祝》：“及祖，饰棺，乃载，遂御。”郑司农云：“祖时，丧祝主饰棺，乃载。遂御之，丧祝为柩车御也。”郑玄《注》:“饰棺，设柳池纽之属。其序，载而后饰，既饰当还车向外，丧祝御之。”贾公彦《疏》：“既载乃饰。案《既夕礼》，遂匠纳车于阶间，却柩而下棺，乃饰棺，设帷荒之属。饰讫，乃还车向外，移柩车去载处，至庭中，车西设祖奠。”《礼记·檀弓上》：“主人既祖填池。”郑玄《注》：“祖，谓移柩车去载处，为行始也。”是知祖奠即止于载柩，文献或作“祖载”。故鬼宿本即主丧祠之事。《史记·天官书》：“舆鬼，鬼祠事；中白者为质。”裴骃《集解》引晋灼曰：“舆鬼五星，其中白者为质。”张守节《正义》：“中一星为积尸，一名质，主丧死祠祀。”《石氏星经》：“鬼中央一星，白如粉絮，似云非云，似星非星，见气而已，名曰积尸，亦曰积尸气。”《晋书·天文志上》也以鬼宿为五星，含中央的积尸。敦煌卷子甲本星图、唐代二十八宿铜镜、吐鲁番阿斯塔那星象图、五代吴越国钱元瓘及吴汉月墓石刻星图、南唐李昪陵天象图等星图作品，皆绘鬼宿中央有积尸一星，正以外四星象抬舆，其中积尸一星象鬼。《宋史·天文志上》：“积尸气在鬼宿中孛孛然。”《步天歌》：“四星册方似木柜，中央白者积尸气。”洛阳尹屯西汉墓星象图之鬼宿仅绘一星，或即积尸；又以一人首蛇身仙人所附，或有舆鬼主祠而灵魂不死之意[4]。

3. 柳宿

柳宿仅含两星官，分别为：

柳宿八星，柳宿一（长蛇座 δ）为距星。

酒旗三星，酒旗二（狮子座 ξ）为距星。

柳宿在作为鸟象的一部分时则以鸟名星。《左传·襄公九年》：“是故咮为鹑火。”孔颖达《正义》:“咮谓柳也。柳谓之咮，咮，鸟首也。”《尔雅·释天》:“咮谓之柳。”郭璞《注》：“咮，朱鸟之口。”陆德明《释文》：“本或作喙。”邵晋涵《正义》:“咮，本作噣，或作啄。”《说文解字·口部》:“咮，鸟口也。”“噣，喙也。”段玉裁《注》：“《曹风》‘不濡其咮’，毛曰：‘咮，喙也。’《玉篇》引‘不濡其噣’。咮、噣二同，朱声、蜀声同部也。亦假借作注。《尔雅》咮星，《史记》、《考工记注》作‘注’是也。亦作啄。《诗·韩奕传》：‘厄，乌噣也。’厄同轭。乌噣，《释名》、《小尔雅》作‘乌啄’。今人噣、咮、啄三字同音通用。”[5]《史记·天官书》：“柳为鸟注，主木草。”《律书》载二十八舍则以柳宿名“注”，

1 闻一多：《璞堂杂识》，《闻一多全集》第二册，三联书店，1982 年，第 584 页。

2 冯时：《我方鼎铭文与西周丧奠礼》，《考古学报》2013 年第 2 期。

3 梁思永、高去寻：《侯家庄》第二本，1001 号大墓，中央研究院历史语言研究所，1962 年。

4 冯时：《洛阳尹屯西汉壁画墓星象图研究》，《考古》2005 年第 1 期。

5 相关研究尚可参见王引之《经义述闻》卷二十七“咮谓之柳”条。

图 4-45 西安交通大学西汉墓星象图之柳、星、张、翼星宿及朱鸟形象

《汉书·天文志》“注”作“喙”。司马贞《史记索隐》：“注，咮也。注，柳星也。孙炎云：‘喙，朱鸟之口，柳其星聚也。’”故知柳宿又名“咮”、“噣”、“啄”，或音借为“注”，或直名曰“喙”，皆因柳宿八星位居鸟喙的位置，故有鸟喙之象。西安交通大学西汉墓星象图即将柳宿与星、张、翼三宿合绘为鸟象（图 4-45），显然意在以柳宿为鸟注。然而可以肯定的是，这些意义与柳宿的宿名古义并没有直接的关系。

柳宿宿名于曾侯乙星象图作“酉”，当属通假。《说文解字·木部》：“柳，少杨也。从木，丣声。丣，古文酉。”段玉裁《注》：“杨之细茎小叶者曰柳。古多假柳为酉。”《天官书》以柳宿主木草。司马贞《索隐》：“注为柳星，故主草木。”《石氏星经》：“柳八星，在鬼东南，曲垂似柳。”是柳宿本象曲垂之柳，故名，其与星占意义正合[1]。

柳宿又名“天相”或“八臣”，应与柳宿作为朱鸟星象有关。中国的原始宗教以鸟为帝使或帝臣，商代甲骨文以四方神及社神并为“帝五臣”或“帝五介臣”，其中四方神之原型即为分至四神，也就是《山海经》所记帝俊役使之四鸟。四鸟作为司分司至之神源出金乌负日的想象，而这一传统我们可以从战国直至新石器时代系统地追溯出来[2]。柳宿既作为朱鸟的一部分，故古人则以其为天帝之臣相。柳宿八星，故有八臣之说。今属星宿有天相一官，应为柳宿旧名的移用。

4. 星宿

星宿包括五星官，分别为：

星宿七星，星宿一（长蛇座 α）为距星。

1 《通志·天文略》：“柳宿为朱鸟之嗉。”这一说法无论从星象传统抑或文字训诂的角度分析，均不可取。

2 冯时：《中国天文考古学》第三章第三节，中国社会科学出版社，2010 年。

天相三星，天相二（六分仪座 8）为距星。

轩辕十七星（或以南一星为御女，属轩辕附座），轩辕十四（狮子座 α ）为距星。

内平四星，内平一（小狮座 22）为距星。

天稷五星，天稷一（船帆座 97G）为距星。

星宿又名“七星”，乃以星数名星，故“星”当为“七星”之省称。然而古代星图于七星一宿的星数或多省少，如新疆吐鲁番阿斯塔那唐墓星象图之星宿即绘有六星，形如勺匕[1]。河北宣化辽墓二十八宿与黄道十二宫星象图之星宿也为六星[2]。知古人既以“七星”省称作“星”，故于星数已不再拘泥。

《史记·天官书》:“七星，颈，为员官，主急事。”乃以星宿为南宫鸟象之颈。司马贞《索隐》引宋均云：“颈，朱鸟颈也。员官，喉也。物在喉咙，终不久留，故主急事也。”张守节《正义》：“七星为颈，一名天都，主衣裳文绣，主急事。”西安交通大学西汉墓星象图之星宿已作为鸟颈而融入鸟象（图 4-45），而洛阳尹屯西汉墓星象图则于七星宿的左侧绘一有脊楼台，似与星宿之占有关，或即天都之象[3]。

5. 张宿

张宿仅含二星官，分别为：

张宿六星，张宿一（长蛇座 ν_1）为距星。

天庙十四星，天庙一（罗盘座 θ ）为距星。

张宿也为南宫朱鸟形象的一部分。《史记·天官书》：“张，素，为厨，主觞客。”司马贞《索隐》：“素，嗉。《尔雅》云‘鸟张嗉’[4]。郭璞云‘嗉，鸟受食之处也。’”张守节《正义》：“张六星，六为嗉，主天厨食饮赏赉觞客。”《石氏星经》：“张，朱鸟之嗉也。”皆以张宿为朱鸟之嗉。西安交通大学西汉墓星象图以张宿并入鸟象（图 4-45），即是这种天文观的反映。事实上就张宿作为鸟象的历史来看，其形象的变化，早晚也有不同。晚期以张宿为鸟嗉，故于星占主厨，这是后人以柳、星、张、翼四宿并为朱鸟形象的结果；而早期的鸟象仅含张、翼两宿，故从实际天象观察，张宿六星所组成的形象实象鸟首。《尚书·尧典》所谓“日中星鸟”即此之谓。

尽管古人以张宿为鸟象的一部分，但张宿的宿名却与鸟象无关。《说文解字·弓部》:“张，施弓弦也。”段玉裁《注》:“张弛，本谓弓施弦解弦。”《诗·小雅·吉日》：“既张我弓，既挟我矢。”《礼记·杂记下》：“张而不弛。”孔颖达《正义》：“张，谓之张弦。”是张宿之名本即开弓之义，其与张宿六星所呈现的形象完全相合。《周礼·秋官·冥氏》：“冥氏掌设弧张。”郑玄《注》：“弧

1 新疆维吾尔自治区博物馆:《吐鲁番县阿斯塔那——哈拉和卓古墓群发掘简报》，《文物》1973 年第 10 期。

2 河北省文物管理处、河北省博物馆:《河北宣化辽壁画墓发掘简报》，《文物》1975 年第 8 期。

3 冯时:《洛阳尹屯西汉壁画墓星象图研究》，《考古》2005 年第 1 期。

4 今本《尔雅·释鸟》“张”作“粻”。郝懿行《尔雅义疏》:“‘其粻嗉’者，《释言》云:‘粻，糧也。’《释兽》齸属云:‘鸟曰嗉。’郭《注》:‘咽中裹食处也。’按嗉之为言犹素也。素，空也，谓空其中以受食。”

张，罝罦之属，所以扃绢禽兽。”贾公彦《疏》：“弧，弓也。谓张弓以取猛兽。”即见张宿之名与田猎的关系。盖《易》理以南宫属阴，故相对于北宫属阳而主杀，于是古人建北宫之象，无论早期之鹿（麒麟）抑或晚期之玄武，皆以阴阳二象相配而主生，而南宫则由鸟象引申为刑，以借田猎而喻指杀伐。《淮南子·天文》：“日冬至则斗北中绳，阴气极，阳气萌，故曰冬至为德。日夏至则斗南中绳，阳气极，阴气萌，故曰夏至为刑。”高诱《注》：“德，始生也。刑，始杀也。”钱塘《补注》引《京氏易积算传》云：“龙德十一月，子在坎，左行。虎刑五月，午在离，右行。”即以北德而南刑，北阳而南阴。《天文》又云：“阳生于子，阴生于午。”也表现了同样的思想。曾侯乙漆箱盖面星象图的北斗，南、北各指南宫的张宿和北宫的危宿，知时人乃以张宿与危宿为南、北二宫的授时主星，北宫危宿为麒麟之象而主德为生，则与之相对的南宫张宿必应体现南宫主刑为阴的杀伐意义。很明显，古人藉天文以见阴阳，传统悠久。

张宿本属鸟象，则张象张弓之形，似乎又有射妖鸟以求安祥之喻。《周礼·秋官·庭氏》：“庭氏掌射国中之夭鸟。若不见其鸟兽，则以救日之弓与救月之矢夜射之。若神也，则以大阴之弓与枉矢射之。”郑玄《注》：“不见鸟兽，谓夜来鸣呼为怪者。兽，狐狼之属。郑司农云：‘救日之弓，救月之矢，谓日月食所作弓矢。’玄谓日月之食，阴阳相胜之变也。于日食则射大阴，月食则射大阳与？神，谓非鸟兽之声，若或叫于宋大庙譆譆诎诎者。大阴之弓，救月之弓，枉矢救日之矢与？救日用枉矢，则救月以恒矢可知也。”贾公彦《疏》：“城郭之所，人聚之处，不宜有夭鸟，故去之。”洛阳尹屯西汉墓星象图于张宿绘为弓形，弓后绘一人作引弓弋射状（图 4-44），甚合宿名古义。

6. 翼宿

翼宿仅含二星官，分别为：

翼宿二十二星，翼宿一（巨爵座 α）为距星。

东瓯五星，东瓯四（船帆座 191G）为距星。

翼宿之名取自鸟翼，这是南宫朱鸟形象在星名上仅有的存留。《史记·天官书》：“翼为羽翮，主远客。”翼宿二十二星呈对称分布，正象朱鸟展开之羽翼，成为朱鸟之象中最直观形象的部分，故而得名。西安交通大学西汉墓星象图所绘之翼宿与柳、星、张三宿并为展翅之朱鸟形象，已融入鸟象，唯于鸟首及两翼环绕九星，

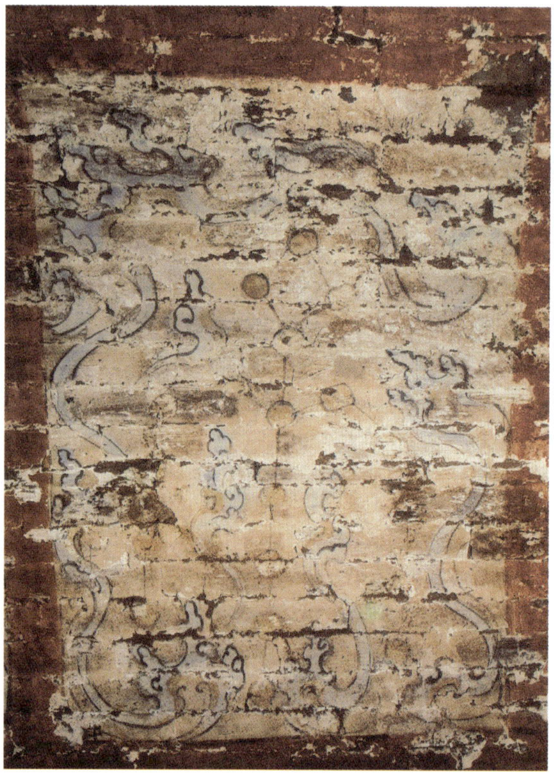

图 4-46　洛阳尹屯西汉墓星象图之翼宿

兼而表示作为鸟象的四星官（图 4-45）。洛阳尹屯西汉墓星象图之翼宿虽未绘朱鸟，但所绘十九星则呈中列十一星、旁各四星的对称布局，仍不失鸟翼之象（图 4-46）。

翼宿于二十八宿星官中星数最多，但在古代星图上却并不拘泥于二十二星，时有增省。如吐鲁番阿斯塔那唐墓星象图的翼宿绘有二十三星，宣化辽墓二十八宿与黄道十二宫星象图的翼宿绘有二十星，而敦煌卷子甲本星图及邗江南唐王氏墓志盖二十八宿的翼宿则仅绘十九星。尽管如此，翼宿由于星数繁多，在星图中的特点仍十分鲜明。

7. 轸宿

轸宿包括五星官，又以左辖、右辖和长沙为其附座，分别为：

轸宿四星，轸宿一（乌鸦座 γ）为距星。

长沙（附）一星（乌鸦座 ζ）。

左辖（附）一星（乌鸦座 η）。

右辖（附）一星（乌鸦座 α）。

青邱七星，青邱二（长蛇座 143G）为距星。

军门二星，军门一（船帆座 303G）为距星。

土司空四星，土司空一（长蛇座 β）为距星。

器府三十二星，器府一（半人马座 43G）为距星。

轸宿之名于曾侯乙星象图作“车”，知其即为车舆之象。旁有左辖与右辖二官，也明轸宿本取车象。《史记·天官书》：“轸为车，主风。”司马贞《索隐》引宋均云：“轸四星居中，又有二星为左、右辖，车之象也。”[1]《石氏星经》：“轸为天车。”故古实以左、右辖二星官为轸之附座，后更以长沙一星属轸，并为附座。《晋书·天文志上》以左辖、右辖、长沙三官并附于轸，是其明证。敦煌卷子甲本星图之轸宿即包括左、右辖[2]，江苏邗江南唐王氏墓志盖二十八宿的轸宿也绘六星[3]，显然也包括左、右辖，而五代吴越国钱元瓘、吴汉月墓石刻星图的轸宿不仅包括左、右辖，甚至更绘出轸宿之中的长沙一星[4]，三官渐属轸宿附座的历史十分清楚。轸宿象车，盖与张宿合喻田猎之事，张象张弓，以喻田射，则轸随其后，以象田车。后世田猎之义渐泯，遂又以轸车主远客为占。

图 4-47　洛阳尹屯西汉墓星象图之轸宿

1 《石氏星经》：“轸四星居中，又有二星为左、右辖，车之象也。”与宋均所言一致。
2 席泽宗：《敦煌星图》，《文物》1966 年第 3 期。
3 中国社会科学院考古研究所：《中国古代天文文物图集》，文物出版社，1980 年。
4 浙江省文物管理委员会：《杭州、临安五代墓中的天文图与秘色瓷》，《考古》1975 年第 3 期。

《晋书·天文志上》："轸四星，主冢宰，辅臣也；主车骑，主载任。有军出入，皆占于轸。又主风，主死丧。"这些意义也与田猎相关。

《史记·天官书》言轸"旁有一小星，曰长沙，星星不欲明；明与四星等，若五星入轸中，兵大起。"古代军事、田事相容，或振旅以田狩，或田事以演兵，共为一举，故轸或长沙又有主兵之占。兵乃凶杀之事，此又与张为役杀之义相合。《晋书·天文志上》以为长沙一星主寿命，正是这种天文观的反映。洛阳尹屯西汉墓星象图之轸宿绘六星相连，是为轸宿四星及左、右辖，六星之中又绘一人首（图 4-47），似写主寿之长沙，颇有助于我们理解轸宿的古义。

第五节　星经与观象诗

星经是古代的星占著作，如果用严格的天文学概念去衡量，则是一种星表。《甘石星经》素被认为是这类星表的早期代表。相传战国时齐人甘德作《天文星占》八卷，魏人石申夫作《天文》八卷，至宋代以后，这两部著作则被人合称为《甘石星经》。事实上，甘氏、石氏的原书早已亡佚，而在后来的传本中，除甘、石二家之外，还有不少内容属于巫咸的星占范围，因此从避免混淆不同星占流派的意义上讲，放弃使用《甘石星经》这一名称应该更有帮助。

一般认为，甘氏与石氏的著作至少在南朝时尚存于世，然而，尽管《续汉书·律历志中》载东汉贾逵论历曾引述石氏《星经》，梁阮孝绪《七录》也录有《石氏天文占》和《甘氏天文占》各八卷，但在更早的《汉书·艺文志》所载天文二十一家四百四十五卷的著作中，却并未见有甘、石二氏《星经》的任何线索，甚至整部《数术略》，除一部《甘德长柳占梦》二十卷外，也再没有与甘、石二氏相关的作品，这其实使后世所传甘、石星占著作的真实性颇存疑问。事实上，甘、石《星经》的原典早已散佚，后人所传的《星经》不过是甘、石二氏学派的后人根据晚世的观测结果，间以杂凑早期遗文的附会之作而已[1]。学者据对《石氏星经》观测年代的研究认为，唐代瞿昙悉达所纂《开元占经》中记载的《石氏星经》，其编著年代不可能早于西汉晚期[2]，甚至可能迟至唐代早期才最终完成[3]。其实自西汉末期以至唐初，历代对《石氏星经》的增补就始终没有停止。

三国东吴太史令陈卓曾广泛搜集甘氏、石氏和巫咸三家的星官和星图，并同存异，汇总整理，综合编成了一个具有 283 官 1464 颗恒星的星表，并为之测绘星图。尽管这些工作在《晋书》和《隋书》的《天文志》中都有详细记载，但这并不足以梳理清楚以甘、石二氏为代表的早期星经的流传脉络。遗憾的是，即使陈

1 潘鼐认为，《石氏星经》原典作于公元前四世纪中叶，部分佚失后，补测于公元二世纪下半叶。参见氏著《中国恒星观测史》，学林出版社，1989 年。

2 钱宝琮：《甘石星经源流考》，《浙江大学季刊》1937 年第 1 期；[日] 薮内清：《开元占经中の星经》，《东方学报》第 8 册，1937 年；《汉代における观测技术と石氏星经の成立》，《东方学报》第 30 册，1959 年；《石氏星经的观测年代》，《中国科学史探索》，上海古籍出版社，1986 年；[日] 前山保胜：*The Oldest Star Catalogue of China: Shens Hsing Ching*, PI MATA Festschrift für Willy Hartner, 1977；孙小淳：《汉代石氏星官研究》，《自然科学史研究》第 13 卷第 2 期，1994 年。

3 胡维佳：《唐籍所载二十八宿星度及"石氏"星表研究》，《自然科学史研究》第 17 卷第 2 期，1998 年。

卓的著作最终也未能逃脱失传的厄运，《七录》及《隋书·经籍志》虽然都载有“陈卓记”《石氏星经》七卷，但这部文献后来连同他自己编著的《天文集占》十卷、《四方宿占》一卷、《五星占》一卷以及《天官星占》十卷，也全部散佚了。

陈卓对于全天星官的整理工作确实非常杰出，这使南朝刘宋时期的天文学家钱乐之有可能在已有的条件下绘成一种看似经过改进的星图。学者曾经普遍认为，钱乐之开始使用以三种不同的颜色来指示石氏、甘氏与巫咸三位古代占星家所测定的星的方法，其中石申夫用红色，甘德用黑色，巫咸用白色，但事实上在北燕太平七年（415 年）冯素弗墓所见的天象图中，恒星就已经使用黄、红、绿三种颜色来加以标示了[1]，这意味着用不同颜色标示恒星的做法显然比钱乐之更早。由此看来，陈卓在他的星图中可能早已采用了类似的方法。分色标星的目的既不是出于对科学史有任何特殊的兴趣，也与实际观测到的恒星颜色无关，而是由于人们相信石氏、甘氏与巫咸三家天文学派的占星方法与占星对象不同，所以必须知道哪些星本来属于哪一种星占体系。这种观念在唐代的星图中依然有所体现。事实上，汉代星图已经使用不同的颜色装饰星官，譬如西安交通大学西汉墓星象图用白色，洛阳尹屯西汉墓星象图用黄色，而陕西定边郝滩东汉墓星象图则用红色，区别严格。这种以不同颜色装饰星官的做法显然是对一种更为古老的占星方法的继承，它反映了不同星占学派采用不同颜色标示星官的固有传统。而在后人将石氏、甘氏与巫咸三家星官汇合绘制的时候，不过忠实地保留了早期的星占传统而已，这意味着这种以不同颜色装饰恒星的做法不可能是陈卓本人的创造。

公元前四世纪以来的天文资料在唐代瞿昙悉达汇编的《开元占经》中似乎还留有一些痕迹。这部文献之所以能完好地流传下来，不能不归之于其传奇的发现经历。明万历四十四年（1616 年），挹玄道人程明善因佞佛而不惜布施重金为一尊古佛重妆金身，不料于古佛腹中发现了一部卷帙浩繁的古代典籍，这就是唐代瞿昙悉达所著的《开元占经》。《开元占经》中引用了七十馀种古代星占学文献，其中最多的便是石申夫的著作。瞿昙悉达在引述这部分内容时称“石氏曰”，而现代学者则普遍认为，这些佚文就是久违了的《石氏星经》。同时，瞿昙悉达还在书中引用了大量甘氏和巫咸《星经》的内容。通过这些引录，人们甚至可以约略窥得陈卓汇总三家星官的工作。

不过，陈卓汇总三家星官所根据的资料究竟是石氏、甘氏和巫咸的观测成果，还是完整的三家《星经》，却存在相当大的讨论空间。《汉书·艺文志》所显示的先秦文献流传经历表明，当时的人们似乎并未见过所谓的三家《星经》，如果认为刘歆、班固在这方面有所遗漏，那将是不可想象的，因为甘氏、石氏在战国时期的影响太大，他们的著作当然不可能不被后人关注，《汉志》甚至对甘德的梦占著作都有所著录，何况价值更高的天文星经？况且三家《星经》同时被遗漏，这也是令人难以接受的。这意味着所谓三家《星经》很可能只是汉代或其以后的学者，甚至就是陈卓本人根据三家的观测资料重新整理的作品，《隋书·经籍志》标注《石氏星经》七卷为“陈卓记”，已非常清楚地说明了这一点。《隋志》列出的有关甘、石二氏《星经》的文献有：

《石氏星薄经讚》一卷。

1 黎瑶渤：《辽宁北票县西官营子北燕冯素弗墓》，《文物》1973 年第 3 期。

《星经》二卷。

《甘氏四七法》一卷。

《巫咸五星占》一卷。

《天文要集》三卷，《天文集占》十卷，梁百卷。梁有石氏、甘氏《天文占》各八卷。

《星占》一卷，梁有《石氏星经》七卷，陈卓记；又《石氏星官》十九卷，又《星经》七卷，郭历撰，亡。

《石氏星占》一卷，吴袭撰。

这些与三家星占学派有关的著作，显然多是后人根据他们当时所认定的三家《星经》的资料重新创作的，其产生年代可能集中于东汉晚期至南朝时期。梁阮孝绪《七录》对此多有搜集。张守节《史记正义》记甘德，“《七录》云楚人，战国时作《天文星占》八卷”，即合于《隋志》的记载。这些晚出文献与三家《星经》的原典应该具有极大的差异，从对《开元占经》引述的相关内容分析，这一点看得非常清楚。

司马迁对甘、石二氏的工作有着简要叙述。《史记·天官书》云：“近世十二诸侯七国相王，言从衡者继踵，而皋、唐、甘、石因时务论其书传，故其占验凌杂米盐。……夫自汉之为天数者，星若唐都，气则王朔，占岁则魏鲜。故甘、石历五星法，唯独荧惑有反逆行；逆行所守，及他星逆行，日月薄蚀，皆以为占。”据此足见甘、石二氏的工作当以禨祥占验为主，世传甘氏之作名曰“天文占验”，也可明其内容，这当然体现了早期天文学的主要特征。然而相关的星占内容在所谓的《石氏星经》中却很少见到，此其一疑。所谓《石氏星经》屡次提及三垣，如云：“斗六星赤，状如北斗，在天市垣南，半在河中。”又云：“奎十六星，形如破鞋底，在紫微垣后，传舍下。”三垣的概念颇为晚出，至《步天歌》才臻完整。同时，《石氏星经》在星官数量的认知方面也多表现出与《步天歌》的共性，如以牛宿的天田、九坎各为九星，皆与《步天歌》同。这些都反映出所谓《石氏星经》，其内容似更接近《步天歌》，此其二疑。据《开元占经》所引石氏的内容，其遣词用字颇显俗白，全无战国之文气，甚至较《史记·天官书》的行文更为浅近，具有明显的后人述作痕迹。如以奎宿“形如破鞋底”，以昴七星在胃东“稍南”，皆属晚世用法，甚至反映了隋唐时代的遣词用字习俗。此其三疑。故今人认定的所谓《石氏星经》尽管或多或少地保留了早期天文观测数据及星占观念，但其形成当为晚近，并不宜视为战国时期的石氏作品。

《开元占经》所收的三家星官及其星数相当清楚，兹列于下：

巫咸	44 官	144 星
石氏	92 官	626 星
甘氏	118 官	511 星
二十八宿及辅官	28 官	183 星
共计	282 官	1464 星

这个体系明显保留了陈卓星官的原貌，同时于石氏一家，还给出了包括二十八宿以及石氏中外官距星共 121 颗星的赤道坐标，不仅列出去极度，对于二十八宿还有距星的距度和黄道内外度，而于中外官则列有入宿度和黄道内外度。

所谓《石氏星经》中的恒星坐标是否一定是战国时代的实测结果，学者多存分歧。日本学者上田穰认为，其中至少有一部分恒星的观测时代应该限定在公元前360年，而另一部分恒星的观测时代可能晚到公元200年[1]。薮内清则以为，《石氏星经》的数据应系公元前一世纪的观测记录[2]。中国学者一般则持有这样的观点：对于二十八宿距星来说，由于其距度与汉代文献及出土遗物中保留的相同距星的距度数据基本一致，因此可以相信它是战国时代的测量结果。但是对于中外官距星的观测时代而言，则可以晚到汉代，因而应出于后人的增订[3]。事实上，尽管这些分歧并不影响石氏的观测数据在战国时代已经存在的事实，但是所谓《石氏星经》显然早已不是战国文献的原本，即使那些晚出的数据完全有理由归结为一个长期传承的石氏天文学派的修订结果，但这一结论仍然毋容置疑。

比《开元占经》更早的有关三家星经的文本在敦煌文书中尚有存留，它们分别属于甲乙两个不同的抄本。三家星经的全题是《石氏甘氏巫咸三家星经》，并与《二十八宿次位经》和《玄象诗》（图4-48）写在一起。两个抄本都是先述石氏，次述甘氏，最后述巫咸，而且乙本更将三家星官分别注明“赤”、“黑”、“黄”，依次表示石氏、甘氏与巫咸三家星官所测的星。虽然抄本的年代目前尚难有定论，但是由于《玄象诗》的撰写时间可以早到唐代初年甚至唐代以前，况且甲本《玄象诗》又明显是为配合《二十八宿次位经》及《三家星经》而作，因此其所据以抄录的《三家星经》的底本或许不会晚于六朝，而其撰作年代如果溯至汉末，大概也是可以的。

石氏原始的恒星观测年代虽然比古希腊著名的《托勒密星表》要早——后者主要是抄录公元前二世纪喜帕恰斯的观测结果，而且观测精度也与之不相上下，但是在中国，它恐怕还算不上是最古老的星表。尽管所谓的《巫咸星经》没有列出恒星位置的具体度数，但它既然说明了星的位置，作为星表的早期形式仍然应该予以承认。从这个意义上看，《巫咸星经》，或者更准确地说应是史传巫咸的恒星观测记录，完全有理由作为世界上最古老的星表。

中国古代与星经并存的另一类识星作品则比较通

图4-48　敦煌卷子《玄象诗》

1 ［日］上田穰：《＜石氏星经＞研究》，《东洋文库论丛》第12册，1930年。

2 ［日］薮内清：《石氏星经的观测年代》，《中国科技史探索》，上海古籍出版社，1986年。

3 钱宝琮：《甘石星经源流考》，《浙江大学季刊》1937年第1期；潘鼐：《中国恒星观测史》，学林出版社，1989年。

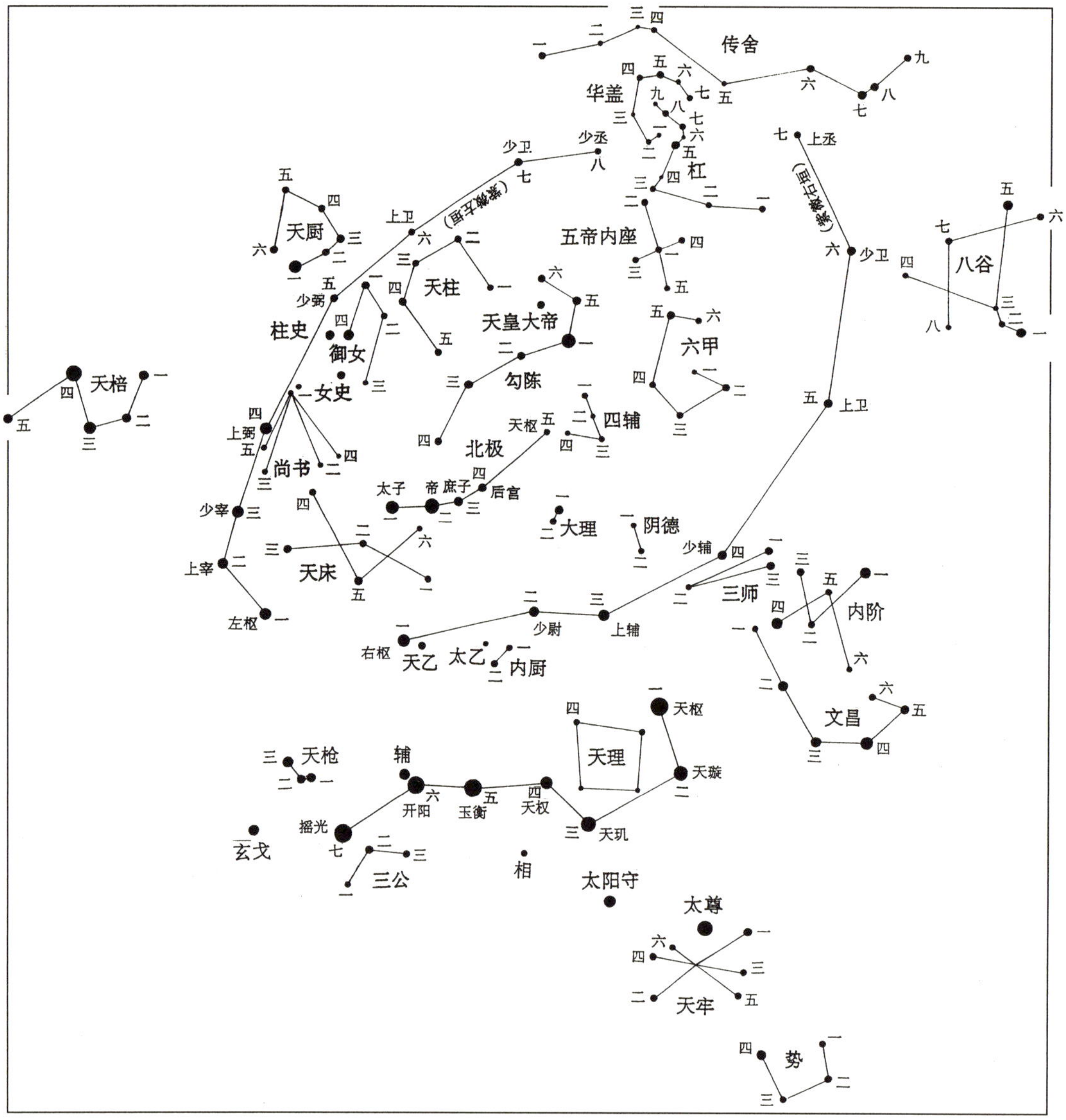

图 4-49　紫微垣星图

俗，它们将星名用韵文编排，文辞浅近，颇便传诵。这类作品大约以北魏张渊所作的《观象赋》为最早，约成于公元 438 年，《魏书・张渊传》保留了它的全文。其后又有隋李播的《天文大象赋》，但都未能广为流传。敦煌文书中留存的两份《玄象诗》，可以说是今天所能见到的比较重要的早期通俗识星作品。

两份《玄象诗》分属甲、乙两种抄本，全诗五言为句，通俗易懂，凭藉这样一篇诗歌，可以迅速认出全天常见的主要星座。从甲本残存的内容看，《玄象诗》与《二十八宿次位经》和《三家星经》同卷抄写，显然是为配合这些星经所创作的。甲本《玄象诗》先从角宿起叙述石氏星经，再从角宿起叙述甘氏星经，尔后重新从角宿起叙述巫咸星经，最后合并三家总叙紫微垣，这种叙述体例对于识星虽不甚方便，但便于记忆。而乙本《玄象诗》则与《许七曜利害吉凶征应瞻》及陈卓《日月五星经纬出入瞻吉凶要决（诀）》同卷抄录，全诗分段拆开，依周天一次达到识星目的的要求排列，同时为区别三家星官和紫微垣，在多段诗句端首注明“赤”、“黑”、“黄”、“紫”，分别代表石氏、甘氏、巫咸和紫微垣。

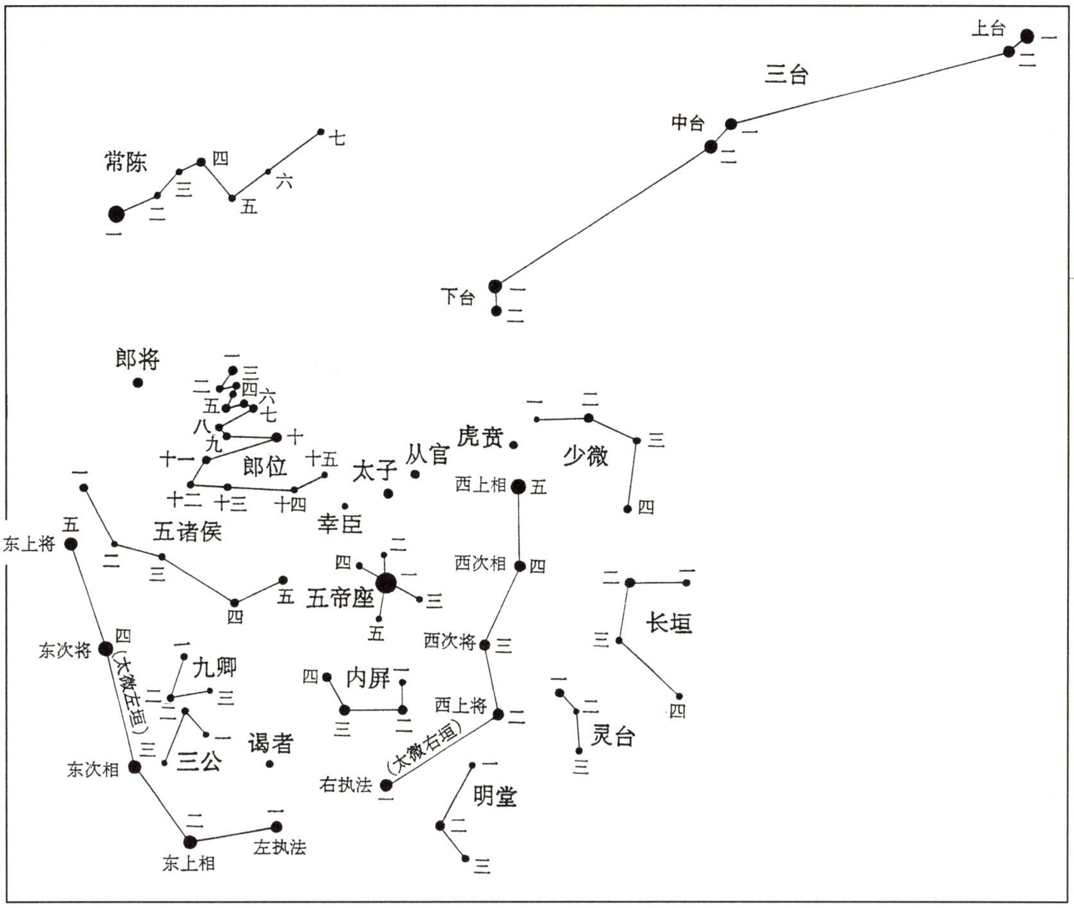

图 4-50 太微垣星图

《玄象诗》的撰作年代约在唐代以前，作品最大的局限是未能超越《三家星经》的樊篱，而且大多没有标明各星座的具体星数，只停留于对星座相对位置和形状的描述。这些缺陷在稍晚出现的《步天歌》中则得到了彻底的改变。《步天歌》置《三家星经》于不顾，而是完全按照三垣二十八宿的次序叙述星官（图 4-49；图 4-50；图 4-51），不仅记有各星官的相对位置和星数，而且文辞优美。这个更为成熟的识星作品的问世，使《玄象诗》逐渐为人们所淡忘。

对于《步天歌》的作者及撰写年代，历来存在很大争议。《新唐书·艺文志》著录有“王希明《丹元子步天歌》一卷”，宋代郑樵的《通志·天文略》则认为丹元子为隋代隐者，他撰作《步天歌》，唐人王希明则据汉、晋《天文志》为之注释。对于这个说法，学者也有不同的意见，一般以为，丹元子可能是王希明的号，如果分析《步天歌》的内容，可以看出其与唐初李淳风所撰的晋、隋两书《天文志》的排比分区体系全然不同，而与其后的天文书大致相同，所以断定其为李氏之后的作品，约当唐开元年间（公元八世纪前半）。其实，这种比较并不足以论定《步天歌》非要完成于唐代不可，相反，《步天歌》的内容明显与隋李播的《天文大象赋》同出一源，而且某些星官的演变也显示出完成于李淳风之前的证据，因此，郑樵将《步天歌》视为隋代的作品应该比较符合事实。

《步天歌》按陈卓整理而定的 283 星官，用七言韵文历叙天上 1464 颗恒星的位置，并配有星图，生动形象。但从宋代开始，一般都把它视为密宝，认为只能

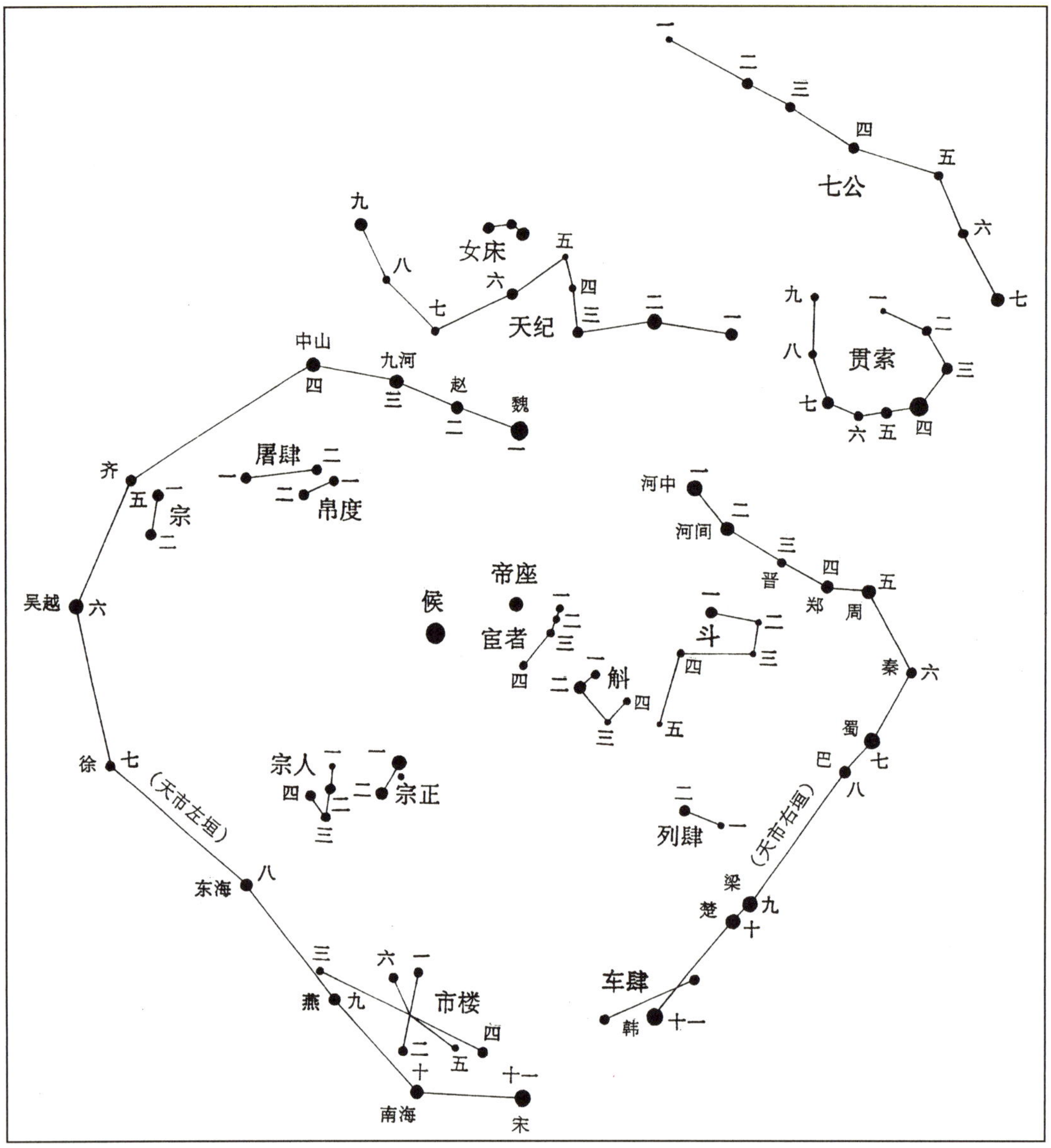

图 4-51　天市垣星图

在灵台传诵，严禁流入民间，这其实是官方垄断天文学的一项具体措施。《步天歌》对星空的分区方法与以往流传的各种天文典籍不大相同，它把星空分为三垣二十八宿，共三十一区。从此以后，这种标准分区法便成为中国古代划分星空区域的基础。

第五章

四象的起源与演变

中国传统的恒星观测体系将天球赤道附近的星官划分为二十八宿，二十八宿隶属于四宫，每宫各辖七宿。鉴于二十八宿体系建立的目的是为古人的生产与生活提供准确的时间服务，因此各宫之中又有不同的授时主星，古人通过对这些授时主星的观测，指导不同季节的用事活动。这些授时主星，于东宫则为由角、亢、氐、房、心、尾六宿构成的龙象，于西宫为由觜、参两宿及其附近的伐星构成的虎象，于南宫为由张、翼两宿构成的鸟象，于北宫则由最初以危宿及其附近的星官构成的鹿象，并逐渐形成具有雌雄阴阳意义的麒麟，而晚世又变为以虚、危两宿组成的龟象和以螣蛇星官所象的蛇共同组成的玄武形象。这四种灵物的形象原本只是各宫授时主宿所呈现的形象，由于它们的重要性远高于其他星宿，于是古人将它们的地位提升，用

图 5-1　西汉青龙、白虎、朱雀、玄武四神瓦当

以作为各宫的象征，从而形成传统的四象。四象既是东、西、南、北四宫的主象，自然具有方位的意义，因此古人将其与方色相配，最终形成中国传统天文学中东宫青龙、西宫白虎、南宫朱雀、北宫玄武的严整体系（图 5-1）。

四象的本质其实是特别强调二十八宿授时主星的地位的结果，所以它是与二十八宿体系的形成和发展相伴而行的。古人识星并不依靠逐个地记忆每一颗星，而是通过对不同星群所组成的不同形象的观测而完成的，他们根据星群形象的差异而建立星官，这便是"天文"的本义。因此，"天文"的意思其实就是天象，而象作为先民最早掌握的识星手段，当然构成了上古天文学的观测基础。

第一节　龙的起源及其文化象征

龙的起源一直是中国古代政治史、宗教史、神话史、艺术史乃至科学史研究的重要问题，长期以来聚讼不决。在漫长的古代社会，龙不仅始终作为王权的象征，甚至这一传统对周边文化都产生着深刻影响。然而，龙的原始形象呈现出怎样的面貌？龙的本质内涵究竟是什么？龙何以会成为古人的崇拜偶像？是什么原因造成龙与王权具有着密切的关系？这些问题虽然十分重要，但却无法得到合理的解释。今天的考古资料已为我们解决这些疑问提供了丰富的史料，它使我们有可能尽量从龙的源头说起。

一、龙的形象源于星象

考古学证据显示，中国古人对龙的崇拜至少已有八千年的历史[1]，这些丰富史料已足够建立一个不间断的以龙为偶像的原始宗教传统，对于探索龙崇拜的缘起及其形象来源，无疑具有重要的价值。事实上，如果我们要解决龙的起源问题，那么首先就必须澄清一个基本事实：最早的龙，其象征意义及文化内涵究竟是什么？

事实告诉我们，最早的龙是作为星象存在的，首先我们可以通过对"龙"字的分析以及龙宿宿名古义的探索证明这一点。中国的古文字，凡属动物的名字，都以象形的方法客观地描写该种动物的特征，不论家畜抑或野兽，无有例外，然而"龙"字所呈现的形象却在自然界所能见到的动物中难觅踪迹。我们当然无法设想这个事实乃是由于龙属于已经灭绝的物种，因为商周乃至更早时代的先民对于这一形象不仅非常熟悉，而且龙所呈现的面貌也并非一种，如河南濮阳西水坡仰韶时代宗教遗存所见的蚌龙颇似鳄鱼，而内蒙古三星他拉红山文化玉龙又极似马，甚至山西襄汾陶寺先夏文化的社龙形象更似蛇，显然，早期龙在现实生活中的形象并不是一成不变的，而这些以龙的面貌所呈现的动物其实都没有灭绝。这个事实意味着，我们要解决龙的原始形象问题，就必须从对汉字的"龙"字取象对象的分析入手。

---

1 辛岩：《查海遗址发掘再获重大成果》，《中国文物报》1995 年 3 月 19 日。

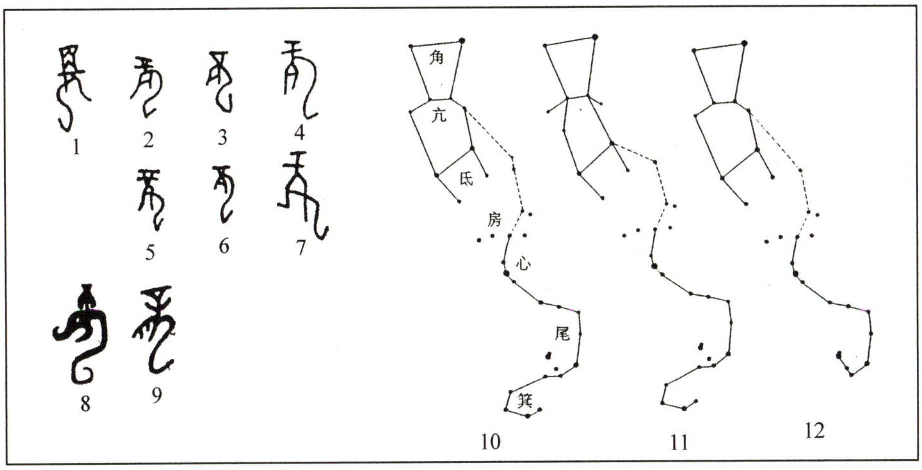

图5-2　甲骨文、金文“龙”字与苍龙星宿之比较（1—9.甲骨文、金文“龙”字　10—12.苍龙星宿构想图）

商代甲骨文与商周金文的“龙”字乃呈角、首、颈、身、尾俱全的形象（图5-2），这一形象虽然在自然界中难以找到可类比的对象，但是如果我们将天上的苍龙星宿依次连缀，便不难发现，汉字“龙”的形构正是以象形的手法取自天上由龙星所组成的形象，两者别无二致。事实上，问题的关键并不在于“龙”字与苍龙星象的相似程度，苍龙诸宿宿名古义及其于龙体的位置关系恰可与“龙”字所呈现的形象一一对应才是建立二者联系的证据所在。我们于第四章第四节已对苍龙星宿的宿名本义有过详细的考证，指出作为苍龙之体的角、亢、氐、房、心、尾六宿，其宿名皆与龙体有关，其中角为龙角，亢为龙咽，氐为龙首，心为龙心，尾为龙尾，房虽具星占意义，但指龙腹无疑。需要注意的细节是，龙星位居龙咽的亢宿与位居龙首的氐宿，次序似乎颠倒，但是如果将这样的次序与苍龙六宿所构成的形象比较（图5-2），便会发现，二者所表现的龙体部位与相应位置的星宿名称竟完全相同。显然，亢宿先于氐宿正是中国原始“龙”字所呈现的基本事实，而这一形象的定型正取象于天象。因此可以认为，汉字的“龙”字并不像其他描写动物的文字那样乃出于对真实物种的写实，其所呈现的形象在现实生活中并不存在，反却与龙星六体所构成的天象吻合，这为龙的形象源之于星象的论证提供了确凿的证据。

苍龙星象作为传统龙的形象的来源，这一观念根深蒂固。东汉末年，应劭在其《风俗通义》中尚完整地记录着这一思想。文云：

> 四方皆有七宿，各成一形。东方成龙形，西方成虎形，南首而北尾。南方成鸟形，北方成龟形，西首而东尾。以南方之宿象鸟，故谓之朱鸟七宿者也[1]。

很明显，当时的人们依然懂得，二十八宿的东宫星宿所组成的形象即为龙形，这便是传统龙的取象来源。所不同的是，晚世将苍龙星象视为东宫七宿的完整呈现，却不及早期先民以东宫六宿作为龙的形象的做法更客观。

以星象的本质所呈现的龙，其艺术形象的塑造至少在公元前第四千纪中叶的

1 参见王利器：《风俗通义校注》，佚文，中华书局，1981年。

图 5-3　郑州小双桥出土建筑构件（侧面）

新石器时代就已经完成了。河南濮阳西水坡发现的仰韶时代蚌塑星象图[1]，即以龙、虎和北斗为内涵（图 3-2），不仅可与战国初年曾侯乙墓所出二十八宿漆箱盖面星象图彼此印证，而且提供了作为四象之一的龙，其形象源出星象的确凿物证[2]。

在传统的四象体系中，由于各宫授时主星所建时间的不同，各象的地位也各有高下，颇不相同，其中龙、虎较重，鸟与玄武较轻，而龙、虎二象不仅相配而见，又因龙本含有六宿，虎只含有二宿，故呈龙大而虎小的形式。事实上，古人于四象中特别强调龙、虎，原因即在于龙、虎二星官于公元前第四千纪恰好分别位于二分点上，而秋分又是原始历法的岁首标志[3]，具有重要的授时意义，所以龙、虎便成为观象授时的重要星象。这个文化传统不仅在文献中有着生动记载，而且在考古学所提供的证据方面也颇为系统。显然，龙与虎作为星象并存的事实也为龙的形象源于星象提供了佐证。

《左传·昭公元年》所记高辛氏二子的故事即来源于古人对于龙、虎星象的观测实践（见第一章第三节），其中作为龙心的辰星乃为二十八宿东宫心宿的第二星（天蝎座 α），由于其为红色的一等亮星，所以古人又名其为大火星（Antares）。而参星则为西宫的虎星。两星位居黄道的东、西两端，是上古先民用以指示时间的重要星象。这个授时传统不仅决定了古人需要在星图中突显龙、虎的形象，甚至影响到他们将龙、虎这一具有星象内涵的形象广泛地移用于多种礼器。河南郑州小双桥商代遗址出土青铜建筑构件[4]，其上的图像即以四象中的龙、虎作为装饰题材（图 5-3）。法国巴黎赛努奇博物馆及日本东京泉屋博古馆各藏一件商代虎食人卣[5]，造型作虎食人形，外底则装饰有身饰鳞纹的龙（图 5-4），已有参商之喻[6]。法国吉梅博物馆藏西周早期的青铜杖首[7]，其上雕有鸟负龙、虎的造型，龙、

1 濮阳市文物管理委员会、濮阳市博物馆、濮阳市文物工作队：《河南濮阳西水坡遗址发掘简报》，《文物》1988 年第 3 期；濮阳西水坡遗址考古队：《1988 年河南濮阳西水坡遗址发掘简报》，《考古》1989 年第 12 期。

2 冯时：《河南濮阳西水坡 45 号墓的天文学研究》，《文物》1990 年第 3 期；《中国天文考古学》第六章第四节，社会科学文献出版社，2001 年。

3 冯时：《百年来甲骨文天文历法研究》第五章第八节，中国社会科学出版社，2011 年。

4 河南省文物研究所：《郑州小双桥遗址的调查与试掘》，《郑州商城考古新发现与研究》，中州古籍出版社，1993 年。

5 李学勤、艾兰（Sarah Allan）：《欧洲所藏中国青铜器遗珠》，文物出版社，1995 年；泉屋博古馆：《泉屋博古——中国古铜器编》，便利堂，2002 年。

6 冯时：《龙的来源——一个古老文化现象的考古学观察》，《史学研究》第 101 号，韩国史学会，2011 年 3 月。

7 李学勤、艾兰（Sarah Allan）：《欧洲所藏中国青铜器遗珠》，文物出版社，1995 年。

图 5-4 殷代虎食人卣及器底所饰龙图

虎御鸟而行天，显然也以星象为内涵。战国初年曾侯乙墓二十八宿漆箱盖面星象图[1]，与二十八宿星名同时布列的还有居中的北斗以及东西两侧的龙、虎（图 1-3，1），这个图像不仅与西水坡星象图的内容完全一致，而且也颇可印证龙、虎所具有的星象学本质。很明显，这个以授时主星的龙、虎作为星图主题的古老传统，自公元前第四千纪以至战国时代，竟几乎没有任何的改变！

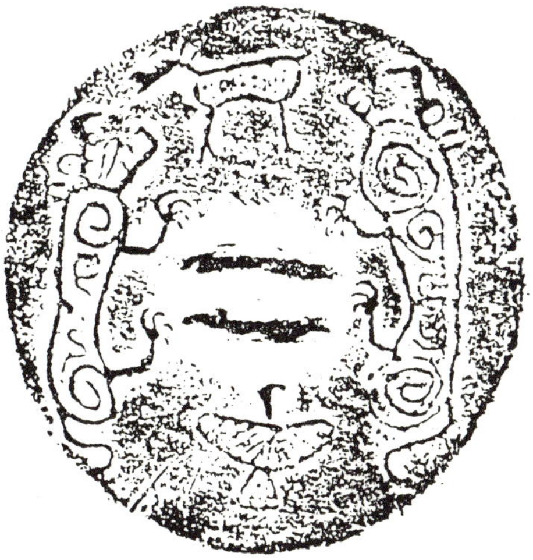

图 5-5 虢国墓地出土铜镜

其实即使在四象俱全的星图中，龙或龙、虎由于具有授时主星的地位，其形象也得到了特别的强调。公元前九世纪中至前七世纪中叶的虢国铜镜[2]，其上的四象设计即将龙、虎两象做了特别的夸张（图 5-5）。而于西安交通大学发现的西汉壁画墓星象图[3]，更以龙星的形象包辖角、亢、氐、房、心、尾六宿（图 4-17），突显了其不同于其他任何星象的特殊地位。这些早期龙的形象统统以星象的面目呈现，明确证明了四象中取于东宫六宿的龙象其实就是中国传统文字中龙的形象原型。

1 随县擂鼓墩一号墓考古发掘队：《湖北随县曾侯乙墓发掘简报》，《文物》1979 年第 7 期。
2 中国科学院考古研究所：《上村岭虢国墓地》，科学出版社，1959 年。
3 陕西省考古研究所、西安交通大学：《西安交通大学西汉壁画墓》，西安交通大学出版社，1991 年。

二、龙星行天与龙星阴阳

龙的形象来源于东宫苍龙六宿所构成的形象，六宿作为授时主星，当然受到古人的格外关注。因此，无论文献史料还是考古学证据，都留存了大量有关龙星行天的内容和图像。《易·乾》的爻辞即言龙星的行移[1]，也可证明龙本指天上的星象，其中六四爻辞乃谓“或跃在渊”，实际描述的则是龙星六宿于黄昏后从东方的地平线跃出的天象[2]。古人于这一天象或称为“龙见”。《左传·桓公五年》：“龙见而雩。”杜预《集解》：“龙见建巳之月，苍龙宿之体昏见东方。”指的就是这一天象。而考古遗物中所见古人对这一天象的表现同样丰富。河南偃师二里头遗址出土夏商时期的旗旜画章[3]，唯存由绿松石镶嵌的升龙图像[4]，升龙的造型正为跃渊而出的登天之龙（图 5-6）。相似的升龙图像也见于山西石楼桃花庄发现的商代铜觥（图 5-7）。事实上，铜觥盖面图像的设计不仅具有登天的升龙，而且还有与升龙配饰的星纹，其中位居龙心的三星最为突显，显然其表现的就是心宿三星。三星中以中央的一星最大，且作为錾纽，即象最重要的授时主星——大火星，整个图像所表现的龙象取形于星象的文化内涵至为明确。

图 5-6　二里头文化常旜

龙星行天，其自地平以下跃渊而出，渐升至中天，这一天文现象被古人赋予了美好的想象。先民的朴素认知告诉他们，鸟是唯一可以在天上飞翔的灵禽，这意味着星辰之所以能在天上行移，那是因为有鸟的负载。《山海经》记有金乌负日的著名神话，这种观念甚至可以一直上溯到公元前第四千纪的新石器时代。而鸟既然可以负载太阳行走，当然也同样可以负载其他的星辰，其中自然也就包括了龙星。殷墟妇好墓曾经出土一件以鸟负龙升天为题材的商代玉饰[5]，造型即作鸟

1 闻一多：《璞堂杂识·龙》、《周易义证类纂》，《闻一多全集》第二册，三联书店，1982 年；冯时：《＜周易＞乾坤卦爻辞研究》，《中国文化》第三十二期，2010 年。

2 夏含夷（Edward L.Shaughnessy）:《＜周易＞乾卦六龙新解》,《文史》第二十四辑，中华书局,1985 年；陈久金：《＜周易·乾卦＞六龙与季节的关系》，《自然科学史研究》第 26 卷第 3 期，1987 年。

3 冯时：《二里头文化“常旜”及相关诸问题》，《考古学集刊》第 17 集，科学出版社，2010 年。

4 中国社会科学院考古研究所二里头工作队：《河南偃师市二里头遗址中心区的考古新发现》，《考古》2005 年第 7 期。

5 中国社会科学院考古研究所：《殷墟妇好墓》，文物出版社，1980 年。

图 5-7　殷代龙形铜觥（山西石楼出土）

图 5-8　殷代鸟负龙玉饰（殷墟妇好墓出土）

踏云朵而背负一龙（图 5-8），其所表现的龙御鸟而升天的文化内涵极为明显。这种观念有时又会通过将龙装饰于飞鸟羽翅的手法得以表现，商代的青铜器上即普遍见有类似的题材，如殷墟妇好墓所见之鸮尊[1]，不仅鸟首负龙，而且又于鸟翅饰龙。毫无疑问，龙与鸟的结合无论如何处理，其所传达的本质内涵都是旨在表现龙星的升天。

古人习惯于将空间、时间与阴阳建立联系，大凡表示空间的天地、东西以及由空间所决定的时间都可以作为用以表述阴阳的载体。譬如在天为阳，在地为阴；在东为阳，在西为阴；由东所决定的春分为阳，由西所决定的秋分为阴。而龙星回天运行，或东或西，或升或降，时现时伏，自然也就具有了阴阳的意义。先民以为，龙星升天时在天，潜伏时在渊，且升龙在东，降龙在西，而天地、东西所具有的阴阳属性也便自然而然地转赋予了龙星，从而使东方的升天之龙具有阳龙的性质，而西方的降伏之龙及入地潜渊之龙也就具有了阴龙

1 中国社会科学院考古研究所：《殷墟妇好墓》，文物出版社，1980 年。

图 5-9　殷周青铜盘上的龙纹

的性质。《说文解字·龙部》："龙，鳞虫之长。能幽能明，能细能巨，能短能长，春分而登天，秋分而潜渊。"这里，龙的巨细长短变化只是描述龙星六宿部分或全部出现的天象，而幽明及登天潜渊的不同则在说明龙星的或见或伏。显然，由于龙星行天的位置与方向不同，直观地反映着其所具有的阴阳属性的差异。

对于龙所具有的阴阳两种不同的性质，三代先民是通过装饰于龙身的菱形和鳞形两种不同纹样巧妙地加以表现的（图 5-9）。升天之龙属阳，龙身装饰以菱形纹样；而降龙及潜龙属阴，龙身则装饰以鳞形纹样。区别显著[1]。殷墟侯家庄 1400 号墓所出商代铜盂[2]，即见以菱纹饰于龙背，而鳞纹饰于龙腹，以背、腹不同位置分别装饰不同的纹样表现天阳地阴的独特观念。而侯家庄 1001 号墓所见商代骨柶上的龙纹雕像[3]，也以正、背两面所装饰的二龙分别饰以菱纹和鳞纹，象征阴阳二龙（图 5-10），体现着相同的观念和表现手法。而前揭两件虎食人卣，其虎座之下所饰之龙皆为阴龙，铜卣以虎为造型而将龙隐于座下，正合参（虎）见而辰（龙）伏的真实天象。如果说这些物证足可说明龙星见伏所象征的天地阴阳的不同的话，那么这样的标准也同样适用于论证龙星的升降所象征的东西阴阳的差异。殷人以为，鸟负龙升天当然在东，所以东方升天的阳龙身饰菱形纹样，这于商代妇好墓所出玉饰反映得相当清楚（图 5-8）。诚然，鸟既可以负龙升天，当然也可以携龙而降，从而表现龙所具有的阴阳属性。这种景象于陕西长安张家坡遗址所出西周鸟携龙玉饰则有生动的反映。玉饰与负龙升天而龙在鸟上的造型不同，而将龙置于鸟下（图 5-11），以象鸟携龙而降[4]。类似的造型还见于多件商代鸮卣的纹样。殷墟 SM539 所出商代鸮卣[5]，即于卣的外底装饰鳞纹的阴龙；而美国华盛顿弗利尔美术馆所藏商代鸮卣[6]，也将装饰鳞纹的阴龙隐于鸮禽之下（图 5-12）。这

1 冯时：《二里头文化"常旜"及相关诸问题》，《考古学集刊》第 17 集，科学出版社，2010 年。
2 梁思永、高去寻：《侯家庄》第九本，1129、1400、1443 号大墓，中央研究院历史语言研究所，1996 年。
3 梁思永、高去寻：《侯家庄》第二本，1001 号大墓（上），中央研究院历史语言研究所，1962 年。
4 中国社会科学院考古研究所：《张家坡西周墓地》，中国大百科全书出版社，1999 年。
5 中国社会科学院考古研究所：《殷墟青铜器》，文物出版社，1985 年。
6 中国科学院考古研究所：《美帝国主义劫掠的我国殷周铜器集录》，科学出版社，1962 年。

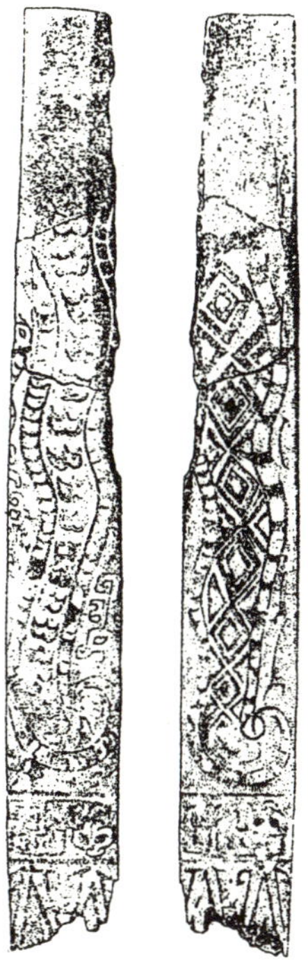

图 5-10　殷代龙纹骨柶

图 5-11　西周鸟携龙玉件

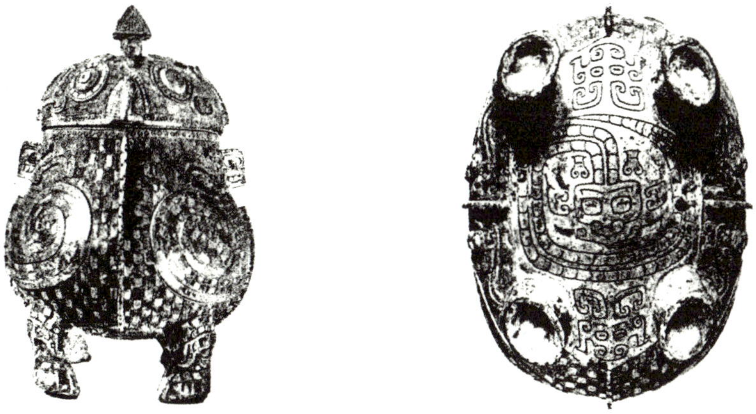

图 5-12　殷代鸮卣及器底所饰龙图

种独特的设计显然意在表现鸟携龙而降的文化内涵。不啻如此，这种降伏之龙有时也像升天之龙一样装饰于鸟翅，所不同的是，商人将升龙饰以菱纹，以喻其阳，而降龙则饰以鳞纹，以喻其阴。美国人穆尔（William H. Moore）所藏商代铜尊即以鳞纹之阴龙饰于飞禽羽翅[1]，以表现西方属阴的降龙。事实上，古人以升天之龙饰以菱纹，以降伏之龙饰以鳞纹，这种做法几乎遍及三代时期的龙形图像，其目的当然是以龙星的升降见伏表现阴阳。

龙星在天为阳，表现为星神；入地为阴，则表现为社神。汉字的"龙"不仅取象天文，而且商周金文的"龙"字竟也饰以菱纹（图 5-13），从而显示出其在天为阳的特征。很明显，"龙"字装饰菱纹而表现为阳性，这种处理与龙源于星

1 中国科学院考古研究所：《美帝国主义劫掠的我国殷周铜器集录》，科学出版社，1962 年。

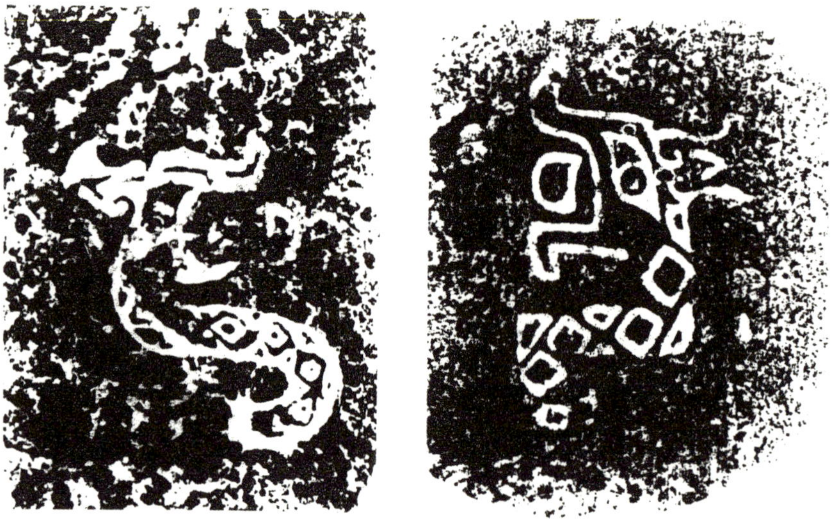

图 5-13　商周金文的“龙”字（1.《集成》10486 2.《集成》1119）

象的本质完全符合。同时，根据中国的上古文献可知，夏代的社神名曰句龙，意即蟠曲如句之龙。《左传·昭公二十九年》：“共工氏有子曰句龙，为后土。……后土为社，自夏以上祀之。”先夏时代的社神图像已发现于山西襄汾陶寺遗址[1]，其形即呈句龙之状，且口中衔有社树符号，身饰鳞纹（图 5-14），与句龙作为社神而具属阴的性质吻合。社神之所以为句龙，同样来源于龙星回天运行而入地属阴的事实。

图 5-14　陶寺句龙陶盘

龙既具有阴阳二体，于是渐有二龙戏珠的想象。中国艺术品中的龙珠形象皆为火焰腾天[2]（图 0-15，2），本即以龙心第二星之大火星为原型。即使与丹凤朝阳的太阳形象比较[3]（图 5-15），这一点也看得格

图 5-15　春秋晚期青铜表座（浙江绍兴坡塘出土）

1 中国社会科学院考古研究所山西工作队、临汾地区文化局：《1978—1980 年山西襄汾陶寺墓地发掘简报》，《考古》1983年第 1 期；冯时：《中国古代的天文与人文》第二章第四节，中国社会科学出版社，2009 年修订版。

2 庞朴：《火历钩沉——一个遗失已久的古历之发现》，《中国文化》创刊号，1989 年。

3 中国青铜器全集编辑委员会：《中国青铜器全集》第 11 卷，文物出版社，2006 年。

外清楚[1]。因此，所谓二龙戏珠的题材实际表现的正是统治者由龙星授时的朴素工作发展出的对龙星及大火星的自然崇拜。作物的生产需要有准确的时间服务作为保证，所以时间决定作物的生长体现了古人长期积累的经验知识，而阴阳和合以生万物观念的建立则使古人在哲学意义上完成了对万物生养原因的形上解释。显然，作为授时星象的龙具有阴阳的双重属性，这一事实其实只是先民对于万物生养原因的思辨结果，而二龙戏珠则是这种思辨的艺术表现。

三、从观象授时到自然崇拜

龙星何以备受古人关注，并最终作为王权的象征？这个事实其实直接来源于龙星诸宿所具有的观象授时的重要作用。天文学是为适应农业生产而诞生的古老学问，在中国天文学的初创时期，龙于黄昏时从东方升起的时候恰值春分前后，这在黄河流域正当农作播种的理想时节。这使古人理所当然地把昏见的龙星视为指导农业生产的标准星象。在远古社会，天文学是被统治者所垄断的神秘知识，他们通过正确的观象授时而实现对氏族的统治，这意味着作为授时标准星象的龙星不仅被赋予了特殊的意义而加以崇拜和祭祀，而且源于星象的龙也就与其观测者建立起了固有的联系，从而具有了王权的象征意义。因此，从中国古代天文学所具有的强烈政治倾向的特点分析，由于王权的基础来源于天文，作为王权象征的龙源于星象的本质便也愈益清晰。

龙的原始形象来源于对东宫六宿所呈现的自然形象的艺术化结果，龙星由于其所具有的指导农业生产的重要作用，这使它必须被纳入到自然神祇的祭祀系统，而祭祀的需要又总会要求古人把抽象的事物形象化和具体化，尤其是在文字产生之前的远古时代，这种要求就更显得迫切，于是人们开始根据身边熟悉的事物与天上的龙星进行比附，以建立自然神祇的崇拜偶像。这种比附囿于各地物种的不同以及人们对物种理解的不同，自然会表现出巨大的地域差异。譬如在黄河或长江流域，人们习惯于将鳄鱼作为龙的世俗形象，无论西水坡的蚌龙还是石楼铜觥的造型和花纹，都明确显示了鳄鱼确曾作为龙的原始雏形的事实[2]。然而在内蒙古草原地区，龙的世俗形象却被人们更为熟悉的马所取代，发现于内蒙古三星他拉的红山文化玉龙即呈马首蛇身的造型[3]（图 5-16）。显然，古人赋予龙星自然本象的现实形象在演化为人们熟知的艺术形象之前，其实是千姿百态的。

有趣的是，尽管龙的现实形象取自于不同地域的人们所熟识的不同动物，但这些动物形象在演化为龙的艺术形象的过程中却无不经历了必要的改造，从而使其形象既保留了所象动物的原型特征，又与其动物原型相区别。西水坡蚌龙与虎共存的遗迹共有三处，虎俱作四足之形，显然是对自然界中真实虎形的写实，而龙却无不仅具二足（图 3-2；图 3-3；图 3-4），与真实的鳄鱼明显有别，显然已是对鳄的现实形象进行了艺术提炼。而三星他拉玉龙虽取于马，但也仅具马首，并以龙身蟠曲以象星回于天，而将马足全部省却。这些对于龙的形象的艺术处理

1 庞朴：《火历钩沉——一个遗失已久的古历之发现》，《中国文化》创刊号，1989 年。
2 杨钟健：《演化的实证与过程·龙》，科学出版社，1957 年。
3 翁牛特旗文化馆：《内蒙古翁牛特旗三星他拉村发现玉龙》，《文物》1984 年第 6 期。

图 5-16 红山文化玉龙（三星他拉出土）

都集中于对兽足的简化，其做法绝非偶然，应该反映了早期先民对于龙星形象的某种独特理解。或者正是由于龙的形象本于星象，而并非取自现实生活中存在的某种走兽飞禽，所以先民才需要通过特别简化兽足的方式，使龙得以与其他取形于真实动物形象的星象相区别。很明显，这种做法不仅巧妙，而且其观念也颇为朴素。

龙的形象于晚世有了更丰富的发展，探古求原，揭示龙的起源，如此才能对龙所具有的文化内涵有比较透彻的理解。但就究明其原始内涵而言，已经没有太大的意义。事实上，古代先民对龙的崇拜只是源于他们对东方星宿的崇拜，而这一崇拜的缘起则在于龙星对于远古先民的授时意义。

第二节 虎与咸池

四象以白虎配属西宫，虎的形象同样来源于西宫之中某些星象的组合，但这并不是说虎形可以视为西宫七宿组成的形象，这种认识乃是对于虎象作为西宫象征的发展，而从四象起源的角度考察，虎的形象无疑取源于西宫授时主星所呈现的形象。

西宫的授时主星为觜、参两宿，两宿加之伐星组成虎象，文献和考古学的证据都很明确。《史记·天官书》云：

> 参为白虎，三星直者，是为衡石。下有三星，兑，曰罚，为斩艾事。其外四星，左右肩股也。小三星隅置，曰觜觿，为虎首，主葆旅事。

张守节《正义》：“觜三星，参三星，外四星为实沈，……为白虎形也。”这段充满了星占色彩的描述表明，参宿一至参宿三东西直列，状似称衡，古人名之曰衡石。这三星之下有三颗垂直的小星，即为罚，又名伐。裴骃《史记集解》引孟康云：“在参间。上小下大，故曰锐。”张守节《史记正义》：“罚，亦作伐。”伐星则象虎尾。六星之外有四颗大星，分别为参宿四至参宿七，形象白虎四肢。在参宿四、五两星之间有三颗小星，象虎口虎首，是为觜宿。很明显，觜宿与参宿组成的形象很像是一张悬挂于天空的虎皮，这当然是古人将其视为虎形的直接原因。

由于参宿的七颗星都是二等以上的亮星，在黄河流域冬季的夜空中非常醒目，所以古人很容易将它们联系在一起。“参”本为“三”的含义，衡石三星作为与东方苍龙星宿中的心宿三星遥相对应的授时主星，成为古代先民最早辨识的星官，这意味着古人对于白虎星象的认识年代应该与苍龙星象一样古老。

中国古人以西宫七宿的主宿觜、参作为白虎形象，这种观念不仅至少在以西水坡星象图为代表的仰韶时代就已形成，甚至自公元前第四千纪中叶以后的五千年中，这种认识几乎没有任何改变。得出这样的结论其实并不夸张，因为在西汉末年的星象图上，我们仍有机会看到一个传承有序的古老传统。在这部星图中，参宿被画成一只奔跃的猛虎，猛虎前爪下有一星，头顶右上方有一星，这两颗应该表示"左右肩股"中的二星。此外，虎背与虎尾上方尚残存连成一线的两颗星，而且按照合理的推测，在星图破损的部分中还应有一星与其相连，这三颗星应该就是被称为衡石的参三星（图 4-40）。关于这一点，汉代的其他美术品中也可以找到相似的表现形式（图 4-41；图 4-42）。

西宫白虎由觜、参两宿扩大而变为七宿的形象，这种转变准确地说从来就没有发生过，晚世人们所接受的以西宫七宿构成虎形的做法如果视作一种观念的更新或想象的丰富，或许比将其解释为简单地追求象的发展更符合实际。原因很简单，一方面，由于觜、参两宿作为西宫的主宿，而以主宿的形象指示西宫十分自然，这个事实至少在西汉的星图上还反映得相当清楚；而另一方面，我们在星图上也同样看到，自奎宿而至毕宿，甚至觜宿，每个星官都有自己独特的含义，而这些含义显然并没有被古人放弃。如果我们非要将西宫七宿附会成虎形，那么这种做法不仅在形象上与星官所呈现的形状难以吻合，甚至可以说几乎找不到任何早期文献的证据。

四象起源时代之早，尤其是龙、虎二象相配出现，其于新石器时代以至战国星象图中广有所见的事实已非常清楚。然而司马迁在《史记·天官书》中却保留了一个颇为耐人寻味的四象体系，文云：

东宫苍龙，……南宫朱鸟，……西宫咸池，……北宫玄武。

《汉书·天文志》承其说。王元启《史记正讹》："咸池者，西宫诸宿之总名，与前后苍龙、朱鸟、玄武一例。"西宫何以不言白虎而称咸池，这一事实无疑反映了根深蒂固的阴阳刑德思想。

中国传统的阴阳思想几乎影响着传统文化的各个层面。人类的繁衍与生命的诞生显然使他们萌生了最朴素的阴阳判断。而由对生命诞生原因的探索扩大到对万物生养原因这一带有普遍性的认识，则必须要求古人完成一种具有一般意义的哲学思辨，这就是阴阳。当然，观象授时的制度宗旨与观象经验可以使先民很容易地建立起生命与时间的联系，而时间作为万物生养基础的事实恰好与古人对阴阳作为万物生养基础的认识相一致，这使时间自然成为表述阴阳的最理想的载体。不仅如此，由于中国传统的时空关系表现为空间决定时间，因此，人们要想测得精确的时间，就必须首先测得精确的空间。这意味着空间体系与时间体系一样，同样是阴阳表述的基本形式。这些思想构成了中国传统宇宙观的重要部分，其产生时间甚至可以一步步追溯到距今八千年前的新石器时代[1]。

在阴阳观念的框架下来规范空间和时间，显然东属阳而西属阴，春属阳而秋属阴，将四象与之相配，则龙属阳而虎属阴。以刑德思想与之结合，则德为阳而刑为阴，而时空之东、春与四象之龙皆属德，西、秋与四象之虎则皆属刑。刑主

1 冯时：《天文考古学与上古宇宙观》，《中国史新论——科技与中国社会分册》，中央研究院、联经出版公司，2010 年。

阴而为刑杀，这一意义恰与觜、参两宿所呈现的虎象相合，或者正是由于古人以西方为主杀之方，所以才有将觜、参想象为虎形的创造。《天官书》以虎尾一官曰“伐”，主斩艾事；而虎首主葆旅事。司马贞《史记索隐》引姚氏曰：“宋均云葆，守也。旅犹军旅也。言佐参伐以斩艾除凶也。”《春秋运斗枢》：“参伐事主斩艾。”都是这些思想的反映。后世以五行配四五方，其中以木属东，以金属西，同样体现了木生主德，金杀主刑的阴阳刑德观念。

古人观象授时的基本宗旨在于主德就阳而祈生，而刑杀的思想显然与这一基本追求格格不入。所以中国的传统宇宙观无不以就阳避阴、任德远刑为其理念。《春秋繁露·阴阳义》：“天地之常，一阴一阳。阳者天之德也，阴者天之刑也。……是故天之道以三时成生，以一时丧死。……春，喜气也，故生；秋，怒气也，故杀；夏，乐气也，故养；冬，哀气也，故藏。四者天人同有之。……使德之厚于刑也，如阳之多于阴也。”又《王道通三》：“阴，刑气也；阳，德气也。阴始于秋，阳始于春。”又《天地阴阳》：“任德远刑，若阴阳。”传统观念“以三时成生，以一时丧死”，而在观象授时的活动中，为追求祈生的根本目的，首先需要削除的就是刑杀的影响，因此古人需以任德而远刑为其宗旨，尽量避免在祈生的时空体系中含有杀伐的因素。很明显，基于这样的刑德观念，凡表现刑杀的西方方色与虎象都必须加以避除。目前发现的夏代早期或先夏时代的槷表遗物，表体髹有青、红、黑三色漆，以象春分、夏至、冬至三时，其避言秋分之白色，显然意在避丧死之一时。槷表是辨方正位并进而测定时间的基本工具，而这些测定时空的工作，古人便认为就是测定阴阳的工作，所以在揆度阴阳的天文仪具上髹以表示主生的青、红、黑三时之色而独避白色，正准确地表达了就阳而避阴的任德远刑观念。

长沙子弹库出土战国楚帛书所言分至四神皆以方色相配，其中春分神为伯，名曰“青榦”；夏至神为仲，名曰“朱四单”；秋分神为叔，名曰“□黄难”；冬至神为季，名曰“泪墨榦”。其长幼次序与《尚书·尧典》所体现的思想完全一致。而伯、仲二名以方色用字居首，叔、季二名则以方色用字居次，厘然有序，不相混淆。很明显，秋分神本应以白色命名却舍白而取黄，而黄为中央主生之色，这种做法无疑表现了古人就阳而避阴的传统思想。

夏代槷表的表体所饰三色虽避言白色，但这并不意味着由槷表所建立的标准时体系不含有秋分，事实上在任德远刑观念下的槷表装饰颜色，由于春、秋二分时的表影结果相同，古人实际是以表现春分的主德之青色兼示秋分，就像楚帛书作为秋分神的名称需要以主生的黄色表示一样。因此我们知道，传统的宇宙观为强调祈生的基本追求，具有刑杀内涵的西方秋分有时是需要通过具有主德主生的东方之色代替或兼而表示的。《天官书》于西宫避言白虎而称咸池，正是这种观念的反映。

咸池虽然在中国传统天文学体系中作为星官的名称，但它的本义却是太阳于东方出升之地的地名。《淮南子·天文》：“日出于旸谷，浴于咸池，拂于扶桑，是谓晨明。”可明咸池实为太阳于东方出升之前所浴之池。这个事实又见载于《山海经》。《海外东经》云：

下有汤谷。汤谷上有扶桑，十日所浴。

知“咸池”也就是“汤谷”。《楚辞·天问》：“出自汤谷，次于蒙汜。”《尚书·尧典》、

《淮南子·天文》皆作“旸谷”[1]，《归藏·启筮》则作“阳谷”。“谷”与“池”同义，而“旸”、“汤”、“阳”古书无定，本应作“旸”或“阳”，指太阳出升之地，而太阳自水而出，故又以“旸”、“阳（陽）”字从“水”而作“汤（湯）”。《大荒南经》云：

> 东南海之外，甘水之间，有羲和之国。有女子名曰羲和，方浴日于甘渊。

又知“咸池”、“旸谷”或名“甘渊”。《大荒东经》：

> 东海之外大壑，少昊之国。……有甘山者，甘水出焉，生甘渊。

郭璞《注》：“水积则成渊也。”明甘渊地在东海之外，为积水而成之渊，其与咸池的意义恰好相合。

中国大陆以东为广阔的大海，这决定了先民观测到的日出一定是从海中升起，所以古代表示日出的文字“旦”作“”，即象太阳从大海出升的景象。这一现象无疑可以诱发所谓“浴日”的想象，所以古人将东海视为太阳的浴所，太阳在出升之前要在其间洗一个澡，而这浴日的大池就是旸谷，古人或又名之为甘渊或咸池。“池”、“渊”义同，而据“甘”乃言美味可知，“咸”字本义也当指滋味，应即咸淡之咸（鹹）的本字。海水味咸，故咸池本谓咸水之大池，地指东海。

《淮南子·天文》：“咸池者，水鱼之囿也。”高诱《注》：“咸池，星名。”《隋书·天文志》：“天潢南三星曰咸池，鱼囿也。”古以咸池为水鱼之囿，正合咸池本为大海之义。

咸池本为日出之地，于地属东，于刑德必属德而主阳。《淮南子·天文》：“大时者，咸池也；小时者，月建也。”咸池作为日出之地，《天文》又记日出经咸池而立十六时，遂古人有以咸池喻日的传统。故大时、小时实言阴阳合历之气、朔要素，大时咸池为气，以见日行而纪回归年；小时月建为朔，以月行而纪朔望月。以此观之，咸池之性质属阳也十分明显。因此，先民以咸池而称西宫，避言秋阴之白与虎之刑杀，正合以阳兼阴、任德远刑的祈生观念。

诚然，西宫咸池与其他三宫直称其象的做法总不免有失协调，于是人们为使象的表述整齐划一，同时又不影响主德祈生的基本诉求，便开始将四象体系进行重新整理，于是出现了见于《礼记·月令》系统中与四象对应的四虫，即春虫鳞，夏虫羽，秋虫毛，冬虫介，四虫的本义显然分别出于主春之象龙、主夏之象鸟、主秋之象虎和主冬之象玄武，但其避言方色及具体之物象的目的，无疑是出于以一种统一且隐晦的描述形式避除刑杀。很明显，四象形式的这种转变表明，《天官书》所反映的体系显然比《月令》的体系更为古老。

第三节　南宫朱雀

南宫构成鸟象的星宿集中于柳、星、张、翼四宿。《史记·天官书》云：

> 柳为鸟注，主木草。七星，颈，为员官，主急事。张，素，为厨，主觞客。翼为羽翮，主远客。

---

1 ［唐］司马贞《史记索隐》：“《史记》旧本作汤谷，又引《淮南子》旧本亦作汤谷。”

《史记·律书》"柳"作"注"，《汉书·天文志》"注"作"喙"，"素"作"嗉"。司马贞《索隐》："《尔雅》云：'鸟喙谓之柳。'孙炎云：'喙，朱鸟之口，柳其星聚也。'以注为柳星，故主草木。七星，颈，为员宫，主急事。案宋均云：'颈，朱鸟颈也。员宫，喉也。物在喉咙，终不久留，故主急事也。'素，嗉也。《尔雅》云：'鸟张嗉。'郭璞云：'嗉，鸟受食之处也。'"以四宿构成鸟象，其中柳为鸟喙，星为鸟颈，张为鸟嗉，翼为鸟翼，形象完整。

南宫鸟象的起源可以上溯到与龙、虎同样早的时代。在西水坡与仰韶时代蚌塑星象图共存的另两处遗迹中，都已出现鸟与龙、虎共同组成的星象遗存，其中第二组遗迹以鸟与龙、虎、鹿共存，显然将鸟视为四象星官的一部分；而第三组遗迹则以鸟与龙、虎及银河同时摆塑，鸟所具有的星象内涵也十分明显。然而，西水坡作为星象遗存的鸟究竟是作为二十八宿中哪些星官的形象，目前还不易确定，虽然在四象的体系中，柳、星、张、翼四宿构成了南宫朱鸟形象的主体，但在《尧典》所反映的早期文明时代，鸟的形象应该并不像人们习惯上认为的那样占有足以容纳四宿星官的广阔天区。《尧典》有关的四仲中星是：

日中星鸟，以殷仲春。

日永星火，以正仲夏。

宵中星虚，以殷仲秋。

日短星昴，以正仲冬。

这些天象向被视为传说中帝尧时代的真实记录，然而《尧典》以帝尧作为伏羲、女娲之上的大神，其为天神，或者说至上神帝的身份十分清楚。显然，从现有的史料分析，这种史观的形成只能在西周以前。在这个时代，鸟与火、虚、昴三官并举，这意味着鸟如果不是像火、虚、昴三官一样仅指一个星官甚至这个星官中的某颗恒星，至少也不可能作为包括四星官的鸟象而存在。其实从实际天象观测，张、翼两宿所组成的形象已足以构成一个完整的鸟象，其中张宿以象鸟首，翼宿以象身翼。这个形象应该是比古人以柳、星、张、翼四宿组成鸟象更早出现的四象形象。

最早的南宫鸟象仅包括张、翼两宿，这个结论不仅可以获得《尧典》记载的支持，更重要的是，它几乎可以通过相关的考古资料将这一事实的出现年代系统地追溯到殷商时代甚至更早。根据曾侯乙墓出土的战国初年漆箱盖面星象图可以知道，北斗与分布于赤道带的二十八宿授时主星所建立的联系非常清楚，因为四个象限宫中的授时主星分别由北斗向四方的延长线所指明，其中东宫为心，北宫为危，西宫为觜，南宫为张。而张宿于春分昏中的时代约在距今三千年前，与《尧典》所记火于夏至昏中、虚于秋分昏中的时代大致相合。这些证据都显示了一个基本事实，这就是南宫鸟象曾经经历了由小到大的发展，其内涵则是鸟象所包含的星官数量的增多。

《尧典》的内容无疑保留了有关天文学与天文思想的非常古老的传统，商代甲骨文以及新石器时代的考古资料对于说明这一点都很有帮助。至于经文所载四仲中星的观测年代，或可借助岁差的计算将其至少追溯到公元前十一世纪以前，甚至对于昴星的观测，更可能早至距今五千年前。显然，朱鸟的形象在那个时代还只是作为包括张、翼两个星官的小象而存在。

西周晚期至春秋时代的虢国铜镜图像是目前所见最早完整绘有四象形象的古

代遗物。铜镜的上方雕有朱雀，其形象显然不是一个单独星官所能表示的。因为在稍晚的战国文献中，作为鸟象主体的柳、星、张、翼四宿已经分别被视为一个完整天象的某一部分。如《左传》称柳宿为“咮”，《石氏星经》则以张宿为朱鸟之嗉，这些认识与《史记·天官书》所保留的天文观完全符合。可以认为，朱雀由四个星宿组成的完整形象在这一时代已经形成。

古人对于朱雀的想象在西汉末年的星象图上依然得以存留，图中将柳、星、张、翼四宿合在一起，画成一只淡青色的大鸟。大鸟头向西方，自鸟喙至双翼有八星相连环绕（图4–45）。虽然图中配合鸟象所绘的星宿只是示意性的，但大鸟的形象与方向却与柳、星、张、翼四宿反映的真实天象吻合无间。

这幅西汉星象图同时还显示出一个重要事实，在南宫七宿中，除柳、星、张、翼四宿组成了大鸟形象之外，至少井宿与鬼宿还应具有自己独特的内涵。图中将井宿绘成正方形的水井，而鬼宿则被绘成二人舆尸之形。这些形象独立于鸟象之外，在鸟象最终完成之后，它们显然没有，也没有必要融入朱雀形象。因此，四象的确立实际只是选择了南宫诸宿中的主宿之象，而其他星宿所固有的小象不仅未被放弃，反而作为与主象共存的独立星官而长期传承。

第四节　北宫之象及其演变

四象中以北宫之象最为复杂，传统以北宫为玄武，乃为一种龟、蛇合体的灵物，但以玄武与龙、虎、鸟相配构成四象，这种做法，就目前的材料看仅能追溯到战国时期，而在更早的天文遗存中，被玄武取代的北宫之位，原来却是一只或两只麒麟。沿着这条线索寻找下去，我们可以在与西水坡星象图相关的第二组四象遗存中发现麒麟的图像。这些迹象所暗示的事实相当清楚，在四象最后定型之前，北宫的主象显然是麒麟而并不是龟蛇。尽管这两类动物在表面上看似乎没有什么联系，但是，假如我们从北宫授时主星所呈现的形状上去考虑，或许可以钩沉出四象的这个久已失传的演变过程。

按照传统的理解，玄武之象中的龟象应为虚、危二宿所组成的形象，而蛇象则取自虚、危两宿以北的螣蛇。在西汉时期的星象图上，虚、危两宿相连组成一个龟形，而龟形的中央则绘有一条黑色的小蛇（图4–30）。尽管星图中并没有将龟的形象直接画出，但我们仍然认为这个玄武形象已经足够逼真了。然而，将这幅星图与战国初年曾侯乙墓二十八宿漆箱星象图比较，我们却能看到因授时主星的不同而呈现的另一个四象传统。曾侯乙墓漆箱盖面星象图中的北斗，其向北延长的直线直指危宿，表明危宿乃是北宫的授时主星，而漆箱的北侧立面星图则相应地绘有女、虚、危三宿和雷电一星。值得注意的是，星图以危宿为中心，同时绘有围绕危宿的两只相对的麒麟（图1–3，4），而并未出现人们通常认为应该出现的龟蛇。《鹖冠子·度万》：“骐麟者，玄枵之兽，阴之精也。”《公羊传·哀公十四年》徐彦《疏》引无“骐”字，《左传·襄公二十八年》孔颖达《正义》：“玄枵为虚危之次也。”这是上古曾以麒麟作为北宫之象的确凿记载。很明显，如果说虚宿与危宿后来真正成为玄武的形象来源，那么在同样的位置上，麒麟的形

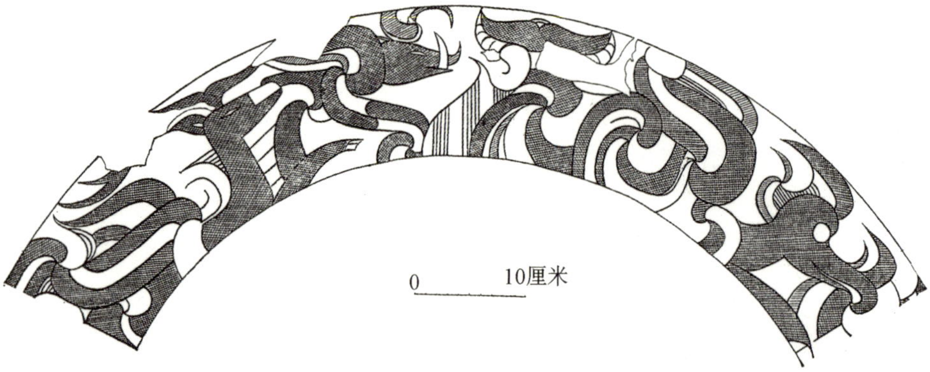

图 5-17 小山陶尊图像（采自《考古》1987 年第 6 期）

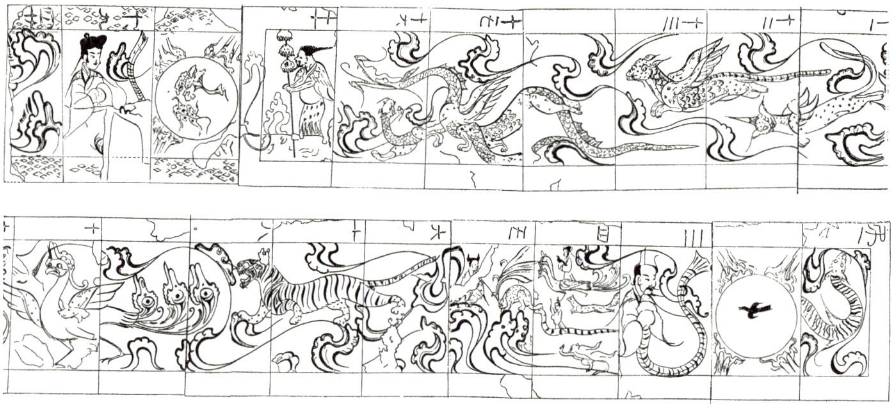

图 5-18 西汉卜千秋墓壁画（洛阳发现，采自《文物》1977 年第 6 期）

象先于龟蛇早就出现了。

考古资料可以为我们提供史前时期甚至前文字时代的四象物证，其中的北宫主象为麒麟不仅明确，而且其传统也相当悠久。现在我们将古代天文遗存中出现的麒麟配属北宫的材料依时代早晚梳理于下：

小山星象图（公元前 5000—前 4700 年）[1]	麟、鸟（图 5-17）
西水坡星象图（约公元前 4500 年）[2]	龙、虎、麟、鸟（图 3-3）
虢国铜镜（公元前九世纪—前七世纪）[3]	龙、虎、麟、鸟（图 5-5）
曾侯乙星象图（公元前五世纪）[4]	龙、虎、麒麟、（鸟）（图 1-3）
西汉卜千秋墓（公元前一世纪）[5]	龙、虎、麒麟、鸟（图 5-18）
尼雅彩锦护膊[6]	龙、虎、麒麟、鸟（图 5-19）

与之比较，北宫主配玄武的历史却要晚起很多。相关的材料同样可以梳理如下：

《礼记·月令》、《吕氏春秋》	鳞（龙）、毛（虎）、介（龟）、羽（鸟）

1 中国社会科学院考古研究所内蒙古工作队：《内蒙古敖汉旗小山遗址》，《考古》1987 年第 6 期。
2 濮阳西水坡遗址考古队：《1988 年河南濮阳西水坡遗址发掘简报》，《考古》1989 年第 12 期。
3 中国科学院考古研究所：《上村岭虢国墓地》，科学出版社，1959 年。
4 湖北省博物馆：《曾侯乙墓》，文物出版社，1989 年。
5 洛阳博物馆：《洛阳西汉卜千秋壁画墓发掘简报》，《文物》1977 年第 6 期。
6 新疆文物考古研究所：《新疆民丰县尼雅遗址 95MN Ⅰ号墓地 M8 发掘简报》，《文物》2000 年第 1 期。

图 5-19 尼雅彩色护膊

图 5-20 郝滩东汉墓星象图之虚、危星象及其中的麒麟形象

《淮南子》（公元前二世纪中） 龙、虎、玄武、鸟

《史记·天官书》（公元前二世纪末） 龙、咸池（虎）、玄武、鸟

西安交通大学西汉晚期星象图 龙、虎、玄武、鸟

两相对照便不难发现，古人以玄武作为北宫之象的观念最早也不可能早过战国时代。由于麒麟被玄武取代而失去了其作为北宫之象的地位，于是古人将其转配中宫，从而填补了早期仅以四象配属四宫而致中宫留下的空缺。不过必须注意的是，即使在晚近的四象体系形成之后，人们也并不以为北宫麒麟不可以与北宫玄武同时并存。事实上，正是因为古人以麒麟配属北宫的传统太过古老，直至两汉的星图中仍然可以感受到这种固有观念的深刻影响。郝滩东汉墓星象图于虚、危两宿间绘以麒麟双兽，保留了北宫的原始形象（图 5-20），同时又将新生的玄武移于室、壁两宿间（图 5-21），使其与旧象共存。这种情况直至魏晋时代仍有遗绪（图

图 5-21 郝滩东汉墓星象图之室、壁星象及其中的玄武形象

5-22）。

北宫最初以麒麟表示，这个传统无疑来源于危宿作为北宫授时主星的事实。换句话说，古人以麒麟主配北宫，正是基于危宿所呈现的形象。如果我们将危宿三星及其附座坟墓四星所组成的图像视为一只头生独角的麒麟，那当然可以非常圆满地解决麒麟形象的取象问题。毫无疑问，先民何以对危宿给予特别的重视，原因就在于其恰恰处于一个赤道宫的中心点上，这个位置不仅对于上古观象授时活动具有重要的意义，而且这一事实也于曾侯乙星图上有着明显的反映。利用岁差的计算结果显示，大约距今六千年前，当大火星（心宿二）位于秋分点的时候，危宿则恰在日没之后处于南中天的位置，这种观测方法对后来《尧典》有关四仲中星的描述产生着直接影响。我们知道，当恒星位于分至点的时候，实际是指太阳在这些中气所在的位置，而那些作为背景的星其实是看不到的，人们所能观测到的只能是距太阳足够远的恒星。中国古代天文家的基本观测方法之一，就是在日没后或日出前对南中星的观测，每三个月的周日运动则相当于周年运动的一个象限，这意味着恒星在天球上遵循着有规律的周日与周年合成运动。现在

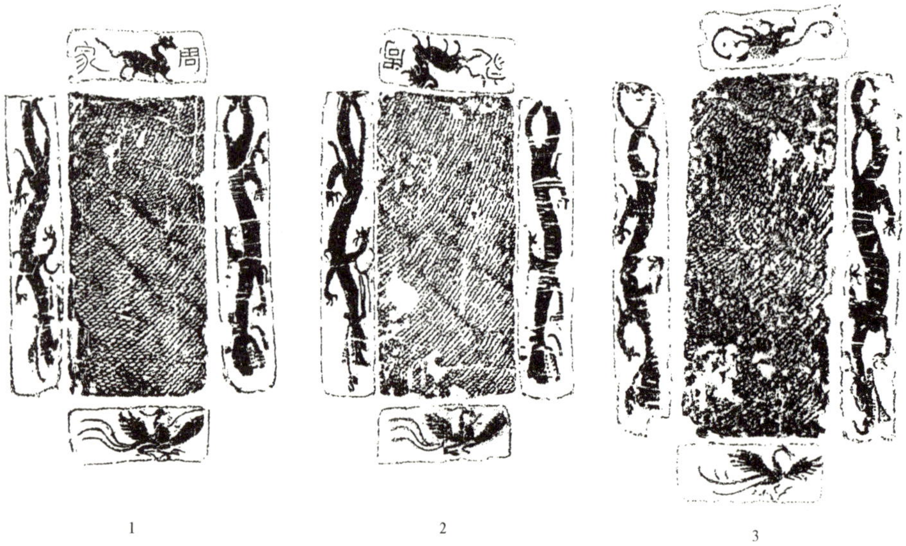

图 5-22 西晋墓四象画像砖（1、2.龙、虎、鸟、麒麟 3.龙、虎、鸟、玄武）

冬至日午后六时上中天的宿，就是下一个春分日正午太阳所在的位置，这种天体的运行全部在天极和赤道坐标的框架体系中进行，而且完全符合中国传统天文学的特点。中国古代解决恒星与太阳的相对位置的问题，使用的方法之一就是通过可见天体以推定不可见天体的位置，而大火与危宿即恰好处于这两个象限宫的中心。

麒麟形象在中国早期天文学体系中并不是始终作为北宫的象征，在完善的天官体系定型之后，北宫的形象则被玄武取代，而麒麟则被转配于中宫。玄武的形象为龟蛇合体，而虚、危两宿的逐渐完善，显然是龟象形成的基础，这一点在西安交通大学西汉墓星象图中已经展现得相当清楚。一般认为，玄武中龟的形象来源于虚、危两宿所组成的形象，但蛇的形象应该另有来源，其与龟互配为玄武，时间也要更晚。我们在虚、危以北的天区可以找到由二十二颗星组成的名为螣蛇的星官，它可能最终被移用于北宫之象，并与龟共同组成了玄武。

以玄武作为四象中的北宫之象，文献学最早且明确的记载只能追溯到西汉初年淮南王刘安所撰的《淮南子》。尽管《史记·天官书》的相关内容或许反映了战国时代的天学体系，然而在像《礼记·月令》以及《吕氏春秋》十二月纪这些明确的战国文献中，以龟蛇合体为特征的玄武是否存在表述得并不清楚。两部月令文献同以介虫配属冬季，《吕氏春秋》高诱《注》云："介，甲也，象冬闭固，皮漫胡也。"毕沅《校正》云："皮漫胡，谓皮长而下垂，亦似闭固之象。"卢文弨云："《周礼·天官》：'鳖人掌取互物。'郑司农云：'互物，谓有甲𦶎胡，龟鳖之属。'按'𦶎'与'漫'音义同。甲周其外，皮亦周其内，今人谓鳖有裙。《五代史补》言僧谦光'但愿鹅生四掌，鳖留两裙。'裙即所谓皮漫胡也。"许维遹《集解》云："《注》'胡也'下疑夺'甲虫，龟为之长'六字。《淮南注》可证。《孟春纪注》'鳞，鱼属也，龙为之长'，《孟夏纪注》'羽虫，凤为之长'，《孟秋纪注》'毛虫之属，而虎为之长'，其比均同，此不应省。"[1]又《礼记·月令》郑玄《注》云："介，甲也。象物闭藏地中，龟鳖之属。"皆以介虫为龟而不及蛇。事实上，我们并不怀疑玄武在战国时代已经取代麒麟而充当了北宫的形象，《史记·天官书》的记载已足以将龟蛇合体的玄武形象的形成年代提前至西汉初年甚至更早，但是由于组成龟象的虚、危两宿乃是二十八宿中的授时主星，其地位之重要显然远非其外的螣蛇星官可比，因此在玄武的形象中，龟主蛇从的文化特征促使古人在表现冬主盖藏的政治观念时必须特别强调龟的作用。因此，龟蛇合体的玄武形象至迟出现于战国时代应是可以接受的结论。

北宫之象从早期的麒麟到晚期玄武的改变不仅影响着四象体系的调整，而且直接关系到中国传统天文学体系的完善。《礼记·月令》与《吕氏春秋》十二月纪的相关史料已清晰地揭示了这种调整和完善的工作，极具价值。具体内容为：

孟春、仲春、季春

其日甲乙，其帝太皞，其神句芒，其虫鳞，其音角。

孟夏、仲夏、季夏

其日丙丁，其帝炎帝，其神祝融，其虫羽，其音徵。

中央土

1 此脱文可据《淮南子·时则》高诱《注》补。

其日戊己，其帝黄帝，其神后土，其虫倮，其音宫。

孟秋、仲秋、季秋

其日庚辛，其帝少皞，其神蓐收，其虫毛，其音商。

孟冬、仲冬、季冬

其日壬癸，其帝颛顼，其神玄冥，其虫介，其音羽。

俱以十干、五帝、五佐、五虫、五音与五方四时相属。相同的内容又见于《淮南子·时则》，高诱《注》云："鳞虫，龙为之长。羽虫，凤为长。蠃虫，麟为之长。毛虫，虎为之长。甲虫，龟为之长。"其以五灵与五方相配，其中东方甲乙属龙，南方丙丁属鸟，西方庚辛属虎，北方壬癸属龟，体现的正是四象与四方配属的完整形式。值得注意的是，月令在季夏之末尚列中央一方，从而形成五位空间的系统。而五位于中央配以倮虫，按照汉儒的解释，倮虫正为麒麟。很明显，在原始的五方空间观念中，四象仅与东、西、南、北四方相配显然并不完美，中央配象的缺失无论在政治或天文哪方面都难以体现其合法性，于是先民为弥补这个缺陷，便将本为北宫之象的麒麟转配中宫，从而不得不别造出一个玄武作为北宫新的配象。这样，五象配伍五方空间的体系便终告完成。

古人何以独取本属北宫的麒麟之象转配中宫，澄清这个问题就必须首先明了北宫的配象传统。我们知道，以时间服务于生产与生活的观象授时活动当然视恒星为主要观测对象，这使二十八宿各宿授时主星的形象建构起了原始的四象体系。然而四象的形象虽然早晚略有不同，但这充其量也仅仅表现在人们对于北宫形象的选择。然而不论早期四象体系中作为北宫之象的麒麟，抑或晚期四象体系中构成玄武的龟蛇，都明显地区别于其他三宫而以成对的动物呈现，这无疑反映了根深蒂固的传统阴阳观念。曾侯乙漆箱的北立面星图即绘有成对的麒麟（图1-3,4），而西汉卜千秋墓及郝滩东汉墓星象图中更绘有明显属于阴阳二兽的两只麒麟（图5-18；图5-20）。事实上，中国古人早已将"麒"、"麟"二字赋予了阴阳的内涵。《说文解字·鹿部》："麒，麒麟，仁兽也。麇身，牛尾，一角。"又云："麐，牝麒也。"《汉书·司马相如传》引《上林赋》："其兽则麒麟角端。"张揖《注》："雄曰麒，雌曰麟。"即以麒、麟为雄雌二兽，分示阴阳。然而在早期人们尚未创造出"麒"字的时代，"麟"则兼含麒麟，以一兽而共阴阳二体。《尔雅·释兽》："麐，麇身，牛尾，一角。"《尔雅》未收"麒"字，而以"麟"为一角之兽通释麒麟，牝牡共体。其兽似鹿，故字从"鹿"为义符。《说文解字·鹿部》："麟，大牝鹿也。"[1]而考古所见早期麒麟形象虽或仅一只，但皆似鹿而头生一角，是以一体兼表阴阳。因此，古人以麒麟作为北宫之象，其暗喻阴阳的思想是非常鲜明的，尽管北宫之象于晚世发展为玄武，但不能不说这个新形象借阳龟阴蛇所体现的阴阳观念同样明显。这个事实表明，北宫之象的选择不仅反映着授时主星的形象，同时还体现着古人对于阴阳的认知。

四象中独以北宫的形象表现阴阳，这种做法当然源于古人对于北方作为空间与时间起点的朴素认识。由于观象授时乃是古代帝王最重要的工作，而中国传统的观象方法又是重点观测恒星的南中天，于是坐北朝南便逐渐成为古代君王习惯的为政方向。显然，在这种由观象授时所决定的人文传统中，君王所居的北方完全可以应

1 段玉裁《说文解字注》改为"大牡鹿"。《玉篇·鹿部》："麟，大麐也。"

合天上北斗所象征的天帝的方位，因而理所当然地成为方位的起点。方位体系由于是时间计量的基础，这意味着方位的起点其实就是时间的起点，而这些起点的人文理解则是化生万物的开始。传统以万数之始“一”、十二支之始“子”、五行之始“水”与四气之始“冬至”配伍北方，都是这一人文思想的体现，而后世历法以冬至所在之月作为岁首，又是将方位的起点运用于历法的发展。所有这些做法，目的当然只有一个，那就是表现阴阳相合而致生养万物的哲学理念。

北宫之象经历了早晚变化的事实是相当清楚的，考古资料与古文献史料都对这一点给予了充分的证明，北宫的主象最初为麒麟，其实更准确地说，应为合雄雌于一体的大鹿，古人或名之曰麟。其后阴阳二体渐分，于是又以麒、麟二兽取代一兽之麟成为北宫的主象。大约至战国时代，古人以麒麟转配中宫，则北宫之象又别造出龟蛇合体的玄武。然而不论是早期的主象麒麟还是晚期的主象玄武，其形象都是以二十八宿的危宿一官或虚、危二官为基础建立起来的。换句话说，麒麟或玄武无外乎体现了授时主星危宿或虚、危两宿的形象，而并不是北宫七宿的完整形象。对于说明这个问题，重温西安交通大学西汉墓星象图仍然十分必要，通过这幅星图我们看到，构成玄武的星宿仅有虚、危两宿星官，与此同时，北宫中的其他星官都依然保留着各自独特的形象和意义，这些小象显然并没有因为玄武最终成为北宫的主象而遭到淘汰。所以，同另外三宫一样，北宫麒麟或玄武作为四象之一也只是古人特别强调其授时主星虚、危两宿的结果，这种做法本身所揭示的显然是四象星官最初作为观象授时的重要星象的古老传统。现在我们有理由认为，中国传统天文学的所谓四象，其实并不是由东、西、南、北四宫中的七座星宿所构成的形象，而是古人对各宫主宿形象——授时主星——提升的结果。准确地说，古人将四宫授时主星的地位提升，以授时主星的本象指代各宫，便形成了传统的四象体系。这种做法不仅显示了四象体系的古老渊源，同时也为我们提供了利用早期授时星象估算四象体系起源年代的可能，这个时间在今天看来大约不会晚于公元前第四千纪，因为当时的实际天象表明，心、参、张、危四宿基本上位于二分与二至点上，而这四宿所具有的龙、虎、鸟、麟四象在西水坡仰韶时代遗迹中都已出现。毫无疑问，这四个星官由于直接服务于古人观象授时的需要，因此对中国传统四象体系的形成与发展产生了重要影响。

第六章 天文星图的形成与发展

早期先民的识星方法并不是机械地记忆每一颗星，而是注意辨识不同星群所组成的图像，并最终用相应图像的名称去命名这些星官。这种以观测星象为主要内容的活动便是观象。与此同时，传统的星占观同样需要将象赋予相应的星官，从而使星官通过它们所具有的不同的象表现出各自独有的星占意义。这个传统意味着，最早的星图其实都是由象构成的，我们在当时的星图上根本看不到人们耳熟能详的星点，而只存有各种不同的象。这个制图传统不仅是中国上古天文学的特点，更体现了人类早期天文学的共同特征。然而群星在天空中的客观存在总是不能被无限忽略的，于是随着天文学的发展，星与象作为星图的内容开始共同出现。因此，早期以象或星、象并存的星图，准确地说只能称之为天文图、天象图或星象图。古人摒弃象的概念而只取星官的做法出现相对较晚，它一方面是天文学逐渐科学化的产物，另一方面也是星占意义逐渐淡化的结果。在星象图经历了漫长的发展之后，终于形成了一种能够准确标注星官位置和星数的星图。事实表明，星象图在向星图演变的过程中，尽管新的制图观念已经形成，但传统对于星象及星占的追求并没有立即消失，两类图形事实上经历了一段并行发展的时期。

第一节　早期星图

早期的星图都是星象图，这类星图虽然一般只在墓葬中发现，但其作用却显然不是为了装饰，从中国天文学的官营性质考虑，星图的安排则是死者身份的重要标志；而传统的宗教观又使以星图表现的墓顶象征天宇，从而成为墓主灵魂的归所。

中国最早星图的设计应该起源于所谓的“盖图”，这个推测现在已为考古资料所证实。盖图是为解释盖天说而设计的一种宇宙图，它由两幅图叠合而成，下图绘成黄色，名曰“黄图画”；上图绘成青色，名曰“青图画”。黄图画上画有七个同心圆，表现一年中十二个中气的太阳周日视运动轨迹，古人名之曰“七衡六间图”。七衡之中以二分二至四中气最为重要，所以原始的黄图画其实只为由三个同心圆，也就是以二分二至周日视运动轨迹所组成的三衡图。三衡图中标绘北斗与二十八宿等星象，形成一幅以北极为中心的星图。青图画则以观测者的位置为中心绘出一个大圆，表示人的目视范围。青图画和黄图画各有一个极，将上下两图贯穿其极点相互叠合，青图透视下的黄图部分就是在该地观测者所能见到的星空。如果使黄图围绕北极左旋，青图画内便能看到不断变化的星空（图 3–7）。盖图的形成源出古人对于星象的直观认识，由于它是星图得以形成的重要基础，而且星图本身又多呈平面，所以直至隋代，依然有人将这种以北极为中心的星图称为盖图。

中国星图的起源至少可以上溯到公元前第五千纪的新石器时代，不过此时的星图作品其实已经相当成熟。内蒙古敖汉旗小山遗址出土属于公元前 5000 至前 4700 年的陶器[1]，其腹部一周雕绘包括北斗和南、北两宫授时主星的星图，其中北斗的星占学形象为猪，而南宫的授时主星张、翼两宿组成鸟象，北宫的授时主星危宿形成麟象，鸟、麟分置于北斗两侧，再现了北斗与南、北两宫授时主宿相互拴系的关系（图 5–17）。这种关系尽管在《史记·天官书》中表述得并不完整，司马迁称之为“杓携龙角，衡殷南斗，魁枕参首”，没有涉及北斗与南宫星宿的关系，但是在战国初年曾侯乙漆箱星象图中，北斗与四宫星宿的关系却呈现出一种既完整，又较《天官书》更为古老的形式。在这幅星图中，北斗被特意延长的四笔分别指向四宫的四个中心宿，具体为东宫心宿，北宫危宿，西宫觜宿，南宫张宿。如果我们追溯这个观测体系的历史，那么很明显，小山星象图所建立的北斗与南、北两宫授时主星的关系就恰好可以为曾侯乙时代的天学理念找到渊源。

河南濮阳西水坡 45 号仰韶时代墓葬约当公元前 4500 年[2]，墓中的蚌塑遗迹组成了一幅包括北斗与龙、虎星象的星象图（图 3–2）。蚌塑星象摆放于墓主人两侧及北端，其中蚌龙居东，蚌虎居西，蚌塑北斗居北。值得特别注意的是，北斗的斗杓特意用两根人的腿骨表示，这种做法显然体现了根深蒂固的周髀思想，而“髀”所具有的腿骨与槷表的双重内涵，已使这一独特的北斗造型综合体现了古人于白昼立表测影以及夜晚视北斗建时这两种传统的计时方法，构思巧妙。事实上，假如我们将北斗所指与分至四气的确定结合起来考虑，这种特殊北斗形象所反映的昼夜建时的综合关系就更为清楚。

北斗与二十八宿所具有的固定关系也使墓中蚌塑星图的涵义更为明确。司马迁在《史记·天官书》中曾对北斗与龙、虎二象的对应关系有着形象的描述，他以为“杓携龙角”，“魁枕参首”，这意味着人们通过北斗这个终年可见的拱极星可以方便地确定二十八宿东、西两宫中龙、虎的位置，他们可以根据北斗杓柄的延长线找到大角，进而再向前延伸而找到苍龙之角宿，而通过斗魁四星的延长线则可找到由觜宿所象的虎首。这种北斗与二十八宿龙、虎二象的位置关系在西水坡 45 号墓星象图中表现得也相当清楚。

西水坡 45 号墓的蚌塑遗迹之所以确定为星象图，其关键的证据除对北斗的论证之外，还在于它完全可以与战国初年曾侯乙漆箱二十八宿北斗星象图相互印证。曾侯乙星图的画面中央书有“斗”字，以示北斗，“斗”字周围书有二十八宿宿名，宿名东、西两侧分别绘有龙、虎（图 1–3，1）。由于二十八宿宿名的存在，北斗与龙、虎二象相配的图像，其天文学内涵已相当清楚，而这些恰恰正是西水坡 45 号墓蚌塑遗迹所呈现的内容。不仅如此，如果将曾侯乙星图与西水坡 45 号墓蚌塑遗迹加以比较，二者不仅在主要方面完全相同，即使在细节上也别无二致。曾侯

1 中国社会科学院考古研究所内蒙古工作队：《内蒙古敖汉旗小山遗址》，《考古》1987 年第 6 期。
2 濮阳市文物管理委员会、濮阳市博物馆、濮阳市文物工作队：《河南濮阳西水坡遗址发掘简报》，《文物》1988 年第 3 期。

乙星图于白虎的腹下绘有一个涂实的火形图像，而在西水坡 45 号墓蚌虎的腹下也恰好有一处蚌塑星象遗迹，只是由于发掘散乱而使其失去了原有的形象，这个线索无疑加深了两幅星图的联系。根据曾侯乙星象图判断，西水坡星象图中位于虎腹之下的星象应该就是大火星的遗迹。其置于西方虎象的腹下，所表达的含义无疑是大火星与太阳俱出俱入的天象，古人将这种恒星躔日的天象称为日躔，并以大火星的日躔作为决定岁首的标志之一。《夏小正》："九月，内火。……辰系于日。"王聘珍《解诂》："九月日躔心、尾，故大火入而不见也。"很明显，由于曾侯乙星图的佐证，西水坡 45 号墓蚌塑遗迹呈现出一幅具有北斗、龙、虎三辰星象的天文图确凿无误。

中国传统天文学中龙、虎星象的来源无疑很古老，古人由于观象授时的需要而首先认识了它们。根据史料记载及对二十八宿宿名的分析，我们知道龙星最初包括角、亢、氐、房、心、尾六宿，而虎星则仅含觜、参两宿。这些星宿组成了极为逼真的龙虎形象。

计算证明，心宿中央的红色亮星大火星位于秋分点附近的年代约为公元前第四千纪，参宿位于春分点附近的年代约为公元前第五千纪，时间正在西水坡星象图的年代范围之内。显然，根据图中北斗杓柄所暗示的斗建授时与测度日影的联系，西水坡星象图实际再现了当时春分或秋分时的实际星空。

西水坡星象图虽然简单，但却表现了中国传统天文学的重要特征。首先，北斗杓柄指向东方的龙首，斗魁指向西方的虎首，这种安排不仅符合实际天象，而且充分显示了北斗作为拱极星而与二十八宿相互拴系的特点。其次，《史记·天官书》按五宫分配天官，其中四个象限宫分配二十八宿，中宫括辖北斗。西水坡星象图尽管只出现了北斗与龙、虎二象，但正像曾侯乙星图一样，虽然此图出现于五宫体系形成之后，但为强调观象授时的古老传统，人们也只绘出北斗与龙、虎，这意味着西水坡星象图完全有理由视为传统天文学五宫体系的雏形，况且西水坡第二组遗迹已出现完整的四象，更明确地证明当时的人们不仅对二十八宿星官已经有了系统的观测和认知，而且建立了相应的赤道带分区。

西水坡星象图是以盖图为基础设计完成的，这或许可以作为中国古代以盖图方式创制星图的渊源。因为将墓穴形状复原的结果显示，墓穴不仅具有天圆地方的象征意义，甚至全部星象都恰好容纳于黄图之内。因此，这实际也是一幅以北极为中心的二象北斗星象图。

数千年后，西水坡星象图在战国初年曾侯乙漆箱星图中近乎再现了，我们将两幅图对比分析，可以发现二者所表现的内容竟完全相同。曾侯乙星图的中心直书"斗"字以示北斗，东、西两侧布列龙、虎，且虎腹之下绘有大火星[1]，表现形式与西水坡星象图一脉相承。两幅图的唯一区别在于，曾侯乙星图于北斗周围已明确标注了二十八宿宿名，显示了其为二十八宿体系形成之后的作品。

在曾侯乙漆箱盖面的北斗二十八宿星图之外，漆箱的东、西、北三个立面也同时绘有星图，而且这三幅星图的内容正是盖面星图中北斗所指东、西、北三宫授时主星及其附近的星官。具体地说，盖面星图中北斗东指心宿，则心宿及其附近的重要星官便绘于漆箱的东宫一侧立面；北斗西指觜宿，则觜宿及其附近的重

1 湖北省博物馆：《曾侯乙墓》，文物出版社，1989 年。

要星官便绘于漆箱的西宫一侧立面；而北斗北指危宿，则危宿及其附近的重要星官便绘于漆箱的北宫一侧立面。可以说，漆箱三立面的星象内容正是对盖面星图的进一步说明。

漆箱东立面星图以曲线分为三区，主区绘有心宿，心宿的中央一星被一正书的火形符号框住，明确说明它就是大火星（天蝎座 α）。心宿右下副区绘房宿距星（天蝎座 π），左下副区绘尾宿距星（天蝎座 λ），简列两距星以象征房、尾两宿（图 1-3，3）。

漆箱西立面星图以曲线分为四区，主区绘有觜宿和参宿，并且重叠绘有觜觿形象。参宿右侧副区绘毕宿距星（金牛座 α），兼指毕宿。参宿左上副区纵列二星，位置正合井宿，上星为井宿距星（双子座 μ），此星正值黄道，所以特别绘出；下星为井宿古距星（双子座 γ）。古人以此二星代表井宿。左下副区绘天狼星，它是星空中最亮的恒星（图 1-3，2）。

漆箱北立面星图以曲线分为二区，主区绘麒、麟二兽，首足相对，其间纵列三星，当为危宿；右兽后纵列二星，恰为虚宿；左兽后列有一星，应系雷电六星之一。副区绘女宿距星（宝瓶座 ε），兼指女宿（图 1-3，4）。

将漆箱三立面星图表现的星官整理归纳，或许可以获得一些新认识。

东宫立面：房、心、尾

西宫立面：毕、觜、参、井、天狼

北宫立面：女、虚、危、雷电

如果摒除天狼和雷电，那么三立面星图正反映了中国传统天文学十二次体系中的三次，即大火、实沈与玄枵。《汉书·律历志》记此三次之起讫云：

玄枵，初婺女八度，小寒。中危初，大寒。终于危十五度。

实沈，初毕十二度，立夏。中井初，小满。终于井十五度。

大火，初氐五度，寒露。中房五度，霜降。终于尾九度。

可以相信，曾侯乙漆箱立面星图在表现其盖面北斗所指各宫授时主星的同时，显然也兼顾了十二次体系。如以玄枵为例，《律历志》记“终于危十五度”，而以此度数正能找到雷电的某颗星。因此，这三幅星图为我们提供了目前所见最早的有关十二次的形象材料。

不过值得注意的是，鉴于漆箱立面星图的绘制目的在于对应说明盖面星图中北斗所指四宫的授时主星，那么根据盖面星图中北斗指向南宫张宿的事实，漆箱南立面星图也应绘有张宿及其附近的星官，但实际情况却是古人仅将漆箱的南立面涂黑，而并未绘制星象。这种做法显然意在表现灵魂升天的宗教观念。古人以南方为天的位置，祖灵配天当然需要向南方升腾，所以在漆箱星图的设计上，时人特别将南立面留出并饰以玄色，以象苍天。事实上，今天的天文考古学研究已足以将这一古老传统自新石器时代系统地追溯出来。河南濮阳西水坡原始宗教遗存完整地展现了以祖配天的宗教场景，先民以北方象地，以南方象天，而为确保升天之路的畅通，南方夏至之神必须加以避让而失去其固有的位置。这一传统在《尚书·尧典》中得到了忠实的保留。很明显，曾侯乙漆箱的南立面涂为玄天而不绘星图，这种做法只是囿于以祖配天的传统宗教观的影响。

澄清了这个基本事实，我们便有可能分析北斗与四宫星官关系的变化。《史记·天官书》：“杓携龙角，衡殷南斗，魁枕参首。”只建立了北斗与东、西、北三宫星官的联系，而独缺对北斗与南宫星官的阐释。然而在较之更古老的曾侯乙漆箱盖面星图所体现的天学传统中，北斗与四宫星官相互拴系的体系却早已完成。对比早晚两则史料，这一事实相当清楚。考虑到曾侯乙星图为着服务于以祖配天的宗教观念而必须舍去本应描绘的北斗与南宫星官的图像，而只保留了北斗与东、西、北三宫星官的星图的做法，我们当然可以认为，这种宗教传统同样是《天官书》失载北斗与南宫星官的关系，而仅描述北斗与东、西、北三宫星官关系的根本原因。

曾侯乙漆箱星图在绘制方法上具有一些重要特点。

其一，星图已开始采用以圆点标示恒星的方法。

其二，星图已开始采用以圆点大小的不同来区别恒星亮度的方法。如心宿二（天蝎座 α）、参宿七（猎户座 β）、井宿三（双子座 γ）、危宿三（飞马座 ε），都是各自星座中最亮的星，因而所绘的圆点也最大。

其三，标示恒星的位置和星数已比较准确。

其四，星图中采用以曲线分隔不同星座的方法，这些曲线颇具装饰性，但已有与现代星座界线相似的意义。

这些特点显示，至迟在公元前五世纪初，中国已经出现表达基本准确的天文星图。然而，上述特点尽管已开中外古代星图绘制的先河，但是，考察星图的发展历史将使我们看到，中国古人后来在更加注重观测恒星的位置和数量的同时，却渐渐把另一些传统几乎彻底地遗忘了。

第二节　汉代星图

汉代是中国古代天文星图发展演变的关键时期，早期的象的概念逐渐遭到汰除，致使以象为主的早期星象图开始衰落，代之而起的较为准确的天文星图渐趋完善。

汉代人绘制的全天星图，今天除了能在一些墓葬的穹窿顶上偶得一见外，几乎没有一幅保留下来。东汉末年，蔡邕在其《月令章句》中对当时天文官所使用的星图做过一些描述，可以帮助我们恢复当时星图的基本面目。《月令章句》卷上云：

> 天者，纯阳积刚，转运无穷，其体浑而包地。地上有一百八十二度八分之五，地下亦如之。其上中北偏出地三十六度，谓之北极星是也。史官以玉衡长八寸，孔径一寸，从下端望之，此星常见于孔端，无有移动，是以知其为天中也。其下中南偏入地亦三十六度，谓之南极，从上端望之，当孔下端是也。此两中者，天之辐轴所在，转运所由也。天左旋，出地上而西，入地下而东。其绕北极径七十二度常见不伏[1]，官图内赤小规是也；绕南极七十二度常伏不见，图外赤大规是也；据天地之中而察东、西，则天半见半不见，图中赤规截娄、角者是也[2]。

1 《北堂书钞》卷一五二引作“其绕北极七十度常见不伏”。

2 据《开元占经》引。

根据蔡邕的记载我们知道，东汉的官图同样是一种以北极为中心，并用红色绘出三个不同直径的同心圆的盖图式星图。天极的确定当然必须借助望筒——玉衡，而图中的三个同心圆，蔡氏则由内而外依次称之为内规、赤规和外规。内规是最内的小圆，它代表北纬55度有馀的赤纬圈，其中的天区在北极附近，对我国中原地区（约北纬36度）的观测者而言，这部分天区的星象围绕北极的周日旋转总在地平线以上，所以内规又称恒显圈。外规是最外的大圆，它代表南纬55度有馀的赤纬圈，这个纬度以南的天区，对于中原地区的观测者来讲是完全不能看到的，由于这部分天区总在地平线以下，所以外规又称恒隐圈。中央的赤规则是赤道，代表距南、北两极相等的赤纬圈。蔡邕在他的描述中没有提到黄道，但是星图中绘有二十八宿，而且有“赤规截娄、角者是也”的记载，因此图上绘有黄道应该没有问题。

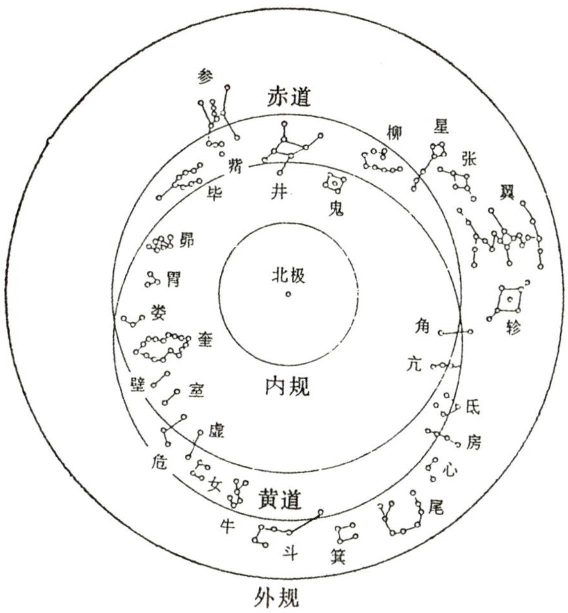

图6-1　东汉官图

根据蔡氏的遗文，我们甚至可以复原当时的官图（图6-1）。这种星图除绘有二十八宿星官之外，也应包括中外星官等全天星象。《汉书·天文志》：“凡天文在图籍昭昭可知者，经星常宿中外官凡百一十八名，积数七百八十三星，皆有州国官宫物类之象。”蔡邕所记的星图如果不能比这种星图更为进步，至少也应反映了与此类星图同样的水平。事实上，两汉的星图无疑已是比早期盖图更为完善的作品，尽管当时官方的天文星图没有留传下来，但我们仍有机会通过对墓葬天文图的分析，了解汉代星图的基本面貌。

比蔡邕所记更早的星图在西汉时期就已经出现了，当时曾经存在一种不同于盖图的横式星图，见于1957年河南洛阳发现的一座西汉晚期壁画墓[1]。星图中绘有日、月和恒星（图6-2），只是由于过于简略，除北斗之外，其他星象的认定还有困难。夏鼐认为其中绘有五车、贯索、河鼓、织女、旗星以及二十八宿的心、房、虚、危、毕、昴、参、柳、鬼（或轸）诸星官[2]。不过从以圆点标示恒星的做法看，星图显然继承了战国星图的绘制方法，而且将早期星图中普遍流行的象予以汰除。根据星图的形式和内容，它并不是一幅以北极为中心的星图，因此很可能体现了我们曾经归纳的横式星图的早期形式[3]。对于探讨中国传统星图中横式星图的绘制

1 河南省文物局文物队：《洛阳西汉壁画墓发掘报告》，《考古学报》1964年第2期。
2 参见夏鼐：《洛阳西汉壁画墓中的星象图》，《考古》1965年第2期。
3 冯时：《中国天文考古学》第六章第六节之二，社会科学文献出版社，2001年。

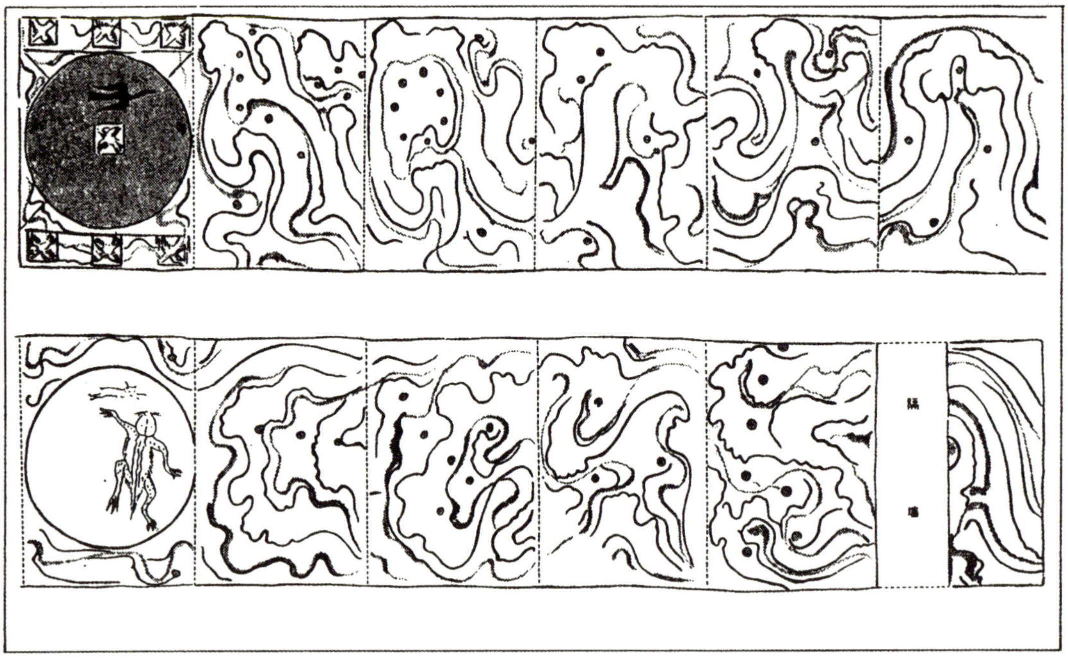

图 6-2　洛阳西汉墓所绘横式星图（采自《考古》1965 年第 2 期）

历史，这是值得特别重视的材料。

西汉时期的圆式星图，也就是盖图，据今天所能见到的材料看，大约都属于西汉晚期，这或许可以部分地印证蔡邕星图的真实性。一幅圆式星图于 1987 年发现于西安交通大学西汉壁画墓[1]，星图绘于墓室顶部，南北分列日、月，日、月之外绘有两个巨大的同心圆，组成一条环形带，环带内布列二十八宿星象（图 6-3）。与蔡氏的官图相比，两个同心圆显然不能视为有与内、外规相同的含义，由于它明确勾勒出了二十八宿的区域，因此更合理的解释应是将其看作二十八宿的宿带，也就是黄、赤道混合带。星图虽然只绘有日、月和二十八宿，但作者力图以此象征全天星官的用心是不容怀疑的。所以，我们完全有理由将这幅星图视为具有示意性的圆式全天星图。

图 6-3　西安交通大学西汉墓星象图（采自《西安交通大学西汉壁画墓》）

星图的绘制明显继承了原始星象图将星与象相互融合的做法，具有早期天文图的明显特征。作者将天文学、星占学及其所体现的宗教观念巧妙地加以结合，将星宿融于相关的人物、动物、器物之中，不仅画面完整，而且准确生动。譬如在实际天象中，箕宿之后有傅说一星，而星图则在箕宿四星之后绘有盘坐的一人，

1 陕西省考古研究所、西安交通大学：《西安交通大学西汉壁画墓》，西安交通大学出版社，1991 年。

象征傅说；斗宿与毕宿的定名都取自器具，而星图则在绘出两宿的同时绘出持器的人物。这些对于星与象关系的处理无不显示出星图本身所体现的古老传统。

与此同时，星图又表现出一些不同于传统的新鲜气象。如星图作者开始使用以直线连接相关恒星的方法来表示中国的传统星官，就目前的资料而言，在中国古代星图的绘制史上，这是一个极其重要的开端。

西安交通大学西汉壁画墓星象图的重要性不仅在于其独特的绘制方法，更重要的还在于它所表现的星象本身。如星图中的牛宿绘成牛郎牵牛，女宿绘成织女，明确显示出牛、女二宿有自牵牛、织女二星官转化的痕迹。星图作者将觜宿配以鸱鸮；鬼宿内因有积尸气，于是将此宿绘成二人舆尸；室、壁本象屋室之东、西两壁，古或将其视为一宿而名之曰“定”，星图则以直线方连四星，作为一个完整星象来看待，再现了室、壁二宿本为一宿的面貌。这些星象所反映的星宿的古老含义对于探索二十八宿宿名的来源与演变很有帮助。同时，星图对中国传统四象体系的起源与发展也提供了颇为重要的证据（详参第五章），其中龙象包含角、亢、氐、房、心、尾六宿，虎象仅含参宿，或兼觜宿，鸟象包括柳、星、张、翼四宿，玄武则含虚、危两宿，显示了四象本为各宫授时主星所呈现的形象，而与每宫七宿的完整形象无关这一基本事实。

2003年发现于河南洛阳尹屯的新莽时期壁画墓[1]，其墓室星图的内容则更为丰富。星图的时代与西安交通大学西汉墓星象图约略同时，其兼顾星与象的做法以及以直线联络诸星而形成星官的绘制方法并无差异，但除于墓顶中央分绘日、月之外，穹窿顶的四坡则绘满二十八宿及中外官星象，并未像西安交通大学西汉墓星象图那样将二十八宿仅限制在一个狭窄的带状区域之内。当然，这样的星图尽管依托着象征天盖的穹窿形墓顶，但它的绘制方式却与传统的盖图不同（图6-4）。

图6-4　洛阳尹屯西汉墓穹窿顶所绘星象图

墓室穹窿顶先以红线分区，四坡部位大致按古代天官体系的五宫分配星官。作者先以红线分为东、西、南、北四区，分区之间又以红线分别隔为二至五个小区。由于象征天顶的穹窿顶中央已被日、月占据，所以星图的作者则以东坡的北侧区域作为北斗所在的中央天区，也即古代天官体系的中宫。事

1 洛阳市第二文物工作队：《洛阳市尹屯新莽壁画墓》，《考古学报》2005年第1期。

图6-5 洛阳尹屯西汉墓星象图之北斗与雷神

实上，这种处理方式与实际天象中北极并非正在天顶，而位于洛阳地区所能看到的北方地平以上约35度的位置基本吻合，而其馀分布于东、南、西、北四坡的四区则显然分别象征二十八宿所辖之东、南、西、北四宫。然而各宫所辖的宽度并不平均，属于不同天宫的星官也有重叠绘制的现象，这些现象说明，四个象限宫的设计似乎只注重其方位的象征意义，而并非具有天文学意义的严格划分。星图的绘制采用以直角坐标投影的方法，属于我们曾经讨论的早期横式星图。不过其所绘星官的位置或有颠倒，次序混乱，显然，如果这不是摹绘者误摹误绘的话，那么星象图内容所具有的象征性意味就颇为强烈了。

星图中所绘的星象极具特点，作者选择绘制了二十八宿及中外星官，采用以星座与人物、动物、建筑等图像配合绘制的手法，直观地表现了各星官所体现的天学意义及人文内涵。这种对于星官世界的独特认识反映了某种显然相当古老的天文观念，以及古人对于一种渊源甚久的天人关系的人文理解。

位居东宫以北的中宫绘有一人骑猪的图像（图6-5），对于揭示上古先民以猪比附北斗的独特天文观与宗教观至关重要。猪具双首，一首向南，一首向北，这种设计明显具有北斗阴阳的意义。《史记·天官书》明言北斗具有分阴阳的基本功能，《淮南子·天文》则称："北斗之神有雌雄，雄左行，雌右行。"北斗因有兼具阴阳的意义，所以运行方向必然相反。如果猪作为北斗的象征动物，那么猪就当然应该具有方向相反的双首，这一传统不仅得到了考古资料与文献史料的多重印证，而且可以将这一传统自新石器时代系统地梳理出来。红山文化出土上古时代的交泰遗存，时人以白、青二色猪象征雌、雄北斗，借方色以见阴阳，其中青色猪属阳，白色猪属阴，二猪方向相反（图6-6），与《淮南子·天文》所载吻合无间[1]。两只方向相反的猪合为一体，便形成一身双首的面目。红山文化出土的双猪首的三孔礼玉

图6-6　辽宁牛河梁第Ⅱ地点圜丘、方丘遗址M4

1 冯时：《天地交泰观的考古学研究》，《出土文献研究方法论文集初集》，台湾大学出版中心，2005年。

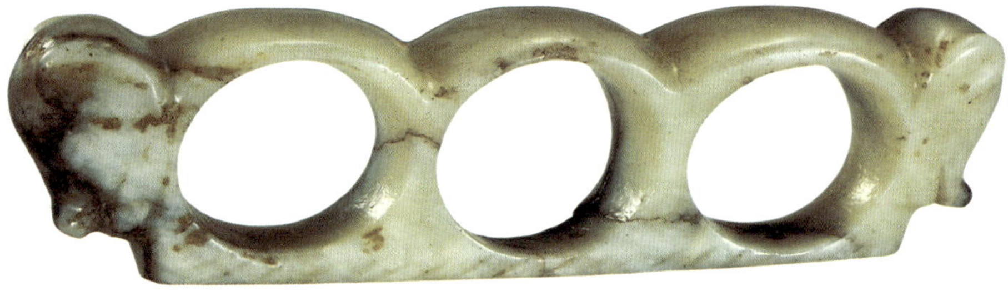

图 6-7 红山文化双猪首三孔玉器（辽宁建平牛河梁出土）

同样具有北斗的象征内涵（图 6-7），其以猪首以应斗魁四星，而其间三孔则写斗杓三星。《春秋说题辞》："斗星时散精为彘，四月生，应天理。"明言北斗与猪所具有的密切关系。裴骃《史记集解》引孟康曰："《传》曰：天理四星在斗魁中。"是知古人以斗魁喻猪的传统。河南新密新砦遗址出土约属公元前十九世纪前后的猪首形陶器盖（图 6-8）[1]，盖呈穹窿顶，以象天盖，而猪的吻部位于天极中心，凸耸如璇玑，其观念与斗魁之首二星——天枢与天璇——规划璇玑的事实不无暗合。不仅如此，安徽含山凌家滩出土新石器时代双猪首鸟形礼玉（图 6-9）[2]，与猪首合刻的有九宫图像，而据汉代式盘对比，九宫的中央正布有北斗[3]。郝滩东汉墓星象图于北斗七星一侧绘有猪首人物（图 6-10），也是这一观念的反映。而洛阳西汉卜千秋墓后室主墙正中的梯形倒斗上绘有猪首怪人，猪首额前饰有三星，左右分绘青龙、白虎[4]，命意与自西水坡 45 号墓以至曾侯乙漆箱所呈现的北斗、龙、虎星象一脉相承，其以猪首怪人表现北斗十分清楚。这些材料反映了先民对于以猪比附北斗的深刻记忆，而尹屯星象图在本该绘出北斗的位置却绘有双首猪，更为古人以猪比附北斗的古老传统提供了坚实的证据。

斗为帝车所反映的北斗作为天帝常居之所的观念虽然古老，但是随着极星的转换，西汉时代，北斗的位置距离当时的极星天枢（鹿豹座 32H）已经相对遥远

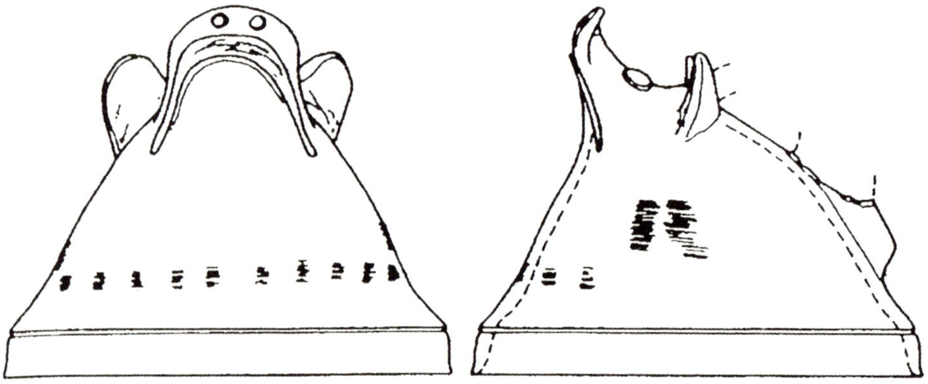

图 6-8 猪首形器盖（河南新砦出土，采自《新密新砦》）

1 北京大学震旦古代文明研究中心、郑州市文物考古研究院：《新密新砦——1999—2000 年田野考古发掘报告》，彩版一九，文物出版社，2008 年，第 312 页。

2 安徽省文物考古研究所：《凌家滩》，文物出版社，2006 年。

3 冯时：《中国天文考古学》第八章第二节，社会科学文献出版社，2001 年。

4 洛阳博物馆：《洛阳西汉卜千秋壁画墓发掘简报》，《文物》1977 年第 6 期。

了，天帝早已有了其新的居所。尽管如此，北斗作为天地乘车的观念却很难改变，于是天帝的地位开始降低为人君。《晋书·天文志上》："斗为人君之象，号令之主也。"即体现了这种观念的变化。尹屯星象图中人骑猪的形象虽然表现了帝乘北斗的转变，但这时的骑者似应具有了新的形象，或者我们可以将其称为人君北斗图。

图 6-9　新石器时代玉饰（安徽含山凌家滩出土）

与北斗同绘于中宫的还有雷神[1]，雷公、雨师与太一共绘的做法自河姆渡文化直至汉代从没有中断（图 0-9；图 0-10；图 6-11），而在敦煌甲本星图中，仍然可见雷电之神与二十八宿星官同绘的传统。由于尹屯星象图是一幅旨在表现全天五宫星象的星图作品，因此，星象中配绘雷神的设计其实正体现了从早期以雷、雨二神配伍星象到晚期仅以雷电之神配伍星象的重要转变。尹屯星象图于四坡面绘有二十八宿中外星官，包括中宫的织女、河鼓星官，东宫的箕宿及由角、亢、氐、房、心、尾六宿组成的苍龙星象，以及天田、天门九星官，南宫的井、鬼、柳、星、张、翼、轸、钺、长沙、北河、南河、天阙十二星官，西宫的奎、娄、胃、昴、毕以及由觜、参、伐组成的白虎星象八星官，北宫的南斗、牛、女、虚、危、室、壁、北落师门八星官，共得三十九星官。诸星官并非严格按照其星官次序排列描绘。星图的西坡画面题材以《大东》之典为基础，内容反映了某个历史时期早晚所见的实际天象。而对于四象的表现只存东宫、西宫和北宫之象，南宫之象则没有刻意表现，只在象征南宫的中央区域绘有翼宿。翼宿形象鸟翼，是朱雀之象

图 6-10　郝滩东汉墓星象图之北斗及猪首形象

1 朱天伟：《洛阳尹屯西汉壁画墓星象图中的两个问题》，《南都学坛》2005 年增刊。

图6-11　良渚文化璇玑形玉饰上的太一、雷公、雨师图像(浙江瑶山出土)

图6-12　山西平陆枣园东汉墓星象图

最形象的部分。作者通过这样的手法处理南宫之象，或许与《史记·天官书》所记北斗只保留与东、西、北三宫的关系反映了同样的思想。星官多与相应的象配合，对于揭示星官古义与其星占意义也很有帮助。因此，尽管尹屯星象图存在的多种纰漏，特别是星官位置的错漏颠倒和有失准确，使它在作为科学星图方面并不杰出，但其所展示的文化史价值却异常丰富，对于探讨传统天文学、星占学、思想史以及天文与人文的关系具有重要的意义。

1959年发现于山西平陆枣园村东汉早期砖室墓墓顶的星象图也极具特色[1]。图中绘有日、月，并于四象间用红色圆点标示星辰，尚存一百馀颗，星间饰以云气（图6-12）。与此约略同时的陕西郝滩东汉墓星象图也以红色标星（图4-41），体现了与枣园星象图相同的传统。以红色标识星辰本来属于石氏星占学派的做法，枣园与郝滩汉墓星图或许继承了这一传统。如果是这样，这两幅星图便是陈卓整理三家星官之前对战国星占体系保存相对完整的作品。

图6-13　北燕冯素弗墓星象图

两汉时期的天文学门派众多，星图的绘制也很零散，同时新的观测仪器大量制造，促进了恒星观测的进步，使新旧天文学经验和成果都亟待总结。到三国时期，陈卓终于完成了这个工作。据《晋书·天文志》所记，三国时期，吴“太史令陈卓总甘、石、巫咸三家所著星图，大凡二百八十三官，一千四百六十四星，以为定纪”[2]。可见当时流行的星图，由于出于不同的星占学派，形式很多，内容不同。而陈卓总结并确定了星图的新形式，尤其是经他综合整理的星官体系，其见载于《晋书·天文志》，对后来天文学的发展产生了很大影响。

陈卓汇总三家星官的工作很快便通过星图的绘制展现了出来。1965年发现于辽宁北票北燕冯素弗一号墓石椁顶部的星象图[3]，恐怕是迄今所见陈卓之后综合体现不同星占学派占星成果的最早作品（图6-13）。此图完成于北燕太平七年（415

1 山西省文管会：《山西平陆枣园村壁画汉墓》，《考古》1959年第9期。

2 《隋书·天文志》云：“三国时，吴太史令陈卓始列甘氏、石氏、巫咸三家星官，著于图录。并注占赞，总有二百五十四官，一千二百八十三星，并二十八宿及辅官附座一百八十二星，总二百八十三官，一千五百六十五星。”与此或异。

3 黎瑶渤：《辽宁北票县西官营子北燕冯素弗墓》，《文物》1973年第3期。

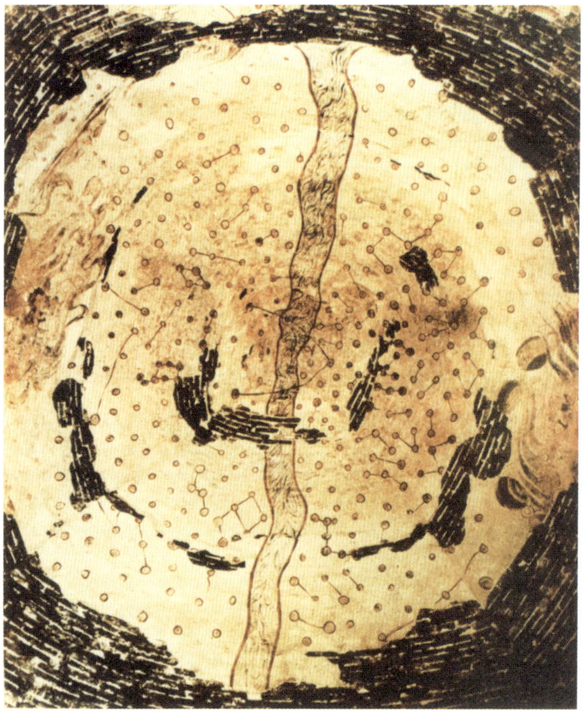
图 6-14　洛阳北魏元乂墓星图

年），内容除绘日、月、云气、飞鸟之外，还绘有全天星辰和银河。椁顶共有九条石板，第一至五石绘黄色星，其中于第一石中还有两颗绿色星，第六至九石绘红色星。古人于同一幅星图中用三种不同颜色标示星辰，目前这还是首例。而此时距陈卓整理三家星官的工作也不过仅有不足两百年的时间。

天文学逐渐科学化的倾向，使得早期天文星图中普遍流行的象的内容，在南北朝以后近乎彻底地得到了净化。这大概也是陈卓整理三家星官工作的结果。目前我们所看到的陈卓之后的星图作品，不论是北燕冯素弗墓星图，还是发现于洛阳的北魏元乂墓星图（图 6-14）[1]，都已完全采用圆点标星的方法，而将象的因素全部剔除。元乂墓星图尤为进步，其恒星数目已达三百馀颗，所绘星官数和星数都较旧有的星图大为增加，恒星与银河的位置也相对比较准确。研究表明，这幅星图所绘的星象不仅是一个象征性星官，而且也是当时所呈现的实际星空，它与早期星图特别强调象的作用，从而使其具有强烈的装饰性与示意性的特点大相径庭。因此，假如不将象征性颇强的古代星象图计算在内，那么我们几乎可以肯定，这幅北魏星图乃是一切文明古国流传下来的完整星图作品中最古老的一种。

第三节　隋唐星图

中国的天文星图发展到隋唐时期已基本趋于成熟，这时期的星图资料，无论文献还是实物，都比之前显得丰富许多。

尽管早在公元前五世纪甚至其前，中国已经出现了绘制星图，但是像甘德、石申夫等人绘制的较为准确的星图却没有一张流传到今天。东汉张衡所铸的铜质浑象在汉末战乱时早已遗落，仪器上的星官名称和星数也都未能保存下来，只在《灵宪》中记有当时识星的大概数目。然而，早期天文学文献由于有陈卓对三家星官的及时总结，幸而得以继续传承，陈卓本人也曾以他建立的 283 官 1464 颗恒星

1　洛阳博物馆：《河南洛阳北魏元乂墓调查》，《文物》1974 年第 12 期。

的星官体系为基础构制了星图，并附有占星家评注的说明。这个体系很快便被南朝刘宋的太史令钱乐之所采纳，使他在元嘉年间（424—453年）铸造的一具铜质浑象上，放心地运用红、黑、白三种颜色标志区别三家天文学派的星，而且每种学派的星数都与陈卓所记的事实相符。隋文帝平灭陈国后，得到钱乐之传下来的浑象，于是命令当时的天文学家庾季才、周坟等人，在此基础上对北周、齐、梁、陈各朝及其此前祖暅、孙僧化所藏官方和私家旧式星图的大小和准确性进行校订，并依准三家星官的恒星位置绘制了一幅圆形星图。这幅星图绘有黄道、赤道、上规（恒显圈）、下规（恒隐圈）及银河，并附有二十八条经过二十八宿距星的经度线，可以说完全具备了星图的基本内容。

古人在探索全天星辰的同时，对银河显然早已有所认识。《诗·小雅·大东》："维天有汉，监亦有光。"毛《传》："汉，天河也。"又《诗·大雅·云汉》："倬彼云汉，昭回于天。"《棫朴》："倬彼云汉，为章于天。"这些早期文献有关银河的记载其实并不能反映古人对于银河认识的历史，公元前第四千纪中叶的河南濮阳西水坡原始宗教遗迹，其第三组象征天宇世界的遗存即有以众多的蚌壳摆放星辰象征银河的设计[1]，恐怕是迄今所见最早有关银河的描绘。而北魏元乂墓星图更在星辰之间绘出波涛汹涌的天河（图6-14），又是银河见诸星图的最早物证。事实上，古人通过长期的观测实践，至少到南北朝至隋唐时期，人们对于银河的走向与形状都已有了十分精确的描述。《晋书·天文志上》称：

> 天汉起东方，经尾箕之间，谓之汉津。乃分为二道，其南经傅说、鱼、天籥、天弁、河鼓，其北经龟，贯箕下，次络南斗魁、左旗，至天津下而合南道。乃西南行，又分夹匏瓜，络人星、杵、造父、腾蛇、王良、傅路、阁道北端、太陵、天船、卷舌而南行，络五车，经北河之南，入东井水位而东南行，络南河、阙丘、天狗、天纪、天稷，在七星南而没。

银河的这种起于龙尾而没于七星的天象，甚至导致了上古天文图被称为"河图"的朴素认知[2]。

毋庸怀疑，我们所看到的显然是一种颇为悠久而且持续不断的天文制图传统。事实上，这个传统至少从西水坡出现的原始星图开始，就基本上沿着一条以北极为中心的圆式盖图的形式发展着，其绘制方法当然是把全天星象投影在一个圆形的平面上。但是，由于早期先民并不懂得投影原理，所以在一幅以赤极为中心的圆形星图上，赤道当然应该绘成正圆形，黄道由于不与赤道等距，所以应该绘成扁形，但古人却也画成了正圆。这个错误直到唐代才被僧一行所识破。当时他为研究月亮出入黄道的情形绘有三十六幅星图，在实际测绘中，他发现传统的黄道画法与实际情况颇有出入。然而这个意见在后代圆式星图的绘制中却并没有引起人们的注意。

盖图本身存在的这种投影上的缺陷，使星图上位于赤道以南的星官形状变形很大，本来越接近南天或南极的星，彼此的距离应该越近，但在星图上却反而越远。为弥补这个不足，古人开始采用以直角坐标投影的方法，将全天星官绘成一幅长方形的横图。这种横式星图虽然至迟出现在隋代，但是战国到西汉时期的古

1 濮阳西水坡遗址考古队：《1988年河南濮阳西水坡遗址发掘简报》，《考古》1989年第12期。
2 冯时：《中国天文考古学》第八章第一节，社会科学文献出版社，2001年。

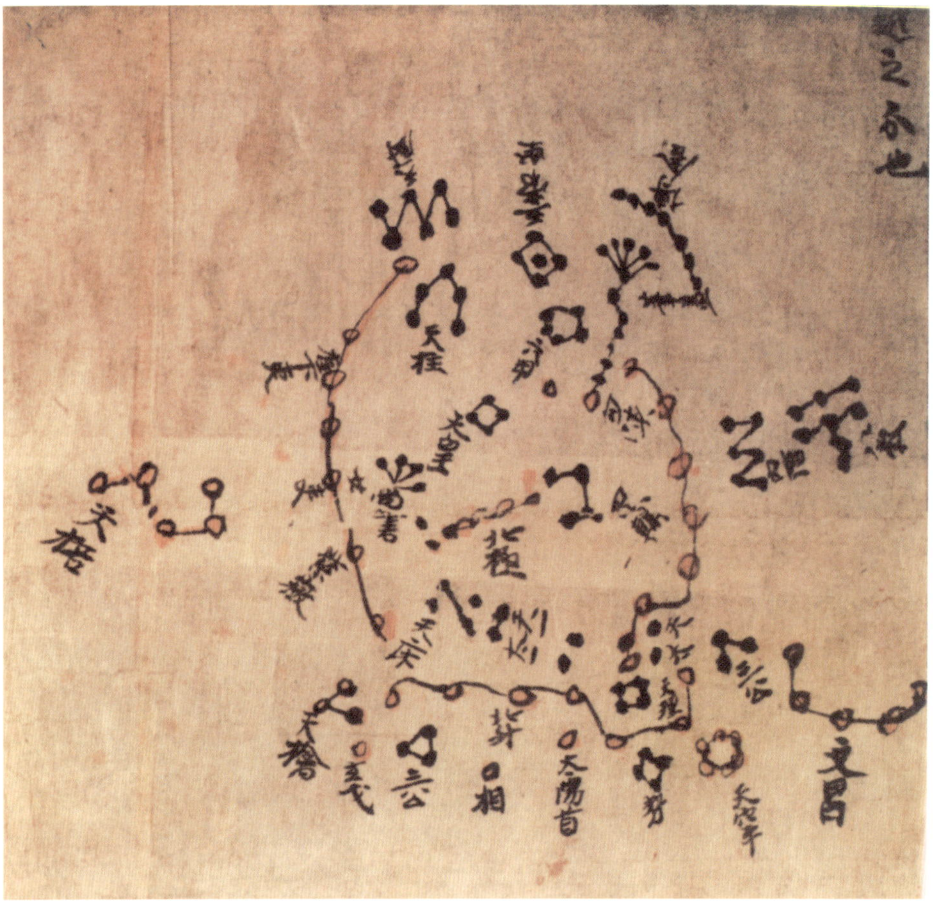

图 6-15　敦煌星图甲本（局部）

代先民显然早已对其绘制方法进行了探索。然而，早期横式星图在使赤道附近的星与实际情况较为接近的同时，却又不得不使北极附近的星相差很远。为从根本上解决这个困难，唯一的办法就是将全天星官一分为二，将赤道附近的星绘在横图之上，而将北极附近的星绘在以北极为中心的圆图之上，这种做法在古代星图的绘制史上显然是一种进步。

敦煌星图（甲本）是现存采用这种方法绘制的最早的星图中的一种（图 6-15），作者可能是唐代天文学家李淳风，同时由于它的抄绘年代约在公元八世纪初叶[1]，而且图上绘制的星数已达 1350 馀颗，因此可以肯定，它是迄今所见世界上最古老且星数最多的星图。事实上，西方在 1609 年望远镜发明之前，始终没有出现超过 1022 颗星的星图。

甲本星图于清光绪二十五年（1899 年）发现于敦煌莫高窟藏经洞，八年之后，英国考古学家斯坦因将其与同时发现的各种文书卷子九千馀种一起携回了英国，现藏伦敦国立图书馆。星图标题缺失，前有云气占，后有十二次星图，最后绘电神，题曰：“其解梦及电经一卷”[2]。这种将电神与二十八宿星官共同安排的做法，与西汉尹屯星象图将雷神与二十八宿中外星官同绘的做法如出一辙。其以十二次之玄枵（子）起始，正与占梦的传统相合。

---

1 马世长：《敦煌星图的年代》，《中国古代天文文物论集》，文物出版社，1989 年。

2 席泽宗：《敦煌星图》，《文物》1966 年第 3 期。

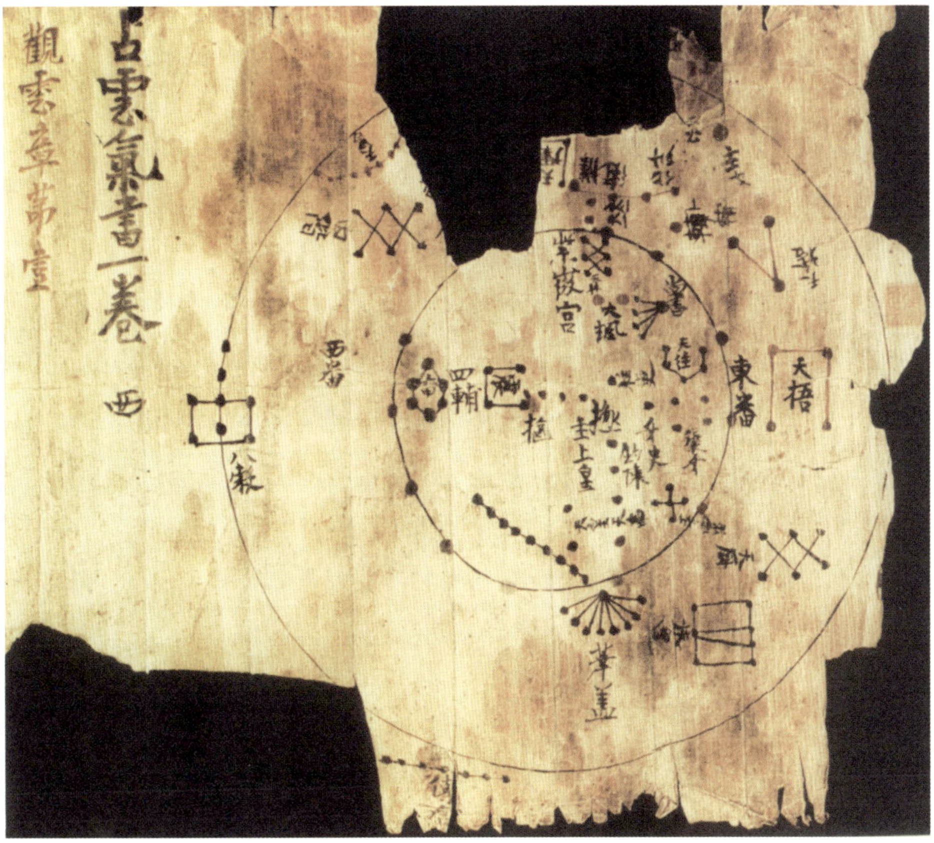
图 6-16　敦煌星图乙本

甲本星图的画法是将赤道带附近的星官利用类似“麦卡托式”圆柱正形投影的方法绘出，而将紫微垣星官绘在以北极为中心的圆形平面投影图上。赤道带星官的排列从十二月开始，依每月太阳的位置所在，分十二段绘制，中间加录说明文字。从这些文字的内容分析，星图标注的太阳每月的位置仍然沿用着战国时期《月令》的记述，而并非当时的实测结果。这种取材于早期材料绘制星图的做法在唐代以后似乎很流行，或许出于当时的某种需要，这些尽管仅在形式上属于重新绘制的星图作品，却把前人的某些观测成果保留了下来。

甲本星图中恒星的画法基本上继承了三国陈卓和南朝钱乐之的办法，将石申夫、甘德和巫咸三家星官分别用不同的彩色和方式表示，其中属于甘氏学派的星官绘成黑点，石氏和巫咸学派的星官采用圆圈标识并涂成黄色，与文献所记以朱、黑、白三色区分三家星官的做法稍有不同。星图中十二次起讫度数与《汉书·律历志》所录一致，而说明文字则采自唐李淳风《乙巳占》卷三《分野》的内容。

甲本星图的紫微宫星官则罗列于一个平面上，没有任何界限划定的范围，而另一幅敦煌星图（乙本）却较此有了一些改进。乙本星图也出自莫高窟藏经洞，不久便散落于民间，1944 年由中国学者向达在敦煌发现。此图与《占云气书》绘在一起，仅残存紫微宫部分（图 6-16）[1]。根据甲本星图推测，此图原来可能也和甲本一样，在紫微宫图之前还有几幅星图，绘有当时所观测过的主要星官。

乙本星图中的紫微宫垣是用一个封闭的圆圈表示的，垣的前后都没有留出垣

1 夏鼐：《另一件敦煌星图写本——〈敦煌星图乙本〉》，《中国科技史探索》，上海古籍出版社，1982 年。

图 6-17　麴氏高昌伏羲女娲星象图

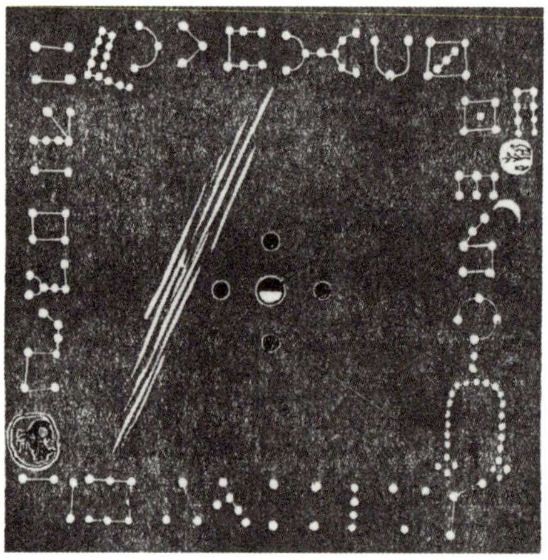
图 6-18　唐代星图（吐鲁番阿斯塔那出土）

门，尽管原本属于阊阖门的西侧已经残破，但当门处却并未见有缺口。星图上在宫垣之外绘有一个更大的同心圆，表示内规，即恒显圈，正割文昌、八谷、传舍等星，据此可以推测，星图所反映的实际观测地点应在北纬 35 度左右。图中以汉魏时期的极星庶子作为真天极的位置，这种现象在《步天歌》以后逐渐为人们所接受。因此，星图的绘制年代应在晚唐。

这两幅敦煌星图的发现，使得唐代其他示意性星图都显得黯然失色。尽管如此，我们还是不应忽略这方面的情况，其中值得提及的便是属于新疆古代高昌国麴嘉王时期（499—640 年）的遗物（图 6-17）。星图以绢制成，中央绘伏羲、女娲交尾图，四周画满连线星座和日月图像。图中伏羲执矩，女娲执规，规矩都是指天画地的工具。这种绢图原钉于墓顶，显然具有象征天宇的意义。

新疆出土的另一幅星图是 1965 年在吐鲁番阿斯塔那地区发现的唐墓星图（图 6-18）[1]，完成时间大约在八世纪中叶。星图绘于墓室顶部，四周用白色绘出二十八宿，每个星官都由白线相连。东部箕、斗两宿间绘有红色的太阳，内饰金乌；西部鬼、柳两宿间绘有白色的月亮，内饰桂树和持杵的玉兔；满月旁边附有残月，象征朔望。中央绘五大行星，与日月同象七曜。自尾、箕两宿间至昴、毕两宿间贯穿数条白线，象征银河。这幅示意性星图所描绘的内容完全来自中原地区的星象知识与神话传说，明确地反映了两地之间文化上的密切联系。值得特别注意的是，星图中描绘月亮而特别强调朔望的变化，或许意在表现太阴历的特征。如果是这样，那么星图的这种独特设计毫无疑问应与墓主人信奉伊斯兰教的信仰有关，而八世纪中其实不过是伊斯兰教及其历法创制不久的时期，星图忠实地记录下了这一新的文明的诞生。

1 新疆维吾尔自治区博物馆：《吐鲁番县阿斯塔那—哈拉和卓古墓群发掘简报》，《文物》1973 年第 10 期。

第四节　五代两宋星图

如果说囿于某种原因使我们至今还没有在唐代找到更为理想的星图范本的话，那么进入五代以后，精确的天文星图的出现便不再成为问题。这些星图与其说是在唐代星图的基础上完善起来的，倒不如说是直接承传了早期的作品。因为在年代上二者是如此接近，不能想象在如此短的时间内星图质量会有如此大的改观，这意味着我们可能有机会在后代的星图上看到前人的某些成就。

陈卓之后的星图开始摒弃象的成分，呈现出与其前完全不同的面貌。这种星图的科学化转变经过南北朝至唐代的不断完善，至五代两宋时代，真正具有了科学天文星图的水平。

杭州出土的五代吴越国钱元瓘墓石刻星图刻制于后晋天福七年（942 年）[1]，星图位于墓葬后室顶部石板正中的位置，图中绘有内规、外规和赤规，外规之外还有重规，外规与重规之间原应标有星宿距度，这些内容显然在刻制星图时省略了。星图中央刻拱极星，包括北极、勾陈、华盖和北斗，赤规附近刻有二十八宿，星与星之间用双线连接（图 6-19）。不仅如此，星辰、星官连线及内规、外规与赤规皆贴饰金箔，惜多残落。此图虽然省却刻绘黄道和经过二十八宿距星的赤经线，但图中所表现的二十八宿位置及距度均相当准确，所以这些省略丝毫不影响星图本身具有的科学价值。此图所反映的观测地点应在北纬 37 度左右，图中又以

图 6-19　五代吴越国钱元瓘墓石刻星图（杭州出土，采自《中国古代天文文物图集》）

1 浙江省文物管理委员会：《杭州、临安五代墓中的天文图与秘色瓷》，《考古》1975 年第 3 期。

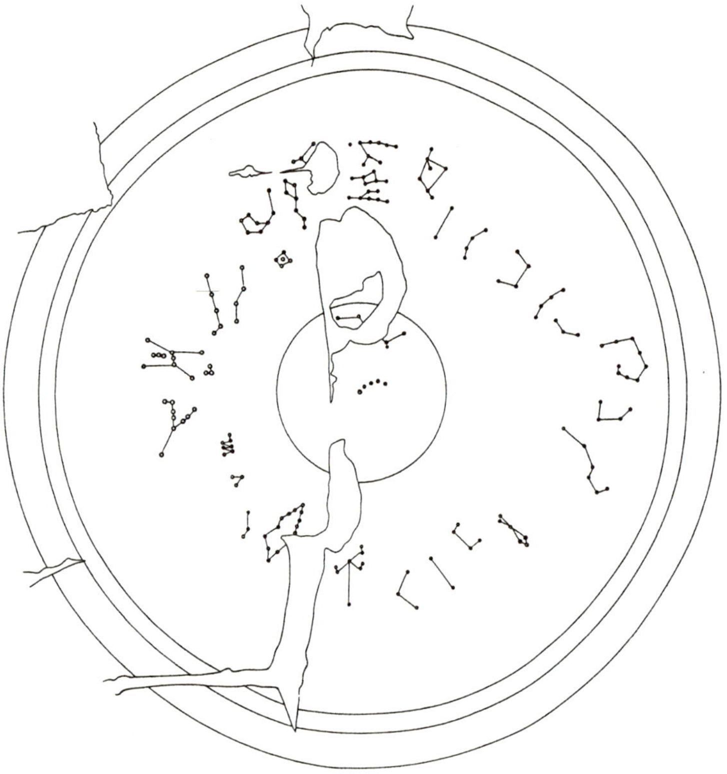

图 6-20　五代吴越国吴汉月墓星图（杭州出土，采自《中国古代天文文物图集》）

隋唐时代的极星天枢作为真天极的位置，这些都显示了星图并非当时当地的观测结果，因此，星图所依据的底本应完成于唐代开元年间（713—741 年）[1]。

钱元瓘次妃吴汉月的墓葬也发现在杭州，位于市郊施家山南麓[2]。与钱氏墓内的情况一样，墓中后室的顶部同样刻制有石刻星图（图 6-20）。此图的完成时间虽比钱元瓘墓星图早十七年（后晋广顺二年，925 年），但省略了赤规和个别星官，恒星之间以单线相连，除此之外，则与钱氏星图几乎没有差异。

钱元瓘王后马氏的陵墓——康陵，近年则发现于浙江临安玲珑镇祥里村[3]，后室顶部石板正中同样刻有星图（图 6-21）。星图完成于后晋天福四年（939 年），内容的完整性则介于钱元瓘图与其次妃吴汉月图之间，星官包括中宫的北极、勾陈、华盖、北斗及赤道带的二十八宿，未见省略，且内规、外规、重规及所有星辰皆以金箔贴饰（图 6-22），保存完整，尽显华美考究，这些都与钱氏星图的做法相同。但星图未绘赤规，仅列内规、外规和重规，且恒星之间以单线相连，又表现出吴氏星图的特点。不过与两幅星图不同的是，马氏星图绘刻有银河，独树一帜。

三幅星图虽为同时代的天文作品，然而如果比较其间的异同，则会获得一些有意义的认识。

1 伊世同：《最早的石刻星图——杭州吴越墓石刻星图评介》，《考古》1975 年第 3 期。

2 浙江省文物管理委员会、杭州师范学院考古组：《杭州郊区施家山古墓发掘报告》，《杭州师范学院学报》（社会科学版）1960 年第 1 期；浙江省文物管理委员会：《杭州、临安五代墓中的天文图与秘色瓷》，《考古》1975 年第 3 期。

3 杭州市文物考古所、临安市文物馆：《浙江临安五代吴越国康陵发掘简报》，《文物》2000 年第 2 期。

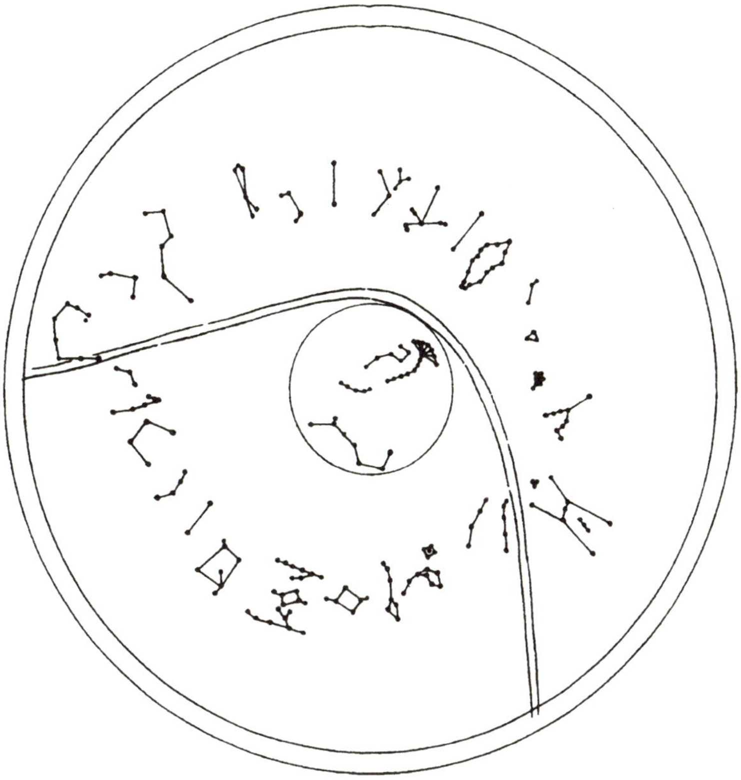

图 6-21　浙江临安五代吴越国康陵墓顶石刻星图（采自《文物》2000 年第 2 期）

钱元瓘图　有赤规，绘 218 星，双线连星，金箔贴饰

王后马氏图　省略赤规，绘 218 星，单线连星，金箔贴饰

次妃吴氏图　省略赤规，绘 190 星，单线连星，无金箔贴饰

很明显，三幅星图由于墓主人地位的高下而完省不一，墓主地位愈低，星图的省简也就愈甚。古人这种藉星图的完省以昭明身份的做法，正体现了传统天文学具有强烈政治倾向的本质特征。

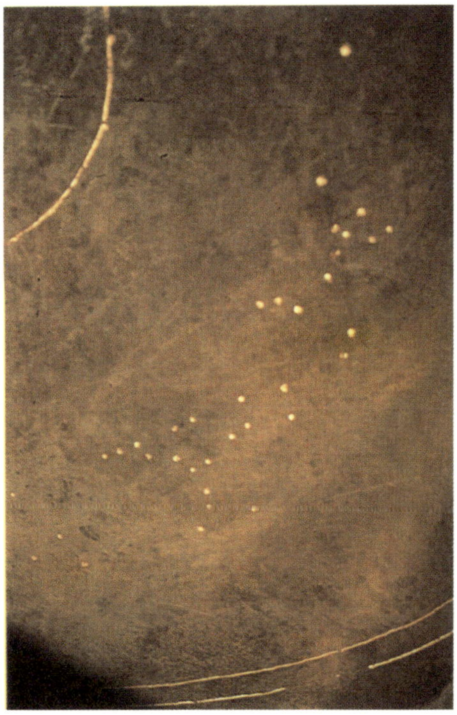

图 6-22　五代吴越国康陵墓顶石刻星图嵌金情况

钱氏家族墓葬于墓顶装饰星象应该是一种普遍的做法，除上述三墓外，还有晚唐钱宽夫妇墓[1]。钱宽及其妻水邱氏为第一代吴越王钱镠的父母，星图皆绘刻于后室顶部，内容为北斗和二十八宿，与第二代

1 浙江省文物考古研究所、浙江省博物馆、杭州市文物考古研究所、临安市文物馆：《晚唐钱宽夫妇墓》，文物出版社，2012 年。

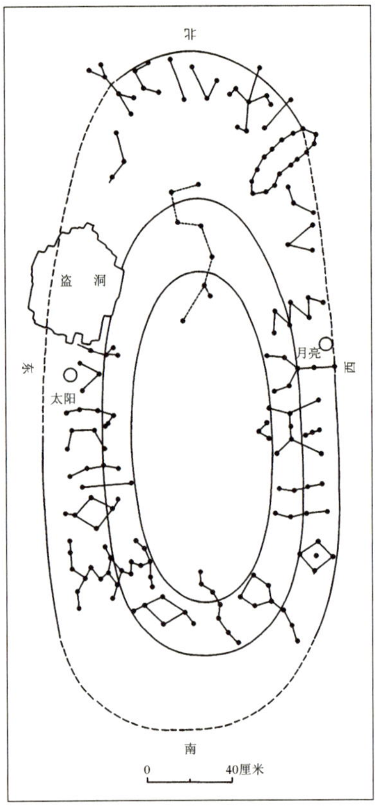

图 6-23　晚唐钱宽墓石刻星图（采自《晚唐钱宽夫妇墓》）

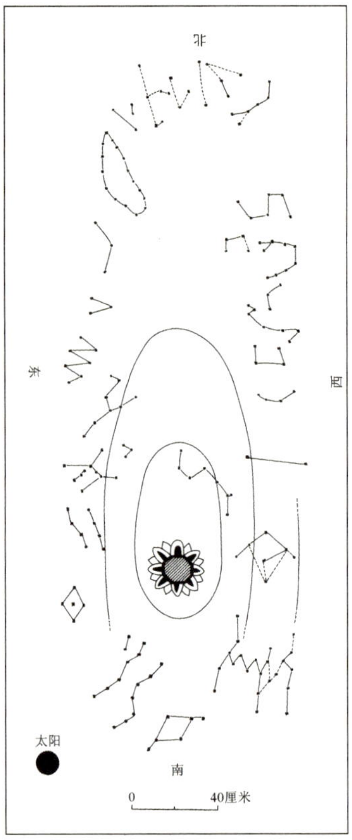

图 6-24　晚唐水邱氏墓石刻星图（采自《晚唐钱宽夫妇墓》）

吴越王钱元瓘及其夫人墓的星图相比，拱极星仅列北斗，星图绘制的星数也仅有 182 及 185 颗，甚至较吴越王次妃吴汉月星图绘有北极与北斗二星官以及星图绘刻 190 星的设计还要简略，反映了墓主身份对于天文星图的直接影响。尽管钱宽夫妇星图已经采用以金箔饰星，似乎开启了钱氏星图以金箔装饰星辰的传统，但星官及星数的多少才是体现墓主身份的真正标准。

钱宽星图依椭圆形墓顶而刻，所以内规、赤规、外规和重规也都变形而呈椭圆的形状，已没有任何实际的意义。北斗与二十八宿星官的位置则兼跨三规，只具有象征的意义。同一星官的星以红色单线相连，唯北斗与其辅星（大熊座 g）之间没有连线。星图于东方心宿三星下绘有红日，西方昴、毕两宿间绘一青白明月（图 6-23）。其妻水邱氏星图与此相同，但二十八宿星官未见兼跨内规的现象，因此恒星的位置要比钱宽图更为准确。星图又于柳、星两宿南绘有红日，且内规之中绘有莲花（图 6-24），显示了墓主人佞佛的信仰。墓主钱宽卒于唐乾宁二年（895 年），葬于光化二年（900 年）；夫人水邱氏卒于唐天复元年（901 年），因此，两幅星图的刻绘年代皆在晚唐。

两图完成的时间虽然接近，但星图内容仍然表现出一些差异。如房宿于钱宽星图刻有六星，包括房宿四星及其附座钩钤二星（天蝎座 ω_1，ω_2），而水邱氏星图于此则增刻键闭一星（天蝎座 ν）；钱宽星图于毕宿只刻七星，少刻一正星，而水邱氏星图虽同样少刻一正星，但增刻毕宿的附座附耳一星（金牛座 σ_2）；钱宽星图于轸宿刻有六星，包括轸宿四星及其附座左、右辖二星（乌鸦座 η、α），水邱氏星图则更增刻附座长沙一星（乌鸦座 ζ）。这三颗增刻的星，恐怕都有其特定的星占意义。《石氏星经》："键闭一星，在房东北，掌管籥也。"《晋书·天文志上》："附耳一星，在毕下，主听得失，伺愆邪，察不祥。星盛，则中国微，有盗贼，边候惊，外国反。"知附耳一星的增刻正合晚唐风雨飘摇的形势，故又以键闭以祈一方平安。《晋书·天文志上》："长沙一星，在轸之中，主寿命。明则主寿长，子孙昌。"也体现了其于乱世求取平安的愿望。

两幅星图中个别星官的连线形式与众不同。如牛宿的连线形象不见于其他星图。七星宿的连法一般以三星在上，略呈勾状，四星在下，组成菱形（图 3–6），是为主流。此图则以七星连成一条曲线，又见于宣化所出辽代天庆六年（1116 年）星象图及明洪武间朝鲜据更早资料绘制的《天象列次分野之图》，较为少见。其中后一种绘成曲线的七星星官或许反映了人们对星官中原属长蛇座的 GC13148 星被 GC13048 星的替换[1]。

这些墓室星图虽然服务于丧葬制度，但其普遍具有高精度的事实显示，当时已存在准确的科学星图是毋庸怀疑的。苏颂的《新仪象法要》保留了一册重要的北宋星图，这册星图无论从哪方面看都很值得注意。图共两套五幅，第一套包括两幅横图和一幅紫微宫圆图，两幅横图，一幅绘东宫和北宫星官，自角宿到壁宿（图 6–25）；另一幅绘西宫和南宫星官，自奎宿到轸宿。星图采用"麦卡托式"投影，绘制了北赤纬 50 度左右至南赤纬 60 度左右的星官。第二套包括两幅圆图，都以赤道为最外界的圆，一幅是北天球，另一幅是南天球。由于当时的人们还没有认识南极星座，所以南天球拱极星所在的位置还是一片空白（图 6–26）。这两套星图不仅比单张的圆图或横图进步得多，甚至比敦煌写本星图也精确细致得多。

苏颂星图显然继承了敦煌星图的绘制方法，在星官的标识方面，仍然沿袭着陈卓和钱乐之的传统，将石氏、甘氏和巫咸三家星官分别用不同的方式表示，其

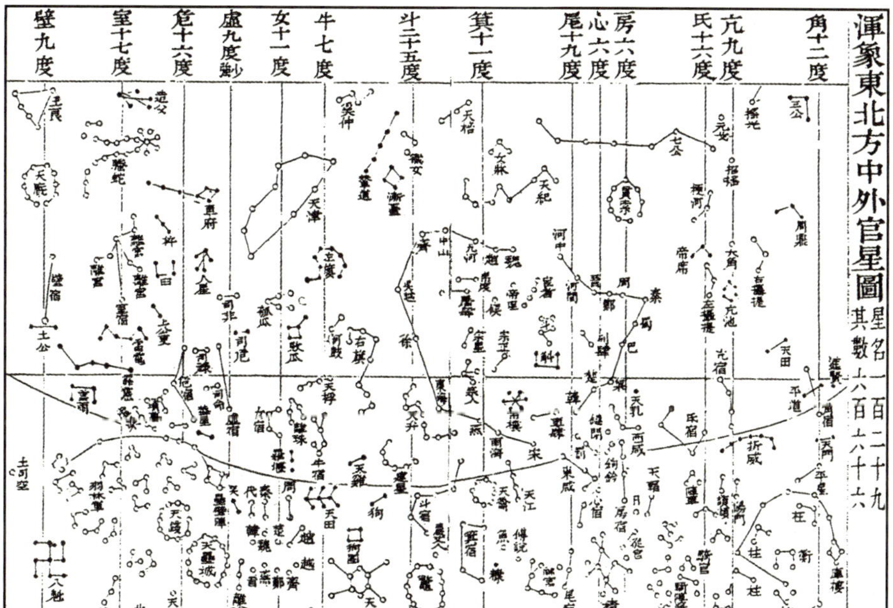

图 6–25　北宋苏颂星图

1 伊世同：《临安晚唐钱宽墓天文图简析》，《文物》1979 年第 12 期。

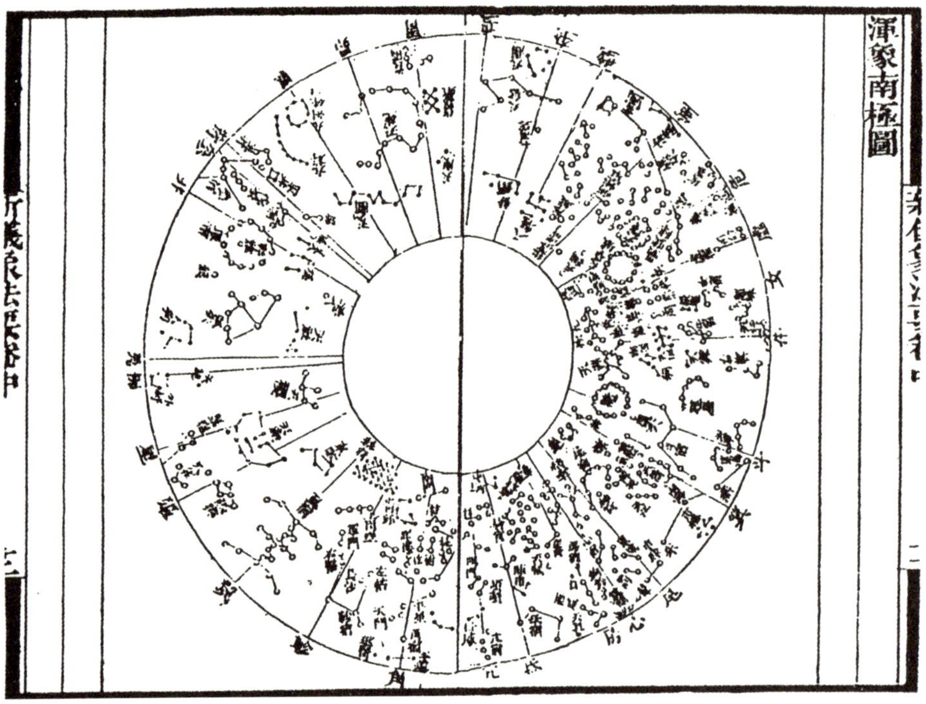

图 6-26　北宋苏颂星图（南极部分）

中甘德的星用黑点，石申夫和巫咸的星用圆圈。然而，苏颂星图从角宿开始，依二十八宿的次序连续排列，而且剔除了有关分野等不科学的内容，这比敦煌星图从玄枵（子）开始按十二次顺序作不连续排列的做法更为进步。

苏颂的《新仪象法要》自 1088 年写起，1094 年完成，其中两幅北天圆图都以天枢为极星，显然在这一点上，苏颂并没有利用当时沈括的观测结果，不过他所标示的二十八宿距度值，却与宋元丰年间（1078—1085 年）的观测记录相同，因此有理由认为，苏颂星图基本上是根据当时的实际观测所绘制的。作为目前我国流传下来的时代最早的全天星图之一，它对研究宋代的天文学成就具有重要的价值。

北宋时期的星图虽然已相当普及，而且与过去相比，精度也大为提高，但这似乎并不能满足人们的需要。十二世纪的郑樵曾经抱怨说，当时可靠的星图很难得到，而且不易考证。他劝人们在夜色清明的时候一段段地诵读《步天歌》，借以熟悉星空的形貌[1]。不过在他之后出现的宋代星图，虽然各自保存了不同的特点，但总的看来却也并不比苏颂的星图更精确。

中国的平面圆形星图以南宋黄裳绘制的一幅最为著名，这幅星图至迟在 1190 年已经完成，最后成为黄裳为年轻的宋宁宗讲解天文学的御书。星图后来由王致远得于四川，并于 1247 年摹勒上石[2]，至今仍以石碑的形式完好地保存在苏州市博物馆（图 6-27）。

星图刻于石碑的上方，以北极为中心布有内规、外规、赤道、黄道和重规，同时刻有银河和二十八条经过二十八宿距星的经度线，外规与重规之间还列有

1 参见郑樵《通志·天文略》。

2 朱文鑫：《宋黄裳天文图考》，《十七史天文诸志之研究》，1965 年；潘鼐：《苏州南宋天文图碑的考释与批判》，《考古学报》1976 年第 1 期。

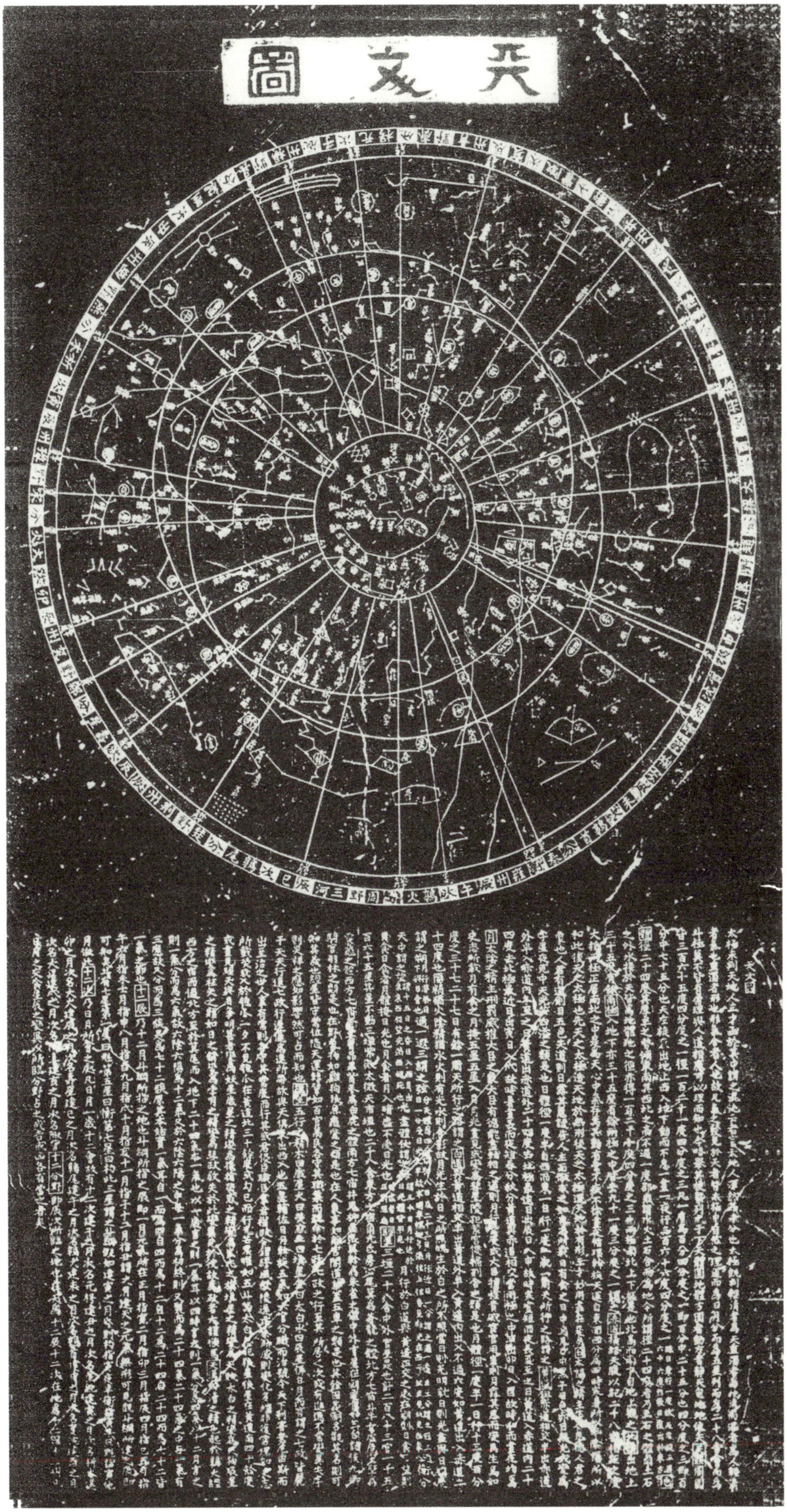

图 6-27　南宋黄裳石刻星图（采自《中国古代天文文物图集》）

二十八宿距度、十二辰、十二次和分野，分别与二十八宿相对应。全图共刻恒星1434颗，恒星位置也比较准确。从图中的星象可以得知，它是适合于北宋国都汴京（今河南省开封市）地理纬度的星空。

黄裳星图中有些地方明显较传统的星官星数有所增损，甚至某些星的增添不仅不能归结为疏误，反而可能是有意的行为。例如天关星西北的一块缺损中有一个星点，这很可能是1054年超新星的反映，而传舍星间多出的一星则又可能是1181年超新星的反映[1]。这种有趣的现象似乎说明，黄裳星图在反映最新的天文观测成果方面是颇为及时的，因为发生在传舍间的那次超新星爆发，距黄裳绘制此图的年代最多也不过九年的时间。退一步说，即使这个工作不是在黄裳绘制星图时就已经完成了，那么它至少也是王致远镌刻此图时改进的结果。

星图中黄道的画法由于圆图投影上的错误而绘成了正圆，因此二分点的位置不可能准确，这为推定星图的观测年代带来了一些麻烦。不过图中二十八宿的距度却和苏颂星图一样，都是采自元丰年间的观测数值，所以它的测绘年代恐怕不会晚于1100年。

星图的下面刻有一篇长文，可以说是对中国天文学的一种最简明的注释。原文首先是对天地宇宙的论述，其中很多思想都可以在秦汉典籍中找到渊源。接着便描写天球赤道、黄道和白道，指出黄赤两道以24度相交于春分和秋分两点，而白道则是月球以6度交角穿过黄道的路线，并正确地解释了日、月食的原因。文中指出，已命名的恒星共计283官1565星，这与图中绘制的星数不甚相符。文中提及五星的部分则沿用占星术的说法，而后阐述银河、二十四节气和十二次，最后结束部分说到天上分野与地上郡国的对应关系。文中讲到十二辰时强调说明了北斗作为时间指示星的作用，简直就是《史记·天官书》的翻版，这证明人们对于把拱极星和二十八宿拴系在一起的古代天文学并没有遗忘。

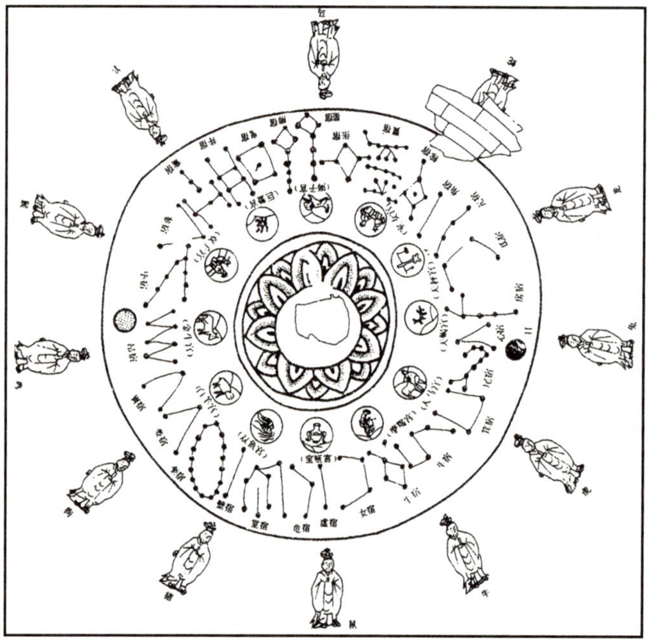

图6-28　辽天庆七年星象图（河北宣化发现，采自《文物》1990年第10期）

五代两宋时期，中原地区由于天文学的发达，星图绘制几乎完全摒

1 关于这两次超新星的研究，参见席泽宗:《古新星新表》,《天文学报》第3卷第2期,1955年；席泽宗、薄树人:《中、朝、日三国古代的新星纪录及其在射电天文学中的意义》,《天文学报》第13卷第1期,1965年。

弃了示意性的做法，然而在边疆一带，这种朴素的传统仍然部分地保持着。1971年，河北宣化下八里村发现一座辽天庆六年（1116年）张世卿墓，墓室顶部彩绘有星图[1]。星图中央嵌有铜镜一面，象征天的中心，四周绘出莲花，莲花之外分列日、月、五星及北斗，再外为二十八宿星官，最外一层画有十二个小圆，圆中填饰黄道十二宫图像。这幅示意性星图之所以引人注意，唯一的原因就在于它使人们在中国的天文遗物中第一次看到了二十八宿与黄道十二宫两种体系的十分完整的配置形式。黄道十二宫图像虽然传自于巴比伦，但是图中表现的人物、服饰等内容已经完全具备了中国自己的独特风格，显然这与黄道十二宫的初传期有着相当的距离。因此，尽管过分装饰化的星象使得宣化辽墓星图的天文学价值并不算高，但是作为一幅综合中外天文学成果的完整作品，它在文化史上却有着特殊的意义。

图6-29　河北宣化辽张文藻墓墓室星图（采自《文物》1996年第9期）

以张世卿墓为代表的此处辽代家族墓地，所见墓葬皆绘有彩色星图，成为当时流行的做法。如张文藻墓星图属辽大安九年（1093年）[2]，张恭诱墓星图与张世古墓星图则同属天庆七年（1117年）[3]。这类星图或呈内周二十八宿、外周黄道十二宫，或内周黄道十二宫、外周二十八宿的设计，或更于外周配绘一匝十二时像（图6-28）。而较早的张文藻墓星图则仅绘中国传统的北斗和二十八宿等星官（图6-29），星间以红线相连。这些星图极具装饰性与示意性，作者显然并不在意星官位置与星数的准确。尽管星图与十二时像配合的形式显示出其对晚唐五代时期中原星图的继承[4]，但星图本身所具有的科学价值则被大大降低了。

第五节　明清星图

经苏颂完善的横图的绘制方法看来并没有被继承下来，因为在明清两代还没有发现任何一张横式中外官星图。原因似乎在于，横图从形式上讲恐怕并不像圆图那样在描述天体的形状上更容易让人接受。

1 河北省文物管理处等：《河北宣化辽壁画墓发掘简报》，《文物》1975年第8期。

2 河北省文物研究所、张家口市文物管理处、宣化区文物管理所：《河北宣化辽张文藻壁画墓发掘简报》，《文物》1996年第9期。

3 张家口市文物事业管理所、张家口市宣化区文物保管所：《河北宣化下八里辽金壁画墓》，《文物》1990年第10期；张家口市宣化区文物保管所：《河北宣化辽代壁画墓》，《文物》1995年第2期。

4 宿白：《关于河北四处古墓的札记》，《文物》1996年第9期。

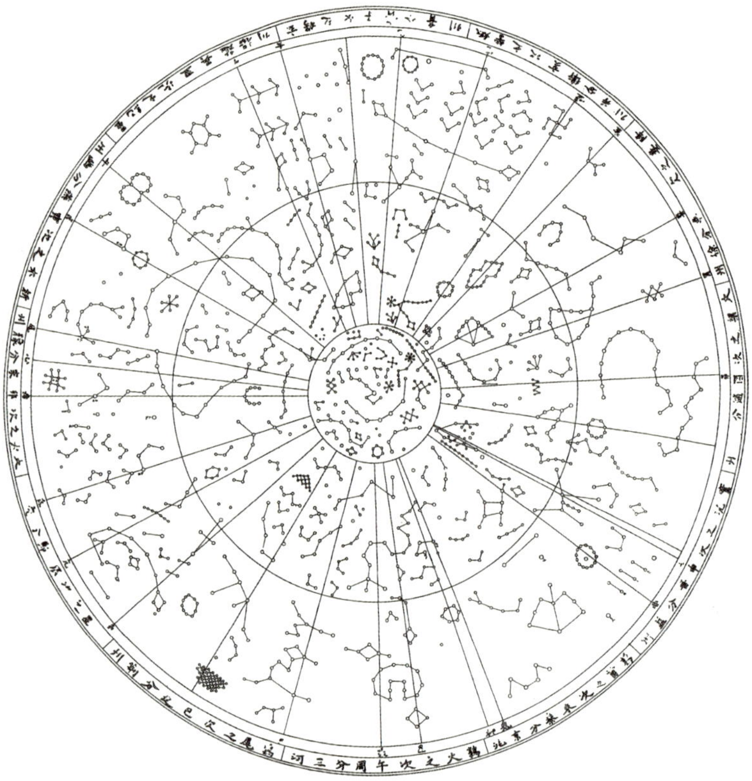

图 6-30　北京隆福寺藻井星图（采自《中国古代天文文物图集》）

在明末欧洲天文学入传之前，中国天文学步入了一个低潮，当时除对异常天象的观测仍在继续之外，中国天文学的其他方面几乎都陷于停滞的状态。这个时期保存下来的星图主要有两幅，一幅绘于北京隆福寺正觉殿藻井的顶部，另一幅则以石碑的形式保存在江苏常熟。我们从两幅图中可以清晰地看到南宋黄裳石刻星图的影子，甚至后者简直就是根据黄裳星图订正后翻刻而成的。

北京隆福寺藻井星图约绘于明景泰四年（1453 年）以前，星图在深蓝色底上用沥粉堆金描绘星象，这显然继承唐末五代星图以金箔装饰星辰的手法。星图列星 1420 颗，并以天枢为北极位置。天枢星与天球北极最接近的年代约在九世纪中叶，虽然在此前后几百年内可以近似地把它当作极星，但与明初所见的极星却已明显不符。此外，从星图的内规所圈定的星象判断，其观测纬度当在北纬 35 度左右，这与北京的实际纬度也不相合。这些迹象表明，星图所依据的原始资料并不是当时的实测数据。由于星图中的星官部位与《步天歌》极为吻合，显示了它曾受到《步天歌》的强烈影响，而星图外圈分野中所标秦分为京兆，又恰是宋以前的传统。因此可以相信，这幅天文星图虽然完成于十五世纪中叶，但它所依据的底本却是历代承传的唐代古星图，而其形式则明显地汲取了宋代星图的绘制方法（图 6-30）[1]。

常熟星图刻成于明正德元年（1506 年），从星图形式和图下跋文看，它完全是黄裳星图的翻版。全图共刻恒星 284 官 1466 星，虽然订正了黄裳星图中某些缺乱的星位，但并未改正岁差，星官名称多据《宋史·天文志》，而考三家星经及星官连

1 伊世同：《北京隆福寺藻井天文图》，《中国古代天文文物论集》，文物出版社，1989 年。

线等，则与苏颂《新仪象法要》星图具有更密切的联系（图 6-31）[1]。由于常熟星图采用了与苏颂星图不同的投影方法，因此其星官位置的准确性不及该图是显而易见的。然而，即使与使用同样方法绘制的黄裳星图相比，某些星官的位置甚至也并不理想。换句话说，黄裳星图与常熟星图虽然都保持了苏颂所摒弃的传统形式，但却互有优劣。

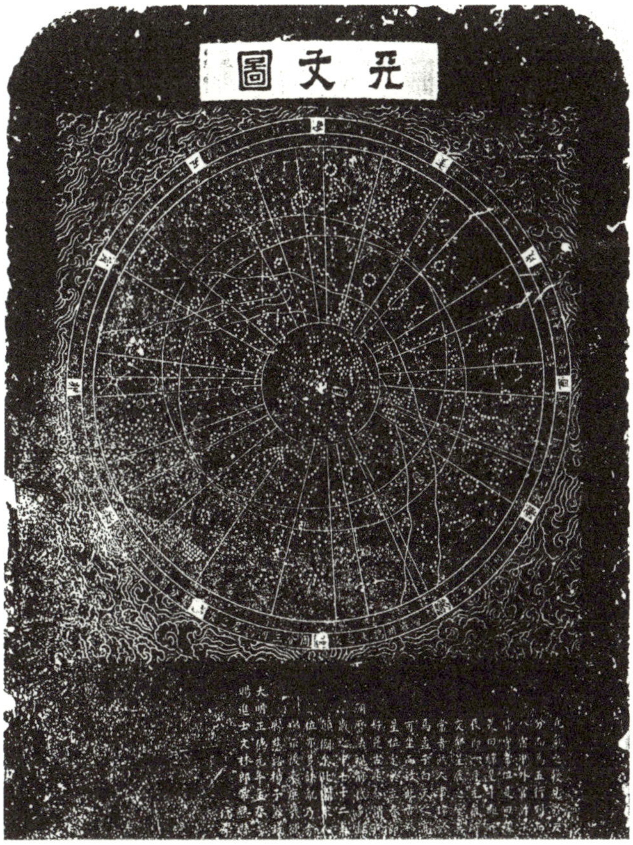

图 6-31　江苏常熟明代石刻星图（采自《中国古代天文文物图集》）

明代万历以后，西方耶稣会传教士的东来，使欧洲古典天文学和数学知识陆续传入。尽管教士们在某些方面持有非常荒谬的观点，但是依靠他们所输入的西学，对于推动中国天文学的发展却起着不可低估的作用。这一时期，中国天文星图的绘制开始出现了一些新的变化。

发现于福建莆田涵江镇天后宫的星图是一幅综合中西学说的典型作品[2]。此图以北极为中心，用墨线绘有三个同心圆，又用红、黄线分别绘有两个相交的不同心圆。同心圆的内圆周围由四卦、八干、十二支组成二十四方位，中圆为恒显圈，大圆为在观测地可以看到的恒隐圈。恒隐圈外绘有两周刻度，内周 377 格，外周 391 格。两不同心圆交角为 24 度，分别表示黄道和赤道。值得注意的是，星图上画有二十八条经线，宽窄与二十八宿距度相等，其中穿过参宿的经线特意用红色绘出，上面列有 188 条短划，表示纬度，可以称作红色标尺；图上星官以三垣二十八宿为主，共绘 288 官约 1400 颗星，其中二十八宿主座和北斗七星用红色标示，其馀的星均为黑圈白点，各星大小不一，表示视亮度的不同，同时又用带芒的星表示古人称为“气”的天体（实际是一种星团或星云）（图 6-32）。这些特点明显地含有西学的影响。有趣的是，以星点的大小表示星等的方法虽然在公元前五世纪的中国星图上已经得到应用，但后人似乎并不以此作为表示星等的固有标准，唐末五代时期的墓室星图有时还显现出星体大小的差异，但在全天星官的

1 中国科学院紫金山天文台古天文组、江苏省常熟县文物管理委员会：《常熟石刻天文图》，《文物》1978 年第 7 期；王德昌、车一雄、黄步青：《常熟石刻天文图》，《中国古代天文文物论集》，文物出版社，1989 年。

2 福建省莆田县文化馆：《涵江天后宫的明代星图》，《文物》1978 年第 7 期。

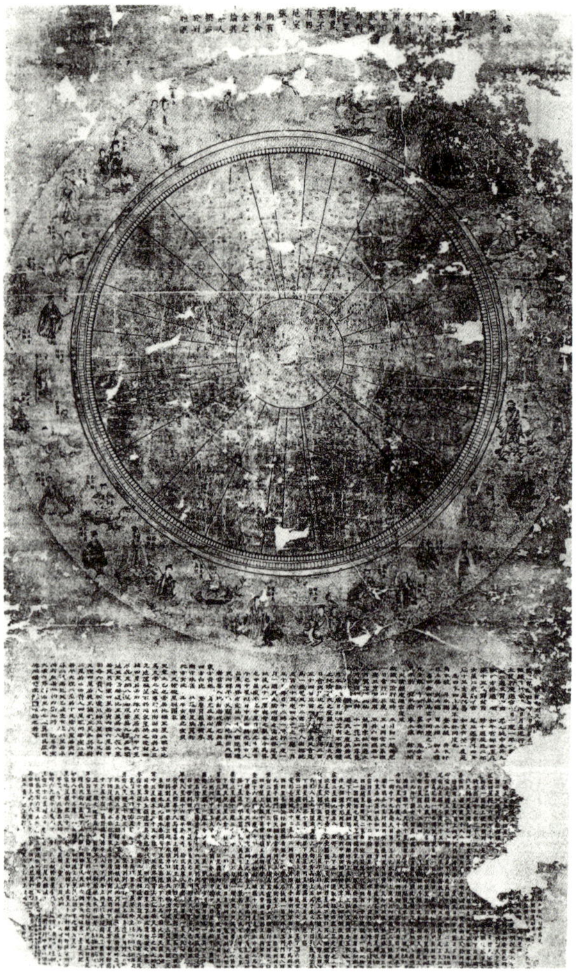
图6-32　莆田天后宫明代星图（采自《中国古代天文文物图集》）

基础上分析这种现象，这种差异显然并不具有刻意说明星等的意义。因此，古人对传统的遗忘使得他们在两千年之后，不得不在西方传教士的手中把原本属于自己祖先的发明重新捡拾了回来。

莆田星图在王良和阁道两星官的旁边画出了一个客星，这是1572年在仙后座出现的超新星[1]。由于它曾被丹麦天文学家第谷观测过，所以又叫“第谷新星”。但是明代的新星记录表明，中国天文学家实际比第谷早三天就发现了它，而且观测时间也要多两个月，这暗示了莆田星图的绘制年代大体可以确定在明末清初。

最后必须提及的是明末由徐光启（1562—1633年）主持测绘的星图。星图共有五幅，其中主要的是两幅圆形的《赤道南北两总星图》，一幅以北极为中心，另一幅以南极为中心，都以赤道为边界，按360度的赤道经、纬度绘制，距赤极23.5度标出黄极，另以黄极为原点，分列十二宫的黄经，这是我国最早出现有赤道纬度和黄极的星图。《黄道南北两总星图》的两图分别以北、南黄极为中心，以黄道为边界绘制，全天分十二宫，星的坐标为黄经和黄纬，图名下有汤若望所撰《黄道南北两总星图序》[2]。

这两种星图完成后，徐光启认为它们的尺幅过于狭小，于是在他去世前的几个月中，又带领历局的工作人员重新绘制了两幅大型的《赤道南北两总星图》（图6-33）。星图中心标明赤极和黄极，赤道北图绘有恒显圈，赤道南图绘有恒隐圈，两图最外的大圆为赤道，与赤道相交又有黄道；星图外圈分注360度，内圈则分365.25度的刻度；从赤极引直线至周边，分天区为二十八宿，又从黄极引曲线至周边，分天区为十二宫，经、纬度一应俱全；星图以明崇祯元年（1628年）为历

1 关于这次超新星的研究，参见席泽宗、薄树人：《中、朝、日三国古代的新星纪录及其在射电天文学中的意义》，《天文学报》第13卷第1期，1965年。

2 卢央、薄树人、刘金沂、王健民：《明〈赤道南北两总星图〉简介》，《中国古代天文文物论集》，文物出版社，1989年。

图 6-33　明《赤道南北两总星图》

元，图上星辰都依星点一一点定，全天共绘 1812 星，既有中国的传统星官，也有新增之星，星点以大小不同表示恒星的视亮度，共分六等；星图以蓝色为背景，上绘银河，银河中布满了均匀的黑点，象征它是由无数的群星所组成的；图上还用带光芒的星表示"气"，用白色的不规则形状表示目视可见的星团和星云，如大、小麦哲伦星云。

主图之外还有徐光启所撰《赤道南北两总星图叙》和汤若望撰写的《赤道南北两总星图说》，并附有表示行星行度的"经图"和"纬图"以及欧洲的天文仪器图等。星图的完成时间在明崇祯四至六年（1631—1633 年）期间。

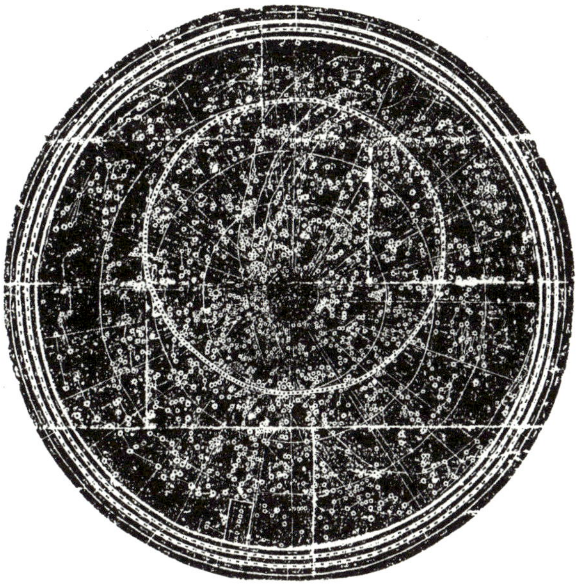

图 6-34　清代蒙文石刻星图（采自《中国古代天文文物图集》）

《赤道南北两总星图》是目前我国所见最早的包括南天区在内的大型全天星图，它与莆田星图一样，在继承我国古代星图内容的同时，又融合了欧洲天文学的有益成果，在中国星图绘制史上起着承上启下的作用。如内蒙古呼和浩特市五塔寺清代蒙文石刻星图（1727—1732 年）中星等概念和纬度标尺线等的运用（图 6-34），都是前者影响的结果。毫无疑问，这两幅明末星图的出现，为清代以后星图的绘制开了先河。

第七章
奇异天象记录

中国的古代典籍保存着对各种天象的丰富记录，这些记录得自于古人辛勤的观测，无论其连续性、完整性还是准确性，都属世所罕见，因而在世界天文学史上占有突出重要的地位。

第一节 交食

目前保留的最早的天象记录集中在对交食的观测，事实上，其他文明古国的早期交食记录根本无法与中国相比，即使我们把公元前 331 年亚历山大征服巴比伦后携回希腊的巴比伦天象记录抄本计算在内，中国的记录也至少比它早四百年，况且那些抄本在托勒密时代以后就全部散佚了。

商代甲骨文中的日月食记录，把中国古人对这些天象的观测历史上溯到了公元前十三世纪。根据真实的卜辞材料，可以考证出发生在商王武丁时期的五次月食和祖甲时期的一次日食。这六条交食记录分别见于商代的两个不同系统的卜辞之中，如果这些对交食记录的不同可以视为商代存在不同的天文学派，那么两个学派在观测内容和记录方式上则确实存在着明显的差异。考虑到战国时期多种天文学派并存的事实，商代的这种情况便也不难理解。现在我们依时间先后将商代的六次交食记录转写于下。

一、月食

(一)乙酉月食

癸未卜，争贞：旬亡祸？三日乙酉夕月有食，闻（昏）。八月。

《合集》11485（图 7-1）

[癸未卜]，古[贞：旬亡]祸？三日[乙]酉夕[月有]食，闻（昏）。[八月]。

《合集》11486

(二)庚申月食

癸丑卜，贞：旬亡祸？王占曰：“有祟。”七日乙未壹（曀），庚申月有食。

图 7-1　商代乙酉月食卜辞

图 7-2　商代乙巳日食卜辞

《英藏》886 正、反

[癸丑卜，贞]：旬[亡祸？王占曰："有祟。"]七日乙未[夕壹（噎），庚申月有食]。　《合集》17299，《天理》B103、B103b

[癸丑卜，贞：旬亡祸？王占曰："有祟。"七日]己未夕壹（噎），庚申月有食。　《英藏》885 正、反

（三）甲午月食

[己]丑卜，宾贞：翌乙[未酚]，黍烝于祖乙？王占曰："有祟。不其雨。"六日[甲]午夕月有食。乙未酚，多工率条遣。　《合集》11485 正

（四）壬申月食

癸亥贞：旬亡祸？旬壬申夕月有食。　《合集》11482 正、反

（五）癸未月食

[癸]未[卜]，争贞：翌甲申锡日？之夕月有食。甲阴，不雨。

[贞]：翌甲申不其锡日？之夕月有食。　《合集》11483 正、反

二、日食

乙巳贞：酚彡，其丢小乙？兹用。日有戠（蚀），夕告于上甲，九牛。

《甲》755（图 7-2）

乙[巳贞]：酚[彡，其丢]小乙？[兹用]。日有戠（蚀），夕告于上甲，九牛。　《屯南》27 + 321

经考订，这六次交食发生的准确时间是：

乙酉月食　公元前 1227 年 5 月 31 日　全食

庚申月食　公元前 1218 年 11 月 15 日　偏食

癸未月食　公元前 1201 年 7 月 11 日　偏食

甲午月食　公元前 1198 年 11 月 4 日　偏食

壬申月食　公元前 1189 年 10 月 25 日　偏食

乙巳日食　公元前 1161 年 10 月 31 日　偏食

商代交食记录所揭示的内容比我们期望的更丰富，从表示交食的“食”字可以看出，中国古人认为日、月食是日、月被天狗慢慢吃掉的想法已经形成。不过商代的另一派天文家则用“戠”（蚀）字表示交食，把它看作是一种日月有所亏伤的自然现象，这种观念比之使用“食”字的占星家无疑进步得多。有的学者认为，“蚀”本作“戠”，可能是指日、地、月连于一线如织的天象，因此对于表示交食周期应是一种比较准确的术语[1]，这显然是一种误解。日、月食称为“食”与“蚀”其实具有浓厚的传统色彩，甚至在对交食理论有了相当深刻认识的今天，人们仍未放弃使用这两个字。

尽管我们还不清楚商代人对日全食是如何描述的，但是“闻”（昏）字却是他们用来表示月全食的技术名词。由于月全食发生时，月球被地影完全遮蔽，月面变暗，呈红铜色，因此“闻”（昏）只能算是一种形象的表示法，还远谈不上确切，所以西周以后便弃而不用了。《春秋经》中载有公元前 720 年以后发生的 37 次日食，已开始用“既”字表示全食，比“昏”字更为准确。汉代以后不仅依然沿用这个术语，同时也已注意到对偏食的描述，出现了“几尽”（几乎全食）、“不尽如钩”（新月形）之类的观测记录，甚至还有像“三分”（十分之三）那种比较科学的食分描述形式。当时的交食记录比前期更为全面，除食分之外，还普遍涉及了交食持续时间、起讫时间、交食的日月位置和日食初亏所起的方向等许多内容，而且大部分内容都已相当精确。

古人研究交食时常常遇到很多困难，如果月球轨道与黄道完全重合，那么问题则会简单得多，人们将在每一个朔日都会看到日食，而在每一望日也都会看到月食，然而事实并非如此。由于月道与黄道相交有一个交角，因此，即使日月的黄道度数相同，但只要它们离月道与黄道的交点——黄白交点——有足够远的距离，日食就不可能发生。只有当日月离交点在一定的距离之内发生朔，才会发生日食（图 7-3）。月食的情况也与此相仿。于是古人摸索出了许多任意定的周期，用来预报交食的大概日期，这样的周期就是交食周期。交食周期是交食重复出现的时间间隔，因为地、日、月的运动具有一定规律，在经过一个周期之后，三者又回到原来的相对位置上，交食便会重新出现。巴比伦人曾在公元前七世纪发明了以 223 个朔望月（18 年又 11 日）为长度的著名的沙罗周期，致使希腊人利用它成功

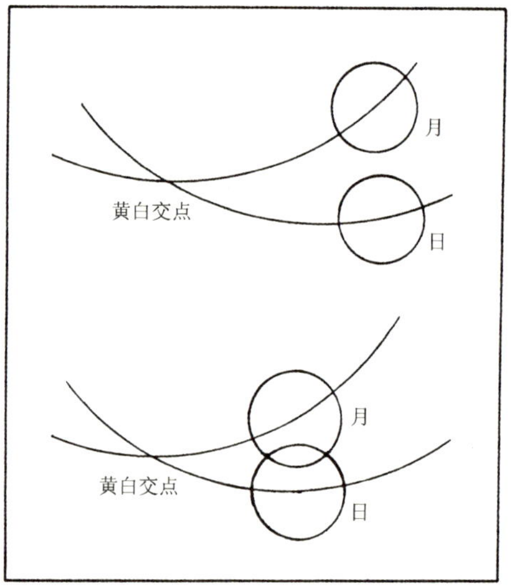

图 7-3　交食示意图

1 温少峰、袁庭栋：《殷墟卜辞研究——科学技术篇》，四川省社会科学院出版社，1985 年。

地预报了公元前 585 年的日食，而中国古人在这方面的成就则更为辉煌。

殷人已能运用自己的方法近于正确地进行交食预报，发生于祖甲时期的乙巳日食清楚地证明了这一点，作为世界上第一次对日食的成功预报，这次记录是当之无愧的。殷人把这次日食称为“日夕有食”，意思是夜晚发生的日食，而当他们真正看到这次日食的时候，正是黎明时分带食初升的太阳，日食已经临近结束。殷商甲骨文所反映的殷人对这次日食的预报不仅准确，而且系统，对于最关键的日食发生时间和见食地点两个问题，预报记录所给予的答案非常明确。我们将这些预报记录援引如下，可对殷人交食预报的水平获得一些新认识。

第一阶段：

1. 壬子卜，贞：日戠（蚀）于甲寅？　　《佚》384

2. 乙丑贞：日有戠（蚀），其告于上甲？

乙丑贞：日有戠（蚀），其[告]于上甲，三牛？不用。

其五牛？不用。

其六牛？不用。　　《合集》33697

乙丑贞：日有戠（蚀），允唯戠（蚀）？　　《合集》33700

3. 癸酉贞：日夕有食，非若？

癸酉贞：日夕有食，唯若？　　《簠・天》1

癸酉贞：日夕有食，非若？

癸酉贞：日夕有食，唯若？　　《佚》374（图 7-4）

癸酉贞：日夕[有食，[告于]上甲？　　《合集》33695

[癸]酉[贞]：日夕[有]食，[告于]上甲？　　《屯南》379

4. 庚[辰]贞：[日有戠（蚀），其告于]岳？

庚辰贞：日有戠（蚀），非祸？唯若？

庚辰贞：日戠（蚀），其告于河？

庚辰贞：日有戠（蚀），其告于父丁，用牛九？在协。　　《粹》55

[庚辰贞：日有戠（蚀），非若]？唯[若]？

庚辰贞：日戠（蚀），告于河？　　《续存》1.1941

5. [允]唯戠（蚀）？

[辛]巳[贞]：日戠（蚀）在西，[亡]祸？　　《合集》33704

辛巳贞：日有戠（蚀），其告于父丁？　　《后下》29.6

6. □□贞：日有戠（蚀），其告于□□？

□□[贞：日]有戠（蚀），其告于祖□？　　《屯南》3120

卜辞显示，殷人预报乙巳日食的活动可以明确分为前后两个阶段，第一阶段为自壬子开始的二十一天，第二阶段则为自癸酉至日食发生的乙巳的三十三天。严格地说，前二十一天的卜事由于没有涉及日食的关键问题，甚至我们在乙丑日的卜辞中还看到殷人对这次日食是否一定会发生的犹疑之辞，因此并不宜算作真正意义上的交食预报。然而从癸酉日的卜事开始，情况便完全不同了。殷人首先预报了此次日食发生的准确时间——殷都的夜晚，也就是卜辞所说的“日夕有食”；而在八天后的庚辰日，殷人又在可能见食的协地继续有关这次日食的卜事，这当然涉及了日食的另一个重要问题——见食地点，因为我们知道，日食与月食不同，日食发生时，只有位处食带区域的人们才可能看到日食，因此对于日食预报而言，见食地点的获知是非常重要的。协地在殷都以东，大约位于今河南商丘附近，殷人在这里集中进行大规模的日食占卜活动，显然暗示了他们已经确定此地以西见食的可能性已经非常渺茫，而在第二天辛巳日的预卜活动中，殷人卜问"日蚀在西"，意即日食是否有可能发生在协地以西，恰好印证了上述判断。事实上发生于公元前 1161 年 10 月 31 日的乙巳日食，正是在商丘附近可以观测到的一次日带食出的小食分偏食，日食发生的大部分过程都在殷都的夜晚，准确地说，在北纬 30 度以南，东经 115 度以东的地区才可看到日带食出的现象（图 7–5），这与卜辞反映的殷人对这次日食见食时间与见食地点的预报吻合无间。

研究表明，殷人完成这样的预报所采用的起码应是一种长度为五十四年的交食周期，这个周期比巴比伦人创立的沙罗周期的三倍长度要短些。不过从另一方面考虑，一次日食在同一地点连续发生的最短周期至少需要经过三个沙罗周期，也就是五十四年又三十三天的时间，这意味着三个沙罗周期之后，日食就将在大致相同的地点重复出现，这显然与殷人对于乙巳日食发生时间与见食地点的成功预报不无暗合，因为如果从癸酉日对乙巳日食见食时间的预报算起，到乙巳日食发生的当天，正好经历了三十三天，这表明殷人懂得长度为十八年又十一天的沙罗周期是完全可能的。

早期交食预报的基础就在于交食具有重复性的发生规律，在一个交食周期之后，日食发生时间有时存在着逐渐后延的趋势。简单地说，如果日分差等于 ±0.33，那么，经过一个交食周期，晨食变为晚食，晚食变为夜食，或次序相反，三周而复原[1]。对奥伯尔兹（Th.v.Oppolzer）《日月食典》的统计表明，在公元前十二至前十一世纪，经过一个沙罗周期，日食发生时间平均后延八小时[2]。这意味着经过三个沙罗周期，同一地点的见食时间基本上是相同的。显然，如果殷人掌握了这个规律，做出相对准确的日食预报并不困难。事实上，卜辞显示的殷人对于乙巳日食发生时间与见食地点的准确预报，已使人没有任何理由对殷人掌握交食周期的事实抱有疑虑。

图 7–4　商代乙巳日食预报记录：日夕有食

汉代以后，对交食周期的讨论有很多意见，公元前 7 年的《三统历》确定了 135 个朔望月的周期，接着王充提出了 41 个朔望月的周期，到唐代《五纪历》（762 年），则得到 358 个朔望月的周期，相当精密。这个周期在十九世纪才被美国人纽康独立提出，不过那已是一千多年以后的事情了。

早期交食的另一次重要记录保存在西周幽王时期的一篇诗作之中。《诗·小雅·十月之交》云：

十月之交，朔月辛卯，日有食之，亦孔之丑。彼月而食，则维其常；此日而食，于何

1 高平子：《古今交食周期比较论》，《中央研究院历史语言研究所集刊》第二十三本上册，1951 年。

2 Th.v.Oppolzer, *Canon der Finsternisse*, Wien, 1887.

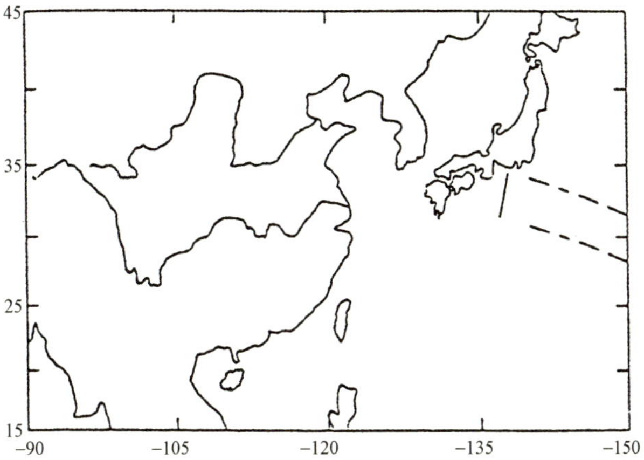

图 7-5　乙巳日食见食图［采自 *Atlas of Historical Eclipse Maps-East Asia*（1500BC-AD1900）］

不臧。

这是一次对月日频食的完整记录，据考证，月食和日食分别发生在公元前 776 年的 8 月 21 日和 9 月 6 日，相当于周历的九月望日和十月朔日。这一年恰逢周幽王六年[1]。

《诗经》第一次建立起了日食与朔日的联系，这种联系在商代显然并不存在，当时的人大概认为，日食在一月之内的任何一天都有可能发生，这意味着他们距离正确地解释交食原理还相差很远。其实，殷人的这种落后认识与他们已能掌握日食周期的事实并不矛盾，毫无疑问，这样的一般道理远远不像总结日食周期那样仅仅依靠观测交食就能取得，在古人懂得交食原理之前，获得这样的一般概念是不能想象的。巴比伦的情况与此非常相似，同今天我们的理解恰好相反，他们认为，除朔日和望日之外，日食在一月之中的其他日子都可能发生，而在得出这种认识的同时，他们却已掌握了 223 个朔望月的沙罗周期。

至迟到战国时期，对于交食原理的认识已经完全形成了，石申夫曾经指出，月亮有时离开了黄道而"乍南乍北"，它与太阳相"交"于月初的朔日或月终的晦日，因此他教人们根据月亮与太阳的相对位置去预报日食。西汉的刘向也已认识到，日食乃是由月亮遮蔽的结果。但令人不解的是，东汉的著名思想家王充却对这些正确见解采取了几乎彻底批判的态度，不过我们在他的名著《论衡》中可以发现，正确的交食理论在西汉以前显然已经相当普及了。与王充约略同时的张衡在《灵宪》中则对日月食原理做了十分准确而完整的阐述，这可以看作中国古代交食理论最终定型的重要标志。

《春秋经》以后的历代史书都把日月食作为一项重要天象加以记录，从而使有关资料得到了系统而完整的存留。据统计，从春秋到清代，日食记录已逾千次，月食记录达九百馀次，成为全人类最完整的一部古代交食资料。随着中国天文学的不断发展，古代交食观测的精度日臻精密，交食的预报及历法推算也逐渐得到了完善。

《书经》文献所保留的交食资料都还存在争议。其中《逸周书・小开》记有一条月食材料，文云：

维三十有五祀，王念曰：多□，正月丙子拜望，食无时。

这条史料的真实性始终存在疑问。《周书》显示，此次月食发生于晚殷某年之正

1 ［宋］马端临：《文献通考》卷二百八十二。

月望日丙子，殷历岁首定于秋分之后的第一月[1]，周初历法继承殷历，岁首没有改变[2]。然而根据古本《竹书纪年》的记载，武王灭殷之年应为公元前1027年，所以文王三十五祀无论如何也只能在公元前十一世纪后半[3]。根据这些条件检验历史上曾经发生过的月食，却没有一次可以与之相符。而另一次见载于伪《古文尚书·胤征》的所谓夏仲康日食记录同样颇存疑问，文云："乃季秋月朔，辰弗集于房。"而"朔"字用以记录月首，从出土文献观察，春秋中晚期以前是绝对没有的。而于传世文献，最早用"朔"记月也仅见于《诗·小雅·十月之交》。尽管《十月之交》依然可能属于后人追忆的西周往事，但《胤征》本出伪《古文尚书》的事实说明[4]，其文本自身的价值已不足以印证这次日食的真实性。

第二节　日珥、日冕和太阳黑子

持续不断的太阳观测活动，使古人日益丰富着对这个天体的认识。事实上，商代的日食记录已足以表明古人在观测日食现象的同时，可能还获得了其他许多相关的知识。但如果认为甲骨文中的所谓"三焰食日"就是最早的日珥记录[5]，那显然是一种误解[6]。战国时期，石申夫与甘德曾经注意到，日食发生时日面边缘有像群鸟或白兔一样的东西，这应是最早的日珥记录。因为日珥是日面上不时发生的火焰状喷出物，它的形状很容易诱发古人的上述想象。到公元前一世纪，京房在日全食时几乎同时观测到了日珥和日冕现象，他看到的日珥不止一个，而且把日冕描绘为从日面边缘向四面冲出的白云。因为有的日冕呈射线状，所以京房的感觉是十分准确的。

大约从公元前五千至前三千年，中国先民曾经创造出一种有翼太阳的图像（图7-6），假如将这种图像视为日冕流光的记录，似乎并不是没有道理。很明显，由于日全食对于先民来说普遍具有恐怖的色彩，因此在这时看到的日冕现象必然会使他们对太阳的认识产生新的联想。勒文斯泰因（P.J.Loewenstein）认为，有翼

---

1 冯时：《殷历岁首研究》，《考古学报》1990年第1期；《中国天文年代学研究的新扩展》，《考古》1993年第6期；《〈周易〉乾坤卦爻辞研究》，《中国文化》第三十二期，2010年。

2 冯时：《百年来甲骨文天文历法研究》第七章第一节，中国社会科学出版社，2011年。

3 《尚书·无逸》："文王受命维中（忠）身（信），其享国五十年。"相关考证参见冯时：《史墙盘铭文所见西周政治史》，《第四届国际汉学会议论文集——出土材料与新视野》，中央研究院，2013年。

4 此次日食虽从唐僧一行、元郭守敬以来不断有人推算（参见吴守贤、周洪楠等：《夏仲康日食再研究》，世界图书出版公司，1999年；李勇、吴守贤：《仲康日食古代推算结果的复原》，《自然科学史研究》第18卷第3期，1999年），其中的重要原因就在于唐孔颖达曾定《胤征》为自汉代流传下来的真古文经本（见氏著《尚书正义》）。但这一认识自清代学者阎若璩推翻之后（见氏著《尚书古文疏证》），其为伪书已成定论。

5 刘朝阳：《殷末周初日月食初考》，《中国文化研究汇刊》第四卷上册，1944年；刘渊林：《殷武丁乙卯日食》，《大陆杂志》第57卷第5期，1978年；陈遵妫：《中国天文学史》第三册，上海人民出版社，1984年，第1070—1071页。

6 严一萍：《"食日"解》，《中国文字》新六期，1982年；李学勤：《"三焰食日"卜辞辨误》，《传统文化与现代化》1997年第3期；冯时：《读契劄记》，《纪念殷墟甲骨文发现一百周年国际学术研讨会论文集》，社会科学文献出版社，2003年。

图 7-6 大汶口文化有翼太阳

图 7-7 云南苍崖崖画

的太阳这种图像可能起源于日冕观测，而且明显带有亚述和波斯的特征[1]。从形式上讲，它与古代中国的有翼太阳完全可以建立联系，因为后世流行的金乌负日的神话，正可以在这里找到渊源。

中国古代对太阳观测的另一项成就是太阳黑子。一般认为，世界最早的黑子记录出现在中国，那是指《汉书·五行志下》记载的西汉成帝河平元年（公元前 28 年）的一次观测结果，当时的描述是："三月乙未，日出黄，有黑气大如钱，居日中央。"对黑子出现的时间、形状、大小、位置都做了准确记录。这个传统在以后的观测活动中始终保持着，到明末为止，见于正史的太阳黑子记录已逾百次。

中国古人对太阳黑子的观测历史十分悠久，事实上，在公认的公元前一世纪的记录以前，仍然有零星的材料可以填补这项空白。中古时代流行着这样一个传说，汉文帝十五年（公元前 165 年）日中出现了"王"字[2]。战国时期，石申夫也观测到日中有立人之象，同时代的《山海经》则提供了日中有乌的传说，甚至有人怀疑早期文字"日"字中的一点即为黑子。这些近乎神话般的猜想并非全无道理，我们在云南沧源崖画上看到日中有立人持弓而射的图像（图 7-7），这至少在形式上与石申夫的观测结果是吻合的，或许后羿射日的神话正源出人们对于太阳黑了的观测事实及由此产生的奇妙联想。另外我们发现，殷商先民在祈求日出时竟也使用了"乌"字（图 7-8），而类似的记载又可与有翼的太阳联系起来。或许这个传说具有双重的含义，很明显，如果先民们在日全食时对日冕的观测能够唤起他们对太阳生有双翅的想象，那么这种想象就只有在他们平时对太阳黑子的观

1 P.J.Loewenstein, Swastika and Yin-Yang, *China Society Occasional Papers(n.s.)*, No.1, China Society, London,1942.

2 ［明］孙瑴：《古微书》卷十一《春秋潜潭巴》。

图 7-8 商代祭鸟祈晴的卜辞

测中得到证实，因为一种形象化的黑子群很容易被误认为金乌或飞鸟形象[1]。

中国古人对黑子的描述十分丰富。《天文秘旨》卷一云："日生黑异，或黑靥、黑子、黑晕，或变王字，或变形，或变人，象人头，或变禽兽形。"归纳起来，大致可分三类：一类是圆形，如像钱、像李[2]、像桃[3]、像栗[4]、像饼[5]、像杯[6]；一类是椭圆形，如像鸡卵[7]、像鸭卵[8]、像鹅卵[9]、像瓜[10]、像枣[11]；另一类是不规则形，如像人[12]、像乌、像飞燕、像飞鹊、像斗[13]、像刀[14]。从天文学的观点看，这三类对于太阳黑子的细致描述，可能分别记录了刚出现的黑子、双极黑子和大的黑子群，实际反映了黑子由发生、发展到消灭的三种不同形态。同时从古人对这三种类型黑子记录的日期间隔分析，可以求出太阳黑子每 11.33 年重复出现的大概周期，这是与现代天文学统计颇为一致的结论。

欧洲人对于太阳黑子的记录大大晚于中国，这主要是由于亚里士多德关于天体完美无缺的唯心主义理论长期禁锢了欧洲人的思想，从而使某些天象根本没有

1 《晋书·天文志中》：东晋"穆帝永和八年（352 年），……日暴赤如火，中有三足乌，形见分明，五日乃止"。《周书·武帝纪》：北周武帝天和元年（567 年）二月庚午，"日鬭，光遂微，日里乌见"。清同治《桐城县志》卷十："咸丰二年（1852 年）壬子十一月十九日，日中有飞乌。"《续汉书·五行志六》：汉灵帝中平"五年（188 年）正月，日色赤贯，中有黑气如飞鹊，数月乃销"。《宋书·五行志五》："晋惠帝元康九年（299 年）正月，日中有若飞燕者，数月乃消。"

2 《晋书·天文志中》：东晋"海西公太和五年（370 年）二月辛酉，日中有黑子，大如李"。

3 《晋书·天文志中》：东晋穆帝永和"十一年（355 年）三月戊申，日中有黑子，大如桃，二枚"。

4《宋史·天文志五》："政和二年（1112 年）四月辛卯，日中有黑子，乍二乍三，如栗大。八年（1118 年）十一月辛亥，日中有黑子，如李大。"

5 《明史·天文志三》："万历二十五年（1597 年）五月辛卯朔，日光转荡，旋为黑饼。"

6 《周书·武帝纪》：北周天和二年（567 年）"冬十月辛卯，日出入时，有黑气一，大如杯，在日中。甲午，又加一焉。经六日乃灭。"

7 《晋书·天文志中》：东晋永和"十年（354 年）十月庚辰，日中有黑子，大如鸡卵"。

8 《晋书·天文志中》：东晋"孝武宁康二年（374 年）三月庚寅，日中有黑子二枚，大如鸭卵"。

9 《宋史·天文志五》："德祐二年（1276 年）二月丁巳朔，日中有黑子，如鹅卵相盪。"

10 《续汉书·五行志六》：汉灵帝"中平四年（187 年）三月丙申，黑气大如瓜，在日中"。

11 《宋史·天文志五》："嘉泰二年（1202 年）十二月甲戌，日中生黑子，大如枣。丙戌始消。"

12 《金史·天文志》："正隆五年（1160 年）八月庚午，日中有黑子，状如人。"

13 《续通志》卷一七一："唐天佑元年（904 年）二月丙寅，日中见北斗。"清乾隆《襄垣县志》卷八："明天启六年（1626 年）六日，日中见斗。"

14 清乾隆《岑溪县志》："清顺治四年（1646 年），日中有形如刀。"

引起他们的注意，甚至即使观测到了，也不敢相信那是事实。直到1610年伽利略利用望远镜完成了黑子观测之后，仍然有人认为那是行星走过太阳表面的结果。比这更早的观测记录可以追溯到公元九世纪初叶，但当时都以为那是水星或金星凌日。伽利略虽然已经注意到，黑子一定是在太阳的表面，或者至少像乌云一样靠近太阳，然而东汉时代的王充却已能近乎正确地提出，黑子是日中之气，这种理论在中国的产生时代或许比王充更早。

第三节　彗星

有人认为殷商卜辞中已经存在彗星的记录，证明这一点现在还为时过早[1]。不过中国最早的彗星记录如果认为出现在公元前七世纪末叶，却是可靠无疑的。《春秋经》记载，鲁文公十四年（公元前613年）秋七月，“有星孛入于北斗”，这里所讲的“星孛”，很可能就是今天人们熟知的哈雷彗星。

出土于马王堆西汉墓的帛质彗星图，使中国的彗星抄本出现的时间比西方至少提前了四个世纪。这幅彗星图出自战国人之手。图上绘有二十九种彗星图像，其中一些图像比较真实地反映了彗尾的不同形状和特征，有些似乎还画出了彗头中的彗核结构（图7–9）。这些细致的描述显然是古代天文学家对彗星进行长期观测的结果。从图中的占文看，内容包括彗星的名称、所占事类、彗星出现的方位和时间。现将占文释录于下：

赤灌，兵兴，将军死。北宫。
白灌，见五日，邦有反者。北宫。
天箾出，天下采，小人负子逃。
天箾，北宫。曰小人啼号。
毚出，邦亡。
彗星，有兵，得方者胜。
是谓白灌，见五日而去，邦有亡者。
是谓赤灌，大将军有死者。
蒲彗，天下疾。
蒲彗星，邦疢，多死者。北宫。
是谓秏彗，兵起，有年。
同占秆彗。北宫。
是是帚彗，有内兵，年大熟。
厉彗，有小兵，黍麻为。北宫。
是是竹彗，人主有死者。
竹彗同占。北宫。
是是蒿彗，兵起，军饥。
蒿彗，军叛。宅同。北宫。

1 冯时：《百年来甲骨文天文历法研究》第二章第五节，中国社会科学出版社，2011年。

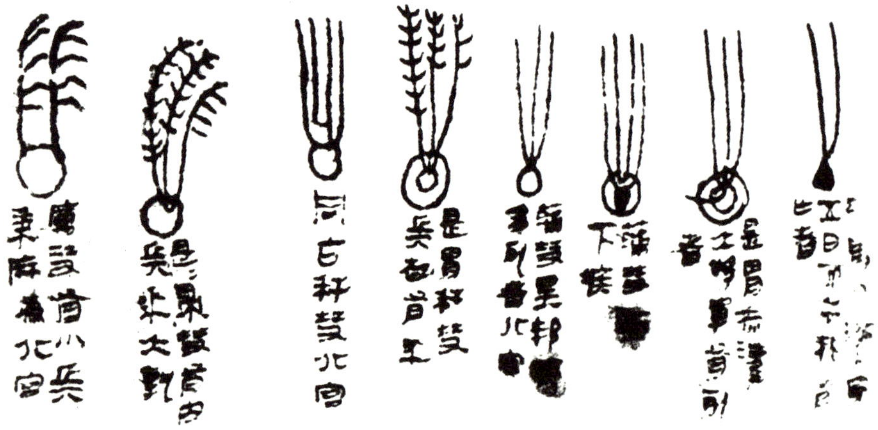

图 7-9　马王堆西汉墓出土彗星图

是是苫彗，天下兵起，若在外归。

苫彗，天下兵起，军在外罢。北宫。

是是苫发彗，兵起，饥。

甚星，致兵疢多，恐败，而卒战果。

癗星，小战三，大战七。

抐星，兵起，大战。

名曰干彗，兵也。

苫彗星，兵起，岁饥。北宫。

蚩尤旗，兵在外归。

翟星出，日（春）见熟，夏见旱，秋见水，冬见小兵战。

所记异名者凡十八种之多，有赤灌、白灌、天箾、毚、彗星、蒲彗、秏彗、秆彗（干彗）、帚彗、厉彗、竹彗、蒿彗、苫彗（苫发彗）、甚星、癗星、抐星、蚩尤旗、翟星。将此与《晋书·天文志中》所录刘表《荆州占》之妖星名对观，相同者仅有彗星、掃星、天讒、蚩尤旗，其中“帚彗”应即掃星。而《荆州占》引甘氏曰：“天欃，本类星，末锐。”《荆州占》曰：“天讒，彗出西北，状如剑，长四五丈。……出则其国内乱，其下相讒，为饥兵，赤地千里，枯骨藉藉。”知天讒、天欃的形状与星占内容都更合于毚彗。而与《晋书》所录京房《风角书·集星章》比对，相同者又有蚩尤、天翟、帚星、竹彗、牆星、白藿、天欃（讒）、天蒿。可见妖星之名，于不同时代或有变化。

马王堆彗星图所反映的古人对于彗星的分类原则主要取决于对彗星形态的细致区别，显然，当时的人们对彗星的观察已经达到了相当精细的程度。这些名称中有相当一部分在后世虽仍在沿用，但由于其星占意义的逐渐降低，“彗”、“孛”二字已愈来愈普遍地成为人们命名彗星时所采用的名称。

种类如此众多的彗星在人的一生中是绝无可能同时看到的，甚或几代乃至更长的时期，这些彗星全部为人目睹的机会也并不很大。《史记·天官书》：“盖略以春秋二百四十二年之间，……彗星三见。……秦始皇之时，十五年彗星四见，久者八十日，长或竟天。……吴楚七国叛逆，彗星数丈。……元光、元狩，蚩尤之旗再见，长则半天。……朝鲜之拔，星茀于河戍[1]。兵征大宛，星茀招摇。”故以此数平均而推之，彗星图所反映的历史至少应在千年以上。这意味着中国古代先民对彗星的观测不仅极具传统，而且这一观测历史无疑是悠久而且持续不断的。

巴比伦的泥版文书显示，早在公元前十四世纪，人们已经开始观测彗星，这说明至少到目前为止，中国最早的彗星记录在年代上要晚于西亚。然而就全世界而言，中国的相关记录的系统性与完整性却首屈一指。自公元前 613 年起到明末，中国的彗星记录不会少于 360 次，这些观测结果几乎成为天文学家推算早期彗星近似轨道时所能利用的唯一资料。

当彗星运行到与地球及太阳成为一条直线的时候，彗尾实际是看不到的，因此受古代天文学水平的限制，某些早期的彗星记录常有和新星混淆的情况。但古人称反方向的彗星为“孛星”，却表明他们至少在理论上把它与新星截然分开了。对彗星的初步分类也在很早就已开始，石申夫曾根据形状的差异将彗星分为四类，一名孛星，二名拂星，三名扫星，四名彗星，不过他没有对这些彗星的具体形状加以描述。大约在稍晚的星占著作《黄帝占》中，则已建立了根据彗尾的长短作为区别不同类型彗星的标准，这些描述在今天看来都有一定的科学内容。

彗星的尾部一般总是背向太阳，首先观测到这一现象的也是中国人。《晋书·天文志中》有这样一条记载：“彗体无光，傅日而为光，故夕见则东指，晨见则西指。在日南北，皆随日光而指。顿挫其芒，或长或短。”这种对彗星现象的规律性所做的科学探索直至十六世纪才被西方人完成。另一方面，中国的彗星记录同时展示了较为少见的彗星分裂现象，《新唐书·天文志》详细描述了发生在 896 年的这一天象，当时一颗彗星在虚、危两宿间分裂成三颗彗星，后来逐渐消失。这个观测结果在世界上无疑是最早的。

天空中的彗星有的只出现一次便一去不复返了，有的经若干年后还会重新出现，这就是周期彗星。哈雷彗不仅是周期彗星中最著名的一颗，同时也是所有彗星中对天文学影响最大的一颗，这主要由于中国系统的观测记录把对它的观测历史准确地追溯到两千年以前，从而使它的周期比其他彗星确定得都早。英国天文学家哈雷的观测是在 1682 年进行的，当时他已知道他所观测的彗星与 1531 年阿皮亚尼斯所看到的以及 1607 年开普勒所看到的是同一颗星，因为它们有着十分相似的轨道，于是哈雷预言，这颗星将在 1758 年底或次年初重新回到地球附近，后来它果然如期而至。这使人们知道，哈雷彗平均每七十六年回归一次。根据这个周期可以推得，自秦王嬴政七年（公元前 240 年）到清宣统二年（1910 年），哈雷彗共出现二十九次，而且每一次在中国的史籍中都有详细记录。有人认为，公元前 613 年和前 467 年的两次彗星观测可能是中国最早观测哈雷彗星的记录，这些记载在《春秋经》和《史记》中都可以找到，然而有些更为大胆的猜想认为，中国第一次观测这颗彗星是在公元前十一世纪。这些观点能否得到证实其实并不重要，因为已有的资料对于研究彗星的起源、演化、周期、轨道以及现代天文学的有关问题已足以显示出其重要的价值，它甚至使天文学家据此去探索太阳系中是否还有未被发现的新的行星。

彗星理论在中国古代很少被人们探讨，除去一些为适应星占目的而产生的阴

1 ［唐］司马贞《索隐》：“茀音佩，即孛星也。”

阳错乱的说法之外，公元前一世纪的京房却提出过一种新的解释，他在《风角书》中认为，每一彗星都来源于一个特殊的行星[1]。这种将不同的彗星与不同的行星联系起来的看法，多少有点像近代理论的前身。相似的观点我们在同时代的其他著作中也还可以读到。

第四节　流星和流星雨

尽管春秋以前有关流星的记载还无法得到证实，但是在实物方面我们却可以拿出相当可靠的证据。考古学家在商代和西周的遗址中曾屡屡发现以陨铁铸刃的铜钺，这甚至使人联想到古文献中记载的商周时期著名的“玄钺”，它是当时流行的一种采用陨铁制成的礼器。陨铁只能来自陨星，显而易见，中国古人不仅在三千年前就已开始注意观测流星，而且已经明白它的基本成分并成功地加以利用了。

几乎世界上所有的文明古国都有很早的陨石记录，古代埃及人在公元前 2000 年的“纸草书”中已描述了自天上掉下的石块和铁块，这与中国最早的陨石记录在年代上是不相上下的。中国的观测记录大约共有七百多次，对西方来说，这显然是一部系统的观测资料。

对陨石性质的推断很早就开始了，到战国时期，人们已经认识到陨石实际只是天空中落下的星体，《左传》在解释公元前 645 年落到宋国的陨石时明确表达了这一思想。相关史料写道：

（鲁僖公）十六年春，陨石于宋五，陨星也。

而欧洲人在两千年之后才真正具有了这样的知识。

一般认为，中国人注意分析陨石的成分是从宋代的沈括开始的，人们常常举出他记在《梦溪笔谈》中的一则故事来证明这一点。事情发生在北宋治平元年（1064 年）的常州，一天中午，天空中传来雷鸣般的巨响，一颗如月亮般大小的星球出现在东南方，接着又是一声霹雳，这颗星移向了西南，而后它伴着更大的响声掉到了宜兴县许家的园子里。大火映红了天空，远近可见，园子的篱笆也烧尽了。大火熄灭之后，地上显出了一个碗大的深洞，陨星在洞里还在荧荧发光，很久之后虽逐渐暗了下来，但仍灼热非常，难以靠近。最后人们把地掘开，发现了一颗拳头大的圆石，还有馀热。圆石一头微尖，颜色和重量都像铁一样。宋代以后，类似的描述渐渐地多了起来，然而这种对陨石成分的探索与前面讲到的古人对陨铁的利用年代似乎很不相称，对此目前还没有更圆满的解释。不过事实是清楚的，沈括虽然第一个注意记录了陨石成分，但他却远非最早懂得这一点的人。

流星雨是比偶现流星更为壮观的天象，当太阳系中沿一定轨道运动的流星群与地球轨道相交时，成群的流星体进入大气层，人们便会看到天空的某一区域在数小时、数天甚至更长的时间内流星数量显著增加，大大超过通常的偶现流星数，

1 参见《晋书·天文志中》。张守节《史记正义》也有类似的看法。其云：“太白五芒出，早为月蚀，晚为天矢及彗。其精散为天杵、天柎、伏灵、大败、司姦、天狗、贼星、天残、卒起星，是古历星。若竹彗、墙星、猿星、白藿，皆以示变也。”

有时甚至像下雨一样，这种现象就是流星雨。《春秋经》所反映的中国最早的流星雨发生在公元前 687 年，文云：

（鲁庄公）七年夏四月辛卯夜，恒星不见，夜中，星陨如雨。

由于流星雨是以其辐射点所在的星座命名，因此可以断定这是天琴座流星雨的最早记录。

我们知道，流星群与彗星有着密切的关系，八月的英仙座流星群沿着图特尔彗星的轨道运行，十一月的金牛座流星群沿着恩克彗星的轨道运行，而五月的宝瓶座和十月的猎户座流星群则沿着哈雷彗星的轨道运行。这些流星群大概可以肯定是彗星粉碎后的残体，因为著名的比拉彗星正是由于在它原来的轨道上留下了灿烂的流星雨——仙女座流星雨——而一举成名，事实上在这颗彗星解体之前，它抛出的物质其实早已在逐渐形成流星群。中国古籍中大量关于流星雨的记载表明，可靠的狮子座流星雨至少有二十次，英仙座流星雨至少有十二次，天琴座流星雨也至少有十次，至于未经认证的流星雨记录则是大量的。

中国的流星雨记录不仅系统，而且详备，其中包括流星雨出现和消失的时间、陨石的大小和数目、出现的颜色和亮度以及地面所见的方位等。由于地球每年定期地通过流星群轨道的交叉点，这使在轨道上分布极不均匀的流星群表现出明显的流星雨周期，例如狮子座流星群大约每三十三年有一次大流星雨，这个周期在中国的记载中表现得相当清楚。

中国古人对于陨石观测的细致程度也是令人惊叹的，古文献中除去“陨”、“陨石”之外，还有种种别的名称，其中唐代著作提到的一种叫作“雷公墨”的别名[1]，可能是对区别于石陨石和铁陨石的玻璃陨石的描述，这恐怕是世界上有关玻璃陨石的最早记录。

第五节　变星、新星和超新星

变星是指亮度起伏变化的恒星，它包括爆发型变星和非爆发型变星两类。我们知道，肉眼看到的恒星数目和亮度都不是永恒不变的，有些恒星的亮度在有规律地做周期变化，这就是后一类非爆发型变星。而另一些本来勉强可见甚至根本观测不到的暗星，在几天之内亮度突然增加几万倍，这样的恒星爆发便生成所谓的新星。如果这些星爆发得特别猛烈，其亮度增加了几千万乃至上亿倍，则生成所谓的超新星。新星和超新星都属于前一类爆发型变星，而且超新星是现在所能知道的恒星世界中最激烈的爆发现象。

中国古人观测变星的传统在相当大的程度上是出于占星术的需要。在司马迁的时代，对于恒星亮度变化的观测已经有了一些记录，《史记·天官书》曾提到一个著名的星官贯索，说其中的三颗星或实或虚，而今天恰好在那里发现了三颗变星，它们的变化都在可见与不见之间。此后的史籍中也不乏类似的记载，但它们是否可以与变星建立起真正的联系，目前的研究还很不够。

1 参见唐李肇：《唐国史补》卷下。

图 7-10　记有“新大星”的商代卜辞

我们曾经指出，中国古人以圆点的大小表示恒星亮度的做法至少在战国时期就已经出现了，三国东吴的天文学家徐整可能还记得这种方法，因此他提出了“大星径百里，中星五十，小星三十”的观点[1]，这显然可以理解为是对恒星亮度的一种分类。遗憾的是，这种分类并没有引起人们的注意，以致使这个古老传统未能最终流传下来，这甚至成为后来对恒星亮度变化观测的一个主要障碍。

中国古代称新星和超新星为“客星”，这个名字在汉代已经出现，它的本义便是将新星和超新星视为来到天空作客的星辰，而并非常居，当然这与新星爆发前后的亮度变化并最终“消失”的现象有着直接的关系。我们知道，彗星也恰好具有类似的现象，这使古代有些新星的记录不可避免地与彗星相混淆。尽管如此，中国古代可靠的新星记录仍是世界上独有的。

人们一直倾向将殷商卜辞中的一条关于“新大星”的材料作为中国最早的超新星观测记录（图 7-10），这一看法目前还无法得到确认。董作宾首先将卜辞中的“新星”与中国古人传统认识的客星联系了起来，并且认为，卜辞所说的“有新大星并火”即指有新星之大者傍近大火星，而大火实即大辰，也就是东宫苍龙七宿的心宿二（天蝎座 α），如此则新星便可以毫无争议地认定为客星[2]。这个结论曾在相当长的时期内为学者深信不疑，并为科学史家竞相引用[3]。这不仅因为董作宾作为甲骨学权威学者的论证，更重要的是近几十年迅速发展起来的射电天文学似乎为董氏的论证找到了所谓的科学证据[4]。天文学家发现，星际间存在的大批射电源（射电星），其中至少有一些可以认定是古代新星或超新星爆发的遗迹，因为在已被确定的数十个射电源中，已有相当一部分与古代超新星的记载相合。位于金牛座的蟹状星云实际就是 1054 年超新星的遗迹，这一点在今天看来已没有任何可怀疑的馀地。而比这次爆发更早的记载于《续汉书·天文志》的公元 185 年的超新星，以及在此之后开普勒于 1604 年及第谷可能在 1572 年观

1 见《太平御览》卷七引徐整《长历》。

2 董作宾：《殷历谱》下编卷三《交食谱》，中央研究院历史语言研究所，1945 年。

3 陈遵妫：《中国古代天文学简史》，上海人民出版社，1955 年，第 71—72 页；中国天文学史整理研究小组：《中国天文学史》，科学出版社，1981 年，第 69 页。

4 席泽宗：《古新星新表》，《天文学报》第 3 卷第 2 期，1955 年；Joseph Needham, *Science and Civilisation in China*, Vol. Ⅲ, The Sciences of the Heavens, pp.428—429, Cambridge University Press, 1959；席泽宗、薄树人：《中、朝、日三国古代的新星纪录及其在射电天文学中的意义》，《天文学报》第 13 卷第 1 期，1965 年。

测过的超新星，目前实际上已经隐没，但在它们所在的位置上现在都发现了射电源。而在商人崇拜的大火星（心宿二，天蝎座 α）附近，同样存在着一个强大的射电源，这当然有可能被视为超新星爆发的结果。然而不利的证据也并非不存在，这便是甲骨学自身的研究尚不足以支持这一判断。因为卜辞的“星”与“晴”是通用的[1]，殷人所说的“大星”其实意为大晴，因此这应是一条卜祈天晴后祭祀大火星的记录[2]，而与所谓超新星的爆发毫无关系。

根据中国古代的典籍记载，可靠的新星记录自汉代到十七世纪末不少于六十次，其中有十次属于爆发规模特别大的超新星记录。一般认为，最早的一次新星记录见于《汉书·天文志》，马续对它作了如下的描述：

> 元光元年（公元前 134 年）六月，客星见于房。

房宿位于天蝎座。这次新星爆发在西方也曾被依巴谷观测过，不过有些人怀疑，它可能是彗星而不是新星，司马迁的记录似乎支持了这种看法。《史记·天官书》：“元光、元狩，蚩尤之旗再见，长则半天。”正像西方学者认为它在移动一样，司马迁则采用了中国传统的彗星名称为它命名。不过根据中国史籍的记载，元光元年彗星与新星同时出现似乎更有可能，中国的天文家将这两种天象混淆的可能性应该很小。

此后的观测记录应该是无可争议的，西方学者曾对其中某些可疑的新星做过有益的复核，他们把这些新星按银道坐标标出，发现它们的空间分布和现代观测到的新星非常接近，从而证明中国古代的新星记录是可靠的。

最早的超新星观测也出现在汉代，《续汉书·天文志下》详细记载了发生于东汉灵帝时期的这一天象：

> 中平二年（185 年）十月癸亥，客星出南门中，大如半筵，五色喜怒，稍小，至后年六月乃消。

这次超新星爆发的可见时间约有两年，位置在半人马座 α、β 两星之间，而今天在这个位置上已经认证出有一个射电源。

然而在所有超新星记录中，似乎没有比 1054 年天关客星的观测更有意义的了，这不仅因为这次超新星爆发对于现代天文学研究具有极其重要的影响，而且还在于对它的观测几乎只有中国人完成了。《宋会要》最早记录了这次超新星爆发，书中讲到，北宋至和元年（1054 年）五月的一天早晨，当天关星从东方地平线升起的时候，人们看到在它附近出现了一颗客星，它在白天看上去都像金星那样明亮，光芒四射，呈红白色，而且一直持续了二十三天，宋朝的天文官员观测并记录了这个奇异天象，我们在这里领略一下这条重要的原始记录：

> 嘉佑元年（1056 年）三月，司天监言：“客星没，客去之兆也”。初，至和元年五月，晨出东方，守天关，昼见如太白，芒角四出，色赤白。凡见二十三日。

这颗超新星的最高视亮度超过了金星，尽管它的位置靠近黄道，但白天看到它仍

1 杨树达：《积微居甲文说》，中国科学院，1954 年，第 10—11 页；李学勤：《论殷墟卜辞的“星”》，《郑州大学学报》（哲学社会科学版）1981 年第 4 期。

2 胡厚宣：《殷代之天神崇拜》，《甲骨学商史论丛初集》第 2 册，成都齐鲁大学国学研究所，1944 年；李亚农：《殷代社会生活》，上海人民出版社，1955 年，第 97、100—101 页；冯时：《殷历岁首研究》，《考古学报》1990 年第 1 期。

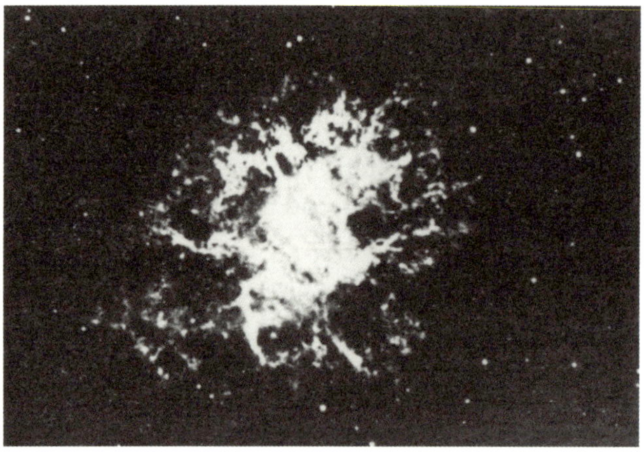

图 7-11　蟹状星云

相当明亮，因此很容易算出，当它爆发时，亮度要超过太阳几亿倍。

两年以后，超新星消失了，人们对它的记忆也渐渐淡漠。进入十八世纪，英国的天文爱好者比维斯用小型望远镜首次观测到在天关星附近有一块朦胧的椭圆形雾斑，一百年之后，他的同胞罗斯利用自制的大型反射望远镜进一步识别出这块雾斑的纤维状结构，并根据其蟹钳状外观命名为蟹状星云（图 7-11）。后来人们发现，这个星云一直在向外膨胀，根据膨胀的速度回推，它大概是在九百年前从一个密集的中心飞散出来的，而这个时间和位置恰好与中国文献记录的天关客星相近。这自然使人联想到，蟹状星云的形成是否真的与那次著名的超新星爆发有关？事实果然如此。经过天文学及文献学的认真研究和计算，关于 1054 年超新星即为蟹状星云的来源这一点，现在已没有任何怀疑的馀地了。

中国古代天文学家的这一恒星观测的重大成就，对现代天文学研究有着特殊的价值。作为超新星遗迹，蟹状星云是天上最强的射电源之一。天文学家通过观测，在星云中终于发现了德国天文学家巴德于 1934 年在理论上预言的一种超新星爆发后的残留中心星——中子星。巴德认为，超新星爆发后，其中心部分——质量约为二至三倍太阳质量——在引力作用下将坍缩，变成体积小、密度极高、快速旋转的中子星。中子星的发现是现代天文学和物理学的一件大事，对它的研究涉及许多学科的一系列理论问题，而蟹状星云所显示的种种奇特现象，既是这些理论的观测基础，同时也是检验的依据。很明显，对蟹状星云及其核心的研究，便不能不回溯它的形成历史和超新星爆发的性质，这在西方文献普遍缺载的情况下[1]，中国的超新星记录就显得更为珍贵。

第六节　极光

极光是一种绚丽多彩的高空物理现象，在古代西方，大约公元前六世纪已叙述过可以认为是极光的现象。他们有时无疑可以正确地辨认出这种天象，把它叫作“稀有景色”或天上的“裂缝”，但在另一些时候却将其与流星或彗星混为一谈，这种现象一直持续到十七世纪。中国古人也存在类似的情况，从他们对极光的命名来看，有些明显地沿用了流星和彗星的名称。然而，中国人描述极光现象

1 当时北宋以北的辽国天文学家也有观测记录，见《契丹国志》。另外日本人也观测到了这次超新星爆发，见于日本文献《明月记》和《一代要记》。

的重要形式并不在于此，他们更多地是运用赤光、金光、天赤、天开、天裂等直观的形容来描述极光，或者使用“气”来表达极光的种种特征。由于极光是高空大气受荷电粒子激发而产生的光，而赤气就是发红光的气，紫气就是发紫光的气，因此，即使用今天的观点看，这个术语也是比较科学的。至迟从西汉开始，“气”的概念随着时间的推移得到了愈来愈普遍的采用。

在古人看来，极光现象同彗星等其他奇异天象一样是安危吉凶的征兆，这使人不得不怀疑许多年代相当早的极光记录的真实性，因为这些记录总是与圣人降生或王朝覆灭联系在一起。可以考虑为中国最早的极光记录的是见于古本《竹书纪年》的一条史料，它采用了以某种颜色的光来描述的形式。文云：

周昭王末年，夜有五色光贯紫微，其年王南巡不返。

这是一次五色光贯穿紫微垣天区的壮观景象，凑巧的是，在极光出现后不久，周昭王南征荆楚便葬身江底了。这次极光发生的年代目前尚不易准确确定，不过根据天文学和历史学的研究，它大致出现在公元前十世纪中叶前后恐怕没有问题。唯一使人不安的是，记载中出现了“紫微”二字，这似乎留有后人追述的痕迹。

发生于公元前193年的一次极光可能是最早的可靠记录，《汉书·天文志》云：

孝惠二年，天开东北，广十馀丈，长二十馀丈。地动，阴有馀；天裂，阳不足。皆下盛彊将害上之变也。

但这次记录却远不如汉文帝十四年（公元前166年）发生的一次极光的记录生动。《汉书·郊祀志》云：

赵人新垣平以望气见上，言“长安东北有神气，成五色，若人冠冕焉”。

这段文字把极光出现的方位、颜色甚至极光的类型都说得一清二楚。

中国古代的极光记录在十八世纪以前大约有近三百次，而且直至十一世纪，它在数量上还是领先的。虽然古人对极光现象作了精彩的文字表述，但由于极光变幻复杂，因而促进人们不得不借助更为形象的彩色绘画作品来记录这类天象。这种尝试可能出现很早，但今天所能见到的却是完成于十五世纪的一套图集，其中描绘了各种各样的所谓“气”的现象（图7-12），有些图像非常准确，以至于可以和现代的极光照片相比拟。由于一个人在一生中不可能看到所有类型的极光，因此这样的图集显然反映了至少几代人甚至更为悠久的观测历史。

图7-12 明代极光绘画

极光的研究关系到太阳活动、地磁变化和高空大气的研究等重要科学课题，1859年以后，人们开始认识到太阳黑子与极光的密切关系，这意味着对古代极光记录的整理研究，有可能成为探讨历史上太阳活动、气候变迁、地磁变化等自然规律的重要途径。对于这些方面的研究，中国古代丰富的极光记录是得天独厚的。

第八章 太阳运动

我们所讲的太阳运动，准确地说是指太阳的视运动。虽然地球围绕太阳转动，但观测者直观感受到的却是太阳在星空间的位置变化。这种误解曾经引发出许多有关宇宙理论的争论。由于太阳的视位置决定了地球上的节气、昼夜长短等许多天文现象的状况，因此对太阳视运动的研究始终是中国古代天文学最重要的内容。

第一节 回归年的测定

中国古人对太阳视运动的观测历史十分悠久，这直接表现为对于二分日（春分、秋分）和二至日（夏至、冬至）的确定。大约六千年前，人们显然已达到了能够测定分至的水平，商代卜辞不仅为我们提供了分至日的完整记录，而且还有一套准确表达这些意义的特殊名称，他们以“析”和“彝”分指春分和秋分，意思是昼夜平分；又以“因”和“夗”分指夏至和冬至，意思是白昼极长和极短（图 0–2）。这四种名称在当时是作为掌管分至的四位神人被人供奉的。

观测太阳运动的简易仪器叫作槷表，它的更早的名字则是“髀”。不过在表被发明之前，古人的观测活动或许会借助某些天然的标志物来进行，但这种工作显然不可能将时间定得准确。表的用途很广泛，除确定方位、测量影长之外，它甚至可以在夜晚被用来测定恒星的上中天。测量影长需要同时使用一种特殊的度尺，古人叫它“土圭”，“土”在这里是度量的意思。每当分至日即将来临的时候，古人就把土圭放在表杆底部的正北，并认真找出正午影长和它相合的日期，这使他们逐渐认识了回归年（图 0–1）。这个方法至今还在《周礼》中近乎完整地保存着。

我们知道，在平气的原则下，回归年是太阳在天球上连续两次通过分至点中任意一点的时间，古人称之为岁实，这意味着先民对于二分二至的日影观测普遍给予了同样的重视。随着古代历法岁首的不断后移，以冬至作为一个天文年度起算点的做法才逐渐形成，并且一直被坚持了下来。利用圭表可以直接测定太阳到达冬至点的日期，因为此时正午的表影长度比一年中其他任何一天正午的表影长度都要长。事实上，冬至并非总发生在正午，它可以出现在一天之中的任何时刻，这使古人为求得准确的冬至时刻就必须进行长期的测算。

自古以来，中国历算家一直在追求回归年日数（岁实）奇零部分（岁馀）的精确值，其基本方法就是用圭表对冬至影长做精细的测算。毫无疑问，同其他天文工作一样，圭表致日一事也是经过了漫长的过程逐渐精确化的。《尧典》中保留的岁实记录是 366 日，还没有岁馀，或者至少在《尧典》的文本上并没有反映出岁馀，这种情况至迟在商代已经有所改变。卜辞中曾经提到过 547 日的数字，这恰好是四分历回归年一年半的时间，当时的岁实可能已经确定在 365—365.3 日之间。显然，有规则而且连续不断的观测工作在商代以前就已经进行了。

春秋以前，四分历已为天文学家所掌握，这是一种以 $365\frac{1}{4}$ 日为回归年长度的历法。古人可能在总结了数百年甚至更长时间的冬至正午影长后发现，如果第一年的冬至时刻出现在正午，那么第二年的冬至时刻就会比第一年推迟四分之一日，这种现象将会有规律地循环下去，直至第五年的冬至时刻又重新回到正午。于是人们将第一年冬至到第五年冬至之间的日数除以四年，就可得到四分历的岁实。两汉时期，回归年的实际长度为 365.2423 日，四分历与其相比，四年累积误差为 0.0308 日，不足 45 分钟，这个精度在两千年前当然可以接受。

尽管四分历回归年的误差在短期内并不很大，但如果按每年 0.0077 日的差值继续下去，百年之后仍是不能忽视的。这时，出现计算时刻比实际天象发生时刻要晚的历法后天现象便不可避免了。东汉末年的刘洪敏锐地察觉到这是由于四分历岁实太大的缘故，于是他在《乾象历》中得到了一个 365.246180 日的新值。这个新值使冬至时刻重新回归的周期从四分历的四年延长到 589 年，这使我们至今还很难想象，他到底是使用了什么方法来测定的这个冬至时刻。

一种具有比较严格的数学意义的测定冬至时刻的方法是由祖冲之提出的，这使得他对回归年长度的测定达到了相当精密的程度。《大明历》反映的这个数值是 365.2428 日，七百年后才有更加精密的数值超越它。南宋时杨忠辅在《统天历》中得到了 365.2425 日的回归年长度，同时他还发现，回归年的长度并不是永恒不变的，他给出的变化值虽然比现代理论值要大，但现代理论值的测定手段则比杨忠辅先进得多。

中国古代的回归年长度数值具有逐渐变小的明显趋势，时间愈晚就愈接近真实长度，最逼近的数值出现在明末，当时邢云路利用六丈高表在观测日影后定出了回归年长度为 365.242190 日，与用现代理论推算的精确值相比，误差仅为 −0.000027 日，相当于一年误差 2.3 秒。

西方人测定回归年长度的工作始终进展不大，在十六世纪以前一直行用的儒略历中，甚至还在使用四分历的岁实，这个数值即使与刘洪相比也要逊色得多。为了消除它的误差，1582 年改行格雷果里历，回归年长度为 365.2425 日。这个值虽与杨忠辅的新值相同，但它的出现时间却是在《统天历》颁行三百多年以后。1588 年，丹麦天文学家第谷测定了 365.2421876 日的回归年长度新值，这个数值在明末徐光启编制的《崇祯历书》中被采用，它的误差在第谷测定时为 −0.0000363 日，即一年相差 3.1 秒，直至崇祯二年（1629 年），误差才减小为 −0.0000278 日，与邢云路所定值的误差相当。这种对比所反映的现象十分有趣，几乎西方人每得到一个新的回归年长度值，在时间上总是比中国人迟到一步。

第二节　日躔

太阳以恒星为背景运行，365 $\frac{1}{4}$日运行一周天，于是古人规划周天为365 $\frac{1}{4}$度。由于太阳于每月所拴系的恒星不同，这种以恒星而纪太阳运行位置的变化就是日躔，也称星躔或躔次。

日躔作为一种重要的天象标准是极为明显的，假如太阳躔次的恒星乃是全天最重要的授时主星，那么这一天象便具有了非常明确的授时意义。古人观象，向有以二十八宿东宫七宿之心宿二——大火星——作为授时主星的传统，这意味着日躔大火不仅在早期历法中具有重要的建时意义，而且更是确定岁首的天象标准。公元前第四千纪中叶的西水坡蚌塑星象图通过恒星大火摆放于西宫白虎星象腹下的做法表现了大火星的日躔（图3-2），便鲜明地体现了这一思想。这一传统甚至在公元前五世纪曾侯乙墓二十八宿漆箱星图上还被忠实地保留着（图1-3，1）。《夏小正》：“九月，内火。……辰系于日。”即是对这一传统的明确记载。

中国古人对日躔的系统观测记录至少在东周时代就已经完成了。《礼记·月令》不仅完整地列有各月的昏旦中星，而且也详具各月的恒星日躔，内容如下：

寅	孟春正月	日在营室	昏参中	旦尾中
卯	仲春二月	日在奎	昏弧中	旦建星中
辰	季春三月	日在胃	昏七星中	旦牵牛中
巳	孟夏四月	日在毕	昏翼中	旦婺女中
午	仲夏五月	日在东井	昏亢中	旦危中
未	季夏六月	日在柳	昏火中	旦奎中
申	孟秋七月	日在翼	昏建星中	旦毕中
酉	仲秋八月	日在角	昏牵牛中	旦觜觿中
戌	季秋九月	日在房	昏虚中	旦柳中
亥	孟冬十月	日在尾	昏危中	旦七星中
子	仲冬十一月	日在斗	昏东壁中	旦轸中
丑	季冬十二月	日在婺女	昏娄中	旦氐中

近出春秋晚期郘夫人嬭鼎铭文记楚历“唯正月初吉岁在涒滩，孟春在奎之际”，知其历法以建寅为正，又以卯月为孟春，所记日躔与《月令》相同，可明这一星躔体系观测的大致年代。《淮南子·时则》所载日躔体系与此相同，当承其制。

见于出土文献的系统的星躔资料则为安徽阜阳双古堆西汉初年汝阴侯墓所出六壬式盘，式盘的天盘中绘北斗，周围环书二十八宿名，且其中有十二宿名附记月名（图4-2，1），具体分配是：

寅	正月	室
卯	二月	奎
辰	三月	胃
巳	四月	毕
午	五月	井
未	六月	柳
申	七月	长（张）

酉	八月	角
戌	九月	氐
亥	十月	心
子	十一月	斗
丑	十二月	女

将此与《礼记·月令》所记各月日躔比较，可见二者基本一致，其中互异者有三个历月，第一，《月令》七月日躔翼宿，式盘则在张宿；第二，《月令》九月日躔房宿，式盘则在氐宿；第三，《月令》十月日躔尾宿，式盘则在心宿。这些差异都显示了式盘星躔体系比《月令》更为晚近的特征。我们知道，由于岁差的原因，汉代的冬至点已在斗宿二十一度，不同于春秋战国时期的牵牛初度，所以式盘所记三个历月日躔的变化，应该反映了当时对于恒星日躔的实际观测结果，这意味着式盘所列日躔其实就是当时的实际天象，而《月令》的日躔系统显然应在其前的东周时代。

第三节　二十四节气与三十节令

中国传统天文学中的“节气”一词其实包括两个截然不同的概念。先民最早测得的春分、秋分、夏至和冬至都属于“气”，四气由于可以通过观测而取得，所以构成了传统历法中的四个标准时点，古人于是又称之为“四时”。原始的四时观念仅指四气，与后世以四季为主体的内涵不同。四气可以纳入到空间体系中，借助东、西、南、北四方来表现，而其中“气”的思想当然就有可能通过来自于东、西、南、北四个方向的风，也就是四时的风加以说明，从而形成殷商卜辞中的四方风系统。《文选·宋玉风赋》：“夫风者，天地之气。”《春秋繁露·五行对》：“起气为风。”《周礼·春官·保章氏》：“以十有二风。”贾公彦《疏》：“风即气也。”很明显，由于“风”与“气”是对同一意义的不同表达，因此，商代的四方风体系所建立的以四气为核心的标准时体系是非常清楚的。

诚然，四气的结构毕竟相对疏阔，于是古人尽量将每气的长度平分，创立了立春、立夏、立秋和立冬四节。这个由四气和四节所构成的分（春分、秋分）、至（夏至、冬至）、启（立春、立夏）、闭（立秋、立冬）八节系统，便是人们熟知的最早的节气。随着时间体系的精确化发展，古人又在八节的基础上将每节的长度三分，形成二十四节气的体系。在这个系统中，传统的做法是将包括启闭四立在内的排在奇数位置的节气称为节气，如立春、惊蛰等，而将包括分至四气在内的排在偶数位置的节气称为中气，如雨水、春分等。二十四节气的形成时间至迟可以上溯到战国时期，尽管它的全部名称在西汉时期才首次出现。根据《汉书·律历志》的记载，除雨水和惊蛰、清明和谷雨在汉代以前是互为颠倒的以外，二十四节气的次序在两千多年中基本没有改变。

“气”是中国传统历法体系中的阳历部分，如果以节气平分岁实，这当然可以得到每一节气的精确长度。然而在四时或八节的形成时期，朴素的历日计算事

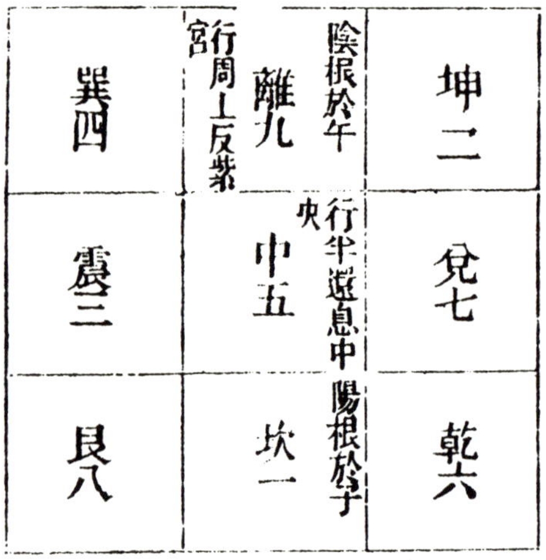

图 8-1 太一下行九宫图

实上是借助式盘完成的，这一传统已可追溯到公元前第三千纪的中叶[1]。原始式盘的核心部分为太一北斗和九宫（图2–15；图 4–2），这意味着无论四时抑或八节，其长度都应该呈现太一下行九宫这一基本占法的倍数关系。准确地说，由于太一行九宫必从一位的坎宫开始，每四乃还于中央，终于九位的离宫结束（图 8–1）[2]，因此其基本的循环周期必为九日，五个循环周期便是八节的长度，十个循环周期便是四时的长度。诚然，这样的计日结果尽管可以使在平分空间的基础上所建立的时间系统均匀而协调，但其所积累的回归年长度却无可避免地比真正的岁实缺少五至六日，这意味着八节之中必须有五节或六节的长度不能是四十五日，而应为四十六日。然而遗憾的是，这些节气比四十五日多出的一日在式盘上是无法表现的，于是古人便将比八节的基本周期四十五日多出的这一日称为废日。

安徽阜阳双古堆西汉早期汝阴侯墓所出太一九宫式盘铭文完整地记述了这些思想，其自子位左行至西北维依次记云：

冬至，汁蛰。四十六日废，明日立春。
立春，天溜。四十六日废，明日春分。
春分，苍门。四十六日废，明日立夏。
立夏，阴洛。四十五日，明日夏至。
夏至，上天。四十六日废，明日立秋。
立秋，玄委。四十六日废，明日秋分。
秋分，仓果。四十五日，明日立冬。
立冬，新洛。四十五日，明日冬至。

八节之中有五废日，以此记录历年，则岁实长度为 365 日。

与式盘铭文相同的内容又见于《灵枢经・九宫八风》，文云：

太一常以冬至之日居叶蛰之宫。四十六日，明日居天留。四十六日，明日居仓门。四十六日，明日居阴洛。四十五日，明日居天宫。四十六日，明日居玄委。四十六日，明日居仓果。四十六日，明日居新洛。四十五日，明

1 陈久金、张敬国：《含山出土玉片图形试考》，《文物》1989 年第 4 期；冯时：《中国天文考古学》第八章第二节之二，社会科学文献出版社，2001 年。

2《易纬乾凿度》："故太一取其数以行九宫，四正四维皆合于十五。"郑玄《注》："太一下行八卦之宫，每四乃还于中央。……是以太一下九宫从坎宫始，……自此而从于坤宫，……又自此而从震宫，……又自此而从巽宫，……所行者半矣，还息于中央之宫。既又自此而从乾宫，……自此而从兑宫，……又自此从于艮宫，……又自此从于离宫。行则周矣，上游息于太一天一之宫而反于紫宫。行从坎宫始，终于离宫。"

日复居叶蛰之宫，曰冬至矣。太一日游，以冬至之日居叶蛰之宫数所在，日从一处，至九日复反于一，常如是无已，终而复始。

所说计日法已非常明白。《灵枢经》言秋分居仓果而为四十六日，比太一九宫式盘多出一日，故以此计算历年，岁实长度变为366日。值得注意的是，《灵枢经》并无废日之说，且岁实合于《尧典》，表现出了比式盘更为朴素的思想。

商代卜辞所记的四方之风，其实质即言四气，那么史传普遍所记之八风无疑即是八节的另一种表述形式。《淮南子·天文》的记载于此最具系统，其文云：

距日冬至四十五日条风至，条风至四十五日明庶风至，明庶风至四十五日清明风至，清明风至四十五日景风至，景风至四十五日凉风至，凉风至四十五日阊阖风至，阊阖风至四十五日不周风至，不周风至四十五日广莫风至。

在这个体系中，八节的长度整齐划一，人们只关注节气的物候意义，而忽略了其与岁实长度的凑合。然而同为《淮南子·天文》，二十四节气与历年的配合却也得到了系统总结。文云：

两维之间，九十一度十六分度之五而升，日行一度，十五日为一节，以生二十四时之变。

斗指子则冬至，音比黄钟；加十五日指癸则小寒，音比应钟；加十五日指丑则大寒，音比无射；加十五日指报德之维，则越阴在地，故曰距日冬至四十六日而立春，阳气冻解，音比南吕；加十五日指寅则雨水，音比夷则；加十五日指甲则雷惊蛰，音比林钟；加十五日指卯中绳，故曰春分则雷行，音比蕤宾；加十五日指乙则清明风至，音比仲吕；加十五日指辰则谷雨，音比姑洗；加十五日指常羊之维则春分尽，故曰有四十六日而立夏，大风济，音比夹钟；加十五日指巳则小满，音比太蔟；加十五日指丙则芒种，音比大吕；加十五日指午则阳气极，故曰有四十六日而夏至，音比黄钟；加十五日指丁则小暑，音比大吕；加十五日指未则大暑，音比太蔟；加十五日指背阳之维则夏分尽[1]，故曰有四十六日而立秋，凉风至，音比夹钟；加十五日指申则处暑，音比姑洗；加十五日指庚则白露降，音比仲吕；加十五日指酉中绳，故曰秋分雷戒，蛰虫北鄉，音比蕤宾；加十五日指辛则寒露，音比林钟；加十五日指戌则霜降，音比夷则；加十五日指蹄通之维则秋分尽，故曰有四十六日而立冬，草木毕死，音比南吕；加十五日指亥则小雪，音比无射；加十五日指壬则大雪，音比应钟；加十五日指子。

此文虽以每节长度为十五日，但归之八节，却有五节的长度为四十六日，从而与太一九宫式盘所记系统近合。具体分配是：

冬至　四十六日
立春　四十五日
春分　四十六日
立夏　四十六日
夏至　四十六日
立秋　四十五日

1《太平御览》卷二十三引“夏分”作“夏节”。

秋分　四十六日

立冬　四十五日

《天文》所记二十四节气的次序已与《汉书·律历志》不同，也明《律历志》所载节气次递的古老。

节气既属阳历成分，其本质便是把太阳周年视运动均匀地分成若干等份，每个节气则标志着太阳在周年运动中的一个固定位置，因此它是反映气候变化规律的客观尺度。中国的传统历法是阴阳合历，在建立阴历月的标准上引入了“朔”的概念，而在建立回归年的标准上又引入了“气”的概念，这两个概念的相互配合形成了中国传统历法的重要特点。

二十四节气的计算主要有两种，古人通常的做法是把一个回归年长度均匀地分成二十四等份。对于使用四分岁实的历法而言，每一节气的长度就是365.25日的二十四分之一。也就是说，从立春开始，每过15.21875日就交一个新的节气，这就是“平气”。平气的长度将随着回归年长度的日趋精密而愈加准确。

事实上，太阳的周年视运动是不均匀的，北齐天文学家张子信通过长期的观测终于发现了这一点。他认为，太阳在春分后运行速度慢，到秋分后运行速度快，这种看法虽不完全正确，但与事实已很接近。显然，太阳运动的不均匀性使得各个平气之间太阳所走的度数是不相等的。根据这一发现，隋代的刘焯提出了以太阳黄道位置确定节气的方法。他把黄道一周天从冬至开始均匀地分成二十四份，太阳每走到一个分点就交一个节气，这样划定的节气叫作“定气”。定气的时间长度是不均等的，由于冬至前后太阳移动快，一气只有十四日多；夏至前后太阳移动慢，一气又可长近十六日。

古人对定气的认识虽然很早，但在历法中却迟迟没有采用，直至清代《时宪历》开始用定气注历，才最终结束了中国历法使用平气的历史。相反，定气在日月食推算精度方面的作用却对隋代以后天文学的发展大有助益，首先，刘焯为计算太阳的真实位置发明了等间距二次内插法，唐代僧一行在《大衍历》中对此做了进一步改进，元代郭守敬在《授时历》中则采用了更为精密的招差法来求太阳运动，这些新方法的运用，无疑是古人对于太阳运动不均匀性的了解日趋正确的结果。

中国古代的节气体系绝不止二十四节气一种是可以肯定的，《管子·幼官》及《幼官图》中记有一种一年三十节气的古历，它的来源目前还不清楚。这个历制将一年分为四季，即春、夏、秋、冬，各主一方，分别含有八、七、八、七个节令，每节为十二日，共计三百六十日，其馀五日归为中方。其中三十节令所反映的月令内容如下：

中央，其色黄，其数五，其味甘，其音宫，其兽倮。

五和时节，发善必审于密，执威必明于中。

春，东方，其色青，其数八，其味酸，其音角，其兽羽。

十二地气发　　戒春事

十二小卯　　出耕

十二天气下　　赐与

十二义气至　　修门闾

十二清明　　发禁

十二始卯　　合男女

十二中卯

十二下卯　　三卯同事

夏，南方，其色赤，其数七，其味苦，其音羽，其兽毛。

十二小郢　　至德

十二绝气下　　下爵赏

十二中郢　　赐与

十二中绝　　收聚

十二大暑至　　尽善

十二中暑

十二大暑终　　三暑同事

秋，西方，其色白，其数九，其味辛，其音商，其虫介。

十二期风至　　戒秋事

十二小卯　　薄百爵

十二白露下　　收聚

十二复理　　赐与

十二始节　　赋事

十二始卯　　合男女

十二中卯

十二下卯　　三卯同事

冬，北方，其色黑，其数六，其味咸，其音徵，其兽鳞。

十二始寒　　尽刑

十二小榆　　赐予

十二中寒　　收聚

十二中榆　　大收

十二寒至　　静

十二大寒之阴

十二大寒终　　三寒同事

这个三十节令的体系与《礼记·月令》所反映的夏历制度或同或异，今以《月令》之季节、方位、方色、五数、五味、五音、五兽而与《幼官》依次比观，这种关系当一目了然。《月令》择其要为：

春，东方，青，八，酸，角，鳞。

夏，南方，赤，七，苦，徵，羽。

中央，黄，五，甘，宫，倮。

秋，西方，白，九，辛，商，毛。

冬，北方，黑，六，咸，羽，介。

很明显，二者除四象依次相差一个象限，且五音之南、北互调而外，其馀内容则并无不同。南音、北音的互讹应该反映了时人对于以南为上或以北为上两种空间图式认识的混乱，而五兽之中独中央之兽不误，四方之兽却右行错配一方，这种依次渐差的原因尚待研究。

三十节令以十二日为节，并非十五日，实取法天之数，其结果与夏历平分十五的做法并无实质的差异。《国语·周语下》："纪之以三，平之以六，成于十二，天之道也。"显然，齐以十二为节，即合自然之数。经三十循环，是为三百六十日，半之则为一百八十日，适合二至日的长度。其四季节名，春季以"卯"名节者居多，可能即受春分当应卯位的传统时空观的影响；而秋季也常以"卯"名节却不言"酉"，或者体现了以德兼刑、任德远刑的主生观念。而夏、冬二季多以"暑"名或"寒"名，并分别以"三暑同事"与"三寒同事"为旨，是为强调寒暑之别。夏、冬二季又多以"郢"、"榆"名节，学者或读"郢"为"盈"，也通作"嬴"；读"榆"为"缨"。《尔雅·释天》："夏为长嬴。""盈"，满也。"嬴"，亦满之意。"缨"训缩。冬夏之昼夜长短变化巨大，故而言其盈缩[1]。很明显，分至的观念虽然没有在节名中有所体现，但三十节令体系的建立却不会是在抛弃分至体系的基础上完成的。

《幼官》的三十节令在某种程度上很好地解决了夏历以四时与五方配伍不和谐的矛盾。由于传统的时空关系表现为空间决定时间，这意味着时间体系的表述必须要纳入到空间体系中才可能完成。然而四时与五方这两种数字本身就不能匹配，因此，如以十二月系以四时而配伍五方，中央之位便会出现没有时间可配的不和谐局面，于是《礼记·月令》所反映的早期思想乃将中央厕于季夏之末，使其位居季夏与孟秋之间，虽在时间上处于一年的中央，但并不配时。而《淮南子·时则》则更将中央配于季夏之月，使夏三月中两月属南方、一月属中央，从而与春、秋、冬三时各主一方的制度无法协调。《幼官》之三十节令则以中央五日首出为年节，其后以四方分配四时，使一年之岁实尽与五方分配，体系完整。这一做法显然较《月令》体系有其合理的成分。

《幼官》与《幼官图》将年节与四季分主五方，形成自己鲜明的特点。五方中以中央配属年节而居首，四方配属四季而居次，这意味着时人借五方而说明时间，必须首先从中央开始，尔后由内而外，顺序为东、南、西、北四方。这个次序事实上与楚帛书所体现的由中而外，然后依四方旋读的读书次序完全一致。

第四节　黄赤交角的测定

在浑仪发明之前，通过研究冬至和夏至日的影长，人们已能准确地知道黄道的倾角（图8-2）。由于黄道上的冬至点和夏至点离赤道的距离最远，所以古人赋予了黄赤交角一个新的名称——黄赤大距。这是天文学中的基本数据之一。

战国时代的石申夫与甘德在测量天体的赤经和赤纬时，大概已经知道这个数值，不过在今天所能见到的记录中，《周髀算经》提供的数据可能最早，也最可靠。它取整数24度，合今度23°29′强。这个值的误差在所有黄赤交角数据中是最大的一个，因此我们有理由相信它出现得很早，而且后来在相当长的时间内一直被引用。《周礼》也给出了一组数据，不过它明显是汉代人利用当时圭表测影的结果附会出来的。

1 章炳麟：《管子馀义》，上海右文社，1919年。

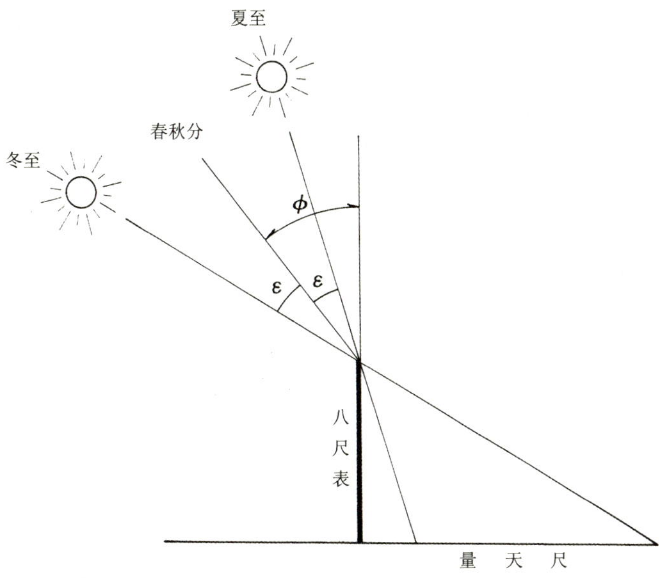

图 8-2 黄赤交角与表影的关系（ε 为黄赤交角）

在此后相当长的时间内，中国的天文学家一直在继续测定二至日的影长，这使他们对黄赤交角的计算逐渐趋于精密。差不多和编䜣等人于公元 85 年编纂《四分历》同时，傅安等人在制造黄道浑仪时仍然采用黄赤交角为 24 度这一数值，显然这是经过反复测量的结果。由于人们要在浑仪上安置黄道环，这就要求他们在反映黄道与赤道的相对位置上尽量准确。事实上，在浑仪上加有子午环并用以测量冬、夏至日黄道去极度的工作，在编䜣、傅安等人以前早就开始了。

由于黄赤交角自古至今在缓慢变小，这使西晋天文学家王蕃虽然仍取黄赤交角值为 24 度，但却与当时的实际真值几乎没有误差。即使这个数值与他的实测有关，但它的精度能否达到如此高超的程度仍然令人怀疑。我们应该承认，王蕃采用了一个极好的数据，这同他正确地继承了他的前辈已有的数据有很大关系。

唐僧一行在《大衍历》中实际已采用了 23° 90′ 的黄赤交角，这比 24 度显然要精确一些。这个数值在稍后的徐昂又有了新的改进，他通过实测得到了 23.915 度的精确值，与真值的误差仅有 37″。

宋代在采用黄赤交角值的问题上进行了一番激烈辩论，当时旧传统的束缚十分严重，致使 24 度的黄赤交角已成为一种难以改易的教条，而这个数值其实与真值已存在很大误差。这种局面直到 1001 年史序的《仪天历》才得到初步的改变，他采用的黄赤交角误差已降为 1′。北宋末年，姚舜辅在《纪元历》中又提出了一个新值，与他所处时代的黄赤交角真值的误差减至 23″。他的新值和计算方法对南宋各种历法的编算都产生了很大影响，并最终导致天文仪器制造家放弃在他们的仪器上使用陈旧的数据。

金代赵知微的《重修大明历》也提出了黄赤交角新值，与真值误差为 39″，它的精度虽不如姚舜辅所定的准确，但仍十分出色。很明显，黄赤交角的测量在宋、金时期已经达到了相当高的水平。元代的郭守敬显然继承了前人的这些成果，他用浑仪测得的黄赤交角精度已经很高，但这似乎并没有他用圭表所测的结果更理想。在此之后，明代的朱载堉运用同样的方法甚至得到了误差仅为 10″的精确数值。

中国的一整套黄赤交角观测值所显示的高精度是令人惊叹的，早在公元前四世纪，误差已小于半度，以后的绝大多数观测误差都在 3′以下。这些系统而精确的观测数据几乎是通过圭表测影和浑仪两种方法同时得到的，它曾为十八世纪天文学家关于所谓黄道倾角易变性的讨论提供了证据。

第五节　岁差的发现

中国古人计算太阳的视位置是从冬至点开始的，这使他们对于冬至点在星空间位置的测定十分重视。传统的观测方法是测定昏、旦时刻的中星，这样可以容易地推算出夜半时刻的中星位置，并进而根据此时与中星对冲的太阳位置，按照太阳在天空中日行一度的规律，求出冬至点。公元前四世纪，古人运用这种方法观测得到的冬至点在牵牛初度，这个观测结果在汉初的历法中一直在沿用。

然而，冬至点在星空间的位置并不是固定不变的，但在岁差发现之前，这一点却始终没有得到承认。第一次可能认识岁差的机会出现在公元前 104 年，当时的天文学家邓平、落下闳等人奉汉武帝之命新制《太初历》，他们显然已经觉察到，当时的冬至点位置与战国四分历所定的起于牵牛初度的情况确有不合，但这并没有影响他们最终仍然忠实地接受传统的观测结果。一百年以后，刘歆通过改定《三统历》终于把对冬至点位置的怀疑公开了，但他对于究竟是将冬至点重新定在当时所观测到的斗、牛之间，还是因袭牵牛初度的旧说始终表现得犹豫不决，最后他只能含糊地承认，冬至点常常会在牛宿和它之前四度五分之间移动。这种左右为难的局面到东汉初年得到了彻底的改变，当时的民间天文学家贾逵通过实测肯定地指出，冬至点的赤道位置已由牵牛初度移至斗宿二十一度，这种观点理所当然地遭到了来自朝廷的排斥。然而，冬至点的位移在当时已经十分明显，这个事实是不能无限制地被忽略的，后来甚至连太史局的一般人员都懂得了冬至之时日在斗二十一度的道理，于是朝廷不得不重新修定当时的历法。经过数年辩难，由编䜣、李梵等人主持修定的《四分历》终于颁行。新历确定了斗宿二十一度四分之一为新的冬至点，从此，冬至点在牵牛初度的陈旧说法便无人再提了。

这种明显的天象变化之所以没能使汉代的天文家获得任何不同于他们前人的认识，其原因并不在于冬至点的位移难于观测，而在于他们盲目地抱有“天周岁终”的成见。根据长期圭表观测的结果，古人以为从冬至到下次冬至的一岁周内，太阳在星空间自西向东正好行移一周，这种天周与岁周不分的做法甚至导致了他们以岁实（$365\frac{1}{4}$日）作为确定周天度数（$365\frac{1}{4}$度）的依据。当然，这些早期的观测工作并非毫无意义，正是这些直至公元四世纪时还在进行的关于二分点和二至点移动的种种讨论，终于使虞喜完全认识了岁差。

冬至点在移动，因此冬至日的昏中星也会随之移动。人们也许还记得，《尚书·尧典》曾经留下了冬至时昴星昏中天的记载，这与东晋的天象已有很大差异。到晋成帝时代（330 年前后），天文学家虞喜注意到，当时在冬至日黄昏出现于南中天的星宿已不再是昴宿，而是壁宿，这使他领悟到，太阳从冬至点出发环行

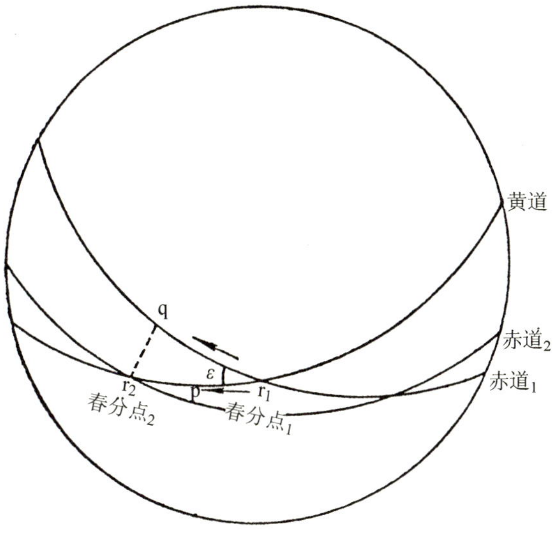

图 8-3 岁差示意图

一周天，经过一个回归年后，并没有回到原来的点上。换句话说，虽然一年的长度是不变的，但太阳在天上并没有走完一周，而是每岁渐差。这种二分点与二至点沿黄道连续不断地缓慢西退的现象就是岁差。

虞喜的工作并没有到此结束，他把《尧典》的记录看作是距他之前 2700 年的古老天象，由此求得每五十年冬至点在黄道上西移一度的差值。这个岁差值虽是基于昏中星的变迁得出的，但它反映的却是冬至点赤道度数的变化。按现代理论推算，东晋时代的赤道岁差积累值约为 77.3 年差一度，显然虞喜所定的差值并不理想。这个差值到公元七世纪时得到了进一步改进，隋代天文学家刘焯和张胄玄分别提出冬至点沿黄道每 75 年或 83 年西退一度的新值，与实际情况已相去不远。

冬至点为什么会逐渐在恒星间向西移动？对于这个问题，虞喜当然没有能力解答。英国科学家牛顿首先指出，产生岁差的原因是太阳和月亮对地球赤道隆起部分的吸引，这种引力作用造成地球自转轴围绕黄道轴（即与黄道面垂直的轴）旋转，从而引起与地轴垂直的赤道沿黄道向西滑行，相应的是赤道与黄道的两个交点（二分点）以及二至点也一起沿黄道向西缓慢退行，绕行一周约需 26000 年，折合每年 50.3 角秒或 71.6 年一度（图 8-3）。这个差值看起来很微小，但逐年的累积则会引起节气时刻的显著改变，从而直接影响到历法的正确性。南朝时期，祖冲之克服了极大的阻力，首先把岁差引入了历法计算，尽管他采用的差值不够精确，但仅就在历法中引入岁差这一点，便足以开辟中国天文学一个新的时代。

事实上，中国古代始终存在着可能发现岁差的另一条途径，这就是对北天极的观测。我们知道，由于地轴的进动而产生岁差，所以岁差对于天极的位置则起着重要的作用，使它以黄极为中心做大的圆周运动。现在的天极自然十分接近现代大文学的极星——小熊座 α（勾陈一），但大约 11000 年以后，它将移到天琴座的织女一（天琴座 α，Vega）附近，这意味着织女星将成为那个时代的北极星（图 4-15）。由于中国天文学重视拱极星的特点，古代天算家对北天区的观测投入了极大精力，这使他们可能很早就发现了天极环绕黄极旋转的现象。但是很不幸，古人始终没有将这种认识与岁差加以联系。

中国古代极星变迁的历史反映出一些有趣的事实，在图 4-15 上可以清楚地看出，大约于公元前 3000 年，真天极的位置恰好处在紫微垣宫门的左枢和右枢两星之间，自那时起沿着天极所经过的路线，可以找出一连串在不同时期充当过极星的星。最早的极星可能是右枢（天龙座 α），它离当时的天极最近。到公元前十世纪北极位移到帝星（小熊座 β）附近的时候，帝星取代右枢而充作了极星，随后是庶子（小熊座5）和后宫（小熊座4），大约从汉代开始，天枢（鹿豹座32H）充当了新的极星，它的位置几乎恰在天极的轨道上。但是随着时间的推移，汉代的极星位移愈来愈明显，到公元六世纪初，祖冲之的儿子祖暅已发现它离开真天极已一度有馀，而到十二世纪，当时在真天极的位置上实际已经没有星了。北宋熙宁年间（1068—1077年），沈括利用窥管试图找到真正的北极，最初，他通过窥管所能看到的星很快便移出了视野，于是他逐步扩大窥管，直至使极星只在视野内移动而不消失。用这种方法，沈括发现天枢与真天极已相去三度多了。

但是，在同一条轨道上既能放弃一串极星又同时能找出新的极星，这种现象并没有使古人领悟到它可能是由于岁差造成的，他们只把极星的不断更新简单地归咎于前人观测的失误，即使像沈括这样有见地的科学家，也没有能摆脱掉旧观念的束缚，这在中国天文学史上是一件颇为令人遗憾的事情。

虞喜发现了岁差，从此人们才有可能将恒星年与回归年加以区分，它对于天文学的意义是怎么称道也不过分的。公元前125年，古希腊天文学家喜帕恰斯首先发现了岁差，他似乎比他的同代人幸运得多，因为至少从公元前三世纪开始，多少次可能发现岁差的机会都与中国的天算家失之交臂，直至公元四世纪，虞喜才独立地认识了它。但另一方面，在隋代刘焯提出冬至点75年差一度的积累值的同时，西方人却还在墨守着喜帕恰斯的每百年差一度的旧值，这个值即使在喜帕恰斯的时代也是很不准确的。

第九章

行星观测

太阳系中的八大行星现在已为人们所熟知，但是在天文望远镜和现代物理学理论产生之前，人们用肉眼能够看到的行星却只有五颗。当然，另一颗行星实际就是我们自己居住的地球。五星的总称叫作“五纬”或“五步”，这个术语至少在战国文献中就已经出现，并且一直被沿用了下来。

第一节　行星运动

也许我们已没有必要纠缠五大行星在东西方是谁最先认识的问题，因为它们的特点异常鲜明，这使古人对它们的观测十分容易。首先，五大行星都很明亮，金星、木星、火星的亮度都高于夜空中最亮的恒星——天狼星，水星和土星虽稍逊一筹，但也比一般的一等星要明亮。此外，行星与恒星相比，它们在天空中的相对位置经常发生明显的改变。这些特点在很早的时候就已经引起了人们的注意，而且至少使中国人很自然地将它与占星术联系了起来，在客观上，这促使他们对行星运动进行了长期不懈的观测研究。

五星在中国分别与五行相配而称为金星、木星、水星、火星和土星，然而在这种形式出现之前则还存在另外一套更为古老的名称，这就是太白、岁星、辰星、荧惑和镇星[1]。人们对岁星的认识应该很早，西周早期的青铜器铭文已有对岁星的记载，这不仅因为岁星明亮且醒目，同时还在于岁星具有行移一周天需用十二年的恒星周期的显著特点，这也正是木星之所以称为岁星的重要原因。换句话说，木星每年在星空间行移十二次中的一次（30度），这个天象恰可以用来作为纪年的标志，显然这可使古人将称年为岁的习俗很自然地移用于木星。

其他四颗行星的命名也很有趣，古人称火星为荧惑，是因为它荧荧如火，而且荧惑的光度变化很大，运行的形态错综复杂，足以使人迷惑。水星距离太阳最近，不足30度，也就是不会超过一辰，所以又有辰星的名称。金星又叫太白，这显然因为它是全天中最亮的星，不过它在早晚不同的时间出现，又具有不同的别名，古人把黎明前出现于东方的金星叫作启明，而黄昏出现在西方的时候则叫长庚。镇星指土星，古人测得它二十八年周天一次，这恰好与二十八

1 镇星或作“填星”。

宿可以相互配合。土星在二十八宿中一年行移一宿，好像镇守二十八宿一样。这些名称主要来自于古人对这些行星的直观观测。

五星的别名也有不少。《史记·天官书》："岁星一名摄提，曰重华，曰应星，曰纪星。"司马贞《索隐》述姚氏案引《天官占》谓岁星又有经星一名。岁星以十二年经行周天，古人用以纪年，并创十二次体系，故岁星方有上述诸名。火星为主死丧之星，又为执法之星。《天官书》："察刚气以处荧惑。"裴骃《集解》引徐广曰："刚，一作'罚'。"故或以罚星及执法为名。《广雅·释天》："营惑谓之罚星，或谓之执法。"土星主土，故又有地侯之名。《天官书》："历斗之会以定填星之位。曰中央土，主季夏，日戊己，黄帝，主德，……其一名曰地侯，主岁。"而太白除有晨出东方曰启明，昏见西方曰长庚之外，异名最多。《天官书》："太白，大臣也，其号上公。其他名殷星、太正、营星、观星、宫星、明星、大衰、大泽、终星、大相、天浩、序星、月纬。"张守节《正义》引《天官占》云："太白者，西方金之精，白帝之子，上公、大将军之象也。一名殷星，一名大正，一名荧星，一名官星，一名梁星，一名灭星，一名大嚣，一名大衰，一名大爽。"水星的别名也有不少。《广雅·释天》："辰星谓之爨星、兔星，或谓之鉤星。"水星或名天兔。《天官书》："兔过太白，……兔七命，曰小正、辰星、天欃、安周星、细爽、能星、鉤星。"张守节《正义》引《天官占》："辰星，北水之精，黑帝之子，宰相之祥也。一名细极，一名鉤星，一名爨星，一名伺祠。"其中天欃或作毚星[1]，毚、兔或为一名[2]，并不是指彗星。

行星的运动虽然十分复杂，但是我们现在能够见到的行星记录却将几乎所有的变化特征都包括了。行星向前的视运动称为"顺"或"进"，向后的视运动称为"逆"或"退"，星在某处改变运行方向时保持不动称为"留"，隐而不见称为"伏"，快速的前进称为"疾"或"速行"，格外缓慢的运动叫作"迟行"。行星运动到太阳背后称为"上合"，有时重叠在太阳前面，称为"下合"，当行星处在与太阳和地球相反的方向时，则称为"冲"（图9-1）。"合"和"冲"的

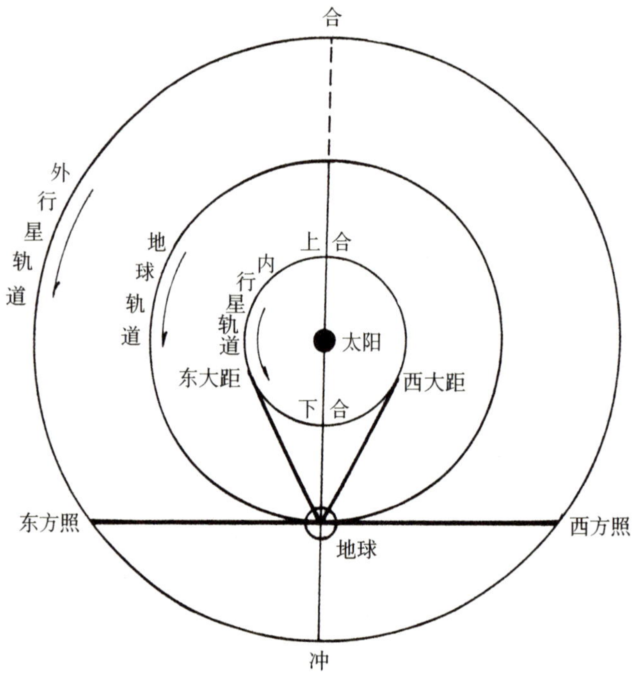

图9-1　行星运行示意图

1 ［唐］司马贞《史记索隐》引皇甫谧曰："辰星，一名毚星。"

2 ［唐］司马贞《史记索隐》："则辰星之别名兔，或作'毚'也。"

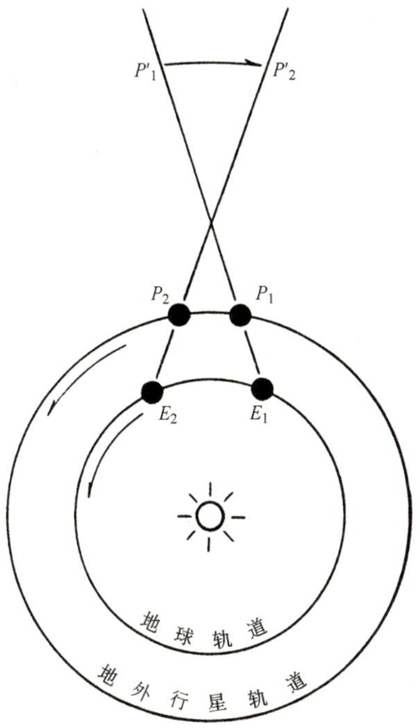

图 9-2 行星逆行示意图

概念又要复杂一些，我们知道，行星有内外之分，处于地球轨道以内的水星、金星是内行星，而在地球轨道以外的火星、木星和土星则是外行星，对内行星而言，只有上合和下合而没有冲，对于外行星，则只有上合而没有下合。

这些术语产生的时代各有不同，长沙马王堆汉墓出土西汉初年的帛书《五星占》中已经出现对行星运动的不同速度的描写，其中对于金星的第一次“顺行”给出了先缓后疾两个不同速度，对第二次“顺行”给出了“疾”、“益徐”、“有益徐”三个不同速度，都基本符合事实。《五星占》同时对于“留”与“逆行”也作了明确的描述。“合”的现象不能看到，所以这一概念的产生稍晚一些，在东汉《四分历》中才正式出现。然而外行星位于“冲”的位置时距地球最近，也最明亮，极易观测，但是“冲”的概念却迟至宋代周琮的《明天历》才首次提出，这一点很令人费解。

关于五星的逆行，不仅战国文献中已有记载，司马迁在《史记》中对此也有许多描述[1]。不过在相当长的时间内，中国古人似乎更醉心于利用这种天象作为预卜人间祸福吉凶的征兆[2]，而不去设法解释它的原因。尽管司马迁和李淳风早已指出，逆行只是一种有规律的自然现象，但是直到宋代的朱熹才真正正确地认识到，行星逆行不过是由于天体相对速度不同而产生的一种视现象。他提醒历算家们应该明白，所谓逆行运动只是一种表面现象，事实上它们都是向前的顺的运动。这种理论可以用图 9-2 做形象的描述，以外行星为例，当地球从 E_1 走到 E_2 时，行星却并没有走完与地球相等的路程，这是由于地球运行速度快于行星的缘故，这时从地球的角度望去，行星在星空背景中就好像从 P_1' 逆行到了 P_2'。如果考虑到行星公转轨道面与地球公转轨道面有一个夹角，以及行星和地球离轨道交点的距离总在不断变化的事实，那么我们就可以理解，行星逆行轨道和顺行轨迹不仅不重合，而且会呈现出多种形态。

中国古代出现的各种行星运动的术语可以看作是对行星运动的定性描述，这虽只是初步的认识，但却足以显示出古人对于行星的运行特点以及运动轨道所产生的深刻理解。自战国时代起，人们对行星视运动做定量的研究已经开始，行星运动的周期性也逐渐为人们所掌握，这甚至成为古代历法的重要内容。

1《史记·天官书》：“岁星出，东行十二度，百日而止，反逆行；逆行八度，百日，复东行。岁行三十度十六分度之七，率日行十二分度之一，十二岁而周天。”

2《史记·天官书》：“察日、月之行以揆岁星顺逆。曰东方木，主春，日甲乙。义失者，罚出岁星。岁星赢缩，以其舍命国。所在国不可伐，可以伐人。其趋舍而前曰赢，退舍曰缩。赢，其国有兵不复；缩，其国有忧，将亡，国倾败。其所在，五星皆从而聚于一舍，其下之国可以义致天下。”

第二节 五星会合周期

行星从合到合所需的时间叫作“会合周期”。这个概念在僧一行的《大衍历》之前是被从行星的晨始见到下一次晨始见的时间间隔取代的。从理论上讲，这可能不会比以合来判定会合周期更精密，然而事实却并非如此。中国的一些古代文献显示了令人惊讶的观测结果，因为至少在战国时代，对于行星会合周期的观测已非常准确，而且到公元七世纪初，所有的会合周期值都达到了相当高的水平。我们把公元前四世纪以后的行星会合周期的多次估计数字比较一下（表三），便会发现当时天文学的发展显然在日趋精密。

表三 隋以前五星会合周期比较表（单位：日）

	水星	金星	火星	木星	土星
《甘石星经》	136	630、624	780	400	
《五星占》		584.4		395.44	377
《三统历》	115.91	584.13	780.52	398.71	377.93
《四分历》	115.881	584.024	779.532	398.846	378.059
《大明历》	115.880	583.931	780.031	398.903	378.070
《大业历》	115.879	583.933	779.926	398.882	378.090
真值	115.877	583.921	779.936	398.884	378.092

最早的记录虽然还缺少土星的数据，但其他四个行星的会合周期的预测已经比较可靠。水星由于离太阳太近，最难观测，当然它所引起的困难也最大，这种情况在西汉末年的《三统历》中已经得到了根本的改变。汉代的观测值显然更为精密，《三统历》和东汉《四分历》所测的五星会合周期已与真值相差无几。南朝祖冲之的《大明历》把五星会合周期的精度在编䜣《四分历》的基础上又提高了一步，误差全部小于 0.095 日。然而这个精度在不到一百年的时间里就被隋代的《大业历》所超越。张胄玄测得的五星会合周期显示，除火星和金星的误差为百分之一日以外，其馀行星的误差都已降至千分之二日以下，即小于 2′ 53″。自此以后，历代的五星会合周期始终都保持着这样高的水平。

帛书《五星占》是一件值得特别重视的文献，因为无论与中国传世的或新出的天文文本比较，它都是最可信赖而且时间最早的天文专著（图 9–3）。这篇帛书自 1973 年于长沙马王堆三号汉墓出土以后，对它的研究就始终没有间断。帛书存有约八千字，共分九个章节，占文保存了甘德和石申夫天文著作的一部分。文中第一次使用以五行配属五星的名称，末尾三部分列有从秦王政元年（公元前 246 年）至汉文帝三年（公元前 177 年）共七十年间木星、土星和金星的位置，并对它们在一个会合周期内的动态加以描述，这意味着当时的人们已经把行星的动态研究和位置的推算工作有机地联系了起来，这显然比战国时代石氏、甘氏的零星探讨进步得多。

帛书《五星占》中的五星占辞除去一些详细的星占内容外，保留了更有价值的有关行星的材料。现将《五星占》文的主要部分择录于下：

东方木，其帝大浩（昊），其丞句巟（芒），其神上为岁星。岁处一国，是司岁。岁星以正月与营室晨［出东方，其名为摄提格。其明岁以二月与东壁晨出东方，其名］为单阏。其明岁以三月与胃晨出东方，其名为执徐。其明岁以四月与毕晨［出］东方，其名为大荒［落。其明岁以五月与东井晨出东方，其名为敦牂。其明岁以六月与柳］晨出东方，其名为汁（叶）给（洽）。其明岁以七月与张晨出东方，其名为芮（涒）莫（滩）。其明岁［以］八月与轸晨出东方，其［名为作鄂。其明岁以九月与亢晨出东方，其名为阉茂］。其明岁以十月与心晨出［东方］，其名为大渊献。其明岁以十一月与斗晨出东方，其名为困敦。其明岁以十二月与虚［晨出东方，其名为赤奋若。其明岁以正月与营室晨出东方］，复为摄提［格，十二岁］而周。皆出三百六十五日而夕入西方，伏卅日而晨出东方，凡三百九十五日百五分［日而复出东方］。

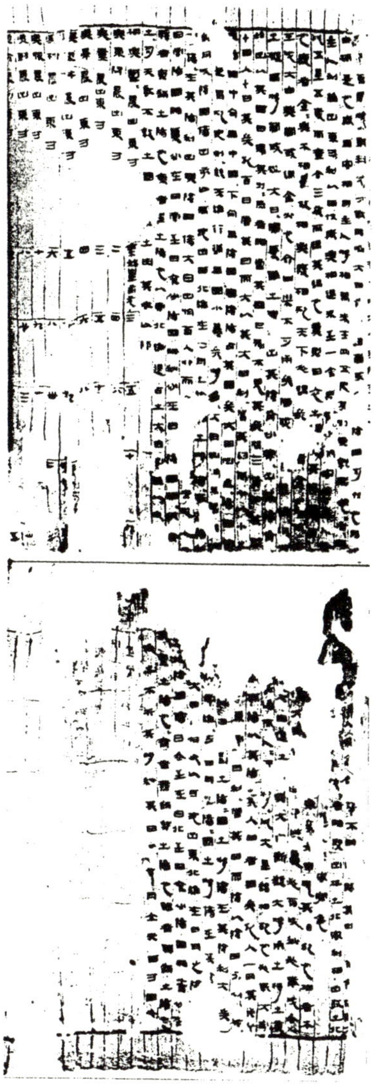

图 9-3 西汉帛书《五星占》（湖南长沙马王堆出土）

西方金，其帝少浩（昊），其丞蓐收，其神上为太白。是司日行、彗（彗）星、天夭、甲兵、水旱、死丧、□□□□道，以治□□□侯王正卿之吉凶。将出发□□□。［其纪上元，摄］提格以正月与营室晨出东方，二百廿四日晨入东方，寖行百二十日，［夕］出［西方，二百廿四日夕］入西方，伏十六日九十六分日，晨出东方。五出，为日八岁，而复与营室晨出东方。

南方火，其帝赤帝，其丞祝庸（融），其神上为［荧惑］。

中央［土］，其帝黄帝，其丞后土，其神上为填星。实填州星，岁［填一宿］。

北方水，其帝端（颛）玉（顼），其丞玄冥，［其］神上为晨（辰）星。主正四时，春分效［娄］，夏至［效井，秋分］效亢，冬至效牵牛。

秦始皇帝元年正月，岁星日行廿分，十二日而行一度，终［岁行卅］度百五分，见三［百六十五日而夕入西方，伏］卅日，三百九十五日而复出东方。［十二］岁一周天，廿四岁一与大［白］合营室。

秦始皇帝元年正月，填星在营室，日行八分，卅日而行一度，终［岁］行［十二度卌二分。见三百四十五］日，伏卅二日，凡见三百七十七日而复出东方。卅岁一周于天，廿岁与岁星合为大阴之纪。

秦始皇帝元年正月，太白出东方，［日］行百廿分，百日上极［而反，日行一度，天］十日行有［益］疾，日行一度百八十七分以从日，六十四日而复逮日，晨入东方，凡二百廿四日。浸行百廿日，夕出西方。［太白出西方始日行一度百八十七分，百日上极而反］，行益徐，日行一度，以待之六十日；行有益徐，日行卌分，六十四日而西入西方，凡二百廿四日。伏十六日九十六分。［太白一复］为日五［百八十四日九十六分日。凡出入东西各五，复］与营室晨出东方，为八岁。

这些文字与《史记·天官书》、《淮南子·天文》多有相合，比较三个文本，可以大致梳理出其思想的发展脉络。如《五星占》以五星视为与五帝、五帝佐并列的五神，即不见于《天官书》，而同于《淮南子·天文》，似乎反映了秦汉以来五帝、五佐观念的发展。

帛书所称“皆出三百六十五日而夕入西方，伏卅日而晨出东方，凡三百九十五日百五分日而复出东方”，实取木星的会合周期 $395\frac{105}{240}$ 日，这个数值仅属大概，并不精密。在三百九十五日中，从晨出东方到夕入西方，有三百六十五日可以看到；从夕入西方到晨出东方为伏，共三十日，木星淹没于太阳光中而不见。帛书以二百四十为进位制，即分一日为二百四十分，则留有秦商鞅变法的遗迹[1]。这个周期在战国时代的甘氏看来，则以为“岁星凡十二岁而周，皆三百七十日而夕入于西方，三十日复晨出于东方”，所得数据更为粗疏。《开元占经》编者案云：“历法岁星一见，三百六十三日而伏，三十五日一千三百三十分日之一千一百六十二奇四十五复见如初。一终三百九十八日一千三百四十分日之一千一百六十二奇四十五。众家之说皆云十二年而一周天，唯此微为疏矣。”事实上，直到西汉晚期，对于木星的行度才观测得较为精密，其周天应为 11.86 年，并非十二年，致使刘歆提出岁星超辰之说。

西汉及其以前，有关金星的会合周期有甘氏的 630 日[2]，石氏的 624 日，《淮南子·天文》的 635 日，《史记·天官书》的 645 日[3]，都很粗疏。帛书则谓“二百廿四日晨入东方，寖行百二十日，夕出西方，二百廿四日夕入西方，伏十六日九十六分日，晨出东方”，取会合周期为 $584\frac{96}{240}$ 日，较今测值 583.921 日只大不足半日，是其同期或其前最精确的数值。帛书同时注意到，金星的五个会合周期，其长度恰好等于八年，文称“五出，为日八岁”，即在说明这种金星周期与历年的对应关系，意即 $584\frac{96}{240}$ 日的五倍，其积和为 2922 日，而四分历回归年长为 365.25 日，其八倍的长度恰好也是 2922 日。这个周期曾经被现代法国天文学家弗拉马利翁用来预报二十世纪后半期金星作为辰星和昏星最易观测的时间，以及 1956—2012 年金星下合时可以看见光亮细环的时间。但是谁又能想到，两千多年以前，中国人早已利用这个周期开列出了一张七十年的金星动态表呢！

土星的会合周期，帛书记为“见三百四十五日，伏卅二日，凡见三百七十七

1 席泽宗：《＜五星占＞释文和注解》，《古新星新表与科学史探索》，陕西师范大学出版社，2002 年。

2 《开元占经》卷四十五云：“（太白）出东方，为日八岁二百二十二日，而复与营室晨出于东方。”此又以金星的五个会合周期为八个回归年加 222 日，计 3144 日（365.25×8+222），则一个会合周期为 628.8 日，与 630 日之说基本相同。

3 陈久金：《帛书及古典天文史料注析与研究》，万卷楼图书有限公司，2001 年，第 114—115 页。

日而复出东方”，取为 377 日，比今测值 378.092 日小 1.092 日。而《史记 · 天官书》云：“填星出百二十日而逆西行，西行百二十日反东行。见三百三十日而入，入三十日复出东方。”取 360 日为土星会合周期，远较帛书粗疏。帛书同时记有土星“卅岁一周于天”的恒星周期，与《史记 · 天官书》的认识也有不同。《天官书》云：镇星“二十八岁周天”，司马贞《索隐》引晋灼曰：“岁镇一宿，二十八岁而周天。”而土星恒星周期的今测值为 29.46 年，也显示出帛书的取值更为准确。

第三节　星岁纪年与太岁纪年

五星在恒星间移动，当它们以恒星为准，在自己的轨道上绕太阳公转一周，这个时间叫作“恒星周期”。地球当然是一年，土星最初被认为是二十八年，《五星占》中测得为三十年，已与真值 29.46 年很接近，而水星则只需要约 88 天。很简单，由于公转轨道的大小，离太阳愈远的行星，恒星周期也就愈长。

木星的恒星周期差不多等于十二年，这就是说，当木星从某一颗恒星出发，十二年之后它又将重新回到这颗恒星附近。中国古人很早就注意到了这一点，于是他们根据这一现象创造出了一种独特的纪年方法——岁星纪年。

这种纪年形式与十二次的产生显然有着密切的关系，准确地说，十二次实际充当了木星在星际中的十二个驿站。由于木星每年平均在天空中行移 30 度，十二年行完一周天，这使古人必须沿黄赤道带把天球分为十二等份，用以记录木星每年的运行位置，从而建立起十二次体系。《汉书 · 律历志下》载有十二次的起讫度数，并与二十四节气相对应，其中十二节气为各次的起点，十二中气为各次的中点。具体分配是：

星纪　初斗十二度，大雪。中牵牛初，冬至。终于婺女七度。

玄枵　初婺女八度，小寒。中危初，大寒。终于危十五度。

諏訾[1]　初危十六度，立春。中营室十四度，惊蛰（今为雨水）。终于奎四度。

降娄　初奎五度，雨水（今为惊蛰）。中娄四度，春分。终于胃六度。

大梁　初胃七度，谷雨（今为清明）。中昴八度，清明（今为谷雨）。终于毕十一度。

实沈　初毕十二度，立夏。中井初，小满。终于井十五度。

鹑首　初井十六度，芒种。中井三十一度，夏至。终于柳八度。

鹑火　初柳九度，小暑。中张三度，大暑。终于张十七度。

鹑尾　初张十八度，立秋。中翼十五度，处暑。终于轸十一度。

寿星　初轸十二度，白露。中角十度，秋分。终于氐四度。

大火　初氐五度，寒露。中房五度，霜降。终于尾九度。

析木　初尾十度，立冬。中箕七度，小雪。终于斗十一度。

这种十二次依赤道度数的等分原则尽管可能来源于早期对于二十八宿每宫各

1 或作“娵訾”、“娵觜”、“娵觜”。《左传 · 襄公三十年》：“及其亡也，岁在娵訾之口。”又参清雷学淇：《介庵经说》卷四，十二次之分星古今不同。

分三次的规划[1]，但这种做法会使十二次的赤经广度参差不齐，从而不便记录木星的运行行次，因此，十二次的建立采用等分赤道度数的原则乃是必然的选择。由于十二次的划分顺序与木星的视运动方向相一致，自西向东依次为星纪、玄枵、娵訾、降娄、大梁、实沈、鹑首、鹑火、鹑尾、寿星、大火和析木，所以木星每年行移一次，自“岁在星纪”而至“岁在析木”，十二年一纪，周而复始。

岁星纪年如果只是古人使用的唯一一种纪时形式，那当然毫无问题，但与其他纪时制度并存，便显示出其所带来的不可避免的麻烦。原因很简单，由于木星自西向东的运行方向与太阳及其他恒星的运行方向恰好相反，因此使木星以十二次为基础的纪年形式很难和传统的观测习惯相协调。于是古人为解决这种困难，便创立了一种新的纪年方法——太岁纪年。

太岁纪年体系的建立首先必须依赖于人们更为熟知的地平十二支方位，古人将其附丽于天，沿赤道由东向西将周天分为十二等份，并以子、丑、寅、卯、辰、巳、午、未、申、酉、戌、亥十二地支加以命名，自东向西排列，创造出十二辰体系。与此同时，古人又于真岁星之外想象出一个看不见的假想天体，并名之曰“太岁”、“岁阴”或“太阴”，设想其循十二辰的方向自东向西运行，这与真岁星的公转方向虽然相反，但其运行速度却也是十二年一周天。这样，当岁星与太岁的初始位置关系确定之后，就可以从任何一年岁星的位置推出太岁所在的辰，并以十二辰的顺序纪年。如某年岁星在星纪，太岁便在析木，这一年便是“太岁在寅”；五年之后岁星行至大梁，太岁则在鹑火，这一年便是“太岁在午”。《汉书·律历志下》：“汉高祖皇帝，著《纪》，伐秦继周。木生火，故为火德。天下号曰汉。距上元年十四万三千二十五岁，岁在大棣之东井二十二度，鹑首之六度也。故《汉志》曰岁在大棣，名曰敦牂，太岁在午。”这便是所谓的太岁纪年。

太岁纪年法本以十二辰名记录太岁所在的位置，但这种做法很容易使十二辰名与地平十二支相混淆，于是古人很快便创造出一套可与十二辰名对应，并专门用以记录太岁位置的十二个岁阴名称。《尔雅·释天》云：

> 太岁在寅曰摄提格，在卯曰单阏，在辰曰执徐，在巳曰大荒落，在午曰敦牂，在未曰协洽，在申曰涒滩，在酉曰作噩，在戌曰阉茂，在亥曰大渊献，在子曰困敦，在丑曰赤奋若。

其中“单阏”或作“亶安”，“大荒落”或作“大荒骆”，“协洽”或作“叶洽”、“汁洽”，“作噩”或作“作鄂”，“阉茂”或作“淹茂”。岁阴之名实际也就是十二辰名，这些名称的含义及其来源，目前并不清楚。岁阴名称创立之后，太岁在寅便可以纪为“岁在摄提格”，太岁在午也可以纪为“岁在敦牂”，形成了以岁阴纪太岁所在的普遍形式。

然而中国古历行用干支纪年，因此受这一传统的影响，在太岁纪年的体系中仅有与地支对应的岁阴之名显然是不够的，人们还必须创造出可与天干对应的岁阳系统，才能最终实现岁阴与岁阳的配合，也就是天干与地支的配合。大约在秦汉时期，星历家又创造出十个岁阳名称。《尔雅·释天》云：

> 太岁在甲曰阏逢，在乙曰旃蒙，在丙曰柔兆，在丁曰强圉，在戊曰箸雍，在己曰屠维，在庚曰上章，在辛曰重光，在壬曰玄黓，在癸曰昭阳。

1 钱宝琮：《论二十八宿之来历》，《思想与时代》第43期，1947年。

而据《史记·历书》所记，岁阳十名则自甲至癸分别为焉逢、端蒙、游兆（或作“游桃”）、彊梧、徒维、祝犁、商横、昭阳、横艾、尚章。这十个由十天干衍生出来的岁阳名称与十二个岁阴名称相配，不仅可以实现干支相配，而且颇具太岁纪年的特点。人们可以将甲寅年称作“阏逢摄提格”，乙卯年称为“旃蒙单阏”，同干支纪年一样，它们只是更换了不同的名字而已，但仍以六十年为周期周而复始地循环使用。《史记·历书》：“太初元年，岁名焉逢摄提格。……端蒙单阏二年。”即以太岁纪年称太初元年甲寅年，二年乙卯年。从此在太岁纪年的系统中，干支纪年法便有可能彻底地被岁阳岁阴纪年法所取代。

与岁星纪年的形式相伴产生了一套完整的理论，在这个理论中，十二次与十二辰建立了固定的对应关系，而十二个太岁年名又与十二辰以及十二生肖相互配属，最后它们都与二十八宿配合起来，形成了一种至少是在春秋时代已经固定下来的传统形式。这种形式通过下面的关系可以看得很清楚（表四）。

表四

岁名	十二辰	十二生肖	十二次	二十八宿
赤奋若	丑	牛	星纪	斗、牛
困敦	子	鼠	玄枵	女、虚、危
大渊献	亥	猪	娵訾	室、壁
阉茂	戌	狗	降娄	奎、娄
作鄂	酉	鸡	大梁	胃、昴、毕
涒滩	申	猴	实沈	觜、参
协洽	未	羊	鹑首	井、鬼
敦牂	午	马	鹑火	柳、星、张
大荒落	巳	蛇	鹑尾	翼、轸
执徐	辰	龙	寿星	角、亢
单阏	卯	兔	大火	氐、房、心
摄提格	寅	虎	析木	尾、箕

如果木星果真以整整十二年绕天一周，那么古人的这一切安排就没有任何的问题，然而事实却不是这样。木星的恒星周期实际为 11.86 年，这意味着它并不是每年正好走完一个星次，而是一次稍多，这个误差积至 86 年，就会出现木星实际运行的位置比预推位置超前一次的现象，这就是“岁星超辰”。超辰现象大概在西汉初年还没有被天文学家发现，但它显然已经使本来能够看得见的天象看不见了。汉太初以后，岁星纪年与干支纪年相连接，自那时上溯至秦王统一，岁星纪年比干支纪年落后一辰，上溯至战国时期则落后二辰。此后刘歆提出岁星每 144 年超辰一次的算法，但在纪年法中并没有应用，以至于到东汉改行《四分历》时，岁星纪年法终于废止。

岁星纪年与太岁纪年最早产生在什么时代？这确实是人们感兴趣的问题。西周早期青铜器利簋铭文在追述武王灭商的事迹时明确提到了岁星，成为目前有关岁星记录的最早文献。利簋铭云：

武王征商，唯甲子朝，岁鼎（当），克昏夙有商。

簋铭“岁鼎”，学者或读为“岁当”，意思是岁星正当其位[1]。《国语·周语下》记伶州鸠论律时也追述武王征商事，其云：“昔武王伐殷，岁在鹑火，……岁之所在，则我有周之分野也。”韦昭《注》：“岁，岁星也。鹑火，次名，周分野也。岁星在鹑火，岁星所在，利以伐之也。”岁星当利征之位，大概即为簋铭之“岁当”。这种早晚文献的互证虽有意义，但要据此得出商代已行岁星纪年的结论，似乎仍有未为尽善之处。不过可以肯定的是，商末周初人们对于岁星行次的观测已是事实，这至少为岁星纪年制度的最终建立奠定了基础，以至于在战国文献中普遍出现诸如“岁在星纪”、“岁在娵訾之口”、“岁在鹑火”等明确的岁星纪年文字[2]。

图 9-4　兵辟大岁戈

有关太岁纪年的出现时代，以往皆认为不出战国中晚期，然而近年发现的新的铭文资料已将这一纪时制度的形成年代提前到春秋晚期甚至更早。河南淅川徐家岭 11 号墓出土郳夫人嫦鼎铭文反映了这一史实。铭云：

唯正月初吉岁在𣪘（涒）𪇳（滩），孟春在奎之际。

鼎铭纪时明言“岁在𣪘𪇳”，“𣪘𪇳”读为“涒滩”[3]，为岁阴之名，所以铭文的“岁”显指太岁，而非岁星[4]。《吕氏春秋·序意》：“维秦八年，岁在涒滩。”用法相同。这是目前所见最早使用太岁纪年的明确证据。

“太岁”之名于战国遗物已经出现，学者熟识的“兵避太岁”戈即铭以“太岁”（图 9-4），足见太岁的观念至少在战国时代即已形成。古人以太岁纪年，又常省“太岁”之名为“岁”，这一点于清儒所论甚详。王引之《经义述闻》卷三十《论太岁纪年其来已久》云：“今案《海外南经》曰：‘地之所载，六合之间，四海之内，照之以日月，经之以星辰，纪之以四时，要之以太岁。’《尔雅》：‘太岁在甲曰阏逢，太岁在寅曰摄提格。’《荀子·儒效篇》：‘武王东面而迎太岁。’《淮南·兵略篇》作‘东面而迎岁’。高诱《注》曰：‘太岁在寅。’《易乾凿度》曰：‘求卦主岁术。’常以太岁纪年。《周官·冯相氏》‘十有二岁’，《保章氏》‘十

1 张政烺：《利簋释文》，《考古》1978 年第 1 期。

2 分别见于《左传·襄公二十八年》、《襄公三十年》、《昭公八年》。

3 王长丰、乔保同：《河南南阳徐家岭 M11 新出𨸏夫人嫦鼎》，《中原文物》2009 年第 3 期；王长丰、郝本性：《河南新出“𨸏夫人嫦鼎”铭文纪年考》，《中原文物》2009 年第 3 期。

4 冯时：《郳夫人嫦鼎铭文及相关问题》，《中原文物》2009 年第 6 期。

有二岁之相’，郑玄并曰：‘岁谓太岁。’《离骚》：‘摄提贞于孟陬兮。’王逸《注》曰：‘太岁在寅曰摄提格。’《吕氏春秋·序意篇》：‘维秦六年，岁在涒滩。’高诱《注》曰：‘秦始皇即位之六年也。’是年太岁在未而又在申，与汉高帝元年甲午兼乙未者正合。则以太岁纪年者，自古已然，非始于太初改宪也。”故鼎铭称“太岁”为“岁”，显然反映着先秦时期的古老传统。很明显，太岁纪年之制度既于春秋晚期已经确立，则岁星纪年的创制年代只能更早。

第十章
中国古代历法

历法的发展大致经历了三个主要阶段，即物候历、观象授时和推步历法。在原始人熟练地了解和掌握天象规律之前，他们显然只能通过对物候变化的观察决定时间和季节，因为诸如候鸟的迁徙、草木的枯荣都明显地表现出某种周期。比原始物候历进步的工作当然是观象制历，古人根据某些星象的出没及其在天空中位置的变化建立时间，形成了虽然粗疏，但却反映着真实时间周期的历法。这种做法无疑促使古人对天象规律进行精审的探索，从而为历法最终进入推步奠定了基础。

推步历法的形成其实必须经历由疏渐密的发展历程，这意味着在真正完善的推步术出现之前，原始历法应该具有一个由观象制历向推步术的过渡时期。尽管历法编算最终放弃了必须随时观象而选择了推步，但毫无疑问，历法在步入推步之前的过渡阶段可能相当漫长。我们无法想象古人会在短期内从观象授时一跃而进步到推步时期，推步知识的取得以及天象规律的掌握只能通过观象活动而一点点积累，因此，在推步术最终建立之前的过渡时期，观象事实上已成为使推步术逐渐完善的校验和修正手段，这些知识与经验的积累无疑为历法彻底地步入推步时代准备了条件。中国的古代历法自春秋早中期之际步入了推步时代，其前的三代历制，严格地说都应处于由观象制历向推步术的过渡时期，当然在这个过渡时期，观象的作用会随着时代的发展及推步术的日趋精密而逐渐弱化。

中国的传统历法是一种兼顾朔望月与太阳年的阴阳合历，这种历法以日、朔、气为基本要素。根据气、朔的变化，中国古历可以划分为三个时期：从商代到唐初是使用平气、平朔的时期，唐初到明末是使用平气、定朔的时期，清代以后才进入使用定气、定朔的时期。很明显，中国古代历法的完善过程，实际也就是这些要素逐渐精确化的过程。

第一节　历法的起源

历法的建立乃是观象授时的必然结果，因此，中国传统天文学的古老也就决定了原始历法的古老。司马迁于《史记·天官书》有云：“自初生民以来，世主曷尝不历日月星辰？及至五家三代，绍而明之，内冠带，外夷狄，分中国为十有二州，仰则观象于天，俯则法类于地。天则有日月，地则有阴阳。天有五星，地有五行。天则有列宿，地则有州域。三光者，阴阳之精，气本在地，而圣人统理之。”受这种法天阴阳观念的深刻影响，基于观象基础上的授时历制便不可不对这些阴阳思想有所体现，这决定了中国传统历法独取阴阳合历的固有历制形式。

一、原始历法探索

中国古代的传统历法为阴阳合历。所谓阴阳合历，其实是一种融太阴历与太阳历为一体的复杂历制。由于这种历制的“年”取回归年，而“月”取朔望月，造成太阳年的长度365.25日与太阴年的长度354—355日之间相差10—11日，所以同时需要添置闰月以调整二者的周期差。

这个传统的复杂历制当然只能是根深蒂固的阴阳观念的反映。古人通过对太阳视运动的观测建立了“气”的概念，通过对月亮运动的观测建立了“朔”的概念，又通过对日月轮替及昼夜变化的观测建立了“日”的概念，气朔的结合当然体现着阴阳的结合，而纪日之法更以属阳的十天干与属阴的十二地支相互配伍，借历制体系完美地表达了阴阳思想。

对于一部阴阳合历的历制而言，人们通过对太阳的观测而获知回归年的长度，这一工作无论如何都是最为重要的。事实上这使我们有机会探索新石器时代的历制情况。河南郑州大河村出土距今五千年的彩陶图像，其中一些形象的太阳图像对于说明仰韶文化先民所创造的原始历法的面貌很有帮助。在能够复原的两件陶钵上，原来画着的太阳都是十二个[1]。这个结论不能不令人惊讶，它意味着十二个太阳不仅具有回归年的涵义，而且也同时暗示了十二个月的存在。当然，如果我们认为这就是太阳历的遗迹，显然为时过早。因为我们马上就会看到一种借太阳与“十二”这个法天之数相互配合以表现阴阳合历的古老传统。四川成都金沙商代遗址出土金箔饰于太阳装饰十二芒，以象十二月，而位居太阳四方的四鸟则为四气的象征（图3-8），明确具有阴阳合历的象征内涵。这种十二芒的太阳图像甚至到两周时代仍有延续，湖北枣阳郭家庙两周之际曾国墓葬出土槷表[2]，其中于青铜柱首饰以阳乌，而阳乌的双目即装饰有十二芒太阳图像[3]。很明显，由于十二个太阳图像或十二芒太阳图像的传统可以从新石器时代直至周代系统地梳理出来，这意味着在历制的基本内涵方面，早期出现的十二个太阳图像不可能与晚期出现的十二芒太阳图像存在差异，而在商周时代普遍使用阴阳合历的背景下形成的十二芒太阳图像当然说明，早期同类图像所具有的历法意义与阴阳合历并没有区别。

这种考古遗存所体现的早晚历制的共性对于揭示早期历法的性质很有意义。河南濮阳西水坡星象图于白虎腹下布有大火星的遗迹（图3-2），显示了公元前第四千纪以前的星躔观念，而这种做法在公元前五世纪初的曾侯乙二十八宿漆箱盖面星图中得到了重现（图1-3，1），二者所体现的历制内涵当然相同。事实上，

1 李昌韬：《大河村新石器时代彩陶上的天文图像》，《文物》1983年第8期。

2 冯时：《祖槷考》，《考古》（出版中）。

3 襄樊市考古队、湖北省文物考古研究所、湖北孝襄高速公路考古队：《枣阳郭家庙曾国墓地》，科学出版社，2005年。

由于战国时代的楚系历法属于阴阳合历，因此我们没有理由不认为公元前第四千纪中叶的原始历法不具有阴阳合历的性质。

考古学所显示的中国早期历法的证据使我们有可能讨论《尚书·尧典》有关历法起源的相关记载，事实上，《尧典》关于分至四神的内容已经有幸与新石器时代遗存所反映的史实相印证，从而使我们找到并完整地建立起《尧典》四神史观的文化背景（详参第三章第五节），这当然意味着与四神史观同样古老的《尧典》历制内容其实具有相同的史料价值，尽管《尧典》的史观将相关的历法创造归之于帝尧并不足取，但它反映了早期文明时期历法的基本面貌却毋庸怀疑，显然，这为中国传统历法起源问题的研究提供了足资参考的文本证据。

《尧典》的历法体系表现出明确的阴阳合历的性质，其云“朞三百有六旬有六日，以闰月定四时成岁”，这种以“百”、“旬”、“日”并以“有”字相连的数字表述形式不仅相当古老，目前仅见于殷商卜辞[1]，而且其所反映的历制表明，当时的历法以三百六十六日为一岁的长度，这当然是取回归年整数值的结果，同时安排平年十二个朔望月，闰年十三个朔望月，闰月的设置既在于调整太阳年与太阴年的周期差，更注重借闰月位置的有意安排以端正分至四时的位置。这些内容以气朔结合表现阴阳，其历学思想与制历方法简直与卜辞所见的殷商历法如出一辙。

《尧典》的历法体系甚至可以在比卜辞反映的殷商历法更早的二里头文化遗物中找到相应的互证材料，从而显示出《尧典》历法的真实性。上海博物馆收藏的一件二里头文化青铜钺[2]，钺上以绿松石镶嵌历数图像，图像由内外两个同心圆组成，以象圜天，其间布设两层以二绳构成的记时“甲”字，其中外周十二“甲”，内周六“甲”（图 2-5）。古人以历月分别阴阳，各配律吕，所以十二月中自含六阳月与六阴月，这便是图像中“甲”呈双层，且内周布列六“甲”的喻意所在。与此相似的还有二里头遗址出土的一件铜质圆仪[3]，其上同样布设历数图像。主体也以记时“甲”字呈内外两层分布，其数皆为十三（图 2-6）。显然，如果铜钺所设十二“甲”的含义在于以记时首字之天干“甲”象征时间而表现十二月，同时内侧的六“甲”象征六阳月与六阴月，那么圆仪图像中的双层十三“甲”便不仅具有着历月阴阳的象征意义，而且更明确暗示了以十三“甲”象征十三历月的闰制思想。十三历月的设置已成闰年，故不宜再像铜钺图像那样可以通过平分十二月而取六阴六阳的办法表现历月的阴阳，而只能借双层布设十三月的方式传达历月阴阳的观念。然而古人何以如此强调闰制的存在，原因显然在于他们企图藉圆仪图像完整地再现某种历制理念。圆仪的设计除布列双周“甲”字之外，尚于边缘镶嵌一周绿松石片，共计六十一枚。如果我们将二里头青铜钺所显示的历月必具六阴六阳的阴阳之数“六”引入圆仪，那么很明显，六十一的六倍数值正为三百六十六，这一数值恰与《尧典》所载的岁实长度相合。

圆仪中所暗含的“六”的取数当然很关键，它不仅是一年历月分主阴阳的平

1 董作宾：《朞三百有六旬有六日新考》，《华西大学文史集刊》1940 年第 1 期；《<尧典>天文历法新证》，《董作宾先生全集》甲编第一册，艺文印书馆，1978 年。

2 上海博物馆：《上海博物馆藏青铜器》，上海人民美术出版社，1964 年。

3 中国科学院考古研究所二里头工作队：《偃师二里头遗址新发现的铜器和玉器》，《考古》1976 年第 4 期。

均数，也是法天之数十二的平均数，因此理所当然地成为阴阳和合之中数。《国语·周语下》：“古之神瞽考中声而量之以制，度律均钟，百官轨仪，纪之以三，平之以六，成于十二，天之道也。夫六，中之色也，故名之曰黄钟，所以宣养六气、九德也。”韦昭《注》：“而六为中，故六律、六吕而成天道。”明确地阐释了这一思想，而“六”数于铜钺图像中已经出现，其运用于圆仪的历制思想自属必然。很明显，圆仪的设计不仅具有三百六十六日的岁实长度，更有十三历月的闰制法则，其所体现的历制思想如果认为就是对《尧典》所谓“朞三百有六旬有六日，以闰月定四时成岁”的图解形式应该并不过分。这些研究表明，《尧典》有关早期历制的记载不仅可靠，而且完全获得了考古学证据的支持，它不仅说明中国原始历法至少在新石器时代已经形成，而且这种历制从一开始就是沿着一条阴阳合历的道路发展的。

原始历法是否留有十月太阳历的痕迹？从目前的材料看，这种可能性并不存在。学者或者主张，《夏小正》乃是一部以十月太阳历为骨干的历法[1]，但有关这一问题的论述尚不尽完善。我们可以认为其中的若干星象记录为太阳历的孑遗，当然也允许做其他的解释[2]。不过可以肯定的是，尽管古今学者多将《夏小正》视为夏时之书，但就《夏小正》所反映的古代制度及其文本本身，存在的问题却十分复杂。《礼记·礼运》载孔子云：“我欲观夏道，是故之杞，而不足征也，吾得夏时焉。”郑玄《注》：“得夏四时之书也，其书存者有《小正》。”《史记·夏本纪》：“孔子正夏时，学者多传《夏小正》云。”这些记载反映的不过是春秋时的作为。所谓正夏时，实乃相对于正月建子的周历而言，周正之孟春乃建于冬至之月，不和时气，遂有求行夏之时。然而周行建子历法实始于鲁僖公时期，已是春秋中期的事情。况且《夏小正》并非早期的官方历书，不属王朝正朔，这一点我们于后文还会谈到。

再就今传《夏小正》的文本分析，其完成时代也必不能早。《夏小正》于《汉书·艺文志》本属先秦古文《记》二百一十四篇之列，或源出《明堂阴阳记》三十三篇，至戴德乃编入《大戴礼记》而流传。《汉志》所载之古文《记》，班固以为皆七十子后学者所记，并非先秦六经旧典。而太史公所云“传《夏小正》”者，即是就《夏小正》原书而为之传者。故《夏小正》本自有经有传，汉晋以前，其经自经，传自传，二者之分泾渭分明[3]。后人或以经文已具传中，遂鲁莽删经，致令本杂糅经传，何者为经，何者为传，已难以明辨。宋人傅崧卿始厘析经传，亦非《大戴》之旧。今人据传以求本经，实属不易，故自宋明以降，为《夏小正》作注者不下数十家，但见解纷杂，其中除对文字、训诂、句读的不同理解外，主要争议则集中在次序的不同、分章的出入以及经传的归属问题。因此，这些基本问题不能解决，仅援晚出之传以为经，或以谬误之传以说经，结果都会使研究的价值大为降低。

1 陈久金：《论〈夏小正〉是十月太阳历》，《自然科学史研究》第1卷第4期，1982年。

2 参见清孔广森：《大戴礼记补注》；桥本增吉：《支那古代历法史研究》，《东洋文库论丛》；能田忠亮：《东洋天文学史论丛·夏小正星象论》。

3 郑玄《月令注》引《夏小正》，凡引经文者皆直称“《夏小正》曰”，凡出传文者则以“说曰”别之，是郑玄所见本原存经传之分。郭璞《尔雅注》有引“《夏小正》曰”，有引“《夏小正传》曰”，也明其经传未讹。

同时从早期历法的一般情况考察，也不能支持将《夏小正》视为十月太阳历的看法。殷商历法以秋分之后一月为岁首，秋分出现于年终十二月或十三月，是为颛顼历的早期形式。这种历制以农业季节位居年终之前的四个月，即九至十二月，从而使农年的终点与历年的终点重合[1]，其农季的安排显然并不存在什么不合时令而非得行夏之时的要求。西周早中期历法继承殷历而未作改变，至宣王时期才有改历的举措[2]。因此《诗·豳风·七月》载云："九月筑场圃，十月纳禾稼，黍、稷、重、穋，禾、麻、菽、麦。"所有作物都集中在短期内收获，这种情况符合殷周历法和农作周期的实际安排。而《夏小正》记三月"祈麦实"，与殷周制度大异，已是晚世农作制度的反映。

殷商历法以秋分之后一月作为岁首的制度事实上体现了早期历法的一般面貌，《周易》乾、坤两卦之爻辞反映了相同的情况，其中乾卦的叙事自秋分始而至秋分终，坤卦的叙事自霜降始而至秋分终，反映的正是在观象授时基础上的授时制度与用事制度[3]。因此，乾、坤两卦爻辞以秋分至霜降一段作为叙事起点，这种做法所体现的无疑就是早期历法的建正情况，而两卦的叙事背景皆当公元前第二千纪，显然已经清楚地表明，殷历的岁首制度其实只是对更早的夏代历制的继承而已，这与《夏小正》所反映的所谓"夏时"格格不入。

战国时期，正月建寅的历法得到了广泛推行，《礼记·月令》、长沙楚帛书都是这一历制系统的作品，与同时行用的周历、颛顼历相比，其四时与历月的安排显然更符合农事活动。不过这些历制相对晚出，而《夏小正》文字浅显，更有明显的晚成痕迹。如果比较《月令》与《夏小正》所录星象内容，前者不仅系统，且较可靠。如记仲春之月"日在奎"，近出郘夫人嬭鼎铭则述"孟春在奎之际"，天象相同。而《夏小正》之星象记载则或经传杂凑，或错简误植，争议纷繁[4]，有关问题皆待深入研究。

彝族古代历法是否行用过十月太阳历？对这一问题的看法也存在极大的分歧。一部分学者肯定这一说法[5]，并将彝族太阳历的历史上溯到唐代甚至更早[6]。但另一些学者则持完全否定的态度[7]。事实上就所谓十月历的基本内容而论，其以十二支纪日并依次循环而构成历法周期为其主要特征，十二支只纪日，不纪年月[8]，三十循环之后则合三百六十日，另有五日不属于任何一周而为过年日。这些特点无疑与《管子·幼官》所记三十节气的历制完全相同，其重在以十二支的循环纪录节气，故并不能据此认为其具有太阳历的性质。这种有别于二十四节气的节令划分

1 冯时：《殷历岁首研究》，《考古学报》1990 年第 1 期；《殷代农季与殷历历年》，《中国农史》第 12 卷第 1 期，1993 年。

2 冯时：《西周金文月相与宣王纪年》，《考古学研究》（六），科学出版社，2006 年。

3 冯时：《〈周易〉乾坤卦爻辞研究》，《中国文化》第三十二期，2010 年。

4 庄雅州：《夏小正析论》，文史哲出版社，1985 年。

5 参见常隆庆等：《雷马峨屏调查记》，《中国西部科学院特刊》第一号，北平大石作大学出版社，1935 年；李亦人：《西康综览》，1941 年；江应樑：《凉山彝族奴隶制度》，《珠海学报》第 2 集，1948 年；收入《江应樑民族研究文集》，民族出版社，1992 年。

6 详见陈久金、卢央、刘尧汉：《彝族天文学史》第六章，云南人民出版社，1984 年。

7 陈宗祥等：《四川凉山彝族天文历法调查报告》，《中国天文学史文集》第二集，科学出版社，1981 年；罗家修：《彝历是十二月历，不是十月历》，《中国天文学史文集》第五集，科学出版社，1989 年。

8 陈久金、卢央、刘尧汉：《彝族天文学史》引江应樑说，云南人民出版社，1984 年，第 155 页。

很可能反映了彝族早期文明时期的历制思想，因为根据考古学与古文字学的研究，东周时期的齐国故地其实正是早期彝（夷）文化的分布地区[1]，这当然使彝（夷）族的早期历制有机会完整地保存在《管子》之中。其后随着时代的发展，这一历制的本来意义渐渐模糊，晚世的彝人虽然继承了本属自己民族的节令制度，但对这一制度的历理思想却早已淡忘，以至于他们尽管可以利用这一制度布历建时，但却无法准确地阐释其中的道理。显然，明白了彝族以十二支纪日的历制本质及其变化，便可澄清彝历是否存在十月太阳历的争论。

在人类的古老文明中，历法体系的创制大致包括三类，即太阳历、太阴历与阴阳合历。前两种历法由于只以太阳或月亮作为记时的标志，其编算方法都相对简单。而阴阳合历由于要同时关注太阳和月亮的运行周期，因此历法的编算也最为复杂。人们或许要问，是什么原因促使中国古人在已经了解太阳历与太阴历的基础上舍简求繁地独取阴阳合历作为自己的传统历制？答案当然只能向选择这种历法制度的传统观念寻找。很明显，如果认为中国古代曾经行用过以十月为基本特征的太阳历，这当然不符合先民的一贯思想。事实上，三代甚至更早的历法都是阴阳合历，这显然乃由人们具有的根深蒂固的传统阴阳观念所决定。

二、四时与四神

四时的本义其实就是二分二至四气，在四季形成之前，春分和秋分仅名曰“分”，夏至和冬至则分别称为“日长至”和“日短至”，这四个时点由于构成了测量回归年长度的标准时点，因此四气的本质含义即是四时。《淮南子·天文》：“天有四时，以制十二月。”《山海经·海内南经》：“地之所载，六合之间，四海之内，照之以日月，经之以星辰，纪之以四时，要之以太岁，神灵所生，其物异形，或夭或寿，唯圣人能通其道。”此以四时为制为纪，其本指四气甚为明显。

历法的建立必须首先取决于四气的测定，这一工作至少在公元前第五千纪就已经完成（详见第三章）。中国古人具有的根深蒂固的金乌负日的观念使他们可以放心地用鸟来表示四气，同时囿于空间决定时间的固有关系，鸟位处四极自然建立了四鸟与四气的联系，并且随着天文观与宗教观的完善，与四气位置对应的四鸟也便逐渐具有了司掌二分二至的分至四神的身份。这显然为我们提供了通过梳理四神的起源进而探索古人对四时认识历史的可能。

浙江余姚河姆渡遗址曾经出土约属公元前第五千纪及稍后的陶制豆盘及象牙雕片[2]，其中豆盘内底图像阴刻日鸟合璧的图像，四鸟盘日而绕，分居四方（图10-1，3），显然已具有以四鸟喻指分至四气，并以其作为司理四气之神的意义。而象牙雕片雕刻双鸟太阳图像，双鸟分居太阳两侧，太阳上方冠以璇玑（图10-1，1、2），又明显是以位居太阳东、西两侧的二鸟象征二分之气或司分之神。《山海经·大荒东经》：“有五采之鸟，相鄉弃沙。惟帝俊下友，帝下两坛，采鸟

1 冯时：《山东丁公龙山时代文字解读》，《考古》1994年第1期；《试论中国文字的起源》，《韩国古代史探究》创刊号，2009年4月。

2 浙江省文物管理委员会、浙江省博物馆：《河姆渡遗址第一期发掘报告》，《考古学报》1978年第1期；河姆渡遗址考古队：《浙江河姆渡遗址第二期发掘的主要收获》，《文物》1980年第5期。

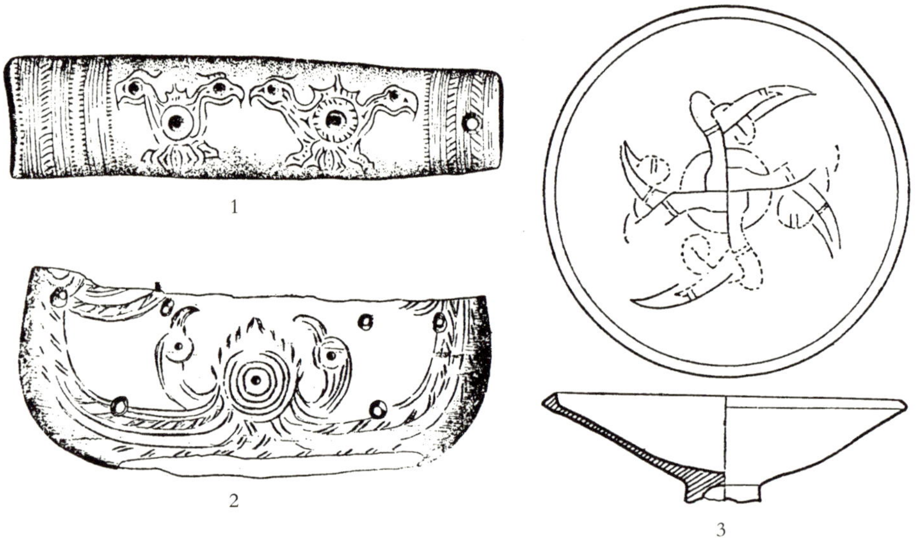

图 10-1 河姆渡文化遗物上的四鸟图像［1.有柄骨匕（T21④：18）2.象牙雕片（T226③：79）3.陶豆盘（M4：1）］（采自《考古学报》1978 年第 1 期，《文物》1980 年第 5 期）

是司。”应该反映的就是这种于璇玑之下分列司分二神的原始宗教观，而这一观念的形成显然源出天文。

与河姆渡文化陶豆盘类似的图像在成都金沙遗址所出属于商周时代的金箔饰图像中得到了重现[1]，金箔于中央饰有十二芒太阳，太阳四方分居四鸟（图 3-8），涵义与河姆渡文化相关遗物的太阳四鸟图完全相同，其表现手法不仅一脉相承，而且金箔饰图像由于通过太阳的十二芒强调了其本身所具有的历法意义，因此所配四鸟表现四气及分至四神的寓意更为明确。这种以四鸟分居太阳四方的形式表现四气及分至四神的古老传统到战国时代仍有延续[2]，甚至直至西汉时期依然可以找到这一古老观念的孑遗（图 10-2）[3]。

在中国原始的宗教体系中，作为分至四神原型的四鸟实际充当了帝庭中的天帝四使，从而成为天帝五臣中的四方之神，也就是分至四气之神。分至四神分居四方，并且分别主理二分二至四时的不同风气，这一观念便直接影响到古人更习惯于使用凤鸟的“凤”字来描述分至四气不同风气的“风”。殷商甲骨文凡用以表示风气的“风”皆本作凤鸟的“凤”，其做法正是基于这样的文化背景。而古以凤鸟纪四时之官，当然也不出上述的文化理解。《左传·昭公十七年》：“我高祖少皞

图 10-2 西汉铜鼓太阳四鸟图像（采自《老龙头墓地与盐源青铜器》）

1 成都市文物考古研究所：《成都金沙遗址的发现与发掘》，《考古》2002 年第 7 期。

2 易学钟：《铜鼓鼓面“四飞鸟”图象新解》，《考古》1987 年第 6 期。

3 凉山彝族自治州博物馆、成都文物考古研究所：《老龙头墓地与盐源青铜器》，文物出版社，2009 年。

挚之立也，凤鸟适至，故纪于鸟，为鸟师而鸟名。凤鸟氏，历正也。玄鸟氏，司分者也。伯赵氏，司至者也。青鸟氏，司启者也。丹鸟氏，司闭者也。”这些思想源出金乌负日的想象，并逐渐以鸟作为太阳的化身，从而发展出鸟知天时的认识，最终形成分至四神本之四鸟的固有传统。

司掌分至四气的四鸟作为天帝的四位使臣，当然也就是至上神帝俊的四使，在中国古老的神话系统中，有关帝俊役使四鸟的记载非常普遍，其所体现的文化本质当然就是分至四神充为帝臣的古老天文观与宗教观。《山海经》云：

帝俊生中容，……使四鸟。

有蒍国，……使四鸟。

帝俊生晏龙，晏龙生司幽，司幽生思士，……是使四鸟。

帝俊生黑齿，……使四鸟。

有国曰玄股，……使四鸟 （以上《大荒东经》）

帝俊妻娥皇，生此三身之国，……使四鸟。

海中有张弘之国，……使四鸟。 （以上《大荒南经》）

赤水之西，有先民之国，……使四鸟。 （《大荒西经》）

颛顼之子，……使四鸟。

有毛民之国，……使四鸟。禹生均国，均国生役采，役采生修鞈，修鞈杀绰人。帝念之，潜为之国，是此毛民。 （以上《大荒北经》）

四鸟的文化本义即为分至四神，这一思想随着创世观的发展逐渐产生了新的变化。由于至上神帝的创造使自然神具有了人祖的面貌，上帝的崇拜成为掌握天文的人王的祖先崇拜的重要部分，因而要求具有帝臣身份的一切自然神祇也必须开始拟人化的转变。分至四神当然需要首先转化为神或人。楚帛书将他们视为伏羲和女娲的四子，《尚书·尧典》则将他们作为羲（伏羲）、和（女娲）的四位天文官，并在历述其古老名称的时候，皆以四神称“民”而不称“神”。《山海经》的记载虽然相对混乱，但其保留的对四神“神”、“人”并用的称谓无疑体现了四神由神到人的转变（详见绪论第二节），而这种四神的拟人化转变历史，据今天的天文考古学研究，其于公元前第四千纪的中叶就已经完成了（见第三章第五节）。

分至四气在盖天宇宙论的体系中则表述为“三天”。楚帛书称分至四神“奠三天”，意即奠定二分二至的日行轨迹。“三天”的图形呈现为三个同心圆，这是作为盖图主体部分的“七衡六间图”中的三个最重要的圆形，所以古人又名之曰“三衡”。这三个同心圆描述了太阳于二分及二至日的运动轨迹，其中内衡为夏至日道，外衡为冬至日道，中衡为春分和秋分日道，因而也称其为“三圆”。上海博物馆藏战国楚竹书《举治工天下·文王访之于尚父举治》云：

黄帝修三圜，备日行，刁汝知藝皆纪，四正受任，五□皆□。

文中的“三圆”即是楚帛书所言之“三天”。这些思想及其表现形式不仅在公元前第四千纪中叶的西水坡时代已经出现，而且至公元前第三千纪中叶的红山文化时代已相当完善，甚至直至明代的礼天建筑中，仍然留有这些思想的影响。

由于中国传统的时空关系表现为空间决定时间，因此，表述分至四时这一时间体系的最简单的方法莫过于空间，人们可以借助东、南、西、北四方准确地传达四时的思想。商代甲骨文中的四方风名当然体现的就是这一文化内涵，其中四方名即为分至四神名，而四风名则反映了四时的物候征象（详见绪论第二节）。

上述材料显示，古人对于二分二至这四个时间标记点的测定历史相当悠久，至少在公元前第五千纪以前，先民即对分至四气有了明确的认识，这个时间当然还可能向前追溯得更早。这些知识无疑为早期历法的编算奠定了基础，成为推动中国天文学发展的重要动力。

三、大火星的建时作用

二十八宿东宫苍龙七宿中的心宿二（天蝎座 α）是一颗红色的一等亮星，古人名之曰“火”或“大火”，并以其作为二十八宿星官中最重要的授时主星。授时主星的作用不仅在于其见伏变化所具有的对农事与祭祀的指导意义，更在于恒星躔伏对于历法编算的建正定时，因此可以说，大火星作为授时主星自然表明其在中国传统天文学上具有特别重要的地位。

古人何以将这颗红色的亮星赋予“火”的名称，原因无疑与古老的农事活动息息相关。众所周知，对于原始农作生产而言，焚田则是一切工作的首要步骤，这个时间必须要有准确的把握，过早烧田，种子播种后没有雨水就会枯死；而过晚烧田，雨季来临时地还在发热，播下的种子也不会抽芽。于是古人通过长期的观象实践发现，烧田的时间确定在心宿二昏见于东方的时候最为适宜。由于心宿二恰为一颗红色的亮星，它的颜色与焚田的烈火一样赫赫光明，于是便以大火命名这颗授时恒星。

大火既为授时主星，因此必有专官司掌。尽管在系统的天文官制体系形成之前，一切天文观测都为统治者所垄断，但在颛顼帝绝地天通的宗教改革之后，这种情况应该发生了某种变化。《国语・楚语下》：“颛顼受之，乃命南正重司天以属神，命火正黎司地以属民，使复旧常，无相侵渎，是谓绝地天通。”《左传・昭公二十九年》：“火正曰祝融。……颛顼氏有子曰犁，为祝融。”张守节《史记正义》：“即火行之官，知天数。”这类知天数的火行之官显然是通过对天上火星的观测以指导民事，其事在地，其法在天。《左传・襄公九年》：“古之火正或食于心，或食于咮，以出内火。是故咮为鹑火，心为大火。”杜预《集解》：“为火正之官配食于火星。建辰之月，鹑火星昏在南方，则令民放火。建戌之月，大火星伏在日下，夜不得见，则令民内火，禁放火。”这个制度在战国时代又被做了进一步的规范。《周礼・夏官・司爟》：“司爟掌行火之政令。四时变国火，以救时疾。季春出火，民咸从之。季秋内火，民亦从之。”郑玄《注》引郑司农云：“以三月本时昏心星见于辰上使民出火，九月本黄昏心星伏在戌上使民内火。”皆以大火的见伏指导民事。

大火对于历法建正的作用不仅与其指导农事的作用同样重要，甚至就是上古“出火”“内火”活动的重要部分。在这个意义上，大火又称为大辰。天文学意义的“辰”是指日月之会的天象[1]，也就是合朔，合朔是建立月首的标准，从这一意义引申，所以“辰”便具有了标准时间的涵义。《公羊传・昭公十七年》：“大辰者何？大火也。大火为大辰，伐为大辰，北辰亦为大辰。”何休《注》：“大火谓心，伐谓参、伐也。大火与伐，天所以示民时早晚，天下所取正，故谓之大

1 《左传・昭公七年》：“日月之会是谓辰。”

辰。”这里所说的“天下所取正”，毫无疑问就是指的历法建正。正像月朔必须作为端正月首的标准天象一样，端正年首的标准天象只能是星躔。《汉书·律历志上》：“日月初躔，星之纪也。”讲的就是这个道理。尽管天上的大辰可以有三个，即大火、参伐和北斗，但是对于历法建正而言，大火的躔伏才是其中最重要的天象。

先民对于大火星的观测，自从以其作为指导农事的标准星象开始，这一传统就从没有中断。河南濮阳西水坡星象图中已有大火作为历法取正的星躔的设计，先民将这一星官置于西方白虎的腹下，以描述其伏没不见的天象（图 3-2），这一做法直至四千年后战国初年曾侯乙漆箱二十八宿星象图的设计甚至没有丝毫的改变（图 1-3，1），足见其观念的古老。而在仰韶文化庙底沟类型的彩陶图像中，大火星已经成为常见的装饰题材（图 0-15，1）。这些证据表明，由于大火星具有明确的授时意义，因此对它的观测受到了上古先民的普遍关注。商代的先公相土继承了这一传统，并将大火作为殷商民族的主祀之星。《左传·襄公九年》：“陶唐氏之火正阏伯居商丘，祀大火，而火纪时焉。相土因之，故商主大火。商人阅其祸败之衅，必始于火，是以日知其有天道也。”《左传·昭公元年》：“迁阏伯于商丘，主辰，商人是因，故辰为商星。”《国语·晋语四》：“吾闻晋之始封也，岁在大火，阏伯之星也，实纪商人。”皆言其事。这种对于大火星的致祭活动，于殷商卜辞多有记载，与文献所见可互为印证。卜辞云：

七日己巳夕壹，［庚午］侑、新，大晅，并火。　《后下》9.1
癸酉卜，扶，侑火？　《缀合》391
丙寅卜，殻贞：其侑火？　《甲》3083
乙亥卜，宾贞：勿眚用火，羌？　《后下》37.8
丁酉卜，扶，燎火，羊子、豭，雨？　《合集》20980
勿于壱火，燎？　《合集》96
丙，燎岳、夭、火、兕？　《戬》21.8
壬申卜，王，陟火、亢，癸酉锡日？　《遗》922
辛，辀于火？　《京津》2522
其鬱火？　《戬》39.8
壬午卜，扶，奏火，日南雨？　《乙》9067
甲子卜，其桒雨于东方？
庚午卜，其桒雨于火？　《邺三》38.5
癸巳贞：其燎丰火，雨？　《甲》3642
取火，廼有［大雨］？
其皆取二火，有大雨？　《合集》30453
王于□御火？一月。　《京津》2537

以上卜辞中的“并”、“侑”、“用”、“燎”、“陟”、“辀”、“鬱”、“奏”、“桒”、“取”、“御”都是祭名，而“火”作为受祭者，有与“东方”同时受祭的情况，显然应即天上的大火。卜辞又云“二火”，可知天上的火星不止一个。

其桒年，夬癸，于小火，沉豚？
夬眔癸恵小牢，有大雨？
𩏂风恵豚，有大雨？　《合集》30393

……其陈夫，有大雨　　　《京津》3866

“𩙡风”是西方风名，也就是秋分之风，而“夫”、“焱”、“小火”与其同时受祭，当然都是星名[1]。从卜辞的内容看，“夫”与“焱”的地位相同，二者并列受祭，这大概就是前引卜辞所说的“二火”。“夫”为“上”、“火”二字的合文，“上火”之名实与“小火”相对，意即上天之火[2]。甲骨文“天”字或作“天”，从“上”从“大”，象人之上为天，所以“上”、“天”同训，“上火”也便是“天火”。况且古文字“天”、“大”二字通用不别，所以“天火”其实正可以读为“大火”[3]，从而形成与“小火”的对文。而“小火”的地位不比“上火”与“焱”，应该是指五大行星中的火星。

“焱”与“上火”并举，显然是指二十八宿中的另一个重要星官。从中国早期天文学同时注重参、商二星的观测传统，并以之并列作为高辛氏二子的史实分析，“焱”为与大火相对的位居黄道西端的参伐星官应该毫无问题。《夏小正》：“参也者，伐星也。”或并云“参伐”。“焱”字从“火”“癶”声。《说文解字·癶部》：“癶，读若拨。”《史记·孔子世家》：“於是旍旄羽袯矛戟剑拨鼓噪而至。”司马贞《索隐》：“拨，音伐。”《广雅·释器》王念孙《疏证》：“伐、拨并与瞂同。”《国语·周语上》：“王耕一拨。”董增龄《正义》：“拨，宋公序《补音》引《切韵》有叏、伐二音，又作墢。《考工记·匠人》：耜广五寸，二耜为耦，一耦之伐广尺深尺，谓之甽。是《匠人》之伐即拨也。”由此我们知道，“癶”、“伐”二字同音可通，而古以参、伐连名，自可以“焱”并指参伐。

古以大火与参伐并为大辰。何休《公羊传注》：“大火谓心，伐谓参、伐也。大火与伐，天所以示民时早晚，天下所取正，故谓之大辰。”所论与卜辞祭事契合。卜辞称参、伐为“焱”，字从“火”为义符，这一观念虽然有视参星与大火共为大辰的因素，但其实更应反映了大火作为建正之星而位在西方的星躔天象。西水坡星象图与曾侯乙漆箱星象图同时将大火设计于西方白虎的腹下以表现星躔，正体现了这一古老传统。而殷商甲骨文称述西方参伐之用字从“火”，显然是对这一传统的继承。同时需要说明的是，“焱”字从“癶”为声，也应兼含因声达义之旨。实际天象以火见而参伏，或参见而火伏，二星绝不同现于夜空，此即《尚书大传》所谓“若参辰之错行”。故时人以大火与参伐并祭，于参伐之名从“癶”，或有暗喻其不见之义。《广雅·释诂三》：“拨，除也。”《玄应音义》卷十六注：“拨，去也。”《广雅·释诂一》：“拨，弃也。”《释诂四》：“拨，绝也。”皆可移以描述恒星伏没不见的天象。

殷人继承了对大火的观测传统，当然应设有司理此事的火正之官，甲骨文于此事也有反映。卜辞云：

贞：唯阜火令？

贞：允唯阜火令？　　　《佚》67

---

1 郭沫若：《卜辞通纂考释》，日本东京文求堂石印本，1937 年，第 85 页。

2 丁山：《中国古代宗教与神话考》，龙门联合书局，1961 年，第 53—54 页；常正光：《殷历考辨》，《古文字研究》第六辑，中华书局，1981 年。

3 沈建华：《甲骨文中所见二十八宿星名初探》，《中国文化》第十期，1994 年。

“阜火”应即商代之火正[1]。

对于一部历法而言，大火星的授时意义首先在于其对确定岁首的重要作用，这便是《左传·襄公九年》所谓之“火纪时焉”。研究表明，殷商历法的岁首安排在秋分之后的第一月，其时大火星于躔伏之后重新于黎明之时从东方的地平线上升起，这表明大火的躔伏正于年终，其与秋分共同具有作为决定岁首的天象标准，从而与《周易》乾、坤两卦爻辞所反映的历岁制度完全相同[2]。

殷商卜辞有关大火建正的记载不仅明确，也极有意义。卜辞云：

丁未卜，今者（睹）火来母？　　　　《缀合》27

《说文解字·日部》：“睹，且明也。” “睹”字今作“曙”，本指天将明而未明的昧爽时分，这是古人观测朝觌星象的理想时刻。“来母”，读为“来悔”，“悔”字又借为“贿”，意训赐予[3]，所以“来悔”的意思就是星回于天。《夏小正》：“八月，辰则伏。九月，……辰系于日。”这是记大火星的昏伏与躔没。夏历八、九月约合殷商历法的年终十一至十二月。据岁差计算的结果表明，公元前十三世纪，夏历八月节日躔角宿 5 度馀，去大火约 38 度。如果日没地平以下 15 度时火始见，则时过约一小时半大火始伏。八月中，日躔亢宿 9 度馀，此时日落约半小时后大火伏没。而夏历九月中，日躔心宿，此时大火系于日而不见。很明显，殷历年终正是大火星由昏伏而渐消失之时，这既是一个循环周期的结束，当然也是另一个新周期的开始。而当太阳再次运行到心宿以东 15 度以外的位置时，大火星才会在凌晨日出之前重新升现于东方，这便是卜辞所占卜的“大火会在凌晨重新出现吗”的天学内涵，这是在注意观测大火的偕日出。卜辞虽然未系历月，但据大火星于殷代朝觌的时间推知，占卜的时间显在前年年末或次年年初。

辛酉卜，火以？一［月］。　　　　《甲》1074

《广雅·释诂三》：“以，予也。”《诗·召南·江有汜》：“不我以。”郑玄《笺》：“以，犹与也。” “以”训遗赠，表明殷人视大火星经伏没之后重新晨见于东方，恰犹天所遗赠，这种观念与他们称久阴初晴而谓“锡日”一样，都将星辰作为天帝的臣僚。时记“一月”，其属观测大火的偕日出。

壬寅卜，宾贞：以？
己巳卜，争［贞］：火，今一月其雨？
火，今一月其雨？
火，今一［月］不其雨？　　　　《缀合》209

壬寅日卜大火的偕日出，二十八日后的己巳再卜，其时大火已见。由此可知，殷人观测大火星的偕日出应有固定日期，约从前一年的年终即已开始，火见则在殷历年首。

卜辞有关以火纪时的材料多集中于岁末年初，这种现象当然不会是偶然的巧合，它反映了大火星对于殷历建正的特殊作用以及其躔伏所具有的重要的授时意义。

---

1 商承祚：《殷契佚存考释》，金陵大学中国文化研究所，1933 年，第 15 页；冯时：《殷历岁首研究》，《考古学报》1990 年第 1 期。

2 冯时：《殷历岁首研究》，《考古学报》1990 年第 1 期；《〈周易〉乾坤卦爻辞研究》，《中国文化》第三十二期，2010 年。

3 郭沫若：《殷契粹编考释》，第 1543 片，科学出版社，1965 年。《仪礼·聘礼》：“贿在聘于贿。”郑玄《注》：“古文贿皆作悔。”字亦作“晦”，说见朱骏声《说文通训定声》。

卜辞偶见一条于殷历五月观测大火的材料。

贞：唯火？五月。　　　　　　《后下》37.4

殷历五月约当春分所在之月，这条卜事或可能与测定春分有关。

上古先民以大火作为授时主星，并以火纪时，这个传统相当古老，相关做法于古代文献中也有系统的记录。《夏小正》云：

八月，……辰则伏。

九月，内火。……辰系于日。

两月天象皆言作为大辰的大火，其中八月所言为大火的昏伏，九月所言则为大火的躔日，二者区别灼然至明。前人或混淆此点，故于“辰”指何星争论不休。古人观测辰伏的目的是要了解日躔之星，这是历法建正的关键工作，此大致可为三千年前之天象。

《国语·周语中》云：

火朝觌，道茀不可行。……驷见而陨霜，火见而清风戒寒。……火之初见，期于司里。

韦昭《注》：“火，心星也。觌，见也。……朝见，谓夏正十月，晨见于辰也。……霜降以后，清风先至，所以戒人为寒备也。”这是记大火的偕日出。

《左传·庄公二十九年》云：

火见而致用。

杜预《集解》：“大火，心星，次角、亢见者。”此也记大火的偕日出。

《礼记·月令》云：

季冬之月，日在婺女，昏娄中，旦氐中。

孟春之月，日在营室，昏参中，旦尾中。

孔颖达《正义》引《三统历》：“大寒，日在危初度，昏昴二度中，去日八十度，旦心五度中。”心于氐、尾之间，公元前十三世纪之大火旦中天，时值小寒。

《左传·昭公四年》云：

火出而毕赋。

杜预《集解》：“火星昏见东方，谓三月、四月中。”杨伯峻《注》：“则夏正三月，天蝎座 α 星于黄昏时出现，于是食肉者皆可以得冰。”

《左传·昭公六年》云：

火见，郑其火乎！

《左传·昭公十七年》云：

火出，于夏为三月，于商为四月，于周为五月。

《左传·昭公十八年》云：

夏五月，火始昏见。

这是记大火星的昏见。殷代之大火昏见于清明、谷雨间。

《尚书·尧典》云：

日永，星火，以正仲夏。

《夏小正》云：

五月，初昏大火中。

这是记大火星的昏中天，以这一天象校正夏至，时间当在殷末周初[1]。《夏小正》的记载应该继承了这一授时传统。

《左传·昭公三年》云：

火中，寒暑乃退。

杜预《集解》："心以季夏昏中而暑退，季冬旦中而寒退。"孔颖达《诗经正义》引服虔云："火，大火，心也。季冬十二月平旦正中在南方，大寒退；季夏六月黄昏火星中，大暑退。"这是记大火的昏、旦中天，古人视此可见寒、暑气候的往来变化。殷末周初，大火昏中时值夏至，大火旦中则约当大寒。

《诗·豳风·七月》云：

七月流火。

郑玄《笺》："大火者，寒暑之候也。火星中而寒暑退，故将言寒，先著火所在。"王先谦《集疏》："流火，火下也。火向西下，暑退将寒之候也。"这是记大火的西流，此周代之天象。

至此，大火星经过周天的运行，又会重新昏伏并逐渐与太阳躔系在一起。人们恭敬地观测这一天象，以此作为新的一年开始的标志。很明显，大火星的运行变化虽尚不足以构成一部精密的历法，但在早期历法体系中，它却充当着最重要的授时主星，以至于在长期的治历传统中，大火星的运动始终都是历法校正的重要标准。《左传·哀公十二年》："冬十二月，螽。季孙问诸仲尼，仲尼曰：'丘闻之，火伏而后蛰者闭。今火犹西流，司历过矣。'"即已显示出以火纪时传统的古老。

第二节　商代历法

商代历法是目前有可能根据甲骨文资料重建的中国最古老的历法体系，尽管囿于材料的局限，这一历法的很多细节问题目前还不清楚，但就其基本情况而言，甲骨文所提供的答案却是明确的。

殷商历法实行阴阳合历，这一历制显然是对先代历制的继承，同时在历法的编算精度方面，殷历较之更早的历法有了长足的进步应该也是事实。殷历纪日以干支，纪月以朔望，纪年以四气，年分平闰，月有大小，闰法的创制以端正四气为原则。这些内容虽然足以构建起一部推步历法，但它的编算却离不开观象的校订。因此，殷商历法尚处于观象制历向推步历法的过渡时期，尽管推步术已是编制历法的主要方法，但观象活动作为历法校正的重要手段仍不可或缺。

一、纪日法与纪时法

在中国天文学传统中，最古老的纪日法其实并非以太阳或月亮作为依据，而是一种独具特色的干支周期体系。这一体系将一组包括甲、乙、丙、丁、戊、己、庚、辛、壬、癸的十天干和另一组包括子、丑、寅、卯、辰、巳、午、未、申、

1 竺可桢：《论以岁差定＜尚书·尧典＞四仲中星之年代》，《竺可桢文集》，科学出版社，1979年。

酉、戌、亥的十二地支相互配合，自甲子以至癸亥，六十日而一轮，周而复始地循环下去。商代历法普遍以干支纪日，甲骨文中刻有六十干支日表的刻辞随处可见，而从大量的占卜纪时来看，干支纪日体系无疑在当时系统且严密地实行着。

有人并不以为干支纪日体系具有中国文化的固有特点，而应是受到巴比伦天文学影响的结果，因为从形式上讲，以六十日作为一个计量单位无异于一种六十进位制，这种进位制在中国是不曾存在的，但却恰恰反映了巴比伦数学的特征。这些看法其实并不正确。正如我们在绪论中谈到的那样， 十干实际来源于中国独特的十日神话观念，这无疑是十进制体系的反映，而十二支又来源于十二个月亮的神话，这当然体现了一年十二月的法天思想。在这样的干支体系中，十干属阳，十二支属阴，干支的配合完全体现的是阴阳相生的哲学观念，而与所谓的六十进制毫无关系。

事实上在古人认识了十干与十二支之后，单纯使用十干或十二支纪日更为简单，甲骨文在反映干支配合纪日的同时，也留有天干或地支独立纪日的痕迹。诸如：

甲戌贞：乙亡尤？

乙亥贞：子亡尤？　　《安明》2612

乙丑卜，内，翌寅启？丙允启。　　《合集》13140

贞：翌申雨？

庚不其雨？　　《合集》12349

尽管十干或十二支的循环周期过短，致使同一日名在一个月中不可避免地要重复出现，但这显然不会给准确地记录日期带来困难。殷人已经学会将“上”、“下”等前缀词冠于干支的方法来区别那些在一月之内反复出现的日名，如“下酉”[1]，而文献也多见如“上辛”、“下辛”之类纪日用例[2]，可见干支相配纪日方法的产生除了为满足固有的阴阳观念之外，单纯地用于纪日其实并不是不可动摇的。

殷历的一个完整历日称为一“日”，一日统赅昼夜两段，昼称“日”，夜称“夕”，日、夕的分界也就预示着太阳的出没。因此，商代的“日”实际具有广狭两种含义。

乙酉卜，今日乙雨？　　《宁沪》1.49

壬辰贞：今日壬启？　　《拾》8.8

这里的“日”显然是指包括一昼夜在内的完整历日。

贞：日雨？十二月。　　《粹》691

庚午卜，扶：日雨？　　《乙》386

两辞的“日”又应是指日出之后的白昼。

乙夕雨？　　《宁沪》1.72

贞：夕雨？　　《续》1.6.7

“夕”字当然是指日没月出之后的夜晚，可以和专指白昼的狭义的“日”对应。

尽管日、夕两部分时间组成了一个完整的历日，但这并不意味着殷历的日首可以从日出之旦明时刻开始，然而太阳的出没确实使人产生出时间早晚的观念，

1 郭沫若：《卜辞通纂》，592版，日本东京文求堂石印本，1937年。

2 见《谷梁传·哀公元年》。

这些观念显示出殷人对于时间的粗疏划分。

朝与暮作为相对早晚的宽泛的时间概念于商代已经形成，朝义本应是指清晨日月并见的时刻，其时天虽大亮，但月光却尚未完全褪尽。而暮则为太阳将没的昏时。与朝相同的概念还有夙，正像朝暮相配构词可以指称早晚一样，夙字在卜辞、金文或文献中也可以与暮字组成夙暮，甚至夙夕、夙夜，泛称早晚。

殷人常以“今”表示目前所在的时间。如：

今者（睹）　《前》1.46.4
今日　《丙》59
今夕　《前》3.31.3
今旬　《粹》747
今一月　《续》1.27.9
今秋　《后下》42.3
今岁　《燕》493
今九祀　《前》3.28.5

由于“今”所限指的时间并非仅于一日，所以凡具有今时意义的时间概念，都可以使用“今”来修饰。

卜辞“兹”字的用法略同于“今”，但不如“今”字通用。有时还会用“此”字表示今时。如：

兹夕　《粹》765
兹旬　《库》597
兹二月　《前》3.19.2
此有大雨　《合集》28255

殷人对未来时间的表示方法似乎丰富得多，这或许与占卜活动本身旨在求诸未来结果的性质有很大关系。最简单的方法当然就是直接记出未来的具体日期，然而如果用时间词加以表示，则“翌”字一般仅指次日，个别会指三五日后甚至六十日后。但其仅限表示历日，从不涉及比历日更大的旬、月、季等时间单位。

比“翌”字更宽泛的时间词是“来”，在指限历日的时候，“来”有时虽然也指次日，但通常情况下却比“翌”所指限的时间更远。“来”不同于“翌”的另一个重要区别在于，“翌”仅限指历日，而“来”则不仅限指历日，还可以指季节和年岁。

殷人表示未来的时间词还有“生”、“木”、“林”字，如：

生夕　《屯南》345
生二月　《乙》7289
木月　《屯南》4103
林月　《合集》34544

都是借植物及其生长之字表示将来。

除此之外，殷人还常将现在式与未来式组合而构成表示未来时间的词汇，如：

今来　《乙》1537
今翌　《粹》878
今来翌　《屯南》2106

今生　　　　　　　　　　《甲》3066

其中“今翌”又见于《尚书·大诰》。这些词汇所指虽有远近的不同，但都是指最近的将来，也就是今后。

表示过去的时间指示词则有“之”，卜辞的“之日”、“之夕”都表示已经过去的昨日昨夕，所以“之”当训为“是”。而称两日以前的时间则统名为“昔”。

甲骨文“昔”是表示过去的时间称谓，这个字与另一个甲骨文“災”字有着相似的结构，它们都是由水患这个基本意义引申出不同的字义，这使人很自然地联想到广为流传的史前洪水传说。可以肯定，殷人用描绘水患的文字表示过去，表明他们对远古时代的那场灾难仍记忆犹新。

二、十二时制与日首

商代的纪时制度已初具规模，先民不仅有能力将一天时间的早晚做粗疏的划分，甚至更为精确的具体时辰的确定在他们看来也已不成问题。殷人对于历日时辰的划分标准主要取决于对日月运行的观测，当然也不排除利用计时仪器以及某种生活习惯作为这种天象标准的补充。

殷历已经建立起一种等间距的十二时纪时体系。这一体系将一日等分为十二个时段，虽然并未像后世那样以十二支的方式纪时，但每一时辰都已有其确切的名称，况且这些名称尚不止一套，显示了十二时辰体系所经历的漫长的发展过程。

现将殷历实行的十二时体系与晚世之十二时对照如下：

十二辰	十二时	殷历十二时
丑	鸡鸣	晨，寤人，叉（蚤）
寅	平旦	妹（昧）、眉（昧）、旦湄（昧），㾓（爽）、丧（爽），者（睹），五鼓
卯	日出	旦，𠃂（旰），日出、日称，明、盟，眪，温
辰	食时	大采
巳	隅中	大食日、大食、食日、食人、食
午	日中	中日、日中、督，昼，䀠（央）日
未	日昳	昃日、昃
申	餔时	小食，退昃
酉	日入	小采，郭兮（廓曦）、郭（廓）、兮（曦），入日，既日
戌	黄昏	昏，會（晻、暗），冥（蒙），月出，㱑（夕），鼓
亥	人定	大隐人、隐人、隐，㚣（宵）
子	夜半	中录、中绿、录、绿，三鼓

虽然卜辞尚缺乏有关十二时次序的完整记录，但其中若干时辰的次序却相当清楚。卜辞云：

自旦至食日不雨？

食日至中日不雨？

中日至昃不雨？　　　　《屯南》42

辛亥卜，翌日壬旦至食日不［雨］？吉。

壬旦至食日其雨？

食日至中日不雨？吉。

食日至中日其雨？

中日至郭（廓）兮（曦）不雨？

中日至［郭（廓）］兮（曦）［其雨］？　　《屯南》624

据此我们知道，旦、食日、中日、昃、郭（廓）兮（曦）诸时辰是先后为序的。

殷历的时辰名称虽然复杂，但是可以看出，其中相当一部分都是根据太阳视位置的变化决定的，如日出之旦明，日中之中日，日入之郭（廓）兮（曦），但这显然不能得出殷人实行着一种不均匀的所谓分段纪时制的结论。因为随着地球的公转，一年中太阳出没的时间相差很大，这意味着每天昼夜的长短比例与时段的分配必将随着季节的不同而有显著的改变，这无疑会给先民的生产与生活造成极大的不便。因此，所谓的不均匀的分段纪时制由于无法提供一个统一的纪时标准，必然大大降低其用以纪时的实际意义。显然，这种模糊的时间概念应该远非殷商先民的认识水平。事实上，殷历实行的这种等间距的时间体系，使得诸多时辰名称已从其原本具备的对于时间或用事习俗的标识作用蜕变为一种纯粹意义上的时辰记录符号，这个传统在中国的古代历法中沿袭了相当长的时间。所以我们必须强调，将殷历时辰与其名称所体现的文化意义做严格的对应虽然必要，但是由于不同的名称于不同季节所反映的时间差异很大，因此这种工作只有纳入到相应的纪时体系中讨论才有意义。

殷历日首的确定是与月首、岁首的确定同样重要的工作。董作宾提出，殷历以日出时刻之旦作为历日的开始[1]，这个观点很容易找到卜辞的反证。

甲夕卜，日不雨？

甲夕卜，日雨？子曰："其雨。"用。　《花东》271

癸戌夙伐，戬，不雉［人］？

癸于旦廼伐，戬，不雉人？　　《合集》26897

第一条卜辞的占卜时间在夕，即太阳未出之时，卜问"日"而不言"翌日"，所以辞中的"夕"、"日"必属同一历日，明证日首不在旦明。第二条卜辞以夙、旦同属癸日，夙为近日，旦为远时，亦知日首必不在旦，而在日出之前[2]。

美国学者德效骞认为，殷历的日首应在夜半，也即子夜零时[3]，但这个意见所遇到的反证同样明显。

乙亥卜，今日至于中录……　　《屯南》2529

中录是殷人所定的夜半时称，其与作为白昼中点的正午名曰中日相对，是以漏壶计量所得到的黑夜的中点。在这条卜辞中，中录时辰明确属于"今日"的范畴，这意味着夜半不可能作为历日之首。

卜辞反映的殷历一日最早的时辰应为晨时，时人或曰"寤人"，相当于后世

---

1 董作宾：《殷代的纪日法》，台湾大学《文史哲学报》1953年第5期。

2 详细讨论参见冯时：《殷代纪时制度研究》，《考古学集刊》第16集，科学出版社，2006年，第341—342页。

3 Homer H. Dubs, The Date of the Shang Period, *T'oung* Pao. XL,4—5,1951.

十二时的鸡鸣时刻。

壬申卜，即贞：兄壬岁，惠晨？

贞：其温？

［贞：其］夕？　　　《合集》23520

癸丑卜，王贞：旬？八庚申寣人雨自西，小，㚏既。五月。

《合集》20966

贞：中丁岁，惠晨？

贞：于既日？二月。　　《合集》22859

诸辞的晨时（寣人）分别与同一历日的温、夕、㚏、既日时辰对称，明确显示出晨时是夜半之后一日之中最早的时段。很明显，如果夜半不可能作为历日之首的话，那么晨时就应该标志着殷历一个历日的开始。

《说文解字·晨部》："晨，早昧爽也。"字后来变作"晨"，其时本早于昧爽，为鸡鸣之时。《尚书·牧誓》："古人有言曰：牝鸡无晨。"古人以鸡鸣报晓以定一日之晨，所以晨时也即鸡鸣之时。《尚书大传·甘誓》："夏以平旦为朔，殷以鸡鸣为朔，周以夜半为朔。"这个记录与卜辞显示的殷人以鸡鸣晨时为历日之首的传统完全相符。事实上，日首的确定标准除具有天文学的意义之外，在早期社会中则更多地体现着人类自身的生物节律以及由此决定的作息规律和用事习俗。晨时于殷人又称"寣人"，意即夜寐初醒，足证殷人是将一觉醒来作为新的一天开始的标志。古以鸡鸣即起为行事习俗，所以晨时便被规定为日首时刻。

三、月法

殷历实行太阴纪月，其以月亮的朔望变化为周期。由于月球绕地运行的时间约为二十九天半，而实际布历又不可能出现半日，因此相间安排大小月乃是解决这一问题的唯一办法。这种做法虽然尚不足以使历法精密无误，但对于推步精度并不完善的殷人来说，建立一部行之有效的历法已绰绰有馀了。

董作宾最早证明了殷历大小月存在的事实，他所列举的卜辞证据应该说是坚实的。

癸酉卜，争贞：旬亡祸？十月

癸巳卜，宾贞：旬亡祸？十一月。

癸卯卜，古贞：旬亡祸？十一月。

癸丑卜，㱿贞：旬亡祸？十二月。

癸亥卜，㱿贞：旬亡祸？

癸酉卜，㱿贞：旬亡祸？十二月。

［癸未］卜，古［贞］：旬［亡］祸？

癸巳卜，古贞：旬亡祸？十三月。

癸丑卜，贞：旬亡祸？

癸酉卜，古贞：旬亡祸？二月。

癸未卜，古贞：旬亡祸？二月。

癸［巳卜］，古［贞］：旬［亡］祸？

癸卯卜，古贞：旬［亡］祸？

癸丑卜，古贞：旬亡祸？

癸亥卜，古贞：旬亡祸？

癸酉［卜，古］贞：旬亡［祸］？四月。

［癸未卜］，古贞：［旬亡］祸？

癸巳卜，古贞：旬亡祸？四月。

癸卯卜，古贞：旬亡祸？五月。

癸丑卜，古贞：旬亡祸？五月。

癸亥卜，㱿贞：旬亡祸？五月。　　《甲》2122

这是一版至少连续九个月的卜旬卜辞，它们的历日分配应该是这样：

十月			癸酉
十一月	癸未	癸巳	癸卯
十二月	癸丑	癸亥	癸酉
十三月	癸未	癸巳	［癸卯］
（一月）	［癸卯］	（癸丑）	（癸亥）
二月	癸酉	癸未	癸巳
三月	癸卯	癸丑	癸亥
四月	癸酉	（癸未）	癸巳
五月	癸卯	癸丑	癸亥

很明显，十二月末旬和二月首旬均有癸酉，所以十三月和一月的长度只能包含自甲戌至壬申的五十九日，其中必须安排一大月和一小月，当然大月的日数只能是三十日，而小月的日数也只能是二十九日[1]。

董作宾对于这版卜旬卜辞日期的分配是否就是唯一的方案，学者很快就有了不同的看法。否定的意见当然不认为董作宾安排的十三月和一月只有五个癸日的情况一定暗示了这两个月只有五十九天的事实，因为按照始甲终癸的原则，历月分配实际只需要将癸日安排在逢十的日子，所以，两个月仅含五个癸日的现象不妨解释为一个月有三十日，而另一个月只有二十日，这二十日的月大可以作为闰月来处理[2]。况且，董作宾对于卜旬辞历月的分配似乎也不是没有改变的可能，其实只要不把这残存的二十一条卜旬记录看作自十月至次年五月连续九个月的卜旬记录，而将它扩大到自十一月癸巳到次年十二月癸酉的十五个月的卜事，或者自二月癸酉到次年五月癸亥的十七个月的卜事，再或者自二月癸酉到第三年十二月癸丑的二十四个月的卜事，董作宾所论定的小月就都不可能存在[3]。这种论证方法当然过于随意，至少从甲骨学的角度讲，将卜旬日期无限拉长的做法是难以成立的。事实上，即使董作宾所排定的卜旬日期真的可以像某些学者设想的那样加以改变，它所遇到的卜辞的反证将更为充分。

丙申卜，［旅］贞：今夕亡祸？在十月。

丁酉卜，旅贞：今夕亡祸？在十月。

戊戌卜，旅贞：今夕亡祸？在十月。

1 董作宾：《卜辞中所见之殷历》，《安阳发掘报告》第三册，1931 年。

2 刘朝阳：《殷历质疑》，《燕京学报》第十期，1931 年。

3 刘朝阳：《再论殷历》，《燕京学报》第十三期，1933 年。

己亥卜，旅贞：今夕亡祸？在十月。
庚子卜，旅贞：今夕亡祸？在十月。
辛丑卜，旅贞：今夕亡祸？在十月。
壬寅卜，旅贞：今夕亡祸？在十月一。
癸卯卜，旅贞：今夕亡祸？在十月一。 《河》42
庚午卜，旅贞：今夕亡祸？在十月一。
辛未卜，旅贞：今夕亡祸？在十月二。 《河》55
［甲］申卜，行贞：今夕亡祸？三月。
乙酉卜，行贞：今夕亡祸？四月。 《续》4.40.11
己亥卜，行贞：今夕亡祸？在十月。
庚子卜，行贞：今夕亡祸？在十一月。 《粹》1364
甲午卜，旅贞：今夕亡祸？在十一月。
乙未卜，旅贞：今夕亡祸？在十二月。 《合集》26306

这些卜辞干支衔接，但第一条卜辞的辛丑与壬寅分属十月和十一月，足证壬寅为十一月首日。而后四条卜辞衔接的卜日干支也分属两个历月，辛未、乙酉、庚子、乙未显然也都充当着各月的首日。因此，殷历历月实际根本不存在所谓始甲终癸的布历原则[1]。

卜辞有关殷历大月的证据应该更为明确，《殷虚书契后编》卷下1.5版的一张历日表，学者或认为它应是古代时宪书的复刻本，表中整齐地抄录了两个月的月名和历日干支，我们把它转写在下面：

月一正曰食麦，甲子、乙丑、丙寅、丁卯、戊辰、己巳、庚午、辛未、壬申、癸酉、甲戌、乙亥、丙子、丁丑、戊寅、己卯、庚辰、辛巳、壬午、癸未、甲申、乙酉、丙戌、丁亥、戊子、己丑、庚寅、辛卯、壬辰、癸巳。二月父襃，甲午、乙未、丙申、丁酉、戊戌、己亥、庚子、辛丑、壬寅、癸卯、甲辰、乙巳、丙午、丁未、戊申、己酉、庚戌、辛亥、壬子、癸丑、甲寅、乙卯、丙辰、丁巳、戊午、己未、庚申、辛酉、壬戌、癸［亥］。

这两个月的干支一月起于甲子，二月起于甲午，均为三十日，不仅是殷历大月的佳证，同时也是连大月的佳证[2]。必须指出的是，郭沫若最初曾将这次连大月作为殷历月无大小的证据[3]，但是自从董作宾证明殷历小月存在的事实以后，这条材料在助证所谓“一甲十癸”的三十日朔策方面已没有任何积极的意义了。

由于太阴月的朔策并非整数，这使大小月相间的布历原则虽然能够解决短时间的历数合天问题，但零积误差的长期积累仍不可避免地会导致历法与真实天象的不合。因此，古人需要在相间安排大小月的同时，在适当的位置安排连大月，这是谐调历月与月球绕地周期的最为便捷的方法。

1 胡厚宣：《“一甲十癸”辨》，《责善半月刊》第2卷第19期，1941年；《甲骨学商史论丛初集》第二册，成都齐鲁大学国学研究所，1944年。
2 董作宾：《殷历谱》上编卷一《殷历鸟瞰》，第9页；下编卷六《朔谱一》，第3—4页，中央研究院历史语言研究所，1945年。
3 郭沫若：《卜辞通纂考释》，日本东京文求堂石印本，1933年，第1—2页。

主张殷历历月有大小之分的学者也同样主张殷历存在连大月[1]，或者叫作频大月。但是由于卜辞缺乏连贯的材料，因此，殷人对于连大月的分配究竟是像后世那样已经具有了固定的周期，还是仅凭随时观测月相的变化而随机安排，现在还不清楚，但这并不妨碍讨论殷历连大月的情况。前引《殷虚书契后编》卷下1.5版历表抄刻了一月甲子至癸巳、二月甲午至癸亥的完整干支，证明存在连大月。董作宾提出的另一版卜辞记录了四个月的卜事，反映出同样的结论[2]。这版卜辞收入《殷虚文字甲编》2124版，我们把有关历月与干支的对应情况整理在下面：

五月	丙寅	丁卯	辛未	
六月	丁未	壬子	丁巳	
七月	丙寅	辛未		
八月	癸丑	甲寅	乙卯	甲子

自五月丙寅至八月甲子共含119日，说明四个历月中至少有三个三十日的大月，无论怎样安排大小月，必有一个连大月。

卜辞的实际情况显示，殷人对于连大月的安排可能远不如他们对大小月的决定那样充满自信，而可能处于比较混乱的状态，致使殷历有时会出现连续安排四个大月的情况，这种现象当然只有在使用实朔的历法中才可能存在[3]，这意味着殷人布历仍然需要依靠随时观测来调整可能出现的误差，这种历法与天象的明显误差当然只能源于并不精密的推步工作。因此，殷历连大月的安排仍然要靠随时观测而临时决定，而并没有什么规律可言[4]。当然，卜辞反映的四个连大月的现象也可能只反映了殷代某个时期的特殊情况。

连大月出现过多是否也可能存在连小月，即连续安排的小月，学者曾经做过类似的推测[5]。严一萍以他的缀合工作提供了殷历连小月的卜辞证据，很有意义。

> 癸巳卜，贞：在黄林餗天邑商公宫，衣，［兹月亡祸？宁］。
> 壬戌卜，贞：在獄，天邑商公宫，衣，兹月亡祸？宁。
> 辛卯卜，贞：在獄，天邑商公宫，衣，兹月亡祸？宁。
> 辛酉卜，贞：在獄，天邑商公宫，衣，兹月亡祸？宁。
> 辛卯卜，贞：在獄，天邑商公宫，衣，［兹］月亡祸？宁。
>
> 《林》1.27.8＋《缀·附图》65＋《金璋》621＋《明》376

这些占卜当月吉凶的卜辞都是在每月的月首举行，董作宾曾据以编制月谱，但材料并不完整[6]。严一萍缀合后的卜辞可以反映殷历四个历月的实际情况：

第一月　癸巳朔（小月）

第二月　壬戌朔（小月）

---

1 吴其昌：《丛甄甲骨金文中所涵殷历推证》，《中央研究院历史语言研究所集刊》第四本第三分，1934年；莫非斯：《春秋周殷历法考》，《燕京学报》第二十期，1936年；董作宾：《殷历谱》上编卷一《殷历鸟瞰》，中央研究院历史语言研究所，1945年，第9页。

2 董作宾：《卜辞中所见之殷历》，《安阳发掘报告》第三册，1931年。

3 中国天文学史整理研究小组：《中国天文学史》，科学出版社，1981年，第14—15页；张培瑜、卢央、徐振韬：《试论殷代历法的月与月相的关系》，《南京大学学报》（哲社科版）1984年第1期。

4 莫非斯：《春秋周殷历法考》，《燕京学报》第二十期，1936年。

5 莫非斯：《春秋周殷历法考》，《燕京学报》第二十期，1936年。

6 董作宾：《殷历谱》下编卷七《月谱》，中央研究院历史语言研究所，1945年，第1—3页。

第三月　辛卯朔（大月）

第四月　辛酉朔（大月）

第五月　辛卯朔

第一卜癸巳去第二卜壬戌共二十九日，第二卜壬戌又去第三卜辛卯二十九日，显然是连续安排了两个小月[1]。事实表明，殷代历法中连小月的现象同连大月一样也是存在的，尽管我们还不能明了它的布历原则，不过可以肯定的是，过多安排的连大月似乎并不是连小月存在的唯一原因。

殷人除用数字纪月之外，于历月还有其他的名称，这些名称如果不是像古代的月令那样反映某种月事忌宜的话，至少也应与祭祀有关。

《殷虚书契后编》卷下 1.5 版刻辞历表明确显示了正月和二月的专名：

正月　食麦

二月　父稔

学者或认为“食麦”即麦收以后，“父稔”或是播种的意思[2]。这种解释似乎流于表象，因为以《礼记·月令》去对照，“正月食麦与羊”的礼俗若与殷历正月的专名相匹合，真是再贴切不过了。而二月名“父稔”可读为“穛稺”，意即刈收晚熟之禾，这与殷代的农作周期十分吻合[3]。

卜辞中又有“敹月”的称呼。

癸巳卜，于敹月侑心？　　《前》8.6.3

敹月有事？　　《前》8.5.6

陈梦家以为“敹”字象奉禾于示，与农事有关[4]。于省吾考“敹”即报塞之塞[5]，塞祭行于冬季。商代敹祭的举行时间可能并不固定[6]，但“敹月”之中所行的塞祭应是全年中最隆重的一次，因此，“敹月”很可能是殷历冬至前后的历月专名。

卜辞常见的月名还有“秉月”。

今秉月岳有事？　　《菁》11.20

今秉月［有］事？　　《续》6.26.7

庚申卜，我今秉有事？　　《拾》7.6

［今］秉有事？

于敹□□？　　《前》8.10.3

根据第四条卜辞可知，秉月的位置应在敹月之前。陈梦家仍以秉月与农事有关，这从“秉”字或从“采”应该反映得很清楚[7]，应该与收获的关系最为密切。唐兰将此字释为“穛”，谓有获禾之义[8]。于省吾释为“穧”，解为束禾之形，以为即腊月之名[9]。解释最为近实。但秉月究属何月，仍待研究。

1 严一萍：《殷历谱订补》，《中央研究院历史语言研究所集刊》第四十七本第一分，1975 年，第 77—84 页。

2 陈梦家：《殷虚卜辞综述》，科学出版社，1956 年，第 227 页。

3 冯时：《殷代麦作考》，《东亚古物》创刊号，2005 年。

4 陈梦家：《殷虚卜辞综述》，科学出版社，1956 年，第 228 页。

5 于省吾：《甲骨文字释林》，中华书局，1979 年，第 35—37 页。

6 于省吾：《双剑誃殷契骈枝》，石印本，1940 年，第 43 页。

7 陈梦家：《殷虚卜辞综述》，科学出版社，1956 年，第 228 页。

8 唐兰：《天壤阁甲骨文存考释》，北平辅仁大学，1939 年，第 23 页。

9 于省吾：《双剑誃殷契骈枝》，石印本，1940 年，第 9—12 页。

四、朔策与岁实

太阴月的长度叫作朔策，也就是月球围绕地球的运行周期。太阳年的长度叫作岁实，也就是地球围绕太阳的公转周期。这两个周期的测定直接影响到历法编算的精密程度。

（一）朔策

月球围绕地球运转的平均周期为 29.5306 日，这叫平朔。由于月球的运动常受各种因素的影响而比较复杂，因此，月球围绕地球运行的实际周期则可以摆动于 29.2—29.9 日之间，理论上讲，极端情况还可能长达 30.1598 日或短至 28.9052 日，这叫定朔或实朔。由于历日的安排不可能出现半日，因此使用太阴月的历法，历月的长度原则上只能出现大月三十日和小月二十九日两种形式。

殷历是否存在小于二十九日的小月？这种可能性应该并不存在，因为在理论上于极端情况下可能出现的朔策的极小值实际与二十九个整日的时间也极其接近，它们之间的差距即使在今天通过肉眼观察也很难发现，何况对于数千年前的殷商先民！因此在布历的时候，这个朔策极小值也应以二十九个整日计算。所以，殷商历法无论使用平朔还是实朔，都不可能出现小于二十九天的小月。那些认为殷历历月存在小于二十九天甚至二十五天小月的看法，要么纯出臆测[1]，要么出于对卜辞资料的任意裁制[2]，其所做出的假设都难以成立。

小于二十九日的历月不可能出现，那么大于三十日的历月是否存在呢？通过对实朔长度的分析，这种可能性似不宜排除[3]。

癸巳［卜，吴］贞：［旬亡祸］？七［月］。
癸卯卜，吴贞：旬亡祸？八月。
癸丑卜，吴贞：旬亡祸？八月。
癸亥卜，吴贞：旬亡祸？八月。
癸酉卜，吴贞：旬亡祸？八月。
［癸］未卜，［吴］贞：旬［亡］祸？九月。　　《明》687

很明显，八月含有四个癸日。如果殷历的历月只有二十九日和三十日两种情况，那么这种现象就不可能出现。这类含有四癸日的历月在卜辞中并不少见，不过人们在相当长的时间内一直把这多出的一个癸日看作是比正常月份多出的一旬，而不是仅仅多出了一日，从而使学者长期陷入闰旬的困惑。这种将太阴月与旬制配合的做法显然违反了以朔望周期编制历法的原则，并且从根本上动摇了殷历以太阴月的循环周期构筑阴阳历中阴历体系的基础。薮内清基于对殷历月首始于新月初见之日的考虑，认为殷人如以观测实朔纪月，那么由于月球运行的不均匀性或有时受气象状况的影响，实际观测的结果可能会与实朔存在一日的误差，因此殷历历月出现含有四个癸日的大于三十日的朔策便不是不可能的事情[4]。

1 ［日］薮内清：《殷曆に關する二、三の問題》，《東洋史研究》第 15 卷第 2 號，1956 年。
2 常玉芝：《殷历月首研究》，《传统文化与现代化》1997 年第 5 期；《殷商历法研究》，吉林文史出版社，1998 年，第 290—292 页。
3 中国天文学史整理研究小组：《中国天文学史》，科学出版社，1981 年，第 15 页。
4 ［日］薮内清：《殷曆に關する二、三の問題》，《東洋史研究》第 15 卷第 2 號，1956 年。

像这种含有四个癸日的历月直至商代晚期依然存在，下列一版帝乙帝辛时代的卜辞明确证明了这个事实。

癸酉王卜，贞：旬亡祸？王占曰："引吉。"在二月。甲戌祭小甲，壹大甲。唯王八祀。

癸未王卜，贞：旬亡祸？王占曰："吉。"在三月。甲申壹小甲，劦大甲。

癸巳王卜：贞：旬亡祸？王占曰："吉。"在三月。甲午祭戋甲，劦小甲。

癸卯王卜，贞：旬亡祸？王占曰："吉。"在三月。甲辰祭羌甲，壹戋甲。

癸丑王卜，贞：旬亡祸？王占曰："吉。"在三月。甲寅祭阳甲，壹羌甲，劦戋甲。

癸亥王卜，贞：旬亡祸？王占曰："吉。"在四月。甲子壹阳甲，劦羌甲。

《英藏》2503＋《甲》297

自癸未至癸丑皆属"三月"，这种情况只能作为一月包含四癸日的大于三十日的朔策看待。

含有四个癸日的历月作为朔策三十一天的大月来处理，也就是将第一和第四个癸日分别视为一个历月的首、末日，这种解释显然更为合理。不过这比太阴月的大月长度多出的一日究竟属于观测的失误，还是人们为了纠正这样的失误而不得不将历月的时间拉长所特意添加的日期，从目前的卜辞资料分析，后一种可能性似乎更大。晚商卜辞不仅存在四个连大月的情况，而且其中还必须有一个月的长度为三十一天[1]，即已证明较三十日多出的一日应该具有闰日的作用。尽管从实际观测的角度讲，平朔与实朔并不相同，以平朔和以实朔为月首的历法，月首会有一日的误差。殷历若以朏日为月首，则可能出现因月球的运转或气象的影响而使朔策延长的情况。如果殷历以朔为月首，由于朔日的决定尚不精密，这种现象的出现则更不可避免，一旦殷人误定当月之晦为次月之朔，则三十一日的朔策就有可能出现。但是，三十一天如果真的被视为正常历月所能容纳的天数，这显然与殷人对历月的实际认识水平相抵触。

(二)岁实

从卜辞中探讨殷历岁实并不是一件容易的事情，不过可以肯定的是，根据卜辞中闰月大量存在的事实分析，殷人对于岁实的认识与地球公转的真实周期已不会相距太远[2]。

殷历大小月的分配虽无从查知，但假设全年大小月相间分布，则可推得殷历平年当为354—355日，闰年当为383—385日。闰月的设置倘若初具规律，则与真实的岁实已十分接近。事实上，殷历完善的干支纪日体系已为推算相对真实的岁实提供了保证。因为系统的干支体系首先可以累计不曾间断的日期记录，而这正是得出朔望月与回归年日数的基础。有了不间断的日期记录就可以知晓月相盈亏变化的约三十日周期，并可从而得出一个误差小于一日的真实岁实[3]。

董作宾认为，殷历已经实行四分历的岁实，确切地说，当时一年的长度已经

1 冯时：《百年来甲骨文天文历法研究》第五章第四节，中国社会科学出版社，2011年。

2 中国天文学史整理研究小组：《中国天文学史》，科学出版社，1981年，第13页。

3 陈遵妫：《中国天文学史》第一册，上海人民出版社，1980年，第203页。

被确定为365.25日。殷商卜辞在这方面保留了一条重要记录：

□亡□若□在□行裒，五百四旬七日，至，丁亥，从。在六月。

《乙》15

董作宾对这条卜辞的解释是："五百四旬七日"加卜日一日共计548日，这个数字恰好是四分历回归年一年半的长度。他同时将丁亥与"至"字相连而解为冬至，遂定六月卜日为夏至[1]。这个结论的关键部分实际并不需要做很大修正。尽管张政烺认为547日需加卜日半日而不是一日[2]，但结论却不会有本质的不同。

事实上，"至"在卜辞中恐怕未必含有至日的意义，将其解为动词似更符合卜辞本义[3]。按照这样的理解，卜辞的文义应该是说经过547天到丁亥日开始裒田。但问题在于，547日无论增加卜日的一日还是半日，都可以构成回归年一年半的长度，这个数字的出现绝非偶然，它证明殷历岁实至少应在365—365.3日之间，显然已很接近四分历的岁实，因而行用四分术是完全可能的。

卜辞中出现的547日这样一个特殊周期无疑是极富意义的，尽管学者仍然试图通过论证卜辞的"至"具有至日的含义来建立它与岁实的联系[4]，其实仅就这个数字本身而言，其所暗示的回归年一年半长度的事实已足够清楚了。因此，我们似乎不必拘泥于上述卜辞中的卜日和丁亥日为至日的说法，因为如果殷历的岁首并不像传统理解的那样在冬至月后的第一月，而是定在秋分后的第一月，那么在使用平气的年代，作为一年半长度的547日就完全可以当作两个分日之间的长度来看待。卜辞显示，殷人的裒田活动只发生在殷历的六月和十二月，均在岁中与岁末。这条卜辞如果视为殷历六月春分日的占卜记录，则一年半后的丁亥自当是殷历次年十二月的秋分[5]。这表明秋分点在当时应该是一个颇为重要的历法基点，它同时充当了农年与历年两个周期结束的标志。

当然，卜辞出现的"五百四旬七日"这个重要数字是否确凿无疑，这也是论定殷历岁实的关键所在。因为卜甲的下部残断，这可以使对卜辞的释读产生无限的可能[6]。但是必须认识到，这些解释所遇到的麻烦将更加难以解决。

五、闰法

古人为平衡太阴年与太阳年的长度而创立置闰法。殷代已有闰法可以说是不争的事实，但闰法的真实情况如何，则远没有取得共识。对一部行之有效的历法

1 董作宾：《殷历谱》下编卷一《年历谱》，第10页，卷四《日至谱二》，第4—7页，中央研究院历史语言研究所，1945年。

2 张政烺：《卜辞裒田及其相关诸问题》，《考古学报》1973年第1期。

3 唐兰致董作宾函。见董作宾：《殷历谱后记》，《六同别录》（中），中央研究院历史语言研究所集刊外编第三种，1945年，第13页；[日]薮内清：《殷代の曆法——董作賓氏の論文について》，《東方學報》第21册，1952年。

4 严一萍：《正日本薮内清氏对殷历谱的误解兼辨"至日"》，《大陆杂志》第5卷第9期，1952年；罗琨：《卜辞"至日"缕析》，《胡厚宣先生纪念文集》，科学出版社，1998年，第144—157页。

5 冯时：《卜辞中的殷代历法》，《中国天文学史》，文津出版社，1996年，第40—41页。

6 [日]岛邦男：《殷墟卜辞研究》，中国学研究会，1958年，第512—513页；常正光：《殷历考辨》，《古文字研究》第六辑，中华书局，1981年，第101—102页；温少峰、袁庭栋：《殷墟卜辞研究——科学技术篇》，四川省社会科学院出版社，1983年，第20—21页。

而言，闰法的建立当然有着关键的意义。

殷历一部分闰月置于年终，称为“十三月”，另一部分闰月置于年中，只重复前月的月名，但这并不意味着当时存在两种截然不同的闰法。在盘庚迁殷至商纣灭亡的二百七十三年期间，置于年中的闰月资料几乎与置于年终的“十三月”资料一样丰富。

癸亥卜，宾贞：旬亡祸？二月。
癸酉卜，贞：旬亡祸？三月。
癸未卜，贞：旬亡祸？
癸卯卜，宾贞：旬亡祸？五月。
［癸］丑卜，宾贞：旬亡祸？五月。
癸亥卜，宾贞：旬亡祸？五月。
癸酉卜，宾贞：旬亡祸？六月。
癸未卜，贞：旬亡祸？
癸巳卜，宾贞：旬亡祸？　　《甲缀》41

这是武丁时期的卜旬卜辞。如果武丁时期只有年终“十三月”一种闰制的话，那么自三月的初旬癸酉至五月就不可能超过九旬的日期，但卜辞显示的结果却至少跨越了十二旬。陈梦家认为，癸酉显然是三月的首旬，如依干支相接的次序，则癸卯不当在五月，可知三月至五月之间应再加入六旬，日期的分配如下：

二月	（癸卯）	（癸丑）	癸亥
三月	癸酉	癸未	（癸巳）
［闰］	（癸卯）	（癸丑）	（癸亥）
［四月］	（癸酉）	（癸未）	（癸巳）
五月	癸卯	癸丑	癸亥
六月	癸酉	癸未	癸巳

三月癸未至五月癸卯相距八旬，正可安排两个历月，其中必应置一闰月[1]。

武丁历法实行年中置闰的事实是相当清楚的，下一版卜辞提供的证据也同样明确。

□□［卜，古贞］：……九月。
□□［卜，古］贞：大示牛？九月。
□□卜，古贞：大示三宰？九月。
丁酉卜，古贞：大示五牛？九月。
癸亥卜，古贞：桒年自上甲至于多后？九月。
甲子卜，古贞：桒年自上甲？九月。
己巳卜，古贞：其［桒］年于上甲，燎？九月。　《合集》10111

前三条卜辞的卜日干支虽然残失，但从卜辞的内容分析，由于记月同在九月，而丁酉至己巳共计三十三日，显然已不能容纳在一月之中，因此其中必有一个闰

1 陈梦家：《殷虚卜辞综述》，科学出版社，1956年，第220—221页。

月[1]。此外，严一萍还研究了自组卜辞中的年中闰问题[2]。

祖甲时期的年终置闰当然同样与“十三月”的材料并存，卜辞云：

癸丑卜，大贞：旬亡祸？六月。

癸亥卜，大贞：旬亡祸？六月。

癸酉卜，大贞：旬亡祸？

癸未卜，兄贞：旬亡祸？六月。

癸巳卜，兄贞：旬亡祸？

癸卯卜，贞：旬亡祸？

癸丑卜，出贞：旬亡祸？七月。

癸巳卜，兄贞：旬亡祸？　　《佚》399

月份与历日的分配是：

六月	（癸卯）	癸丑	癸亥
六月（闰）	癸酉	癸未	癸巳
七月	癸卯	癸丑	

此年闰六月是非常清楚的。我们看到，从武丁到祖甲时期的年中置闰，闰月名称都重复前月月名，而并不像置于年终的闰月那样采用新名。像这样的年中闰的例证在卜辞中还有一些，学者或有讨论[3]。这些证据表明，至少自武丁至祖甲时期，殷历的闰月置于年终或年中是同时并行的。

关于殷历的置闰周期，由于缺乏连贯的卜辞资料，颇难推考。岛邦男曾经试图通过对卜辞十三月的数量统计为这一问题提供一些参考性的解释，最后他认为，仅殷王武丁一世，十三月的记录就占到记有一至十二月卜辞平均数的一半以上，因此这时大约每两年就要设置一个闰月[4]。这个统计结果似乎并不能反映殷历闰周的真实情况，因为如果计入岛邦男未能计入的武丁时期与置于年终的闰月同时存在的年中闰月，那么闰月的设置显然过繁。很明显，这一现象并不宜解释殷历何以存在年中与年终两种闰制体系，而必须从置闰原则上寻找这一闰制的答案。

中国的传统历法采用无中置闰法，也就是将闰月设在没有中气的月份。殷历闰月的设置如果并非混乱不堪，它就一定具有置闰的原则，这种原则毫无疑问应该体现着中国传统的“无中置闰”法的渊源。很明显，中气本自于二分二至，这是可以借助圭表测得的，而节则无法通过测量来取得，所以闰月的创置一定是和中气有关，而不会是与节气有关。

一些学者认为，殷历年中闰的闰月名称重复前月月名，而年终闰的闰月名称则别用新名，因此这两种闰法不可能同时施行。事实上，武丁至祖甲时期年终闰与年中闰并行的事实已足以说明，闰月名称的不统一并不能作为否定两种闰法同时施行的依据，这实际是殷历置闰原则的必然反映。假如我们不将年终置闰看作

1 杨升南：《武丁时行“年中置闰”的证据》，《殷都学刊》1986年第4期。

2 严一萍：《甲骨文断代研究新例》，《庆祝董作宾先生65岁论文集》，中央研究院历史语言研究所集刊外编第四种下册，1960年；又参见丁骕：《由节气求法计四期之闰》、《由帝辛十祀闰九月推测殷世之闰法》，俱见《中国文字》新八期，1983年。

3 温少峰、袁庭栋：《殷墟卜辞研究——科学技术篇》，四川省社会科学院出版社，1983年，第111—113页。

4 ［日］岛邦男：《卜辞の殷历——殷历谱批判》，《日本中国学会报》第18集，1966年。

是一种孤立的闰法，那么它与年中闰的配合就确实表现出一定的置闰规律。研究显示，殷历的闰月一般设置于三月、六月、九月及十三月，基本上呈等距安排，闰月位置相距约三个月。这个规律大致符合黄河流域的四时变化。准确地说，如果依据卜辞将殷历岁首定在寒露至霜降间，也就是秋分之后的第一月，那么闰月的位置与分至的位置就完全吻合了。这使我们有理由做出这样的判断，殷历闰月显然不会是随意安排的，它应该是通过观测星象或测度日影以期达到与分至的统一。换句话说，殷历的历月本应与二分二至具有固定的对应关系，也即冬至、春分、夏至、秋分一定出现在殷历的三月、六月、九月和十二月，一旦这种关系失衡，分至在应该出现的月份没有出现，置闰便是唯一的调节手段。保持分至与历月的这种固定对应关系，实际上正是年中闰月只重复前月月名而不别立新名的根本原因，因为年中闰月名称的改变将导致这种历月与分至对应关系的彻底混乱，而唯一对这种对应关系没有影响的就是置于年终的闰月，于是闰十二月便继承了早期的“归馀于终”的闰月名称而放心地称为“十三月”。事实上，这种以闰月校定四时位置为目的的闰法体系正是《尧典》确定的“以闰月定四时成岁”的古老方法的延续。

对殷代月食的研究支持了这种看法。殷卜辞中的庚申月食与甲午月食都发生在殷历一月，乙酉月食发生在殷历八月，且庚申月食卜辞同版记有“十三月”，知其前一年有闰。三次月食的发生时间分别是：

一月庚申月食　　公元前 1218 年 11 月 15 日（殷正朔日为 11 月 1 日）
一月甲午月食　　公元前 1198 年 11 月 4 日（殷正朔日为 10 月 21 日）
八月乙酉月食　　公元前 1227 年 6 月 1 日（殷正朔日为公元前 1228 年 10 月 22 日）

这三个年份的分至时刻如下[1]：

公元前 1218 年 10 月 4 日戊寅 22^h16^m 秋分
公元前 1198 年 10 月 4 日癸亥 18^h47^m 秋分
公元前 1228 年 10 月 4 日丙戌 11^h46^m 秋分

很明显，秋分均出现在殷历的年终之月，这至少可以作为殷历置闰的标准之一。

晚殷卜辞直接涉及闰法的材料并不多见，然而，根据晚殷周祭祀典的复原，仍可以排出年中与年终两种闰月[2]。我们同样不把这两种闰月视为彼此孤立的闰制，而将其作为调节历月与分至日的对应关系的完整体系。特别需要注意的是，晚殷卜辞普遍缺乏十三月，这或许反映了闰月名称渐趋统一的过程。总之，殷历置于年终的闰月“十三月”都宜作为闰十二月的异称，其性质并不具有“归馀于终”的意义。

从天文学的角度讲，年终闰向年中闰的发展乃是极其重要的进步，殷卜辞反映的情况表明，这个过渡至少在武丁时代就已经完成了。殷代实行的闰制虽然从表面上看似乎是一种年终闰与年中闰并行的闰法体系，但实质却是为适应着调整

1 张培瑜：《分至八节表（前 1500 年至公元 2050 年）》，《三千五百年历日天象》，河南教育出版社，1990 年。

2 董作宾：《殷历谱》下编卷二《祀谱二》，卷三《祀谱三》，中央研究院历史语言研究所，1945 年，第 1—51 页；许进雄：《殷卜辞中五种祭祀的研究》，台湾大学文学院，1968 年，第 136—167 页。

历月与分至日的对应关系的同一种置闰标准，从而最终达到平衡太阴年与太阳年关系的目的。显然，这种做法应是随时观测的结果。

年终闰较之年中闰显然不能使应闰之年四气与历月的对应关系的失和得到及时调整，从而造成历月与四气的短期错乱。而置闰于年中当闰之月则完全可以避免这种混乱现象，自然是较年终闰更为进步的闰法。《汉书·律历志上》："故春为阳中，万物以生；秋为阴中，万物以成。是以事举其中，礼取其和，历数以闰正天地之中，以作事厚生，皆所以定命也。"即道此理。殷历岁首确定在秋分之后的第一月，这意味着当闰之月如果不闰，使中气不正，则势必会使秋分并不能出现在其应该出现的年终，从而影响到决定来年岁首的工作，这便是班固所谓的"闰馀乖次，孟陬殄灭，摄提失方"[1]。

历月与分至对应的闰法虽然与后世行用的"无中置闰"法有所不同，但彼此却存在着明显的渊源关系。"无中置闰"法需要在没有中气的月份设置闰月，这当然是推步术渐至精密的结果，而历月与分至对应的闰法只能在分至本该出现却没有出现的历月的后一个月设置闰月，这又是古人需要随时测度分至的必然反映。这种原始的"无中置闰"法的含义虽然与后世的闰法略有区别，但却都以中气作为置闰的原则，代表了中国传统闰法发展的不同阶段。

太阴年与太阳年的周期差大约为 10 或 11 日，因此在通常情况下，三年一闰、五年再闰的闰周对于调节季节的误差应该是足够充裕了。但是，因失闰所造成的季候变化是不是可以被殷人无限度地容忍，以致于为调整这种误差需要在一年中连续设置两个闰月，也就是一年再闰，这种情况虽不会经常出现，但偶尔为之却是可能的。在殷周历法中，一年再闰都是存在的。殷历历月同时存在一种朔策三十一天的大月，其中比正常历月多出的一日应该具有调节朔晦误差的作用。很明显，对于一部行用数百年并且相当繁复的殷历而言，每月都要靠随时观测才能决定月首恐怕很难令人理解。从中国天文学发展的角度讲，观象授时作为推步术的补充应该更符合商代天文学的实际水平，当然这时的推步工作应该是相对粗疏的。

如果殷人于一年的年终颁行第二年的历谱，事实上甲骨文存在的历表已可以证明这一点，那么三十一天的大月就很难解释为只是出于观测的失误。因为观象授时如果仅作为推步术的补充的话，那么这种活动本身就一定不会是造成历算误差的原因，而只能是弥补推步误差的手段。确切地说，由原始推步所造成的历法与天象不合的现象需要及时通过观象活动来修正，这才体现了观象活动存在的意义。众所周知，在推步方法尚不精密的时代，历法久之则不能合天，因此，殷历必然会出现即使在后世的历法中也并不鲜见的"朔晦月见"的现象，这种现象事实上在早期历法中是普遍存在的。如果我们将在一月三十一日中比正常历月多出的一日视为调整"朔晦月见"误差的"闰日"，那么它的设置简直与为调整太阴年与太阳年的误差而设置的闰月有着异曲同工的妙意。

---

1 参见《汉书·律历志上》，颜师古《注》引孟康曰："史推历失闰，则斗建与月名错也。正月为孟陬。历纪废绝，闰馀乖错。不与正岁相值，谓之殄灭也。摄提，星名，随斗杓所指建十二月，若历误，春三月当指辰而乃指巳，是为失方也。"

六、月首与岁首

(一)月首

殷历历月以月亮的朔望变化为周期，这使月首的决定成为一项重要工作。传统认为，中国古历中以朔作为月首产生于西周，《诗·小雅·十月之交》记载的发生于朔日辛卯的一次日食是有关朔日的最早记录。然而西周金文的月相系统已明确出现了朔的概念，在当时的历法中，以朔为月首的历制已经形成。当然，如果认为西周历制是对殷商历法制度的继承，从中国天文学的古老传统考察，这应是没有疑问的。正像中国古历以恒星日躔作为决定岁首的标准一样，日月之会的朔当然也是决定月首的唯一标准。

使用朏作为月首的历法显然比以朔决定月首更为原始，人们或许认为，朏可以通过观测取得，而朔似乎只能依靠计算，因而朏的使用一定比朔更为方便。这种认识其实是没有深入了解古人观象行为的一种误解。恰恰相反，月出观象只有在一个白天结束之后的傍晚才可能看到，假如古人对历月周期茫然无知，而只能通过对朏日的观测决定月首的话，那么在他们看到新月初现的时候，月首的一日实际已即将过去，所以，如果这样的观象活动确实存在，那么殷人想借新月初见决定月首显然已为时太晚，这意味着他们只能以看到新月的第二天作为月首，而不可能将月首定在朏日当天，因为这样做将使全部历月的月首一日成为废日。然而在同样的观象活动中，如果殷人为决定月首关心的不是朏日而是晦日，那么他们在看到残月消失后便可从容地将第二天定为月首，这种做法不仅符合古人观象活动的实质，同时也得到了最原始的朔日。西周时期月相的确定即体现了这一思想，对原始先民来说，这比以朏决定月首方便得多。事实上，在人们更多地依赖月光作为夜间照明光源的上古时代，一个朔望月中仅有的两天月光消失的日子无疑比其他任何月相都更能引起古人的注意，原始的朔的概念便应从这时孕育产生了。

殷代乙酉月食卜辞在揭示殷人对交食观测的同时（图 7-1），也反映了殷历月首的真实情况。现在我们将月食发生之年殷历一至八月的历谱录写于下：

一月		癸亥	（癸酉）
二月	癸未	（癸巳）	癸卯
三月		（癸丑）	（癸亥）
四月	（癸酉）	（癸未）	（癸巳）
五月	癸卯	（癸丑）	（癸亥）
六月	（癸酉）	癸未	（癸巳）
七月	（癸卯）	（癸丑）	（癸亥）
八月	（癸酉）	癸未	（癸巳）

将此谱与乙酉月食发生之年前八月的真实朔日比较[1]，可以得到相关月份的历日：

殷历三月朔癸卯　公元前 1228 年 12 月 20 日

合朔时刻　12^h21^m

1 张培瑜：《三千五百年历日天象》，河南教育出版社，1990 年。

殷历四月朔癸酉　公元前 1227 年 1 月 19 日

合朔时刻　00^h43^m

殷历五月朔壬寅　公元前 1227 年 2 月 17 日

合朔时刻　13^h41^m

我们看到，公元前 1228 年 12 月 20 日癸卯应为殷历三月月首，卜辞却列在二月。自癸卯次日甲辰至殷历五月癸卯的前一日壬寅共含五十九日，因此，殷历五月初旬癸卯无论如何只能有两种选择，一为初一，一为初二。如果以其为殷历五月初二，则五月初一壬寅恰是五月朔日。若以癸卯为五月首日，则可检算此日的月相情况。五月壬寅合朔时刻为 13^h41^m，癸卯日落时刻距合朔之时大约 27—28 小时，月球距日约 14 度，月相小于 0.017，不能看到。显然，在有可能作为月首的五月壬寅、癸卯二日都不能见月，这只能证明殷历的历月始于朔而不始于朏。

殷历以朔作为月首，当时的朔日可能是通过观测残月和新月而取其中间的时刻得到的。显然，通过这种方法认识的朔与现代天文学意义的朔并不具有相同的概念，后者是指日月黄经差等于零度的时刻，由于这一现象无法看到，因此需要推步取得。长期以来，人们深受这种观念所囿，故而认为以朔作为历月之首必须发生在相对进步的推步历法的时代。理论上讲这虽无可厚非，但若历史地加以考察，情况便不同了。含有朔时刻的历日为朔日，它与现代天文学意义的朔不能等同，二者在早期历法中的差异更为明显。在中国的古代文献中，作为日月交会的概念称为“辰”。辰的范围很宽疏，并不特指朔时刻。《左传・僖公五年》：“丙之晨，龙尾伏辰。……丙子旦，日在尾，月在策，鹑火中，必是时也。”并不成朔，但可称辰。此外，《春秋》所载日食有些并不书朔，盖当时并不以为日食在朔。这些事实说明，早期历法中朔的概念十分宽疏，它可以是含有朔时刻的一天，也可以摆动于朔时刻的前后，但却必须是不见月光的日子，殷代的情况基本如此。不容否认，观象授时与推步历法之间存在着一个以观象校正推步术的过渡时期，事实上，推步历法的产生也正是长期辛勤观测的结果。换句话说，观象与推步都可以求得朔日，区别只是哪一种方法能够求得精度更高的朔日，殷历虽以朔日为月首，但朔日的确定可能仍需经常依赖辛勤的观测加以校正，因而月首之日与真实的朔日之间可能存在一日的误差。众所周知，因月行有疾迟等原因，使用平朔的历法久之则不能合天，这种现象直至汉代还时常发生。殷历的情况当然不可能比这更理想，出现朔晦月见的现象也应十分自然。前已论证，殷历历月存在一种朔策为三十一天的大月，这在使用平朔的历法中简直不可想象，这多出的一日应该即属闰日，其目的即应是为调整朔晦月见的误差而有意安排的。

（二）岁首

传统的三正是将殷历岁首定在建丑之月，也就是冬至之后的第一个月。这种确定岁首的方法若从天文学的角度讲是颇为合理的，因为在人们不能预先推知冬至出现的准确时间的时候，实测冬至的结果只能是为未来时间的确定提供依据，这与殷人在不能预先推知新月出现日期的情况下只能通过观测晦日推定次月月首的做法如出一辙。

尽管丑正殷历作为时王之术的可能性并不宜排除，但某些矛盾现象仍不能使人充分确信这一点。一方面，汉传殷历的合天年代约当公元前五世纪，已属战国中期；另一方面，卜辞的很多内容与丑正殷历相互牴牾。这意味着对时王殷正必须重新考虑。

对卜辞记录的商代月食的研究为殷历岁首问题的解决提供了契机。乙酉、庚申、甲午三次月食所在的殷历月份，卜辞或已明记，或可推知，这是利用卜辞月食资料重建殷正的关键条件。除乙酉月食卜辞径记“八月”外，庚申月食与甲午月食的殷历时间均可据同版所记的历月或祭事推定为殷历一月[1]。三次月食发生的准确时间是：

八月乙酉月食　公元前 1227 年 5 月 31 日

一月庚申月食　公元前 1218 年 11 月 15 日

一月甲午月食　公元前 1198 年 11 月 4 日

三次月食日期都处在三个殷历月的望日，依当时的合天历表回推三次月食发生之年的殷正朔日，可以建立岁首与农历节气的对应关系（表五）。

表五

月食	殷正朔日干支	儒略历（公元前）	儒略周日	节气
一月庚申月食	丙午	1218.11.1	1276853	秋分后 28 日
八月乙酉月食	甲辰	1228.10.22	1273191	秋分后 18 日
一月甲午月食	庚辰	1198.10.21	1284147	秋分后 17 日

殷正朔日摆动于儒略历约十月下旬至十一月上旬，相当于农历节气的寒露至霜降间，而殷历正月则当农历的九至十月，也就是秋分之后的第一个月，这是卜辞反映的真实的时王殷正。而《周易》乾、坤两卦爻辞反映的也正是这样的一种建正[2]，可以窥知其历制传统的古老。

正像农年与历年于早期历法中相互重叠一样，殷历也仍然保持着这种古老传统。农历的九至十月不仅是一个农业周期结束的时候，同时也是殷历历年的更替时节。因此，殷代农季与历年的关系是一致的，殷代一个农业季节的结束，基本上就是一个历年的结束。准确地说，农年与历年的结合是从这两个循环周期的终点开始的，即农年的终点也同时作为历年的终点[3]。但是，殷历历年除去为适应这种农事周期之外，还应该有它的天文学标准，这个标准不仅包括殷人对其主祀之星大火星（天蝎座 α，心宿二）躔伏的观测，还包括对于秋分的测定。换句话说，作为岁时更迭这样一个重要时刻的天象标准，测度日晷与观候星象是密不可分的两项重要工作。殷历年终之月含有秋分，岁首是在秋分之后的第一月，显然，殷人揆度日影以定秋分对确定岁首有着直接的意义。与此同样重要的则是殷人对大火星的观测，计算表明，殷历年终大火躔伏，而岁首期间，大火星则伏后朝觌，这无疑建立了决定岁首的星纪标准。在目前所见的殷卜辞中，涉及大火星的记录多集中于岁末年初，这些活动显然与决定岁首有关（说详第十章第一节）。因此有理由认为，殷人制历实行以测度秋分与观候大火星躔纪相结合的综合标准，这个标准在反映历年周期的同时，也反映了农季周期。它表明，当人们经历秋分，

1 冯时：《殷历岁首研究》，《考古学报》1990 年第 1 期。

2 冯时：《<周易>乾坤卦爻辞研究》，《中国文化》第三十二期，2010 年。

3 冯时：《殷代农季与殷历历年》，《中国农史》第 12 卷第 1 期，1993 年。

迎来丰收季节的时候，当一个农季结束之后，大火星在黎明之前重新从东方升起的时候，殷代新的一年便开始了。这套完整的授时体系无论从观候星象或测度日影哪方面考虑，都是严密的。

七、季节

商代的季节是否同今天一样分为四季，这在相当长的时间内一直为人们深信不疑。然而甲骨文的记载并不能支持这种认识，在可以考虑与季节有关的材料中，人们只能找到春、秋两季[1]。

惠今秋？

于春？　　《粹》1151

惠春令𡨦田？

惠秋令𡨦？　　《续存》1.1999

这种春、秋对贞文例显示了它们是较历年为小的记时单位，也就是季节单位，这一点在今天看来已没有什么疑问。所以于省吾认为，殷代只有春、秋两季而并无冬、夏，至于四时的形成，那已是西周晚期的事情了[2]。然而殷代的春、秋两季与后世四季的对应关系究竟如何，卜辞显示的情况则比较复杂。

春　八月　《丙》86

今春　九月　《前》4.6.6

今春　十月　《外》452

春　十三月　《簠·人》52

今春　二月　《合集》37852

二月显然不可能作为春季的开始，因为那将使春季等同于历年，从而与卜辞反映的春、秋季节小于历年的事实相牴牾。因此，殷代的春季至少应包括自殷历八月到次年二月的七个月时间，这与后世春季的长度不同。

甲骨文“春”以“木”、“艸”为意，“屯”为声，本义表示植物生长，这与文献对春字的训释正相吻合。因此，殷代春季应当像其季名所表示的那样为全年中植物生长的季节。事实上，这个结论同时暗示了殷代的春季与农业季节的某种联系。卜辞屡有“今春受年”和“来春受年”的占卜，却罕有祈问秋季受年的记录。这证明殷代的春季其实应与整个农业季节相重合。因此，如果我们把时王殷历的岁首定在农历的九至十月，那么殷代的春季就恰值后世的夏、秋两季，与植物生长和作物收获的时间适相一致。

殷代与春季并存的另一个季节是秋季，“秋”字作“𪛗”，本象蝗虫[3]，释为“𧑒”[4]，用作季名时读为“秋”，其中一些材料很值得注意。

丁亥卜，贞：今秋受年，吉䄷？吉。

贞：今秋受年，不吉䄷？　　《屯南》620＋2991

---

1 于省吾：《双剑誃殷契骈枝》，石印本，1940年，第4页。

2 于省吾：《岁、时起源初考》，《历史研究》1961年第4期。

3 ［日］岛邦男：《殷墟卜辞研究》，中国学研究会，1958年，第206—207页。

4 郭若愚：《释𧑒》，《上海师范学院学报》1979年第2期。

今秋秬？三月。　　　　《前》4.5.3

今秋𤔲（戠）禾壱？　　　　《粹》878

首辞虽记"今秋受年"，但祈问的目的却是"秬"的吉凶。秬是刈取庄稼收获后所遗留的秸秆[1]，显然是农业季节结束之后的活动。卜辞有关作物秸秆的收取时间集中在年终十三月至次年三月，显然是殷代春、秋二季之交的时节。卜辞同时显示，秋季也是聚藏的季节，其时不仅藏敛谷物，也应主万物之盖藏。

殷代春季统辖自八月至次年二月的七个月时间，秋季的开始则为殷历三月，这些都已有确凿的卜辞证据。其实对于殷代秋、春季节的交替，卜辞也有明确的记录。

庚申卜，今秋亡丞之？七月。

庚申卜，今春亡丞？七月。　　　　《乙》8818

"春"字本作从"㭉""屯"声。"今秋"与"今春"同在七月，当然只能视七月为两季的交替时节。因此，殷代的秋、春两季以及与此相关的农季可作如下的划分：

秋季　殷历三月至七月（约当农历十一月至次年三月）

春季　殷历八月至次年二月（约当农历四至十月）

农季　殷历九月至十二月（约当农历五至八月）

殷代秋季为首季，约当后世的冬、春两季，统赅五个太阴月；春季为末季，约当后世的夏、秋两季，并不含后世春季，统赅七个太阴月。如果我们将殷历岁首确定在秋分后的第一月，那么殷代春、秋二季便交于农历十一月，秋、春二季便交于农历四月。季节的划分与历年并不同步。秋季的起算大致从冬至点开始，而春季则包容了整个农季，与黄河流域气候的变化特点极为一致。

殷代的农业季节安排在自殷历九月至年终十二月（或十三月）的四个月间，为春季所辖，这使人有理由相信，殷代的春季基本上就是殷代的农季，当然也是全年温暖湿润的季节；而秋季作为一年中的闲适季节，当然也是寒冷干燥的季节。卜辞同时显示，殷代的秋季乃是闭藏的季节，这与四时体系中冬至盖藏的制度有着相同的传统。可以说，卜辞所建立的殷历二时的关系是圆满的。

殷历的季节体系为独立于历年的特殊周期，秋与春作为季节名称，显然是后世春、夏、秋、冬四季名称的来源。对殷代季名用字的分析表明，它们都表示作物的生长与消亡。因此，殷代的秋、春两季具有鲜明的农业季节的特点。这充分反映了以二分二至为代表的标准时体系和以秋、春为代表的农业季节体系在早期是彼此分离的。作为殷代农季的秋、春两季，其划分不与分至四时及历年同步，恰可助证这一点。这意味着中国传统的四季的建立可能源于两个互为独立的体系，首先，四季的名称与农业密切相关，因而来源于农业季节的名称。其次，四季的划分又以分至四时为基础。农业季节作为早期的季节周期，强烈地适应着农作物的自然生长期，而分至四时的确定则适应着授时正位的需要。很明显，殷历季节所具有的这种农业季节周期的鲜明特征，使其只有在与分至四时体系结合之后才能最终形成传统的四季，这种变化事实上在西周晚期或东周初叶才真正完成。

1 彭邦炯：《从甲骨文的"秬"字说到商代农作物的收割法》，《甲骨文与殷商史》第二辑，上海古籍出版社，1986年。

八、年岁称谓

《尔雅·释天》："夏曰岁，商曰祀，周曰年，唐虞曰载。"实际情况并不像文献记载的这样简单。夏与唐虞固不可知，而金文反映的西周年岁称谓却存在"年"、"祀"两种名称，这直接影响到人们对于商代年岁称谓的理解。

殷人以"年"与"岁"字作为纪年称谓[1]，用"年"字纪年的材料有：

受来年黍？十一月。　　《通》452

癸未卜，贞：燎于[illegible]，十小牢，卯十牛，年十月用？　　《通》774

甲戌卜，出贞：自今十年又五王豊？　　《续》1.44.5

□□卜，贞：□至于十年宝？　　《粹》1279

……仔一年？　　《侯》19

乙巳卜，贞：尹至五年宝？

乙巳卜，贞，尹至于七年宝？

乙□□，□，□至□□□□？　　《文物》1987.8.22

卜辞"岁"字作为历年的称谓比"年"更为明确。卜辞云：

癸卯卜，争贞：今岁商受年？　　《燕》493

庚申卜，出贞：今岁螽不至兹商？二月。　　《河》687

□亥卜，□贞：受禾今岁？　　《甲》2511

癸丑卜，贞：今岁受禾？引吉。在八月。唯王八祀。　　《粹》896

贞：其于十岁廼出正？　　《金璋》571

甲子卜，来岁受年？八月。　　《簠·岁》9

贞：今来岁不其受年？九月。　　《合集》9654

癸丑贞：二岁其有祸？　　《甲》2961

辛未卜，自今三岁毋婎？五。　　甲室藏骨

"今岁"、"来岁"即指今年、来年，"今来岁"是今后之年，"二岁"、"三岁"、"十岁"也就是二年、三年、十年。"岁"字用于时称的做法盛行于殷王武丁至帝乙帝辛时期，足见它是比"年"更为普遍使用的历年称谓。

事实上，殷历的历年称为"年"或"岁"，与人们用月亮的象形文"月"表示历月的传统不同，"年"、"岁"在表示回归年的意义上则与天象无关。甲骨文"年"字象人负禾之形，应是丰收祭祀的象征，而"岁"字则本象农具，这意味着"年"、"岁"之所以具有历年的意义，实际正由表示农业周期（农年）的名称转借而来，其源于表示农季周期的结束，即谷熟一次乃为一年[2]。这种联系显示了一个重要事实，即商代的农业周期与历年周期是合而为一的，正像我们前文讨论的那样，农年与历年的结合是从这两个循环周期的终点开始的，商代一个农年的结束也就标志着殷历一个历年的结束。这使古人很自然地懂得，当农作物收割完毕，人们陶醉于丰收祭祀的喜悦之中的时候，新的一年也就来临了。这种农

1 胡厚宣：《殷代年岁称谓考》，《甲骨学商史论丛初集》第二册，成都齐鲁大学国学研究所，1944年；《殷代称"年"说补正》，《文物》1987年第8期。

2 胡厚宣：《殷代年岁称谓考》，《中国文化研究汇刊》第二卷，1942年。

年向历年的转变在农业民族的历法演进中是普遍存在的[1]。

殷卜辞中的"祀"则与历年称谓无关，而是对殷王祖先的祭祀名称。殷代一"祀"包括三个祭祀周期，首期名曰"翼日"，其时以"翼"法祭祀先王与直系先妣；次期名曰"𦎫日"，其时以"祭"、"𠷎"、"𦎫"三法祭祀先王与直系先妣；三期名曰"彡日"，其时以"彡"法祭祀先王与直系先妣。三期合之则名曰"祀"。由于这一祭祀制度必须致祭自上甲直至父辈的所有先王，所以随着时代的发展，入祀先王不断增加，至商代晚期，一祀所需的时间大约一年。于是在武王灭殷之后，周人终于有理由将"祀"这一本指祭祀周期的称谓移用于纪年，而这一转变在殷代显然始终没有发生[2]。

第三节　西周历法

西周王历是在殷商历法的基础上发展起来的阴阳合历，其所呈现的纪时制度除周人独有的月相纪时系统之外，脉络都相当清楚，并没有显示出与殷历的根本不同。故周承殷制，在纪时制度方面表现得尤为明显。尽管西周金文历制方面的材料远不及殷商卜辞丰富，然其可论者依然极具价值。

一、十二时辰与日首

殷历实行等间距的十二时辰体系，并以其中的鸡鸣晨时为日首，这一制度可以从甲骨文中清晰地梳理出来。十二时辰体系尽管在西周金文材料中并不完整，但仍可了解其与殷历十二时制的关系。西周金文云：

> 唯八月既望辰在甲申，昧喪（爽），三左三右多君入服酉（酒）。明，王格周庙。……□□大采，三周入服酉（酒），王格庙。　　小盂鼎
>
> 唯十又二月初吉，王在周，昧喪（爽），王格于大庙。　　免簋
>
> 唯十又七年十又二月既生霸乙卯，王在周康宫遅（夷）宫，旦，王格大室。　　此鼎
>
> 王夕饗醴于大室，穆公侑，卫（隐），王呼宰利锡穆公贝廿朋。　　穆公簋盖

铭文所记的昧爽、明、旦、大采、夕、隐各时辰皆见于殷历，知殷周两代同行十二时等间距纪时制，但尚未及与十二支配合。其中昧爽当十二时之寅时；明、旦为一时之异称，当卯时；大采即食时，当辰时；夕即黄昏，当戌时；隐即人定，当亥时。据此可明，周历日首显然应在昧爽至人定之间，不出子、丑二时。《尚书大传》谓殷历以鸡鸣为朔，周历以夜半为朔。殷历日首为鸡鸣丑时已有甲骨文可为助证，知《尚书大传》当有所本，则周历日首或始于夜半，即周之隐时。

周历与殷历一样，除十二时辰之外，还有相对宽泛的时限称谓。如：

---

1 管东贵：《中国古代的丰收祭及其与"历年"的关系》，《中央研究院历史语言研究所集刊》第三十一本，1960年。

2 有关讨论参见冯时：《百年来甲骨文天文历法研究》第五章第十节，中国社会科学出版社，2011年。

朝　　利簋
朝夕　　大盂鼎
夙夕　　应公鼎
夙夜　　叔夨簋
昏夙　　利簋
夙暮　　越王者旨於睗钟

"昏夙"的"昏"于殷代本为黄昏时辰称谓，西周则已发展为相对宽泛的时限称谓。穆公簋盖铭的"夕"为时辰称谓，殷代作"夕"，但同时也可指日没之后的夜时，这一点显然也是对殷代以夕为时辰及夜时制度的继承。

二、月相与月首

周代纪月法最重要的特点是独重月相，从而形成与殷商历法的鲜明区别。正因为周人对月相变化的精细观测，致使周历的朔策较殷历而言要相对准确。

月相是指月球绕地运行所呈现的圆缺变化形态，周人以月相纪月，成为其独特的纪时特点。对于月相变化的观测记录，目的当然在于使历月的划分与历日的记录更为精确，这是历法渐至精密的重要一步。后世纪时必书朔日，制度即肇端于此。

西周月相语词于传统文献始见于《周书》。

旁死霸（《汉书·律历志下》刘歆《三统世经》引古文《武成》）

旁生魄（《逸周书·世俘》）

既死霸（《三统世经》引古文《武成》，《世俘》作"既死魄"）

哉生霸（《说文解字》引古文《康诰》、《三统世经》引古文《顾命》，今文《尚书》作"哉生魄"，《汉书·王莽传》作"载生魄"，伪《古文尚书·武成》作"哉生明"）

既旁生霸（《三统世经》引古文《武成》，《世俘》作"既旁生魄"）

既望（《尚书·召诰》，《易·小畜》、《中孚》荀爽本作"月既望"）

朏（《尚书·召诰》）

既生魄（伪《古文尚书·武成》）

而目前见于西周甲骨文与金文的月相语词，较文献所载或有不同。

旁死霸　　晋侯稣钟
旁生霸　　周公庙甲骨文
𢦏死霸　　周公庙甲骨文
生霸（哉生霸）　　荣仲方鼎
既死霸　　晋侯稣钟等
既生霸　　晋侯稣钟等
既望、月既望　　晋侯稣钟等、静方鼎

月相语词的纪时核心乃在于死霸、生霸和望是显而易见的事实，"望"为满月，"霸"则指月球反射太阳光的明亮部分，文献或作"魄"。《说文解字·月部》："霸，月始生魄然也。承大月二日，承小月三日。"马融《康诰注》："魄，朏也。

谓月三日始生兆朏。名曰魄。”由此可知，“死霸”即言月光消失，“生霸”则谓新月初现[1]。而冠于不同月相之前的“旁”、“哉”、“既”，则是对某种特定月相形态的描述。《古文尚书·武成》：“惟一月壬辰旁死霸。”伪孔《传》：“旁，近也。”所以“旁死霸”、“旁生霸”即接近、靠近死霸、生霸之意。《尔雅·释诂上》：“哉，始也。”《尚书·康诰》：“惟三月哉生霸。”伪孔《传》：“三月始生霸。”荣仲方鼎铭又直言“生霸”，知“哉生霸”或作“生霸”，即谓新月初见之朏日。《汉书·王莽传》：“公以八月载生魄庚子奉使朝用书。”此为西汉平帝元始四年（公元4年）事，查陈垣《二十史朔闰表》，是年七月大己巳朔，八月小己亥朔，载生魄庚子适为朏日，可据为明证。而“既”字本训已经，此于甲骨文、金文皆用为本义。《广雅·释诂四》：“既，已也。”因此，周人以“旁”、“哉”、“既”三字冠饰月相，其所限定的时间显然是指某一特定月相的临近之时、发生之时及结束之时。确定了这样的基本原则，月相便可根据承大月二日、承小月三日的制度整理如下：

承小月		承大月	
二十八	旁死霸	二十九	旁死霸
二十九	哉死霸（晦）	三十	哉死霸（晦）
初一	既死霸（朔）	初一	既死霸（朔）
初二	旁生霸	初二	生霸（朏）
初三	生霸（朏）	朏以后	既生霸
朏以后	既生霸	望以后	既望
望以后	既望		

周人以死霸描述月光死尽，生霸则为月光始见，故哉死霸意犹始死霸，显即晦日；旁死霸意犹旁近晦日，显即晦前一日；既死霸意即晦日已过，显指晦日之后；而生霸也即哉生霸，意犹始生霸，也就是朏日；旁生霸意犹旁近朏日，显指朏前一日，正像旁死霸限指晦前一日一样；既生霸意犹朏日已过，应指朏日以后；而既望则言望日以后。至此，尽管西周金文目前还没有发现以望纪时的材料，但其他七个月相语词的含义应该已经比较清楚。

西周的七个月相语词，除既生霸与既望分别各辖上下两个半月之外，其他五个月相都集中指限月初的五个历日，特点十分鲜明。这一现象无疑反映了古人对于月霸生死的密切观注，表明人们对了解朔望月中月相由生到死，又由死而生的变化投入了极大精力。很明显，这种集中于月末月初的月相观测只能出于决定月首的需要。周人以晦日称为哉死霸，朏日称为生霸或哉生霸，这意味着置于其间的既死霸虽然本义乃为晦日以后，但是由于晦日与朏日之间只有短短的一到二天，而在大月的体系中，初三生霸（朏）之前的初二日又已有专名旁生霸，从而限定了既死霸实际只有一天的时间，这便是朔日。事实上，这种确定朔日的工作就是周人确定月首的工作。

殷商及西周历法虽然已行推步，但仍需要经常通过观象对推步的结果给予校

1 对于“霸”义的理解，汉人已有不同。《汉书·律历志下》颜师古《注》引孟康曰：“月二日以来明生魄死，故言死魄。魄，月质也。”《尚书·康诰》伪孔《传》：“周公摄政七年三月始生魄，月十六日明消而魄生。”此皆因刘歆《三统历》“死霸，朔也。生霸，望也”之说而曲为解之，殊不足训。

正，因而其时之历制应与殷历一样处于观象授时向推步历法的过渡时期。《吕氏春秋·贵因》："推步者，视月行而知晦朔。"古人根据残月和新月的日期，取其中间的日子，便可得到大致的朔日。事实上，这种通过长期观测而取得的纪时经验正是早期推步术得以实行的基础。

殷卜辞及西周金文没有"朔"字，这一概念在西周是由"既死霸"一词表示的。刘歆曾解死霸为朔[1]，盖有所本。这些月相语词仅于春秋早期有个别延续，稍后便不复使用，这一转变与《诗·小雅·十月之交》所反映的以"朔"纪时的时间恰好相合，体现了古人以"朔"纪月首逐渐取代传统月相用语的事实，以致到战国时期，以朔纪月已成为一种普遍的制度。如：

十一年十一月乙巳朔　　公朱左官鼎
十一月甲寅朔　　侯马盟书
十五年十二月乙未朔　　温县盟书

周人以既死霸称朔纪月，这与殷历以朔为月首的制度完全相同，自是对这一月首原则的延续。不过与殷历不同的是，周人创立了一整套记录月相变化的纪时语词，从而使历月的划分更为规范，这无疑是历法逐渐精确化的重要一步。在月相纪月的体系中，由于自晦前（旁死霸）到朏日（生霸或哉生霸）的四五日内每天都有其具体的月相名称，这种对于月末月首的精细安排使得周历历月的长度只能出现二十九天和三十天两种情况，而不可能允许像殷历那样存在三十一天的大月。这意味着尽管周历也会不可避免地出现朔晦月见的情况，但闰日的设置显然已经没有必要。

除月相语词之外，出土与传世文献尚见初吉、既吉和月吉，学者或以为月相[2]。事实上，这些语词与月相术语以月相"霸"、"望"为核心的构词形式完全不同，当系诹日用事所选的吉日，而与月相纪时毫无关系[3]。

三、岁首

三正之说并不反映殷周历法的真实情况，这一问题通过出土文献的研究已相当清楚。殷历岁首以秋分的测定和大火星的躔次为标准，时在秋分所在之次月，约当农历的九至十月，或曰戌、亥之间。周承殷制，初于正朔并无不同，至西周晚期，随着推步术的进步，确定岁首的历术标志有所变化，周历的岁首于是发生了相应的改变。

对于西周历法岁首的确定，尽管金文纪年明确的材料可资利用，然而由于西周王年问题并未解决，因此，相关讨论只能集中在共和元年以后相对明确的宣、幽二世。事实上，即使对于宣王元年的认识，金文资料也显示了其应比传统纪年

1 《汉书·律历志下》引《三统世经》。
2 王国维：《生霸死霸考》，《观堂集林》卷一，《王国维遗书》第一册，上海古籍书店，1983年。
3 王引之：《经义述闻》卷三十一，江苏古籍出版社，1985年；黄盛璋：《释初吉》，《历史研究》1958年第4期；《从铜器铭刻试论西周历法若干问题》，《亚洲文明》第一辑，1986年；刘雨：《金文"初吉"辨析》，《文物》1982年第11期；冯时：《晋侯稣钟与西周历法》，《考古学报》1997年第4期；彭林：《说初吉》，《徐中舒先生百年诞辰纪念文集》，巴蜀书社，1998年。

后移一年的事实，即宣王元年应为公元前826年[1]。以此为基础检核宣王纪年铜器，可大致廓清西周历法的岁首情况。

1. 师毁簋　铭云："唯王元年正月初吉丁亥，伯和父若曰。"伯和父即共伯和[2]。西周共和行政计入厉王纪年，并不独立，西周逨盘铭文已明记其事，故此铭"唯王元年"显系宣王元年（公元前826年）。此年正月建亥丙戌朔[3]，初吉丁亥则当正月初二，适值朏日。

2. 元年师兑簋　铭云："唯元年五月初吉甲寅，……疋师和父司左右走马、五邑走马。"师和父即师毁簋之伯和父，器亦记宣王元年事。此年正月建亥丙戌朔，若五月之前有闰，则五月癸丑朔，初吉甲寅也当五月初二，适为朏日。

3. 三年师兑簋　铭云："唯三年二月初吉丁亥，……余既命汝疋师和父司左右走马，今余唯申就乃命。"此与元年师兑簋所述事相递补，时在宣王三年（公元前824年）。宣王元年建亥并有闰，则三年正月必建子甲辰朔，二月甲戌朔，初吉丁亥当二月十四日，值望前一日。

4. 兮甲盘　铭云："唯五年三月既死霸庚寅。"器主兮伯吉父即宣王之臣尹吉甫[4]，铭记宣王五年（公元前822年）事。此年正月建亥壬辰朔，三月辛卯朔，合朔时刻22时49分，前月晦日庚寅仍可见月，先天一日为三月朔，合于历朔。

5. 师嫠簋　铭云："唯十又一年九月初吉丁亥。"铭记师和父丧事，显在宣王十一年（公元前816年）。此年正月建亥戊午朔，九月前有闰，则九月癸未朔，初吉丁亥当九月初五日。

6. 虢季子白盘　铭云："唯十又二年正月初吉丁亥。"器主虢季子白即不其簋铭所见之白氏[5]，而不其实即秦庄公其[6]，庄公即位于周宣王时，在位四十四年，卒于周幽王前期，故此器显记宣王十二年（公元前815年）事。此年正月建亥壬午朔，初吉丁亥当正月初六日。

7. 不其簋　铭云："唯九月初吉戊申。"与虢季子白盘铭所记同事，当在同年。此年亥正九月戊寅朔，若之前有闰，则九月丁未朔，初吉戊申当九月初二日，适值朏日。

8. 伯克壶　铭云："唯十又六年七月既生霸乙未。"同人于同年所作之克钟铭记"周康剌（厉）宫"，即康王庙中之厉王庙，故此器时代显在宣王十六年（公元前811年）。此年正月建丑丁亥朔，七月乙酉朔，既生霸乙未当七月十一日。

9. 克钟　铭云："唯十又六年九月初吉庚寅，王在周康剌（厉）宫。"器亦记宣王十六年事。此年正月建丑丁亥朔，九月甲申朔，初吉庚寅当九月初七日，适值上弦。

10. 此鼎　铭云："唯十又七年十又二月既生霸乙卯。"器属宣王十七年（公元前810年）。此年正月建丑壬午朔，十二月丁未朔，既生霸乙卯当十二月初九日。

1 冯时：《西周金文月相与宣王纪年》，《考古学研究》（六），科学出版社，2006年。
2 郭沫若：《两周金文辞大系图录考释》第七册，科学出版社，1957年。
3 张培瑜：《三千五百年历日天象》，河南教育出版社，1990年。以下所据历朔皆出此书，不复注。
4 王国维：《生霸死霸考》，《观堂集林》卷一，《王国维遗书》第一册，上海古籍书店，1983年。
5 郭沫若：《两周金文辞大系图录考释》第七册，科学出版社，1957年。
6 李学勤：《秦国文物的新认识》，《文物》1980年第9期。

11. 虞虎鼎　铭云："唯十又八年十又三月既生霸丙戌，……申剌（厉）王命。"显记宣王十八年（公元前809年）事。此年正月建子丁丑朔，十三月辛未朔，既生霸丙戌当十三月十六日。是月定望乙酉，定望时刻17时53分，丙戌仍见满月，合于历朔。

12. 趞鼎　铭云："唯十又九年四月既望辛卯。"铭见史留，即宣王太史籀，故铭记宣王十九年（公元前808年）事。此年正月建丑辛丑朔，四月己巳朔，既望辛卯当四月二十三日。

13. 寰盘　铭云："唯廿又八年五月既望庚寅。"铭见史減，乃宣王史官，亦见于四十二年虞逨鼎，故铭记宣王二十八年（公元前799年）事。此年正月建丑己卯朔，五月丙子朔，则既望庚寅当五月十五日。是月定望辛卯，历法先天二日。

14. 晋侯稣钟　铭云："唯王卅又三年……正月既生霸戊午，……二月既望癸卯，……二月既死霸壬寅，……三月方（旁）死霸，……六月初吉戊寅，……丁亥，……庚寅。"依金文纪年惯例，两"二月"当不属同年。又据事分析，"六月"当隶第三年事，故钟铭所记乃宣王三十三至三十五年（公元前794—前792年）事[1]。宣王三十三年正月建丑己酉朔，既生霸戊午当正月初十日。二月戊寅朔，既望癸卯当二月二十六日。后二月属宣王三十四年，正月建丑癸酉朔，二月壬寅朔，既死霸壬寅适为二月朔日。三月旁死霸不纪干支，当指晦前一日。六月属宣王三十五年，正月建丑丁卯朔，六月前有闰，则六月甲子朔，初吉戊寅当六月十五日。是月定望己卯，初吉戊寅则值望前一日。丁亥、庚寅分别当六月二十四日和二十七日。

15. 善夫山鼎　铭云："唯卅又七年正月初吉庚戌。"显记宣王三十七年（公元前790年）事。此年正月建丑丙戌朔，初吉庚戌当正月二十五日。

16. 四十二年虞逨鼎　铭云："唯卌又二年五月既生霸乙卯。"据逨盘铭文及此器所记"卌又二年"，显属宣王世器。宣王四十二年（公元前785年）正月建丑丙辰朔，五月乙卯朔，定朔时刻7时33分，前日甲寅不可见月。若先天二日癸丑朔，既生霸乙卯则当五月初三日。

17. 四十三年虞逨鼎　铭云："唯卌又三年六月既生霸丁亥。"此亦宣王世器。宣王四十三年（公元前784年）正月建丑辛亥朔，六月戊寅朔，既生霸丁亥当六月初十日。

西周历法已行推步，而早期推步术除在使布历的工作相对便捷外，其历数的精度事实上并不比观象授时来得准确，因而即使到汉代，仍时常出现朔晦月见的现象。这意味着在推步术由疏而密的发展过程中，与合天历数偶尔出现一二日的误差是非常自然的。

现将以上诸器反映的宣王时期周历的岁首情况表列如下：

宣王元年（公元前826年）	建亥
三年（公元前824年）	建子
五年（公元前822年）	建亥

---

1 冯时：《晋侯稣钟与西周历法》，《考古学报》1997年第4期；《西周金文月相与宣王纪年》，《考古学研究》（六），科学出版社，2006年。

十一年（公元前 816 年）	建亥
十二年（公元前 815 年）	建亥
十六年（公元前 811 年）	建丑
十七年（公元前 810 年）	建丑
十八年（公元前 809 年）	建子
十九年（公元前 808 年）	建丑
二十八年（公元前 799 年）	建丑
三十三年（公元前 794 年）	建丑
三十四年（公元前 793 年）	建丑
三十五年（公元前 792 年）	建丑
三十七年（公元前 790 年）	建丑
四十二年（公元前 785 年）	建丑
四十三年（公元前 784 年）	建丑

金文排历的结果显示，宣王十二至十六年间，周历的岁首存在着一种突然的改变，其前以亥正为主，偶因闰月的调节而行子正；之后则以丑正为主。宣王早期历法以建亥之月为岁首的原则使得一年之始都出现在秋分所在之月的次月，这种做法显然继承了殷商历法的传统。而由宣王十二至十六年所呈现的岁首自亥正向丑正的转变，则无疑暗示了当时存在的历法改革，这种改革的内容之一就是将确定岁首的标准由传统的秋分转变为冬至。准确地说，观象授时的古老制度决定了古人必须在秋分的次月安排来岁正朔的传统做法，而新的历法制度虽然使岁首标志由秋分变为冬至，但却仍然使以次月而非当月安排岁首的古老做法得以延续。

宣王的历法改革使其后的历法实行丑正，这一制度与春秋早期的历法恰可衔接。传统认为，周代王历以建子为岁首，正月起于冬至所在的农历十一月。王应麟、王韬和日本学者新城新藏等人根据对《春秋》的研究指出，其时的鲁历并不完全以子月为正，大致鲁僖公以前，鲁历以建丑为主；僖公时期，丑正子正各半；僖公以后，历法以子月为正的制度才真正得以确立[1]。《春秋》自称鲁正为“王正”，知鲁历与东周王历基本一致。事实上，春秋王历由丑正向子正的转变如果视为推步术实施后布算冬至逐渐精确的结果的话，那么显然，西周晚期历法与春秋早期历法同行丑正的事实便体现了一种一脉相承的岁首制度。

四、闰法

西周历法的置闰原则应该与殷历的闰法没有太大的区别。已有的金文资料显示，周历至少在置闰形式上与殷历并无不同，其中既见置于年终的闰月，也见置于年中的闰月。

周历年中闰的材料虽然相对缺乏，但这只是由于记事形式的局限，而某些闰月置于年中的事实却毋庸否认。西周中期的曶鼎铭云：

1［宋］王应麟：《困学纪闻》卷九，上海古籍出版社，2009 年；［清］王韬：《春秋历学三种》，中华书局，1959 年；［日］新城新藏：《东洋天文学史研究》第五编，沈璿译，中华学艺社，1933 年。

唯王元年六月既望乙亥，王在周穆王大［室。王］若曰：“曶，命女更乃祖考司卜事，锡汝赤金㚔□□，用事。”王在遣应，邢叔锡曶赤金鬱，曶受休［于］王，曶用兹金作朕文考宄白䵼牛鼎，曶其万［年］用祀，子子孙孙其永宝。

唯王四月既眚霸辰才丁酉，邢叔在异为［理］……。

昔馑岁，匡众厥臣廿夫寇曶禾十秭……。

铭文分三段记述三事。首段言周王册命而曶受金作器，知其事最晚，时在孝王元年六月。而次段追述往事，又不言某年，知与首段所记之事当属同年，乃孝王元年四月事。而三段泛言“昔”，自述前王之事。然据历推算，丁酉距乙亥相差仅三十九日，故孝王元年四月既生霸如为丁酉，同年六月就绝无乙亥，其间必应置一闰月。如此，则孝王元年四月既生霸丁酉若为初八，同年六月既望乙亥便为望后之十七，历朔全合。

周历的年中闰月名称可能已有了某种特别的标注。学者或以两周金文中的“正某月”解为闰月[1]，如：

唯正二月（应侯见工钟，西周中晚期）

唯正二月（鼄乎簋、吕服余盘，西周晚期）

唯鄀正二月（上鄀公敄人簋盖，春秋前期）

唯鄀正四月（鄀公敄人钟，春秋前期）

唯正六月（上鄀府簠，春秋前期）

唯正十又一月（申公彭宇簠，春秋前期）

唯正五月（郑大子之孙与兵壶、蔡侯申钟，春秋后期）

唯正七月（子璋钟，春秋后期）

唯正八月（宽兒鼎，春秋后期）

唯正九月（余賸逐兒钟，春秋后期）

唯王正九月（照可忌豆，战国早期）

唯正六月（陈侯因资敦，战国早期）

凡此“正某月”之“正”，旧多以为乃“王正”或“周正”之省称[2]，但王正、周正通称“王”，并不言“王正”。如：

唯王五祀（何尊，西周早期）

唯王十又二年三月（走簋，西周中期）

唯王正月（录伯㦰簋，西周中期）

而非周王之正朔，也仅书国名，不言“某正”。如：

唯鄀八月（鄀公平侯鼎，春秋前期）

唯邓八月（邓伯氏鼎，春秋前期）

因此，金文所见之“鄀正二月”、“王正九月”似应理解为鄀历之“正二月”及王历之“正九月”，“正”非指历正，而是对月名的标示。况“正”于金文仅冠于历月之首，从未出现于王年之前而作“正某年”，也可推知其似不具有王正的

1 刘雨：《殷周金文中的闰月》，见氏著《金文论集》，紫禁城出版社，2008年。

2 ［清］方濬益：《缀遗斋彝器款识考释》卷二十八，商务印书馆，1924年；陈梦家：《寿县蔡侯墓铜器》，《考古学报》1956年第2期。

意义。

殷历之闰法在于正四气，这一制度应该为周历所继承。《尚书·尧典》言“以闰月定四时成岁”，“定”即正意。《汉书·律历志下》：“闰，所以正中朔也。”故周人如以闰月称“正”，应该符合“举正于中”的历法原则。然金文所见之“十三月”显为闰月，但绝无见称“正十三月”或“正十二月”的现象，因此这一问题的解决仍待他证。

与殷历一样，西周历法也偶见连续失闰而致一年再闰的情况，西周早期的叔夨方鼎、中晚期的邓公簋及晚期的雍公𬺈鼎铭均见“十又四月”，为一年再闰之例，但这种情况并不多见。

周人颇重对月相变化的观测，并以月相纪时，制度与殷人迥异。其结果当然使对朔策的计算更为精确，故在殷历中存在的闰日做法，于西周金文中则尚未发现。

五、季节

商代仅有春、秋两季，这个以春秋统括一年的古老传统甚至决定了早期编年体史书名称的由来。《诗·鲁颂·閟宫》：“春秋匪懈，享祀不忒。”郑玄《笺》：“春秋言四时也。”春秋中晚期郑大子之孙与兵壶铭云：

余郑大子之孙与兵择余吉金，自作宗彝，其用享用孝于我皇祖文考，丕陈春秋岁尝。

此“春秋岁尝”明言一岁之祭祀。

在人们仍然习惯于以“春秋”统指一岁的春秋晚期，春、夏、秋、冬四季的划分其实已经完成。春秋晚期郘夫人孎鼎铭云：

唯正月初吉岁在涒滩，孟春在奎之际。

铭言“孟春”，知其时已将一年分为四季，每季各辖三月。以四季分配历年，这个制度在春秋中期的栾书缶铭文中也有反映。文云：

正月季春，元日己丑。

铭言“季春”，也明其时已以孟、仲、季分称四季。栾书缶之时代素有争议，或以为作于鲁襄公二十一或二十二年（公元前551—前550年）[1]，或以为应在战国时代[2]，且皆与栾书无涉。今据铭文所记历术分析，仍从旧说。

春秋末期的越王者旨於睗钟铭也云：

唯正月甬（仲）春，吉日丁亥。

者旨於睗即勾践之子鼫与，在位于公元前464至前459年[3]。

四季与历岁如何对应，不同正朔的历法各有差异。春秋自鲁僖公以后，周王正朔渐行建子之制，故四时与历岁之配合，也应以子月为孟春。晋、吴皆用夏

1 王冠英：《栾书缶应称名为栾盈缶》，《文物》1990年第12期。

2 瓯燕：《栾书缶质疑》，《文物》1990年第12期。

3 马承源：《越王剑、永康元年群神禽兽镜》，《文物》1962年第12期；陈梦家：《蔡器三记》，《考古》1963年第7期；林沄：《越王者旨於睗考》，《考古》1963年第8期；殷涤非：《“者旨於赐”考略》，《古文字研究》第十辑，中华书局，1983年。

正[1]，而栾书缶及越王者旨於賜钟铭或言“正月季春”，或言“正月仲春”，知其时之孟春或在建子之月，或在建丑之月，虽正月于建寅之月，但四季仍然袭用周之旧历，不与历岁同步。而郘夫人嬭鼎铭文显示正月与孟春并不同时，“孟春在奎”乃夏历二月的天象，时当建卯之月，故楚历的正月当为建寅，次月孟春，历岁与季节也不同步。这些事实表明，从春、秋二季发展为春、夏、秋、冬四季，其时间至少应在春秋早期，考虑到季节与历年不谐正是殷商制度的古老传统，因此四季形成的年代或许可以追溯到西周晚期。

六、年岁称谓

“年”、“岁”的概念从农业周期扩大为历年的周期，这个制度虽然至少在商代就已完成，但历年的周期在当时似乎并不被用于记录商王的王年。商王特有的祖先祭祀制度形成了连续不断的所谓周祭周期，并对其给予了明确的记录，因此，商王实际只记录其在位期间所行周祭的周期次数，而并不关心自己的在位年数，从而形成了与周人纪年的重要区别。

周祭的一个完整周期称为一祀，而至晚殷，一祀的用时约需一年，这一现实使周人自然地将“祀”的概念从殷商时代的祭祀周期发展为纪年的周期。因此至西周时代，由于宗庙制度与纪时制度的变革，天子开始系统地记录自己的在位年数，开创了君王纪年的新的制度。

唯王五祀（何尊，西周早期）

唯王廿又三祀（大盂鼎，西周早期）

唯王十又二祀（㝬簋，西周晚期）

唯王五十又六祀（楚王酓章钟，战国早期）

唯廿又再祀（𠫑羌钟，战国早期）

“祀”字用于纪年，两周皆然，这一用法与“年”字相同。但金文嘏辞习见“万年”之称，这一意义绝无易言以“祀”。再如“年”字普遍摄辖历月，而“祀”则很少这种用法，目前所见仅有两器。如：

唯王八祀正月辰在丁卯（师𩛥鼎，西周中期）

唯王三祀四月既生霸辛酉（师遽簋，西周中期）

即使同人所作之器，“年”、“祀”二字的用法也明显不同。

唯廿又七年三月既生霸戊戌（廿七年卫簋）

唯九年正月既死霸庚辰（九年卫鼎）

唯三年三月既生霸壬寅（卫盉）

唯正月初吉庚戌，……唯王五祀（五祀卫鼎）

故“祀”用于纪时一般仅见于记录王年，其与“年”字区别甚晰，本身并不具有天文历年的含义，而是由其祭祖的本义发展出政治纪年的意义。

“年”于殷周两代都用于天文历年，周文“万年”之称不胜枚举，且以事纪年，也很明确。

唯王大禴于宗周延饒𦨶京年（士上盉）

1 陈梦家：《战国楚帛书考》，《考古学报》1984年第2期。

唯王来格于成周年（厚趠方鼎）

唯公大保来伐反夷年（旅鼎）

唯王命南宫伐反虎方年（中方鼎）

“年”字于此皆为历年之义。

“祀”、“年”二字用于记录周王王年，“祀”字出现最早，这种做法不仅是对殷人以祭祀周期纪时传统的继承和发展，更重要的则是由于王朝的更替，周人需要借助具有政治意义的“祀”以建立新王朝政治与祭祀上的合法性。“祀”字用于纪年绝少直摄历月，西周早期更是如此，从而形成与“年”纪时的鲜明区别，也清楚地显示了其所具有的不同于天文历年而源出祭祖礼的强烈政治倾向。大盂鼎铭言殷亡而丧祀，这意味着新王朝建立的重要标志其实就是确立国家新的世系与独立的祖先祭祀系统。事实上，这种对于作为国之大事的“祀”的强调乃是家天下王朝得以建立的必要政治基础。

“岁”字的意义虽同于“年”，或可互用，但记录王年却绝不书“岁”。而西周早期即已出现的以事纪年的传统，至战国时期仍有传承。

昔馑岁，……若来岁弗偿（曶鼎，西周中期）

万岁用尚（为甫人盨，春秋早期）

百岁用之（邾子佘鼎，春秋中期）

千岁无疆（蔡侯尊，春秋晚期）

国差（佐）立事岁（齐侯甗，春秋中期）

陈喜再立事岁（陈喜壶，战国早期）

郾客臧嘉问王于蒧郢之岁（郾客问量，战国）

大司马卲陽败晋师于襄陵之岁（鄂君启节，战国）

因“岁”字用于年岁之称，而木星又以十二年周天，可用以纪年，故“岁”字便可移用以名星，已见西周利簋铭文。《国语·周语下》：“昔武王伐纣，岁在鹑火。”韦昭《注》：“岁，岁星也。鹑火，次名，周分野也。”然岁星行天自西向东，虽纪之以十二次，但与十二支方向相反，故后人遂创太岁纪年。春秋晚期郘夫人嬭鼎铭已见岁阴之名涒滩，知其时太岁纪年法已经建立（详见第九章第三节）。

第四节　楚历的探讨

东周时期列国分立，历法也不尽统一。传统以为三晋与吴用夏正，燕齐用周正，秦于晚周行颛顼历，而楚国历法则一直存在争议，其中陆续积累的战国史料对探讨这一问题具有意义。云梦睡虎地秦墓所出大致属于秦王政时期的竹简本《日书》列有一份完整的秦楚月名对照表，可藉此梳理秦、楚历法的对应关系。《日书》甲本云：

十月楚冬夕，日六夕十。

十一月楚屈夕，日五夕十一。

十二月楚援夕，日六夕十。

正月楚刑夷，日七夕九。

二月楚夏杘，日八夕八。

三月楚纺月，日九夕七。

四月楚七月，日十夕六。

五月楚八月，日十一夕五。

六月楚九月，日十夕六。

七月楚十月，日九夕七。

八月楚爨月，日八夕八。

九月楚Copy马，日七夕九。

秦楚月名的对照附以十六时分制的日夕变化情况为背景，使历月与节气的关系一目了然。秦之正月本在“日七夕九”的建寅之月，这本是夏正的体系，但其后行颛顼历，虽不变月名，但以十月为岁首，与楚历正可相当。据《史记·秦本纪》所载，秦昭襄王四十三年（公元前 264 年）秦历已以十月为岁首，而《史记·秦始皇本纪》云：“始皇推终始五德之传，以为周得火德，秦代周德，从所不胜。方今水德之始，改年始，朝贺皆自十月朔。”更于秦并六国后（公元前221年）颁行以十月为岁首的颛顼历。故据此及古文字材料中的相关异名，可以恢复楚历与十二辰对应的纪月系统。

亥	冬夕、中夕、东栾
子	屈夕、屈栾
丑	援夕、远栾
寅	刑夷、刑杘、刑尸、刞层
卯	夏杘、夏层、夏夷、夏尸
辰	纺月、享月
巳	七月、夏夕、夏栾
午	八月
未	九月
申	十月
酉	爨月、奂月
戌	膚马、献马

这个楚历体系如果从数字纪月的月名上下推算，明确显示了以建亥之月的冬夕为岁首，建戌之月的膚马为年终，留有殷商历法的明显痕迹，或许反映的就是早期颛顼历的历制体系。如果这种历制可以视为楚国对早期历法继承的结果的话，那么可以相信，秦行颛顼历也应该受到这种历制的影响[1]。

这种以冬夕建正的历法显然不是楚国行用的唯一一种历制，甚至随着新历的推行，原有历法的岁首系统也会不可避免地随之而做相应的调整。东周文献中已经见有楚历的一种新的制度，包山战国楚墓所出竹简资料中，普遍以刞层之月为一年中最早的月份，其后则依次为夏层、享月、夏栾、八月、九月、十月、奂月、

1 出土及传世文献所载历日多合颛顼历。参见陈美东：《中国科学技术史·天文学卷》，科学出版社，2003 年，第 92 页。

獻马、冬栾、屈栾、远栾[1]，月名虽仍袭用楚历的系统，但岁首已由早期的亥正而变为建寅。

东周楚历以建寅之月为正朔的历法在文献中也有明确的反映。《楚辞·离骚》："摄提贞于孟陬兮。"王逸《章句》："太岁在寅曰摄提格。孟，始也。正月为陬。"即言寅正历制。而长沙子弹库出土帛书所记楚月令系统，于此也有清晰的记载。帛书月令章云：

取于下。

曰取，乙则至，不可以□杀。壬子、丙子凶。作□北征，率有咎。武□□其敔。

女此武。

曰女，可以出师，筑邑。不可以嫁女，取臣妾不亦得，不成。

秉司春。

［曰秉］，……妻畜牲，分女……

余娶女。

曰余，不可以作大事。少昊其……龙其娶女，为邦芺。

欱出睹。

曰欱，蔿率□得，以匿不见，月在……，不可以享祀。凶，娶□□为臣妾。

虘司夏。

曰虘，不可以出师，水师不复，其□其复，至于□□，不可以享。

仓莫得。

曰仓，不可以川□，大不训于邦。有梟入于上下。

臧内□。

曰［臧］，不可以筑室，不可［以出］师。瘀不复，其邦有大乱。娶女，凶。

玄司秋。

曰玄，可以……吁□□遅乃……

昜□羕。

［曰］昜，不□燬事，可［以］□折，除去不义于四……

姑分长。

［曰］姑，利侵伐，可以攻城，可以聚众，会诸侯，刑首事，戮不义。

荃司冬。

曰荃，……埜不可以……

帛书的十二月名分别为取、女、秉、余、欱、虘、仓、臧、玄、昜、姑、荃，并非楚历，而是采用夏历的月名体系。《尔雅·释天》："正月为陬，二月为如，三月为寎，四月为余，五月为皋，六月为且，七月为相，八月为壮，九月为玄，十月为阳，十一月为辜，十二月为涂。"唯楚在南方，其月令宜忌多与《礼记·月令》所反映的制度不同[2]。《离骚》之"孟陬"即帛书之取月，其以建寅之月为岁

1 王红星：《包山简牍所反映的楚国历法问题》，《包山楚墓》，文物出版社，1991 年；陈伟：《包山楚简初探》，武汉大学出版社，1996 年，第 3—8 页。

2 冯时：《中国古文字学概论》第八章，中国社会科学院出版社（出版中）。

首的事实非常清楚。

东周楚历虽行寅正，但季节与历年的分配却并不同步。前引河南淅川徐家岭春秋楚墓出土春秋晚期[SYMBOL]夫人嫘鼎铭文以“正月初吉岁在涒滩”与“孟春在奎之际”分别纪时，明确显示出孟春与其时历法之正月并不在同一历月的基本事实。其时以正月为岁首，太岁在申，这是以太岁的形式纪年；而孟春之月日在奎宿，这又是以日躔的形式纪月。显然，确定历年的标准在于太岁，而确定孟春的天象则在于日躔。因此，楚历正月非属孟春的事实是为确凿。

如果说楚人与中原月令制度的不合只是由于地域差异的话，那么以星躔纪月的天象标准则不会有所不同。《礼记·月令》：“仲春之月，日在奎。”此为东周之天象，与鼎铭所记“孟春在奎”的天象标准吻合无间。据此可明，楚历之孟春实当夏历之仲春，也即楚历二月，故知至少在春秋晚期楚历已行建寅之正朔，其时岁首在寅，而孟春则系于楚历二月，四季与历年存在一个月的交错。这种季节与历年不能同步的安排也与殷历的情况十分相似，反映了楚历所具有的作为原始历法孑遗的鲜明特点。

楚历季节与历年的这种错位现象于文献或有记载。《楚辞·九章·抽思》：“望孟夏之短夜兮，何晦明之若岁。”王逸《章句》：“四月之末，阴尽极也。”其说牵就而不足为据。辞文明言孟夏所在之月含有“短夜”的天象，而据《日书》甲本所载日夕变化的事实对照，“短夜”实当“日十一夕五”的夏至，实当楚历八月，其于夏历本属仲夏之月，而楚历则当孟夏，延迟一月。而据包山楚简也可推出楚历冬夕之月于楚季则属秋之三月[1]。这与楚历孟春本在夏层之月，合于夏历仲春二月的情况恰好相当。因此可知，楚历四季的划分要比夏历晚迟一月，其与夏历的季节对应可如下式：

寅	夏历陬月	孟春	楚历刑夷	季冬
卯	如月	仲春	夏层	孟春
辰	寎月	季春	纺月	仲春
巳	余月	孟夏	七月	季春
午	皋月	仲夏	八月	孟夏
未	且月	季夏	九月	仲夏
申	相月	孟秋	十月	季夏
酉	壮月	仲秋	爨月	孟秋
戌	玄月	季秋	鬳马	仲秋
亥	阳月	孟冬	冬夕	季秋
子	辜月	仲冬	屈夕	孟冬
丑	涂月	季冬	援夕	仲冬

根据上述分析大致可明，楚历本出颛顼历，其以建亥之月为岁首，并有独立的月名体系。但至少到春秋晚期，楚历已改行夏正，在取用夏历月名的同时，楚历原有的月名一直在使用而并没有放弃。不过与岁首的改变不同的是，楚人在行用夏正的时候，其本来的季节系统也同时得到了保留，从而显示出楚历自身的历制特点。毫无疑问，楚历本初的建正制度与季自季、年自年的布历特征，无不表

1 陈伟：《包山楚简初探》，武汉大学出版社，1996年，第7页。

现出其对殷商历法的继承，因而具有古老的传统。

第五节 三正与古六历

对于秦以前的古历，甚至西汉初年的历法，真正为我们所了解的内容还不是很多。自古以来，人们为概括夏、商、周三代的历法，始终把所谓“三正”视为各代通行的正朔，以至于将“三正”简单到只是以三种不同历月作为岁首的古历，其中夏历以建寅之月为岁首，殷历以建丑之月为岁首，而周历则以建子之月为岁首。由于子月为冬至日所在的月份，所以按地平方位排列，丑月和寅月便分别代表了冬至所在月份之后的第一月和第二月。这个理论的真实性显然大有问题，尽管夏代历法以建寅为正的说法还很难得到证实，但卜辞反映的殷商历法却足以显示时王殷历与所谓的丑正殷历相去甚远，同时西周金文所表现的周历岁首也并非一成不变，这使人们不得不承认，包括夏历在内的所谓“三正”被认为反映了三代正朔更替的看法其实毫无根据。

卜辞反映的真实殷正位于秋分之后的第一月，相当于农历的九至十月，时人以秋分固定出现于年终十二月为决定来年岁首的重要标志，这是以气纪时的标准。与此同样重要的是，殷历十二月不仅是秋分所在之月，而且也是殷人的主祀之星——大火星——躔伏的时刻，此时大火星与太阳俱出俱入，伏而不见，这无疑成为殷人决定来年岁首的星纪标准。这两个标准所决定的岁首日期都在围绕着秋分进行，而不会围绕着冬至进行，因而其与所谓“三正”理论中的丑正“殷历”渺不相涉。

周承殷制，所以在西周宣王以前，周历岁首并没有做过显著调整，以致宣王早期乃至其前的西周历法皆以明确的建亥之月为岁首，这一制度仍使年岁的开始基本都出现在秋分之后的一个月，从而显示出西周早期历法与殷商历法一脉相承的发展事实。不过必须注意的是，尽管岁首建亥的历法原则无论如何都应来源于以秋分决定岁首的标准，然而这一标准由于随着闰月的调整，秋分之日可以出现于岁终之月的月初或月末，从而导致岁首时间常常摆动于十二辰纪月体系的戌月与亥月之间，这种情况在十二辰纪月制度建立之后显然是不能被允许的。况且由于岁差的原因，殷人决定岁首的大火星躔日的天象也会随着时间的变化而逐渐后移。这些现象都要求人们必须在一个以十二辰纪月的新的历制体系中将岁首的位置固定下来，于是亥月便被作为历法的正月。这一历制不仅在甲骨文和金文所反映的殷周历法中相当清楚，而且古代文献所记载的约当夏代早期的纪时体系于此反映得也同样清楚[1]。很明显，殷商历法如果视为这一古老历制的渊薮，那将是合情合理的。董作宾曾经认为，殷历或出于夏代“古《颛顼历》”之旧[2]，这一意见不应被忽视。

岁首从确定于秋分之后到固定于亥月，这种转变究竟发生在西周还是殷商，目前还不清楚。商代尚无十二辰纪月的痕迹，因此，如果这种新的岁首制度于西

1 冯时：《〈周易〉乾坤卦爻辞研究》，《中国文化》第三十二期，2010年。

2 董作宾：《殷历谱》上编卷——《殷历鸟瞰》，中央研究院历史语言研究所，1945年，第3页。

周早期才开始出现，那么它很可能作为周公改制的一部分而得到了规范。传世文献有关武王克商时间的混乱记载，或许可以印证这一判断[1]。

宣王十二至十六年间的历法改革使得决定岁首的标准从秋分变为冬至，岁首则自早期的建亥之月后延至建丑之月，并一直将这样的一种岁首制度保持到春秋早期。将岁首标准确定为冬至虽然体现着天文学的进步，但其原则是以冬至所在之月的后一月确定岁首，这种做法事实上与原本以秋分所在之月的后一月确定岁首并没有什么不同，只是人们将决定岁首的标准从秋分后移到了冬至。其后随着推步术的日益精密，岁首位置终于从最初置于冬至所在之月的后一月变为置于冬至所在之当月，从而使周历岁首自建丑为正发展为建子为正，形成了真正意义上的子正周历。据《春秋经》考察，这种转变与子正历法的定型应该是在鲁僖公五年（公元前656年）以后[2]。《逸周书·周月》于此有所总结。

以《夏小正》为代表的历法无疑是在三代历法之外形成的古历系统，这种历法既不同于自夏、殷以来的亥正王历，也不同于两周时期流行并不断改变的亥正、丑正和子正历制，而呈现出一种以立春为首的寅正历制。这种历制至少自春秋时期即已得到了普遍推行，不仅三晋、吴、楚等地都已行用这种历法，而且相关的先秦月令文献对此也有系统的存留。其中较为完整者主要有以下几部：

《礼记·月令》

《吕氏春秋·十二月纪》

《逸周书·时训》

楚帛书《月令》章

这些著作虽以《夏小正》的时代最为古老，但全书经文残失，已非原书之旧，所存内容以十二月为序分别记录物候、气候、天象等事，形象地反映了古代先民对时令和气候的认识水平。

《夏小正》的历制体系并不反映夏代官方行用的真实历制是毋庸怀疑的，这不仅因为文献所反映的夏殷古历并非以建寅为正，而且更为重要的是，《夏小正》的简质经文表明，其本应与楚帛书《月令》章一样，只是流行于杞地或其他地区并适合这些地区气候特点的月令系统而已。《夏小正》本有经传之分，今日无论单行的关浍本，抑或收入《大戴礼记》的集贤殿本，均已于经中杂以汉儒文辞，致经传浑沌不别，宋代学者傅崧卿始于《夏小正戴氏传》厘析经文，兹录原文于下，以备参考。

正月：启蛰，雁北鄉，雉震呴，鱼陟负冰，农纬厥耒，初岁祭耒始用畅，囿有见韭，时有俊风，寒日涤冻涂，田鼠出，农率均田，獭兽祭鱼，鹰则为鸠，农及雪泽，初服于公田，采芸，鞠则见，初昏参中，柳稊，梅杏杝桃则华，缇缟，鸡桴粥。

二月：往耰黍禅，初俊羔助厥母粥，绥多女士，丁亥萬用入学，祭鲔，荣堇，采蘩，昆小虫抵蚳，来降燕乃睇，剥鳣，有鸣仓庚，荣芸，时有见稊始收。

1 冯时：《百年来甲骨文天文历法研究》，中国社会科学出版社，2011年，第324页。

2［宋］王应麟：《困学纪闻》卷九，上海古籍出版社，2009年；［清］王韬：《春秋历学三种》，中华书局，1959年；［日］新城新藏：《东洋天文学史研究》第五编，沈璿译，中华学艺社，1933年。

三月：参则伏，摄桑，委杨，羚羊，蟄则鸣，颁冰，采識，妾子始蚕，执养宫事，祈麦实，越有小旱，田鼠化为駕，拂桐芭，鸣鸠。

四月：昴则见，初昏南门正，鸣札，囿有见杏，鸣蜮，王萯莠，取荼，莠幽，越有大旱，执陟攻驹。

五月：参则见，浮游有殷，鴂则鸣，时有养日，乃衣瓜，良蜩鸣，匽之兴五日翕望乃伏，启灌蓝蓼，鸠为鹰，唐蜩鸣，初昏大火中，种黍菽糜，煮梅，蓄蘭，颁马。

六月：初昏斗柄正在上，煮桃，鹰如鸷。

七月：莠雚苇，狸子肇肆，湟潦生苹，爽死，苹莠，汉案户，寒蝉鸣，初昏织女正东鄉，时有霖雨，灌荼，斗柄縣在下则旦。

八月：剥瓜，玄校，剥枣，栗零，丹鸟羞白鸟，辰则伏，鹿人从，駕为鼠，参中则旦。

九月：内火，遰鸿雁，主夫出火，陟玄鸟蛰，能羆豹貉鼬鼪则穴，荣鞠树麦，王始裘，雀入于海为蛤。

十月：豺祭兽，初昏南门见，黑鸟浴，时有养夜，雉入于淮为蜃，织女正北鄉则旦。

十有一月：王狩，陈筋革，啬人不从，陨麋角。

十有二月：鸣弋，玄驹贲，纳卵蒜，虞人入梁，陨麋角。

《夏小正》经文因被鲁莽删去，致傅氏据传推经，困难重重。《四库全书总目提要》评其文云："其中如正月之斗柄縣在下，五月之菽糜，将闲诸则，九月之辰系于日，十一月之于时月也，万物不通，皆宜为经文，而误列于传。其正月之始用畅，乃以解初岁祭耒，明用畅以祭自此始，宜为传文，而误列于经，皆为未允。"其后朱熹《仪礼经传通解》、王应麟《玉海》、金履祥《夏小正注》皆袭傅氏体例重加厘次，然各有出入。这些争议不仅涉及经传的不同理解，更有简册的误植。如孔广森《大戴礼记补注》以为八月"参中则旦"应为七月错简。此外，《夏小正》五月"时有养日"合于夏至，然十月"时有养夜"却不合冬至，故疑也为十一月错简。不过《夏小正》的内容多与《诗·豳风·七月》相合，证明其本应是春秋时期或者更早流行于与豳地相同纬度地区的民间历法。不过从两种历法所反映的农作制度的变化看来，《夏小正》于三月"祈麦实"，已见冬麦的种植，其自比《七月》的时代为晚是显而易见的。

《夏小正》的突出特点是详载物候，反映了时人对动植物的活动与生长情况的全面考察。这些内容虽在战国时期的其他月令文献中也有存留，但已不像《夏小正》那样成为全书的主流。相反，稍晚的月令体系则依五方系统完整地将十干、五帝、五神（五佐）、五虫、五音、十二律、生成数、五味、五臭、五祀、五脏、五行、五色与四时十二月相配，极具系统，但这些内容在《夏小正》中却又绝然不见。在天象记录方面，战国时代的月令文献每月都系统地列出太阳位置与昏旦中星，而《夏小正》所记载的星象则只集中于北斗、参、大火、鞠、昴、南门和织女数官。这两点差异清楚地表明，尽管《夏小正》部分星象所反映的观测年代可能很早，但它并不像后世的月令文献那样具有王朝正朔的地位，其本非属王正是可以肯定的。

东周时期王室衰微，诸侯行用不同正朔的事实普遍存在，于是有人据此归纳出所谓三代正朔的不同，并以此作为王朝更替的固有制度，遂创所谓“三正”的理论。《左传·昭公十七年》载郑梓慎云：“火出，于夏为三月，于商为四月，于周为五月。”时值公元前525年，子正周历虽已推行有时，但这一历法本出建丑古历的事实显然仍为人们所记忆，而这种子正历法代替丑正历法的变化正好可以用来附会周正代替殷正的设想，加之《夏小正》以寅月为正的历法适为时人认为应即夏代正朔，于是先民以此为基础，进而推演出所谓三代不同正朔的“三正”学说。《史记·历书》：“夏正以正月，殷正以十二月，周正以十一月，盖三王之政若循环，穷则反本。”《白虎通义·三正》引《尚书大传》：“夏以孟春月为正，殷以季冬月为正，周以仲冬月为正。”这些说法虽然在汉代已为学者深信不疑，但是将其置于三代历法发展背景的框架下考察，其并非信史的事实相当清楚。

春秋历法已经进入推步时代，当时的古历已行四分术是没有疑问的。春秋前期，人们对于冬至的测定已比较精确，尽管如此，春秋历法在鲁宣公（公元前608—前591年）以后，各种推步术还是有了显著的改善。这种认识得益于《春秋经》中三十三次可靠的日食记录，宣公以前，大小月的安排似乎还看不出有明显的规律，置闰法也还不够完善，但宣公以后的情况则大不相同，连大月的安插完全符合每十五至十七个月安排一次的间隔规律，而且日食的推算与朔日的推算也近乎吻合。这些事实表明，当时对于朔望月的长度，甚至日月合朔的时刻都已推求得相当精确。

阴阳历之所以复杂，原因即在于它所依据的各种基本周期无法相互整除，因此人们很希望能在一个相对长的时间间隔之后使这些周期大致相合，于是各种谐调法应运而生。谐调法的产生显然是以准确掌握不同周期的精确数值为基础，而在春秋时代，相关的知识无疑早已具备。众所周知，四分术回归年的长度为365.25日，而朔望月的平均长度为29.5306日，积十二个朔望月得354—355日，比回归年少10—11日，三年则少约33日，即使设置一个闰月，奇零部分仍然很大，无法使两个周期完全整齐。后来人们发现，十九个回归年的长度为6939.75日，这与235个朔望月的长度几乎相等，于是得到了下面这样一组关系：

$$365\frac{1}{4}\times 19=6939\frac{3}{4}=29\frac{499}{940}\times 235=29\frac{499}{940}\times(12\times 19+7)$$

由此可以看出，四分历的岁实（$365\frac{1}{4}$）和朔策（$29\frac{499}{940}$）是如何规定的。根据这个原则，十九年间必须安排七个闰月，共得235个朔望月，结果同一历日经过十九年又逢同一季节，月首当然也可以回归。这个十九年七闰的周期在中国古历中称为一“章”或“太阴周”，其中19为章岁，7为章闰，235为章月。四个太阴周（章）合计76年，也即940个朔望月，或27759日，古代称之为一“蔀”。其中76为蔀岁，940为蔀月，27759为蔀日。每经一蔀，同一历日可以回到同一天的同一时刻，这当然使日首可以回归。假如起算日为朔日冬至夜半，那么七十六年之后又将回到朔日冬至夜半，这是四分历一个完整的气朔日循环周期。然而经过一蔀的周期，冬至虽然重新回到了朔日夜半，但却并不一定回到同一个干支日期，因为一蔀的日数并不是六十的整数倍。如果将一蔀扩大二十倍，得1520年或555180日，这个周期便是一“纪”。一纪之后，年、月、日、合朔、节气和干支都将回到原初的位置。古人又以三纪为一“元”，凡4560年，这就是历元。历元的日数和年数都是六十的倍数，如果用干支法纪年，则经过一元，年、月、日、合朔、节气、纪日干支与纪年干支将全部回归到起始的状态，这便是四分历的基本结构。

历元是古人设定的一个理想的历法起算点，它实际是年月日各周期的最小公倍数。这个时间确定以后，只要将回归年或朔望月周期不断叠加，此后各年的冬至及合朔时刻即可方便地推出，继而一年中其他节气和弦、望时刻也可依次算出，这样，一年的历谱便可以编算出来。

在上述各种谐调周之中，一章乃是最基本的周期。关于十九年七闰法的产生，春秋晚期的鲁国历家显然已经具备了这方面的知识，甚至他们也已了解一朔望月略大于 29.53 日的情况。这些认识无疑为更为规整的历法的出现准备了条件，以致至少在战国时代，以章为基础的各种谐调周都已出现。

战国时期的历法如同这个时代一样混乱，虽然我们对当时的历制情况所知并不透彻，但是，如果将其作为早期历法发展过程中的一个环节看待的话，这种混乱恐怕至多也只表现为岁首的不同。当时的各种历法显然仍然普遍采用四分术，其因取回归年长度为三百六十五日又四分日之一而得名，而且比春秋古历更为成熟，这其中即包括汉代文献保留的六部战国古历，世称“古六历”。《汉书・艺文志》载古六历云：

《黄帝五家历》三十三卷

《颛顼历》二十一卷

《夏殷周鲁历》十四卷

《宋书・律历志下》：“古之六术，并同四分。”知其同行四分术。《续汉书・律历志中》引蔡邕云：“案历法，黄帝、颛顼、夏、殷、周、鲁，凡六家，各自有元。”此六家历名，皆系后人所伪托，并非时王之术。史载六历皆有历元，其中黄帝历为辛卯，颛顼历为乙卯，夏历为丙寅，殷历为甲寅，周历为丁巳，鲁历为庚子[1]，无不以干支纪年法表述，然而中国古代以干支用于纪年的传统不会早于战国，可明六历并不古老，而《开元占经》所载古六历的上元积年数，显然应为战国乃至两汉学者整理的结果。对古六历的实际计算结果表明，其合天年代大致都在公元前五至前三世纪的二百年间之内，其中殷、鲁、夏三历的合天年代约为公元前五世纪，颛顼历的合天年代约在公元前 350 年前后，周历与黄帝历的合天年代约当公元前三世纪，它们都属战国时期创制并施行的历法。《汉书・律历志上》：“三代既没，五伯之末，史官丧纪，畴人子弟分散，或在夷狄，故其所记，有黄帝、颛顼、夏、殷、周及鲁历。”即以六历为晚周之制。而祖冲之早在大约古六历创制的七百年后即敏锐地察觉到这种名实不符的矛盾，《宋书・律历志下》引其说云：“古历舛杂，杜预疑其非直。按《五纪论》黄帝历有四法，颛顼、夏、周并有二术，诡异纷然，夏历七曜西行，特违众法，刘向以为后人所造。古之六术，并同四分，四分之法，久则后天。以食检之，经三百年，辄差一日。古历课今，其甚疏者，朔后天过二日有馀。以此推之，古术之作，皆在汉初周末，理不得远。且却校《春秋》，朔并先天，此则非三代以前之明征矣。”所言与今日的分析几乎完全一致。

---

1 见《续汉书・律历志下》。

汉传古六历虽同系战国历法而行四分，但各历气朔或有不同。《续汉书·律历志中》载刘洪云："夫甲寅元天正正月甲子朔旦冬至，七曜之起，始于牛初。乙卯之元人正己巳朔旦立春，三光聚天庙五度。"前者乃言殷历上元为甲寅年天正正月甲子朔旦冬至，日月五星聚于牵牛初度；后者则谓颛顼历上元乙卯年人正正月己巳朔旦立春，日月五星聚于营室五度。然而古六历的气朔问题互有争议[1]，大致黄帝、殷、周、鲁四历历元的气朔均以天正正月甲子夜半合朔冬至为起始；夏历历元气朔起始或有三说：正月甲子夜半合朔立春或雨水，十一月甲子夜半合朔冬至；颛顼历历元气朔的起始则有二说：正月己巳夜半或寅时合朔立春。古人所说的天正是以冬至所在之月为正月，地正是以冬至所在之月为十二月，人正是以冬至所在之月为十一月[2]。关于古六历二十蔀的蔀首名称，学者也有研究[3]。

目前所见战国史料中的历日材料显示，当时各国行用不同的历法确属事实。譬如云梦秦简《为吏之道》引《魏户律》及《魏奔命律》所记魏安釐王纪年合于夏历；而云梦秦简其他大量的历日记载则合颛顼历；《吕氏春秋·序意》"维秦八年，岁在涒滩，秋甲子朔"合于颛顼历；《左传》历法史料全合四分术，且其中约三分之二合于周历[4]。不仅如此，颛顼术或殷术直至西汉太初改历之前仍在使用。

第六节　中国古历的改革与完善

早期阴阳历的编算较纯阳历存在许多困难，其中重要的一点就是对朔策的真值很难准确取得，因而经过一段时间的积累，历法的误差便比较明显，从而需要制历者重新加以测算，对旧历进行必要的改革。自秦汉以来，中国古历的改革不下百次，而朔策的计算正是在这一次次的改革之中逐渐趋于精密。

一、汉《太初历》的改革

历法改革在汉代以前早已存在，殷周时代的改历举措虽然可以通过甲骨文、金文资料钩沉索隐，但文献明确记载的最早的一次历法改革则发生在汉武帝时期。汉初继承秦制而行颛顼历，但颛顼历在当时的误差已使人们在朔晦之时本不见月的日子也看到了月亮，这使汉武帝不得不下诏改历。促使汉武帝废弃旧历的另一个原因是，根据当时的测算，元封七年（公元前 104 年）十一月甲子夜半适逢合朔并交冬至，这当然是传统认为的历元的理想时刻。

公元前 104 年，汉都长安城贴出了招募天算家来京制历的公告，接着从全国征募到二十多人，邓平、落下闳、唐都、公孙卿等都在应征之列。汉武帝比较了当时收集到的十八种历法的优劣，最后命司马迁采用邓平的历法，这就是著名的《太初历》。同年，改元封七年为太初元年，《太初历》颁行。

---

1 参见《新唐书·历志三上》；张培瑜：《中国先秦史历表·前言》，齐鲁书社，1987 年。

2 《汉书·律历志上》："其于三正也，黄钟子为天正，林钟未之冲丑为地正，太族寅为人正。"

3 参见清顾观光：《武陵山人遗书·六历通考》。

4 张培瑜：《中国先秦史历表·前言》，齐鲁书社，1987 年。

《太初历》规定以无中气之月设置闰月，并首次记有一个135个朔望月的交食周期，五星运行周期的测定也比过去有显著改进，这些都比颛顼历更为优越。但是，《太初历》取一个朔望月为29 $\frac{43}{81}$日，并按十九年七闰法，从而使回归年的长度为365 $\frac{385}{1539}$日，这两个数值反而比四分历的误差更大。其实，四分历朔策与《太初历》极为接近，邓平之所以舍弃29 $\frac{499}{940}$日而采用29 $\frac{43}{81}$日，其主要原因即在于八十一这个数字至少在形式上可以附会一种神秘的数理意义，它使古老的周髀法得以实现，因为自古以来，九九的自乘一向被认定是万数之本，它实际被视为包括天文、数学、礼制、量衡等一切数理的渊薮，同时更是盖天说的主要依据。所以，八十一分法虽然在天文学上有失客观，但却换得了历法的神圣性，同时更重要的是，它在数字上适合了中国传统天文学的某种要求，这与当时数术盛行的社会风尚是十分契合的。

这种做法显然没有得到所有人的拥护，司马迁当时也提出了新历，却遭到排斥。他是邓平八十一分法的坚定反对者，因而在他的《史记·历书》中，对这个颇具数术味道的分法乃至邓平本人竟只字未提。司马迁更相信自己依四分法编制的《历术甲子篇》，把它列在书中详加解释，而他对《太初历》的介绍则使人明显感到，那只是碍于刘彻的淫威不得不敷衍一下而已。

八十一分法虽然在哲学上迎合了汉武帝的心意，但它所造成的大于四分历的误差是无法忽略的，事实上，参加制历的落下闳曾经指出，《太初历》行用久了将会出现一天的误差，八百年后定有圣人出来修订它。然而《太初历》并没有能像落下闳期望的使用那样长久，到东汉章帝元和二年（85年），它便被编䜣、李梵等人重修的《四分历》取代了。

西汉末年，刘歆依照邓平的八十一分法，将《太初历》改造成了《三统历》，他用《易传》中的神秘数字解释《太初历》的基本数据，进一步发展了《太初历》的落后方面。刘歆又把《太初历》的81章改称为一“统”，共1539年，把三统称为一“元”，共4617年，自历元时刻起，经过三统，朔和冬至又会回到同一干支日的夜半，并以此象征夏商周三代的更迭，使《三统历》又蒙上了一层神秘色彩。刘歆对《太初历》述而不作，这使我们能够通过保存在《汉书·律历志》中的《三统历》窥得《太初历》的面貌，作为最早的一部完整历谱，《太初历》无疑首开中国古代历法系统完备记录的先河。

二、祖冲之的《大明历》

南朝的祖冲之是一位具有全面才能的科学家，他在数学方面的杰出成就恐怕已经无人不知，事实上这直接影响了他的天文学研究。

汉以后的历法又有了新的改进，汉末刘洪密测二十馀年，发现四分术斗分太大[1]，于是造《乾象历》，首先摆脱了四分古历的窠臼，他使人们从此知道了月行有迟疾的道理，并且提出了定朔算法和日月食限的概念。三国时杨伟造《景初历》，所算交食更为精密，为后世所取法。东晋虞喜发现岁差以后，南北朝历家

1 斗分，即指回归年长度的日的奇零部分，四分历的回归年长度为365 $\frac{1}{4}$日，$\frac{1}{4}$日即为斗分。

都开始注意实测岁差的数值。这些工作无疑是十分出色的，它预示着一部更为优秀的历法的问世已为期不远了。果然在不久之后，祖冲之就完成了他著名的《大明历》的编修。

《大明历》将岁差引入历法计算是一项划时代的成就。前文已经讲过，岁差是由太阳、月亮和其他行星对地球赤道突出部分的引力使地球自转轴产生进动所引起的，它表现为冬至点在黄道上逐年退行。这个差值虽然微小，但积久而显著。汉魏时期的天算家都已观测到了这个现象，然而由于人们惯于墨守成说，不敢变易，即使在岁差被发现之后，编制新历仍以冬至点固定不变。祖冲之毅然不顾世俗的惊异，放弃旧法。他测出冬至时太阳位于斗十五度，定出岁差为四十五年又十一月差一度，使冬至日太阳所在的位置按照这个数值逐年变动。尽管祖冲之采用的岁差数据比实际数值要大些，但他真正在历法编纂中考虑了岁差的影响，为逐渐提高历法计算的准确性开辟了道路。

《大明历》的另一项贡献在于闰周的改进。自春秋以来，十九年七闰的闰周几乎成为一种定制，北凉赵歐造《元始历》，最先破除旧法，提出 600 年置 221 个闰月的新闰周。这个设想虽然被南朝天文学家何承天所摒弃，但祖冲之却把它继承了下来并加以改进。《大明历》提出了 391 年置 144 个闰月的新数据，这取决于他规定的朔望月和回归年长度，《大明历》取 3939 为分母，一月的日数为 $29\frac{2090}{3939}$ 日，即 29.53059 日，与真值误差不足一秒，回归年长度为 365.2428 日，与真值误差 52 秒，都已相当精密。直到唐代初年中国天算家不再讨论闰周为止，祖冲之提出的闰周在诸种历法中都可以认为是最佳的方案。

《大明历》比何承天的《元嘉历》以及此前的古历十一家都要精密，它所确定的交点月日数和五星周期都很理想。另外，祖冲之对刘歆所定的岁星超辰法也有修正，他定岁星行天 84 年超辰一次，与真值也相差无几。这些成就无不得益于他频年测候、深有心得的研究。

《大明历》中几乎所有的改革都是大胆的，这使它理所当然地要遭到当时保守势力的诋毁。宋孝武帝刘骏命朝臣博议，宠臣戴法兴藉仗权势，泥古强辩，尽管祖冲之以常人少有的勇气据理力争，但最终还是没有胜利[1]。当然这并不意味着《大明历》本身就无可指摘，事实上它的某些缺陷恰恰成了反对者的口实。比如祖冲之把诸如交点月、近点月及五星周期等纳入他的上元积年所考虑的因素范围[2]，而没有发展刘伟《景初历》和何承天《元嘉历》中的简单方法，以至于把过去已经很复杂的上元积年计算搞得更为复杂。祖冲之对戴法兴提出的太阳运动不均匀性的意见也采取完全否定的态度，尽管我们还不清楚戴法兴的看法是基于他的实际观测，还是为非难《大明历》而强词夺理，但后来的事实却证明，祖冲之在对待这个问题的看法上确实是错误的。

由于两种意见始终相持不下，致使《大明历》在祖冲之有生之年一直没有实行。梁朝初年，祖冲之的儿子祖暅对《大明历》适作修正，并再三坚持请求行用，

1 相关争论见《宋书·律历志下》。

2 古代历法一般都设有历元，这个起算点通常取甲子日的夜半，它同时也是合朔和冬至节气。自历元更往上推，求一个日月经纬度相同（日月合璧）而且五大行星聚集在同一方位（五星连珠）的时刻，这个时刻称为“上元”。从上元到编制历法的那一年所积累的年数称为“上元积年”。

同时《大明历》又经过长期的检验，终于被梁武帝萧衍首肯优于旧历。然而待到梁天监九年（510 年）《大明历》正式颁行时，祖冲之竟已去世整整十年了。

三、隋唐历法的革新

早期的各种历法尝试，为隋唐天文学步入鼎盛时期创造了条件。北齐天文学家张子信避居海岛三十年，观测证明了太阳周年视运动的不均匀性，从而彻底推翻了关于太阳每日在黄道上的行移度数相等的传统认识。这使人想到，比他稍早了解这一点的戴法兴，他的说法或许并非学无师承。张子信还研究了日、月、五星运动速度变化的规律和计算问题，这些工作后来被刘孝孙、刘焯、张胄玄、僧一行等人所继承，使隋唐历法得到了全面的进步。

隋初实行《开皇历》，它是隋文帝宠臣张宾根据何承天的《元嘉历》微加增损而成的，明显落后于当时的天文学水平。刘孝孙、刘焯批驳张宾历法粗疏错讹，不懂岁差和定朔计算，但却遭到诬陷，直至被斥罢官。开皇十四年（594 年），大臣杨素等人奏称《开皇历》所算日食不合，并向杨坚推荐张胄玄修制新历，三年之后，张胄玄将新历献给文帝，随后下诏颁行。张胄玄巧言令色，深得杨坚的宠信。当时，刘焯罢官后闲居家中，以教书著述为业，于隋文帝仁寿四年（604 年）写成《历书》十卷，这就是历史上著名的《皇极历》。《皇极历》由于所用之法与张胄玄新历颇相乖爽，因而遭到张胄玄及太史令袁充的极力排斥，使这部优秀历法终于未能施行。刘焯曾反唇相讥，直言张胄玄新历实为刘孝孙所作，这个内幕的真象当然已不能详知，但是应该承认的是，二人的新历都或多或少地接受了刘孝孙历法中的合理成分。不过，张胄玄新历以冬至点起于虚宿五度，稍后他自己也觉得过于粗疏，于是等到刘焯去世后又重新做了修订，并以《大业历》的形式于开皇十七年（597 年）颁行，一直使用到隋代灭亡。

张胄玄初学祖冲之的方法，又受到张子信学说的很大影响。《大业历》考虑到张子信关于行星运动不均匀性的发现，利用等差级数求和的方法编制了一个会合周期中的行星位置表，大大提高了行星运行的计算精度。他不牵强附会于数字，而是根据五星运动的真实状况调整制定历法，这使《大业历》所推的五星会合周期的精度冠列各历之首。《大业历》还考虑了月球视差对交食的影响，创立了月球在黄道南、北，离黄白交点度数等决定发生交食与否的判别方法，讨论了日食食分随太阳位置的变化等改正，这些都构成了《大业历》不同于以前历法的重要特点。

《皇极历》的革新也是多方面的，其中最主要的是为解决日、月不均匀运动问题而创立了等间距二次差内插法公式，用以推算日食所在位置、交食的终始时刻、食分大小等，并首创躔衰盈缩的计算方法，由此得出定朔和定气的改正数，同时又首次提出视差对日食的影响以及求改正数，均为后世所师法。

我们知道，由于各种原因，月亮每月的实际行度是不同的，用月亮的这个实际运动来修正根据月亮的平均运动所算出的朔、望时刻（即平朔、平望），其修正结果就是定朔、定望。早在东汉末年，刘洪在《乾象历》中计算交食时已经引进了定朔和定望，但安排历日仍然恪守平朔、平望。南朝年迈的何承天曾想改变这种情况，然而提议一出，反对之声四起，他也只好撤回了定朔主张。现在的情况与以前又有不同，由于张子信太阳运动不均匀性的认识和刘焯等间距二次差内插法公式的发明，使定朔、交食和五星运动的计算精度都已大为提高。

使用定朔编排历谱会出现一种令古人十分尴尬的情况。由于定朔的长度不同，使历月的安排有可能出现连续三个甚至更多的大月和小月，这显然违反了古人固守的相间安排大小月，最多有两个连大月的习惯。何承天为此放弃了定朔改革，唐初道士傅仁均的《戊寅元历》（武德二年，619年）开始用定朔排历，但贞观十九年九月后的四个连大月，则使历家议论纷纷，最后也不得不迎合世俗，重新恢复使用平朔。

犹豫多年的定朔法终于被李淳风固定了下来，唐麟德二年（665年），他以《皇极历》为基础编定《麟德历》，并得以颁行。《麟德历》正式使用定朔编排历谱，不过李淳风在对待连大月过多的问题上聪明地要了一个花招，从而既保证了定朔法的继续使用，又不致使那些定朔法的反对者感到新术与旧制格格不入。李淳风为避免《麟德历》出现四个大月或三个小月相连的特殊现象，或者把朔日下推一日，使第三个小月变成大月；或者上退一日，使第四个大月变成小月。他把这种方法另立新名叫作“进朔”，不过连他自己恐怕也没有想到，这套迁就的方法竟使用了长达六百年之久，直到元郭守敬制定《授时历》时才被彻底革除。

刘焯创立的定气法在唐僧一行的《大衍历》中得到了发展。一行本名张遂，出家之前就已是一位知名的学者。开元九年（721年），由于《麟德历》屡次出现日食预报的失败，唐玄宗于是诏僧一行撰作新历。为此他花了六年时间实测编算，待新历草成，他竟与世长辞了。《大衍历》采用平气注历，而用定气计算太阳的视运动，实际因袭了《皇极历》的旧法。僧一行又在《皇极历》的基础上发明了不等间距二次差内插法计算公式，因为他正确地认识到，太阳运行速度以冬至最快，夏至最慢，这显然纠正了刘焯的错误。他在交食预报中又考虑了视差的影响，并创立了一套计算方法。《大衍历》中这些优良的部分对后来天文学的发展产生了积极的影响。

《大衍历》几乎遭到了与《大业历》同样的指责，有人说它抄自印度的《九执历》，这一点当然很难断定。从时间上看，《九执历》于公元718年已由唐代天文学家瞿昙悉达介绍到了中国，而提出质疑的竟是这位天文家的儿子瞿昙譔，另一位则是编修《大衍历》的参预者陈玄景。不过在比较了《大衍历》、《麟德历》和《九执历》之后人们确认，《大衍历》应是最为准确的。然而这一切并不意味着《大衍历》就完美无缺，事实上，僧一行在掩盖某些缺陷时做得非常巧妙。他曾用这个历法推算开元十二年（724年）七月朔及次年十二月朔应该发生日食，但最后都未能观测到，这可能是由于《大衍历》过分地以它的数据附会《易经》象数而影响了天文数据的精确性，但僧一行却说，那是唐玄宗的德行感动了上天的缘故。

值得注意的是，定气法自刘焯的《皇极历》以后虽然逐渐被用来推算交食，但直至清《时宪历》为止，中国人却始终没有用它来注历，甚至《时宪历》用以排历的定气，也是完全移用西方天文学的数值，毫无中国的传统，这一点似乎很难理解。

唐代历法的改革更为大胆，《戊寅元历》废除闰周；《麟德历》废除章蔀纪元的古法；徐昂的《宣明历》求近点月和交点月数值精密，并在日食计算方面创立时差、气差、刻差三项改正法，十分优秀；曹士蔿《符天历》虽行于民间，但不用上元积年，已开后代历法之先河。曹氏的改革在后晋马重绩的《调元历》中曾经一度被继承了下来，但没有成功，直到元《授时历》才最终完成。

四、沈括新术与郭守敬《授时历》

宋代历法有儒家与历家之分，频繁改造，但是由于隋唐五代的历法改革已奠定了中国传统古历的基本结构，所以只能凭藉不同的演算方法，使各种数据日臻准确，而没有什么大的作为。当时的历法虽然很少是以实测为根据，但还是有一些优秀的成果。其间以宋行古《崇天历》行用最久，周琮《明天历》论说最为详备，杨忠辅《统天历》暗废积年日法，已含有岁实消长的道理，这些都构成了宋代历法的特点。

在几千年的中国传统历法不能摆脱阴阳历束缚的年代，宋代沈括的《十二气历》则使人感到耳目一新。这是一部真正的纯阳历，它以节气定月，而不考虑月亮的朔望变化。每年十二个月，大月31日，小月30日，相间安排，节气列于月首，中气置于月中。这样每年的日期和节气都固定不变，也省去了为调整太阴年与回归年而不得不增添的置闰现象。如果要兼顾朔望月，也只在历书中的适当位置注明“朔”、“望”便足够了。

不能不承认，沈括的新术虽然科学而简便，但在当时却不可能真正实行，对于这一结果，沈括本人比任何人都清楚，他在《梦溪笔谈》中曾经说道：这个新历的设想在目前只能招来怪怒攻骂，但将来有一天是必定要实行的。沈括所具有的科学家的才智不仅表现在他的作品的缜密严谨，而且表现在他敢于破除传统的创新精神。正像沈括预言的一样，他的新历主张虽然在清代还遭到阮元的攻击，但是纯阳历的原则经过太平天国的《天历》和辛亥革命后引进的公历果然在中国实行了。

元代历法因得益于历代历法的长期积累，终于达到登峰造极，这便是郭守敬的《授时历》。至元十三年（1276年），元军攻陷南宋都城临安（今浙江省杭州市），统一中国指日可待。元世祖忽必烈于是下令郭守敬、王恂设太史局，招募南北历官修定新历。重视实测结果应该是郭守敬一开始就提出的改历宗旨，这使他和他的助手们花了大量的时间建造观测仪器与天文台，自至元十六年（1279年）始，在全国二十七个地点实地观测，进行了大规模的四海测验。《元史·天文志一》详细记载了各观测地点及其纬度，其中七地还录有当地测得的日晷长度与昼夜漏刻。其文云：

四海测验

南海，北极出地一十五度，夏至景在表南，长一尺一寸六分，昼五十四刻，夜四十六刻。

衡岳，北极出地二十五度，夏至日在表端，无景，昼五十六刻，夜四十四刻。

岳台，北极出地三十五度，夏至晷景长一尺四寸八分，昼六十刻，夜四十刻。

和林，北极出地四十五度，夏至晷景长三尺二寸四分，昼六十四刻，夜三十六刻。

铁勒，北极出地五十五度，夏至晷景长五尺一分，昼七十刻，夜三十刻。

北海，北极出地六十五度，夏至晷景长六尺七寸八分，昼八十二刻，夜一十八刻。

大都，北极出地四十度太强，冬至晷景长一丈二尺三寸六分，昼六十二刻，夜三十八刻。

上都，北极出地四十三度少。

北京，北极出地四十二度强。

益都，北极出地三十七度少。

登州，北极出地三十八度少。

高丽，北极出地三十八度少。

西京，北极出地四十度少。

太原，北极出地三十八度少。

安西府，北极出地三十四度半强。

兴元，北极出地三十三度半强。

成都，北极出地三十一度半强。

西凉州，北极出地四十度强。

东平，北极出地三十五度太。

大名，北极出地三十六度。

南京，北极出地三十四度太强。

河南府阳城，北极出地三十四度太弱。

扬州，北极出地三十三度。

鄂州，北极出地三十一度半。

吉州，北极出地二十六度半。

雷州，北极出地二十度太。

琼州，北极出地一十九度太。

这次全国性的四海测验活动遍及南起北纬 15 度的中国南海、北至北纬 65 度的广大地区，利用其制造的天文仪器，为《授时历》的编算提供了大量的精确数据。四年之后，新历告成，并于至元十八年（1281 年）颁行于全面。

《授时历》以实测为基础，汲取了历代历法的精华，所用天文数据几乎都是世界上最先进的。它的回归年数据取自南宋杨忠辅《统天历》，同时接受了杨忠辅关于回归年长度变化的说法，所定误差比《统天历》为小；它的朔望月、近点月、交点月等数据取自金赵知微《重修大明历》，与近代测定值极为接近；它的二十八宿距度值取自实测，具有相当高的精度。《授时历》废除了上元积年，并将日以下的天文数据采用百进位制，主要天文数据以一万为分母，大大简化了历法的计算步骤。这些先进经验在唐人南宫说的《神龙历》和曹士蔿的《符天历》中早已提出，郭守敬终于使它们彻底得到了贯彻。《授时历》还创立了相当于球面三角公式的算法，用来计算天体黄道和赤道度数的转换，同时运用招差法创立三次差内插公式，比僧一行的方法更为精密。

《授时历》自颁行以后一直使用到明末，时间长达三百六十年之久，是中国古历中行用时间最久的历法。明太祖朱元璋称帝以后，名曰改《授时历》为《大统历》，实则只是剪理编次而已，除省去郭守敬岁实消长之说，并持历元及气闰诸应略作变易外，天文数据及计算方法一仍其旧。因此，自西方天文学东传以前，《授时历》实际是最后行用的一部中国古历。

中国天算家的制历工作可以说是世界上最繁重的。明朝以前制定的历法，能够考证清楚的就不下九十种，但严格说来，多数作品都陈陈相因，其中创见之作仅有十三种，而最著名者当推三部，即《太初历》、《大衍历》和《授时历》。然而《太初历》假托周髀，《大衍历》则附会易象，独有《授时历》足据晷影，全凭实测，因而在中国历法史上占有特殊重要的地位。

第十一章
古代宇宙理论

正像今天的人们对宇宙的起源及其模式充满了无限想象一样，先民对于天或天地的关系也有着各种假说。中国古代的宇宙理论大致包括三种学说，即盖天说、浑天说和宣夜说。关于这些理论的优劣高下，自战国时代开始便一直存在着激烈的辩论，然而由于宣夜理论至少在东汉时期即已成为绝学，它的大部分理论的失传致使这一学派中几乎没有出现任何能手，因此辩论的焦点主要集中在盖天与浑天两派。

盖天学派的固有旧名叫作“周髀”，“周”是天周，“髀”则是表股[1]，天周为规，表股为矩，所以“周髀”的简单理解就是方圆，用这两个最基本的几何图形描述盖天宇宙论的朴素模式便是天圆地方。“浑天”两个字无疑是指天球，这是一种典型的天球理论。而“宣夜”一名的含义素有争论，东晋的虞喜认为宣主明，夜主幽[2]，而现代学者则似乎更倾向于将这种学说理解为“无所不在的夜”。事实上，宣夜说与另两种宇宙学说相比体现着一种鲜明的无限宇宙的理论特点，尽管这一思想可以藉助以“宣”训释为遍的意义加以说明，但虞喜理解的所谓幽明之论更能从哲学的高度概括这一学说。

第一节　盖天说

盖天说当然是一切宇宙理论中起源最早的一种，现有的考古资料证明，至迟在公元前第五千纪的新石器时代，盖天理论已经产生是毫无疑问的。不仅如此，这种理论在当时已经非常完善，不仅涉及古人对于天地形状的认识，甚至包括了一整套自成系统的宇宙思想。这些思想被先民们一代代地继承了下来，使盖天理论不断地得到发展和丰富。

天圆地方虽然是对盖天学说主要思想的简单描述，但这只是一个笼统的概念而已，如果认真梳理盖天学说的实质，它还应该包括若干不同的内容，这反映了盖天学说不断演进的历史。《晋书·天文志上》云：

> 蔡邕所谓《周髀》者，即盖天之说也。其本庖牺氏立周天历度，其所传则周公受于殷商，周人志之，故曰《周髀》。髀，股也；股者，表也。其言天似盖笠，地法覆盘，天地

1 《宋书·天文志一》：“其书号曰《周髀》。髀者表也，周天之数也。”

2 虞喜《安天论》云：“宣，明也；夜，幽也。幽明之数，其术兼之，故云宣夜。”见《玉函山房辑佚书》。

各中高外下。北极之下为天地之中，其地最高，而滂沲四隤，三光隐映，以为昼夜。天中高于外衡冬至日之所在六万里，北极下地高于外衡下地亦六万里，外衡高于北极下地二万里。天地隆高相从，日去地恒八万里。日丽天而平转，分冬夏之间日所行道为七衡六间。每衡周径里数，各依算术，用句股重差推晷影极游，以为远近之数，皆得于表股者也，故曰《周髀》。

又《周髀》家云："天员如张盖，地方如棋局。天旁转如推磨而左行，日月右行，随天左转，故日月实东行，而天牵之以西没。譬之于蚁行磨石之上，磨左旋而蚁右去，磨疾而蚁迟，故不得不随磨以左廻焉。天形南高而北下，日出高，故见；日入下，故不见。天之居如倚盖，故极在人北，是其证也。极在天之中，而今在人北，所以知天之形如倚盖也，日朝出阳中，暮入阴中，阴气暗冥，故没不见也。夏时阳气多，阴气少，阳气光明，与日同辉，故日出即见，无蔽之者，故夏日长也。冬天阴气匀，阳气少，阴气暗冥，掩日之光，虽出犹隐不见，故冬日短也。"

通过以上描述可以看出，盖天说对于天地形状的理解主要经历了前后两个阶段，第一次盖天说认为，天像一个半球形的大罩子，扣在方形平坦的大地上，按照盖天家自己的解释，这种宇宙模式便呈现为"天员如张盖，地方如棋局"，这显然就是天圆地方的古老学说。第二次盖天说则对早期的朴素学说有所修正，盖天家断言，天虽依旧如盖笠，而地则像个倒扣的盘子，天和地都是中央隆起而四周低下，并且根据圭表测影的结果，利用句股定理推算出，天地之间的距离为八万里，同时天地的中央都比四周高出六万里。第二次盖天说的这种由平直大地向拱形大地的转变既是后人对早期盖天说缺陷的弥补，也体现了古代大地观的进步，很明显，这种认识为后来浑天理论的产生创造了条件。

天圆地方的认识基础并非全部来源于古人对客观存在的感知，准确地说，尽管天呈圆形的知识可以很容易通过人们的自然感受而获得，但同样的感受却无论如何不可能使人认识到方形的大地，事实上人们在认识天圆的同时，他们所感知的大地形状也一定同圆天一样呈现着圆形，这样才能使天地的形状和谐。东晋的虞喜崇尚宣夜说，他反对盖天说和浑天说的理由之一便是，盖天与浑天两说分别认为天是圆形或球形，地是方形或带有一定曲率的有限形体，天地相互依托或包裹，这种现象由于方圆两种图形的不能调和，因此是根本不可能出现的。"方则俱方，圆则俱圆，无方圆不同之义"[1]，所以在虞喜看来，天地的形状应该是统一的。这一认识显然有其合理的成分。

既然人们无法通过自然感知获得方形大地的认识，那么地方的知识又是从何而来的呢？其实方形大地的知识得自于古人对方位的认知，而这一知识体系的基础则在于立表测影。显然，圭表的发明乃是方形大地观得以建立的前提。

有关上古空间观的建立，我们于第二章已有讨论。古人通过立表测影首先获得了"二绳"，建立了东、西、南、北、中五方；进而通过二绳的积累获得五位"亞"形，这便是人们最初认识的大地的形状。显然，早期盖天家所认识的大地其实并不是方形，而是"亞"形。商代王陵以"亞"形墓室象征大地（图 2-11），

1 见《晋书·天文志上》。

图 11-1　春秋锺离君柏墓“亞”形墓室

甚至还以持戈的兵士守卫居室，反映着一种一脉相承的古老传统[1]；而东周锺离国君墓的墓室结构也呈“亞”形（图 11-1），同样具有大地的象征意义[2]。这些材料充分说明在方形大地出现之前，“亞”形才是盖天家所认识的大地的真正形状。当然，从“二绳”到“亞”形的这种积绳成面的工作可以无限地继续下去，其最终结果便是将“亞”形所缺的四角补齐，从而使“亞”形发展为正方形，这样，方形大地的观念才得以最终形成。

方形大地观的建立其实并不比“亞”形大地观更优越，它马上就暴露出虞喜所指出的方圆不相谐调的矛盾，显示出一些难以弥补的缺陷。《大戴礼记·曾子天圆》云：“单居离问于曾子曰：‘天圆而地方者，诚有之乎？’曾子曰：‘天之所生上首，地之所生下首，上首之谓圆，下首之谓方。如诚天圆而地方，则是四角之不揜也。……参尝闻之夫子曰：天道曰圆，地道曰方，方曰幽而圆曰明。’”曾子的怀疑代表了对盖天说的普遍质疑，假如天和地真像人们说的那样呈现圆形和方形，那么地的四角岂不无法被天完全罩住，但大地上的人们有谁又是在天之外而没有头顶青天呢？所以孔子曲为之解作“天道曰圆，地道曰方”。事实上这是方圆两种图形不可调和的必然结果，这个困难后来成为盖天家首先遇到的最大麻烦，它终于促使盖天家将大地隆起，从而使大地的曲面与天盖的曲面相同，这样，大地的四角也便完全纳入到天盖的覆盖之下，于是发展出了第二次盖天理论。

盖天家同时认为，天盖乃像车上的华盖一样呈现南高北低的倾倚状态，这种认识很自然地使人将其与共工怒触不周之山后天倾西北、地不满东南的传说联系起来。倚盖的认识显然得自于一个最基本的事实，这就是在黄河流域的纬度地区，人

1 梁思永、高去寻：《侯家庄》第二本，1001 大墓，中央研究院历史语言研究所，1962 年，第 24、29 页；湖北省博物馆：《曾侯乙墓》下册，图版一一，3，文物出版社，1989 年。

2 冯时：《上古宇宙观的考古学研究——安徽蚌埠双墩春秋锺离君柏墓解读》，《中央研究院历史语言研究所集刊》第八十二本第三分，2011 年。

们看到的天顶和赤道实际很高，而天极的位置则相对很低。这体现了先民对于自然天象的直观认识。

天像盖笠并且中央隆起，说明北极的位置呈现为凸耸的璇玑，这一点我们于第四章第三节已有讨论。而大地的中央也同样隆起，这应该就是传说中的所谓昆仑。

盖天家所想象的天乃呈半球的形状，这使日月星辰不可能表现为东升西落的景象。他们认为天盖如磨盘一样左旋，当然日月星辰也便随之而平行运转。这些理论与今日的概念大不相同，构成了盖天学派独具特色的理论内涵。

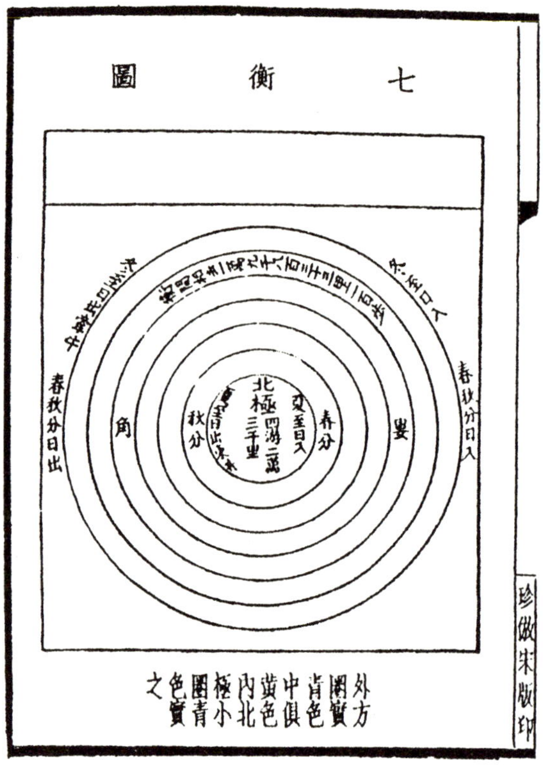

图 11-2 《周髀算经》七衡六间图

作为盖天学说重要著作的《周髀算经》比较详尽地叙述了这些理论，书中有一幅盖天家特制的七衡六间图（图 11-2），成为盖天学说的主要部分。七衡六间是盖天理论说明太阳每日绕地运动（实际是地球自转）的几何图形，七个同心圆分别表示全年十二个中气的太阳周日视运动轨迹，其中内衡为夏至日道，第二衡为小满和大暑日道，第三衡为谷雨和处暑日道，第四衡为春分和秋分日道，第五衡为雨水和霜降日道，第六衡为小雪和大雪日道，外衡则为冬至日道。七衡中最重要的当然只有三衡，即内衡的夏至、第四衡（中衡）的春、秋分以及外衡的冬至日道，它们体现了古人对于分至的认识水平，从这个意义上说，七衡图事实上是在三衡图的基础上发展起来的。夏至日行内衡，春秋分日行中衡，冬至日行外衡，其以三衡规划天盖，既可以认为三衡图乃是天盖的仰视图，同时也表明它实际就是一幅以北极为中心的星图。

七衡六间图各衡的直径与周长数据都完好地保留在《周髀算经》之中，这些数据与早期七衡图所反映的情况或同或异，有助于梳理相关思想的发展。《周髀算经》卷上云：

> 欲知次衡径，倍而增内衡之径，二之以增内衡径，次衡放。内一衡径二十三万八千里，周七十一万四千里；……次二衡径二十七万七千六百六十六里二百步，周八十三万三千里；……次三衡径三十一万七千三百三十三里一百步，周九十五万二千里；……次四衡径三十五万七千里，周一百七万一千里；……次五衡径三十九万六千六百六十六里二百步，周一百一十九万里；……次六衡径四十三万六千三百三十三里一百步，周一百三十万九千里；……次七衡径四十七万六千里，周百四十二万八千里。

经文表明，七衡的直径与周长皆呈等差数列的关系，同时外衡径及周长恰好等于

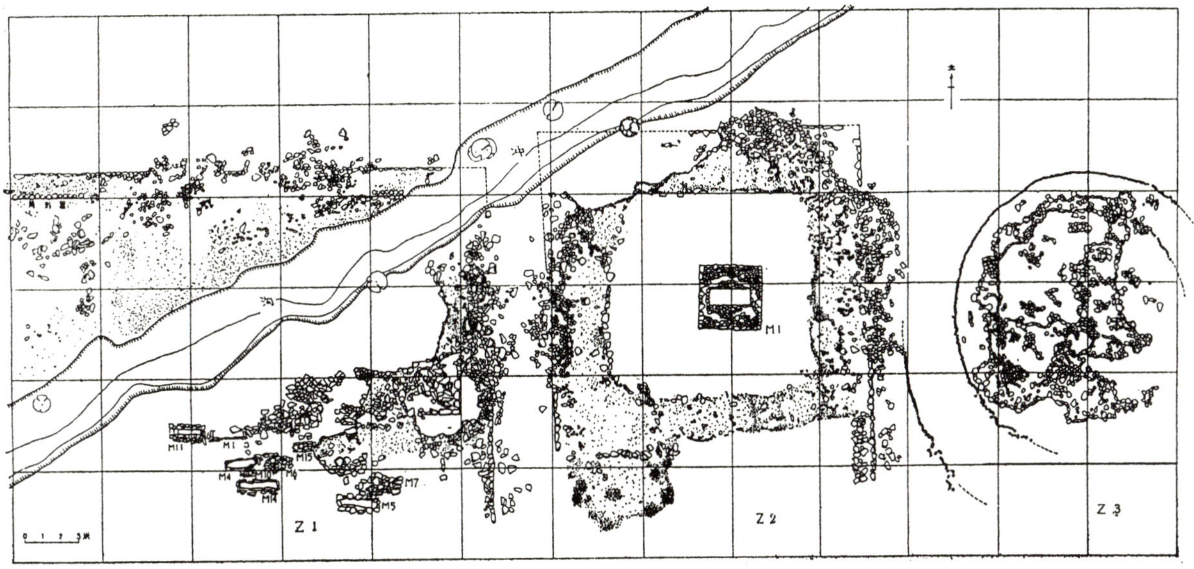

图 11-3　红山文化圜丘与方丘（辽宁建平牛河梁发现，采自《文物》1986 年第 8 期）

内衡径及周长的二倍。如果我们仅将内、中、外三衡的数据列出，这一点将看得更清楚：

内衡$_{夏至}$径 = 238000 里，周 = 714000 里

中衡$_{春秋分}$径 = 357000 里，周 = 1071000 里

外衡$_{冬至}$径 = 476000 里，周 = 1428000 里

有趣的是，目前发现于辽宁建平牛河梁的红山文化圜丘遗迹即呈三衡的形制（图 11-3），时代当属公元前第三千纪的中叶，圜丘虽取三衡的思想以象天，但三衡的设计却与《周髀算经》的记载稍有差异。据发掘报告，三衡直径分别为[1]：

内衡 = 11 米

中衡 = 15.6 米

外衡 = 22 米

事实很清楚，外衡径等于内衡径的二倍，这与《周髀算径》的记载颇为吻合；但三衡直径构成等比数列，则与《周髀算经》的思想又有不同。事实上这种差异明确暗示出红山文化三衡圜丘的设计理念，因为一旦我们推求三衡之比，便会得出：

因 D_1、D_2、D_3 分别为内、中、外三衡直径，

故有 $\dfrac{D_3}{D_2} = \dfrac{D_2}{D_1} = \dfrac{2D_1}{D_2} = \dfrac{D_2}{D_1}$，

故 $D_2 = \sqrt{2}\ D_1$

如此可将三衡直径的关系表示如下：

$$\frac{2D_1}{\sqrt{2}D_1} = \frac{\sqrt{2}D_1}{D_1} = \sqrt{2}，即 \frac{D_3}{D_2} = \frac{D_2}{D_1} = \sqrt{2}$$

三衡径构成 $\sqrt{2}$ 的倍数关系，这是一个极为重要的数字。

1 辽宁省文物考古研究所：《辽宁牛河梁红山文化“女神庙”与积石冢群发掘简报》，《文物》1986 年第 8 期。

我们知道，《周髀算经》作为盖天学派的重要著作，开篇讨论的就是句股问题，这当然服务于盖天理论利用圭表测影并以句股重差之术获得计算的基本方法，而作为最小无理数的 $\sqrt{2}$ 恰恰显示了等腰直角三角形这样一种特殊的句股问题，这个数值在盖天家更习惯讨论的方圆关系中，则又表现为正方形边长与对角线的关系，准确地说，当正方形的边长等于 1，其对角线的长度就是 $\sqrt{2}$。这实际已经提供给我们借助方圆图形重建这种呈现 $\sqrt{2}$ 倍关系的三衡图的契机，而重要的是，《周髀算经》恰好完整地保留了两幅这样的图形，一幅名为“圆方图”，即于正方形外做其外接圆；另一幅名为“方圆图”，即于正方形内做其内切圆（图 11-4）。根据《周髀算经》“以方出圆”的思想，这两幅图形表现的显然是在一个标准正方形的基础上运用相接与相切的知识获得不同圆形的做法，如果将这一工作连续不断地进行下去，人们在一个标准正方形上同时做出它的内切圆及外接圆，这两个同心圆的直径就恰好构成 $\sqrt{2}$ 的倍数关系，因为这一标准正方形的边长在作为其内切圆直径的同时，其对角线则充当了这一正方形外接圆的直径。当然我们仍然需要继续做完外接圆的外切正方形，再重复做这一新的正方形的外接圆，这样便

1

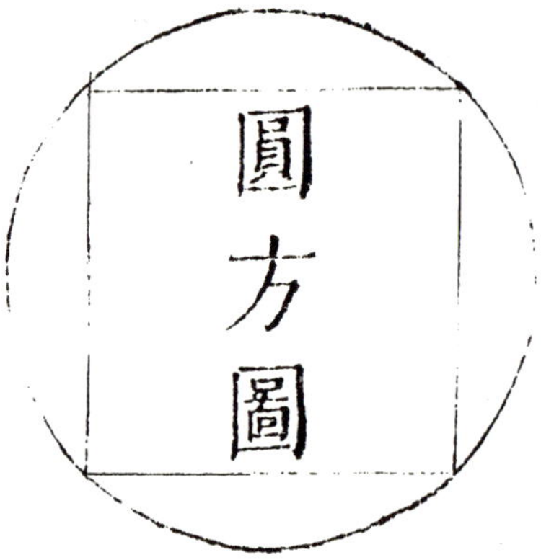

2

图 11-4 《周髀算经》所载方圆图（1. 方圆图 2. 圆方图）

可顺利地获得三衡直径呈现 $\sqrt{2}$ 的倍数关系的三个同心圆（图 11-5）。

牛河梁红山文化圜丘的三衡图至少应是采用这样的方法设计完成的，这无疑展现了先民具有的伟大智慧。然而对于处理三衡的问题，这种做图的方法显然并不是红山先民掌握的唯一做法。近日辽宁朝阳田家沟再次发现红山文化的圜丘遗迹，其由三个同心圆所组成的三衡图像呈现内衡 7 米、中衡 14 米、外衡 21 米的设计，三衡直径构成等差数列，从而与《周髀算经》所载的内容相合。但其外衡径乃为内衡径的三倍，这又与《周髀算经》及牛河梁三衡图皆有不同。事实上，两处红山文化三衡遗迹所表现的部分特点显示了晚出的《周髀算经》对早期三衡图思想的继承，其兼而汲取牛河梁三衡图外衡径为内衡径二倍的关系以及田家沟三衡图三衡直径构成等差数列的关系，从而形成《周髀算经》独立的体系。不过《周髀算经》将本出不同系统的思想混为一体，已失去了其原有的合理成分。

太阳既然沿着七衡平转，那么昼夜的更替又将如何解释呢？在这方面，盖天家巧妙地利用了人类目力有限的特点。盖天家将太阳视为拱极星，凡日光照到的

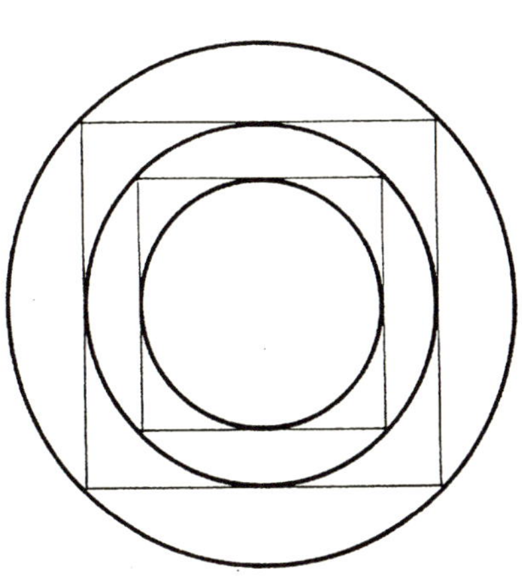

图 11-5　圜丘复原图

范围才是白天，太阳转出这个范围就是黑夜。为此，盖天家特意制造了一幅名叫“青图画”的新图，表示观测者的目力范围，并规定人的视野半径为十六万七千里，然后把青图画叠合在黄图画（七衡六间图）上。盖天家的理解是，当太阳转入青图画内便进入人的视野范围，这时将呈现白昼；当太阳转出青图画外便移出了人的视野范围，此时则呈现黑夜。东汉王充在解释这种理论时曾有过一些非常形象的比喻，其中之一就是将太阳比作火炬，昼夜更替，如同火炬距人之远近。《论衡·说日》云：“试使一人把大炬火夜行于道，平易无险，去人不一里，火光灭矣，非灭也，远也。今日西转不复见者，非入也。”这是盖天家对宇宙解释的最显著特点。

青图画和黄图画各有一个“极”，贯穿两个“极”点，可以看见黄图画上的七衡六间和二十八宿等星象。随着黄图画的旋转，青图画中透视的天象便会相应改变，这就是盖天家特制的“盖图”。通过盖图，人们便能很容易地了解一年中任何季节日出、日入的方向和夜晚的可见星象。

根据《周髀算经》的记载可以将盖图复原（图 3-7），图中的三个同心圆便是七衡六间图的核心部分——三衡图，古人也称“黄图画”；与黄图画部分重叠的大圆为青图画，表示人的目视范围。C 为青图画的圆心，系观测者的位置，十六万七千里为视野半径，“极”点既是黄图画与青图画的两个极点，同时也是黄图画的北极。盖天家认为，当太阳在青图画以内的 LDL′、MEM′ 及 NFN′ 三段弧上运行的时候，就进入了人的视野范围，这时则是二分二至的白天，显然，L、M、N 三点相对于观测者位置 C 而言，分别为夏至、春秋分和冬至的日出位置，而 L′、M′ 和 N′ 则是此时的日入位置，因此，太阳从 L′、M′ 和 N′ 转出青图画后在 L′ 至 L、M′ 至 M 和 N′ 至 N 三段弧上运行时便是二分二至的黑夜。

《周髀算经》给出的这幅盖图看起来似乎很合理，但是在决定分至日的昼夜关系上却有着明显不足。我们知道，春秋分日的昼夜时间应该相等，而盖图所示春秋分昼长却仅有夜长的一半，矛盾是显而易见的。虽然这些矛盾对于汉代的盖天家已难以自解，但是我们今天有机会看到的早期盖图却不是这样。通过比较可以发现，造成这种错误的原因实出在七衡六间图中三衡直径的具体长度上。根据《周髀算经》的记载，外衡径与中衡径的差等于中衡径与内衡径的差，也就是说三衡直径呈等差数列，显然这与周髀的原则不能符合。

更早的盖图则充分体现了句股原则，就一个标准正方形而言，在其边长作为这个正方形内切圆直径的同时，它的对角线却也在充当着这个正方形外接圆的直径，这使古人很容易利用做正方形内切或外接圆的方法连续得到三个同心圆，并且使它们的直径必然呈现等比关系。这个结果意味着，如果把青图画叠合在黄图画上，只要中衡被平分，青图画所分割的内衡的两弧之比就必然等于外衡两弧之比的倒数，它恰恰说明春秋分昼夜平分以及冬夏至日昼夜之比构成反比的关系。

图 11-6　北京天坛的圜丘

这种关系在秦汉时的典籍中还有着大量记载，我们在《云梦秦简·日书》和《论衡·说日》中都可以找到完整的答案。现将古人以十六时规划的十二中气昼夜比例整理如下：

内衡	夏至	日十一夕五
第二衡	小满、大暑	日十夕六
第三衡	谷雨、处暑	日九夕七
中衡	春分、秋分	日八夕八
第五衡	雨水、霜降	日七夕九
第六衡	小雪、大雪	日六夕十
外衡	冬至	日五夕十一

盖天说由于有这些合理的成分，因此直至汉代以后，仍然有人对此笃信不疑。然而它所造成的另外一个矛盾却始终没有能够消除，在早期盖图中，外衡径为内衡径的二倍，也就是说外衡周同时也是内衡周的二倍，这意味着冬至时太阳周日视运动的路径和线速度应为夏至日速度的二倍。这一现象虽与《周髀算经》的记载颇为一致，但却违背了实际天象。不过由此可以看出，汉代的盖图很可能是在早期盖图的基础上修改完成的，这一做法显然造成了更多的错误，从而使当时的盖天图解失去了它应有的实用价值，变成了一种纯粹示意性的图形。

上面的讨论反复涉及了三衡这一古老观念，事实表明，这种观念是盖天理论的一项重要内容，它反映了古人对分至日的认识结果，这一点在七衡

图 11-7　新石器时代三环玉璧（安徽含山凌家滩出土）

图中已经表现得非常清楚。由于古人对分至四时的重视，三衡遗迹得以广泛的存留，新石器时代的圜丘形制一直到明代都没有改变（图 11-6），礼天的玉器也以三衡或七衡图为形制而设计（图 11-7），甚至在墓葬中更作为天盖的象征（图 11-8）。很明显，中国古人以三衡象征天道的思想有着极其深厚的渊源。

图 11-8　锺离君柏墓封土下之白土圆璧遗迹复原图

第二节　浑天说

浑天说的历史究竟古老到什么程度，目前还有疑问，东汉的张衡虽然完整地阐述了浑天理论，但他并没有把这一理论看作是他自己的发明。事实上，关于天球的这种臆想至迟在战国时代就已经出现了。

一般认为，西汉的落下闳是浑天说最早的代表人物。据史籍记载，他是浑仪的第一位制造者[1]，这种体现浑天思想的仪器与浑天理论当然有着密切的联系。不过有关这一思想的最古老的描述，则出自东汉天文学家张衡所作的《浑天仪注》。我们把原文引述在这里：

> 天圆如鸡子，天体圆如弹丸，地如鸡中黄，孤居于内，天大而地小。天表里有水，天之包地，犹壳之裹黄。天地各乘气而立，载水而浮。周天三百六十五度四分度之一，又中分之，则一百八十二度八分度之五覆地之上，一百八十二度八分度之五绕地之下。故二十八宿半见半隐。其两端谓之南北极。北极乃天之中也，在正北，出地上三十六度。然则北极上规径七十二度，常见不隐。南极天之中也，在正南，入地三十六度。南极下规七十二度，常伏不见。两极相去一百八十二度半强。赤道横带浑天之腹，去极各九十一度十六分度之五。黄道斜带其腹，出赤道表里各二十四度。天转如车毂之运，周旋无端，其形浑浑，故曰浑天也。

这段珍贵的记录揭示了一个新型的宇宙模式。浑天家认为，天球像一个鸡蛋，而且圆得像弹丸一样，地像蛋黄，独处在当中，天包着地如同蛋壳包裹着蛋黄，天球的下半部是水，天球靠气支托着，而地则浮在水上。天的大圆分为 365 $\frac{1}{4}$度，其中有一半（182 $\frac{5}{8}$度）在地的上面，另一半则在地下，这就是在每一时刻只能看到二十八宿中一半星宿的原因。天的两端有南、北两极，北极在地上 36 度，南极在地下 36 度，因此天球相对于地球是倾斜的，而以北极为中心、直径为 72 度的

1 扬雄《法言·重黎》："或问'浑天'。曰：'落下闳营之，鲜于妄人度之，耿中丞象之，几乎！几乎！莫之能违也。'"《史记·历书》司马贞《索隐》姚氏案引《益都耆旧传》："闳字长公，明晓天文，隐于落下，武帝征待诏太史，于地中转浑天，改颛顼历作太初历，拜侍中不受。"

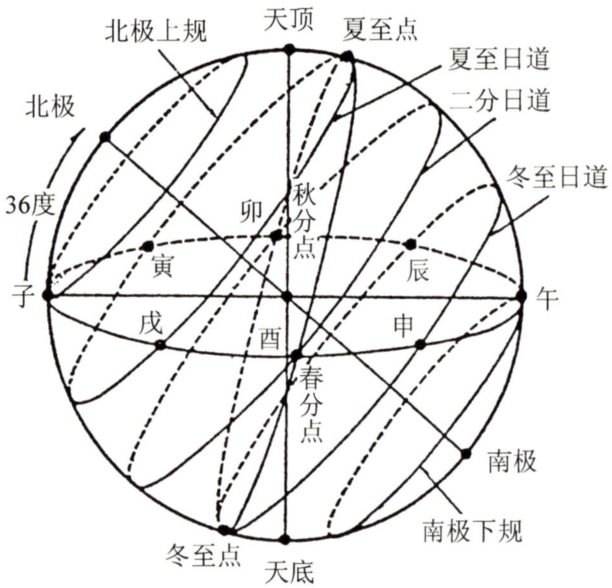

图 11-9　浑天说天球模型

圆周内，所有恒星永远可以看到；相反，围绕南极的同样大的圆周内的恒星则永远不可能看到。天球绕着两极的轴线运转，就如同车轮转动一样永不停息。

蛋黄与蛋壳的比喻很容易使人得出天和地是两个大小不同的球形的印象，话虽如此，但我们还不能匆忙做出结论，认为浑天说就是一种以地球为中心的宇宙学说。不同的观点认为，张衡所讲的“地如鸡中黄”只是出于表述天与地的关系这一简单的目的，而大地的形状却是平直的[1]，这同盖天家的大地观没有多少区别，实际上早期浑天家所使用的测量方法完全是从盖天家那里继承下来的事实也足以说明这一点。这个观点显然有它合理的地方，因为无论盖天或浑天，其实都是以对天体的认识为主要对象，而对大地形状的描述始终都退居次要的地位，这使得最初的浑天家很可能直接接受了盖天家所持有的大地观念，从而使这种认识成为浑天说产生之初的一种不谐调的形式。但是，我们不能设想这种思想可以长期作为浑天说的理论基础，因为无论从哪个角度讲，尽管球形大地的认识比天球的认识更需要勇气，然而这个观念却可以从天球概念中自然地产生出来，况且即使在晚世的盖天学说中，本来被认为的平直大地，其形状也已发生了改变。事实上，汉代以后的浑天理论正是沿着这样的思想发展的。

浑天家可以借助浑天仪演示各种天象。我们在图 11-9 上看到，天球上垂直于极轴的有五个大圆，其中最北和最南的两个圆为恒显圈和恒隐圈，恒显圈中的星象终年总在地平以上，而恒隐圈中的星象却总在地平之下。中间的大圆为天赤道，也就是春秋分的太阳日行轨迹，此时太阳出于正东方的卯点，没于正西方的酉点，而且白天和黑夜的长度相等；天赤道以北的大圆为夏至时的日行轨迹，此时太阳出于东北方的寅点，没于西北方的戌点，白天的长度长于夜晚；天赤道以南的大圆为冬至时的日行轨迹，此时太阳出于东南方的辰点，没于西南方的申点，白天的长度短于夜晚。这些演示比盖天说似乎直观一些，但是我们不要忘记，按照浑天家的解释，太阳在夜晚必须从地下的水中回到原来的位置，这样才能保证太阳在第二天的早晨重新在东方升起，这种假设在阴阳学说盛行的时代显然很难令人接受，正因为如此，浑、盖两个学派进行了长期而激烈的论辩。

1 唐如川：《张衡等浑天家的天圆地平说》，《科学史集刊》1962 年第 4 期；《对“张衡等浑天家天圆地平说”如再认识》，《中国天文学史文集》第五集，科学出版社，1989 年。

王充在他的《论衡》中已经表现出对这种学说的怀疑[1]，这种疑虑后来使浑天家不得不放弃了地中之水的传统观念。但是，盖天家的七衡六间图对于太阳视运动角度的变化本来就无法表述，因此在天体测量方面，浑天说明显优于盖天说，西汉末年的桓谭也正是利用这一点最终说服扬雄相信了浑天说。《晋书·天文志上》云：

后奏事得报，坐西廊庑下，以寒故暴背。有顷，日光出去，不复暴背，君山乃告信盖天者曰："天若如推磨右转而日西行者，其光景当照此廊下稍而东耳，不当拔出去。拔出去是应浑天法也。浑为天之真形，于是可知矣。"然则天出入水中，无复疑矣[2]。

扬雄被桓谭说服之后，反过来拥护浑天说，而且提出了一大串问题责难盖天家。

事实上，浑天与盖天两种理论是难分高下的，它们各有合理的地方，也各有缺陷。因此到南北朝时期，信都芳和崔灵恩等天文学家都主张将浑、盖两种学说统一起来，并为调和这两种学说付出了很大努力。信都芳强调，浑天说是从天外俯观天象，盖天说则是自天内仰观天象，俯仰角度虽异，但道理却都一样。然而，假如将浑天说与盖天说相比，浑天说终究还是更为浅显易懂，所以到汉代末年，这种学说似乎已得到了普遍的承认。汉末蔡邕《表志》云："言天体者有三家，一曰周髀，二曰宣夜，三曰浑天。宣夜之学绝无师法。周髀数术具存，参验天状，多所违失，故史官不用。唯浑天者近得其情，今史官所用候台铜仪，则其法也。立八尺圆体之度，而具天地之象，以正黄道，以察发敛，以行日月，以步五纬。精微深妙，万世不易之道也。官有其器而无本书，《前志》亦阙而不论。"尽管浑天说为官方所认可，但这并不意味着有关浑、盖两种学说的争论可以就此罢休。同时更为重要的是，由于盖天说所呈现的天圆地方的宇宙模式最为简单，从而使这一宇宙观深植于社会礼俗，并在丧葬制度中借穹窿墓顶与方形墓室相结合的墓葬形制得以表现（图6-4），自秦汉以后广为流行，在浑天说成为官方主流学说的同时，盖天说则以这样一种新的形式代代传续。

第三节　宣夜说

宣夜学说是一种典型的无限空间的宇宙理论，它是古人摒弃有限空间观念的重要发展。虽然宣夜说何时出现已无从稽考，但据其至东汉时代即已沦为绝学的事实，可以推见这一学说的古老。汉灵帝时，议郎蔡邕于朔方上书，曾称"宣夜之学，绝无师法"[3]。《晋书·天文志上》则记宣夜之事云：

宣夜之书亡，惟汉秘书郎郗萌记先师相传云："天了无质，仰而瞻之，高

---

1 见《论衡·说日》。

2 《太平御览》卷二记云："后与子云奏事待报，坐白虎殿廊庑下，以寒故，背日曝背。有顷，日光去背，不复曝焉。因以示子云曰：'天即盖转而日西行，其光影当照此廊下而稍东耳，无乃是反应浑天家法焉。'子云立坏其所作，则儒家以天为左转是也。"严可均《全上古三代秦汉三国六朝文·全后汉书》卷十五也有类似的文字。

3 见《宋书·天文志一》。

远无极，眼瞀精绝，故苍苍然也。譬之旁望远道之黄山而皆青，俯察千仞之深谷而窈黑，夫青非真色，而黑非有体也。日月众星，自然浮生虚空之中，其行其止皆须气焉。是以七曜或逝或住，或顺或逆，伏见无常，进退不同，由乎无所根系，故各异也。故辰极常居其所，而北斗不与众星西没也。摄提、填星皆东行，日行一度，月行十三度，迟疾任情，其无所系著可知矣。若缀附天体，不得尔也。"

世或以上录之语乃出东晋葛洪所记[1]，不知何据。在宣夜家看来，天是空的，没有物质，并且无限高远，没有边界。我们看到的天空虽然呈现蓝色，那只是由于它离我们太遥远而产生的错觉，犹如从远处侧望黄山，黄山却显出蓝色，注视深谷，深谷却一片暗黑一样，但蓝色与暗黑都不是山谷的本色。地球以外到处都充满了气体，日、月和众星自由地浮在空中，它们都是由气的推动而运动，或是由气的阻碍而停止。这种宇宙无限的理论近乎正确地解释了宇宙无限的现象。

宣夜之学虽早已失传，但汉以后的学者对其还有一些零星记忆。郗萌当然是其中最重要的一位，他生活于东汉早期，与班固、贾逵等学者并称于时，曾有星占著作问世。稍晚则有黄宪，主要活动于东汉和帝、安帝时期，也是宣夜理论的倡导者，其《天文》云[2]：

曰：然则天体果有涯乎？曰：日月之出入者，其涯也。日月之外，则吾不知焉。

曰：日月附于天乎？曰：天，外也；日月，内也。内则以日月为涯，故躔度不易而四时成。外则以太虚为涯，其涯也，不睹日月之光，不测躔度之流，不察四时之成，是无日月也，无躔度也，无四时也，同归于虚。虚则无涯，是以日月之外，圣人不能范围之而作历，日月之内，圣人不能损益之而成象，故历者循其迹而作者也。

曰：天之旋也，左耶？右耶？曰：清明不动之谓天，动也者，其日月星辰之动乎。是故天之旋非也。规天而作历，犹非也，验诸运焉云尔已矣。

黄宪认为，凡人目所及日月星辰所在的空间是有限的，而于其外的空间则是没有涯垠的无限的太虚。对于有限的空间，人们自然可以进行观测和度量，而对无限的空间而言，由于人的目力不及，所以根本不存在对之观测和度量的可能。天无形无质而且无限，因此固而不动，只有日月星辰于其内运动不息，所以也就根本不存在所谓天旋的问题。这些对于天的无限性的论述非常精彩。

东晋的虞喜不仅发现了岁差现象，而且也是宣夜说的信奉者。他曾作《安天论》，提出所谓安天说：

天高穷于无穷，地深测于不测。天确乎在上，有常安之形；地魄焉在下，有居静之体。当相覆冒，方则俱方，员则俱员，无方员不同之义也。其光曜布列，各自运行，犹江海之有潮汐，万品之有行藏也。

虞喜在对三家宇宙学说考辨之后发现，唯宣夜之说可取，而盖天、浑天二说皆不足训。故有续宣夜之意，以免其法绝灭。他认为天高而不可穷极，且静而不动，"有常安之形"，这便是其安天论的核心。地虽有体而居天下，但也深厚不

1 《太平御览》卷二引此语为"抱朴子曰"。

2 见《古今图书集成·乾象典》卷六。

可穷及。天地如有形状，那就一定会是一致的，要么同为方形，要么同为圆形，这样才能相互依托或包裹。确切地说，虞喜的安天论更像是盖天、浑天、宣夜三种理论的调和之作，虽然他摒弃了盖天、浑天的基本理论，但宣夜说所突显的无限宇宙的特点不仅没有在这里得到发展，甚至较郗萌的描述更充满矛盾。

宣夜理论之所以过早失传而绝无师说，其重要原因即在于这一学说所具有的无限宇宙论的特点，这一特点使得宣夜理论不仅始终没有发展出一种与之配套的计算模式，甚至也不可能藉助任何有限空间的模型对其加以阐释和说明。事实上，这究竟因为宣夜学派的著作已全部散佚而无法为人了解，还是这种宇宙无限理论本身就根本不需要这样一种模式，现在还很难定论。不过相对于作为有限宇宙论的盖天、浑天二家而言，空间的无限性实际已极大地降低了观测与度量的意义，这使宣夜理论严格地说只能停留在思辨的层面。然而不容否认，这一理论卓尔不群，它的提出充分反映了中国上古天文学的进步，而且也显示了天文学逐渐哲学化的发展趋势。

宣夜学派的理论与道家思想的相通似乎毋庸置疑，这种对于宇宙无限性的理解，在先秦诸子的著作中留有许多痕迹，甚至浑天说在对宇宙的描述中，也不可避免地受到了这一理论的影响。浑天学派的张衡认为，天球大圆之外还存在着无限的空间，但是宣夜学派则比它更进了一步，他们把整个天球都彻底否定了。

这种宇宙无限的思想怎样表述呢？中国人所作的解释似乎都过于玄妙，不过在同时代的古希腊也曾产生过一种类似的思想，当时的思想家阿尔希特曾这样来论证空间的无限性：当一个人站在世界的边缘，站在天的苍穹之上，这个人是否能将手或拐杖伸到外部空间去呢？作否定的回答显然是荒谬的。但是，如果他把手伸出去了，那么外面就必定有物体或空间，因此在每一个这样的场合下，人们都可以转移到这个新得到的外界上提出同样的问题。既然拐杖每一次都会碰到新东西，那么很明显，一直到无限都会如此。这种纯逻辑性的思辨证明，世界不可能有边缘。

“太虚”则是中国古人解释宇宙无限论时习惯使用的概念，它被认为是延伸于一切天体之外的无穷无尽且无影无形的空间，人们看到的只是其中运动着的天体，这意味着盖天家与浑天家所设想的天壳实际是根本不存在的。

太虚与古老的元气理论是结合为一的，太虚是气的本来状态，而宇宙为气所充斥，这种思想在中国有着古老的渊源，直到汉代，人们仍然坚信天是上升的清气，这些认识显然构成了宣夜说的理论基础。人们由此想到，恒星和行星可以不需要任何东西的支持而漂浮在空中，尽管当时的人们无法知道天体的外层空间不存在大气，但这个解释却比宣夜说以外的任何一种学说都更为进步。

宣夜说体现了中国古人对宇宙最接近真实的解释，尽管这个学说的理论过早失传，但仍拥有大量的追随者，东汉的郗萌、黄宪、三国的杨泉、东晋的虞喜都曾比较系统地讨论过宣夜理论，宋代理学家张载和朱熹更提出了“太虚无体”或“天无体”的思想，这些思想显然可以看作是宣夜思想的延续，甚至到明末中国传统科学由于西方传教士的入华而与近代科学合流的时候，这种思想仍然保持着它的活力。很明显，宣夜理论对中国古代天文学思想产生了长期的积极影响。

第十二章

天文仪器

在人类开始摆脱利用自然标志物观测研究天体运动规律的时候，他们或许已经意识到，借助一些人工仪器将能提高观测的精度，于是各种天文仪器应运而生。显然，天文仪器是天文学发展到一定阶段的必然产物，同时随着各种仪器的改良和日臻精密，又直接导致了天文学水平的提高。

中国古代的天文仪器主要可分为三类，最早出现的仪器是槷表，虽然它的结构简单，但却具有多方面的功能。与表相关的另一类仪器是计时仪器，最后一类独立存在的仪器是观测仪器。除此之外，先民很早便发明了律管，并用以候气正时，成为律历制度的根本。因此，律管在上古时代虽不作为严格意义上的天文仪器，但其作用乃在于求天地风气之中正，从而为制度的建立奠定了基础，显然也是建时定气的重要仪具。

第一节　律管候气

律管创制之早，传世文献与出土遗物于此都有明确的证据。《吕氏春秋·古乐》云：

> 昔黄帝令伶伦作为律，伶伦自大夏之西，乃之阮隃之阴，取竹于嶰谿之谷，以生空窍厚钧者，断两节间，其长三寸九分而吹之，以为黄钟之宫，吹曰“舍少”。次制十二筒，以之阮隃之下，听凤皇之鸣，以别十二律。其雄鸣为六，雌鸣亦六，以比黄钟之宫，适合。黄钟之宫，皆可以生之，故曰黄钟之宫，律吕之本。

剔除黄帝史观这些晚起的因素，仅就古人以律模仿凤鸣的认识而言，其与出土遗物所反映的史实完全相合。河南舞阳贾湖遗址出有距今约八千年的骨质律管，共22支，皆由丹顶鹤的腿骨制成[1]，或许正体现了传统以为模仿凤鸣成律的史影。

古人制律，目的实在于为制度立法，而制度之基础则在于正时，所以不同之律必须适合不同的时气，从而通过求得天地之中声，也即合于四时变化的和谐之声，最终达到以中准之声端正时间的目的。《史记·律书》云：

> 王者制事立法，物度轨则，壹禀于六律，六律为万事根本焉。

此称“六律”，实含六阳六阴之分，共为十二律。故《汉书·律历志上》云：

1 河南省文物考古研究所：《舞阳贾湖》，科学出版社，1999年。

律十有二，阳六为律，阴六为吕。律以统气类物，一曰黄钟，二曰太族，三曰姑洗，四曰蕤宾，五曰夷则，六曰亡射。吕以旅阳宣气，一曰林钟，二曰南吕，三曰应钟，四曰大吕，五曰夹钟，六曰中吕。……至治之世，天地之气合以生风；天地之风气正，十二律定。

古人以十二律正十二月之气，遂以十二律配四十二月，以纪阴阳之气的变化。司马贞《史记索隐》引《释名》："律，述也，所以述阳气也"。又《续释名·释律吕》："律，率也，所以率气令生也"。《汉书·律历志上》："吕，旅也，言阴大，旅助黄钟宣气而牙物也。"是知律吕的作用即在于纪气正时。古人以律正历，故传统或名历曰"律历"。

司马迁于《史记·律书》对十二律与四时之气的关系有着系统阐释，其云：

律历，天所以通五行八正之气，天所以成孰万物也。……十月也，律中应钟。应钟者，阳气之应，不用事也。其于十二子为亥。……十一月也，律中黄钟。黄钟者，阳气踵黄泉而出也。其于十二子为子。……十二月也，律中大吕。大吕者，其于十二子为丑。正月也，律中泰蔟。泰蔟者，言万物蔟生也，故曰泰蔟。其于十二子为寅。……二月也，律中夹钟。夹钟者，言阴阳相夹厕也。其于十二子为卯。……三月也，律中姑洗。姑洗者，言万物洗生。其于十二子为辰。……四月也，律中中吕。中吕者，言万物尽旅而西行也。其于十二子为巳。……五月也，律中蕤宾。蕤宾者，言阴气幼少，故曰蕤；痿阳不用事，故曰宾。景风居南方。景者，言阳气道竟，故曰景风。其于十二子为午。……六月也，律中林钟。林钟者，言万物就死气林林然。其于十二子为未。……七月也，律中夷则。夷则，言阴气之贼万物也。其于十二子为申。……八月也，律中南吕。南吕者，言阳气之旅入藏也。其于十二子为酉。……九月也，律中无射。无射者，阴气盛用事，阳气无馀也，故曰无射。其于十二子为戌。

皆以律吕应四时之气。《律书》又以八节之气以应八方之风，配以二十八宿，构成了完整的律历体系。太史公曰："在旋玑玉衡以齐七政，即天地二十八宿。十母，十二子，钟律调自上古。建律运历造日度，可据而度也。"古人以律纪节气，轨度历法。《汉书·律历志上》："故黄钟纪元气之谓律。律，法也，莫不取法焉。"颜师古《注》引孟康曰："律得风气而成声，风和乃律调也。"又引臣瓒曰："风气正则十二月之气各应其律，不失其序。"无不体现着古人借律管以求中声，律调则时气端正的古老传统。

以律候气的原理在于四时地气的不同，地气的变化虽然细微，但以律候之则可见微知著。《史记·太史公自序》："律居阴而治阳，历居阳而治阴，律历更相治，间不容翲忽。"司马贞《索隐》："案：忽者，总文之微也。翲者，轻也。言律历穷阴阳之妙，其间不容丝忽也。"张守节《正义》："翲，字当作'秒'。秒，禾芒表也。忽，一蚕口出丝也。言律历相治之间，不容比微细之物也。"可见其术精微。

古人以律管候气，其法甚古。《尚书·尧典》："协时月正日，同律度量衡。"伪孔《传》："合四时之气节，月之大小，日之甲乙，使齐一也。"郑玄《注》："律，音律。阴吕阳律也。"即此之谓。先秦《月令》系统已载各月所应之律，即见其历史的悠久。这一传统后为汉人所继承，《史记·律书》、《淮南子·时则》

于此皆有系统的存留。《国语·周语下》："古之神瞽考中声而量之以制，度律均钟，百官轨仪，纪之以三，平之以六，成于十二，天之道也。夫六，中之色也，故名之曰黄钟，所以宣养六气、九德也。"《淮南子·天文》："律之数六，分为雌雄，故曰十有二钟，以副十二月。"皆明其理。《中论·历数》："昔者圣王之造历数也，察纪律之行，观运机之动，原星辰之迭中，寤晷景之长短，于是管仪以准之，立表以测之，下漏以考之，布算以追之，然后元首齐乎上，中朔正乎下，寒暑顺序，四时不忒。"其中"纪律之行"、"管仪以准之"也皆指候气之事。

候气之术久已失传，《北史·信都芳传》曾记东魏、北齐天文学家信都芳于律管吹灰古法的重建工作。文云：

> 芳精专不已，又多所窥涉。丞相仓曹祖珽谓芳曰："律管吹灰，术甚微妙，绝来既久，吾思所不至，卿试思之。"芳留意十数日，便报珽云："吾得之矣，然终须河内葭孚灰。"祖对试之，无验。后得河内灰，用术，应节便飞，馀灰即不动也。不为时所重，意不行用，故此法遂绝。

《隋书·律历志上》对此事也有记载：

> 后齐神武霸府田曹参军信都芳，深有巧思，能以管候气，仰观云色，尝与人对语，即指天曰："孟春之气至矣。"人往验管，而飞灰已应。每月所候，言皆无爽。又为轮扇二十四，埋地中，以测二十四气。每一气感，则一扇自动，他扇并住，与管灰相应，若符契焉。

信都芳恢复的候气古法是将芦苇内膜焚为灰，以充填律管，交天气至，则相应律管中的葭孚灰便会飞出，从而验明地气的变化。

候气古法事实上于唐以前尚有存续，《汉书·艺文志》数术类文献有《钟律消息》二十九卷、《黄钟》七卷等，或与此术有关。南朝阮孝绪《七录》载《候气占》一卷，当录候气之法。唐李淳风著《晋书·天文志》，于其法或有记述。文云：

> 或云以律著室中，随十二辰埋之，上与地平，以竹莩灰实律中，以罗縠覆律吕，气至吹灰动縠。小动为和；大动，君弱臣强；不动，君严暴之应也。

这种候气方法显然非常简单。而晋人司马彪作《续汉书·律历志》不仅保留了一种更复杂的候气程序，而且从理论上对候气古法进行了一些可能的解释。《律历志上》云：

> 夫五音生于阴阳，分为十二律，转生六十，皆所以纪斗气，效物类也。天效以景，地效以响，即律也。阴阳和则景至，律气应则灰除。是故天子常以日冬夏至御前殿，合八能之士，陈八音，听乐均，度晷景，候钟律，权土炭，效阴阳。冬至阳气应，则乐均清，景长极，黄钟通，土炭轻而衡仰。夏至阴气应，则乐均浊，景短极，蕤宾通，土炭重而衡低。进退于先后五日之中，八能皆以候状闻，太史封上。效则和，否则占。
>
> 候气之法，为室三重，户闭，涂釁必周，密布缇缦。室中以木为案，每律各一，内庳外高，从其方位，加律其上，以葭莩灰抑其内端，案历而候之。气至者灰动。其为气所动者其灰散，人及风所动者其灰聚。殿中候，用玉律十二。惟二至乃候灵台，用竹律六十。候日如其历。

古人计时以辨阴阳，可取天地为标准。观日行以察其影，此即"天效以景"；候钟律以验地气，此则"地效以响"。候气者为八能之士，但最早为人们所候验之气却只有冬夏二至，候气之法虽足以验明时气，但与测影之术相比却略显粗疏，其应验之日往往进退于先后五日之中。这种误差对于仅候二至之气当然并无不可，但若进而发展为候验二十四节气，则完全不能接受，这便是候气之法起源虽早，但亡佚也早的主要原因。

河南舞阳贾湖新石器时代墓葬所出约八千年前之骨律（图 12-1），其作用应该就是为着候气。这不仅证明候气的传统相当古老，而且揭示了早期律吕制度与候气的固有关系。贾湖骨律多为七孔，据对其中一支的测音结果显示，已备黄钟、大吕、太蔟、姑洗、蕤宾、夷则、南吕、应钟八律[1]。由于传统的十二律乃取三分损益法相生而成，这暗示了八律的存在必然意味着十二律已经同时出现的事实。十二律以律吕之分，别为阴阳，纪以历月。而贾湖所见二十二支骨律，其中十四支律管呈两支一组分别随葬于七座墓穴，而同墓所葬之两支骨律，其宫调恰好呈现大二度音差，明确证明当时的律制具有雌雄之分，这与律吕阴阳并以其纪月的本质完全相合，显然，律管的这种阴阳属性无疑说明其本具有效验阴阳的特殊用途，这一用途便是候气验时。不仅如此，二十二支骨律中有八支律管单独出自八座墓葬，而随葬骨律的全部十五座墓中，有八座还同时出有用于占卜的完整龟甲，这些现象无不与文献所记以八能之士候气，效则和，否则占的传统一致。或许当时的人们利用律管候气不限于二至，而已将候气的时间扩大为分至启闭八节，八节各有主司候气的官员，是谓八能之士。律管效验地气，阴阳和则气至灰除，阴阳不和则需行龟占之法。这便是我们今日所能追溯出的最早的候气传统。

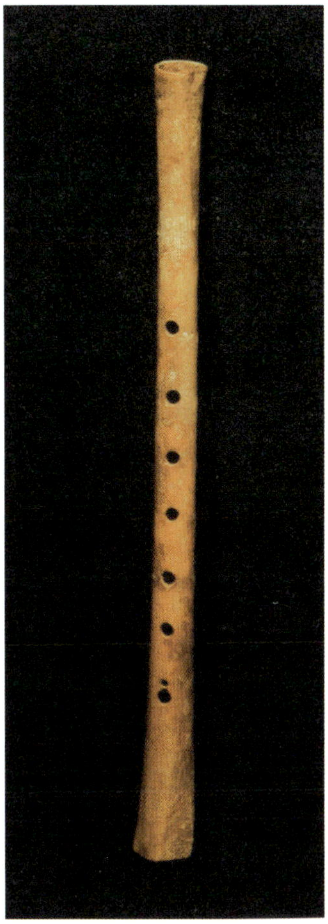
图 12-1　新石器时代骨律（河南舞阳贾湖出土）

第二节　圭表

古人为研究太阳运动首先创制了槷表，严格地说，表是一切天文仪器中最古老的一种。既然效验地气的律管并不能完成准确测量时间的工作，那么在表发明之后，律管候气由于具有着种种弱点，便逐渐退出了历史的舞台。因此，表的发明事实上是天文观测精确化的结果。

原始的槷表是一根垂直立于平地上的杆子，由于人们必须了解不同时节的表影长度，于是同时发明了计量影长的度圭。表的用途非常广泛，首先是用它来确

1 吴钊：《贾湖龟铃骨笛与中国音乐文明之源》，《文物》1991 年第 3 期。

定方位，这个设想是通过对太阳投影方向的测定而实现的。其次是利用表来确定节气，显然这是根据一年中正午时刻表影的长短变化完成的。另外一些工作则都存在着一定的错误和误差，古人最初通过表影在一天之中方位的改变测定时间，但相当粗疏，后来由表衍生而出的日晷独立发展了这一功能；古人还曾根据不同地点表影在同一时刻的长度变化测定距离，不仅建立了影差寸千里的定律，而且可以找到天地的中央。这个方法在后代逐渐得到了改进。

新石器时代房屋和墓穴的方向有相当一部分都很端正，因此可以相信，只要古人愿意把他们的生居或死穴摆在一条正南正北或正东正西的端线上，他们就有能力做到这一点。这证明当时的人们已经掌握了用表确定方位的方法，这种方法最早见载于战国时代的《考工记》和《周髀算经》，我们于第二章已有详细的讨论。其具体做法是：先将地面修整水平，尔后将表立于地面，并以八绳自表顶引垂，附于表的四正与四维，以校正表处于垂直的状态。然后以表为圆心画出一个圆周，并将日出和日落时表影与圆周相交的两点记录下来，这样，连接两点的直线就是正东西的方向，而两点的中央与表的垂直方向则是正南北的方向（图 2–1，1）。当然，为了保证方向定得尽量准确，还要参考白天正午时刻的表影方向和夜间北极星的方向。这种方法只需使用一根表就可以完成，因此比较简单。但是由于日出日落时表影较为模糊，与圆周的交点不易定准，所以运用这种方法确定的方向是相对粗疏的。

西汉早期的《淮南子》提出了另一种测定方位的方法。先于中央立固定的一表，然后在这个定表的东边十步远的地方立一根可以移动的游表，日出时从定表向游表定位，使两表与太阳中心重合，日落时再在定表东边十步远的地方竖立一根游表，并从这个新置的游表向定表方向定位，也使两表与太阳中心重合。这样，连接两个游表的直线就是正南北的方向，两游表的中心点与定表的直线方向就是正东西（图 2–1，2）。

这些方法在汉代以前肯定被使用过，而且至迟在公元前第五千纪，人们显然已经懂得在测定了东、西、南、北四正方向之后，可以通过分平四方而得到八方。安徽蚌埠双墩新石器时代遗址曾经发现契刻于陶器底部的九宫图像（图 2–16），与同处淮水流域的阜阳双古堆西汉汝阴侯墓所出太一九宫式盘的天盘九宫图形如出一辙（图 2–15），皆以二绳及平分二绳的四维表示八方和九宫[1]。

表最重要的作用当然在于测定节气，由于地球的公转，太阳在一年中的视高度变化很大，夏至日行极北，日中时表影最短；冬至日行极南，日中时表影最长。这两个影长的尺寸被古人掌握之后，其中任意一点的循环都构成了回归年的周期。人们同时将表影最长与最短所在之日称为“至日”，日影极短则白昼最长，是为“日长至”，实即夏至；日影极长则白昼最短，是为“日短至”，也就是冬至。与此同时，春秋二分日的正午影长及太阳出没方向也同样需要关注，这样便可找到二分二至四个标准时点。由于一年中夏至日正午的影长最短，验测最为方便，因此在早期先民的测影活动中，揆度夏至日正午影长的工作格外重要。

1 冯时：《上古宇宙观的考古学研究——安徽蚌埠双墩春秋锺离君柏墓解读》，《中央研究院历史语言研究所集刊》第八十二本第三分，2011 年。

表的最早的名称叫“髀”，也叫作“槷”或“祖槷”[1]，它还有一个更富传统且颇具政治意义的名字叫“中”。由于表最基本的功用是测定空间方位，而中国传统的空间体系呈现为东、西、南、北、中五方，中的位置不仅是立表的位置，而且在早期文明中，立表的活动又被统治者所垄断，致使居中而治的传统政治观逐渐形成。《论语·尧曰》：“天之历数在尔躬，允执其中。”即是这种亲掌天数、居中而治观念的反映。

传统表的高度则规定为八尺，这大约相当于人的身长，因此，表本称“髀”及其八尺表高的数字或许还保留了在表尚未出现之前，古人以人身测影的原始习俗。但在另一方面，这个高度显然还具有特殊的数学意义，因为一个直角边是8，另一个直角边取6，斜边的长度就是10，这是一组完整的句股数，它无论对于适应盖天理论本身还是出于计算的方便，都是无可挑剔的。

度量影长需要使用一种足以量度影长的圭尺，古人名之曰“土圭”，也就是度圭。最早的土圭用玉制成，长度仅为周尺的一尺五寸，这显然只适用于测量天地之中的夏至影长。由于夏至日正午的影长乃是全年中长度最短的晷影，因此在一尺五寸长度的土圭上已没有必要再标有刻度。人们需要在夏至即将来临的若干天前甚至更早的时间就开始测影，他们将土圭放到表杆底部的正北，并认真找出表影与土圭相合的日期，从而最终定准夏至，进而建立起完整的时间体系与历法体系。《尚书·尧典》独于夏至而言“敬致”之事，即反映了古人于夏至致日测影的古老传统。商代甲骨文屡卜“立中”致日，其中一些即反映了商人于夏至测影的活动[2]。这种圭表仅在夏至测影时才安装使用，因此可以随时拆装。

最早出现的圭表当然都是这种表杆与土圭彼此分离的简易形制。公元前第四千纪中叶的周髀遗存虽然已经表明当时已有圭表存在（详参第三章第一节），但我们尚无缘亲睹圭表的实物。这种局面通过山西襄汾陶寺遗址的发掘已经得到了彻底的改变，相关墓葬不仅出土了夏代或先夏时代的两支槷表（图12-2），而且还有与其中一支槷表配合使用的土圭及垂直校准仪具（图12-3）。两支槷表形制互异，一件表体髹红漆，残长214厘米，应该用于建正方位。另一件表体髹青、红、黑三

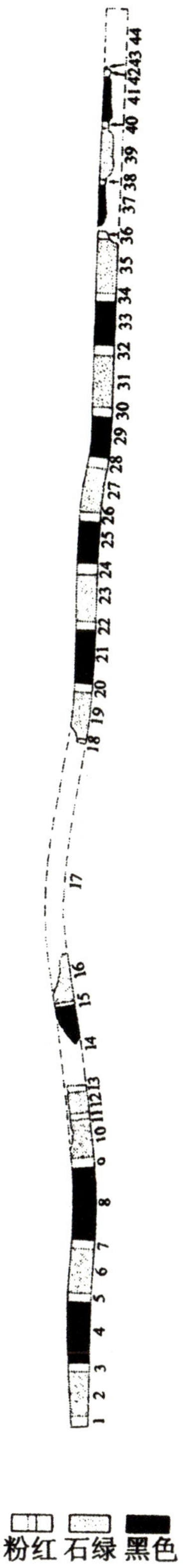

图12-2 陶寺文化槷表
（采自《自然科学史研究》第28卷第3期，2009年）

1 冯时：《祖槷考》，《考古》（出版中）。
2 冯时：《陶寺圭表及相关问题研究》，《考古学集刊》第19集，科学出版社，2013年。

图 12-3　陶寺槷表之垂直校准仪

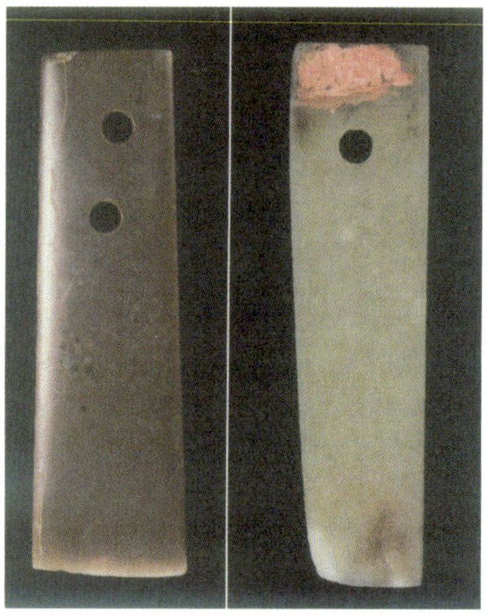

图 12-4　陶寺槷表之阴阳度影玉圭

1　　2

图 12-5　东周祖槷（1. 湖北枣阳郭家庙曾国祖槷　2. 山东长清仙人台邿国祖槷）

色漆，宽窄不同，以象四时，其中独缺白色则体现着就生避杀的刑德思想，残长 171.8 厘米；与之配合使用的土圭也有阴阳两件（图 12-4），知原始的计晷方法必以阴阳二圭接续相重，从而体现揆度日影以效阴阳的传统观念。事实上，古汉字土圭之“圭”本作二圭相重之形，正是原始计晷方法的准确表观[1]。这种简易圭表至西周晚期已发展出表座，经过进一步改进，至东周时代，形制已经相当完善（图 5-15；图 12-5）[2]。

1 冯时：《陶寺圭表及相关问题研究》，《考古学集刊》第 19 集，科学出版社，2013 年。

2 冯时：《祖槷考》，《考古》（出版中）。

至迟到汉代，在早期这种简易圭表使用的同时，已发展出一类建置于露天的常设观测仪器。《三辅黄图》卷五云：

长安灵台有铜表高八尺，圭长一丈三尺，广寸二分，题云太初四年造。

这件圭表造于公元前101年。由于其不能随意拆卸，因此圭尺的长度延长到了一丈三尺，这是天地之中冬至日正午的影长，显然，在这样的土圭上已可以方便地读出一年中任何一天正午的影长数值。这种将土圭和槷表彼此结合的仪器便形成了人们习称的圭表。汉代的土圭已用铜制成，而且与表杆结合为整体。这种形制的早期作品偶尔在今天还能见到，江苏仪征曾经出土一件东汉铜制圭表，其实际尺寸乃为当时标准圭表的十分之一（图12-6）[1]。

图12-6 东汉铜圭表（江苏仪征出土）

圭表对于传统政治制度的建立具有着重要的作用。由于天文与王权的联系以及“中”的思想的影响，居中而治理所当然地成为君王实现其统治的政治基础，并由此导致了王朝封建的政治制度的形成。然而天地的中央在哪里？这个问题的解决必须有赖于立表测影的工作。古人的测影实践使他们逐渐认识到，夏至之日用八尺之表测影，当正午时刻的影长为一尺五寸，这个地方便是天地之中。《周礼·地官·大司徒》云：

以土圭之法测土深，正日景，以求地中。日南则景短多暑，日北则景长多寒，日东则景夕多风，日西则景朝多阴。日至之景尺有五寸，谓之地中。天地之所合也，四时之所交也，风雨之所会也，阴阳之所和也，然则百物阜安，乃建王国焉，制其畿方千里而封树之。

天地之中与东、西、南、北四方相对，其夏至正午影长适得其中。故《大司徒》以为，立表过南或过北，表影则过短或过长，这一点其实很好理解；然而过东或过西则多风多阴，却颇显无据。事实上，假如我们以此对读商代甲骨文有关立中测影的记载，其记事内涵则可灿然明了。卜辞云：

丙子其立中，亡风？八月。亡风，锡日。　　《合集》7369

□□［卜］，争贞：翌丙子其立［中，亡］风？丙子立中，［允］亡风，锡日。　　《英藏》680

甲戌卜，立中，锡日？乙亥允锡日。　　《怀特》1611

1 南京博物院：《江苏仪征石碑村汉代木椁墓》，《考古》1966年第1期；车一雄、徐振韬、尤振尧：《仪征东汉墓出土铜圭表的初步研究》，《中国古代天文文物论集》，文物出版社，1989年。

我们可以清楚地看到，商人立表测影所关心的内容只有两项，一为是否有风，一为是否天晴，这两项内容都是直接关系到立表活动能否正常进行的关键因素。古人立表，必先以八绳正表，槷表不正，测影当然不会准确。古法正表，必于表端系下八绳，分别垂之于表的四正四维，当八绳全部依附于表体，则说明表已处于垂直的状态，这一工作绝对不能有风的干扰，所以商人立表，首先关心的就是无风。而立表致日是以表影的长短决定时间，如果天气阴沉，太阳不出，测影就根本无法进行，因此天晴（锡日）对于测影而言又是必备的条件。测影传统所要求的这两个基本天气条件后为《周礼》所继承，并为说明中央的存在而纳入到四方的框架之内，附之于东、西二方，与立表偏南偏北共同组成了求取地中的不谐因素。殊不知这些内容或者来源于古人追求地中的测影实践，或者来源于立表测影所必备的天候条件，皆基于最基本的观测事实。

图 12-7　周公测景台

周代皇家的测影工作可能一直在传说中的阳城进行，今天的河南登封告成镇还保存着周公测影的遗迹（图 12-7）[1]，所以阳城应该就是当时人们心目中的天地中心。传说西周初年，周公旦曾在嵩山测影，确定了地中。这个地点在西周时期称为“中或”[2]，意即中域、中土、中原，这便是“中国”一词的直接来源。找到了大地的中央，便可在这里建立王国都邑。所以西周的王邑建在了以嵩山为中心的洛水地区。而历代王朝的国都也多不出中原，这种做法都是居中而治传统政治观的体现。

早期的测影工作皆由君王所垄断，而居中治世的传统又使测影只能在天地之中进行，这不仅决定了土圭的长度必须适合于夏至日正午的影长，而且我们甚至可以通过早期圭表的发现找到地中。

据《周礼》可知，真正的地中是在夏至日正午影长一尺五寸的地方，但种种迹象显示，这显然不是古人始终认为的地中。《周髀算经》卷上云：“周髀长八尺，夏至之日晷一尺六寸。髀者，股也。正晷者，句也。正南千里，句一尺五寸；正北千里，句一尺七寸。日益表南，晷日益长。……故冬至日晷丈三尺五寸。”赵爽《注》：“晷，影也。此数望之，从周城之南千里也。而周官测影尺有六寸，盖出

1 今存遗迹乃为唐开元十一年（723 年）天文官南宫说所立的纪念性石表。表高 196 厘米，合唐开元尺八尺；表下石座上面的北缘距表 37 厘米，为唐开元尺一尺五寸。

2 西周青铜器何尊铭引武王云：“余其宅兹中或，自之乂民。”

周城南千里也。”[1] 此冬夏二至晷影皆较后世所测为长，知其地当在晚出所定地中之北千里之地。而考古所见濮阳西水坡与襄汾陶寺并见公元前二十一世纪以前之圭表，且二遗址又恰处于同一纬度地区，显即早期先民所测之地中。很明显，《周髀算经》不同于传统地中的有关二至日影长的记载恰可获得考古资料的佐证。不啻如此，这种地中观念的早晚变化在战国竹书《保训》中尚有完整的存留，文称早期地中本由帝舜于历丘所测得，其后商人祖先上甲微改定地中于以嵩山为中心的河洛地区，并追影求中于河，如此方有日后周公测影而定嵩山为天地之中的作为[2]。

天地之中所得的夏至日影长，汉代以前通常被认为是 1.5 尺，汉代时出现了 1.48 尺和 1.58 尺两个长度。隋代的袁充得到了 1.45 尺，乃是在阳城的测量结果。如果按照当地的纬度计算，这个影长的误差确实很小。除去二至日的影长之外，其他节气的影长在先秦著作中还没有记载，但是到汉代，情况则已完全不同。不仅多部著作已系统地列有二十四节气的晷影长度，而且其取数的原理也很清楚。《周髀算经》卷上云：

> 凡八节二十四气，气损益九寸九分六分分之一。冬至晷长一丈三尺五寸，夏至晷长一尺六寸。问：次节损益寸数长短各几何？
>
> 冬至晷长丈三尺五寸。
>
> 小寒丈二尺五寸。
>
> 大寒丈一尺五寸一分。
>
> 立春丈五寸二分。
>
> 雨水九尺五寸二分。
>
> 启蛰八尺五寸四分。
>
> 春分七尺五寸五分。
>
> 清明六尺五寸五分。
>
> 谷雨五尺五寸六分。
>
> 立夏四尺五寸七分。
>
> 小满三尺五寸八分。
>
> 芒种二尺五寸九分。
>
> 夏至一尺六寸。
>
> 小暑二尺五寸九分。
>
> 大暑三尺五寸八分。
>
> 立秋四尺五寸七分。
>
> 处暑五尺五寸六分。
>
> 白露六尺五寸五分。
>
> 秋分七尺五寸五分。
>
> 寒露八尺五寸四分。

---

1 《隋书·天文志上》引《周髀算经》作“成周之中，夏至景一尺六寸”。此为唐人妄议，非赵爽所见之经文。

2 冯时《〈保训〉故事与地中之变迁》，第四届古文字与古代史国际学术研讨会——纪念董作宾逝世五十周年论文，2013 年 11 月。

霜降九尺五寸三分。

立冬丈五寸二分。

小雪丈一尺五寸一分。

大雪丈二尺五寸。

凡为八节二十四气，气损益九寸九分六分分之一。冬至、夏至为损益之始。

此以九寸九分六分分之一为律而损益冬夏二至影长，即以冬至影长一丈三尺五寸累减律则得冬至后十二节气之晷，夏至影长一尺六寸累加律便得夏至后十二节气之晷，而律之数则取冬至之晷减夏至之晷并除以十二月，即（13.5−1.6）÷12。很明显，这些晷长数据并非出于实测，而是据冬夏二至之晷长推衍而得。由于二至晷长所取不同，故损益之律与二十四节气之晷长互有差异。如《易纬通卦验》卷下取夏至晷长为一尺四寸八分，冬至晷长为一丈三尺，以此为律则得九寸六分，据此可以求得其他各节气的晷影长度。

虽然《周髀算经》的二至影长反映了更早时期的观测结果，但据其损益为律而系统求出二十四节气的晷长，这一工作却出于汉人的作为，书中所列二十四节气的次序已与太初改历之前不同，即已清楚地反映了这一事实。司马彪在《续汉书·律历志下》则列有目前所见二十四节气晷长最早的实测记录，观测年代约在东汉熹平三年（174 年）。这些晷长数据可能体现了刘洪、蔡邕等人的天文活动。

研究了二至日的影长，才可能准确知道黄赤交角和回归年的长度。换句话说，使黄赤交角值与回归年数值逐渐精确化，则取决于如何提高圭表测影的精度。但是，空气分子和尘埃对日光的漫射常使表影端线模糊不清，从而成为提高测影精度的最大障碍。针对这一点，宋代的沈括曾经提出过一些改进的设想，但最为重大的改革却是由元代郭守敬做出的。他首先创立了三十六尺高表，这本身已是传统圭度四倍半的高度，同时他还在表顶上以二龙擎起一根直径三寸的横梁，使梁心到圭面的总高度达到四丈，五倍于传统的表高。表下北端则有 128 尺长的石圭作为量天尺。因为郭守敬知道，相同的测量误差对于较长的表影来说，影响将相对较小。如果表杆过短，所测的影长也短，度圭刻度中尺寸以下的分度就不易辨别，测影的精度当然不会很高。而将表扩大五倍之后，表长则影长，分寸也相应得到了扩大，一寸扩大五倍，毫厘差异便容易分辨，从而可以提高测影的精度，使误差减小到八尺表的五分之一。这些道理看似很简单，但古人却长期无法突破旧有的思维模式，甚至郭守敬的工作似乎也受到了阿拉伯仪器巨型化倾向的影响。

郭守敬在使表的高度增加的同时，还发明了计晷的景符。景符是高表的辅助仪器，它利用针孔成像的原理，以消除四丈高表因表高而导致的表影虚淡模糊的缺点。景符由二寸见方的框子和一片四寸长、二寸宽的铜叶组成，铜叶的一边与框相连，有机轴可使之俯仰转动。铜叶中间开一小孔。正午时分，使景符在石圭上南北移动，用一小棍支撑，令铜叶面与阳光垂直，此时阳光穿过铜叶小孔而在石圭上形成一个小如粟米的太阳影像，当表顶横梁的影子平分日像，则可确定日影的长度。景符成像的梁影清晰实在，细若发丝，且位于日面中心，从而极大地提高了测影的精度。

郭守敬利用高表并配合他发明的景符，基本解决了由于日光漫射造成的因表高而致日影虚淡的困难，使影长的观测精度准确到 5 毫米以内。元代以后，郭守敬的做法被人们纷纷效仿。明代邢云路建造了六丈高表，这座历史上最高的表，对于他测得中国古代最精确的回归年数值无疑给予了重要的帮助。

表的另一个作用是测量大地的距离，据《周礼》记载，周代分封诸侯、划定封疆时曾经使用过这种方法，不过它的理论根据实际来源于一种错误的认识，这就是在南北两地分别竖立两根八尺的表，并同时在夏至日正午测量影长，如果两表相距一千里，影长就会相差一寸。很明显，只要能够测得影长，便可以反推两表之间的南北距离。这个错误自然是接受盖天说的结果，它根本没有考虑到地面的曲率。公元 445 年，南朝天文学家何承天在印度支那的交州（今越南河内）和林邑同时进行实地测量，得到了每隔千里影长相差 3.56 寸的结果，其后的实测记录也都与传统的认识不同。到八世纪初叶，唐僧一行和南宫说为编制历法领导进行了大规模的天文实际测量，他们在从约北纬 17 度到北纬 40 度的广大地区设立了九个观测站，用标准的八尺表同时进行二分二至正午时刻的影长测量，结果表明，日影长度实际是每隔千里差 4 寸左右。自此以后，传统的“损益寸千里”的说法便无人相信了。当然，早晚观测结果的差异与各代所用的不同度制也有很大关系。

最早的子午线也是由表测出的，南朝祖冲之的儿子祖暅曾经演示过这种方法，他把表竖立在水平的地面上，并用一套校正好的漏壶计算时间，等恰好正午时刻到来，便在表影的尽头再立一表。到了夜晚，他通过第二根表望准北极方向，并在视线以北立下第三根表。当三表刚好位于一条直线时，这无疑就是南北子午线了。中国古人习惯于中星观测，当时的子午线很可能就是这样取得的。僧一行在他领导的那次著名的测量活动中，第一次实测了子午线的长度，他得到 1 度的地面弧长等于 351 里又 80 步的结果。这个数字虽然比今值略大，但却是世界上第一次对子午线长度的测量。

第三节　计时仪器

表影方向的改变在一天中非常明显，这个特点很早就被古人所注意，并且借此来确定一天的时间。商代人已经有了“日中”和“昃”的概念，事实上这反映的是用表来校准太阳的位置。

表的这种计时功能的发展直接导致了日晷的出现，这种古老仪器在中国古代曾经存在两种形式，使太阳的影子投影在地平面上的一种叫地平日晷，它与测影的表实际没有本质的区别；另一种则使太阳的影子投射在平行于赤道的平面上，这是赤道日晷。由于太阳地平经度的变化是不均匀的，因此地平日晷不可能像赤道日晷那样进行等间距的时间测量。然而，不知是因为这类仪器太普及还是某些别的缘故，中国古代的文献很少明确地提到日晷，以至于造成我们对这两种仪器的早期情况都不很清楚。

日晷在汉代无疑已经存在，《汉书·艺文志》载《日晷书》三十四卷，是为明证[1]。洛阳金村和内蒙古呼和浩特曾经出土两件相同的完整方形石版，可能属于这种仪器。石版上刻绘约汉尺一尺直径的大圆周，圆周等分为一百份，并在圆周

1 南朝阮孝绪《七录》载《晷景占》二卷，《隋书·经籍志》载《黄道晷景占》一卷，应属记录二十四节气晷影长度之作。

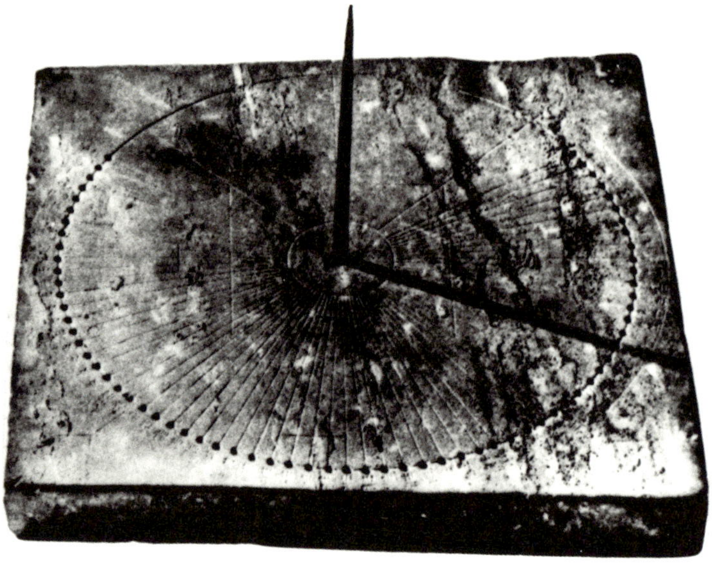

图 12-8　秦汉日晷（洛阳金村出土）

三分之二的部分顺时针标出六十九个刻度。石版中心有一较大的圆孔，四周刻度处又有六十九个小孔，并且每孔都有直线引向圆心（图 12-8）。这具仪器的用途曾经引起种种猜测，一种意见认为，仪器应该用于测定方位[1]，另一种意见则认为仪器实用于测定时间[2]，因为圆周等分为一百份显然是汉代的天算家采用一日百刻计时法的反映。不过仪器仅标有六十九份刻度，表明它所测量的并不是夜半开始的固定时刻，而是始于日出前三刻的白昼时间，这与汉代的昼漏时刻恰好可以适应。接下来的问题是，如果用此仪测定时间，那么于中央圆孔中所立之表究竟是垂直放置而指向天顶[3]，还是随纬度倾斜而指向天极[4]。后一种形式显然能够讲出更多的道理，关键在于它可使仪器本身所具备的圆周上六十九个圆孔的作用得以充分发挥，因为那里原来应该装有可以游动的表。

如果事实果真如此，那么日晷的用法可能是这样的：将石版平面平行于天赤道倾斜放置，日晷正中的“+”形二绳线对准东、西、南、北四方。当太阳在赤道以北时（二月春分至八月秋分），上部晷面只可以受到半年的日光，这时日晷应按刻度在下的位置摆放，这样做的结果将会使夏至日出时立于中央圆孔中的定表表影落在右侧“一”的刻度上，而且表影在半年中的任何时刻始终都是按顺时针的方向游移。当太阳在赤道以南时（八月秋分至二月春分），仪器本身将会挡住阳光，使中央定表的影子投落在日晷之外，从而不可能直接在仪面上读出刻度。这时必须将仪器倒过来安放，使刻度位于上方，这样就可以利用在圆周的小孔中自由移动的游表进行观测计时，因为只要选取合适的游表和定表，就不难使观测者看到游表和定表构成的平面与太阳的中心重合，这样就可以根据游表所在的位

1 ［清］端方：《陶斋藏石记》卷一，周暻说，清宣统元年（1909）十月石印本；李鉴澄：《晷仪——我国现存最古老的天文仪器》，《中国古代天文文物论集》，文物出版社，1989 年。

2 ［清］端方：《陶斋藏石记》卷一，汤金铸说，清宣统元年（1909）十月石印本。

3 郭盛炽：《关于西汉日晷》，《中国天文学史文集》第三集，科学出版社，1984 年。

4 刘复：《西汉时代的日晷》，国立北京大学《国学季刊》第三卷第四号，1932 年；中国天文学史整理研究小组：《中国天文学史》，科学出版社，1981 年，第 180—183 页。

置读出刻度。同时我们还注意到，两具日晷在 48 度左另有一个小孔，这显然标示的是冬至时的日入位置。

我们看到，用这种仪器计时，每年的春分和秋分必须将日晷翻转一次，很不方便。南宋时曾南仲改进了这种仪器，他使定表贯穿日晷的中心，一端指向北极，另一端指向南极，春分以后观测朝向北极一面的表影，秋分以后则观测朝向南极一面的表影，日晷的两面都标有刻度。这个设想虽然使游表最终被废除，但是由于日晷平面正好与赤道相合，因此在春分和秋分这两天，事实上与极轴平行的表针是根本没有影子的，这时的日光将直射在日晷的边缘上，所以曾南仲的改进比起利用游表计时的旧式日晷而言并算不得十全十美。尽管如此，中国的晚期日晷还是无保留地沿袭了这种改进的形式。

游表日晷的时代约在秦汉之际，比它更早的日晷虽然还没有见到，不过从《汉志》所载太史令尹咸校订《日晷书》的情况可以推知，赤道式日晷在先秦时代已经存在是毫无问题的。

传统的表和日晷都是利用日影方向的变化作为计时的根据，显然在阴天和夜晚是无法使用的。中国古人为解决这个困难，创制了漏刻计时的方法。漏刻的发明显然是从观察容器漏水得到的启发，因为陶器在使用中随时可能因残损而漏水，久而久之，人们便会发现水的流失与时间的流逝有着某种对应关系，从而建立起以漏水的陶器计量时间的概念。这可以说是人类第一次摆脱了依靠天象计时的传统思路。

早期漏刻的情况比日晷要清楚得多，中国人把它的创造归于黄帝，但与其说这是一则神话，倒不如说是古人对漏刻制度久远历史的追溯。因为在新石器时代的遗物中，我们曾经发现与后代的漏壶颇为相似的漏水陶器，有人已经把它作为漏刻起源的最早证据提了出来[1]。

漏刻由于不受天候变化的影响，因此其使用也较日晷更为普遍，相关的著作相对更为丰富。南朝阮孝绪《七录》载有《漏刻经》四种四卷，时皆亡佚[2]。《隋书·经籍志三》于《七录》之外又载《漏刻经》六种十六卷，祖暅等人皆有述作[3]。可见其事之普及。

漏刻由两部分组成，漏是漏壶，刻是刻箭，漏壶的下部装有流管，而刻箭上则标明刻度。漏壶的原理虽然都是滴水计时，但具体操作时却有两种相反的方法，一种是利用漏壶容器，记录容器内的水泄完的时间，这使浮在水面上的箭杆随着壶内剩水的减少而下沉；另一种则是将漏出的水收在一个没有开口的受水容器中，并注意它用多长时间把水装满，这使箭杆随着受水壶中的水逐渐增多而升浮。用前一种方法计量时间的漏壶叫沉箭漏，而用后一种方法计量时间的漏壶则叫浮箭漏。沉箭漏无疑出现的时代最早，但是到了公元前六世纪，浮箭漏似乎已经存在，而且由于当时的漏壶可能需要悬挂起来，所以称之为挈壶（图 12-9）。至少在周

1 华同旭：《中国漏刻》，安徽科学技术出版社，1991 年。

2《七录》："《漏刻经》一卷，后汉待诏太史霍融撰，亡。《漏刻经》一卷，何承天撰，亡。《漏刻经》一卷，杨伟撰，亡。《天监五年修漏刻事》一卷，亡。"

3《隋书·经籍志三》："《漏刻经》一卷，祖暅撰。《漏刻经》一卷，梁中书舍人朱史撰。《漏刻经》一卷，梁代撰。《漏刻经》一卷，陈太史令宋景撰。《杂漏刻法》十一卷，皇甫洪释撰。《晷漏经》一卷。"

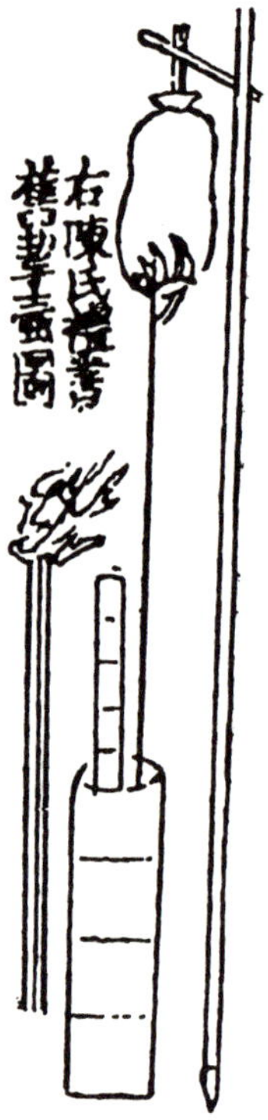

图 12-9 周代挈壶

代，皇家机构中已设定了一种掌管漏壶的世袭官职——挈壶氏，凡有军务或丧礼，他都要升起漏壶计量时间。商周甲骨文和金文的“录”字就是漏壶的象形（图 12-10），这种漏壶应该悬挂使用，因此也就是《周礼》所记载的挈壶。商人将与中日相对的夜半之时称为“中录”，这一时辰即以漏刻计时所确定[1]。

迄今为止，我们见到的最早的铜制漏壶是西汉的遗物，它们有的属于简单的单壶沉箭漏（图 12-11），也有属于浮箭漏[2]。泄水型和受水型漏壶的上盖和梁顶都有供刻箭升降的方孔，以便使刻箭尽量保持垂直而减少误差。沉箭漏由于壶的容积太小，因而连续使用的时间不能很长，必须不断加水，误差很大，所以需要经常校准。而最初的浮箭漏也只有一只贮水壶，于是它与沉箭漏都无法避免这样一个缺陷，就是当壶中的水慢慢漏完，水头便会随之逐渐减慢，这种漏水的不均匀使计时工作不可能准确。这是汉代以后受水型漏壶日益流行的主要原因。

由于浮箭漏是把刻箭与供水壶分离开，因此它存在解决上述漏水速度不均匀困难的可能性。古人最初采用的办法既简单又巧妙，这就是通过在供水壶和装有刻箭的箭壶之间增加若干个补偿壶，以供稳定水位之用，十分有效。东汉时期，张衡已经使用过二级补偿式浮箭漏，这是在供水壶和箭壶之间加入一个补偿壶。晋代出现了三级补偿式漏壶，唐初太常博士吕才甚至制作了四级补偿式浮箭漏（图 12-12），到十九世纪上半叶，受水壶之上的壶已不少于六个。多级补偿使供水壶的水流在逐级注入泄水壶（最后一壶）而流入箭壶之前，水位可大体保持稳定，从而达到漏水速度均匀的效果。事实上，二级补偿式浮箭漏的发明已经使漏水的稳定问题基本得到了解决。

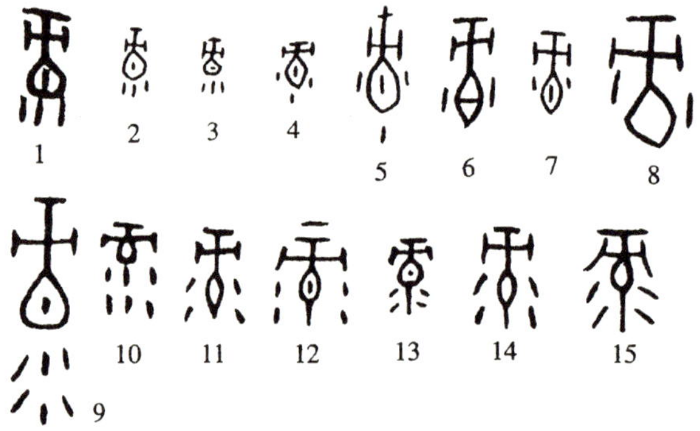

图 12-10 甲骨文、金文“录”字（1.《佚》427 2.《粹》1276 3.《摭续》121 4.《续存》1.731 5.《邺三》下 45.11 6.《菁》5.1 7.《前》6.1.8 8.《簠·天》2 9.大保簋 10.墙盘 11.录卣 12.录伯簋 13.乖伯簋 14.录作乙公簋 15.颂壶）

古人对这些改进显然并不满意，北宋天圣八年（1030 年），燕肃创制了著名的莲花漏（图 12-13），在中国漏刻史上首次采用了漫流系统（图 12-14）。它是在一列漏壶之间加入一个漫水或恒定水位壶，即

1 冯时：《殷代纪时制度研究》，《考古学集刊》第 16 集，科学出版社，2006 年。

2 陈美东：《试论西汉漏壶的若干问题》，《中国古代天文文物论集》，文物出版社，1989 年。

于漏壶的最下一级壶的上沿再开一漏孔，如果供水壶中漏出的水量稍大，便会顺泄水壶上的孔泄入一侧的“减水盎”（分水盆），从而使泄水壶中的水位保持稳定，这在很大程度上消除了因水位变化所造成的对流速的影响。

图 12-11　西汉千章沉箭漏（内蒙古伊克昭盟发现）

燕肃的漏刻从形式上看与二级补偿式浮箭漏没有什么不同，北宋末年的王普将燕氏漏刻与多级补偿式浮箭漏结合起来，制作了包括天池壶、平水壶、平水小壶和箭壶的多级漏刻（图 12-15）。他的平水小壶为漫流壶，并且在供水壶和泄水壶之间加入了一个补偿壶，这种结构形式后来被继承了下来，一直到清代仍未改变。

漏刻在未改进之前多是与表配合使用的，其目的在于通过圭表对正午时刻的测定而与漏刻相互校准。《隋书·经籍志三》有《晷漏经》一卷，或记此术。其实在漏刻得到改进之后，这个传统仍然没有中断。隋代袁充将地平日晷与漏刻联用，发现了十二辰时间的不均匀现象，甚至在宋代漏刻的制作已相当精密以后，正午时刻利用圭表根据日影加以校准仍是必要的。毫无疑问，这样做可大大提高漏刻在连续使用时的计时精度。

不同于日晷和漏刻的报时仪器至少在北宋时代即已被创造了出来，这就是苏颂和他的同事在 1088—1090 年间建造的大型水运仪象台（图 12-16）。此仪在当时坐落于开封，台高约三丈五尺，上下三层，最上层的露天平台放置浑仪，中层密室安置浑象，这些设计都是接受东汉张衡的做法。浑象的一半隐在地柜中，另一半显露在外。

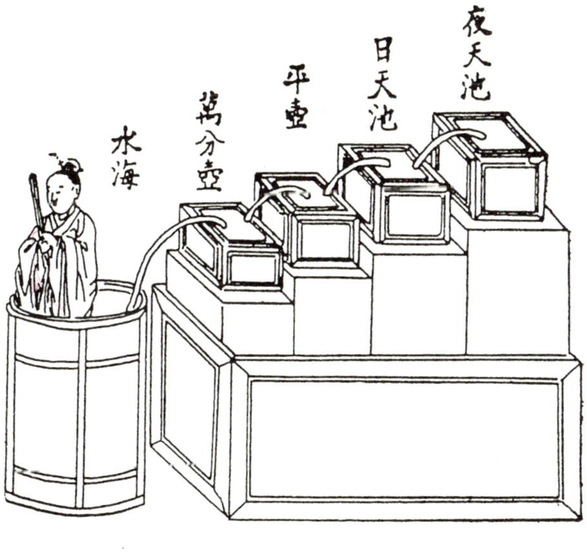

图 12-12　唐吕才漏刻

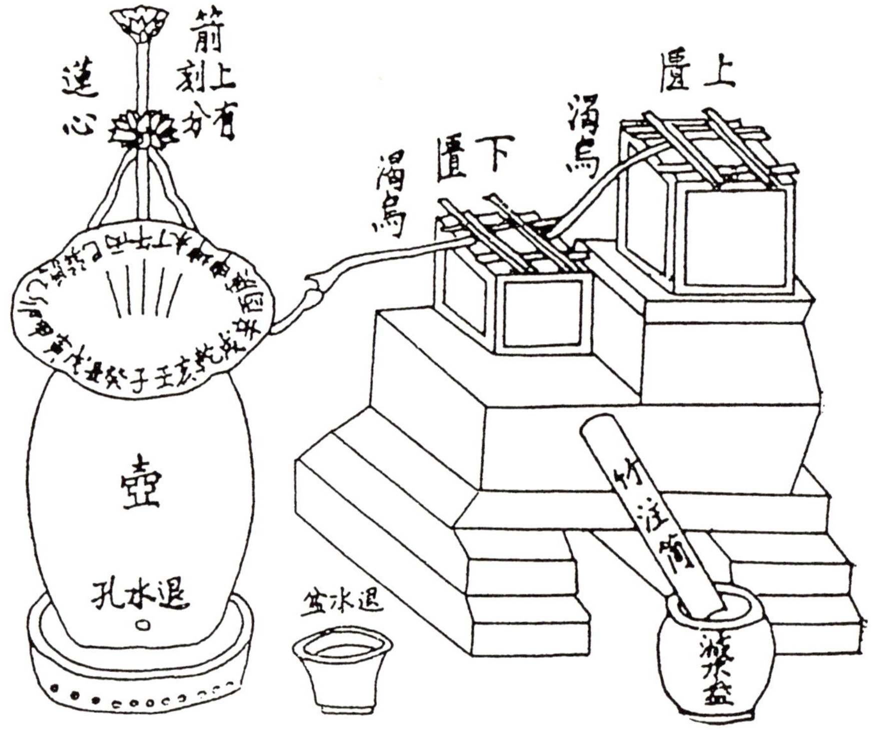

图 12-13　北宋燕肃莲花漏

下层为一套机械报时系统，并且巧妙地利用木俑出入报时，逢辰击钟，遇刻敲鼓，夜间打更。台中的全部仪器都共用一套传动装置和漏壶组，运转时与天体的周日视运动基本同步。苏颂在他的仪象台落成后撰写了《新仪象法要》，详述了各部件的情况，书中还附有大量机械图，是一份极其珍贵的文献。由于仪象台的报时系统中有一种类似擒纵器的控制装置，而苏颂把时钟机械与观测用的浑象结合起来，使这座水运浑象成为世界天文钟的直接祖先。

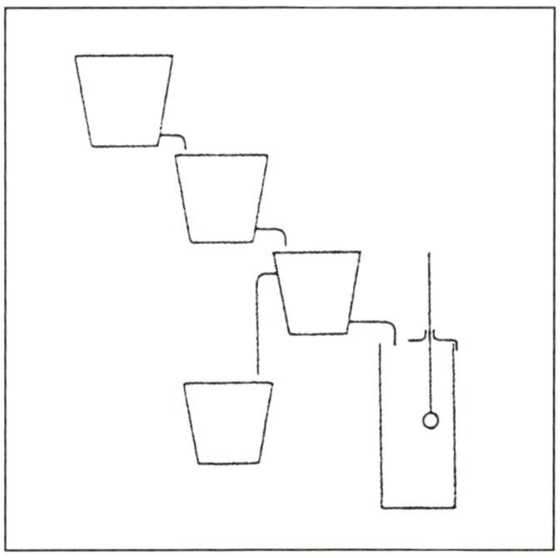

图 12-14　漫流系统示意图（采自李约瑟《中国科学技术史》）

元代郭守敬在晚年也制造了一系列的报时仪器，其中大明殿灯漏即是极富特色的一种。此仪通高一丈七尺，球形，以金为架，曲梁之上，中设云珠，左日右月，云珠之下复悬一珠。梁之两端饰以龙首，张吻转目，可以审平水之缓急。中梁之上有戏珠二龙，随珠俯仰，又可察准水之均调。灯毬杂以金宝为之，内分四层，上层环布四神，旋当日月参辰之所在，左转日一周。次一层为龙、虎、鸟、龟之四象，各居其方，依刻跳跃，铙鸣以应于内。又次层周分百刻，上列十二神，各执时牌，至其时，四门通报。又一人当门内，常以手指其刻数。下四隅，各一人司以钟鼓钲铙，一刻鸣钟，二刻打鼓，三刻敲钲，四刻击铙，初正皆如此，以

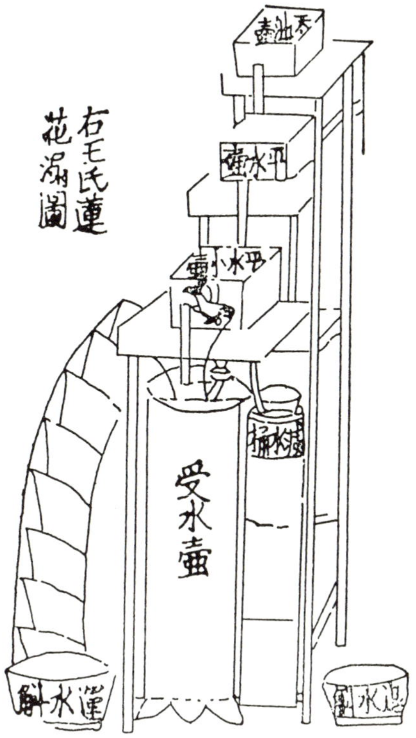

图 12-15 王普漏刻

图 12-16 苏颂水运仪象台

丰富多彩的形式报时。仪器以漏壶的流水作为动力，通过复杂的齿轮机发系统传动，达到与天同步、自动运转的效果。此外，郭守敬还造有柜香漏、屏风香漏和行漏，也都是用于计时的仪器。前二者通过燃香的形式计时，构思巧妙。这些仪器的设计和制造，无不显示了郭守敬晚年对计时仪器自动化、实用化及艺术化的追求。

第四节 观测仪器

中国传统的观测仪器以浑仪最为重要，它是十七世纪望远镜发明之前天文观测中不可缺少的工具。说到浑仪，我们便不能不提及《尚书·尧典》中讲到的“璇玑玉衡”，这四个字究竟如何解释，在汉代实际就已很难搞清。当时有些人主张它是早期的浑仪，认为璇玑可能是一种星座定位器，而玉衡则是浑仪的核心——窥管，事实上直到唐代，浑仪上的窥管仍然延用着这一名称。这两样东西显然都是用玉制成，传统窥管的样式呈外方内圆，如果璇玑可以理解为是一种圆形玉璧或类似的玉器。那么这两种东西在新石器时代实际都已出现，不过现在还没有足够的证据能够证明它们就是最古老的天文仪器。

浑仪在先秦时代已经存在是没有问题的，因为像马王堆帛书《五星占》、《石氏星经》和《淮南子》等早期文献中，都给出了精确的五星会合周期和二十八宿距度，显然这些数据只有借助具有相当精确度的仪器才能获得。西汉的落下闳虽然在年轻时就已能制造浑仪，但却不甚明了其中的道理，这显然意味着浑仪并不属于他的发明。后来落下闳用浑仪观测天象，测定二十八宿距度和五星运动，为制定《太初历》取得了第一手资料。

浑仪的发展经历了由简而繁，又由繁而简的过程，然而它的精度与合理性却随着这种改变逐渐提高。早期浑仪的结构究竟怎样，现在已很难确知，只有公元四世纪初东晋孔挺制造的一具浑仪可以帮助我们了解一些情况。这具浑仪分内外两重，外重固定不动，包括地平环、赤道环和子午环，地平环与赤道环是单环，子午环是双环。子午双环在天球南北极的位置相连，并各开有一个圆孔，圆孔中心的连线就是天球的极轴。赤道环和子午环分别与地平环相交于东、西、南、北四点，这四个位置装有四根托柱支撑整座仪器。内重可以移动，包括四游环和观测用的窥管（也叫望筒）。四游环由两个平行双环组成，双环上有双轴作为直径，双轴都伸出环外各二寸馀并彼此接合，接合处开有圆孔，然后将其插入外重子午环的南北两极孔中，从而使内重的四游双环可以在外重的赤道、子午和地平三环之内绕北极转动。四游环的双轴及双环之间夹有一只方柱圆孔的窥管，称作“衡”，这是浑仪中最关键的部分。衡的中腰固定在两轴的中心，以便使窥管绕双环中心沿四游环旋转。因此，随着四游环围绕极轴的旋转，窥管就可以指向天空中的任意一点。

汉代以前的浑仪结构肯定不会比这更复杂，公元二世纪初，东汉的贾逵在浑仪上增加了黄道环，用来测量日月五星的运动。此项改进由于最初出自民间，因此它的完成时间可能更早。新设想看来并没有被人们普遍接受，孔挺的浑仪仍然是赤道式的，这种局面直到唐代初年才有所改观。

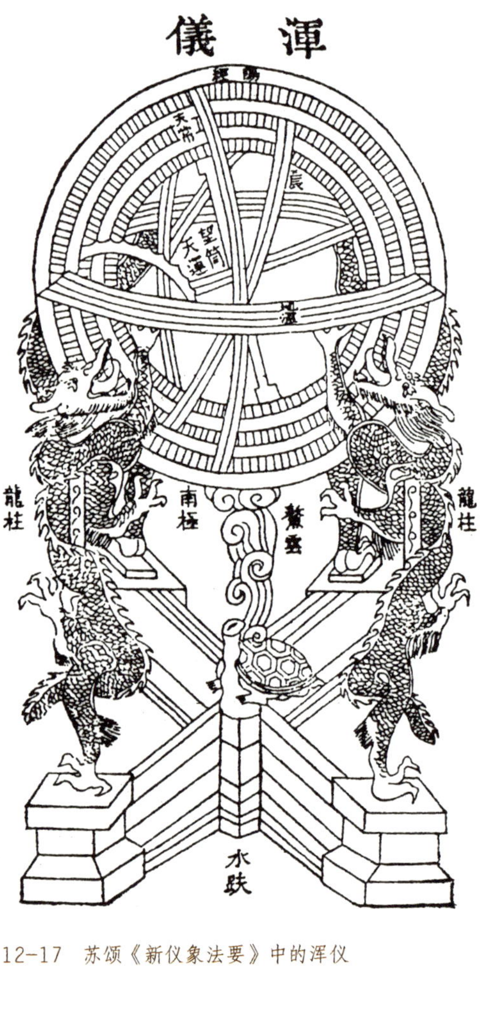

图 12-17 苏颂《新仪象法要》中的浑仪

北魏时期，鲜卑族天文学家斛兰在永兴四年（412年）制造的铁铸浑仪于唐初仍在使用，这个仪器与当时的天文学水平已经很不适应，于是天文学家李淳风创制了新仪，名为浑天黄道仪。事实上，黄道浑仪在当时已经失传多年了。

李淳风的浑仪于贞观七年（633年）制成，仪器包括三重，外重名为六合仪，内重名为四游仪，与孔挺的浑仪没有什么不同，中重名为三辰仪，则是李淳风对贾逵黄道仪的改进，他接受了贾逵的赤道环和黄道环，同时又增加了月道环，这在以前的浑仪中是没有的。三辰仪中的赤道和黄道两环结合在一起，只要利用四游仪将赤道环上所刻的二十八宿距度与天上二十八宿的赤道位置对准，便可校准黄道环与天球黄道的位置。这种设计解决了自汉代以来黄道浑仪所遇到的困难，并且可以直接读出天体的入宿度。李淳风创制的浑仪复杂精密，对后世的浑仪制造产生了极大影响（图 12–17）。但是，如此众多的环层层套叠，带来的好处其实并不很多，相反，太多的环增大了遮掩的天区，为观测制造了许多盲点，从而影响了仪器的使用。北宋时沈括已注意到这一点，他取消了白道环，使月亮的位置以计算的办法求得。这虽然表现出某种简化浑仪的思想，但这一工作在宋代却没有什么进展。

元代郭守敬制造的简仪则是一个划时代的创造，它把浑仪的简化彻底完成了。为了编制《授时历》，郭守敬自 1276 年以后设计制造了许多天文仪器，简仪就是其中的一件。郭守敬针对浑仪的缺点，摒弃了将测量三种不同坐标的圆环集中安排的做法，而把它分解为两个独立的体系，即赤道经纬仪和地平经纬仪。赤道经纬仪只保存了浑仪的四游环、赤道环和百刻环，而且把套装着赤道环的百刻环移到四游环的南端，从而使四游环的上方几乎没有任何障碍遮挡视线。地平经纬仪应该是一个新的创造，它能同时测量方位和地平高度。在地平环的中央，郭守敬安装了一个垂直的立运环，立运环可以绕轴旋转，具有与四游环相似的性质，这显然把过去浑仪中虚设的地平环变得实用了。简仪的结构尽管简单，但精度却比浑仪大为提高。郭守敬把浑仪上的窥管改为窥衡，观测星象时只需将天体和窥衡上的细线中点连成一线，与今天利用十字丝瞄准定位的道理相同；简仪的刻度采用十进制，一度分为十格，并利用测微装置读出百分之一度；简仪在重叠的百刻环和赤道环之间装有四个圆柱体，减小了赤道环旋转时的摩擦阻力。郭守敬渊博的数理天文知识和机械知识，在简仪的设计与制造中得到了淋漓尽致的发挥。

郭守敬的简仪在清康熙五十四年（1715 年）被传教士纪理安充作废铜焚毁了，并用它重新铸造了地平经纬仪，因此我们现在只能看到明代的仿制品（图 12–18）。当时明成祖迁都北京，而这座古城原有的天文仪器因在元亡之后运往南京，已没有什么可供观测的仪具了，这使明英宗于正统二年（1437 年）决定，命钦天监官员到南京依元代旧仪的原样仿制木模，在北京铸造，然后于正统七年（1442 年）安装在北京的观象台上。这件仪器虽然已不及郭守敬的原器，但元代简仪的形制结构仍可见其大概。仿制的简仪后来与明制浑仪、浑象和铜圭表，成为纪理安废毁元明旧器后幸存的四件古仪[1]。

由于日光的强烈，浑仪显然不可能直接测量太阳的位置，郭守敬创造的仰仪则很好地解决了这个问题（图 12–19）。仰仪是利用针孔成像的原理，将太阳投影在半球形的仪面上的球面仪器。其整体造型很像一口平置的釜，铜质，直径一丈二尺，平置于砖砌的台座之中。釜唇刻有时辰和方位，为地平圈，上有水槽，用以校正水平。釜口南部置东西向和南北向的杆子各一根，其中南北向的杆子延伸至釜的中心，杆的顶端装置方形小铜板，称为“璇玑板”，可南北、东西向自由转

1 明代陈设在观象台下的天文仪器除圭表之外，还有漏壶。1931 年，古观象台下陈列的明代以及明以前古仪运往南京时，漏壶共有大小两只，大者系明物，小者疑为宋物。

图 12-18 明代简仪

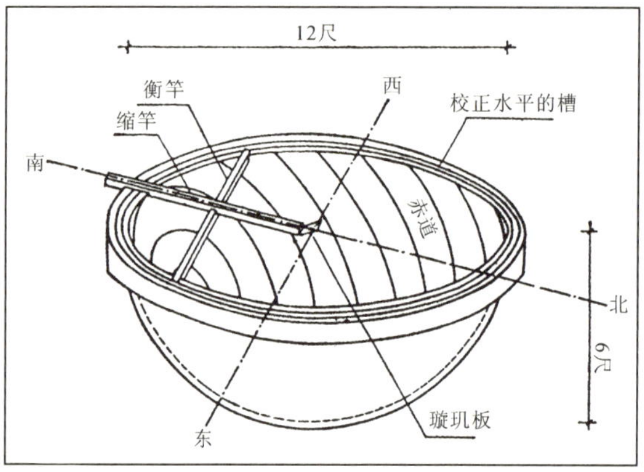

图 12-19 仰仪示意图（据伊世同）

动。璇机板中央开一小孔，小孔的位置正好位于半球的中心。釜内壁刻赤道坐标网，刻的方法是将天球地平以上的半球通过小孔投影到仰仪之内的球面上，与天球坐标网东、西相反，以南极替代北极。使用时转动璇机板，使其正对太阳，阳光通过小孔在球面上成像，于坐标网上即可立即读出太阳的去极度、时角和当地的真太阳时，避免人眼直视太阳作直接的观测。如果遇到日食，食相则可连续在釜内壁成像，由此可确定日食的初亏、食甚、复圆等的时刻和方位以及食分大小。

郭守敬创制的正方案则是一种定向仪器（图 12-20），它继承并发展了早期立表定向的方法。正方案是在一块四尺见方的木板上画出十九个同心圆，并于圆心立表，当表的影端落到某个圆上时就记录下它的位置，从早到晚记完后，把同一个圆上的两点连接起来，其中心与圆心的连线就是正南北的方向。由于正方案上的圆环较多，这使方位的确定既可以采用多点的平均值，也可以随时校正，剔除偶然误差，提高正向的准确度。同时因为正方案的外规与重规之间刻有周天度数，所以无论将正方案平置或依南北方向竖立，都可以作为测角器使用。正方案由于具有这些功能并且携带方便，因此在郭守敬四海测验的野外作业中，对定向和测量各地的北极出地高度发挥了重要作用。

郭守敬同时创造的窥几则是一件颇具特色的仪器。窥几为夜间观测天体南中天时地平高度角的仪器，形制类似几案，长六尺，宽二尺，高四尺，架于高表的石圭之上。几面正中开一长四尺、宽二寸的长缝，缝口两侧刻有尺度，与其下石圭的尺寸对应。长缝上横置两根木条，两刃斜杀，名为“窥限”，衔入几框，可前后移动。待星月中天，观测者从几下仰望，令两窥限分别与高表横梁的上下边缘同所观测的天体处于一条直线，而后在几面上取两窥限的中点，并垂直读出圭面上的数值，最后推得天体南中天的地平高度。

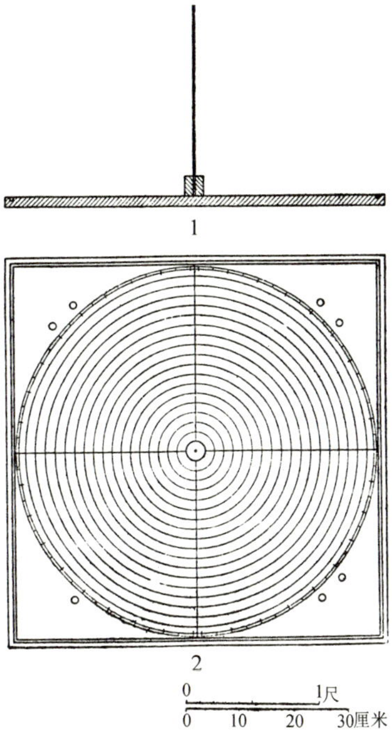

图 12-20　正方案复原图（1. 侧视剖面图 2. 俯视图，据伊世同）

郭守敬一生制造的仪器不少于二十二种，其中十七种是他在参预编制《授时历》时制成的，除高表、景符、窥几、简仪、仰仪、正方案之外，还有候极仪、立运仪、玲珑仪、赤道式日晷、星晷定时仪、丸表、悬正仪、座正仪、证理仪、日月食仪和浑天象[1]，这些仪器设计合理，极富巧思，组成了一个完善的天文仪器系列，使中国古代天文仪器的设计制造臻于巅峰。

浑天说的影响不仅导致了浑仪的产生，而且导致了另一类演示天象的仪器——浑象——的产生。大约在西汉宣帝时期，耿寿昌根据落下闳制造的浑仪创制了浑象，当时的人也把它叫作浑天仪，它是在一个大圆球的表面布列两极、赤道和星象，并且使大球的旋转与星象的移动同步，以此来表演天象的变化。公元二世纪，张衡制造出一具水运浑天仪。据《晋书・天文志上》所载：“至顺帝时，张衡又制浑象，具内外规、南北极、黄赤道、列二十四气、二十八宿中外星官及日月五纬，以漏水转之于殿上室内。星中、出、没与天相应。因其关戾，又转端轮蓂荚于阶下，随月虚盈，依历开落。”他将浑象安装在密室之中，用漏壶的流水推动其运转，然后令观象者分别位于密室中和观象台上，将浑象所示的星象位置与天上的实际星象进行比较，结果一切都准确地相符。浑象还通过机械装置带动“端轮蓂荚”的自动器械，自朔日开始，每日开出一荚，至满月开尽十五荚，其后每日谢落一荚，至晦而一周，以显日历。

张衡所制的浑象比旧式的仪器增大一倍[2]，所以传统的漏壶便不能适合其用，于是必须对漏壶加以改制。《初学记》卷二十五引《张衡漏水转浑天仪制》云：“以铜为器，再叠差置，实以清水，下各开孔，以玉虬吐漏水入两壶，右为夜，左为昼”。“铸金铜仙人居左壶，为金胥徒居右壶”。“以左手把箭，右手指刻，以别天时早晚”。这种改制的漏壶以受水壶上承补偿壶，下则流入左、右两壶，水流稳定，从而极大地提高了漏壶计时的准确性。

1 《元史・天文志一》、《元史・郭守敬传》；齐履谦：《知太史院郭公行状》，《元文类》卷五十。

2 《晋书・天文志上》：“古旧浑象以二分为一度，凡周七尺三寸半分。张衡更制，以四分为一度，凡周一丈四尺六寸一分。”

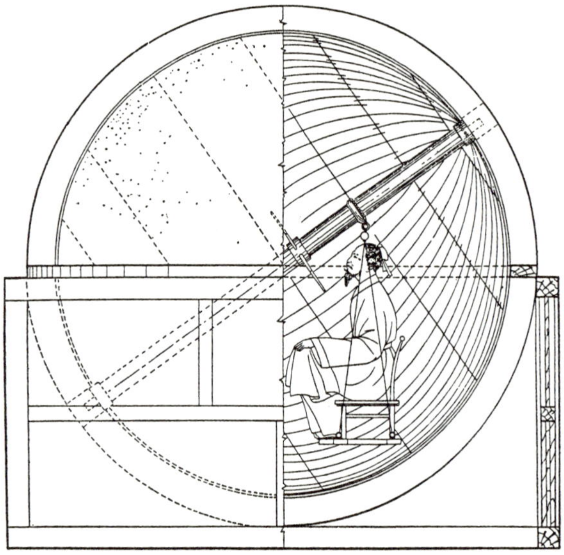

图 12-21　假天象仪（据王振铎）

张衡的水运浑象对后来同类仪器的制造影响很大，自他之后，浑象大都采用以漏壶流水、通过齿轮系统带动浑象均匀旋转的办法，因为在当时恐怕不可能找到比这更稳定的动力。然而在浑象的设计方面，张衡的方案却不是唯一的。传统的浑象是在天球表面布列星象，这就如同人到天外去看天球，显然有失真实。北宋的苏颂和韩公廉等人打破常规，设计制造了一具假天象仪。仪器为一个中空的大球，直径超过人的身长，球壳上以洞孔代表恒星，外面的光线透进来仿佛一颗颗亮星，观测者坐在天球里面的悬吊椅上，随着水运浑象的旋转，就会看到星辰的变化，宛若真实夜空（图 12-21），与今天在天文馆中看到的影象十分相似。

在郭守敬所制造的仪器中也有浑天象，这具天球仪在球面上缀饰全天星官，并绘有赤道、黄道和可随时移动的白道。天球半隐半现于方柜之中，南北两极出入方柜顶面各 40.75 度。柜内藏有机械装置，使圆球自动随天同步运转，演示日月星辰的运动。

郭守敬晚年还制造有水浑莲运浑天漏，用以自动演示日月星辰的运动，较浑天象具有更多的演示功能以及更为复杂的结构。此仪以漏壶流水为动力，通过齿轮机发系统传动，使仪器达到与天同步运转。

清代以前浑象的实物我们已无缘看到了，今天保存在北京古观象台的天体仪则是康熙年间新制的六仪之一，那虽是来自比利时的传教士南怀仁为北京的观象台特意制造的，但它的前身显然就是中国传统的浑象。不过这时天体仪演示天象的作用已大大降低，它更多地发展的则是传统浑象的计算功能。

第十三章

灵台与天文机构

自从天文学诞生的那天起，天文官就有了他自己的观测场所。夏代以前的圜丘不仅用于祭天（图 11–3），还可能同时进行天象观测。但是到夏代，天文台已经有了自己的名称——清台。殷商先民将它改称为神台，而至周代，人们似乎更喜欢叫它灵台[1]。《诗・大雅・灵台》："经始灵台，经之营之。"郑玄《笺》："天子有灵台者，所以观祲象，察气之妖祥也。文王受命而作邑于丰，立灵台。《春秋传》曰：'公既视朔，遂登观台以望，而书云物，为备故也。'"直至汉代，清台、灵台的名称仍然在使用[2]。《三辅黄图》卷五《台榭》云："汉灵台，在长安西北八里。汉始曰清台，本为候者观阴阳天文之变，更名曰灵台"。

文王作为殷之西伯，曾建天文台于丰京（今陕西省西安市西北）。《三辅黄图》卷五《台榭》云："周灵台，高二丈，周迴百二十步。"《长安志》卷三《宫室一》引《括地志》云："丰水北经灵台西，文王引水为辟雍、灵沼，今悉无复处所，惟灵台孤立。按今灵台高二丈，周迴百二十步。"其至唐代尚有如此规模。周公经营东土，于传说中的古阳城之地也营造了一座测景台，它的遗址至今还保存在登封县的告成镇。不过现在的测景台石表已是唐代南宫说与僧一行在领导天文实测时，于开元十一年（723 年）重建的，上面尚留有南宫说的手迹。我们通过文献可以了解，周代的天文台不仅是观测天象的地方，同时还是告朔的场所，重大的祭天活动虽然已不在这里举行，但它仍是皇权神授的象征之所。

于灵台候天的天官，自颛顼绝地天通以后，代不绝续。《史记・天官书》曾历数历代之传天者（详见第二章），考古所见也有以候气、观斗、测影为职之官[3]，证明至少在新石器时代，天文官制系统已经具有了基本的雏形。

古或以司历之官名为"历正"。《左传・昭公十七年》引郯子曰："我高祖少皞挚之立也，凤鸟适至，故纪于鸟，为鸟帅而鸟名。凤鸟氏，历正也。"孔颖达《正义》："历正，主治历数，正天时之官。"这个传统至殷商时代仍有承续[4]。

商周两代的官制体系实行太史寮与卿事寮两寮执政，这个传统显然应该是对更早时代官制

1 《渊鉴类函・居处部・台一》："《礼统》曰：夏为清台，殷为神台，周为灵台。"

2 《汉书・律历志上》："诏与丞相、御史、大将军、右将军史各一人杂候上林清台，课诸历疏密，凡十一家"。

3 冯时：《中国天文考古学》第四章第一节，社会科学文献出版社，2001 年；《天地交泰观的考古学研究》，《出土文献研究方法论文集初集》，台湾大学出版中心，2005 年；《陶寺圭表及相关问题研究》，《考古学集刊》第 19 集，科学出版社，2013 年。

4 冯时：《百年来甲骨文天文历法研究》第七章第二节，中国社会科学出版社，2011 年。

系统的继承。而天文官自属太史寮，后属太史，则成为古今通制。《周礼·春官宗伯·叙官》孙诒让《正义》云："此官（大史）与小史掌典法礼籍，兼司星历之官，故亦属宗伯。大史与小史、冯相氏、保章氏为长。"小史为大史副贰，其职与天文无涉，而冯相氏、保章氏则均以司天为职，当为商周太史寮的重要成员。《周礼·春官·冯相氏》云：

> 冯相氏掌十有二岁、十有二月、十有二辰、十日、二十有八星之位，辨其叙事，以会天位。冬夏致日，春秋致月，以辨四时之叙。

郑玄《注》："岁，谓大岁。岁星与日同次之月，斗所建之辰。岁日月辰星宿之位，谓方面所在。"由此可见，冯相氏作为王家的天文官，其职司相当广泛，涉及日、朔、气、五星、岁星及太岁纪年、北斗建辰、二十八宿、十二月日月所躔及昏旦中星等一切方面，几乎涵盖了天文观测与历法编算的所有基础工作。

据《叙官》，冯相氏的机构组成包括"冯相氏，中士二人，下士四人，府二人，史四人，徒八人"。郑玄《注》云："冯，乘也。相，视也，世登高台，以视天文之次序。天文属大史。《月令》曰：'乃命大史，守典奉法，司天日月星辰之行，宿离不贷。'"冯相氏以技守官，候之于灵台，世袭而使知识传承，应该反映了最早天文官的基本面貌。冯相氏又以冬夏致日，这与大司徒及土方氏的职司相关联。夏代或先夏时代已有专掌测影的官吏，应不出此三官之列。

保章氏是与冯相氏同等重要的天文官。《周礼·春官·保章氏》云：

> 保章氏掌天星，以志星辰日月之变动，以观天下之迁，辨其吉凶。以星土辨九州之地，所封封域，皆有分星，以观妖祥。以十有二岁之相，观天下之妖祥。以五云之物，辨吉凶水旱降丰荒之祲象。以十有二风，察天地之和，命乖别之妖祥。凡此五物者，以诏救政，访序事。

郑玄《注》："星谓五星。辰，日月所会。五星为赢缩圜角，日有薄食晕珥，月有亏盈朓侧匿之变。七者右行列舍，天下祸福变移所在皆见焉。星土，星所主土也。岁谓大岁。物，色也。视日旁云气之色。降，下也，知水旱所下之国。郑司农云：'以二至二分观云色，青为虫，白为丧，赤为兵荒，黑为水，黄为丰。故《春秋传》曰："凡分至启闭，必书云物，为备故也。"故曰凡此五物，以诏救政。'十有二辰皆有风，吹其律以知和不。"保章氏的工作主要包括对日月五星、日月交食及其他异常天象的观测，又主分野、大岁、五行和十二风，辨其吉凶，诏王救政。保章氏虽与冯相氏同样关注天象，但目的各异，冯相氏乃掌天文不变，保章氏则察天文之变。两官所司之事不仅于新石器时代的考古遗迹中已有清晰的反映，而且于商代的甲骨文也有明确的记载，显然它们在商代都已存在。《叙官》云："保章氏，中士二人，下士四人，府二人，史四人，徒八人。"机构与冯相氏相同，这当然仅体现着《周礼》时代的官制形式。

西汉灵台建于帝都长安。《水经·渭水注下》："（渭水）又东迳长安县南，东迳明堂南，旧引水为辟雍处，在路鼎门东南七里。其制上圆下方，九宫十二堂，四向五室。堂北三百步，有灵台，是汉平帝元始四年立。"此以汉地理记之。杨守敬《疏》解"堂北三百步，有灵台"云："此八字是《注》中注。《三辅黄图》，汉灵台在长安西北八里。汉始曰清台，本为候者观阴阳天文之变，更名曰灵台。郭缘生《述征记》，长安宫南有灵台，高十五仞。《长安志》，朱雀街第五街从北第一修真坊，有汉灵台馀址，崇五尺，周一百二十步。案：丰水东之灵台（详补丰水），周灵台也；此明堂北之灵台在昆明故渠北，汉灵台也。上镐水东之清泠台，又别一台也。郦氏三处分叙，最为明晰。……《汉书》称元始四年立明堂、辟雍。《御览》八百二十七引《黄图》亦云元始四年起明堂、辟雍。则此句堂指明堂言，故以上堂北三百步有灵台句作《注》中《注》，而此句直承明堂则合矣。又《黄图》，灵台上有铜表，题云'太初四年造'，太初为武帝年号，亦足证台非平帝立也。"所考极是。《三辅黄图》以汉灵台于长安西北八星，此以唐地理言之。又引《述征记》曰："长安宫南有灵台，高十五仞，上有浑仪，张衡所制。又有相风铜乌，遇风乃动。一曰：长安灵台，上有相风铜乌，千里风至，此乌乃动。又有铜表，高八尺，长一丈三尺，广尺二寸，题云'太初四年造'。"两说之中以后说显言两汉事。《雍录》卷八《职官》云："然铜表之立，既在太初，即是武帝定历之初矣。至铜浑仪则云张衡所造，衡之所造地动仪在后汉顺帝阳嘉元年，其时帝都不在长安，或者衡仪已成，亦分置长安候台耶？"已提出质疑。不过东汉帝都虽然东迁，但这并不影响旧都的天文台仍在使用。

今日所能见到的最古老的天文台建于东汉中元元年（56 年），史称东汉灵台。这座古台至少在四世纪初叶还在使用。天文台坐落于东汉洛阳城的南郊（今河南省偃师县），当时的天文学家张衡曾经做过长达十几年的太史令，这使他有足够充裕的时间在这座灵台上进行多种观测实践，包括张衡设计制造的浑象和候风地动仪等优良仪器，即置于灵台而日夜工作。

东汉的灵台虽然现在仅留下一片残迹（图 13-1），但仍依稀可见当时的规模[1]。灵台是一座方形的双层建筑，高六丈，边长二十丈，周有十二门，外筑垣墙。高台四周的平台上建有屋舍，每面五间，西侧又向台内加辟密室，应是安放浑象的地方。灵台是太史令管辖的机构之一，不仅规模严整，而且有一套固定的组织。《续汉书·百官志二》云：

> 太史令一人，六百石。本注曰：掌天时、星历。凡岁将终，奏新年历。凡国祭祀、丧、娶之事，掌奏良日及时节禁忌。凡国有瑞应、灾异，掌记之。

图 13-1　东汉灵台遗址

1 中国社会科学院考古研究所洛阳工作队：《汉魏洛阳城南郊的灵台遗址》，《考古》1978 年第 1 期。

丞一人。明堂及灵台丞一人，二百石。本注曰：二丞，掌守明堂、灵台。灵台掌候日月星气，皆属太史。

刘昭《注》引《汉官》又于各自的分工有详细说明：

太史待诏三十七人，其六人治历，三人龟卜，三人庐宅，四人日时，三人《易》筮，二人典禳，九人籍氏、许氏、典昌氏，各三人，嘉法、请雨、解事各二人，医一人。

灵台待诏四十一人，其十四人候星，二人候日，三人候风，十二人候气，三人候晷景，七人候钟律。一人舍人。

观其职事，除处理后勤事务的舍人之外，虽人员与名称互有变化，实仍不出《周礼》大史、冯相氏、保章氏的机构形式，且分工明确。根据这些情况我们知道，当时灵台上安放的仪器显然都与相关人员的工作有关，因此像浑仪、浑象、候风仪、圭表及日晷、律管都应具备。

唐代长安的天文台比东汉的灵台至少要高出四丈，堪称百尺，白居易曾有诗咏道："仰观俯察天人际，安知台高百尺为。"可见其规模的宏大。唐代初年，灵台上安放着北魏留下的铁铸浑仪，李淳风认为它粗疏错漏非常严重，所以重新设计制造了浑天黄道仪，但却置于宫内没有使用。开元十一年，僧一行根据李淳风的浑仪制作了一架新仪，安放于灵台，用它做了大量的观测工作。

北宋时期由于对天文学的重视，在汴京（今河南省开封市）先后建立了四座天文台，其中主要的是司天监的岳台和禁城内翰林院的候台。两台的仪器完全一样，观测结果可以相互比较检查。宋代天文台的形制可能还是双层，台的形状为正方形，每层台的四周设有围栏。

金朝平灭北宋之后，将汴京的皇家天文仪象掳掠到中都燕京，并把它们安置在太史局的候台上。从此以后，北京开始有了天文仪器和天文台。

元朝立国后，于至元十六年（1279 年）春建立太史院，地址即在大都城的东墉下（今北京建国门内中国社会科学院院内）。据杨桓《太史院铭》所记，太史院围墙南北长百步，约 123 米，东西七十五步，约 92 米，院内的主体建筑是一座高七丈的宏大天文台（图 13-2）。灵台分三层，完全是根据当时天文研究的实际需要精心设计的。台顶为观测平台，放置郭守敬创制的简仪、仰仪，正方案则敷简仪之下。中层仿八卦之名分为八室，各具不同功用：离室陈放赤道式日晷；巽室陈放水运浑天壶漏；坤室陈放浑天象，并悬挂一幅以大都为观测地的圆式全天星图；震室和兑室分别陈放南北二异方浑天及盖天之隐见两幅以全国南北不同地域为观测地点的圆式全天星图；

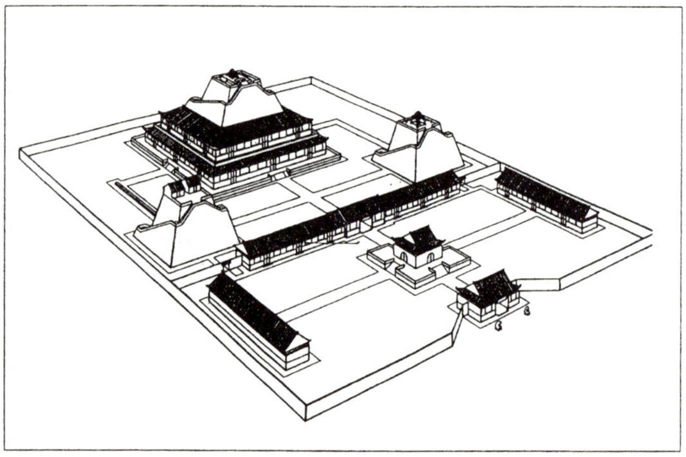

图 13-2　元太史院复原图（据伊世同）

图 13-3 河南登封元代观星台

坎室供奉太岁神位；乾室和艮室则存放天文历算书籍。下层为太史院的天文研究与办公机构，东、西、南、北分别为朝室、夕室、中室、阴室，中室为太史院令、同知院事及其主要助手（敛）院事的办公之所；朝室为历法推算部门的办公之所，设春、夏、秋、冬、中五官正，其官有保章正、副及掌历；夕室是观测天象和测时部门的办公之所，其官有灵台郎、监候及其副贰，又有挈壶正和司辰郎；阴室系器材部门，掌器用出纳。全院共有星历诸生七十人，分属推算、测验和漏刻三个局。台下还有若干附属建筑，东边另修一小台，安置玲珑仪；西边有四丈高表，表北有石圭；之南有印历工作局，负责编印历书；还有神厨、算学，为祭祀和算学研究的场所[1]。这座天文台以它宏大的规模和完善的设备，跻身于当时世界最先进天文台的行列。

郭守敬同时又在古阳城相传周公测景台的旧址上建立了巨大的观星台和量天尺，与南侧南宫说重立的石表相映成趣（图 13-3）。当时台上配有观测仪器和计时设备，能够进行系统的天文观测。这座古台虽然已有近七百年的历史，但至今仍矗立在登封，成为我国现存最早的天文台。

金元两代的新旧两座天文台，一在中都内，一在大都，新台用郭守敬等改制的新仪器观测，旧台仅存宋室旧器，成为游览胜地。今昔对比，一直持续到元朝的覆灭。朱元璋定都南京后，将金元两京旧有的宋元天文仪器全部南运，安置在南京鸡鸣山观星台上。其后明成祖朱棣徙都北京，但天文仪器却没有同他一起迁运回来。

明英宗正统二年至五年（1437—1440 年），仿制南京旧仪的工作基本完成，正统七年（1442 年），正式在元太史院向南，过长安街不远的泡子河，依城墙修筑观象台，并将仿制的浑仪、简仪等天文仪器安装就位，结束了明初京城司天人

1 伊世同：《元太史院考》，《纪念元代卓越科学家郭守敬诞生750周年学术论文集》，北京天文学会等，1981 年。

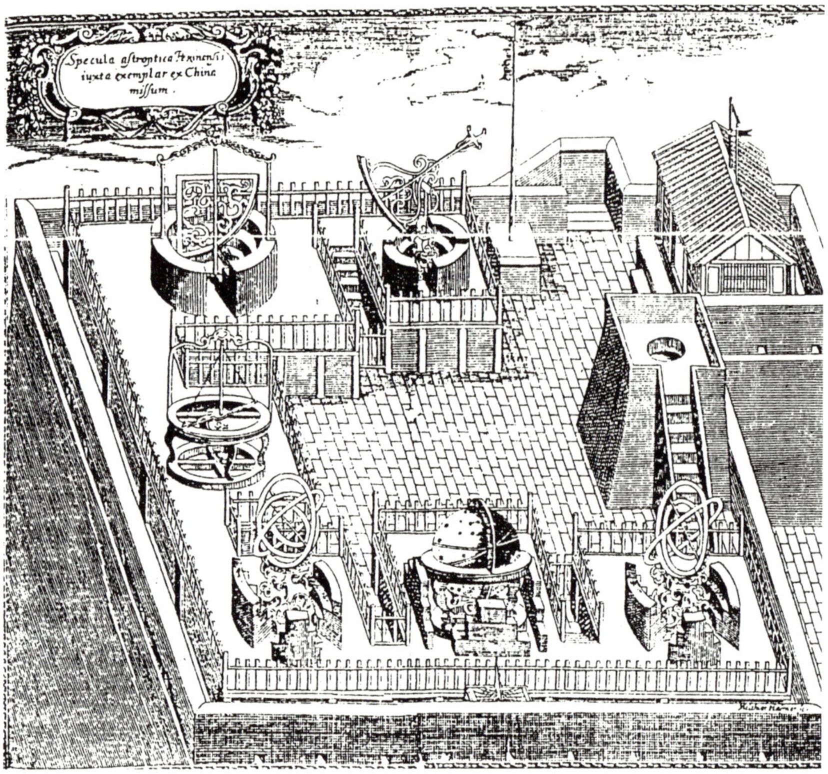

图 13-4　清初北京观象台旧貌（采自《中国古代天文文物图集》）

员目视观测天象的历史。四年之后造晷影堂，此时的观象台和附属建筑已初具规模。这座明代天文台就是今天我们看到的位于北京建国门的古观象台。

清康熙年间，南京所存的元代天文仪器被运回北京，安放在观象台上，与明代仪器共同使用。康熙十二年（1673 年），南怀仁指导制成了天体仪、黄道经纬仪、赤道经纬仪、地平经仪、象限仪、纪限仪六架新仪，并用它们更换了观象台上的全部元明古仪。直至康熙五十四年（1715 年），德国传教士纪理安以销毁大部分元明古天文仪器为代价制成他的地平经纬仪以后，为了能够在台上安置，不得不将台顶东侧进行拓宽。乾隆十九年（1754 年），玑衡抚辰仪制成并安装到台上，同时将明制的浑仪、简仪和浑象三器移置台下的紫微殿前，从而形成今天古观象台的面貌。台上放置的这八件清制仪器虽历经种种劫难终于保存了下来，但明制浑象后来却遗而不存，另三件明制仪器在“九・一八”事变后被移至南京，至今仍安放在紫金山天文台。

北京古观象台至今已有五百多年的历史，而且更重要的是，从明正统初年到 1929 年止，它已连续观测了近五百年，这在世界现存古观象台的连续观测记录中是首屈一指的。同时，古观象台也以其建筑完整及仪器配置齐备在国际上久负盛名。台上陈列的八件清制铜仪大多出自耶稣会传教士的设计，除在造型上尚存些许中国特点外，刻度、游表、结构和工艺无不反映了欧洲文艺复兴以后大型天文仪器的制造水平，这已成为东西方文化交流的珍贵见证。

中国古代的天文观测始终是以目视为主，观测人员一般有五位，他们每人各守一方，即一人注视天顶，其馀四人分别注视东、西、南、北四方，这样，整个天区就都被视野覆盖了。在北京古观象台上，原来保存着一个很小的坐更台，它的形状在南怀仁绘制的图上还可以清楚地看到（图 13-4），但清代已经将它拆除。坐更台就是专为这些司天人员目视观测而设置的场所，因此可以说是古老天文台的缩影。我们知道，在望远镜没有发明的时代，肉眼观测是最重要的观测手段，即使在古代的大型天文仪器出现之后，它们也只能起些测量的作用，而对星象变化等特殊天象的记录，目视观测则是任何仪器都无法取代的。早期的天文仪器很少，当然只能是一种辅助观测工具，因此那时的天文台显然不必另设坐更台。随着天文仪器的逐渐丰富，它们在观测活动中所起的作用也日趋重要，于是古人感到，目视观测必须作为诸种观测活动中独立的一种被确定下来，因而也就应该有它独立的观测位置，就像各种仪器具有自己独立的位置一样。在观象台上设置坐更台的历史究竟能够追溯到多久，现在还不清楚，不过与目前北京古观象台受到西方天文学影响之后的种种情况相比，明代的观象台显然更具有中国的传统特色。

第十四章
天文学的传播与交流

第一节　天文学的中外交流

早期的商业活动促进了文化的传播，而东西方天文学的交流，则主要表现为早期中国传统学说的西传和向周边地区的扩散，以及晚期西方新学的东渐，然而真正的双向式交流实际上自始自终都没有中断过。我们必须注意的是，由于东西方传统天文学本身都不可避免地存在一些落后的方面，因此这些交流并不是在每一时期都只带来单纯的积极因素，这一点在明代西学的东渐上表现得尤为突出。

一、中国天文学的早期传播

由于中国传统天文学体系的起源年代可以上溯到公元前第五千纪，这使我们不得不重新看待早期天文学交流的真实情况，这方面最敏感的问题便是二十八宿的起源地点，当然这对于中国天文学的早期西传也是最具说服力的。

我们在第四章第四节中已经谈到，中国的二十八宿体系大约在公元前第三千纪前后即已基本形成，与此相关的另一个令人感兴趣的问题当然是它的起源地点，这个问题自从人们了解到二十八宿在早期文明古国中普遍存在的事实之后就一直争论不休。古代印度把二十八宿叫作“纳沙特拉”，阿拉伯则称之为“马纳吉尔”，都是“月站”的意思，古代波斯对此也有自己的译名，甚至古代埃及，在接受了巴比伦黄道十二宫体系的同时，也有多种“月站”的名称表。不过除中国之外，还没有别的文明古国能从四象限星群的古老记载及实物证据中，一步步地把这种二十八宿体系的发展追溯出来，这一点在今天看来更加无可置疑，阿拉伯“马纳吉尔”的各种星名表虽然确实完成于古兰经之前，但它的斗宿叫作 AL-baldāh，意思是“日短至”，也就是冬至，由此可以推得其使用年代不可能早于公元前二世纪。埃及使用二十八宿的时代比这更晚，大约是在科布特时代（公元三世纪以后）。古波斯引入这种体系的时代可能略早一些，至少可以承认从波斯的相关体系中能够推出阿拉伯的“马纳吉尔”体系的某些内容。巴比伦则是一个颇有争议的地点，曾经在相当长的时间里，人们始终认为各国流行的二十八宿，包括印度的和中国的，都无例外地起源于两河流域，然而直到今天，人们并没有发现巴比伦有任何二十八宿存在的确凿证据。由于人们普遍认为巴比伦是西方天文学的鼻祖，于是想象在黄道十二宫之外一定还有一套呈现这个数字的若干倍数的星座体系存在，并进而认为二十八宿也许正由此而产生，这种看法显然是错误的。事实上，人们不仅没有在楔形文字泥版书中发现过二十八宿表，而且也没有任何理由假定古代巴比伦曾经有过二十八宿。

问题的关键在于，各文明古国流行的二十八宿体系是否同出一源，这一点看来应该没有什么疑问。中国的二十八宿距星在印度叫作联络星，中国的距星古今不同，就汉代以前的情况而论，其中有九个与相应的印度联络星相同，至于另外不同的部分究竟是因为印度联络星的变化所致，抑或中国古距星的认定还有问题，目前还不清楚。同时根据印度古代典籍记载，室、壁两宿曾被合为一宿而成二十七宿，这一点也与中国一致。对于说明二十八宿同源的另一条证据是，中国二十八宿的起始宿为角宿，而据班式累的研究，埃及二十八宿也始自角宿，印度的“纳沙特拉”虽然后来被认为始自昴宿，但是印度最早的经典中却显示这个“月站”体系也是从角宿起算的。阿拉伯的“马纳吉尔”体系以娄宿为起始宿，然而娄宿和角宿的赤经相差约一百八十度，这又恰好符合二十八宿的“耦合”分布的特点。这些共性在十八世纪法国人哥俾尔和十九世纪初英国人科尔布洛克依次把中国和印度的二十八宿体系介绍到欧洲之后，逐渐引起了人们的注意，这足以使人认识到，各文明古国流行的二十八宿是一种有着共同来源的天文体系。

波斯、阿拉伯和埃及在二十八宿体系的形成年代上显然无法与中印抗衡。就印度而言，尽管相关古代文献的年代学问题有些尚未彻底解决，但目前的研究表明，认为公元前十至前八世纪，印度的全部“纳沙特拉”已基本形成应是比较妥当的。同时，不仅印度，甚至其他文明古国的二十八宿体系也都显示了起源于中国的特征，譬如印度的古代历法按其气候条件分一年为六季，即冬、春、夏、雨、秋、露，但“纳沙特拉”却同中国的二十八宿一样分为四宫；古代波斯也与中国一样把天空划分为四个赤道宫和一个中央宫，并有同样数目的赤道分区和四象限星群，而这些却都是中国传统天文学的精髓。所以，中国体系的自源论以及后来对印度的影响看来已是不容动摇的事实。因为即使我们承认印度约公元前十四世纪的《梨俱吠陀》的赞美诗中有关恒星与“月站”关系的记述并非纯属无稽之谈，中国二十八宿体系的形成年代也要早于这个时间。事实上，考古学所能提供的最新资料显示，至少在公元前第四千纪的中叶，中国二十八宿体系的雏形就已经形成。如果说印度的“纳沙特拉”确是来自于中国并进而向西方传播的话，那么这正是我们渴望找到的线索。

正像后来中国的丝绸途经波斯源源不断地输往西亚和欧洲一样，古波斯无疑也是向阿拉伯传播中国思想的中继站之一。中国二十八宿体系传入印度的准确时间目前还很难确定，然而印度人在接受了这个体系之后，恐怕不久就已开始西传，古代南亚与中亚、西亚早期先民的频繁接触，大大增加了这种传播的机会。从古代波斯、阿拉伯以及埃及二十八宿出现的年代推测，二十八宿通过印度而西传至迟在公元前二世纪已经完成。

中国传统天文学对周边地区的影响也十分明显，其中一条重要的传播途径就是经中国的东北地区传往朝鲜半岛，再进而经此东传至日本，以致这些地区的天文学传统无不显示出是在接受中原天文学体系的影响下形成的事实。譬如在墓室中装饰星象图，而星图内容则包括日、月、北斗、二十八宿、四象和十二次，这

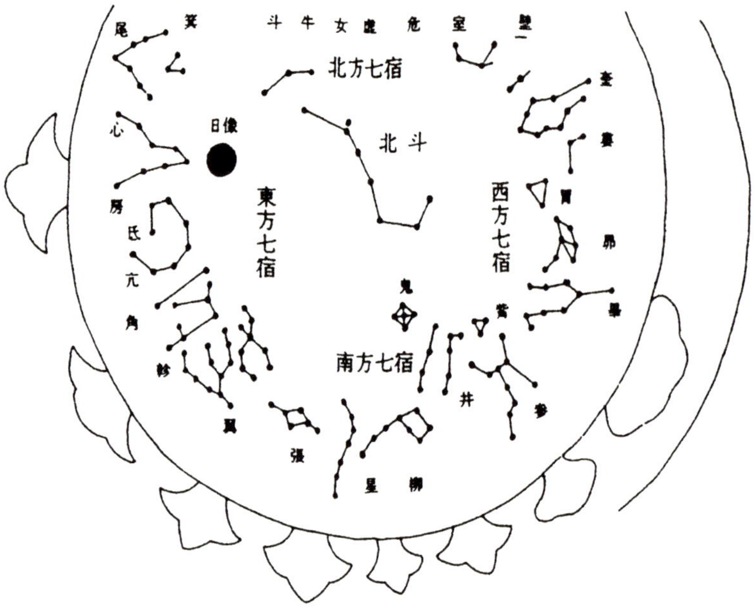

图 14-1　高丽王陵星辰图（复原，采自《壁畫古墳の研究》）

些做法显然都是对中国天文学特点的模仿。

高丽时代（918—1392 年），随着中国隋唐五代天文星图绘制技术的进步，朝鲜半岛也开始出现具有相当精度的天文图。十二世纪末至十三世纪初叶，高丽国第二十代神宗阳陵墓室壁画星图即颇为准确（图 14-1）[1]。而十七世纪末至十八世纪，当时的天文制图水平已相当高超。目前存留的《天象列次分野之图》分为两栏，上栏绘全天星官，下栏镌《论天》长文（图 14-2）[2]，无论其内容抑或形式，都显示了对南宋黄裳星图的继承。这一时期的纸本星图也多存于世（图 14-3），不仅同样具有极高的水平，而且或以赤、白、黑三色饰星（图 14-4），或于《天地图》上详注中国地理（图 14-3，2），明确表现出深受中国天文学传统影响的结果。

在七世纪末至八世纪初的日本，以中国传统天文学为内涵的天文图装饰于墓室的做法也很普遍。著名的高松冢古坟壁画星象图绘有日、月、四象、北极与二十八宿等星官，其中星辰用金箔装贴，同样鲜明地表现出深受中国唐墓壁画及天文图制作传统的影响。

中国古代的天文仪器对周边文化的影响也很明显。元代天文学家郭守敬为解决太阳观测的问题曾创制了仰仪，而当这种仪器传入朝鲜和日本以后，仰仪的璇玑板被取消，改为尖锥式晷针，称为“仰釜日晷” （图 14-5），成为了纯粹的计时日晷。

二、西方天文学的引进

巴比伦的黄道十二宫体系与中国的二十八宿体系在形成时间上是不相上下的，

1　[日] 網干善教：《壁畫古墳の研究》，學生社，2006 年。

2　*The Cultural Heritage of Science in the Joseon Dynasty*, Seoul Museum of History, 2004.

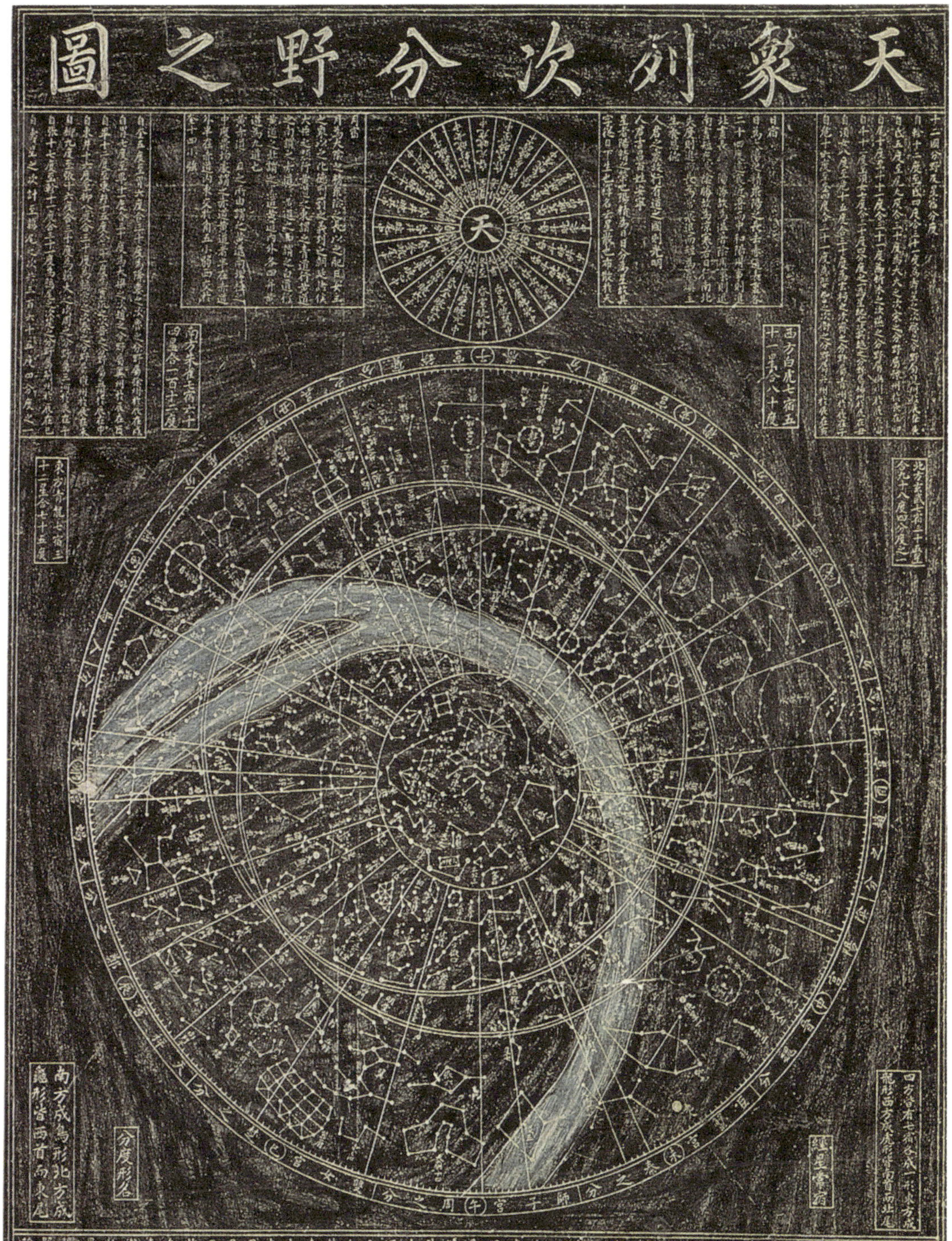

图 14-2　天象列次分野之图（采自 *The Cultural Heritage of Science in the Joseon Dynasty*）

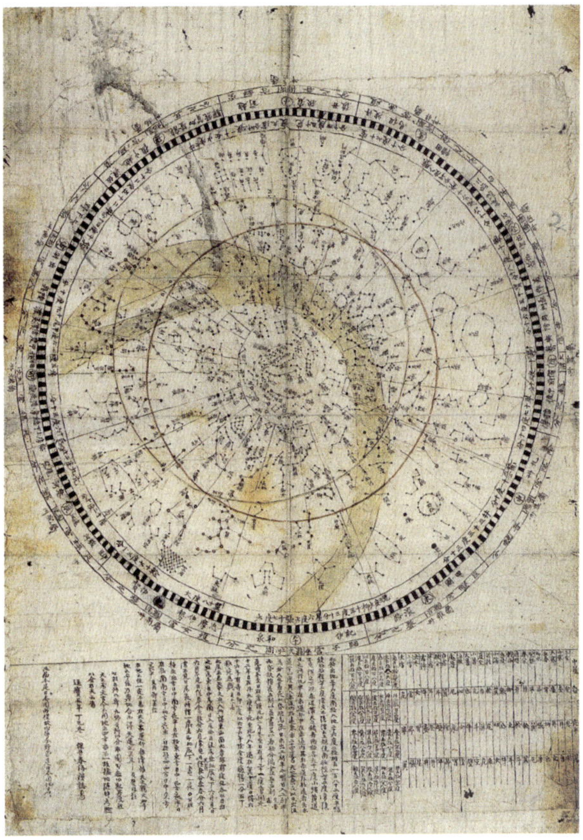

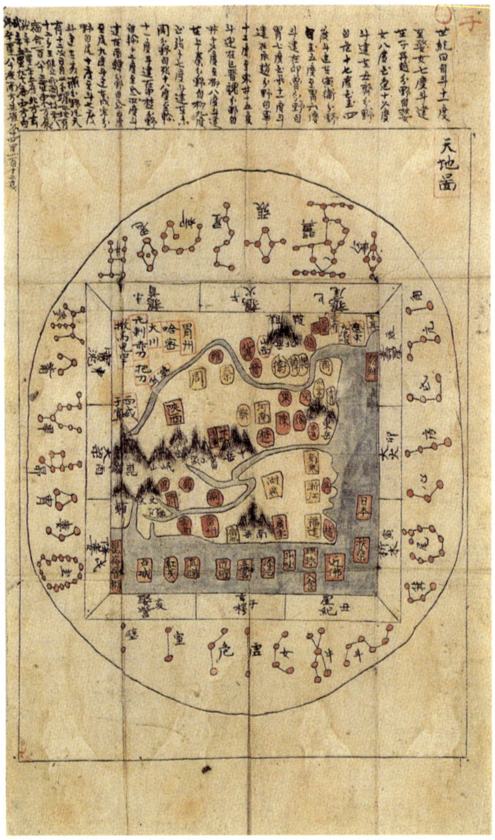

1 2

图 14-3 1.天文图 2.天地图（采自 *The Cultural Heritage of Science in the Joseon Dynasty*）

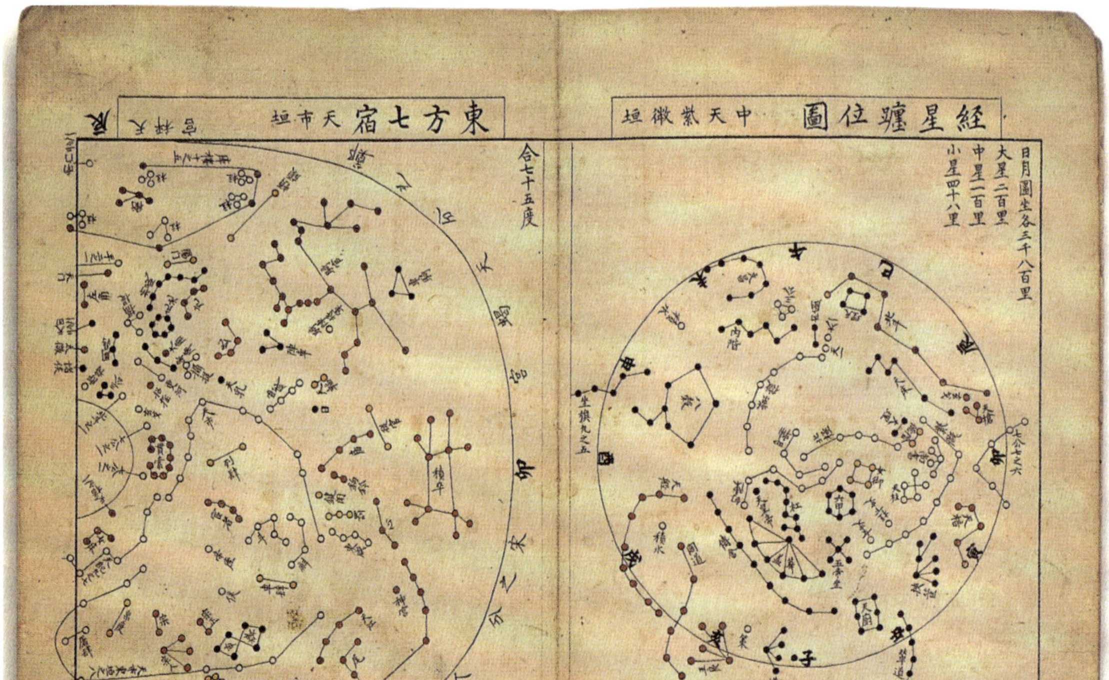

图 14-4 《寰瀛志》星图（采自 *The Cultural Heritage of Science in the Joseon Dynasty*）

这个体系是把黄道带等分为十二份，每份三十度，并以跨越黄道的星座作为每宫的标识，形成白羊、金牛、双子、巨蟹、狮子、室女、天秤、天蝎、人马、摩羯、宝瓶和双鱼十二星座。这些星座由于形状不同而组成不同的图像，并且除少数几个外，都是以动物命名，所以黄道带也称为兽带。

图 14-5　仰釜日晷（采自 *The Cultural Heritage of Science in the Joseon Dynasty*）

巴比伦黄道十二宫体系的影响遍及世界，后来成为西方天文学的主要内容。它首先越海传入希腊，并经此西传到埃及和罗马，又在公元前后东传至印度，最后随佛教一起传入了中国。

最初传入中国的只有十二宫名称，它们在隋代翻译的佛经中已经出现，但是不久，黄道十二宫的图像也接踵而来。十一世纪初叶完成的敦煌莫高窟 61 号洞壁画和十二世纪初辽墓墓顶星象图，都已发现了黄道十二宫的图像，而且我们很容易注意到，这些图像不论在内容上还是画法上都已完全汉化了。这些作品的时代显然都算不上最早，出土于新疆吐鲁番并且后来被盗往国外的一幅唐代星占图，则把黄道十二宫图像输入中国的时间提前到了公元七至八世纪。这幅写本残存着二十八宿中的角、亢、氐、房、心、尾、箕七个星宿和十二宫中的天秤、天蝎、双女三宫（图 14-6）。尽管这件唐代遗物的时代比千佛洞的壁画提早了几个世纪，然而从室女宫的形象还是可以明显看出，它也已经是彻底汉化后的作品了。因此，黄道十二宫图像传入中

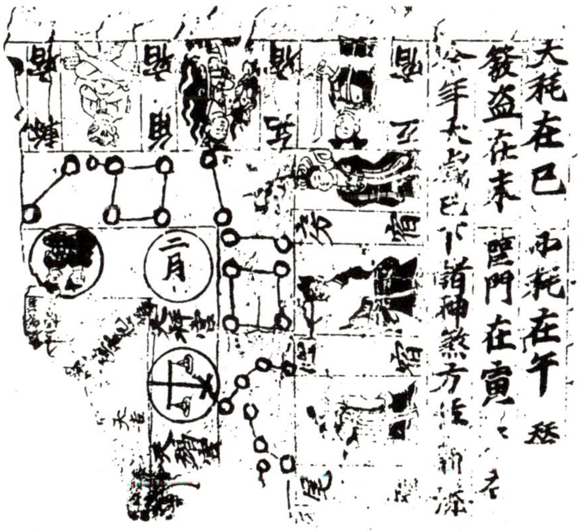

图 14-6　唐代黄道十二宫和二十八宿写本（新疆吐鲁番出土，采自《中国古代天文文物图集》）

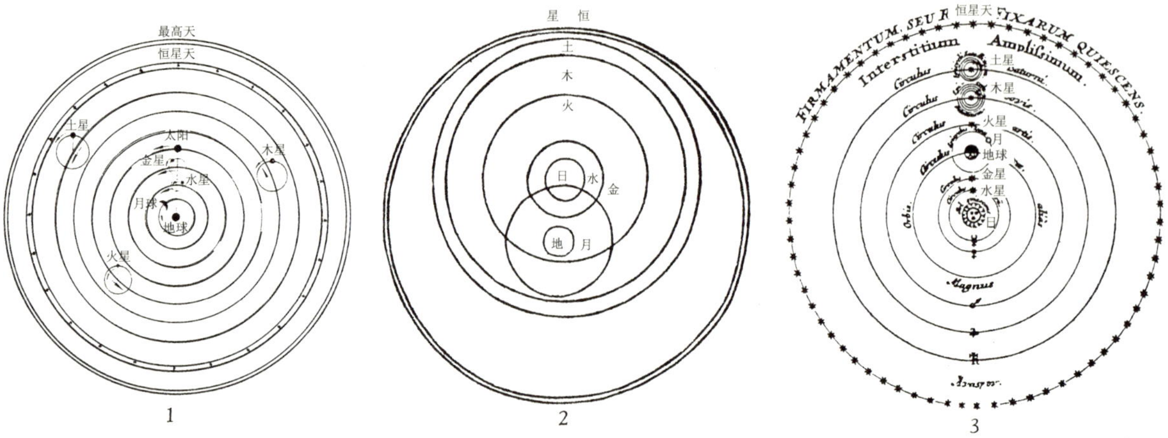

图 14-7　1. 托勒密地心体系示意图 2. 第谷体系示意图 3. 哥白尼日心体系示意图

国的时间只能比这更早才行。

从公元前二世纪起，希腊天文学家喜帕洽斯开始用黄道十二宫的名称兼指赤道上的十二等份，印度天文学采纳了这种用法，因而他们的占星术兼用黄道十二宫和二十八宿，这种将两个体系联系在一起的做法，随着佛经也一起传入了中国，我们从上面提到的唐代和辽代的两件作品中可以清楚地看到这个特点。但是，由于黄道十二宫体系与中国固有的二十八宿和十二次相重复，因此在明末耶稣会传教士把它和近代天文学联系起来再行入传之前，这个体系始终没有受到中国人的重视。

中国天文学到明代进入了一个低潮时期，而当时的欧洲在走过了中世纪的黑暗之后，天文学却以一种意想不到的力量重新振兴，许多堪称近代科学奠基石般的伟大发现都在这时诞生。十五世纪末叶以后，欧洲封建统治日益没落，资本主义开始兴起，一场轰轰烈烈的文艺复兴运动使长期禁锢人们思想的天主教神学面临着人文主义思想的愈来愈激烈的挑战。为了补偿在这场宗教改革中天主教会所失去的教务和经济地盘，天主教各个组织开始了一个向欧洲以外地区扩展的运动。正是在这样的背影下，耶稣会的传教士们来到了中国。1583 年，意大利人利玛窦作为第一位来华的传教士踏上了中国的土地，紧随其后的重要人物还有邓玉函、罗雅谷、龙华民、汤若望、南怀仁等。由于传教士们都过于自信，这使他们有时分辨不清东西方天文学体系中哪些部分更为优秀，因此，他们既带来了地球概念、预报交食的方法、欧几里德几何学以及仪器制造、刻度、望远镜等欧洲新技术，同时也匆忙地把错误的宇宙理论和岁差理论介绍了进来。当然，他们后来终于以哥白尼日心说代替旧有的理论在中国传播，从而成为中西天文学交流史上最有意义的事情。

波兰伟大的天文学家哥白尼在他去世前的一小时才看到他的《天体运行论》的出版，这部倾注了他毕生心血的划时代巨著建立了科学的太阳系学说，它标志着自然科学开始从神学中解放了出来。哥白尼认为，太阳是太阳系的中心，地球是围绕太阳运动的一颗行星（图 14-7，3），这推翻了长期束缚人们思想的地心说，而这种以地球为中心的错误学说的最终覆灭，无论在欧洲还是在中国都经历了极其艰难的历程。在当时的欧洲，布鲁诺为此付出了生命，他是哥白尼学说的忠实传播者，但却被罗马宗教裁判所视为“异端”，并在1600年被处以火刑。稍后的伽利略则不仅仅是一名哥白尼学说的信徒，而且通过他自己的力学和天文学研究，为哥白尼的理论扫清了障碍。在他之前，人们反对哥白尼的地动思想主要是由于它与亚里士多德的力学原理格格不入，因为在这位古希腊学者的眼中，运动需要一种持续的推动力，如果没有一个恒久的力起作用，偌大的地球岂能如风驰电掣般地运动呢？伽利略发现的惯性定律否定了这种虚假观念，同时它在天体运动问题上所表现出的说服力终于使人明白，需要外力的不是运动本身，而是运动的改变，物体一经运动，便会循着一定方向，以一定的速度运行不息，这意味着行星的运动实际无需任何外力来维持。1609年，伽利略亲手制造并改进了几具望远镜，使天文观测发生了革命性的变化。他利用望远镜巡视星空，发现所见恒星的数目会随着望远镜倍率的增大而增加，银河是由无数单个的恒星组成的，月面上有崎岖不平的现象，金星也有圆缺的位相变化，木星则有着四个卫星。他还观测到太阳黑子，认为黑子是日面上的现象，并由黑子在日面上的位移，得出太阳每28天自转一周的自转周期，与27.35天的自转周期已十分接近。这一系列的重要发现不仅轰动了当时的欧洲，而且为哥白尼的日心说找到了确凿的证据。伽利略的这些发现在相当长的时期内并不被人们所认同，他们认为伽利略的这些违背《圣经》和亚里士多德著作的新思想是完全错误的，它是伽利略靠了巫术的符咒，把新的现象从天空中咒出来的。因为亚里士多德的书从来就没有讲过这些内容，它们与亚里士多德的学说完全相反。尽管伽利略曾以他的重要发现跻身于御前科学家的行列，但当他于1910年完成《星际使者》、1913年完成《关于太阳黑子的书信》以及随后于1932年完成《关于托勒密和哥白尼两大世界体系的对话》等一系列重要著作，并用其证明哥白尼学说的时候，得到的竟是罗马宗教法庭的两次严酷裁判。

宗教审判的震慑力无疑是相当巨大的，这使来华的传教士在是否介绍哥白尼学说的问题上始终心有馀悸。经过一番权衡之后，他们决定承认哥白尼作为伟大的天文学家的地位，但对他的日心说却缄口不言。崇祯二年（1629年），徐光启与耶稣会教士龙华民、邓玉函、汤若望等编纂《崇祯历书》，正是恪守了这一原则。但是，中国人迟早会提出这样的问题：欧洲人心目中的宇宙是个什么样子？于是托勒密体系和第谷体系取代了哥白尼体系被介绍到了中国（图14-7，1、2），而第谷体系实际已经是对日心说和托勒密地心说的折中，他主张，除地球以外的所有行星都围绕太阳运转，而太阳则率领这些行星围绕地球运转。假如传教士们带来的这些思想只是为填补由于日心说的禁传而出现的宇宙理论的真空，这还是可以理解的，但他们顽固地反对中国固有的宣夜说却显得十分荒唐。宣夜说认为，天体漂浮于无限的空间，显然，这至少在某些方面较西学更为进步。

尽管到十七世纪中叶，哥白尼学说在欧洲经过长期辩论已经拥有了许多信奉者，然而传教士们却始终小心翼翼地同它保持着距离，其实在他们中间，真正相信这个学说的也不乏其人，穆尼阁来自哥白尼的故乡，当1650年他在南京听到中国学者介绍中国古代的地动说之后，他的民族感情使他冲破了耶稣会的禁令，第一次把哥白尼学说秘密地，但却又是极不彻底地介绍到了中国。

1687年，英国科学家牛顿出版了他的《自然科学的数学原理》，奠定了近代力学的基础。如果说书中著名的万有引力定律的发明使欧洲人最终放弃了传统观念转而相信日心说的话，那么在中国，这却仅仅是人们注意哥白尼学说的开始。准确地说，穆尼阁的介绍在中国人看来无异于一种奇闻，以至于在此之后的一百年中，哥白尼的学说在中国遭到了彻头彻尾的冷遇。原因很简单，尽管日心说的传播在中国并不存在像布鲁诺遭遇到的那种危险，但是有谁会去轻信一种与人们惯于接受的学说不同的思想呢？十八世纪初，英国出现了表演哥白尼日心地动说的仪器，显然日心说在当时的欧洲已更加深入人心。后来，有两架这样的仪器也传到了中国，一架叫浑天合七政仪，另一架叫七政仪。1760年，法国传教士蒋友仁向乾隆皇帝进献了一幅世界地图《坤舆全图》，在图的说明中列举了欧洲自古以来关于七曜次序的四家学说，同时指出唯一正确的一家就是哥白尼的学说，并对这个学说作了十分扼要的解释。至此，哥白尼的学说终于在中国公开了。

不容否认的是，日心说从一开始便受到了中国学术界的强烈反对，而且反对之声来自当时最具权威的乾嘉学派的两位代表人物——钱大昕和阮元，前者对日心说抱着实用主义的态度，而后者索性直截了当地宣扬哥白尼学说是一种离经叛道的邪说。由于二人在中国学术界的重要地位，所以那些虽然在今天看来荒诞不经的议论，在当时却对阻挠哥白尼学说的传播产生了极大影响。

近代天文学是建立在哥白尼、开普勒、牛顿等人的学说的基础上的，随着西学的东渐，更多的中国人开始研究这些学说，并且涌现出一批哥白尼学说的支持者。十九世纪中叶，爱国者魏源在他编辑的《海国图志》中译载了多篇有关日心说的文章，并附有地球沿椭圆形轨道绕日运行图，成为中国学者公开肯定哥白尼学说的最早文字。稍后的著名科学家李善兰、邹伯奇等也都积极支持和宣传哥白尼学说。咸丰九年（1859年），李善兰曾在翻译的《谈天》一书中介绍了欧洲最新的天文学知识[1]，并以日心说立论，讲述了地球绕日运动的道理，同时又用开普勒三定律、光行差和视差以及牛顿的万有引力定律论证了日心说的正确性。邹伯奇则根据当时天文学的最新成果，制造了一件表演太阳系的仪器，太阳居中，外有八颗行星和它们的卫星，其中土星附有光环。从此以后，哥白尼的日心说才真正在中国得到了广泛传播。直至十九世纪末，随着日心说的日益深入人心，中国天文学终于在此基础上逐渐摆脱了传统的体系，步入了新的发展时期。

第二节　少数民族的天文历法

中国是一个多民族的国家，今天的某些少数民族在历史上却曾经是与汉民族抗衡的强大势力，他们同样具有自己优秀的传统文化。在天文学方面，我们既可以看到这些民族的一些颇为独特的发明，也可以感受到少数民族文化与汉族文化之间的相互影响和交流。

彝族具有十分悠久的历史，据彝文典籍记载，他们的祖先曾将汉民族建立的夏代作为自己的邻邦，这样的一个古老民族留下了丰富的天文学遗产。彝族先民

1 此书为李善兰与英国人伟烈亚力合译，伟烈亚力（A.Wylie,1815—1887年）于1847年受教会派遣来华，在上海主持伦敦墨海书馆的出版事务。见王扬宗：《伟烈亚力》，《中国古代科学家传记》下集，科学出版社，1993年。

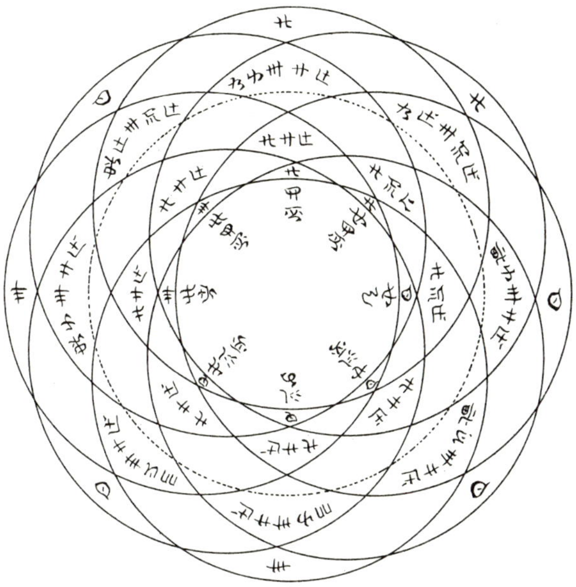

图 14-8　彝族清浊二气运行轨道图

认为，宇宙是由清、浊二气组成的，随着二气的发展变化，形成了天、地、人及万物。宇宙的初始状态呈现出一种巨大的、空虚的“无极”混沌景象，后来由于元气的变化，清气上升而为天，浊气下降而成地，清气浊气又变为天线地线，于是织成了天地。这些观念与汉民族所具有的清气浊气升降为天地以及由二绳观念发展出的经天纬地的观念完全相同。

彝族先民认识宇宙是从确定四方开始的，四方既定，又分八方。彝族又有十干十二支，十二支配属十二生肖，干支配合主掌着宇宙的时间和空间。这些思想也与汉文明无异。

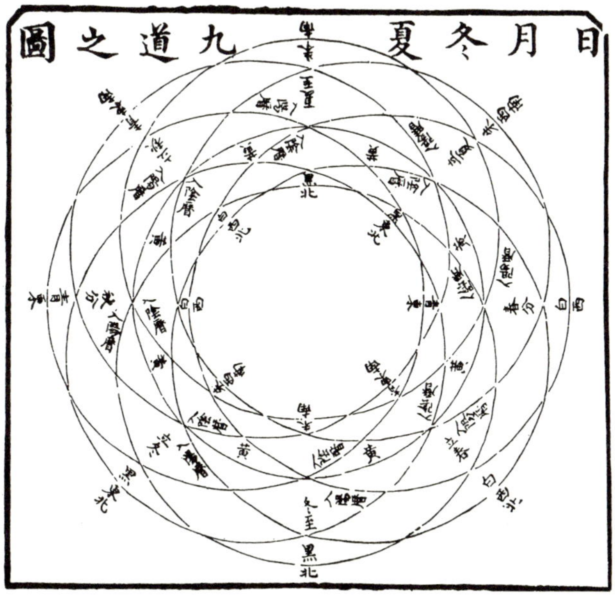

图 14-9　清代重刻月行九道图

彝族先民对于太阳和月亮的运动变化都有细致的观测，根据观测经验，他们把日、月出没的方位按正月与九月、二月与八月、三月与七月、四月与六月、五月与十一月以及十月与十二月等不同月份分为六条不同路线，这六条路线反映了地球上所受光热的时间、地点的不同，因而轮回出现冬、春、夏、秋和二十四节气。他们认为，太阳和月亮按青、红两色各四条线及一条虚线环绕东、西二天之间的轨道运行，太阳一年转一周，轮回二十四节气；月亮一月转一周，轮回一次盈亏圆缺。他们同时特制了一幅日月运行图，图中八个相等的实线圆综合交叉地排列起来，其中又贯穿着一个虚线圆（图 14-8），反映了宇宙方位、日月行道和季节的变化。这幅图与汉代以后在汉族文献中流行的日月冬夏九道图简直如出一辙（图 14-9）。

彝族已经掌握了日月食的规律，他们认为交食的形成并不是因为“虎吃太阳”或“天狗吃月”，而是太阳和月亮被红眼星和豹子星遮住了。这虽然不能说是科学的结论，但它却已跳出了神话的窠臼，向科学地认识交食成因迈出了重要的一步。

一些学者认为，彝族早期可能曾经实行过一种纯阳历，一年为 365 日，分为十个月，每月固定 36 日，剩下的五日称为过年日。每隔两年将过年日增加一天，即为闰年。日期以十二支计算，但没有天干，直称鼠、牛、虎、兔、龙、蛇、马、羊、猴、鸡、狗、猪，每轮三周便为一月，每轮三十周便是一年，这种计日方法完全由彝族巫师呗耄来排定[1]。然而更多的资料显示，彝族广泛采用的则是一种阴阳历，他们观测天体运行一周为三百六十五度又四分一，这显然是四分岁实的实测结果。彝历平年十二月，闰年十三月，以虎月为岁首，置闰法也与汉族历法没有什么不同，并且始终保持着以十二生肖纪年、纪月、纪日、纪时的传统。彝族全年共有两个年节，相当于农历十二月的叫星回节，农历六月的叫火把节，星回节为大年，火把节为小年，大小年固定相差 185 日。这两个年节来源于对昴宿位置的观测，并且可以在汉族文化中找到渊源。

彝族对星空的划分基本上依照二十八宿体系，同时以昴宿为起算点，这与汉族二十八宿以角为起始宿的情况不同。彝族还流行着二十八宿与二十七宿轮流纪日的制度，即以两个二十七天接一个二十八天作为循环周期，平均月长为 27.33 日，相当于一个恒星月的长度。这种纪日法从某种意义上反映了二十八宿起源时的某种形态，因而是相当古老的。

西藏在公元六世纪时从汉地传入了干支历法，并且摒弃了印度的地水火风空五大种，而采用汉人的金木水火土五行。唐代文成公主入藏，虽带去占卜历算书籍六十种，但由于吐蕃人中缺少通晓这些学问的人物，因此历算之学并没有发展起来。于是松赞干布选拔了四位聪明有识的吐蕃人，每人赐给一只金盘、八枚银币、一枚金币和路上使用的金沙半升，派他们到汉地学习测算生死、推算四季天时节气等对吐蕃有益的学问。四人到达汉地后投拜了四位学者，向其中精于历算的嘉赤和摩诃衍那学习了一年又七个月。他们学成归藏，运用所学的汉传历法和五行八卦知识，大展其才，深得赞普的称许。

1027 年，印度的《时轮历》传入西藏，这一年后来成为藏历的历元。藏历是一种阴阳合历，它的内容实际是印度历与汉历的混合物。藏历以五行取代天干，十二生肖取代十二支，循环纪年。一年十二月，月有大小建，大建三十日，小建二十九日，以正月为岁首，这些都与汉历一致。藏历置闰与汉历不同，并有独特的缺日和重日概念，它既允许昨天的日期直接跳到明天，也允许连续两天使用同一日期。缺日和重日的设置主要依据实测的朔望日期，它的作用在于调整朔望月的长度，使朔和望必须发生在每月的一日和十五日两天（图 14-10）。

傣族历法也是阴阳合历，这种历法在接受了汉族历法影响的同时，也汲取了印度历法的某些内容，因而具有鲜明的特色。傣历纪元定于公元 638 年，平年十二月，单月大，双月小，共 354 日。傣历的闰法有两种，一种来自汉历的十九年七闰制，另一种同公历相似，隔几年在八月份增加一日，前者添设的是闰月，后者增加的是闰日。闰月是为调整太阴年与太阳年的长度，通常规定设在九月以后，称为“闰九月”；闰日则是用来调整朔望月的长度。这些做法都或多或少地

1 陈久金、卢央、刘尧汉：《彝族天文学史》，云南人民出版社，1984 年。

图 14-10　藏历图

反映了汉族早期历法的某些内容，特别是增添闰日的做法，其与殷商历法的闰日制度完全相同，或者可以视为这种古老闰法的孑遗。

傣历在以 638 年作为纪元以前，普遍采用干支纪年，这种方法可能在汉代就已被傣族接受了。638 年以后，傣历开始实行数字纪年，现在所见傣文文献中最早的纪年时间是傣历 542 年，相当于公元 1180 年。傣历以六月为岁首，泼水节是辞旧迎新的年节。傣历同时将朔望月分为上下两个半月，上半月称“月出”，从月出一日到十四，次日为望；下半月称“月下”，从月下一日至十四（小月至十三），最后一天称晦。这又与西周历法的月相系统十分近似。同时傣历还有七日纪日法，以日、月、火、水、木、金、土七曜来命名日期（图 14-11）。

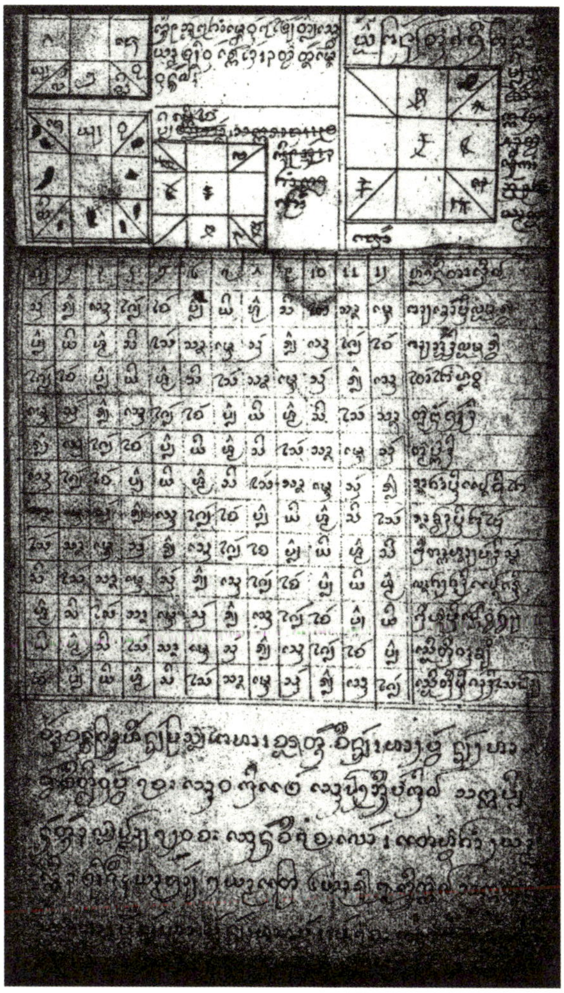

图 14-11　傣历

傣历在计算日月行星的位置时采用黄道坐标，黄道一周为 360 度，而划分天区则二十七宿与黄道十二宫并用，这些又都显示了印度天文学的影响。傣历中有关行星和恒星周期的计算已很精确，其中金星、水星的数值甚至与现代理论值一致。

清代以前，中国政府颁布的唯一一部少数民族历法就是回历，回历是信奉伊斯兰教的民族使用的历法，这些民族包括回族、维吾尔族和一部分蒙古族。在中国颁布的回历为太阴历，由于它与太阳运动周期无关，所以主要用于祭祀和纪年。

回历相传是伊斯兰教教主穆罕默德于公元622年创制的，当时他从麦加迁移到麦地那，选择了与太阴历的朔日相合的一天——7月16日星期五——作为回历纪元，至今已有一千多年的历史。回历于十三世纪中叶传入中原，元明两代和清初，皇家天文机构都设有回回司天监、司天台和回回历科等专门组织。回历的太阴年法以月亮盈亏一次为一月，十二个朔望月为一年，单月为大月，双月为小月，大小月相间安排，太阴年全长为354日。回历的闰法只有闰日而没有闰月，逢闰之年，闰日一律置于十二月末。回历以三十年为一周，每周有十九个平年，十一个闰年，置闰的目的是为使月初和新年都从蛾眉月出现的那天开始，因为回历历月不始于朔，而是以新月初见的一天为月首。然而，由于回历采用平均分配大小月的做法，因此，尽管回历具有严密的月亮位置推算公式，但月首并没有按照真实的朔望来推定。

回历年比太阳年约少11日，因此岁首逐年提早，约33年循环一周。与此不同的是，回历还同时存在一种太阳年法，这种历制主要用于农业生产。太阳年法以春分为岁首，依太阳行十二宫一周为十二个月，称为“不动的月”。以这种年法为纪年的波斯历，平年365日，128年置31闰，闰日设于十二月（双鱼宫）之末，为366日。此种置闰法误差很小，须积八万年才差一天，比世界通行的儒略历和格雷果里历都要精密。

苗族古历也是一种颇具特色的历法，二百多年以前，湘西的苗族不用汉历而用自己的猫历，而猫历更早的名称则叫子历。古苗历的岁首定在冬至，平年十二月，其中前两个月有单独的月名，分别叫作动月和偏月，从第三个月开始直到十二月，称为一月至十月。这种历制使人想起《诗经》中记载的豳历，它也是一种以冬至为岁首的历法，而且前五个月有单独的月名，后七个月称为四月至十月。不仅如此，战国时代的楚历也是这种以事纪月与以数纪月彼此结合的历制。这意味着苗历的来源其实也很古老。

古苗历为阴阳合历，每月的日数都固定不变，动月和偏月各二十八日，其馀十个月均为三十日，平年一年共356日，每三年置一闰月，用来调整与季节的关系。

除此之外，其他少数民族也多有自己独特的历法，不过在使用公历之前，这些历法大多还未能摆脱物候历的原始形态。拉祜族和佤族都将一年分为十二个月，每月又都是三十天，不同的是佤族历法在此基础上还要安排闰月，称为“怪月”，置闰的时间由物候决定。由于原始农业强烈地依赖于雨水和日照，因此很多少数民族的历法都与季节的变化有着密切的适应关系。哈尼族历法中的“季节月”以农事和物候划分，农季从“且拉”——种谷月（相当于农历的三至四月）到“那彦”——尝新谷月（相当于农历的八至九月），而“种谷月”的前一月为“常阿”——地湿月。独龙族第四乡的历法以四月（阿薄）开始播种，五月（石发）大量播种，七月（阿勒）收割小米，八月（巴恩）大量收割。傈僳族和佤族也都有类似的季节月。这些历法的编制虽然还不能说很严密，但显然已经自成系统。

同时我们还可以看到，古代原始民族的历法从一开始便将农年的周期与历年的周期统一了起来，农年与历年的结合事实上是从这两个循环周期的终点开始的，准确地说，农年的终点也就是历年的终点。古代藏族曾以麦熟为岁首；古代黎族则“占薯芋之熟，记天文之岁”；台湾瑞岩泰雅族的历法是以播种、收获一次作为一年，一次农作物收获完毕计为一年，新年的开始则在收获完毕后的下一个不见月光的日子，等于元旦。这种传统一直沿袭到今天，甚至现在的台湾有些高山族仍自称他们的丰收祭为过年。这种将农年终点转变为历年终点的做法，似乎是早期历法的共同特点，汉民族的早期历法如殷商古历，也忠实地体现着这一原则。

根据民族调查，人们发现水族、白族、瑶族、壮族、侗族、布依族、赫哲族和鄂伦春等民族也都有自己独特的历法，这些历法丰富多彩，它们反映了处于不同发展阶段的人们所具有的不同水平的天文学知识。毫无疑问，这是中国天文学宝库中的一份十分珍贵的财富。

引用书目简称

《殷虚书契》	罗振玉	1913 年	《前》
《殷虚书契菁华》	罗振玉	1914 年	《菁》
《殷虚书契后编》	罗振玉	1916 年	《后》
《殷虚卜辞》	明义士	1917 年	《明》
《戬寿堂所藏殷虚文字》	姬佛佗	1917 年	《戬》
《龜甲獸骨文字》	林泰輔	1921 年	《林》
《铁云藏龟拾遗》	叶玉森	1925 年	《拾》
《簠室殷契征文》	王　襄	1925 年	《簠》
《殷契卜辞》	容庚等	1933 年	《燕》
《卜辞通纂》	郭沫若	1933 年	《通》
《殷虚书契续编》	罗振玉	1933 年	《续》
《殷契佚存》	商承祚	1933 年	《佚》
《库方二氏藏甲骨卜辞》	方法敛等	1935 年	《库》
《侯家庄出土之甲骨文字》	董作宾	1936 年	《侯》
《殷契粹编》	郭沫若	1937 年	《粹》
《甲骨文录》	孙海波	1937 年	《河》
《殷契遗珠》	金祖同	1939 年	《遗》
《金璋所藏甲骨卜辞》	方法敛等	1939 年	《金璋》
《邺中片羽三集》	黄　浚	1942 年	《邺三》
《殷虚文字甲编》	董作宾	1948 年	《甲》
《殷虚文字乙编》	董作宾	1948—1953 年	《乙》
《甲骨缀合编》	曾毅公	1950 年	《缀》
《殷契摭佚续编》	李亚农	1950 年	《摭续》
《战后宁沪新获甲骨集》	胡厚宣	1951 年	《宁沪》
《战后京津新获甲骨集》	胡厚宣	1954 年	《京津》

《殷虚文字缀合》	郭若愚	1955 年	《缀合》
《甲骨续存》	胡厚宣	1955 年	《续存》
《殷虚文字外编》	董作宾	1956 年	《外》
《殷虚文字丙编》	张秉权	1957—1972 年	《丙》
《明义士收藏甲骨文字》	许进雄	1972 年	《安明》
《甲骨文合集》	郭沫若主编　胡厚宣总编辑	1978—1983 年	《合集》
《怀特氏等收藏甲骨文集》	许进雄	1979 年	《怀特》
《小屯南地甲骨》	中国社会科学院考古研究所	1980—1983 年	《屯南》
《英国所藏甲骨集》	李学勤等	1985—1992 年	《英藏》
《天理大学附属天理参考馆藏品——甲骨文字》	天理大学等	1987 年	《天理》
《甲骨缀合集》	蔡哲茂	1999 年	《甲缀》
《殷墟花园庄东地甲骨》	中国社会科学院考古研究所	2003 年	《花东》

后记

中国古代天文学史既是一部科学史，更是一部文化史。由于天文学乃是中国传统文化之源，所以天文学的起源与发展无不深深影响着中国传统文化的形成。这意味着我们如欲从本质上理解中国文化，就必须从天文学入手。

中国天文学历史既久，领域且广，不仅呈现出形而下的物质追求，而且更富形而上的哲学思辨，所以严格地说，中国天文学史并不是一部纯粹意义上的物质文化的历史，古人观测、祭祀所利用的物化的仪具与建筑事实上是为其形上观念服务的，因此，真正作为这个古老学科的基础乃在于其所构建的独特的宇宙观，也就是古人对于天、地、人相互关系的思考，以及由此形成的庞大的知识体系。而这正是中国古代科学与文化的渊薮。

本书的撰写得于蒋迎春兄的厚谊，开明出版社总编辑焦向英及责任编辑魏红岩给予鼎力支持，学生韩雪助力独勤，助手莘东霞协助补录及制图。今藉付梓之机，谨深志铭感。

冯时

2013 年 9 月

天文图

中西对照（1950.0）

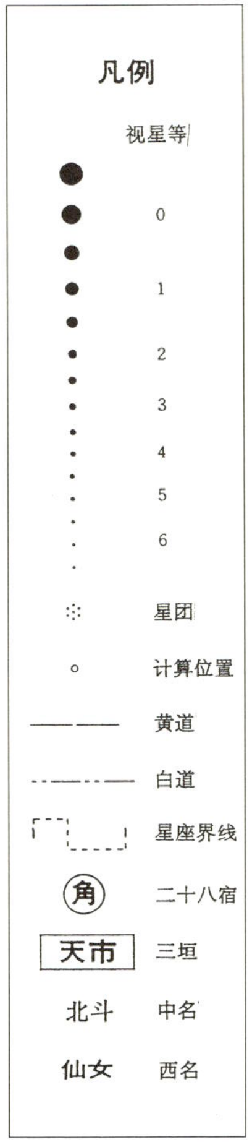

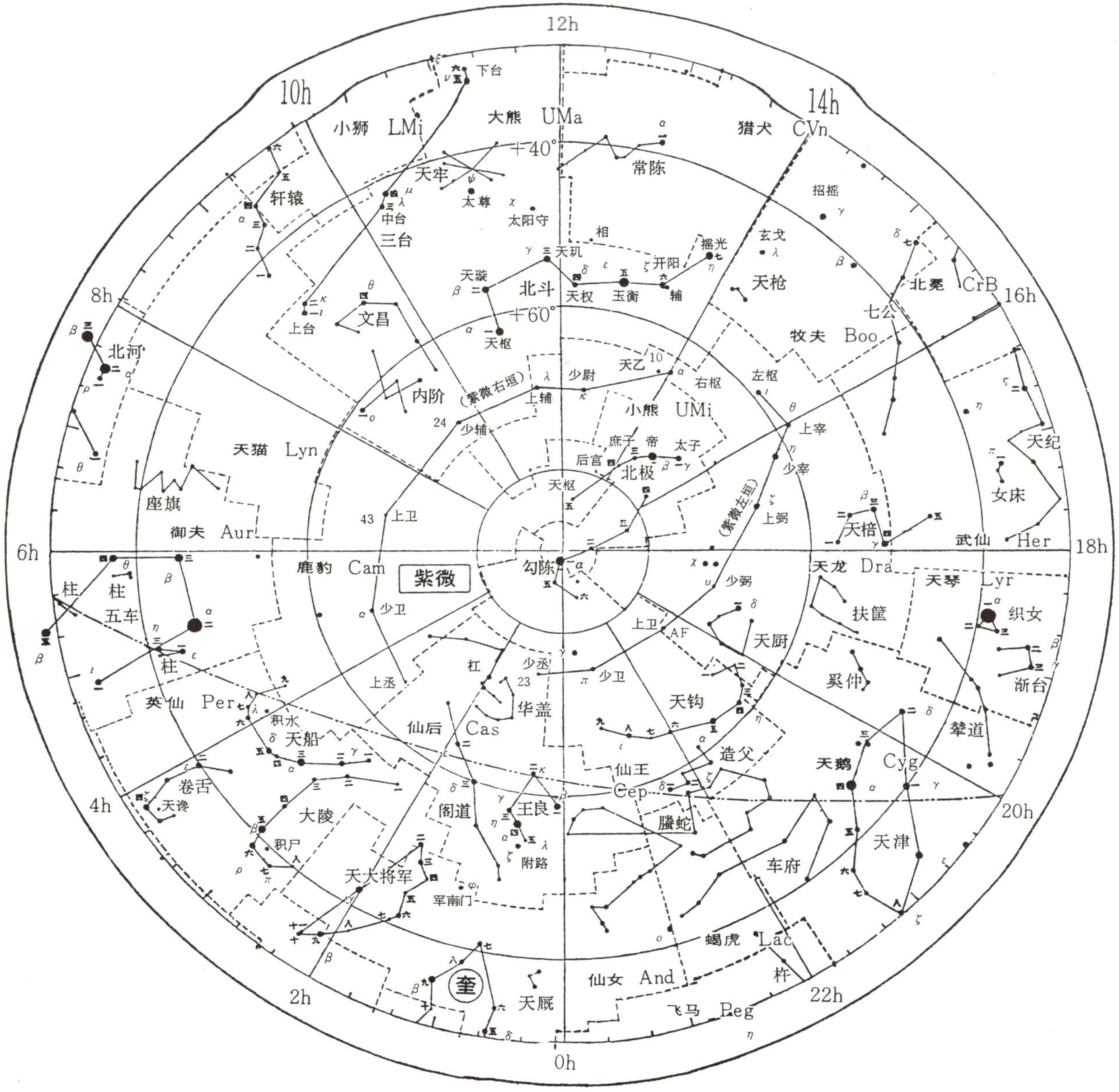

附图一（据伊世同）

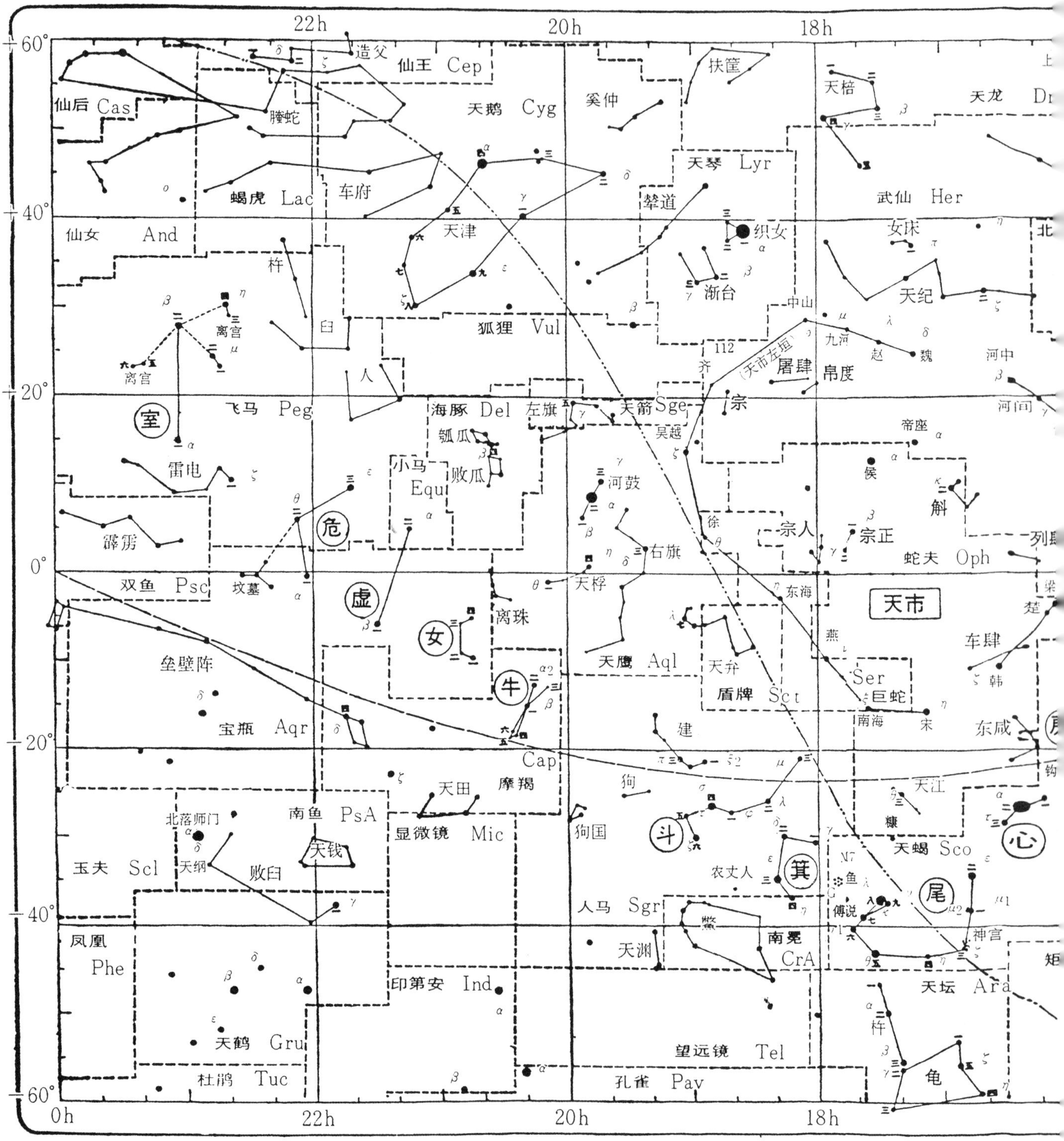
22h
20h
18h
+60°
+40°
+20°
0°
-20°
-40°
-60°
0h
仙后 Cas
造父
仙王 Cep
天鹅 Cyg
奚仲
扶筐
天棓
天龙 Dr
螣蛇
蝎虎 Lac
车府
天琴 Lyr
武仙 Her
仙女 And
天津
辇道
织女
女床
杵
离宫
臼
狐狸 Vul
渐台
天纪
中山
九河
赵
魏
河中
人
112
(天市左垣)
屠肆
帛度
齐
宗
河间
室
飞马 Peg
海豚 Del
左旗
天箭 Sge
吴越
帝座
雷电
瓠瓜
小马 Equ
败瓜
河鼓
侯
斛
霹雳
危
徐
宗人
宗正
列肆
蛇夫 Oph
双鱼 Psc
坟墓
虚
天桴
右旗
东海
天市
离珠
女
燕
车肆
楚
垒壁阵
牛
天鹰 Aql
天弁
Ser 巨蛇
韩
盾牌 Sct
宝瓶 Aqr
建
南海
宋
东咸
Cap
狗
天江
摩羯
钩
天田
北落师门
南鱼 PsA
显微镜 Mic
狗国
斗
糠
心
玉夫 Scl
天纲
天钱
败臼
农丈人
箕
天蝎 Sco
N7
鱼
尾
人马 Sgr
傅说
凤凰
鳖
南冕
神宫
Phe
天渊
CrA
印第安 Ind
天坛 Ara
天鹤 Gru
望远镜 Tel
杵
龟
杜鹃 Tuc
孔雀 Pav
18h

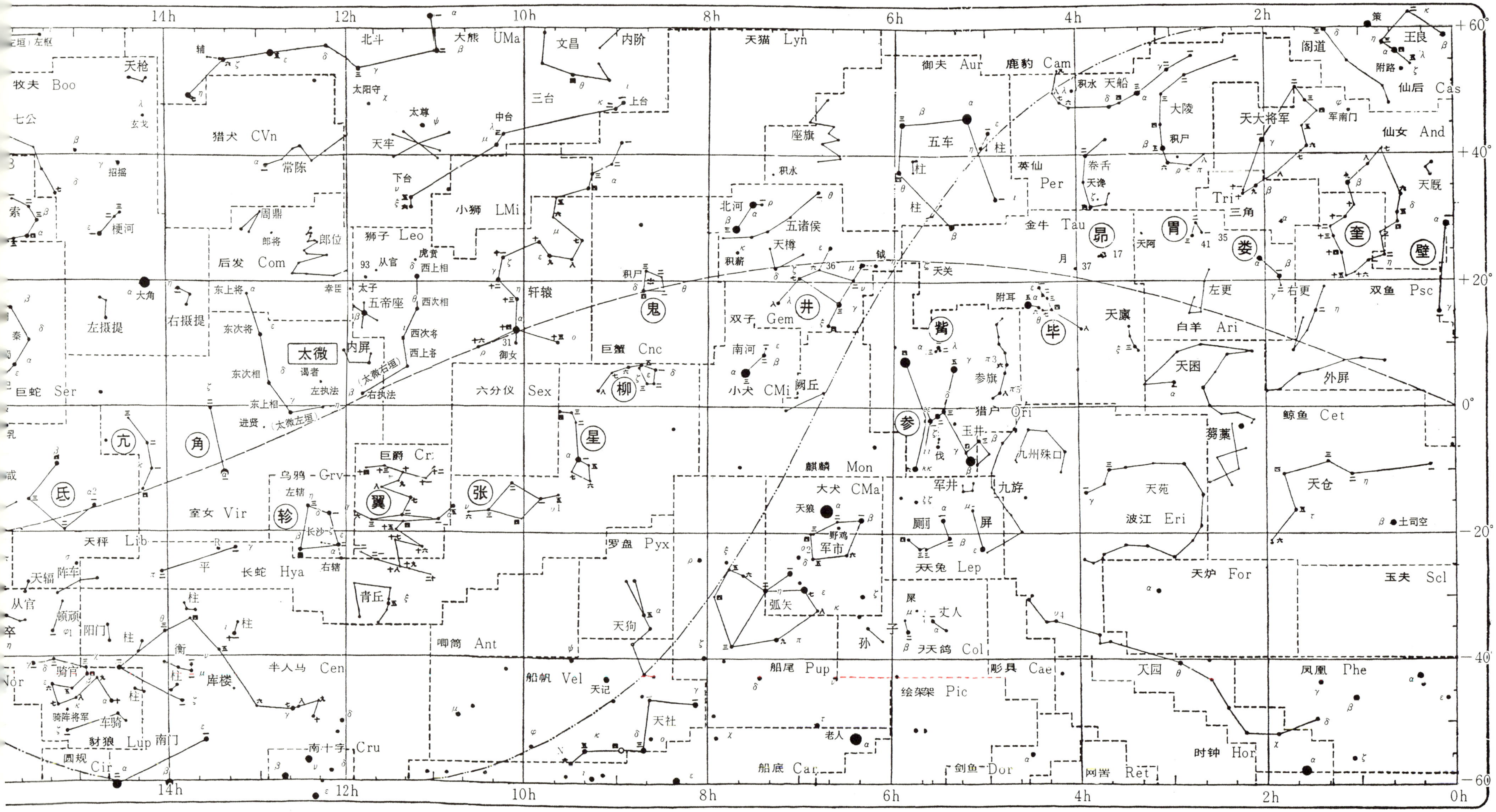
14h
12h
10h
8h
6h
4h
2h
0h
+60°
+40°
+20°
0°
-20°
-40°
-60
北斗
大熊 UMa
文昌
内阶
天猫 Lyn
御夫 Aur
鹿豹 Cam
积水
天船
阁道
王良
附路
仙后 Cas
牧夫 Boo
天枪
七公
辅
猎犬 CVn
常陈
太阳守
太尊
天牢
中台
下台
三台
上台
座旗
五车
柱
天大将军
军南门
仙女 And
大陵
积尸
英仙
Per
卷舌
天谗
天厩
招摇
梗河
周鼎
郎将
郎位
后发 Com
狮子 Leo
小狮 LMi
北河
五诸侯
天樽
积薪
钺
天关
金牛 Tau
三角
Tri
奎
壁
娄
胃
昴
毕
天阿
月
大角
左摄提
右摄提
东上将
东次将
东次相
太微
谒者
左执法
右执法
内屏
(太微右垣)
(太微左垣)
东上相
进贤
幸臣
太子
五帝座
从官
虎贲
西上相
西次相
西次将
西上将
御女
轩辕
积尸
鬼
井
双子 Gem
南河
小犬 CMi
阙丘
巨蟹 Cnc
柳
星
六分仪 Sex
附耳
觜
天廪
左更
右更
双鱼 Psc
白羊 Ari
天囷
外屏
巨蛇 Ser
亢
角
氐
室女 Vir
乌鸦 Crv
左辖
右辖
长沙
轸
翼
张
巨爵 Crt
猎户 Ori
参
玉井
伐
参旗
九州殊口
九斿
天苑
波江 Eri
天仓
鲸鱼 Cet
刍藁
土司空
麒麟 Mon
大犬 CMa
天狼
野鸡
军市
军井
厕
屏
天兔 Lep
天秤 Lib
平
长蛇 Hya
天辐
阵车
从官
顿顽
阳门
青丘
罗盘 Pyx
天狗
弧矢
屎
丈人
子
孙
天鸽 Col
天炉 For
玉夫 Scl
半人马 Cen
骑官
衡
库楼
卿筒 Ant
船帆 Vel
天记
船尾 Pup
彫具 Cae
绘架 Pic
天园
凤凰 Phe
骑阵将军
车骑
财狼 Lup
南门
圆规 Cir
南十字 Cru
天社
老人
船底 Car
剑鱼 Dor
网罟 Ret
时钟 Hor

附图二（据伊世同）

图书在版编目（CIP）数据

中国古代物质文化史. 天文历法 / 冯时著. —
北京：开明出版社, 2011.1（2024.1 重印）
ISBN 978-7-80205-935-1
Ⅰ. ①中… Ⅱ. ①冯… Ⅲ. ①物质文化-文化史-中国-古代
Ⅳ. ①K220.3

中国版本图书馆 CIP 数据核字 (2010) 第 257433 号

出 版 人：陈滨滨

责任编辑：魏红岩　柴小星
美术编辑：周怡君
装帧设计：羽人·高伟

出 版：开明出版社（北京市海淀区西三环北路 25 号青政大厦 6 层）
印 制：保定市中画美凯印刷有限公司
开 本：889×1194 1/16
印 张：24.75
字 数：350 千
版 次：2013 年 10 月第 1 版
印 次：2024 年 1 月第 3 次印刷
定 价：470.00 元

印刷、装订质量问题，出版社负责调换货。联系电话：（010）88817647

ISBN 978-7-80205-935-1